譯註 思政殿訓義 資治通鑑綱目 10

漢 靈帝 中平 6년~漢 獻帝 建安 13년

編著 朱熹
책임번역 成百曉
공동번역 李泳俊

전통문화연구회

國譯委員

責任飜譯　成百曉
共同飜譯　李泳俊
潤　　文　朴勝珠
校　　訂　李孝宰
出　　版　金圭賢 鄭珍羅 尹汝雄
管　　理　咸明淑
普　　及　徐源英

思政殿訓義 資治通鑑綱目을 발간하며

본회가 東洋古典의 飜譯과 教育, 情報化 등 古典現代化 사업을 시작한 지 어느덧 25년이 지났다. 그간 많은 어려움이 있었으나 1988년 본회가 발족한 뒤 동양고전 번역사업에 착수하여 四書三經을 註까지 懸吐完譯함으로써 東洋學과 韓國學 전공자들의 필독서가 되어 教育界와 文化界까지 많은 영향을 주었다.

본회에서는 四書三經, 十三經 등 儒家의 핵심 경전을 번역하는 동시에 동양고전의 한 축인 歷史 고전에도 눈을 돌려 ≪通鑑節要≫, ≪國語≫, ≪戰國策≫뿐만 아니라, 동양 역사 철학의 진수가 담긴 ≪春秋左氏傳≫을 완역함으로써 東洋學과 韓國學 연구에 礎石과 架橋를 마련하였다. 이러한 성과를 바탕으로 經史一體의 모범인 ≪資治通鑑綱目≫ 완역을 기획하여 번역에 착수하였다.

'經史一體'란 經典과 歷史가 하나라는 동양의 독특한 관념인데, 이는 기록을 통해 인물과 사건을 도덕적으로 평가하는 풍토를 낳았다. 이러한 기록문화의 중시는 다른 문화권에서는 엄두도 못 낼 막대한 역사 기록을 남기게 하는 배경이 되었다. 굳이 중국 역사서를 언급할 것 없이 ≪朝鮮王朝實錄≫, ≪承政院日記≫, ≪日省錄≫ 같은 방대한 우리의 역사문헌은 이를 잘 보여준다. 이러한 우리 선조들의 역사 서술에 큰 영향을 미친 책이 바로 朱熹의 ≪資治通鑑綱目≫이다.

≪資治通鑑綱目≫은 조선시대 經筵에서 가장 많이 읽은 역사서이자 우리나라 역사 서술에 가장 큰 영향을 미쳤다는 점에서 현재 韓國學 硏究에 필수적인 동양 역사 고전이라 할 수 있다. 비록 중국의 역사서이지만, 우리 先學들이 중국의 性理學을 독자적으로 계승 발전시킨 것처럼 ≪資治通鑑綱目≫ 역시 우리의 입장에서 보다 정밀하고 종합적으로 읽고자 하였다. 그 결실이 바로 世宗朝 때 간행된 思政殿訓義本 ≪資治通鑑綱目≫이다.

동양의 대표적 역사서는 紀傳體의 ≪史記≫, 編年體의 ≪資治通鑑≫, 綱目體의 ≪資治通鑑綱目≫으로 대변된다. 北宋 때의 司馬光은 帝王이 여가에 친람하여 정치에 도움이 되게 할 목적으로 ≪資治通鑑≫을 편찬하였고, 朱熹는 ≪資治通鑑≫을 바탕으로 이를 압축적으로 정리하여 보다 읽기 쉽게 하면서 유교적 褒貶을 엄정히 내렸다는 점에서, 이 책들은 제왕의 정치교과서 역할을 하였다. 이런 ≪資治通鑑≫과 ≪資治通鑑綱目≫에 대해 조선조 문화군주였던 세종의 주도하에 연구가 진행되었으며, 그 결과물이 바로 思政殿訓義本 ≪資治通鑑≫과 ≪資治通鑑綱目≫이다.

思政殿은 景福宮의 便殿으로, 세종이 이곳에서 당대 뛰어난 문신들을 참여시켜 ≪資治通鑑≫과 ≪資治通鑑綱目≫에 대한 訓義의 편찬을 주도하였다. 訓義는 의미를 해석한다는 뜻으로, 思政殿訓義는 기존 중국에서 이루어진 ≪資治通鑑≫과 ≪資治通鑑綱目≫의 주석을 集大成하고 군주와 신하들이 읽기 쉽도록 우리만의 주석서를 만든 것이다. 중국 이외 나라에서 ≪資治通鑑≫과 ≪資治通鑑綱目≫ 전체에 주석을 단 것은 조선이 처음일 것이다.

현재까지도 ≪資治通鑑≫과 ≪資治通鑑綱目≫을 원전으로 읽기 위해서는 중국의 연구 성과에 의지하여야 했다. 비록 ≪資治通鑑≫은 중국, 일본, 한국에서 번역되었으나 주석까지 완역되지 못하였고, ≪資治通鑑綱目≫도 중국에서 본문만 번역된 상황이다. 이번 우리나라의 독자적인 주석서인 思政殿訓義本 ≪資治通鑑綱目≫의 완역을 통해 기존에 잊혔던 세종 시기의 ≪資治通鑑綱目≫에 대한 연구 성과를 알리는 동시에, 이를 동양학과 한국학 연구에 활용할 수 있는 기반을 마련하고자 한다. 아울러 이를 통해 古典現代化의 水準을 높이고 融合的이고 自生的인 학문연구가 이루어질 수 있기를 바라는 바이다.

끝으로 이번 思政殿訓義本 ≪資治通鑑綱目≫의 번역에 참여하여 헌신하시는 모든 분들께 무한한 감사를 드린다. 또한 고전현대화에 대한 政府의 지대한 關心과 支援에 감사를 드리며, 그간 직간접으로 지도편달하여 주신 학계와 교육계 및 문화계 인사 여러분께 심심한 謝意를 표하며, 앞으로도 따뜻한 관심과 엄정한 叱正을 부탁드리며 내내 평강과 행복을 기원한다.

社團法人 傳統文化硏究會 會長 李啓晃

凡 例

1. 본서는 南宋 때 朱熹가 編著하고, 朝鮮 世宗 때 思政殿에서 訓義한 ≪資治通鑑綱目≫을 번역한 것으로 ≪譯註 思政殿訓義 資治通鑑綱目≫ 제10책이다.
2. 본서의 底本은 서울대학교 규장각 소장본(奎7500, 藍書 口訣)이며, 규장각(奎7512, 朱書 口訣)과 국립중앙도서관(한古朝50-5, 墨書 口訣) 소장본을 참조하였다. 이들은 모두 木版本으로, 大字(綱)는 晉陽大君(世祖)이 써서 鑄造한 丙辰字, 中小字(目, 訓義 등)는 甲寅字로 되어 있다.

   이 밖에도 嚴文儒와 顧宏義가 校點한 ≪資治通鑑綱目≫(≪朱子全書≫ 8~11, 上海古籍出版社·安徽敎育出版社, 2002), 文淵閣四庫全書 ≪御批資治通鑑綱目≫, 朝鮮 世宗 때 간행된 思政殿訓義 ≪資治通鑑≫(국립중앙도서관 일산古221-43), 標點資治通鑑小組에서 標點한 ≪資治通鑑≫(中華書局, 1992(제5판)) 등을 참고하였다.
3. 綱과 目의 원문에는 규장각(奎7500, 奎7512)과 국립중앙도서관(한古朝50-5)의 口訣本을 참조하여 懸吐하였고, 訓義는 한국에서 재래로 사용해오던 표점방식을 보완하여 文理의 이해를 돕는 수준에서 간략히 標點하였다.
4. '綱'과 '目'을 구분하기 위해 각각 번역문 앞에 【綱】과 【目】을 표기하였다. 目은 단락이 길 경우 의미 단락별로 分節하였다. 訓義는 저본의 해당 위치에 ①, ②, ③ 등으로 표기하고 綱이나 目 아래에 번역문과 원문을 배치하였다.

예 【綱】 겨울 10월에 靈思皇后를 장례하였다.

冬十月에 葬靈思皇后①하다

① 靈思皇后는 바로 何太后이다.
靈思皇后, 卽何太后.

【目】 山陽太守 袁遺와 濟北相 鮑信은

山陽太守袁遺와 濟北相鮑信①은

① 袁遺는 袁紹의 從弟이다.
遺, 紹之從弟.

5. 번역문은 한글과 한자를 혼용하였으며, 맞춤법과 띄어쓰기는 한글 맞춤법과 표준어 규정을 따랐다.
6. 원문이나 번역문의 한자 중에 僻字나 讀音이 특수한 글자는 한글로 音을 달아주었다.
7. 譯註는 校勘, 人物, 制度, 官職, 역사적 사건, 인용문의 出典, 異說, 故事, 전문용어, 難解語 등에 관한 사항을 밝혔다.
8. 校勘은 원문의 誤字, 脫字, 衍文, 倒文 등을 대상으로 하였다.
9. 附錄에 실린 年表는 綱을 중심으로 ① 君王의 즉위와 사망, 年號, 改元 ② 정치, 경제, 사회, 문화의 주요 사건 ③ 주요 인물의 행적과 사망 등을 서술하되, 東洋史 학술 연표들을 참고하였다(參考書目 年表 관련 자료 참조).
10. 본서의 校勘에 사용된 符號는 다음과 같다.

( )〔 〕: (저본의 誤字)〔교감한 正字〕
〔 〕: 저본의 脫字 보충
( ) : 저본의 衍字 표시

11. 본서에 사용한 주요 부호는 다음과 같다.

" " : 인용
' ' : " " 안의 재인용
「 」: ' ' 안의 재인용
『 』: 「 」안의 재인용
( ) : 원문의 讀音 및 번역문의 間註
〔 〕: 번역문에서 뜻은 같으나 音이 다른 漢字, 원문의 漢字나 句節 표기
譯註에서 인용한 원문표기
≪ ≫ : 書名
〈 〉: 篇章名, 作品名, 補充譯
【 】: 綱과 目의 표시
◑, ○ : 저본에 사용된 부호 遵用

12. 본서 訓義에 사용한 標點은 다음과 같다.

. : 문장의 종결
, : 한 문장 안에서 句나 節의 구분이 필요한 곳
· : 대등한 명사나 구절의 병렬
" " : 인용
' ' : " " 안의 재인용
「 」: ' ' 안의 재인용
『 』: 「 」안의 재인용

參考書目

◇ 底本

- 《資治通鑑綱目》, 朱熹(宋) 撰, 思政殿 訓義, 규장각 소장본.(奎7500)

◇ 底本 관련자료

- 《資治通鑑綱目》, 朱熹(宋) 撰, 思政殿 訓義, 규장각 소장본.(奎7512)
- 《資治通鑑綱目》, 朱熹(宋) 撰, 思政殿 訓義, 국립중앙도서관 소장본.(한古朝50-5)
- 《資治通鑑綱目》(《朱子全書》 8~11), 朱熹(宋) 撰, 嚴文儒・顧宏義 校點, 上海古籍出版社・安徽教育出版社, 2002.
- 《御批資治通鑑綱目》, 朱熹(宋) 撰, 聖祖(淸) 批, 文淵閣四庫全書, 제689~692책 史部447~450, 臺灣商務印書館, 1983~1986.
- 《資治通鑑》, 司馬光(北宋) 撰, 思政殿 訓義, 국립중앙도서관 소장본.(일산古221-43)
- 《資治通鑑》, 司馬光(北宋) 撰, 胡三省(元) 音註, 中華書局, 1992.(제5판)

◇ 經 部

- 《經義述聞》, 王引之(淸) 撰, 續修四庫全書 제175책 經部, 上海古籍出版社, 2002.
- 《論語集註大全》, 朱熹(宋) 集註, 胡廣(明) 等 編, 朝鮮 內閣本, 影印本, 學民文化社.
- 《孟子集註大全》, 朱熹(宋) 集註, 胡廣(明) 等 編, 朝鮮 內閣本, 影印本, 學民文化社.
- 《書傳大全》, 蔡沈(宋) 集傳, 胡廣(明) 等 編, 朝鮮 內閣本, 影印本, 學民文化社.
- 《詩傳大全》, 朱熹(宋) 集傳, 胡廣(明) 等 編, 朝鮮 內閣本, 影印本, 學民文化社.
- 《周易傳義大全》, 程頤(宋) 傳, 朱熹(宋) 本義, 胡廣(明) 等 編, 朝鮮 內閣本, 影印本, 學民文化社.
- 《春秋經傳集解》, 左丘明(周) 傳, 杜預(晉) 註, 林堯叟(宋)・朱申(宋・元) 附註, 朝鮮 金屬活字本(戊申字), 影印本, 保景文化社.

◇ 史 部

- ≪綱目訂誤≫, 陳景雲(淸) 撰, 文淵閣四庫全書, 제323책 史部81, 臺灣商務印書館, 1983~1986.
- ≪國語≫, 左丘明(周) 撰, 文淵閣四庫全書, 제406책 史部64, 臺灣商務印書館, 1983~1986.
- ≪東觀漢記≫, 班固(後漢) 等 撰, 文淵閣四庫全書, 제370책 史部128, 臺灣商務印書館, 1983~1986.
- ≪三輔黃圖≫, 未詳, 文淵閣四庫全書, 제468책 史部226, 臺灣商務印書館, 1983~1986.
- ≪史記≫, 司馬遷(漢) 撰, 中華書局, 1999.
- ≪史記索隱≫, 司馬貞(唐) 編, 文淵閣四庫全書 제246책 史部4, 臺灣商務印書館, 1983~1986.
- ≪史記正義≫, 張守節(唐) 編, 文淵閣四庫全書 제247~248책 史部5~6, 臺灣商務印書館, 1983~1986.
- ≪史記集解≫, 裴駰(南朝 宋) 編, 文淵閣四庫全書 제245~246책 史部3~4, 臺灣商務印書館, 1983~1986.
- ≪三國志≫, 陳壽(晉) 撰, 裴松之(南朝 宋) 注, 中華書局, 1959.
- ≪資治通鑑釋文≫, 史炤(宋) 撰, 臺灣商務印書館, 1980.
- ≪通鑑釋文辯誤≫, 胡三省(元) 撰, 文淵閣四庫全書 제312책 史部70, 臺灣商務印書館, 1983~1986.
- ≪通鑑五十卷詳節要解≫, 九淵禪師(朝鮮) 著, 국립중앙도서관 소장본.
- ≪通鑑地理通釋≫, 王應麟(宋) 撰, 文淵閣四庫全書 제312책 史部70, 臺灣商務印書館, 1983~1986.
- ≪漢官舊儀≫, 衛宏(漢) 撰, 文淵閣四庫全書 제646책 史部404, 臺灣商務印書館, 1983~1986.
- ≪漢書≫, 班固(後漢) 撰, 中華書局, 2002.
- ≪漢書補註≫, 王先謙(淸) 補注, 王雲五 主編, 臺灣商務印書館, 1968.
- ≪後漢書≫, 范曄(南朝 宋) 撰, 中華書局, 1996.
- ≪後漢書集解≫, 王先謙(淸) 集解, 臺灣商務印書館, 1968.

◇ 子 部

- ≪博物志≫, 張華(晉) 撰, 文淵閣四庫全書 제1047책 子部353, 臺灣商務印書館, 1983～1986.
- ≪呂氏春秋≫, 呂不韋(周) 撰, 文淵閣四庫全書 제848책 子部154, 臺灣商務印書館, 1983～1986.
- ≪說苑≫, 劉向(漢) 撰, 文淵閣四庫全書 제696책 子部2, 臺灣商務印書館, 1983～1986.
- ≪新序≫, 劉向(漢) 撰, 文淵閣四庫全書 제696책 子部2, 臺灣商務印書館, 1983～1986.
- ≪孫子≫, 孫武(周) 撰, 文淵閣四庫全書 제726책 子部32, 臺灣商務印書館, 1983～1986.
- ≪香祖筆記≫, 王士禎(淸) 撰, 文淵閣四庫全書 제870책 子部176, 臺灣商務印書館, 1983～1986.

◇ 研究論著 및 飜譯書

- 加藤繁・公田連太, ≪國譯 資治通鑑≫, 景仁文化社, 1996.
- 權重達, ≪資治通鑑≫ 1～32, 삼화, 2007～2010.
- 김유철・하원수, ≪漢書 外國傳 譯註≫ 上・下, 동북아역사재단, 2009.
- ――――――, ≪後漢書 外國傳 譯註≫ 上・下, 동북아역사재단, 2009.
- 馬建石 主編, ≪文白對照 資治通鑑輯覽≫ 1～36, 國際文化出版公司, 2002.
- 大庭脩, ≪秦漢法制史の研究≫, 倉文社, 1982.
- 渡邊義浩 等, ≪全譯後漢書≫ 1～19, 汲古書院, 2001～2016.
- 成百曉 譯註, ≪譯註 通鑑節要≫ 1～9, 傳統文化研究會, 2005～2011.
- 孫通海・李巨泰 主編, ≪文白對照 資治通鑑綱目≫ 1～5, 長征出版社, 1996.
- 安作璋・熊鐵器, ≪秦漢官制史稿≫, 齊魯書社, 1984.
- 柏楊 編譯, ≪柏楊白話版 資治通鑑≫, 北岳文藝出版社, 2006.
- 李國祥 等, ≪資治通鑑全譯≫, 貴州人民出版社, 1994.
- 李宗侗・夏德儀 等 校註, ≪資治通鑑今註≫ 1～15, 臺灣商務印書館, 1985.
- 資治通鑒新注編纂委員會 編, ≪資治通鑒新注≫ 1～10, 陝西人民出版社, 1998.
- 周天游 校注, ≪後漢紀校注≫, 天津古籍出版社, 1987.
- 池松旭, ≪詳密註釋 通鑑諺解≫, 學民文化社, 1992.
- 張宏儒・沈志華 主編, ≪文白對照全譯 資治通鑑≫ 1～3, 改革出版社 1991.
- 許嘉璐 主編, ≪後漢書全譯≫(二十四史全譯) 1～3, 漢語大詞典出版社, 2004.

◇ 사전 및 공구서

- 施丁・沈志華 共譯, ≪資治通鑑大辭典≫ 上・下, 吉林人民出版社, 1994.
- 梁玉繩 撰, ≪漢書人表考≫, 臺灣商務印書館, 1968.
- 呂宗力 主編, ≪中國歷代官制大辭典≫, 北京出版社, 1994.
- 魏連科 編, ≪漢書人名索引≫, 中華書局, 1979.
- 李波・趙惜微・李曉光 主編, ≪後漢書索引≫, 中國廣播電視出版社, 2006.
- 李曉光・李波 主編, ≪史記索引≫, 中國廣播電視出版社, 1989.
- 中國大百科全書總編輯委員會 編, ≪中國大百科全書≫, 中國大百科全書出版社, 2009.
- 中國歷史大辭典編纂委員會 編, ≪中國歷史大辭典≫, 上海辭書出版社, 2000.
- 鍾華 編, ≪史記人名索引≫, 中華書局, 1977.
- 倉修良 主編, ≪史記辭典≫, 山東教育出版社, 1991.
- ―――――, ≪漢書辭典≫, 山東教育出版社, 1996.
- 貝塚茂樹 等 編, ≪アジア歷史事典≫, 平凡社, 1952~1962.
- 洪業 等 編, ≪漢書及補注綜合引得≫, 上海古籍出版社, 1988.

◇ 데이터베이스(DB) 자료

- 한국고전종합DB(http://db.itkc.or.kr)
- 동양고전종합DB(http://db.cyberseodang.or.kr)
- 電子版 文淵閣四庫全書, 上海古籍出版社.
- 상우천고(http://www.s-sangwoo.kr)

◇ 年表 관련 자료

- 松丸道雄 等 編, ≪中國史 1≫, 山川出版社, 2003.
- 沈起煒, ≪中國歷史大事年表≫, 上海辭書出版社, 2001.
- 柏楊, ≪中國歷史年表 上・下≫, 南海出版社, 2006.
- 金文京, ≪中國の歷史 -三國志の世界≫, 講談社, 2005.

目 次

思政殿訓義 資治通鑑綱目 제12권 하

漢 靈帝 中平 6년(189)~漢 獻帝 初平 4년(193)

【綱】 가을 7월에 大將軍 何進이 董卓을 불러서 동탁이 군대를 거느리고 京師에 이르자, 何太后가 詔令을 내려 환관들을 파면하였다.

8월에 환관 張讓 등이 궁에 들어가서 하진을 죽이고 태후와 황제를 겁박하여 궁을 나가 黃河의 가에 이르렀는데 司隸校尉 袁紹가 환관들을 잡아서 모조리 주살하니, 황제가 還宮하여 동탁을 司空으로 삼았다.

秋七月에 **大將軍進**이 **召董卓**하여 **將兵詣京師**하니 **太后詔罷諸宦官**하다 **八月**에 **宦官張讓等**이 **入宮殺進**하고 **劫太后, 帝**하여 **出至河上**이어늘 **司隸校尉袁紹 捕宦者**하여 **悉誅之**하니 **帝還宮**하여 **以卓爲司空**[1]하다

---

1) 秋七月……以卓爲司空 : "董卓에 대해 앞에서는 '將軍'이라고 썼는데, 여기에서는 어찌하여 쓰지 않았는가. 이때에 황제가 동탁을 누차 불러 관직을 임명하였으나 詔令을 받들지 않아서이다. 곧바로 '董卓'이라 쓰고 '何進이 불렀다.'를 그 앞에 놓은 것은 하진을 죄책한 것이니, 漢나라의 禍는 하진이 만든 것이다.

○ '詔令을 내려 환관들을 파면하였다.'라고 썼는데, 張讓 등에 대해 어찌하여 다시 '宦官'이라고 썼는가. 환관들을 강력하게 대처하지 않음을 비판한 것이다. 여기에서 '太后가 詔令을 내려 다시 入直하게 한 것'은 쓰지 않고, '들어왔다〔入〕'라고 쓴 것은 장양 등을 미워한 말이다.

○ 이때에 袁紹가 군대를 무장하여 환관들을 붙잡아 老少를 막론하고 모두 죽이고 나아가 궁 안을 공격하자 張讓 등이 황제를 모시고 걸어서 나갔는데, 여기에 먼저 '황제를 겁박하여 궁을 나갔다.〔帝出〕'라고 쓴 것은 어째서인가. 황제가 궁 밖을 이리저리 떠돌아다닌 것〔播蕩〕을 가지고 원소에게 잘못을 돌리지 않은 것이고, 환관을 '주살하였다〔誅〕'라고 쓴 것은 환관을 죄책한 것이다. 그렇다면 원소에 대해서는 폄하함이 없는가. '환관 장양 등이 황제를 겁박하여 궁을 나가 黃河 가에 이르렀는데 원소가 환관들을 잡아서 모조리 주살하였다.'라고 썼으니, 그렇다면 그의 전횡하고도 참람한 죄가 드러난 것이다. ≪資治通鑑綱目≫이 끝날 때까지 환관을 주살함을 쓴 경우가 4번인데, 이긴 경우가 2번이다. 漢나라에서 '悉誅'라고 쓴 것과 唐나라에서 '大誅'라고 쓴 것은 모두 이를 심하게 여긴 말이다.〔卓前書將軍矣 此則曷爲不書 於是卓累徵拜 不奉詔也 直書董卓 而冠之以進召 罪進也 漢之禍 進爲之 ○ 書詔罷宦官矣 張讓等曷爲復以宦官書 譏不力也 於是太后詔復入直 不書 書入 惡(오)辭也 ○ 於是紹勒兵捕宦者 無少長皆殺之 進攻省內 讓等將帝步出 此其先書帝出 何 不以播蕩昗紹也 宦者書誅 罪之也 然則紹無貶歟 書帝出河上 紹捕宦者悉誅之 則其專且濫之罪著矣 終綱目 書誅宦官四 其克者二 漢書悉誅 唐書大誅 皆甚之之辭也〕" ≪書法≫

"何進의 이러한 擧措는 바로 烏喙(附子)를 마셔서 병을 치료하는 것이다. 병이 제거되기 전에 약의 해독이 사람을 죽이니, 곧 마시지 않는 것이 낫다. ≪資治通鑑綱目≫에서 '하진이 동탁을 불렀

【目】 袁紹가 何進을 다음과 같이 설득하였다.

“예전에 竇武가 황제의 총애를 받는 환관들을 주살하고자 하다가 도리어 그들에게 살해를 당했던 것[2]은 다만 계획이 누설되고 五營[3]의 병사들이 모두 환관에게 복종하고

다.'라고 썼으니, 그렇다면 하진이 비록 그 책임을 회피하고자 하더라도 그렇게 할 수 있겠는가.

○ ≪春秋≫에 '天王이 〈밖으로〉 나가서 鄭나라에 거처하였다.'라고 썼는데, 傳을 지은 자가 '天子는 나감〔出〕이 없으니 나감은 천하를 잃은 것이다.' 하였다. 무릇 王者는 밖이 없어서〔無外〕 四海를 집으로 삼아 어루만지는데, '나갔다'라고 특별히 쓴 것은 傾覆의 禍를 드러내고 播遷의 치욕을 보인 것이다. 漢나라는 安帝와 順帝 이후로 환관을 총애하고 신임하기를 心腹을 보호하는 것처럼 하였고, 桓帝와 靈帝에 이르러서는 날로 더욱 심하였다. 그리하여 조정의 기강을 혼탁하게 하고 어지럽히며 천하에 해독을 끼쳐서 현인과 군자가 나오면 조정에 용납되지 못하고 물러나면 초야에서도 용납되지 못하였는데, 저 환관들은 한창 뿌리를 내리고 똬리를 틀어서 점점 종기처럼 잠식하여 혹이 목에 붙어 있는 것과 같아서, 큰 붕괴와 극심한 혼란에 이르지 않으면 그치지 않았다. ≪資治通鑑綱目≫에서 쓸 적에 첫 번째도 '환관'이라 하였고 두 번째도 '환관'이라 하여 책에 자세히 드러냈으니, 이는 혼란과 멸망의 근본을 보여서 萬世의 경계로 삼은 것이다. 후세에 近習(환관)의 신하를 총애하는 자가 어찌 또한 이로써 거울을 삼지 않겠는가.〔進之此擧 乃飮烏喙而攻疾耳 疾未去而藥殺人 曾不如不飮之爲愈也 綱目書進召董卓 則進雖欲辭其責 尙可得乎 ○ 春秋書天王出居于鄭 傳者曰 天子無出 出 失天下也 夫王者無外 家撫四海 而特書曰出者 著傾覆之禍 示播遷之辱也 漢自安順以來 寵信宦者 如護心腹 至桓靈則日益甚矣 濁亂朝綱 荼毒四海 賢人君子進則不容於朝 退則不容於野 而彼方根據蟠結 疽食浸淫 如癭之附於頸 不至於大壞極亂而不止 綱目書之 一則曰宦官 二則曰宦官 詳著于冊 所以示亂亡之本 爲萬世之戒也 後之寵愛近習者 盍亦以是爲鑑乎〕” ≪發明≫

書法은 '筆法'이란 말과 같다. 朱子는 ≪資治通鑑綱目≫을 편찬할 적에 孔子의 ≪春秋≫ 筆法을 따라 綱과 目으로 나누었는바, 綱은 ≪春秋≫의 經文을, 目은 ≪春秋左氏傳≫의 傳文을 따랐다. ≪資治通鑑綱目≫의 筆法을 밝힌 것으로는 劉友益(宋)의 ≪綱目書法≫, 尹起莘(宋)의 ≪綱目發明≫이 그 대표작이라 할 수 있는데, 이 두 책은 현재 淸나라 聖祖(康熙帝)가 엮은 ≪御批資治通鑑綱目≫에 모두 수록되어 있다. 이 필법은 綱에 주안점이 맞춰져 있는데, 우리나라 학자들이 특별히 이 ≪자치통감강목≫을 愛讀한 이유는 바로 이 필법에 있다. ≪어비자치통감강목≫에는 이외에도 汪克寬(元)의 ≪綱目凡例考異≫ 등 많은 내용이 수록되어 있으나, 본서에서 다 소개하지 못하고 ≪강목서법≫과 ≪강목발명≫의 중요한 것만을 발췌하여 수록하였다. 또한 陳濟(明)의 ≪資治通鑑綱目集覽正誤≫를 인용하여 오류를 바로잡기도 하였다. 본고에서는 각각 ≪書法≫, ≪發明≫, ≪正誤≫로 요약하여 표기하였다.

2) 예전에……것 : 竇武(?~168)의 字는 游平으로, 後漢 초엽의 名臣인 竇融의 玄孫이다. 延熹 8년(165)에 두무의 장녀 竇妙가 貴人으로 뽑혀 궁으로 들어가자 두무는 郎中이 되었다. 이해에 桓帝가 竇貴人을 皇后로 삼자, 두무는 越騎校尉로 승진하고 槐里侯에 봉해졌다. 이때 桓帝가 親政하는 과정에서 공을 세운 환관들이 국정을 천단하자, 名望이 높은 李膺, 范滂, 陳蕃 등이 태학생들과 함께 淸流라 자칭하며 환관들과 대립하였다. 이에 환관들이 환제를 부추겨 延熹 9년(166) 청류의 黨人 2백여 명을 체포하고 다음 해에 금고령을 내려 이들을 종신토록 관리가 되지 못하게 하였는바, 이것이 제1차 黨錮의 옥사이다. 환제가 후사 없이 죽자, 두무는 두황후와 일을 꾸며 12세의 解瀆亭侯 劉宏을 황제로 즉위시키니, 이가 바로 靈帝(168~189)이다. 두무가 대장군이 되어 군권을 장악하고 진번과 함께 환관들을 모두 죽이려 하다가 도리어 반역죄로 몰려 멸족의 禍를 당하였다. 이때 두무가 兵營에 들어가 北軍의 五校尉의 병사 수천 명을 불러 모아 都亭에 주둔하였는데, 환관들이 張奐을 시켜 五營의 일부 병사들을 거느리고 두무를 토벌하게 하고, 또 환관들이 병사 천여 명을 거느리고 장환과 합세하여 두무의 병사들에게 큰소리로 고함치기를 “너희들은 禁軍으로서 와 마땅히 宮省을 호위해야 하는데 무슨 이유로 두무를 따라 반란하는가.” 하니, 營府의 병사들이 평소 환관을 두려워

그들을 두려워하였는데 竇氏가 도리어 그들을 이용하려 하다가 재앙과 멸망을 자초하는 데 말미암은 것입니다. 지금 장군의 형제가 함께 禁軍의 정예 부대를 통솔하고, 부하로 있는 장수와 관리들이 모두 영민하고 준수한 名士인데다가 장군을 위하여 기꺼이 힘과 목숨을 다하고자 하여 일이 장군의 통제하에 있습니다. 이는 하늘이 돕는 시기이니, 놓쳐서는 안 됩니다."

하진이 이에 太后에게 아뢰어 中常侍 이하의 환관들을 모두 파면하고 三署의 郎官[4]으로 그들의 직무를 대신하게 할 것을 청하였는데, 태후가 말하기를 "中官(宦官)이 禁省(궁중)을 관리하는 것은 우리 漢나라의 전통이다. 또 先帝께서 이제 막 천하를 버리셨으니, 내가 어찌 楚楚하게 士人(男子)들과 더불어 함께 일을 처리하겠는가." 하였다.

袁紹說(세)何進曰 前竇武欲誅內寵而反爲所害者는 但坐言語漏泄이요 五營兵士 皆服畏中人이어늘 而竇氏反用之하여 自取禍滅이라 今將軍兄弟 竝領勁兵하고 部曲[5]將吏 皆英俊名士라 樂(락)盡力命하여 事在掌握하니 此天贊之時니 不可失也니라 進이 乃白太后하여 請盡罷中常侍以下하고 以三署郎補其處①한대 太后曰 中官이 統領禁省은 漢家故事也라 且先帝新棄天下하시니 我奈何楚楚與士人共對事乎②리오

① 三署郎은 五官署의 郎과 左, 右署의 郎이니, 光祿勳에 속하였다.
三署郎, 五官署郎及左右署郎也, 屬光祿勳.

② 楚楚는 鮮明한 모습이다. 일설에 "楚楚는 처참하고 고통스러운 뜻을 이른 듯하니, 윗글의 '先帝께서 이제 막 천하를 버리셨다.'를 이어서 말한 것이다." 하였다
楚楚, 鮮明貌. 一說, 楚楚, 似謂悽愴苦楚之意, 承上文先帝新棄天下而言.

하고 복종하였으므로, 두무의 병사들이 차츰 환관들의 편에 서서 두무의 거사 계획이 실패하였다. 이에 환관들이 다시 득세하여 이응, 杜密 등을 주륙하고 당인과 태학생들을 대거 체포하였으며 이들과 관련이 있는 자들을 모두 폐출하거나 금고하였는바, 이것이 제2차 黨錮의 옥사이다.(≪後漢書≫ 권97 〈黨錮列傳〉, 권99 〈竇武列傳〉)

3) 五營 : 屯騎, 越騎, 步兵, 長水, 射聲의 다섯 校尉가 통솔하는 부대를 가리킨다.

4) 三署의 郎官 : '三署'는 漢나라 때의 五官署, 左署, 右署를 합하여 이른 것이다. ≪後漢書≫ 권4 〈和帝紀〉에 "三署의 郎官을 데려와 禁中에서 불러 보았다.〔引三署郎 召見禁中〕" 하였는데, 이에 대한 李賢의 注에 인용한 ≪漢官儀≫에 "三署는 五官署와 左·右署를 이르니, 각각 中郎將을 두어서 맡게 하였다. 郡國에서 孝廉을 천거하여 삼서의 낭관을 보임하였는데, 50세 이상인 자는 오관서에 소속시키고 그 다음은 나누어서 左·右署에 소속시켰다. 각 署에는 中郎, 議郎, 侍郎, 郎中의 네 등급이 있는데 정해진 인원수는 없었다.〔三署謂五官署也左右署也 各置中郎將以司之 郡國擧孝廉以補三署郎 年五十以上屬五官 其次分在左右署 凡有中郎議郎侍郎郎中四等 無員〕"라고 설명하였다.

5) 部曲 : 大將軍의 營이 五部이고 部에는 校尉가 한 명 있다. 部 아래에는 曲이 있는데, 曲에는 軍候가 한 명 있다.(≪後漢書≫ 권34 〈百官志〉) 將軍의 휘하 부대를 部曲이라 하므로 將軍의 부하로 번역하였다.

【目】何進이 太后의 뜻을 어기기 어려워서 우선 환관 중에 가장 방종한 자를 주살하고자 하였는데, 태후의 모친 舞陽君과 아우 何苗가 환관들의 뇌물을 받고서 자주 태후에게 아뢰어 환관들의 보호막이 되어서 말하기를 "대장군이 멋대로 사람을 죽이고 권력을 천단하여 社稷을 약화시킨다." 하니, 태후가 그 말을 옳다고 여겼다.

하진이 또 이제 막 존귀해졌고 평소 환관을 공경하고 두려워하여 비록 겉으로는 환관을 제거한다는 대의명분을 사모하였지만 마음속으로는 결단을 내리지 못하였기 때문에 일이 오래도록 결정되지 못하였다.

進이 難違太后意하여 且欲誅其放縱者로되 而太后母舞陽君及弟苗 受宦官賂遺하고 數(삭)白太后하여 爲其障蔽하여 言大將軍이 專殺擅權하여 以弱社稷이라한대 太后以爲然①이러라 進이 又新貴하고 素敬憚中官이라 雖外慕大名이나 而內不能斷이라 故로 事久不決이러라

① 〈"太后母舞陽君"은〉 何太后가 皇后가 되자 황후의 부친 何眞에게 追號를 올려 舞陽侯라고 하였기 때문에 이로 인하여 그녀(황후의 모친)의 호로 삼은 것이다.
何后立, 追號后父眞爲舞陽侯, 故因以爲號.

【目】袁紹 등이 또다시 何進을 위해 계책을 꾸며서, 그에게 사방의 猛將들을 많이 불러와 그들로 하여금 함께 군대를 인솔하여 도성으로 향해서 태후를 협박하게 할 것을 권하니, 하진이 이를 옳게 여겼다.

그러자 主簿 陳琳이 다음과 같이 간하였다.

"속담에 '눈 가리고 참새 잡기[6]'라는 말이 있으니, 저런 미물에 대해서도 오히려 속임수로 뜻을 이룰 수 없는데 더구나 국가의 대사를 속임수로 이룰 수 있겠습니까. 지금 장군께서는 한 몸에 황실의 위세를 총괄하고 병권을 장악하여 용처럼 머리를 치켜들고 범처럼 활보하여 일을 마음대로 처리하시니, 환관들을 제거하는 일은 큰 화로의 불에 부채질하여 머리털을 태우는 것처럼 쉬울 뿐입니다. 다만 천둥과 벼락처럼 용맹한 군대를 신속히 출동시켜 권세를 행하여 즉시 결단해야 하니, 그러면 하늘과 사람이 따를 것입니다. 그런데 도리어 利器(兵權)를 놓아버리고 다시 외부의 원조를 구하니, 각지의 큰 병력이 모이게 되면 강한 자가 영웅이 될 것입니다. 이것은 이른바 '干戈를 거꾸로 잡아서 남에게 칼자루를 준다.'는 것이니, 반드시 성공하지 못하고 다만 禍亂의 단서가 될 뿐입니다."

---

6) 눈……잡기 : 자기 눈을 가리고 참새를 잡는다는 뜻으로 자신을 속이는 미련한 행위를 가리키는바 "귀 막고 방울을 훔친다.〔掩耳盜鈴〕"는 속담과 비슷하다.

그러나 하진이 듣지 않았다.

紹等이 又爲畫策①호되 多召四方猛將하여 使竝引兵向京城하여 以脅太后한대 進이 然之러니 主簿陳琳이 諫曰 諺稱掩目捕雀이라하니 夫微物도 尙不可欺以得志어든 況國之大事를 其可以詐立乎잇가 今將軍이 總皇威하고 握兵要하여 龍驤虎步하여 高下在心하니 此猶鼓洪爐燎毛髮耳②라 但當速發雷霆하여 行權立斷이면 則天人順之어늘 而反委釋利器하고 更徵外助③하시니 大兵聚會에 彊者爲雄이라 所謂倒持干戈하여 授人以柄이니 功必不成이요 祇爲亂階耳④리이다 進이 不聽하다

何進이 十常侍를 죽일 것을 모의하다

① 爲(위하다)는 去聲이다.
爲, 去聲.

② 불에 부채질하여 불길이 치솟도록 하는 것을 鼓라고 한다.
扇熾其火, 謂之鼓.

③ 利器는 兵柄(兵權)을 이른다.
利器, 謂兵柄也.

④ ≪漢書≫에 "梅福이 말하였다. '秦나라가 太阿劍을 거꾸로 쥐고서 楚나라(項羽)에게 그 칼자루를 내주었다.'" 하였다.7)
前書 "梅福曰 '倒持太阿, 授楚其柄.'"

7) 漢書에……하였다 : 太阿는 名劍의 이름으로 '泰阿'라고도 표기하는바, 이는 자신의 권력을 다른 사람에게 맡겨줌을 비유하는 말이다. 南昌尉를 지낸 梅福이 成帝에게 올린 上書에 "秦나라의 경우에는 그렇지 아니하여 비방하는 法網을 펼쳐서 漢나라를 위하여 백성들을 몰아주고, 泰阿劍을 거꾸로 쥐고서 楚나라(陳勝과 項羽)에게 그 칼자루를 내주었습니다.〔至秦則不然 張誹謗之罔 以爲漢敺除 倒持泰阿 授楚其柄〕"라고 하였는데, 이에 대한 顔師古의 注에 "泰阿는 劍의 이름이니, 春秋時代 越나라의 名匠인 歐冶가 주조한 것이다. 이는 秦나라가 無道하여 楚나라의 陳涉(陳勝)과 項羽로 하여금 틈을 타고 봉기하게 하였으니, 이는 劍을 거꾸로 잡아 그 자루를 남에게 주었음을 비유한 것이다.〔泰阿 劍名 歐冶所鑄也 言秦無道 令陳涉項羽 乘間而發 喩倒持劍而以把授與人也〕"라고 설명하였다.(≪漢書≫ 권67 〈梅福列傳〉)

【目】 曹操는 이 말을 듣고 웃으며 다음과 같이 말하였다.

"환관이라는 것은 예나 지금이나 모두 있어야 하는 것이다. 다만 세상의 군주가 그들에게 권세와 총애를 내려주어서 이러한 지경에 이르지 않게 해야 할 뿐이다. 이미 환관들의 죄를 다스리고자 한다면 마땅히 元惡(首惡, 元兇)을 주벌해야 할 것이니, 이는 한 명의 獄吏만 있으면 충분하다. 어찌하여 분분하게 외부의 군대를 부르기까지 한단 말인가. 환관들을 다 죽이고자 한다면 일이 반드시 탄로될 것이니, 내 그 실패함을 볼 것이다."

曹操聞而笑曰 宦者之官은 古今宜有로되 但世主不當假之權寵하여 使至於此라 旣治其罪면 當誅元惡이니 一獄吏足矣라 何至紛紛召外兵乎리오 欲盡誅之인댄 事必宣露니 吾見其敗也라하더라

【目】 처음에 靈帝가 董卓을 불러서 少府로 삼았는데, 동탁이 上書하여 아뢰기를 "臣이 거느리고 있는 湟中의 義從[8] 및 秦과 胡의 병사들이 모두 신에게 찾아와 말하기를 '俸祿과 賞賜가 끊겨서 처자식이 굶주리고 추위에 떨고 있다.' 하고 신의 수레를 잡아끌어서 갈 수 없게 하였습니다." 하였다.

황제의 병이 위독해지자, 璽書(친서)를 내려 동탁을 幷州牧에 임명하고 그의 군대를 皇甫嵩에게 배소하도록 명령하였는데, 동탁이 다시 상서하여 아뢰기를 "士卒들이 신의 양육해준 은혜를 연모하니, 바라옵건대 그들을 거느리고 北州(북쪽 지방)로 가서 변방에서 조정을 위해 온 힘을 다하도록 해주소서." 하였다.

初에 靈帝徵董卓爲少府한대 卓이 上書言호되 所將湟中義從及秦·胡兵이 皆詣臣하여 言 稟(름)賜斷絶하여 妻子飢凍이라하고 牽挽臣車하여 使不得行①이라하다 及帝寢疾에 璽書拜卓幷州牧하고 令以兵屬皇甫嵩한대 卓이 復上書言호되 士卒이 戀臣畜養之恩하니 乞將之北州하여 效力邊垂②라하다

① 稟(봉록)은 廩으로 읽는다.
稟, 讀曰廩.

② 將은 본음대로 읽는다. 또는 卽亮의 切이다.[9] 之는 감이다.

---

8) 義從 : 漢나라와 魏나라 때에 胡人이나 羌人 등 북쪽과 서쪽의 이민족으로서 中原에 歸附한 자들, 또는 그들로 구성된 군대를 일컫던 말로, 이는 '正義에 歸附하여 命을 따른다.〔歸義從命〕'는 뜻을 취한 것이다. 胡三省의 註에서는 "義從은 스스로 떨쳐 일어나 따르기를 원하는 자이다. 혹자는 말하였다. '義從의 오랑캐이다.'〔義從 自奮 願從行者 或曰義從胡也〕"라고 설명하거나 "義로써 종군함을 말한 것이다.〔言其以義從軍也〕"라고 설명하여 주로 '自願하여 從軍하는 자'로 해석하고 있다.

9) 將은……切이다 : 如字는 한 글자에 여러 독음이 있는 경우 본음대로 읽으라는 것이다. 또한 切은 反切音을 표시한 것이다. '反(번)'은 뒤집는다(되치다)는 뜻으로 번역을 의미하고, '切'은 자른다는 의미이다. 앞 글자의 初聲을 따고 뒷글자의 中聲과 終聲을 따서 읽는다. 將은 본래의 음대로 읽으면 平

將, 如字. 又卽亮切. 之, 往也.

【目】皇甫嵩의 從子(조카) 皇甫酈(황보력)이 황보숭을 다음과 같이 설득하였다.

"大人께서 董卓과 이미 원한을 맺었으니, 형편상 함께 존재할 수 없습니다. 동탁이 황제의 명을 받고 병권을 내놓아야 하는데, 동탁이 글을 올려 스스로 〈군대를 거느리고 北州로 갈 것을〉 청하였으니 이는 황제의 명령을 거스른 것이고, 동탁이 京師의 정국이 혼란해질 것을 헤아렸기 때문에 감히 주저하며 나오지 않으니 이는 간사한 마음을 품은 것입니다. 또한 동탁은 흉포하고 잔인하여 친한 이가 없어서 휘하의 장병들이 그에게 진심으로 歸附하지 않습니다. 대인께서는 지금 元帥의 몸이시니, 나라의 위엄에 의지하여 그를 토벌하면 이루지 못할 바가 없을 것입니다."

이에 황보숭이 말하기를 "동탁이 황제의 명령을 어긴 것은 비록 죄가 되지만 내가 멋대로 그를 주살하는 것 역시 죄가 되니, 차라리 드러내놓고 황제께 아뢰어 조정이 裁決하도록 하는 것이 낫다." 하고 이에 上書하여 아뢰었다. 그러자 황제가 이로써 동탁을 꾸짖으니, 동탁이 또한 詔書를 받들지 않고 군대를 河東에 주둔하였다.

嵩從子酈이 說(세)嵩曰 大人이 與卓怨隙已結하니 勢不俱存이라 卓이 被詔委兵이어늘 而上書自請하니 此는 逆命也요 彼度(탁)京師政亂故로 敢躊躇不進하니 此는 懷姦也라 且凶戾無親하여 將士不附하니 大人이 今爲元帥하여 杖國威以討之하시면 無不濟也①리이다 嵩曰 違命이 雖罪나 專誅亦有責也②니 不如顯奏하여 使朝廷裁之라하고 乃上書以聞한대 帝以讓卓하니 卓이 亦不奉詔하고 駐兵河東이러라

① 皇甫嵩이 王國을 토벌할 때에 군대를 감독하였기 때문에 元帥라고 한 것이다.[10]
嵩討王國時爲督, 故曰元帥.

② 동탁이 병권을 내놓지 않음은 '황제의 명령을 거스른 것'이 되고, 황보숭이 마음대로 동탁을 토벌함은 '멋대로 주살하는 것'이 된다.
卓不釋兵爲違命, 嵩擅討卓爲專誅.

【目】이때에 이르러 何進이 董卓을 불러서 군대를 거느려 京師에 오게 하였다. 尙書 鄭

聲으로 '인솔하다', '데리고 가다'의 뜻이며, '卽亮의 切'은 去聲으로, '將帥' 또는 '장수로서 통솔하거나 지휘함'을 뜻한다.

10) 皇甫嵩이……것이다 : 中平 5년(188) 11월에 凉州叛軍의 首領인 王國이 陳倉을 포위하자 靈帝가 황보숭을 左將軍으로 삼아 前將軍 董卓을 감독하여 통솔하게 한 일을 가리킨 것이다.(≪後漢書≫ 권101 〈皇甫嵩列傳〉, ≪資治通鑑≫ 권59 漢 靈帝)

泰와 盧植이 모두 〈동탁을 불러들여서는 안 된다고〉 간하였으나 하진이 이를 따르지 않았다. 정태가 마침내 관직을 버리고 떠나갈 적에 荀攸에게 이르기를 "何公은 보좌하기가 쉽지 않은 사람이다." 하였다.

하진이 騎都尉 鮑信에게 泰山에서 군사를 모집하게 하고, 아울러 東郡太守 橋瑁를 불러 군대를 成皐에 주둔시키고, 武猛都尉 丁原에게 수천 명을 거느리고 가서 河內를 노략질하고 孟津을 불태우게 해서 그 불빛이 곧바로 낙양성 안을 비추자, 이는 모두 환관을 주살하려는 것이라고 말하였다.

동탁이 부름을 듣고서 즉시 길에 오르면서 아울러 상서하기를 "張讓 등이 황제의 총애를 도둑질하고 이용하여 온 천하를 혼탁하게 하고 어지럽히고 있습니다. 臣이 듣건대 '끓는 물을 퍼냈다가 다시 부어 끓는 것을 막음은 솥 밑의 장작을 빼는 것만 못하고, 종기를 터뜨리는 것은 비록 아프지만 종기가 안으로 살을 파먹어 들어가는 것보다는 낫다.'고 하였습니다. 지금 臣이 곧 종과 북을 울리며 雒陽에 가서 장양 등을 체포하여 간사함과 더러움을 깨끗이 제거할 것을 청합니다." 하였으나 太后가 여전히 따르지 않았다.

至是에 何進이 召之하여 使將兵詣京師한대 尙書鄭泰, 盧植이 皆諫이나 進이 不從하니 泰乃棄官去할새 謂荀攸曰 何公을 未易輔也라하니라 進이 使騎都尉鮑信으로 募兵泰山①하고 幷召東郡太守橋瑁하여 屯成皐②하고 使武猛都尉丁原으로 將數千人하여 寇河內하고 燒孟津하여 火照城中하니 皆以誅宦官爲言③이러라 董卓이 聞召하고 卽時就道하고 幷上書曰 張讓等이 竊倖承寵하여 濁亂海內하니 臣聞揚湯止沸은 莫若去薪④이요 潰癰雖痛이나 勝於內食⑤이라하니이다 今輒鳴鍾鼓하고 如雒陽하여 請收讓等하여 以淸姦穢라한대 太后猶不從⑥하다

① 鮑信은 泰山 사람이다.
信, 泰山人也.

② 瑁는 음이 冒이다.
瑁, 音冒.

③ 武猛은 武藝가 있어서 용맹한 자를 이르니, 그 아름다운 명칭을 취하여서 관직을 명명한 것이다.
武猛, 謂有武藝而勇猛者, 取其嘉名, 因以名官.

④ 〈"揚湯止沸 莫若去薪"은〉 ≪漢書≫에 "枚乘이 吳王에게 간하기를 '끓는 물을 식히려고 할 적에 한 사람이 불을 때면 백 사람이 저어도 무익하니, 장작을 넣는 것을 멈추고 불을 끄는 것만 못합니다.'라고 했다." 하였다. 滄은 測亮의 切이니, 차가움이다.
前書 "枚乘諫吳王曰 '欲湯之滄, 一人炊之, 百人揚之, 無益也, 不如絶薪止火而已.'" 滄, 測亮

切, 寒也.

⑤ 〈"潰癰雖痛 勝於內食"은〉 종기가 곪아서 터뜨리는 것이 비록 아프지만 안으로 살을 파먹어 들어가 점점 커지는 것보다는 나음을 말한 것이다.
言癰疽蘊結, 破之雖痛, 勝於內食肌肉, 浸淫滋大也.

⑥ "鳴鍾鼓(종과 북을 울리는 것)"는 그 죄를 성토한 것이다.
鳴鍾鼓者, 聲其罪也.

【目】 何苗가 何進에게 이르기를 "우리들은 처음에 빈천한 출신으로 宮禁 안의 환관들에게 의지해서 부귀를 이루었습니다. 국가의 일을 또한 어찌 쉽게 해결할 수 있겠습니까. 마땅히 깊이 잘 생각해야 할 것입니다." 하였다.

董卓의 군대가 澠池(면지)에 이르렀는데, 하진이 다시 의심하여 사자를 보내어 황제의 詔書를 내려서 동탁의 진군을 중지시켰다. 그러자 袁紹는 하진이 당초의 계획을 바꿀까 두려워하고 이로 인하여 하진에게 다음과 같이 협박하였다.

"서로 틈이 이미 벌어졌고 형세가 이미 드러났으니, 장군은 다시 무엇을 기다리고자 하여 속히 결단하지 않습니까. 거사에 시간을 너무 오래 끌어서 변란이 생기면 다시 竇武처럼 禍를 당할 것입니다."

何苗謂進曰 始以貧賤으로 依省內以致富貴[①]하니 國家之事 亦何容易(이)리오 宜深思之니이다 卓이 至澠(면)池러니 而進이 更狐疑하여 遣使(시)宣詔止之한대 袁紹懼進變計하여 因脅之曰 交構已成하고 形勢已露하니 將軍이 復欲何待而不早決之乎아 事久變生이면 復爲竇氏矣리라

① 依는 본음대로 읽으니, 의지하여 좇음이다. 〈"依省內以致富貴"는〉 何太后가 환관을 통해서 皇后에 오를 수 있었고, 何進 형제가 이로써 부귀를 이루었음을 말한 것이다.
依, 如字, 倚附也. 言何后因宦官得進, 進兄弟以此致富貴也.

【目】 何進이 이에 袁紹를 司隷校尉로 삼고 王允을 河南尹으로 삼으니, 袁紹가 董卓을 재촉하여 驛馬를 급히 달려 글을 올려서 平樂觀으로 진군하고자 한다고 아뢰게 하였다. 太后가 이에 두려워하여 中常侍와 小黃門을 모두 파직시켜 고향 집으로 돌아가게 하자, 환관들이 모두 하진에게 나아가 사죄하며 오직 조치하는 대로 따르겠다고 하였다. 그러자 하진이 그들에게 이르기를 "천하가 흉흉한 것은 바로 그대들을 근심 걱정하기 때문이다. 이제 동탁이 곧 올 것인데, 그대들은 어찌하여 조속히 각각 封國으로 나아가지 않는가." 하였다.

원소가 하진에게 이 기회를 틈타 환관들을 제거할 계획을 결행하도록 여러 번 권하였으나 하진이 이를 허락하지 않으니, 계획이 적잖이 누설되었다.

進이 於是에 以紹爲司隷校尉하고 王允爲河南尹①하니 紹促董卓하여 使馳驛上奏호되 欲進兵平樂(락)觀이라하여늘 太后乃恐하여 悉罷中常侍, 小黃門하여 使還里舍하니 皆詣進謝罪하여 唯所措置라한대 進이 謂曰 天下匈匈은 正患諸君耳라 今董卓이 垂至하니 諸君이 何不早各就國고 袁紹勸進하여 便於此決之再三호되 不許러니 謀頗泄이러라

① 〈"以紹爲司隷校尉"는〉 ≪資治通鑑≫에 "袁紹를 司隷校尉로 삼고 符節을 빌려주어〔假節〕[11] 황제의 지시를 받지 않고 곧바로 죄인들을 체포하고 처단할 수 있는 권한을 주었다."로 되어 있다.
通鑑 "以紹爲司隷校尉, 假節, 專命擊斷."

【目】 張讓의 며느리는 太后의 여동생이다. 장양이 태후에게 머리를 조아리며 이르기를 "老臣이 죄를 지어서 응당 며느리와 함께 고향 집으로 돌아가야 하니, 다시 한 번만 入直하여 잠시 동안 삼가 태후의 안색을 바라본 뒤에 물러나와 溝壑으로 나아갈 수 있게 해주십시오. 그러면 죽어도 여한이 없겠습니다." 하였다. 태후가 이에 詔令을 내려 모두 다시 입직하게 하였다.

何進이 長樂宮에 들어가서 태후에게 아뢰어 常侍들을 모두 주살할 것을 청하였는데, 장양과 段珪가 서로 이르기를 "대장군은 병이 있다고 핑계 대고서 先帝의 喪事에 참여하지 않았고 葬地까지 靈柩를 전송하지도 않았는데, 지금 갑자기 궁에 들어왔으니, 이는 무슨 의도인가?" 하고 사람을 시켜 몰래 엿듣고서 하진이 말한 내용을 자세히 보고하게 하였다. 이에 장양 등이 그 무리 수십 명을 인솔하여 병기를 휴대하고서 殿門 아래에 매복하였다가 하진을 斬殺하고 즉시 詔書를 만들어서 樊陵을 司隷校尉로 삼고 許相을 河南尹으로 삼았다.

그러자 尙書가 이를 의심하여 말하기를 "대장군(하진)이 나오면 함께 의논해보겠다." 하였는데, 中黃門이 하진의 머리를 던져주며 말하기를 "하진은 반역을 꾸며서 이미 伏誅를 당했다." 하였다.

---

11) 符節을 빌려주어〔假節〕 : 임시로 符節을 빌려주어 황제의 명령을 수행했음을 이르는바, 漢나라 말엽과 魏晉南北朝 시기에는 하나의 제도로 고정되어 지방의 軍政을 관장한 관리에게 종종 使持節, 持節, 假節이라는 칭호를 붙였는데, 使持節은 中級 이하의 관리를 주살할 수 있고 持節은 관직이 없는 사람을 죽일 수 있고 假節은 軍令을 어긴 자를 죽일 수 있었다.

張讓子婦는 太后之妹也라 讓이 叩頭謂曰 老臣이 得罪하여 當與新婦로 俱歸私門하니 願復一入直하여 得暫奉望太后顔色然後에 退就溝壑이면 死不恨矣로이다 太后乃詔皆復入直하다 進이 入長樂宮하여 白太后하여 請盡誅諸常侍한대 張讓, 段珪相謂曰 大將軍이 稱疾하여 不臨喪하고 不送葬이러니 今欻(훌)入省하니 此意何爲①오하고 使潛聽하여 具聞其語하다 乃率其黨數十人하여 持兵伏省戶下라가 斬進하고 卽爲詔하여 以樊陵爲司隷하고 許相爲河南尹한대 尙書疑之하여 曰 請大將軍出共議하노라 中黃門이 以進頭擲與曰 何進이 謀反하여 已伏誅矣라하니라

① 欻은 忽과 같이 읽으니, 갑자기 일어남이다.
欻, 讀若忽, 暴起也.

【目】何進의 부하 장수 吳匡이 군대를 이끌고 南宮의 靑瑣門을 불태우자, 張讓 등이 太后와 少帝(劉辯) 및 陳留王(劉協)을 데리고 궁 안의 관속들을 겁박하여 複道[12]를 통해 北宮으로 달아났다. 尙書 盧植이 창을 잡고서 閣道의 창문 아래에서 위를 올려다보며 段珪의 죄를 꾸짖자 단규가 두려워하여 이에 태후를 풀어주니, 태후가 閣道의 창문으로 뛰어내려서 禍를 면할 수 있었다.

袁紹가 詔書를 거짓으로 만들어 樊陵과 許相을 불러 참살하고 군대를 이끌어 闕下에 주둔하고서 趙忠 등을 체포하여 참살하였다. 오광 등은 何苗가 하진과 마음을 함께하지 않았던 것을 원망하여 이에 軍中에 명령하기를 "대장군을 죽인 자는 바로 車騎將軍 하묘이다. 관리와 사졸들은 대장군을 위하여 원수를 갚을 수 있겠는가!" 하니, 모두 눈물을 흘리며 "목숨을 바쳐 복수하고자 합니다." 하였다. 그리하여 마침내 하묘를 공격하여 죽였다.

원소가 마침내 北宮의 문을 닫고 군대를 무장하여 환관들을 붙잡아서 老少를 막론하고 다 죽이니, 모두 2천여 명이었는데, 그중에는 수염이 없어서 환관으로 오해받아 죽임을 당한 경우도 있었다.

進部曲將吳匡이 引兵하여 燒南宮靑瑣門①한대 讓等이 將太后少帝及陳留王하여 劫省內官屬하여 從複道走北宮②하다 尙書盧植이 執戈하여 於閣道窓下에 仰數段珪한대 珪懼하여 乃釋太后하니 太后投閣得免하다 袁紹矯詔召樊陵, 許相하여 斬之하고 引兵屯闕下하여 捕得趙忠等하여 斬之하다 吳匡等이 怨苗不與進同心하여 乃令軍中曰 殺大將軍者는 卽車騎也니 吏士能爲報讐乎③아 皆流涕曰 願致死하노이다 遂攻殺苗하다 紹遂閉北宮門하고 勒兵捕諸宦者하여 無少長히 皆殺之하니 凡二

12) 複道 : 공중을 가로질러 고층 누각들을 서로 연결시켜 주는 통로인바, 閣道라고도 한다.

千餘人이라 或有無須而誤死者④러라

① 靑瑣는 문 가장자리의 靑鏤(푸른색 조각)이다. 일설에 "천자의 문은 안에 眉格(門楣의 틀)이 있는데 두 겹으로 되어 있고 속에 푸른색으로 그림을 그리니, 이를 '瑣'라고 한다." 하였다.[13]
靑瑣, 門邊靑鏤也. 一曰"天子門內有眉格再重, 裏靑畫曰瑣."

② 將은 본음대로 읽으니, 손으로 끄는 것이고 옆에 낌이다.
將, 如字, 攜也, 挾也.

③ 당시에 何苗가 車騎將軍이었다. 爲(위하다)는 去聲이다.
時, 苗爲車騎將軍. 爲, 去聲.

④ 須는 옛날에 鬚字와 통용하였다.
須, 古鬚字通.

【目】 군대가 궁 안으로 진격하자 張讓과 段珪 등이 곤궁하여 마침내 황제와 陳留王 등 수십 명을 데리고 걸어서 穀門을 나와 밤에 小平津에 이르니, 황제가 六璽를 스스로 휴대하지 못하였고 公卿들 중에 따르는 자가 없었다. 오직 盧植과 河南尹 中部掾 閔貢만이 밤에 河上에 이르렀는데, 민공이 큰 소리로 장양 등을 꾸짖고는 이에 손에 쥔 劍으로 몇 사람을 참살하자 장양 등이 매우 두려워하며 황제를 향해 머리를 조아리고 하직 인사를 올리기를 "신들은 죽겠으니, 폐하께서는 스스로 몸을 아끼소서." 하고 마침내 강물에 뛰어들어 죽었다.

進攻省內하니 讓, 珪等이 困迫하여 遂將帝與陳留王數十人하고 步出穀門하여 夜至小平津하니 六璽不自隨①하고 公卿이 無從者라 唯盧植及河南中部掾閔貢이 夜至河上②이러니 貢이 厲聲責讓等하고 因手劍斬數人한대 讓等이 惶怖하여 叩頭向帝辭曰 臣等은 死하니 陛下自愛하소서하고 遂投河而死하다

① 穀門은 子方(北方)에 위치하였으니, 雒陽城의 正北方에 있는 문이다. 李賢이 말하기를 "小平津은 지금 鞏縣의 서북쪽에 있다." 하였다. 蔡邕의 ≪獨斷≫에 "璽는 모두 아홉 가지로 각각 文刻(文字의 印刻)이 있는데 모두 玉으로 만들고 인끈은 螭虎[14]의 모양이다. 하나는 傳

13) 靑瑣는……하였다 : 이와 관련된 내용은 ≪漢書≫ 권98 〈元后傳〉에 대한 顔師古의 注에 보인다. 안사고는 그 주에서 "푸른색을 가지고 門戶 가장자리의 아로새긴 문양에 그림을 그린 것이니, 천자의 제도이다.〔以靑畫戶邊鏤中 天子制也〕"라고 한 孟康의 말과 "門楣의 틀이 두 겹으로 된 것이 사람의 옷깃이 두 겹인 것과 같은데, 안이 푸른색이므로 이름하여 '청쇄'라고 하니, 천자의 문의 제도이다.〔門楣格再重 如人衣領再重 裏者靑 名曰靑瑣 天子門制也〕"라고 한 如淳의 말을 인용하고, 이에 대해 "맹강의 말이 옳다. 청쇄라는 것은 조각하여 連鎖(쇠사슬)의 문양을 만들어서 푸른색으로 칠한 것이다.〔孟說是 靑瑣者 刻爲連鎖文 而以靑塗之也〕"라고 설명하였다.

國璽이고 하나는 神璽이니, 國中을 鎭撫하는 데에 쓰고 평소에는 보관해두어 쓰지 않는다. 하나는 受命璽이니 封禪의 의식 및 神에게 禮를 행하는 데에 쓴다. 이른바 '六璽'라는 것은, 皇帝行璽로 王公의 글에 답하고, 皇帝之璽로 왕공을 위로하고, 皇帝信璽로 왕공을 부르고, 天子行璽로 四夷의 글에 답하고, 天子之璽로 사이를 위로하고, 天子信璽로 사이에 군대를 부르니, 모두 武都의 紫泥(자줏빛 인주)로 봉하여 靑囊에 담고 흰 명주비단으로 속을 만들고 두 끝은 꿰매지 않고 尺一板[15] 가운데에 約署한다."[16] 하였다.

穀門位在子, 雒城正北門也. 賢曰 "小平津, 在今鞏縣西北." 蔡邕獨斷曰 "璽凡九, 各有文刻, 皆以(王)〔玉〕[17]爲之, 螭虎(組)〔紐〕.[18] 一曰傳國璽, 一曰神璽, 以鎭國中, 藏而不用. 一曰受命璽, 以封禪禮神. 其所謂六璽者, 皇帝行璽, 以報王公書. 皇帝之璽, 以勞王公. 皇帝信璽, 以召王公. 天子行璽, 以報四夷書. 天子之璽, 以勞四夷. 天子信璽, 以召兵四夷. 皆以武都紫泥封, 盛以青囊, 白素裹, 兩端無縫, 尺一板中約署."[19]

② ≪漢官儀≫에 "각 郡에 五部에 督郵[20]를 두어서 屬縣을 감독한다. 河南尹은 四部에 督郵를 두고 中部가 掾이 된다."

漢官儀 "諸郡置五部督郵, 以監屬縣. 河南尹置四部督郵, 中部爲掾."

【目】 閔貢이 황제와 陳留王을 부축하여 밤중에 반딧불을 쫓아서 雒舍로 들아왔는데, 다음 날 아침에 황제는 한 필의 말을 타고 진류왕은 민공과 함께 한 필의 말을 타고서 남

14) 螭虎 : 본래는 전설상의 龍의 새끼 중에 하나로, 器物에 있는 용의 형상 자체를 가리키기도 한다. 王士禎의 ≪香祖筆記≫ 권9에 인용한 晉나라 張華의 ≪博物志≫ 逸篇에 "이호는 형상이 용과 비슷한데 성질이 문채를 좋아한다. 그러므로 비문 위에 세운다.〔螭虎形似龍 性好文彩 故立于碑文上〕"라고 하였으며, 또한 淸나라 顧張思의 ≪土風錄≫ 권5에 "옷의 장식과 기명에 용의 형상을 그리고 이호라고 부른다.〔衣飾器皿繪畫龍像 呼曰螭虎〕"라고 하였다.

15) 尺一板 : 尺一 또는 尺一牘이라고도 한다. 옛날에 詔書를 쓰는 板의 길이가 1척 1촌이었기 때문에 천자의 詔書를 가리키는 말로 쓰인다.

16) 蔡邕의……하였다 : 이 내용은 현재 전하는 ≪獨斷≫에는 보이지 않고, ≪後漢書≫ 李賢의 注에 인용된 ≪獨斷≫의 내용과도 다른바, ≪新唐書≫ 권24 〈車服志〉의 내용과 漢나라 衛宏이 撰한 ≪漢官舊儀≫의 내용을 섞어놓은 것이다.

17) (王)〔玉〕 : 저본에는 '王'으로 되어 있으나, ≪資治通鑑綱目集覽≫에 의거하여 '玉'으로 바로잡았다.

18) (組)〔紐〕 : 저본에는 '組'로 되어 있으나, ≪資治通鑑綱目集覽≫에 의거하여 '紐'로 바로잡았다.

19) 尺一板中約署 : 漢나라 衛宏이 撰한 ≪漢官舊儀≫ 卷上에도 보이는데, 이에 대한 注에 "살펴보건대, 이 句에는 아마도 빠진 글자가 있는 듯하다.〔按此句疑有脫字〕"라고 하였다.

20) 督郵 : 太守의 屬吏 중 하나이다. 前漢 초기에 郡의 屬縣에 都吏를 보내서 살펴보게 하였다. 이것이 前漢 중엽에 督郵로 발전된 것으로 보인다. 독우는 경내를 순행하여 관리들을 감찰하는 동시에 郵驛(역참)을 감독했던 것으로 보인다. 즉 太守의 耳目의 역할을 한 것이다. 한 郡은 보통 동서남북과 중앙 다섯 部로 나뉘는데, 각각에 독우가 있었던 것으로 보인다.(安作璋・熊鐵基, ≪秦漢官制史稿≫, 齊魯書社, 1984) 河南尹의 경우 동서남북의 部에는 독우를 두었고 중앙의 中部에는 독우를 별도로 두지 않고 掾吏가 담당하였다.

쪽으로 가니, 公卿들 중에 차츰 뒤따라오는 자가 있었고 董卓 역시 도착하여 公卿들과 北芒阪 아래에서 황제를 받들어 맞이하였다.

황제가 董卓의 군대가 갑자기 오는 것을 보고 몹시 두려워하며 눈물을 흘렸다. 公들이 동탁에게 "황제께서 군대를 퇴각하라는 詔令을 내리셨다."라고 하자, 동탁이 말하기를 "公들이 국가의 大臣이 되어서 황실을 제대로 바로잡지 못하여 천자께서 궁 밖을 이리저리 떠돌아다니시게 하였으니, 내 어찌 군대를 퇴각함이 있겠는가." 하였다.

董卓

貢이 扶帝與陳留王하여 夜逐螢光하여 還至雒舍①러니 明旦에 帝乘一馬하고 陳留王은 與貢으로 共乘一馬南行하니 公卿이 稍有至者요 董卓亦到하여 因與公卿으로 奉迎於北芒阪下②하다 帝見卓兵卒至하고 恐怖涕泣③이라 群公이 謂卓曰 有詔却兵이라한대 卓曰 公諸人이 爲國大臣하여 不能匡正王室하여 至使國家播蕩하니 何却兵之有④리오하다

① 雒舍는 지명이니, 北芒의 북쪽에 있다.
雒舍, 地名, 在北芒之北.

② 芒은 본래 邙으로 썼으니, 산의 이름이다. 河南 雒陽縣의 북쪽 70리 지점에 있기 때문에 北芒이라 한 것이다.
芒, 本作邙, 山名也. 在河南(維)〔雒〕[21]陽縣北七十里, 故曰北芒.

③ 卒은 猝로 읽는다.
卒, 讀曰猝.

④ 東都(東漢)의 신하들은 天子를 일러 國家라고 하였다.
東都群臣謂天子爲國家.

【目】 동탁이 황제와 더불어 대화를 나누었는데 〈황제가〉 말을 이해하지 못하자 이에 다

---

21) (維)〔雒〕: 저본에는 '維'로 되어 있으나, ≪資治通鑑綱目集覽≫에 의거하여 '雒'으로 바로잡았다.

시 陳留王과 대화하여 禍亂의 연유에 대해 물었는데, 진류왕은 대답함에 처음부터 끝까지 조금도 빠뜨린 바가 없었다. 동탁이 크게 기뻐하여 진류왕을 어질게 여기고, 또한 스스로 자기는 董太后와 일족이고, 진류왕은 동태후가 양육한 자라고 하여[22] 마침내 지금의 황제를 폐위하고 새 황제를 즉위시키려는 뜻을 품었다.

卓이 與帝語하니 語不可了①러니 乃更與陳留王語하여 問禍亂之由하니 王答에 自初至終히 無所遺失이라 卓이 大喜하여 以爲賢하고 且自以與董太后同族이요 而王爲后所養이라하여 遂有廢立之意러라

① 了는 분명하게 이해하는 것이다.
了, 曉解也.

【目】 이날에 황제가 還宮을 하였는데 傳國璽를 잃어버렸다. 鮑信이 군대를 모집해서 때마침 도착하여 袁紹를 설득하기를 "董卓이 장차 다른 뜻을 품으려고 하니, 지금 조속히 도모하지 않으면 반드시 그에게 제압을 당할 것입니다. 동탁의 군대가 이제 막 도착하여 군사들이 피로하니, 이때를 틈타 습격하면 그를 사로잡을 수 있을 것입니다." 하였다. 원소가 감히 군대를 출동하지 못하자 포신은 마침내 군대를 이끌고 泰山으로 돌아갔다.

是日에 帝還宮하니 失傳國璽하다 鮑信이 募兵適至하여 說(세)紹曰 董卓이 將有異志하니 今不早圖면 必爲所制하리라 及其新至疲勞하니 襲之면 可禽也리라 紹不敢發이어늘 信이 乃引兵還泰山하다

【目】 董卓이 거느린 보병과 기병은 3천 명에 불과하였다. 〈동탁은 병력이 적은 것을 은폐하기 위해〉 대략 네댓새마다 밤중이 되면 군대를 몰래 내보내고서 그 다음 날 아침에 곧 旌旗와 북을 크게 진열하면서 돌아오게 하여 서쪽의 군대가 또다시 왔다고 하니, 雒陽城 안의 사람들 중에는 이러한 내막을 아는 자가 없었다.

오래지 않아 何進과 그의 아우 何苗의 부하들이 모두 동탁에게 歸附하였는데, 동탁이 또 은밀히 丁原의 부하 呂布에게 정원을 죽이게 하고 그 두리를 병합하였다. 이에 동탁은 조정에 넌지시 알려서 오랫동안 비가 내리는 것을 구실로 삼아 策書를 내려 司空 劉

22) 진류왕은……하여 : 陳留王은 靈帝와 王美人의 사이에서 태어난 劉協이다. 董太后는 영제의 친모인 愼園貴人 董氏이다. 桓帝가 죽고 영제가 迎立되자 동귀인을 孝仁皇后로 높였다. 영제가 죽고 난 후 何太后의 아들 劉辯이 지금의 황제로 등극하자 동태후는 하태후와의 권력 다툼에서 패하여 죽었다. 동태후가 유협을 직접 길러서 유협을 董侯라고 불렀다.(思政殿訓義 《資治通鑑綱目》 제12권 중)

弘을 면직시키고 자기가 대신하였다.

卓이 步騎不過三千이라 率四五日에 輒夜潛出하여 明旦에 乃大陳旌鼓而還하여 以爲西兵復至라하니 雒中이 無知者라 俄而요 進及弟苗部曲이 皆歸之하니 卓이 又陰使丁原部曲呂布로 殺原而幷其衆하다 於是에 諷朝廷하여 以久雨로 策免司空劉弘而代之하다

【目】 蔡邕이 도망하여 江海에서 떠돌아다닌 지가 전후로 12년이 되었는데, 董卓이 그의 명성을 듣고 辟召하니, 병이 있다고 핑계 대고 나오지 않았다. 동탁이 노하여 욕하며 말하기를 "나는 사람들의 집안을 族滅시킬 수 있다." 하니, 채옹이 두려워하여 부르는 명에 응하였다.

채옹이 낙양에 이르자, 祭酒(좨주)로 임명되어 동탁에게 매우 공경과 존중을 받으니, 사흘 동안에 三臺의 직무를 두루 거치고 승진하여 侍中에 임명되었다.

蔡邕이 亡命江海積十二年①이러니 卓이 聞其名而辟之하니 稱疾不就라 卓이 怒詈(리)曰 我能族人이라한대 邕이 懼而應命하여 到에 署祭(좨)酒하여 甚見敬重하니 三日之間에 周歷三臺하고 遷爲侍中②하다

① 처음에 蔡邕이 朔方으로 유배되었으나 大赦令을 만나 고향으로 돌아올 수 있었다. 五原太守 王智는 王甫의 아우인데 채옹이 조정을 비방한다고 아뢰어서 채옹이 마침내 도망하여 江海에서 떠돌아다녔다.
初, 邕徙朔方, 會赦得還. 五原太守王智, (肅)〔甫〕[23]之弟也. 奏邕謗訕朝廷, 邕遂亡命江海.

② 漢나라는 尙書臺를 中臺, 御史臺를 憲臺, 謁者臺를 外臺로 삼았으니, 이를 일러 三臺라고 한다. 채옹이 처음에 祭酒로 임명되었다가 侍御史에 보임되고, 또 治書御史가 되고 난 뒤에 尙書로 승진하였다.
漢以尙書爲中臺, 御史爲憲臺, 謁者爲外臺, 謂之三臺. 邕初署祭酒, 補侍御史, 又轉治書御史, 後遷尙書.

【綱】 9월에 袁紹가 冀州로 出奔하니, 董卓이 황제를 폐하여 弘農王으로 삼고 陳留王 劉協을 받들어 즉위시키고 마침내 太后 何氏를 시해하였다.

九月에 袁紹出奔冀州하니 卓이 廢帝爲弘農王하고 奉陳留王協卽位하고 遂弑太后何氏[24]하다

---

23) (肅)〔甫〕: 저본에는 '肅'으로 되어 있으나, ≪資治通鑑≫에 의거하여 '甫'로 바로잡았다.

24) 袁紹出奔冀州……遂弑太后何氏 : "出奔이라고 쓴 것은 어째서인가. 董卓이 강했기 때문이었다. 袁紹

【目】 董卓이 袁紹에게 이르기를 "천하의 군주는 마땅히 현명한 자를 얻어야 하니, 靈帝를 생각할 때마다 사람(나)으로 하여금 분하고 한스럽게 만든다. 董侯[25]가 괜찮은 듯하여 지금 그를 세우고자 하니, 史侯[26]보다 낫지 않겠는가. 마땅히 우선 이와 같이 하지만, 劉氏의 종족은 다시 남겨둘 것이 못 된다." 하였다. 그러자 원소가 말하기를 "漢나라가 천하를 소유한 지 400여 년에 은택이 깊고 두터워서 億兆의 백성들이 추대하고 있소. 지금 主上께서 春秋가 젊으셔서 아직 不善한 일이 천하에 드러나지 않았는데 公이 嫡子를 폐하고 庶子를 세우고자 하니, 아마도 사람들은 公의 의논을 따르지 않을 듯싶소이다." 하였다.

이에 동탁이 검을 어루만지며 원소를 꾸짖기를 "어린 녀석이 감히 이렇게 말하는가. 천하의 일이 어찌 나에게 달려 있지 않겠는가. 너는 동탁의 이 칼이 예리하다고 여기지 않는가." 하자, 원소가 발끈하여 말하기를 "천하에 건장한 자가 어찌 오직 董公뿐이겠소." 하고는 佩刀를 끌어당기고 옆으로 읍하고 곧바로 나와 符節을 上東門에 매달아놓고 冀州로 달아났다.

董卓이 謂袁紹曰 天下之主는 宜得賢明이니 每念靈帝에 令人憤毒①이라 董侯似可하여 今欲立之로니 能勝史侯否아 爲當且爾나 劉氏種은 不足復遺②니라 紹曰 漢有天下四百許年에 恩澤深

가 출분하자 弘農王이 마침내 폐위되었으니, ≪資治通鑑綱目≫에서 연달아 쓴 것은 원소가 출분한 이유를 드러낸 것이다. 동탁에 대해서는 이로부터 姓을 삭제하고 쓰지 않다가 伏誅됨에 이르러서야 처음으로 姓을 썼다. ≪資治通鑑綱目≫이 끝날 때까지 母后에 대해 '시해했다'라고 쓴 것이 9번이다.〔書出奔 何 卓强也 紹出奔而弘農遂廢矣 綱目聯書之 所以著紹奔之由也 卓自是削不書姓 至伏誅 始書之 終綱目 母后書弑九〕" ≪書法≫

"'董卓이 太后가 永樂宮(董太后)을 핍박하여 고부간의 禮를 거슬렀다.'라고 하였으니, 이 어찌 역적 동탁이 구실로 삼은 말이 아니겠는가. 그러나 ≪資治通鑑綱目≫에서 이에 대해 우선 그 弑逆의 명칭을 바로잡아 何氏가 太后가 됨을 잃지 않은 것은, 亂臣賊子가 '죄를 묻는다'는 말을 가탁하여 자기의 사사로운 욕망을 행함을 막기 위해서이다. 가령 何太后가 지적할 만한 잘못이 없더라도 또한 틀림없이 죽음을 면하지 못하였을 것이다. 이는 진실로 ≪자치통감강목≫에서 주벌하고 토죄하는 뜻이니, 꼬투리를 잡을 만한 말이 있다고 하더라도 그 죄를 末減하지 못하는 것이다. 이것은 후세에 亂臣賊子의 문을 막고 찬탈하고 시해하는 조짐을 막아서 拔本塞源하는 의논이 된다.〔蹙迫永樂 逆婦姑禮 此豈非董賊藉口之詞乎 然綱目於此且正其弑逆之名 而何氏不失爲太后者 亂臣賊子假問罪之說 以行其私 借使何后無可指之失 亦必不能免 此固綱目誅討之意 不以有詞可執而末減其罪 爲後世窒賊亂之門 杜簒弑之漸 拔本塞源之論也〕" ≪發明≫

25) 董侯 : 光和 4년(181)에 靈帝의 美人인 王榮이 皇子 劉協을 낳자 皇后 何氏가 사람을 시켜 毒酒로 왕영을 살해하였다. 그러자 영제가 크게 노하여 황후를 廢黜하려고 하였는데 환관들이 한사코 말려서 그렇게 할 수 없었다. 이에 영제의 모친 董太后가 직접 유협을 거두어 양육하고 侯에 봉하였으므로, 유협을 董侯라고 한 것이다.(≪後漢書≫ 권10下 〈何皇后紀〉)

26) 史侯 : 後漢 少帝 劉辯(176~190)의 유년 시절 별칭이다. 何后가 유변을 낳고서 道人인 史子眇의 집에서 길러서 史侯라고 한 것이다.(思政殿訓義 ≪資治通鑑綱目≫ 제12권 중)

渥하여 兆民戴之라 今上이 富於春秋하여 未有不善宣於天下어늘 公欲廢適立庶하니 恐衆不從公議也하노라 卓이 按劍叱紹曰 豎子敢然가 天下之事 豈不在我리오 爾謂董卓刀 爲不利乎③아 紹勃然曰 天下健者 豈惟董公이리오하고 引佩刀하고 橫揖徑出하여 縣節於上東門하고 逃犇冀州④하다

① 毒은 한스러워함이다.
毒, 恨也.
② "且爾"는 '우선 이와 같이 한다.'라고 말한 것과 같으니, 董卓의 뜻은 漢나라 황실을 폐하고 자신이 황제로 즉위하고자 한 것이다.
且爾, 猶言且如此也. 卓意欲廢漢自立.
③ "敢然"은 '감히 이와 같이 하느냐'라고 말한 것과 같다.
敢然, 猶言敢如此也.
④ 縣은 懸으로 읽으니, "縣節"은 빌렸던 司隸校尉의 符節을 매다는 것을 이른다. 上東門은 寅方에 위치하였으니, 雒陽城 東面의 북쪽 첫머리의 문이다.
縣, 讀曰懸. 縣節, 謂縣所假司隸節也. 上東門, 位在寅, 雒陽城東面北頭門也.

【目】董卓이 百官들을 크게 모으고서 머리를 치켜들고 말하기를 "황제가 어리석고 나약하여 宗廟를 받들어 천하의 주인이 될 수 없다. 이제 伊尹과 霍光의 故事[27]를 따라 陳留王으로 바꾸어 세우고자 하니 어떠한가?" 하자, 신하들이 모두 두려워하여 감히 대답하는 이가 없었다.

동탁이 다시 말하기를 "감히 큰 의논을 저지하는 자가 있으면 모두 군법으로 다스리겠다." 하니, 자리에 있는 자들이 크게 놀라 두려워하였다.

이에 盧植이 홀로 말하기를 "太甲은 현명하지 못하였고 昌邑王은 죄가 많았기 때문에 이윤과 곽광이 이에 군주를 폐위하고 새로운 군주를 세운 일이 있었지만, 지금 主上께서는 德을 잃은 행실이 없으니, 前代의 일에 견줄 바가 아니다." 하였다. 董卓이 크게 노하여 노식의 관직을 파면하니, 노식이 마침내 上谷으로 도망하여 은둔하였다.

卓이 大會百寮하고 奮首而言曰 皇帝闇弱하여 不可以奉宗廟하여 爲天下主하니 今欲依伊尹, 霍光故事하여 更立陳留王하노니 何如오 皆惶恐하여 莫敢對라 卓이 又曰 有敢沮大議면 皆以軍法從事하리라 坐者震動이어늘 盧植이 獨曰 太甲이 不明하고 昌邑이 多罪라 故로 有廢立之事어니와 今上은

27) 伊尹과 霍光의 故事 : 伊尹은 이름이 摯로 商나라의 湯王을 도와 천하를 통일하고 阿衡이 되었으며, 湯王의 손자인 太甲이 즉위하여 無道한 짓을 자행하자 그를 내쳤으나 태갑이 개과천선하므로 다시 맞이하여 정권을 되돌려주었다. 霍光은 前漢 武帝 때의 大將軍으로 顧命을 받고 어린 昭帝를 보필하였으며, 昭帝가 후사 없이 세상을 떠나자 昌邑王 劉賀를 迎立하였으나 유하가 무도한 짓을 자행하자 그를 내치고 宣帝를 옹립하였다.

行無失德하니 非前事之比也니라 卓이 大怒하여 免植官하니 植이 遂逃隱於上谷하다

【目】董卓이 이 의논을 袁隗에게 보이자 원외가 의논대로 하라고 답하니, 동탁이 마침내 太后를 위협해서 策書를 내려 少帝를 폐위하여 弘農王으로 삼고 陳留王 劉協을 세워 황제로 삼았다. 원외가 황제의 옥새와 印綬를 풀고 〈홍농왕을〉 부축하여 殿을 내려가서 北向하여 신하를 칭하게 하니 태후는 목이 메어 울며 눈물만 흘렸고, 신하들은 비통해하는 마음을 참고서 감히 말하는 이가 없었다.

동탁이 또다시 의논하기를, 태후가 永樂宮(董太后)을 핍박하여 근심으로 죽게 만들었으니[28] 며느리와 시어머니의 禮를 거스를 것이라 하여 마침내 永安宮으로 옮기고 鴆毒으로 죽이니, 公卿 이하가 喪服을 입지 못하였다.

卓이 以議示袁隗한대 隗報如議하니 卓이 遂脅太后하여 策廢少帝爲弘農王하고 立陳留王協爲帝하다 隗解帝璽綬하고 扶下殿하여 北面稱臣하니 太后鯁涕하고 群臣含悲하여 莫敢言①이러라 卓이 又議太后蹴迫永樂宮하여 至憂死하니 逆婦姑禮라하여 乃遷永安宮하여 酖殺之하니 公卿以下 不布服②하다

① "鯁涕"는 감히 우는 소리를 내지 못하고 다만 목이 메어 흐느끼면서 눈물만 흘릴 뿐임을 말한 것이다.
鯁涕, 言不敢出聲, 但哽咽而流涕也.

② 蹴(축)은 蹙과 통하니, 독촉하고 핍박함을 이른다. 예전에 何太后가 董太后를 河間으로 옮기자, 동태후가 근심하고 두려워하여 갑작스레 붕어하였다. 그러므로 '하태후가 동태후를 핍박하여 죽게 하였다.'라고 말한 것이다. ≪春秋左氏傳≫에 "며느리는 시어머니를 奉養하는 사람인데, 시어머니의 體面을 허물어 며느리의 체면을 이루어주었으니, 道理를 거스름이 이보다 큰 것이 없다." 하였다.[29]

---

28) 태후가……만들었으니 : 이는 며느리인 何太后가 시어머니인 董太后를 죽였다는 말이다. 中平 6년(189)에 靈帝가 붕어하고 아들 劉辯이 즉위하자 유변의 생모인 皇后 何氏가 太后가 되어 조정에 임하여 섭정하였고, 영제의 모친이자 유변의 조모인 董氏는 太皇太后가 되었다. 당시 동씨의 조카 驃騎將軍 董重과 하씨의 오라비 大將軍 何進이 권력을 다투었는데, 董氏가 정사에 간여하려고 할 때마다 何氏가 모두 저지하였다. 그러자 董氏가 何氏를 질책하며 욕하였는데 이해 5월에 하진과 三公 및 하진의 아우 車騎將軍 何苗 등이 上奏하여 동태후를 河間國으로 옮길 것을 청하고 하태후가 이를 승인하여 하진이 군대를 보내어 동중의 집을 포위하고 동중을 체포하여 직위를 해제하자 동중이 자살하였다. 그 뒤 6월에 동태후는 근심과 두려움 때문에 갑자기 붕어하였는데, 사람들은 모두 하태후에게 죽임을 당하였다고 여겼다. 董太后는 붕어한 뒤에 그의 棺(시신)은 하간으로 보내져서 남편 解瀆亭侯 劉萇과 함께 愼陵에 합장되었다.(≪後漢書≫ 권10下 〈董皇后紀〉, ≪資治通鑑≫ 권59)

29) 春秋左氏傳에……하였다 : 이 내용은 ≪春秋左氏傳≫ 襄公 2년(B.C. 571) 조에 보인다. 이해 여름에 魯나라 成公의 부인인 齊姜이 薨하였다. 이전에 성공의 모친인 穆姜은 사람을 시켜 아름다운 가

踧, 與蹙通, 謂促迫也. 先何太后遷董太后於河間, 憂怖暴崩, 故謂何太后踧迫而死. 左傳曰 "婦, 養姑者也. 虧姑以成婦, 逆莫大焉."

【綱】 公卿의 자제들을 郎官으로 제수하여 宦官을 보충해서 殿上에서 모시게 하였다.

除公卿子弟爲郎하여 **補宦官**하여 **侍殿上**하다

【綱】 현지에서 劉虞를 임명하여 大司馬로 삼았다.

◑ **卽拜劉虞爲大司馬**하다

【綱】 董卓이 스스로 太尉가 되어 前將軍의 일을 겸하였다.

◑ **卓**이 **自爲太尉**하여 **領前將軍事**[30)]하다

【目】 董卓에게 節傳[31)]과 斧鉞과 虎賁의 衛士를 하사하고 다시 郿侯에 봉하였다.

加節傳, 斧鉞, 虎賁하고 更封郿侯①하다

① 傳(符節)은 張戀의 切이다. 郿는 眉와 媚의 두 音이 있으니, 郿縣은 扶風에 속하였다.
傳, 張戀切. 郿, 眉・媚二音. 郿縣, 屬扶風.

【綱】 使者를 보내어 陳蕃과 竇武 및 여러 黨人에게 弔祭(위안하는 제사)를 지내고 그 관작과 지위를 회복시켰다.

遣使(시)하여 **弔祭陳蕃, 竇武及諸黨人**하고 **復其爵位**[32)]하다

래나무를 골라두었다가 자신의 棺과 頌琴을 만들게 하였는데, 이때에 季文子가 그 가래나무를 가져다가 제강의 葬禮에 사용하였기 때문에 며느리의 장사에 시어머니의 棺材를 사용한 계문자의 행위에 대해 비판한 것이다.

30) 卓自爲太尉 領前將軍事 : "관직에 있어서 '스스로 되었다.'라고 쓴 경우가 있지 않으니, '스스로 되었다.'라고 쓴 것은 전횡한 것이다. 관직에 있어 '스스로 되었다.'라고 쓴 것이 董卓으로부터 시작되었는데, 이로부터 이루 다 쓸 수 없을 정도이다.〔官未有書自爲者 書自爲 專也 官書自爲 自卓始 自是不勝書矣〕" ≪書法≫

31) 節傳 : 황제의 권위를 드러내는 符節을 가리킨다.

32) 遣使(시)……復其爵位 : "죽은 신하에게 제사 지냄은 쓰지 않는데 여기에서는 어찌하여 썼는가. 현

【目】 董卓이 三公과 함께 대궐에 나아가 글을 올려서 陳蕃과 竇武 및 여러 黨人의 안건을 다시 審理하여 관작과 지위를 모두 회복시키고 사자를 보내어 弔祭를 지내고 그 자손들을 발탁 등용하였다.

董卓이 與三公詣闕上書하여 追理蕃武及諸黨人하여 悉復爵位하고 遣使弔祠하고 擢用子孫하다

【綱】 6월부터 비가 내리기 시작하여 이달까지 이르렀다.

自六月로 雨하여 至于是月[33)]하다

【綱】 겨울 10월에 靈思皇后를 장례하였다.

◑ 冬十月에 葬靈思皇后[①]하다

① 靈思皇后는 바로 何太后이다.
靈思皇后, 卽何太后.

【目】 公卿들이 會葬할 적에 素衣(素服)를 입었을 뿐이다.

公卿이 會葬에 素衣而已러라

자를 생각함을 인정한 것이다. 이 때문에 樊豐이 주살당한 뒤에 楊震에게 제사 지냈고, 환관들이 실패한 뒤에 陳蕃과 竇武에게 제사 지냈고, 唐나라 太宗은 遼水에서 파한 뒤에 魏徵에게 제사 지냈고, 唐나라 玄宗은 安祿山이 반란을 일으킨 뒤에 張九齡에게 제사 지냈으니, 이는 모두 일이 지난 뒤에 〈죽은 신하를〉 생각한 것이다. 《資治通鑑綱目》이 끝날 때까지 신하에게 제사 지냄을 쓴 것이 6번이다.〔祭臣不書 此何以書 予思賢也 是故樊豐誅而後祠楊震 宦者敗而後祭陳竇 遼水衄而後祀魏徵 祿山反而後祭九齡 皆事後之思也 終綱目 書祭臣六〕" 《書法》

"쇠퇴하고 혼란한 세상에는 소인들을 신임하여 등용하고 충성스럽고 어진 신하들을 살육하여 인정이 분노한다. 그러므로 姦雄이 이를 빌려 구실로 삼고 군대를 일으켜 죄를 물어서 자신이 원하는 바를 얻으면 반드시 억울한 사람들을 申理(伸冤)하고 名流를 발탁 등용하여 천하 사람들의 마음을 만족시켜주니, 董卓이 사자를 보내어 陳蕃과 竇武에게 弔祭를 지내게 한 것과 處士 申屠蟠을 초빙해 부른 것과 같은 따위가 바로 이것이다. 군주가 《資治通鑑綱目》에서 쓴 것을 보면 반드시 경계하고 두려워하여 현자를 등용하고 아첨하는 자를 제거해서 간웅들로 하여금 구실거리로 삼지 못하게 해야 할 것이다.〔衰亂之世 信用群小 殺戮忠良 人情忿怒 故姦雄借以爲詞 稱兵問罪 旣得所欲 則必申理寃枉 擢用名流 以快海內之心 如董卓遣使弔祭陳竇及聘召處士申屠蟠之類是也 人主觀之綱目所書 則必兢兢業業 用賢去佞 毋使姦雄得以爲藉手之地可也〕" 《發明》

33) 自六月雨 至于是月 : "이는 항상 비가 내린 것이다. 昭帝 원년에 일찍이 7월부터 10월에 이르기까지 비가 내렸다고 썼는데 여기에 다시 보이니, 《資治通鑑綱目》이 끝날 때까지 몇 달을 연달아 비가 내린 경우는 2번뿐이다.〔恒雨也 昭帝之元 嘗書七月至于十月矣 於是復見 終綱目 連雨數月者二而已〕" 《書法》

【綱】11월에 董卓이 스스로 相國이 되어 贊拜할 적에 그 이름을 부르지 않게 하고[34] 조정에 들어올 적에 趨蹌(종종걸음으로 달림)하지 않게 하고 劍을 차고 신을 신은 채로 殿에 오르게 하였다.[35]

十一月에 卓이 自爲相國하여 贊拜不名하고 入朝不趨하고 劍履上殿[36]하다

【綱】12월에 處士 申屠蟠을 불렀는데 오지 않았다. 黃琬을 太尉로 삼고 楊彪를 司徒로 삼고 荀爽을 司空으로 삼았다.

◑十二月에 徵處士申屠蟠이러니 不至하다 以黃琬爲太尉하고 楊彪爲司徒하고 荀爽爲司空[37]①하다

① 黃琬은 黃瓊의 손자이다.
琬, 瓊之孫也.

---

34) 贊拜할……않고 : 贊拜는 고대에 朝拜, 祭祀 혹은 婚禮를 행할 적에 贊禮의 唱導에 따라서 예를 행하는 것을 가리킨다. 원문의 '贊拜不名'은 신하가 군주에게 조배할 적에 찬례가 그 성명을 곧바로 부르지 않고 관직만을 호칭하는 것인바, 이는 군주가 大臣에게 내리는 특별한 예우이다.

35) 劍을……올랐다 : 重臣이 조정에 나올 적에 검을 풀지 않고 신을 벗지 않게 하는 것으로 특별한 예우를 보이는 것이다. 원문의 '劍履上殿'은 줄여서 '劍履'라고도 쓴다.

36) 十一月……劍履上殿 : "이는 특별한 禮로, ≪資治通鑑綱目≫에 자세히 갖추어 쓴 경우가 4번(蕭何와 董卓, 曹操와 劉裕)인데 오직 소하에게는 '하사했다.'라고 썼고, 동탁의 경우는 '스스로'라고 썼고, 조조와 유유에게는 모두 곧바로 썼을 뿐이다.〔此殊禮也 綱目備書者四(蕭何 董卓 曹操 劉裕) 惟蕭何書賜 卓則書自 操裕皆直書之而已〕" ≪書法≫

"王莽과 董卓은 漢나라에 있어서 똑같이 逆賊이 된다. 그러나 ≪資治通鑑綱目≫에서 왕망에게는 정권을 얻음으로부터 진짜 천자의 자리에 나아감에 이르기까지 모두 太皇太后를 그 위에 먼저 쓰고 '왕망이 스스로 되었다.'라고 쓰지 않은 것은 母后의 禍를 드러내어서 만세의 경계로 삼은 것이다. 동탁에 이르러서는 '동탁이 스스로 太尉가 되었다.' '스스로 相國이 되었다.' '스스로 太師가 되었다.'라고 쓴 것은 제위를 찬탈하고 도둑질하는 근원을 막아서 후세의 亂臣賊子로서 조정의 명에 가탁하여 스스로 관작과 지위에 나아가려는 자들로 하여금 천하를 속이는 도구로 삼을 수 없게 한 것이다. 아아, 이후로는 국가의 權柄을 도둑질한 신하들이 모두 이 例를 사용하였다.〔莽卓在漢 均爲逆賊 然綱目於莽 自得政以至卽眞 皆以太皇太后冠於其上 而不曰莽自爲者 所以著母后之禍爲萬世戒也 至董卓 則書卓自爲太尉 自爲相國 自爲太師者 所以窒簒竊之源 使後世亂臣賊子 欲假朝廷之命 以自進其爵位者 無得爲欺天下之具也 嗚呼 自是而後 竊命之臣 皆用此例矣〕" ≪發明≫

37) 十二月……荀爽爲司空 : "申屠蟠이 幾微를 보고 떠나가서 홀로 黨錮의 禍를 면하였는데 이때에 이르러 또다시 董卓에게 굴복당하지 않아서 荀爽 등 여러 사람과 달랐으니, 신도반과 같은 자는 참으로 處士라는 명칭에 부끄러움이 없다. 특별히 '오지 않았다.'라고 쓴 것은 그를 인정한 것이다.〔申屠蟠見幾而作 獨免黨錮之禍 至是 又不爲董卓所屈 異乎荀爽諸人 若蟠者 眞無愧於處士之名矣 特書不至 蓋予之也〕" ≪發明≫

【目】 처음에 尙書 周毖(주비)와 城門校尉 伍瓊(오경)이 董卓을 설득하여 桓帝와 靈帝의 어지러운 정사를 바로잡고 천하의 名士들을 발탁 등용해서 사람들의 희망을 거두게 하니, 동탁이 이를 따랐다. 이에 동탁은 荀爽과 申屠蟠 등을 부르고 그 자리에서 순상을 平原相으로 임명하였는데, 순상이 길을 떠나 宛陵에 이르자 光祿勳으로 승진하였고 사무를 본 지 사흘 만에 승진하여 司空에 임명되니, 조정의 부름을 받음으로부터 이때에 이르기까지 모두 95일이었다.

순상 등은 모두 동탁의 포악함을 두려워하여 감히 오지 않을 수 없었으나 유독 신도반만은 조정에서 부르는 글을 받았을 적에 어떤 사람이 길을 떠날 것을 권하자 웃으며 대답하지 않았는데, 끝내 天壽를 누리고 일생을 끝마쳤다. 동탁은 또 韓馥을 冀州牧으로 삼고 劉岱와 孔伷(공주)를 각각 兗州와 豫州의 刺史로 삼고 張邈과 張咨를 각각 陳留와 南陽의 太守로 삼았다.

初에 尙書周毖와 城門校尉伍瓊이 說(세)董卓하여 矯桓, 靈之政하고 擢用天下名士하여 以收衆望한대 卓이 從之[①]하다 於是에 徵荀爽, 申屠蟠等하고 就拜爽平原相이러니 行至宛陵에 遷光祿勳하고 視事三日에 進拜司空하니 自徵至是九十五日[②]이러라 爽等이 皆畏卓之暴하여 無敢不至호되 獨蟠은 得徵書에 人이 勸之行한대 笑而不答이러니 竟以壽終하니라 卓이 又以韓馥爲冀州牧하고 劉岱, 孔伷爲兗, 豫刺史[③]하고 張邈, 張咨爲陳留, 南陽太守하다

① 毖는 음이 秘이다.
毖, 音秘.
② 宛陵縣은 河南尹에 속하니, 雒陽의 동쪽에 있었다.
宛陵縣, 屬河南尹, 在雒陽東.
③ 伷는 음이 胄이다.
伷, 音胄.

【綱】 袁紹를 勃海太守로 삼았다.

以袁紹爲勃海太守하다

【目】 낙양성 안에 거주하는 皇室 貴戚의 저택이 〈많아서〉 서로 바라볼 정도로 이어져 있었는데, 董卓이 군대를 풀어 노략질해서 부녀자를 겁탈하여 자신의 아내처럼 대하되 신분의 귀천을 가리지 않으니, 사람들의 마음이 무너지고 두려워해서 아침에 죽을지 저녁에 죽을지 장담하지 못할 정도였다.

洛中에 貴戚의 室第相望이러니 卓이 放兵剽虜하여 妻略婦女를 不避貴賤하니 人情이 崩恐하여 不保朝夕이러라

【目】董卓이 현상금을 내걸고 袁紹를 급히 수색하자, 周毖와 伍瓊이 다음과 같이 말하였다.

"원소는 두려워서 出奔한 것이고 다른 뜻이 있는 것이 아니니, 이제 급히 현상금을 내걸고 그를 수색한다면 원소는 형편상 반드시 변란을 일으킬 것입니다. 袁氏가 4대에 걸쳐 사람들에게 은택을 널리 베풀어서 門生과 故吏(예전에 手下에 있던 관리)가 천하에 두루 퍼져 있으니, 원소가 만약 호걸들을 거두어서 무리를 모으면 山東은 公의 소유가 아닐 것입니다. 차라리 그를 사면하여 한 郡의 郡守에 임명하는 것이 좋을 듯하니, 이렇게 하면 원소는 죄를 면하는 것을 기뻐하여 반드시 환란이 없을 것입니다."

그러자 동탁이 마침내 현지에서 원소를 勃海太守로 임명하고 또 원소의 從弟 袁術을 後將軍으로 삼고 曹操를 驍騎校尉로 삼으니, 원술은 南陽으로 달아났고 조조는 성명을 바꾸고서 샛길로 동쪽으로 돌아가 陳留에 이르러서 家產을 흩어 병력을 모아 5천 명을 얻었다.

卓이 購求袁紹急한대 周毖, 伍瓊曰 紹恐懼出犇이요 非有他志하니 今急購之하면 勢必爲變이라 袁氏樹恩四世하여 門生故吏徧天下①하니 若收豪傑하여 以聚徒衆이면 則山東은 非公之有也라 不如赦之하여 拜一郡守니 紹喜於免罪하여 必無患矣리라 卓이 乃卽拜紹勃海太守하고 又以紹從弟術爲後將軍하고 曹操爲驍騎校尉하니 術은 犇南陽하고 操는 變易姓名하여 間行東歸하여 至陳留하여 散家財하여 合兵得五千人하다

① 〈"袁氏樹恩四世"는〉 袁安으로부터 4대를 거쳐 袁紹에 이른 것이다.[38]
袁安四世至紹.

【目】이때에 호걸들 중에 군사를 일으켜 董卓을 토벌하고자 하는 자들이 많았다. 袁紹가 勃海에 있자 韓馥이 여러 명의 部從事[39]를 보내어 원소를 감시하게 해서 동요하지 못

38) 袁安으로부터……것이다 : 이는 袁紹의 家系가 生父인 袁逢, 祖父인 袁湯, 曾祖인 袁京, 高祖인 袁安에 이름을 가리킨다. 원소는 뒤에 원탕의 둘째 아들이자 원봉의 둘째 형인 袁成의 양자가 되었다.

39) 從事 : 從事史라고도 하는데 州刺史의 막료로 자사의 辟召를 통해 임명된다. 이는 別駕從事, 治中從事, 兵曹從事 등으로 구분된다. 특히 별가종사와 치중종사가 屬吏의 長이 된다. 별가종사는 자사가 部를 순행할 적에 자사를 수행하며 자사의 측근으로 활동하였다. 치중종사는 州의 屬吏의 선발과 諸曹의 일을 주관하였다. 部從事는 州의 소속된 郡마다 1명을 두어서 불법행위를 감찰한다.(安作

하게 하였다. 東郡太守 橋瑁는 三公이 각 州郡에 보내는 移文(공문서)을 위조하여 동탁의 죄악을 열거하고 각지의 군대를 징발하여 국난을 구제하게 하였다.

한복이 移文을 받아보고 從事들을 청하여 묻기를 "이제 마땅히 袁氏를 도와야 하는가? 董氏를 도와야 하는가?" 하니, 治中從事 劉子惠가 말하기를 "군사를 일으킴은 나라를 위한 것이니, 어찌 袁氏와 董氏를 말씀하십니까." 하였다. 한복은 부끄러워하는 기색을 띠고 마침내 글을 써서 원소에게 주어 그가 군사를 일으키도록 허락하였다.

是時에 豪傑이 多欲起兵討卓者라 袁紹在勃海하니 韓馥이 遣數部從事守之하여 不得動搖①라 東郡太守橋瑁 詐作三公移書州郡하여 陳卓罪惡하고 徵兵赴難②하니 馥이 得移하고 請諸從事하여 問曰 今當助袁氏耶아 助董氏耶아 治中從事劉子惠曰 興兵爲國이니 何謂袁董③고하니 馥이 有慙色하여 乃作書與紹하여 聽其起兵하다

① 部從事는 州에 소속된 郡國을 담당하는 從事이다. 〈韓馥이〉 勃海 한 郡에 部從事 여러 사람을 보내어 지키도록 한 것은 袁紹가 군사를 일으킬까 두려워한 것이다.
部從事, 部郡國從事也. 勃海一郡, 遣部從事數人守之, 恐紹起兵也.

② 官曹와 公府에서 서로 직접 상대할 수 없으면 移文을 만들어 돌렸다.
官曹公府, 不相臨敬, 則爲移.

③ 爲(위하다)는 去聲이다.
爲, 去聲.

庚午年(190)

【綱】 漢나라 孝獻皇帝 初平 元年이다. 봄 정월에 關東(函谷關 以東)의 각 州郡이 군사를 일으켜 董卓을 토벌할 적에 袁紹를 추대하여 盟主로 삼았다.

孝獻皇帝初平元年이라 春正月에 關東州郡이 起兵討卓할새 推袁紹爲盟主[40]하다

【目】 袁紹가 스스로 車騎將軍이라 칭하여 河內太守 王匡과 함께 河內에 주둔하고 韓馥은 鄴縣에 머물러 군량을 공급하고 孔伷는 潁川에 주둔하고 劉岱와 張邈과 장막의 아우 廣陵太守 張超와 山陽太守 袁遺와 濟北相 鮑信은 橋瑁와 曹操와 함께 酸棗에 주둔하고 袁

璋・熊鐵基, ≪秦漢官制史稿≫, 齊魯書社, 1984)

40) 孝獻皇帝初平元年……推袁紹爲盟主 : "이는 특별히 쓴 것이니, '추대하여 맹주로 삼았다.'라고 쓴 것은 장차 袁紹를 깊이 책망하려고 한 것이다.〔特筆也 書推爲盟主 將以深責紹也〕" ≪書法≫

術은 魯陽에 주둔하니, 병력이 각각 수만 명이었다.

호걸들 중에 원소에게 진심으로 歸附하는 자가 많았으나 포신만은 홀로 조조에게 이르기를 "그대의 지략은 세상에 좀처럼 나오지 않는 것이니, 이는 아마도 하늘이 열어준 바일 것이다." 하였다.

紹自號車騎將軍하여 與河內太守王匡으로 屯河內하고 韓馥留鄴하여 給軍糧하고 孔伷는 屯潁川하고 劉岱, 張邈과 邈弟廣陵太守超와 山陽太守袁遺와 濟北相鮑信은 與橋瑁, 曹操로 俱屯酸棗하고 袁術은 屯魯陽하니 衆各數萬①이라 豪傑이 多歸心袁紹者로되 鮑信이 獨謂操曰 君略은 不世出하니 殆天之所啓乎인저

① 袁遺는 袁紹의 從弟이다.
遺, 紹之從弟.

【綱】 董卓이 弘農王(劉辯)을 시해하였다.

卓이 弑弘農王[41]하다

【綱】 董卓이 아뢰어 太尉 黃琬과 司徒 楊彪를 면직시키고는 王允을 司徒로 삼고, 城門校尉 伍瓊과 尙書 周毖를 죽였다.

◑ 卓이 奏免太尉琬, 司徒彪하고 以王允爲司徒하고 殺城門校尉伍瓊, 尙書周毖[42]하다

41) 卓弑弘農王 : "군주를 폐위함에 '시해'라고 쓴 것이 董卓으로부터 시작되었으니, ≪資治通鑑綱目≫이 끝날 때까지 군주를 폐위함에 시해라고 쓴 것이 20번이다. 弘農王과 南朝 宋나라의 零陵王(司馬德文), 營陽王(劉義符)과 南朝 齊나라의 汝陰王(劉準), 海陵王(蕭昭文), 涪陵王(蕭寶卷)과 南朝 梁나라의 巴陵王(蕭寶融)과 北魏의 王 元恭, 安定王(元朗), 東海王(元曄)과 北齊의 中山王(元善見), 南朝 梁나라의 군주 蕭綱, 西魏의 군주 元欽, 北周 宋公(元廓), 南朝 陳나라의 江陰王(蕭方智), 北齊의 濟南王(高殷), 隋나라의 介公(宇文闡), 後梁의 濟陰王(李柷), 後唐의 鄂王(李從厚), 後漢의 湘陰公(劉贇)이다.〔廢君書弑 自董卓始 終綱目 廢君而弑之者 二十 弘農王 宋零陵王 營陽王 齊汝陰王 海陵王 涪陵王 梁巴陵王 魏王恭 安定王 東海王 齊中山王 梁主綱 魏主欽 周宋公 陳江陰王 齊濟南王 隋介公 後梁濟陰王 後唐鄂王 漢湘陰公〕" ≪書法≫

"弘農王이 폐위되어 군주로 인정받지 못하였으므로 이전의 史書는 모두 '殺'이라고 썼는데 ≪資治通鑑綱目≫에 이르러서 비로소 명칭을 바로잡아 '시해하였다'라고 썼는바, 이것은 그가 미미한 존재라 하여 君臣의 의리를 폐하지 않은 것이니, 그렇다면 역적 董卓의 죄가 더욱 드러난 것이다.〔弘農旣廢 已不成乎君 前史皆以殺爲文 至綱目 始正名書弑者 不以其微而廢君臣之義 則逆賊之罪益著矣〕" ≪發明≫

42) 卓奏免太尉琬司徒彪……殺城門校尉伍瓊尙書周毖 : "면직할 적에 그 연유를 쓴 적이 있지 않았는데 '董卓이 아뢰었다.'라고 쓴 것은 어째서인가. 동탁이 전횡한 것이다. 이 때문에 〈前漢 말기〉 王鳳이 전횡하였을 적에는 陳湯을 從事中郞으로 삼은 것에 대하여 '왕봉이 아뢰었다.'라고 썼고, 동탁이 전횡하였을 적에는 太尉 黃琬과 司徒 楊彪를 면직한 것에 대하여 '동탁이 아뢰었다.'라고 쓴 것이다.

【目】董卓이 크게 군사를 일으켜서 山東 지방을 토벌할 것을 의논하였는데, 尙書 鄭泰가 말하기를 "정사는 德에 달려 있고 병력의 많음에 달려 있지 않습니다." 하였다. 이에 동탁이 기뻐하지 않으며 말하기를 "방금 卿이 말한 것과 같다면 군사는 쓸모없다는 것인가." 하자, 정태가 다음과 같이 말하였다.

"그러하다고 말한 것이 아닙니다. 저는 山東 지방은 군이 큰 병력을 동원하여 토벌할 것이 못 된다고 이른 것일 뿐입니다. 明公은 西州에서 나와서 연소할 적에 장수가 되어 군대의 일에 익숙하지만 袁本初(袁紹)는 公卿의 자제로 京師에서 생장하였고, 張孟卓(張邈)은 東平郡의 厚重한 長者로서 堂에 단정히 앉아 함부로 위험한 곳을 엿보지 않았고, 孔公緖(孔伷)는 淸談과 高論에 능한 자로서 건조한 것은 입김을 불어넣어 생기 있게 하기도 하고, 생기가 있는 것은 숨을 불어서 건조하게 하기도 합니다. 그러나 세 사람 모두 軍事에 관한 재주가 전혀 없으니, 칼 끝에 임하여 적과 승부를 결단하는 것은 公과 대등한 자가 아닙니다. 더구나 저들은 조정의 관작을 받지 않아 尊卑에 차서가 없어서 心志와 膽力을 합하여 進退를 함께하려고 하지 않습니다.

또한 山東 지방은 태평한 지가 오래되어서 백성들이 전쟁에 익숙하지 못하니, 천하가 두려워하는 바는 幷州와 涼州의 병사와 羌族과 胡族의 義從보다 더한 것이 없는데, 明公이 이들을 보유하여 爪牙로 삼고 있으니, 비유하자면 범과 무소를 몰아서 개와 양에게 달려가게 하고 烈風을 일으켜서 마른 잎을 쓸어버리는 것과 같습니다. 그러니 어느 누가 감히 이를 막겠습니까.

아무런 일도 없는데 군대를 징발하여 천하를 놀라게 하고 부역을 근심하는 백성들로 하여금 서로 모여 나쁜 짓을 하게 하여, 德을 버리고 병력의 많음을 믿는 것은 스스로 위엄과 권세를 훼손하는 것입니다."

동탁이 이에 기뻐하였다.

卓이 議大發兵以討山東한대 尙書鄭泰曰 夫政은 在德이요 不在衆也니라 卓이 不悅曰 如卿此言이면 兵爲無用邪아 泰曰 非謂其然也라 以爲山東不足加大兵耳라 明公은 出自西州하여 少爲將

伍瓊과 周毖를 죽인 자는 동탁이고 王允으로 사도를 삼은 자 또한 동탁이니, '以'자를 쓴 것은 왕윤을 비난한 것이 아닌가? 왕윤이 동탁에게 등용되었으나 끝내 동탁을 주살하였으니, '以'자를 쓴 것은 왕윤을 인정한 것이다. 그러므로 灌嬰이 齊나라와 연합하자 '呂産이 시켰다.'라고 쓴 것은 바로 관영을 인정한 것이고, 왕윤이 呂布로 하여금 동탁을 주살하게 하자 '卓以(동탁이 왕윤을 사도로 삼았다.)'라고 쓴 것은 바로 왕윤을 인정한 것이다.〔免未有書所自者 書卓奏 何 專也 是故王鳳專 則以陳湯爲從事中郎 書鳳奏 董卓專 則免太尉琬司徒彪 則書卓奏 殺伍周者卓也 則以王允者 亦卓也 書以 非譏允歟 允爲卓所以而卒能誅卓 書以 所以予允也 故灌嬰能與齊連和 則書産使者 乃所以予嬰 王允能使布誅卓 則書卓以者 乃所以予允也〕" ≪書法≫

帥하여 閑習軍事나 袁本初는 公卿子弟로 生長京師①하고 張孟卓은 東平長者로 坐不闚堂②하고 孔公緖는 淸談高論으로 嘘枯吹生③이라 竝無軍旅之才하니 臨鋒決敵은 非公之儔也④라 況王爵不加하여 尊卑無序하여 不肯同心共膽하여 與齊進退라 且山東이 承平日久하여 民不習戰하니 天下所畏者는 無若幷涼之人與羌胡義從이어늘 而明公이 擁之以爲爪牙하니 譬猶驅虎兕以赴犬羊이요 鼓烈風以掃枯葉이니 誰敢禦之⑤리오 無事徵兵以驚天下하고 使患役之民으로 相聚爲非하여 棄德恃衆은 自虧威重也니라 卓이 乃悅이러라

① 本初는 袁紹의 字이다.
本初, 紹字.

② 孟卓은 張邈의 字이다. "坐不闚堂"은 몸과 목숨을 아낌을 말한 것이다. 堂이 높으면 그 귀퉁이(처마)가 地面과 멀어서 엿봄에 떨어질까 두려우니, 이는 바로 堂에 앉을 적에는 바깥쪽 가장자리에 앉지 않는다〔坐不垂堂〕[43]의 뜻이다.
孟卓, 邈字. 坐不闚堂, 言愛惜身命也. 堂高(簾)〔廉〕[44]遠地, 闚視恐墜墮, 卽坐不垂堂之意.

③ 公緖는 孔伷의 字이다. 〈"嘘枯吹生"은〉 건조한 것에 입김을 불어넣어 생기가 나게 하기도 하고 생기가 나는 것을 불어서 건조하게 하기도 하는 것이니, 이는 담론에 억양하는 바가 있음을 말한 것이다.
公緖, 伷字. 枯者嘘之使生, 生者吹之使枯, 言談論有所(枯)〔抑〕[45]揚也.

④ "臨鋒決敵"은 兵鋒(병기의 뾰족하고 예리한 부분)에 임하여 적과 승부를 결단함을 이른다.
臨鋒決敵, 謂臨兵鋒而與敵人決勝負也.

⑤ 兕(무소)는 序姊의 切이다. 소와 비슷한데 뿔이 하나이고 가죽은 푸른색이며, 몸의 무게는 1,000근이고 뿔의 무게는 100근이다.
兕, 序姊切. 似牛, 一角而靑色, 身重千斤, 角重百斤.

【目】 이윽고 董卓은 또 산동 지방의 군대가 강성하다고 해서 遷都하여 이들을 피하고자 하였는데, 表文을 올려 河南尹 朱儁을 자기의 副官으로 삼았다. 使者가 주준을 불러 관

---

43) 堂에……않는다〔坐不垂堂〕: 이는 ≪史記≫ 권117 〈司馬相如列傳〉에 보이는 말로 이에 대해 司馬貞의 ≪索隱≫에는 "처마의 기와가 떨어져서 사람을 맞힐까 두려워해서이다.〔畏簷瓦墮中人〕"와 "垂는 가장자리이니, 堂에서 떨어질까 두려워해서이다.〔垂 邊也 恐墮墜之也〕"라고 한두 가지 해설이 실려 있다. 또 ≪漢書≫ 권49 〈袁盎傳〉의 '千金之子不垂堂'에 대한 顔師古의 注에 "이는 부유한 사람의 자식은 자기 몸을 스스로 아낌을 말한 것이다. 垂堂은 堂의 바깥쪽 가장자리에 앉음을 이르니, 이렇게 하지 않는 것은 堂에서 떨어질까 두려워해서이다.〔言富人之子則自愛也 垂堂 謂坐堂外邊 恐墜墮也〕"라고 하였다.

44) (簾)〔廉〕: 저본에는 '簾'으로 되어 있으나, ≪資治通鑑綱目集覽正誤≫에 의거하여 '廉'으로 바로잡았다.

45) (枯)〔抑〕: 저본에는 '枯'로 되어 있으나, ≪資治通鑑≫ 註에 의거하여 '抑'으로 바로잡았다.

직을 임명하자, 주준이 사양하여 받지 않고 인하여 다음과 같이 말하였다.

"국가가 서쪽(長安)으로 천도하면 반드시 천하 사람들의 바람을 저버려서 산동 지방과 틈이 생기게 될 것이니, 臣은 이렇게 하는 것이 옳은지 알지 못하겠습니다."

동탁이 公卿들을 크게 모아 이를 의논하였는데, 楊彪가 다음과 같이 말하였다.

"關中(長安)이 殘破되어 雒陽에 도읍을 정한 지가 이미 오래되었는데 이제 아무런 까닭 없이 宗廟와 園陵을 버리면 아마도 백성들이 크게 놀라고 동요하여 반드시 죽이 끓는 것처럼 소란하여 난리가 발생할 것입니다. 천하를 동요시키기는 지극히 쉽지만 안정시키기는 매우 어려우니, 부디 明公께서는 이 점을 생각하십시오."

이에 동탁이 낯빛을 바꾸며 말하기를 "公이 국가의 대계를 저지하고자 하는가." 하자, 黃琬이 말하기를 "이는 국가의 대사입니다. 어찌 楊公의 말씀에 생각할 만한 점이 없겠습니까." 하니 동탁이 대답하지 않고 災異가 있음을 구실로 삼아 上奏하여 황완과 양표 등을 면직시키고 王允을 司徒로 삼았다.

既而요 又以山東兵盛이라하여 欲遷都以避之할새 表河南尹朱儁爲己副하다 使(시)者召拜한대 儁이 辭不受하고 因曰 國家西遷이면 必孤天下之望하여 以成山東之釁(흔)하리니 臣不知其可也①로라 卓이 大會公卿議之하니 楊彪曰 關中殘破하여 都雒已久어늘 今無故捐宗廟, 棄園陵하면 恐百姓驚動하여 必有糜沸之亂②이라 天下는 動之至易하고 安之甚難하니 惟明公은 慮焉하라 卓이 作色曰 公이 欲沮國計邪아 黃琬曰 此는 國之大事니 楊公之言이 得無可思아하니 卓이 不答하고 以災異로 奏免琬, 彪等하고 以王允爲司徒하다

① 孤는 저버림이다.
孤, 負也.

② '糜沸'는 죽이 끓는 듯한 것이다. ≪詩經≫ 〈大雅 蕩〉에 "끓는 물과 같고 끓는 국과 같다." 하였다.
糜沸, 如糜粥之沸也. 詩"如沸如羹".

【目】 伍瓊과 周毖가 천도에 대해서 한사코 간하자, 董卓이 크게 노하여 말하기를 "내가 처음 조정에 들어왔을 적에 두 公이 선량한 선비를 등용할 것을 권하였으므로 내가 그 말을 따랐는데, 이 사람들이 관직에 부임하자 군사를 일으켜 나를 제거할 것을 도모하였다. 이는 그대 두 사람이 나를 배반한 것이지, 내가 어찌 그대들을 저버린 것이겠는가." 하고는 이들을 체포하여 참형에 처하였다. 이에 楊彪와 黃琬이 몹시 두려워하여 동탁에게 사죄하였다.

伍瓊, 周毖固諫遷都한대 卓이 大怒曰 卓이 初入朝에 二公이 勸用善士라 故로 卓이 相從이어늘 而諸君到官에 擧兵相圖하니 此는 二君이 賣卓이니 卓이 何用相負오하고 收斬之하니 彪, 琬이 惶恐謝罪하니라

【綱】 董卓이 蓋勳(갑훈)을 불러 議郞으로 삼고 皇甫嵩을 城門校尉로 삼았다.

卓이 徵蓋勳爲議郞하고 皇甫嵩爲城門校尉[46]하다

【目】 蓋勳이 京兆尹이 되고 左將軍 皇甫嵩이 3만 명의 병력을 거느리고서 扶風에 주둔하였다. 갑훈이 은밀히 황보숭과 함께 董卓을 토벌할 것을 모의하였는데, 동탁은 평소 황보숭을 원망하여 그를 불러 城門校尉를 삼고 이를 빌미로 그를 죽이고자 하였다.

황보숭이 장차 길을 떠나려고 할 적에 長史 梁衍이 황보숭을 다음과 같이 설득하였다.

"동탁이 京師를 범하여 노략질을 자행하고 제멋대로 황제를 폐위시키고 옹립하였는데, 그가 지금 이제 장군을 부르니, 크게는 위험과 禍가 있을 것이고 작게는 곤욕을 당할 것입니다. 지금 동탁이 낙양에 있고 천자가 서쪽(長安)에 오시니, 장군의 많은 병력

---

46) 卓徵蓋勳爲議郞 皇甫嵩爲城門校尉 : "蓋勳과 皇甫嵩 두 사람은 忠賢인데 어찌하여 '董卓이 불렀다.'라고 썼는가. '동탁이 불렀다.'라고 쓴 것은 두 사람을 위하여 애석하게 여긴 것이다.〔二子忠賢也 則曷爲書卓徵 書卓徵 爲二子惜也〕" ≪書法≫

"皇甫嵩은 功名이 평소 드러나서 몸이 上將이 되어 손아귀에 강성한 군대를 쥐고 있었는데, 皇室이 傾覆되고 역적이 흉포한 것을 가만히 앉아서 보기만 하여 大義를 천하에 창도하지 못하고 마침내 손을 묶고 부름에 나아가서 역적을 섬기는 것을 마음에 달갑게 여겼으니, 이는 어째서인가. 范曄의 의논에 '그가 하늘을 감동시킬 만한 큰 사업을 버리고 匹夫의 작은 신의를 지키려다가 끝내 위태로운 지경에서 낭패하여 智士의 웃음거리가 되었다.'라고 한 평이 훌륭하다. 더구나 이때에 蓋勳이 모의를 올리고 梁衍이 계책을 바쳤는데도 황보숭이 모두 버리고서 돌아보지 않고는 후일에 이르러 마침내 헛된 말과 强辯으로 역적과 맞섰으니, 이것은 또한 너무 늦지 않은가. ≪資治通鑑綱目≫에서 '董卓이 황보숭을 불러 城門校尉로 삼았다.'라고 썼으니, 그렇다면 황보숭이 몸을 굽혀 역적에게 나아간 부끄러움을 가릴 수 없는 것이다. 이 때문에 ≪資治通鑑≫에서는 다음해(192) 5월에 '황보숭을 車騎將軍으로 삼았다.'라고 쓰고, 8월에 '황보숭을 태위로 삼았다.'라고 쓰고, 12월에 '태위 황보숭이 면직되었다.'라고 썼는데, ≪資治通鑑綱目≫에서는 이를 모두 삭제하여 기록하지 않았으니, 이는 그를 비루하게 여긴 것이다. 그를 비루하게 여겼다면 말할 만한 것이 못 되니, 그렇다면 志士와 仁人이 去就를 정할 때에 어찌 또한 대처할 바를 알지 않을 수 있겠는가.〔皇甫嵩功名素著 身爲上將 手握强兵 坐視帝室傾覆 逆賊鴟張 不能唱大義於天下 乃束手就召 甘心事賊 何哉 善乎范曄之論 謂其舍格天之大業 就匹夫之小諒 卒狼狽虎口 爲智士笑者也 況是時蓋勳進謀 梁衍獻策 嵩皆棄之不顧 至他日 乃以虛詞强辯 與逆賊抗 不亦晚乎 綱目書卓徵嵩爲城門校尉 則嵩屈身就賊之恥 不可掩矣 是以通鑑明年五月 書以嵩爲車騎將軍 八月書以嵩爲太尉 十二月書太尉嵩免 綱目皆棄而不錄 蓋鄙之也 鄙之則不足言矣 然則志士仁人 其於去就之際 盍亦知所處哉〕" ≪發明≫

으로 至尊(천자)을 영접하고 명령을 받들어 역적을 토벌해서 袁氏가 그 동쪽을 압박하고 장군이 그 서쪽을 압박하면 이는 바로 동탁을 사로잡을 수 있는 기회입니다."

그러나 황보숭은 그의 말을 따르지 않고 부름에 나아가니, 갑훈은 병력이 약하기 때문에 독립할 수 없다고 하여 또한 京師로 돌아갔다.

蓋勳이 爲京兆尹하고 左將軍皇甫嵩이 將兵三萬하여 屯扶風하다 勳이 密與嵩으로 謀討卓이러니 卓이 素怨嵩하여 徵爲城門校尉하여 欲因殺之하다 嵩이 將行에 長史梁衍이 說(세)嵩曰 卓이 寇掠京邑하고 廢立從意하니 今徵將軍에 大則危禍요 小則困辱이라 今卓이 在雒陽하고 天子來西하시니 以將軍之衆으로 迎接至尊하여 奉令討逆하여 袁氏逼其東하고 將軍迫其西하면 此成禽也리라 嵩이 不從而就徵하니 勳이 以衆弱不能獨立이라하여 亦還京師하다

【綱】 3월에 董卓이 長安으로 遷都하고 洛陽의 궁궐과 사당을 불태우고 황제들의 陵을 파내었다. 車駕(皇帝)가 서쪽으로 옮겨갔다.

三月에 卓이 遷都長安하고 燒洛陽宮廟하고 發諸帝陵하다 車駕西(還)〔遷〕[47)48)]하다

47) (還)〔遷〕: 저본에는 '還'으로 되어 있으나, ≪御批資治通鑑綱目≫에 의거하여 '遷'으로 바로잡았다.

48) 卓遷都長安……車駕西(還)〔遷〕: "李傕(이각)과 曹操에 대해 모두 '황제를 某處로 옮겼다.'라고 쓴 것은 핍박하여 옮긴 것인데, 여기에서는 어찌하여 황제가 스스로 옮긴 것으로 썼는가. 위에서 '董卓이 천도하고 궁궐과 사당을 불태우고 황제들의 陵을 파내었다.'라고 쓴 뒤에 '車駕(獻帝)가 서쪽으로 옮겨갔다.'라고 썼으니, 그렇다면 황제가 그의 핍박과 위협을 받아 처량한 情狀이 저절로 나타난다. '董卓이 천도하였다.'라고 쓴 것은 전횡을 나타낸 말이고, '車駕가 서쪽으로 옮겨갔다.'라고 쓴 것은 옮겨가지 않을 수 없음을 나타낸 말이다.〔李傕曹操 皆書遷帝于某 逼遷也 此則曷爲以自遷書 其上書卓遷都 燒宮廟 發諸陵 然後書車駕西遷 則其逼脅凄涼之狀自見矣 書卓遷都 專辭也 書車駕西遷 不得不遷之辭也〕" ≪書法≫

"孟子가 말씀하시기를 '백성이 가장 귀하고 社稷이 그 다음이고 군주는 가벼운 존재이다.'라고 하셨는데, 지금 董卓이 백성을 노략질하고 수백만의 인구를 강제로 몰아 옮겨서 죽은 자들이 이루 다 헤아릴 수 없을 정도였다. 그러나 ≪資治通鑑綱目≫에서 다만 궁궐과 사당, 황제들의 陵 및 車駕에 대해서만 쓰고 백성에 대해 언급하지 않음은 어째서인가.

≪春秋≫의 法은 군주가 직접 장수가 되었을 적에는 '군대를 거느렸다.'라고 쓰지 않고, 군주가 사로잡혔을 적에는 '군대가 大敗하였다.'라고 쓰지 않으니, 이는 군주가 군사들보다 더 중하기 때문이다. ≪禮記≫ 〈檀弓 下〉에 '그 先人의 집(사당)에 불이 났을 경우 사흘 동안 곡을 한다.'라고 하였다. 그러므로 사당에 불이 나면 반드시 곡을 하니, 이는 神主가 봉안된 곳이기 때문이다. 맹자의 말씀은 당시의 군주가 소와 양처럼 함부로 사람(백성)을 쓰고 돌보지 않았기 때문에 백성을 가장 중한 것으로 삼고 군주와 社稷이 그 다음이라고 말씀하셔서 장차 백성들이 피와 살이 터지고 깨지는 한때의 禍를 구제하고자 하신 것이다. ≪춘추≫의 글과 禮經의 법으로 말하면 명칭을 바루고 분수를 정하여 만세의 법이 되었다. 그러므로 반드시 군주와 종묘를 중한 것으로 삼고 백성이 그 다음이 되니, 이는 세상을 다스리는 크고 떳떳한 법도로 고금에 걸쳐 바꿀 수 없는 것이다.

≪資治通鑑綱目≫은 이에 대하여 ≪춘추≫와 예경의 뜻을 깊이 얻었다. 그러므로 그 書法이 이와 같은 것이다. 오직 이 의리가 행해지지 못한 뒤에 백성을 위한다는 명분에 가탁하여 군주와 사직을

【目】 董卓이 낙양성 안의 富豪들을 잡아들여 그들에게 罪惡을 뒤집어씌워 주살하고 그 재물들을 몰수하니, 이에 죽은 자들이 이루 다 헤아릴 수 없을 정도였다. 그리고 남은 백성 수백만 명을 모두 몰아서 長安으로 옮길 적에 보병과 기병이 백성을 몰아 핍박하는 바람에 사람들이 서로 밟히고 깔리며, 굶주리고 노략질을 당하여 백성들의 시신이 길에 가득하였다.

동탁은 스스로 畢圭苑(필규원) 가운데에 주둔해 있으면서 궁궐과 사당과 관부, 거주하는 백성들의 집을 모두 불태우니, 200리 안에는 닭과 개조차도 없었다. 또 呂布로 하여금 황제들의 능과 公卿들의 무덤을 파내어 그 속에 있던 진귀한 보물들을 거두어들이게 하였다.

董卓이 收諸富室하여 以罪惡誅之하고 沒入其財物하니 死者不可勝計라 悉驅徙其餘民數百萬口於長安할새 步騎驅蹙하여 更(경)相蹈藉하고 飢餓寇掠하여 積屍盈路러라 卓이 自留屯畢圭苑中하고 悉燒宮廟, 官府, 居家하니 二百里內에 無復鷄犬①이러라 又使呂布로 發諸帝陵及公卿冢墓하여 收其珍寶하다

① "居家"는 거주하는 백성들의 집이다.
居家, 居民之家也.

【目】 3월에 황제가 장안에 이르렀는데 董卓은 아직 이르지 않았다. 그리하여 조정의 크고 작은 정사를 모두 王允에게 위임하였는데, 왕윤이 밖으로는 조정의 부족하거나 빠뜨린 부분을 보완하고 안으로는 황실을 위해 도모해서 자못 大臣의 風度가 있으니, 천자로부터 조정 안의 신하들까지 모두 왕윤을 의지하였다. 그리고 왕윤이 뜻을 굽혀 동탁을 받드니, 동탁 또한 평소 그를 신임하였다.

三月에 帝至長安하니 董卓이 未至라 朝政大小를 皆委之王允하다 允이 外相彌縫하고 內謀王室하여 甚有大臣之度하니 自天子及朝中이 皆倚允하고 允이 屈意承卓하니 卓이 亦雅信焉이러라

가볍게 버리고 돌아보지 않으면서 그 배반한 사실을 스스로 文飾(美化)하는 경우가 있으니, 오랑캐에게 항복하고 역적에게 항복하면서 城을 온전하게 보존한 것으로 명분을 삼는 자와 같은 경우이다. 군자가 있지 않으면 어느 누가 이것을 바로잡겠는가. 아, 슬프다.〔孟子曰 民爲貴 社稷次之 君爲輕 今董卓虜掠人民 驅徙數百萬口 死者不可勝計 然綱目止書宮廟諸陵及車駕而不及民 何哉 春秋之法 君將 不言帥師 君獲 不言師敗績 以君重於師也 禮稱有焚其先人之室 則三日哭 故廟災則必哭之 以神主之所安也 蓋孟子之言 爲時君牛羊用人而莫之恤 故以民爲貴 君社稷次之 將以救一時糜爛之禍 若夫春秋之書 禮經之典 正名定分 爲萬世法 故必以君宗廟爲重 而民次之 此則經世之大常 亘古今而不可易者也 綱目於此 深得春秋禮經之旨 故其書法如此 惟此義不行 然後有託以爲民之故 輕棄君親社稷而不顧 以自文其背畔之實 如降虜降賊以全城爲名者 不有君子 誰能正之 噫〕" ≪發明≫

【綱】 董卓이 太傅 袁隗를 죽이고 그 집안을 멸족하였다.

卓이 殺太傅袁隗하고 滅其家하다

【綱】 長沙太守 孫堅이 군사를 일으켜 동탁을 토벌하니, 將軍 袁術이 南陽을 점거하고서 表文을 올려 손견으로 豫州刺史를 겸하게 하였다.

◑ 長沙太守孫堅이 擧兵討卓하니 將軍袁術이 據南陽[49]하여 表堅領豫州刺史하다

【目】 孫堅이 군사를 일으켜 荊州刺史 王叡(왕예)를 죽이고 전진하여 南陽에 이르니, 병력이 이미 수만 명이었다. 太守 張咨를 죽이고 魯陽에 이르러 袁術과 병력을 연합하니, 원술이 이로 말미암아 南陽을 점거할 수 있었다. 그리하여 表文을 올려 손견을 行破虜將軍으로서 豫州刺史를 겸하게 하였다.

손견이 관속들과 노양성 동쪽에서 모여 술을 마셨는데, 董卓의 보병과 기병 수만 명이 갑자기 몰려오니, 손견은 막 술잔을 돌리며 담소하고 部曲(부대)를 정돈하여 함부로 움직이지 못하게 하였다. 뒤에서 몰려오는 기병이 점점 더 많아지자, 손견이 서서히 술자리를 파하고 사람들을 인도하여 성으로 들어가서 마침내 말하기를 "방금 전 내가 즉시 일어나지 않았던 이유는 군사들이 동요해 서로 밟히고 깔려 여러분이 성 안으로 들어올 수 없을까 염려하였을 뿐이었다." 하였다.

동탁의 군대는 손견의 부대가 정돈된 것을 보고 감히 공격하지 못하고 돌아갔다.

孫堅이 起兵하여 殺荊州刺史王叡하고 前至南陽하니 已數萬人이라 殺太守張咨하고 至魯陽하여 與袁術合兵하니 術이 由是로 得據南陽하여 表堅行破虜將軍, 領豫州刺史하다 堅이 與官屬으로 會飮於魯陽城東이러니 董卓步騎數萬이 卒至하니 堅이 方行酒談笑하고 整頓部曲하여 無得妄動케하다 後騎漸益이어늘 堅이 徐罷坐하고 導引入城하여 乃曰 向堅所以不卽起者는 恐兵相蹈藉하여 諸君이 不得入耳니라 卓兵이 見其整하고 不敢攻而還하다

【綱】 劉表를 荊州刺史로 삼았다.

以劉表爲荊州刺史[50]하다

---

49) 將軍袁術 據南陽 : "'袁術이 南陽을 점거하다.'라고 쓴 것은 어째서인가. 이는 원술이 전횡함을 죄준 것이다.〔書據 何 罪專也〕" ≪書法≫

50) 以劉表爲荊州刺史 : "董卓이 황제를 시해한 이후로는 사람들을 불러서 관직을 임명할 적에 모두 '卓

【目】 당시에 도적이 도처에서 횡행하여 도로가 막히니, 劉表가 필마로 宜城에 들어가서 南郡의 名士인 蒯良(괴량)과 蒯越을 청하여 함께 상의하기를 "지금 江南의 宗賊(종족끼리 패거리 지은 도적)이 매우 강성하여 각각 병력을 보유하고서 歸附하지 않으니, 만약 袁術이 이들을 이용한다면 禍가 반드시 당장 닥쳐올 것이다. 내가 군사를 징발하고자 하나 모을 수 없을까 두려우니, 어떻게 계책을 세워야 하는가?" 하자, 괴월이 다음과 같이 말하였다.

"원술은 교만하고 무모하며 宗賊의 우두머리들은 대부분 탐욕스럽고 포학하여 아랫사람들의 근심거리가 되니, 만약 사람을 시켜서 이익으로 보여주면 반드시 무리를 데리고 올 것입니다. 使君께서 그중에 무도한 자를 주살하고 어루만져서 쓰면 한 州의 모든 사람들이 살아남은 것을 즐거워하는 마음이 있어서 君의 위엄과 덕망을 듣고는 반드시 襁褓(강보)로 아이를 싸서 등에 업고 올 것입니다. 군사가 모이고 무리가 歸附하거든 남쪽으로 江陵을 점거하고 북쪽으로 襄陽을 지키면 荊州의 여덟 郡은 檄文만 돌리고도 평정할 수 있을 것이니, 袁公路(袁術)가 비록 쳐들어오더라도 어찌할 수 없을 것입니다."

이에 유표가 "좋다." 하고 마침내 괴월로 하여금 宗賊의 우두머리들을 유인하게 하였는데, 이른 자가 55명이었다. 이들을 모두 죽이고서 그 무리를 빼앗고 마침내 治所를 襄陽으로 옮겨서 郡縣을 진무하니, 江南이 모두 평정되었다.

時에 寇賊縱橫하여 道路梗塞하니 表單馬入宜城①하여 請南郡名士蒯良, 蒯越하여 與之謀曰 今江南宗賊이 甚盛하여 各擁衆不附②하니 若袁術因之면 禍必至矣라 吾欲徵兵호되 恐不能集하노니 其策焉出고 越曰 袁術이 驕而無謀하고 宗賊帥多貪暴하여 爲下所患하니 若使人示之以利면 必以衆來라 使君이 誅其無道하고 撫而用之하면 一州之人이 有樂存之心하여 聞君威德하고 必襁負而至矣리라 兵集衆附어든 南據江陵하고 北守襄陽이면 荊州八郡을 可傳檄而定이니 公路雖至나 無能爲也③리라 表曰 善타하고 乃使越로 誘宗賊帥하니 至者〔五〕[51]十五人이어늘 皆斬之而取其衆하고 遂徙治襄陽④하여 鎭撫郡縣하니 江南이 悉平⑤하다

① 宜城縣은 南郡에 속하니, 본래 鄢(언) 땅이었는데, 前漢 惠帝 3년(B.C. 192)에 宜城으로 이름을 바꾸었다.
   宜城縣, 屬南郡, 本鄢, 惠帝三年改名宜城.
② 宗賊은 宗黨이 함께 도적이 된 것을 이른다.

以'라고 썼는데, 여기에서 '卓以'를 쓰지 않은 것은 어째서인가. 동탁이 밖에 있었기 때문이다.〔自卓弑以來 徵拜皆書卓以 此其不書卓以 何 卓在外也〕" ≪書法≫

51) 〔五〕: 저본에는 '五'자가 없으나 ≪資治通鑑≫에 의거하여 보충하였다.

宗賊, 謂宗黨共爲賊.

③ ≪後漢書≫ 〈郡國志〉에는 荊州의 部屬(소속된 고을)은 南陽, 南郡, 江夏, 零陵, 桂陽, 長沙, 武陵 등 일곱 郡인데, ≪漢官儀≫에는 章陵을 넣어서 여덟 郡으로 만들었다. 公路는 袁術의 字이다.

郡國志, 荊州部南陽·南郡·江夏·零陵·桂陽·長沙·武陵七郡. 漢官儀, 以章陵足(주)爲八郡. 公路, 袁術字.

④ 荊州刺史의 府는 본래 武陵의 漢壽를 治所로 삼았다. 襄陽縣은 南郡에 속하였다.

荊州刺史, 本治武陵漢壽. 襄陽縣, 屬南郡.

⑤ 荊州의 部屬으로 江南에 있는 것은 長沙, 武陵, 零陵, 桂陽 등 네 郡이다.

荊部在江南者, 長沙·武陵·零陵·桂陽四郡也.

【綱】 曹操가 董卓의 군대와 滎陽(형양)에서 싸우다가 이기지 못하여 河內로 돌아가 주둔하였다.

曹操與卓兵으로 戰于滎陽이라가 不克하여 還屯河內하다

【目】 袁紹 등의 諸軍이 董卓의 강함을 두려워하여 감히 먼저 진격하는 이가 없자, 曹操는 다음과 같이 말하였다.

"義兵을 일으켜 포학한 자와 난을 일으킨 자들을 주벌하려 해서 큰 병력이 이미 모였으니, 여러분은 무엇을 의심하는가. 만약 董卓이 황실의 권위에 의지하고 옛 京師인 낙양을 점거하여 동쪽으로 향해서 천하에 임하였더라면 비록 무도한 짓을 행하더라도 오히려 큰 근심거리가 될 수 있지만, 지금 궁실을 불태우고 천자를 겁박하여 도읍을 서쪽으로 옮겨서 온 천하 사람들이 이 때문에 크게 놀라 동요하여 누구에게 귀의해야 할지를 알지 못하니, 이것이 바로 하늘이 동탁을 멸망시키는 시기인 것이다. 한 번 싸우면 곧 천하를 평정할 수 있다."

조조가 마침내 군대를 이끌고 서쪽으로 가서 장차 成皐를 점거하려고 하였는데, 滎陽에 이르러 동탁의 장수 徐榮을 만나 그와 싸우다가 조조의 군대가 패하여 조조가 流矢에 맞고 말 또한 創傷을 입었다. 從弟 曹洪이 자기가 타던 말을 조조에게 주면서 말하기를 "천하에 저 조홍은 없어도 괜찮지만 君이 없어서는 안 됩니다." 하였다.

袁紹等諸軍이 畏董卓之彊하여 莫敢先進이어늘 曹操曰 擧義兵以誅暴亂하여 大衆已合하니 諸君何疑오 向使董卓이 倚王室하고 據舊京하여 東向以臨天下면 雖以無道行之라도 猶足爲患이어니와

今焚燒宮室하고 劫遷天子하여 海內(襄)〔震〕[52)]動하여 不知所歸하니 此天亡之時也라 一戰而天下定矣라하고 遂引兵西하여 將據成皐할새 至滎陽하여 遇卓將徐榮하여 與戰이라가 操兵敗하여 爲流矢所中하고 馬亦被創이라 從弟洪이 以馬與操曰 天下에 可無洪이어니와 不可無君이라하더라

【目】曹操가 마침내 밤중에 달아나 酸棗로 돌아오니, 諸軍 십여만 명이 날마다 술자리를 베풀고 크게 모여 잔치하고 나아가 董卓을 취할 것을 도모하지 않았다. 조조가 이들을 꾸짖고 인하여 이들을 위하여 다음과 같은 계책을 제시하였다.

"그대들이 나의 계책을 따라서 勃海太守 袁紹로 하여금 河內의 병력을 인솔하여 孟津에 임하게 하고, 酸棗에 주둔해 있는 장수들이 成皐를 지키고 敖倉을 점거하며 轘轅(환원)과 大谷(태곡)을 봉쇄하여 그 險要한 지역을 완전히 控制하고, 袁將軍(袁術)으로 하여금 南陽의 군대를 거느려 丹水縣과 析縣에 주둔하고 武關에 들어가서 長安의 三輔 지방을 진동하게 하되 모두 보루와 성벽을 높이 쌓고서 적들과 싸우지 말고 疑兵을 더욱 만들어 천하의 의로운 군대가 크게 모인 형세를 드러내 보여서 順理로 반역하는 자를 주벌하면 즉시 천하를 평정할 수 있을 것이다. 지금 군대가 대의명분으로 출동하였는데 주저하고 의심하며 진격하지 아니하여 천하 사람들을 실망시키니, 나는 그대들을 위하여 부끄러워하는 바이다."

그러나 張邈 등은 조조의 계책을 따르지 못하였다. 그러자 조조는 마침내 河內로 돌아와 주둔하였는데 그 뒤에 오래지 않아 酸棗의 식량이 다하여 무리가 흩어지니, 劉岱가 橋瑁를 죽였다.

遂夜遁還酸棗하니 諸軍十餘萬이 日置酒高會하고 不圖進取어늘 操責讓之하고 因爲謀曰① 諸君이 聽吾計하여 使勃海로 引河內之衆하여 臨孟津②하고 酸棗諸將이 守成皐, 據敖倉하며 塞(색)轘轅, 大(태)谷하여 全制其險③하고 使袁將軍으로 率南陽之軍하여 軍丹, 析하고 入武關하여 以震三輔④호되 皆高壘深壁하여 勿與戰하고 益爲疑兵하여 示天下形勢하여 以順誅逆이면 可立定也리라 今兵以義動이어늘 持疑不進하여 失天下望하니 竊爲諸君恥之하노라 邈等이 不能用하니 操乃還屯河內⑤러니 頃之요 酸棗食盡衆散하니 劉岱殺橋瑁하다

① 爲(위하다)는 去聲이니, 아래에 "竊爲"의 爲도 똑같다.
爲, 去聲. 下竊爲同.

② 勃海는 袁紹를 이른다. 袁紹가 먼저 王匡과 함께 河內에 군대를 주둔하였다.
勃海, 謂袁紹也. 先與王匡屯兵於河內.

52) (襄)〔震〕: 저본에는 '襄'으로 되어 있으나, ≪資治通鑑≫에 의거하여 '震'으로 바로잡았다.

③ 大는 音이 泰이다. ≪括地志≫에 "太原郡 大谷縣에 大谷山이 있다." 하였다.
大, 音泰. 括地志, 太原郡大谷縣, 有大谷山.
④ "袁將軍"은 袁術을 이른다. 丹水縣과 析縣은 모두 弘農郡에 속하였다.
此謂袁術也. 丹水及析縣, 皆屬弘農郡.
⑤ 〈"操乃還屯河內"는 曹操가〉 袁紹를 따라간 것이다.
從袁紹也.

【綱】 袁紹가 臧洪으로 靑州刺史를 겸하게 하였다.

袁紹以臧洪領靑州[53)]하다

【目】 靑州刺史 焦和 또한 군대를 일으켜 諸將과 함께 서쪽으로 가려고 힘썼으나 백성들의 保障(바람막이)이 되지 못하여, 군대가 처음으로 黃河를 건너자 黃巾賊이 이미 그 경내에 들어와 있었다. 靑州는 재화가 풍부하고 병력이 강성했는데 초화는 항상 寇賊을 멀리서 바라만 보고 도망쳤고, 卜筮를 좋아하고 鬼神을 믿었다. 그리하여 사람들이 官府에 들어가 그 사람(초화)을 보면 淸談이 구름에 닿을 정도로 고상하였으나 나와서 그 정사를 살펴보면 상과 벌을 시행함이 뒤섞이고 어지러우니 〈그가 다스리는〉 州의 景狀이 마침내 쓸쓸하여 모두 빈 터가 되었다.

초화가 오래지 않아 병으로 죽으니, 袁紹가 廣陵郡 功曹[54)]인 臧洪으로 하여금 靑州刺史를 겸하게 하여 백성을 鎭撫하게 하였다.

靑州刺史焦和 亦起兵하여 務及諸將西行①호되 不爲民人保障하여 兵始濟河에 黃巾이 已入其境이라 靑州는 財富兵盛호되 和每望寇奔北(배)하고 好卜筮, 信鬼神이라 入見其人이면 淸談干雲이로되 出觀其政이면 賞罰淆亂하니 州遂蕭條하여 悉爲丘墟러라 頃之요 病卒이어늘 袁紹使廣陵功曹臧洪으로 領靑州以撫之하다

① 〈"務及諸將西行"은〉 군대를 전진시켜 酸棗의 諸將과 서로 만나려고 힘쓴 것이다.

---

53) 袁紹以臧洪領靑州 : "'紹以'라고 쓴 것은 어째서인가. 袁紹가 전횡하였기 때문이다.〔書紹以 何 專也〕" ≪書法≫

54) 功曹 : 漢代 지방 屬吏로 郡과 縣에 모두 존재하였다. 이는 太守와 縣令이 辟召를 통해 직접 임명한다. 특히 군현에는 役職에 따라 曹를 두었는데, 戶曹, 田曹, 倉曹, 法曹, 兵曹 등 諸曹를 가리킨다. 이 諸曹 이외에 특별한 직책이 있었는데, 그중 하나가 바로 功曹이다. 공조는 여러 屬吏를 관장하는 직책으로 속리 중 지위가 가장 높으며 군현의 내외를 관장하는 속리에 대한 인사권을 가졌다. 특히 後漢 후기에는 太守나 縣令이 공조에게 주요 정무를 맡기는 경향이 많았다.(安作璋·熊鐵基, ≪秦漢官制史稿≫, 齊魯書社, 1984)

務進兵與酸棗諸將相及也.

【綱】 여름 4월에 劉虞를 太傅로 삼았다.

夏四月에 **以劉虞爲太傅**[55)]하다

【目】 이보다 앞서 幽州가 荒服(먼 지역)의 밖에 있는 나라들을 응접하여 비용이 매우 많아 해마다 항상 青州와 冀州의 賦調(賦稅) 2억 남짓을 떼어 보조하게 하였는데, 이때에 곳곳마다 도로가 단절되어서 轉運이 이르지 못하였다. 그러나 幽州牧 劉虞는 해진 옷을 입고 짚신을 신으며 식사에 두 가지의 고기반찬이 없었고, 힘써 관대한 정사를 보존하고 농업과 잠업을 권장 독려하였으며, 上谷에서 胡市를 열고 漁陽의 풍부한 소금과 철을 유통하게 하니, 백성들이 기뻐하고 풍년이 들어 곡식이 풍부하여 매 石마다 곡식의 값이 30錢일 뿐이었다.

青州와 徐州의 士人과 백성들이 피난하여 유우에게 돌아가 의지한 자가 백여만 명에 달하였는데, 유우가 모두 거두어 보살피고 따뜻하게 구휼하였으며 그들을 위하여 생업을 안정시키고 확립시켜주니, 流民이 모두 자신들이 타향으로 옮겨와 있다는 사실을 잊게 되었다. 이때에 이르러 太傅에 임명되었으나 도로가 막혀서 조정의 명령이 통하지 못하였다.

先是에 **幽部應接荒外**하여 **資費甚廣**①하니 **歲常割青冀賦調二億有餘以足之**②러니 **時**에 **處處斷絶**하여 **委輸不至**로되 **而虞敝衣繩履**하고 **食無兼肉**하며 **務存寛政**하고 **勸督農桑**하며 **開上谷胡市之利**하고 **通漁陽鹽鐵之饒**③하니 **民悅年登**하여 **穀石三十**이라 **青徐士庶 避難歸虞者 百餘萬口**어늘 **虞皆收視溫恤**하고 **爲安立生業**하니 **流民**이 **皆忘其遷徙焉**④이러니 **至是**에 **拜太傅**로되 **而道路壅塞**(색)하여 **命不得通**하다

① "荒外"는 荒服의 밖을 말한다.
荒外, 言荒服之外也.

② 賦는 賦斂을 이르고, 調는 調發을 이른다.
賦, 謂賦斂. 調, 謂調發.

---

55) 夏四月 以劉虞爲太傅 : "이때에 도로가 막혀서 조정의 명령이 통하지 못하였는데 어찌하여 이것을 썼는가. 劉虞를 인정한 것이다. 이 때문에 진실로 인정할 만하면 비록 관직을 제수하는 군주의 명령이 도달하지 않았더라도 쓰는 것이다.〔於是道路壅塞 命不得通 何以書 予虞也 是故苟可予也 雖君命未達 書之〕" ≪書法≫

③ 上谷에는 옛적에 關市가 있어서 胡人과 무역을 하였다. 漁陽에는 옛적에 鹽官과 鐵官이 있었다.
上谷, 舊有關市, 與胡人貿易. 漁陽, 舊有鹽官・鐵官.

④ 爲(위하다)는 去聲이다.
爲, 去聲.

【綱】 司空 荀爽이 卒하였다.

司空荀爽이 卒하다

【目】 荀爽은 董卓의 잔인하고 포학함이 더욱 심하여 반드시 社稷을 위태롭게 할 것을 예견하고, 사람을 조정에 천거하여 등용할 적에 모두 재주와 지략이 있는 선비를 취하여 장차 이들과 함께 동탁을 제거할 것을 도모하고자 하였으며, 또한 王允 및 동탁의 長史 何顒(하옹) 등과 함께 은밀히 동탁을 제거할 것을 모의하였는데, 이때 마침 병으로 薨하였다.

爽이 見卓忍暴滋甚하여 必危社稷하고 其所擧辟에 皆取才略之士하여 將共圖之하고 亦與王允及卓長史何顒等으로 爲內謀러니 會에 病薨(훙)하다

【綱】 董卓이 五銖錢을 폐기하고 다시 小錢을 주조하였다.

卓이 壞五銖錢하고 更鑄小錢[56)]하다

【目】 雒陽과 長安에 있는 銅人[57)], 鍾虡(종틀)[58)], 飛廉[59)], 銅馬[60)]의 따위를 모두 가져다

56) 卓壞五銖錢 更鑄小錢 : "光武帝 建武 15년(39)에 '다시 五銖錢을 유통시켰다.'라고 쓴 뒤로부터 이때까지 153년 동안 이것을 고친 적이 있지 않았는데, 董卓이 처음으로 폐기하였다. 여기에서 '동탁이 오수전을 폐기하였다.'라고 썼으니, 이것은 동탁을 죄준 것이다.〔自建武十五年書復行五銖 至是一百五十三年 未之有改也 卓始壞之 書曰卓壞五銖錢 罪卓也〕" ≪書法≫

57) 銅人 : 金人, 金狄, 銅狄이라고도 하는바, 구리로 주조한 인형이다. ≪史記≫ 권6 〈秦始皇本紀〉에 "온 천하의 병기를 거두어서 함양에 모으고 이것을 녹여 종틀과 금인 12개를 만들었는데, 무게가 각각 천 石이었다. 이것을 궁정 가운데에 두었다.〔收天下兵 聚之咸陽 銷以爲鍾鐻金人十二 重各千石 置廷宮中〕" 하였다.

58) 鍾虡(종틀) : ≪資治通鑑≫에 대한 胡三省의 注에 "종거는 동으로 만든다.〔鍾虡 以銅爲之〕"라고 하였고, 또 "虡는 사슴의 머리에 용의 몸이니 神獸이다. ≪說文解字≫에 달하였다. '종과 북의 받침은 맹수의 형상으로 장식을 한다.'〔虡 鹿頭龍身 神獸也 說文 鍾鼓之跗 以猛獸爲飾也〕"라고 설명하였다.

59) 飛廉 : 본래 동물의 명칭으로 여기에서는 飛廉觀에 있던 비렴의 동상을 가리킨다. ≪三輔黃圖≫ 권5

가 錢을 주조하니, 이 때문에 錢의 값어치는 떨어지고 물건값은 올라서 곡식 한 섬의 값이 수만 錢에 이르렀다.

悉取雒陽及長安銅人, 鍾虡(거), 飛廉, 銅馬之屬하여 以鑄하니 由是로 貨賤物貴하여 穀石至數萬錢이러라

【綱】 孝和皇帝 이하 황제들의 廟號를 제거하였다.

省(생)孝和以下廟號하다

【目】 처음에 孝和皇帝의 廟號는 穆宗이고 孝安皇帝의 묘호는 恭宗이고 孝順皇帝의 묘호는 敬宗이고 孝桓皇帝의 묘호는 威宗이었는데, 이때에 이르러 蔡邕이 건의하여 마땅히 묘호를 모두 제거해야 한다고 하자, 황제가 채옹의 의견을 따랐다.

初에 孝和廟號穆宗이요 孝安號恭宗이요 孝順號敬宗이요 孝桓號威宗이러니 至是에 蔡邕이 議以爲宜皆省去라한대 從之①하다

① 禮에 "〈묘호를 정함에 있어서〉 功이 있는 분을 祖라 칭하고 德이 있는 분을 宗이라 칭한다."[61] 하였는데, 和帝 이하의 황제들은 宗이라고 칭할 만한 德이 없었기 때문에 묘호를 제거한 것이다.
禮, 祖有功而宗有德, 和帝以下無德可宗, 故去之.

〈觀〉에 "비렴관은 上林에 있었는바, 武帝 元封 2년(B.C. 109)에 만들었다. 비렴은 神禽으로 바람을 부를 수 있는 동물이다. 몸은 사슴과 비슷하고, 머리는 참새와 같으며, 뿔이 있고 뱀의 꼬리에 무늬는 표범과 같다. 무제가 명하여 구리로 그 형상을 주조하여 관의 위에 두고 인하여 관의 이름으로 삼은 것이다.〔飛廉觀在上林 武帝元封二年作 飛廉 神禽 能致風氣者 身似鹿 頭如雀 有角而蛇尾 文如豹 武帝命以銅鑄置觀上 因以爲名〕"라고 하였다.

60) 銅馬 : ≪後漢書≫ 〈董卓列傳〉에 대한 李賢의 注에 "明帝 永平 5년(62)에 長安에서 飛廉과 銅馬를 맞이해서 上西門 밖에 두고 平樂館이라고 명명하였다. 동마는 東門京이 만든 것으로 金馬門 밖으로 가져온 것이다.〔明帝永平五年 長安迎取飛廉及銅馬 置上西門外 名平樂館 銅馬則東門京所作 致於金馬門外者也〕"라고 하였다. 동문경은 무제 때에 말을 잘 알아본 사람이다. ≪後漢書≫ 〈馬援列傳〉에 "孝武皇帝 때에 말을 잘 알아보는 동문경이라는 자가 銅馬를 주조하는 법을 바쳤는데, 詔書를 내려 魯班門 밖에 이 말을 세우고 노반문의 이름을 금마문으로 바꾸었다.〔孝武皇帝時 善相馬者東門京 鑄作銅馬法獻之 有詔立馬於魯班門外 則更名魯班門曰金馬門〕"라고 하였다. 동마법은 말의 골격에 맞추어 구리로 주조한 모형인바, 바로 동마이다.

61) 功이……칭한다 : 이 내용은 ≪史記≫ 〈孝文本紀〉에 보이는바, 裴駰의 ≪史記集解≫에 인용한 應劭의 말에 "처음으로 천하를 취한 분을 祖라 하니 高帝를 高祖라고 칭한 경우가 바로 이것이고, 처음으로 천하를 다스린 분을 宗이라 하니 文帝를 太宗이라 칭한 경우가 바로 이것이다.〔始取天下者爲祖 高帝稱高祖是也 始治天下者爲宗 文帝稱太宗是也〕" 하였다.

【綱】 公孫度를 遼東太守로 삼았다.

以公孫度爲遼東太守하다

【目】 公孫度가 官司에 부임하여 법률로 郡 안에 있는 유명한 호족과 大姓 백여 家를 誅滅하니, 온 郡의 사람들이 크게 놀라 매우 두려워하였다. 이에 동쪽으로 高句驪를 정벌하고 서쪽으로 烏桓을 공격하고, 遼東을 나누어 遼西郡과 中遼郡을 만들어 각각 太守를 두고, 바다를 건너 東萊의 여러 縣을 점령하여 營州刺史를 두었으며, 스스로 서서 遼東侯 平州牧이 되어 漢나라의 高祖(劉邦)와 世祖(劉秀)의 사당을 세우고, 承制[62)]하여 郊外에서 天地에 제사를 지내고 籍田[63)]의 禮를 거행하였고 鸞輅[64)]를 타고 旄頭[65)]와 羽騎를 두어 호위하게 하였다.

度到官하여 以法誅滅郡中名豪大姓百餘家하니 郡中이 震慄이라 乃東伐高句驪하고 西擊烏桓하고 分遼東하여 爲遼西, 中遼郡하여 各置太守하고 越海收東萊諸縣하여 置營州刺史하고 自立爲遼東侯, 平州牧하여 立漢二祖廟하고 承制하여 郊祀天地하고 籍田하고 乘鸞路하고 設旄頭, 羽騎①하다

① 羽騎는 羽林軍의 기병이다.
羽騎, 羽林騎也.

---

62) 承制 : '制'는 황제의 명령인바, 이는 본래 '황제의 뜻을 받들어 행한다'는 뜻인데, 후대에는 引伸하여 황제의 명령을 받들어 편의대로 일을 시행하거나 황제를 대신하여 명령을 내리는 것을 가리키나, 여기서는 황제의 名義를 빌려 자기 마음대로 명령을 내린 것으로 보인다.

63) 籍田 : 藉田으로도 쓰는바, 백성에게 농업을 장려하고 宗廟에 쓰는 粢盛을 마련하기 위하여 군주가 직접 나아가 경작하는 親耕田으로 천자는 1,000畝, 제후는 100畝이다. ≪詩經≫ 〈周頌 載芟〉의 序에 대한 鄭玄의 箋에 "籍이란 말은 빌림이니, 백성의 힘을 빌려서 田地를 다스리기 때문에 이를 籍田이라고 한다.〔籍之言借也 借民力治之 故謂之籍田〕"라고 설명하였다

64) 鸞輅 : 고대에 천자가 타는 수레를 가리킨다. ≪呂氏春秋≫ 권1 〈孟春紀〉에 '천자는 鸞輅를 타고 蒼龍에 멍에를 맨다.〔乘鸞輅 駕蒼龍〕"라고 하였는데, 이에 대한 高誘의 注에 "輅는 수레이다. 鸞鳥는 衡에 있고 和는 軾에 있어서 鸞과 和의 울리는 소리가 서로 응하여 조화로웠다. 후세에는 다시 이것을 가져올 수 없어서 銅(구리)으로 주조하여 만들고 金으로 장식하였으니, 이를 일러 鸞輅라 한다.〔輅車也 鸞鳥在衡 和在軾 鳴相應和 後世不能復致 鑄銅爲之 飾以金 謂之鸞輅也〕"라고 설명하였다. 衡은 수레 끌채 앞부분의 가로대이고, 軾은 수레 몸통의 앞부분에 있는 가로대인데 수레를 탄 사람이 잡아서 의지할 수 있도록 설치한 나무이다. 鸞과 和는 모두 수레에 다는 방울로 그 소리를 통해 수레의 운행을 절제하는 것이다. 鸞은 鑾으로도 쓰는바 그 소리가 鸞鳥와 비슷하다고 하여 鸞을 鸞鳥라 칭하기도 한다.

65) 旄頭 : 旄騎라고도 하는바, 古代에 皇帝의 儀仗 중에 先驅를 담당한 일종의 騎兵이다.

辛未年(191)

【綱】 漢나라 孝獻皇帝 初平 2년이다. 봄 정월에 關東의 여러 장수들이 大司馬 劉虞를 받들어 황제로 삼으니, 유우가 받지 않았다.

二年이라 春正月에 關東諸將이 奉大司馬劉虞爲帝하니 虞不受[66]하다

【目】 關東의 여러 장수들이 의논하기를 "황제가 어려서 董卓에게 핍박을 받고 멀리 關塞에 떨어져 있어(長安에 있어서) 생사를 알지 못하는데 幽州牧 劉虞는 宗室 중에 가장 어진 자이다." 하여 함께 황제로 옹립하고자 하였다. 그러자 曹操가 다음과 같이 말하였다.

"우리들이 군대를 일으킴에 遠近에서 호응하지 않은 이가 없었던 이유는 대의명분으로 군대를 출동하였기 때문이다. 이제 어린 군주가 미약하여 奸臣에게 제재를 받는 것이요, 昌邑王 劉賀처럼 나라를 망친 잘못이 있지 않은데 하루아침에 바꾸면 천하를 그 누가 안정시키겠는가. 그대들은 北面하여 유우에게 신하라고 칭하라. 나는 스스로 황제가 계신 서쪽을 향하겠다."

韓馥과 袁紹가 편지로 이 사실을 袁術에게 알렸는데, 원술은 속으로 신하 노릇 하지 않으려는 마음을 품어 국가에 나이 많은 군주가 있는 것이 자신에게 불리하다고 여겨서 마침내 겉으로 公議에 가탁하여 〈유우를 옹립하라는 의논을〉 거절하였다.

關東諸將이 議以朝廷幼沖하여 逼於董卓하고 遠隔關塞하여 不知存否①하며 幽州牧劉虞는 宗室賢儁이라하여 欲共立爲主어늘 曹操曰 吾等이 所以擧兵而遠近莫不響應者는 以義動故也라 今幼主微弱하여 制於姦臣이요 非有昌邑亡國之釁이어늘 而一旦改易이면 天下其孰安之②리오 諸君은 北面하라 我自西向③호리라 韓馥, 袁紹以書(召)〔告〕[67]袁術한대 術이 陰有不臣之心이라 不利國家有

66) 奉大司馬劉虞爲帝 虞不受 : "秦나라가 齊나라 군주를 세워 東帝로 삼을 적에 '세우다.〔立〕'라고 썼는데, 여기에서 '받들다.〔奉〕'라고 쓴 것은 어째서인가. 여러 사람이 원한 바였기 때문이다. 그러므로 ≪資治通鑑綱目≫에서 일을 끝마치지 않으면 쓰지 않는데 '받지 않았다.〔不受〕'라고 쓴 것은, 劉虞가 충절을 지킴을 가상히 여긴 것이고, 유우의 '虞'를 거듭하여 쓴 것은 그를 거듭하여 인정한 것이니, '얼마 후 황제의 칭호를 제거하였다.〔已而去之〕'라고 쓴 것과는 크게 다르다. ≪자치통감강목≫이 끝날 때까지 '받들어 황제로 삼았다.'라고 쓴 것은 1번뿐이다.〔秦立齊君爲東帝 書立 此其書奉 何 衆所欲也 故未卒事不書 書不受 嘉守節也 再書虞 重予之 與書已而去之者大異矣 終綱目 書奉爲帝 一而已〕" ≪書法≫ "이미 받지 않았는데도 오히려 이를 쓴 것은 劉虞가 의리를 알고 충절을 지킨 아름다움을 드러낸 것이다.〔旣不受矣 而猶書之者 所以著虞知義守節之美也〕" ≪發明≫

67) (召)〔告〕 : 저본에는 '召'로 되어 있으나, ≪御批資治通鑑綱目≫에 의거하여 '告'로 바로잡았다.

長君하여 乃外託公義以拒之하다

① 關塞는 函谷關과 桃林塞[68]를 이른다.
關塞, 謂函谷關・桃林塞也.
② 昌邑은 昌邑王 劉賀를 이른다.
昌邑, 謂昌邑王賀也.
③ 〈"諸君 北面 我自西向"은〉 幽州는 북쪽에 있고 長安은 서쪽에 있기 때문에 曹操가 이렇게 말한 것이다.
幽州在北, 長安在西, 故操云然.

【目】 韓馥과 袁紹는 끝내 前 樂浪太守 張岐 등을 보내어 이 의논을 가지고 가서 劉虞에게 황제의 尊號를 올렸는데, 유우는 노한 기색을 띠고 다음과 같이 꾸짖었다.

"지금 천하가 무너지고 혼란하여 主上이 蒙塵하고 계신데 내가 큰 은혜를 받고서도 국가의 치욕을 깨끗이 씻지 못하고 있다. 그대들은 각각 州郡을 점거하여 마땅히 황실을 위해 함께 힘을 합해야 할 것인데 도리어 逆謀를 꾸며 서로 더럽히려고 한단 말인가!"

한복 등이 또다시 유우에게 領尙書事가 되어서 承制하여 작위를 봉하고 관직을 임명할 것을 청하였는데, 유우가 또다시 듣지 않고 匈奴로 달아나서 스스로 세상과 단절하고자 하니, 원소 등이 마침내 그만두었다.

馥, 紹竟遣故樂浪太守張岐等하여 齎議上虞尊號한대 虞厲色叱之曰 今天下崩亂하여 主上이 蒙塵호되 吾被重恩하여 未能清雪國恥①하니 諸君이 各據州郡하여 宜共戮力王室이어늘 而反造逆謀하여 以相垢汙邪②아 馥等이 又請虞領尙書事하여 承制封拜한대 復不聽하고 欲(犇)〔奔〕匈奴以自絶하니 紹等이 乃止하다

① 天子가 出奔한 것을 蒙塵이라 이르니, 이는 播遷하여 草野에 머물면서 티끌을 뒤집어씀을 말한 것이다.
天子出奔, 謂之蒙塵, 言播越在草莽, 蒙冒塵埃也.
② "戮力"은 힘을 합함이다. "垢汙"는 혼탁하게 하고 더럽히는 것이다.
戮力, 并力也. 垢汙, 濁穢也.

【綱】 2월에 董卓이 스스로 太師가 되었다.

68) 桃林塞 : 函谷關 서쪽과 潼關 동쪽 사이에 위치한 것으로 보인다.

二月에 卓이 自爲太師하다

【目】 지위가 諸侯王의 위에 있었다.

位居諸侯王上이러라

【綱】 孫堅이 진군하여 董卓을 공격하니 동탁이 패하여 서쪽으로 달아나자, 손견이 洛陽에 들어가서 황제들의 陵을 수선하고 돌아왔다.

孫堅이 進兵擊卓하니 卓이 敗西走어늘 堅이 入洛陽하여 修塞(색)諸陵而還[69]하다

【目】 孫堅이 진군하여 陽人聚에 주둔하니 董卓이 보병과 기병을 보내어 맞이하여 싸우게 하자, 손견이 이를 격파하고 그 都督을 효수하였다.

어떤 사람이 袁術에게 이르기를 "손견이 만약 洛陽을 얻으면 다시는 그를 통제할 수 없을 것이니, 이는 이리를 제거하고 범을 오게 하는 꼴이 된다." 하였다. 이에 원술이 의심하여 손견에게 군량을 수송해주지 않으니, 손견이 밤중에 말을 타고 가서 원술을 만나보고 다음과 같이 말하였다.

"내가 몸을 떨쳐 일어나서 다른 것을 돌아보지 않는 이유는 위로는 국가를 위하여 역적을 토벌하고 아래로는 장군 가문의 사사로운 원수를 갚고자 해서입니다. 그런데 장군이 은근히 참소하는 말을 받아들여 도리어 서로 꺼리고 의심하니, 이는 어째서입니까."

이에 袁術이 스스로 편치 못하여 즉시 군량을 調發하였다.

孫堅이 進屯陽人①하니 卓이 遣步騎迎戰이어늘 堅이 擊破之하고 梟其都督하다 或謂袁術曰 堅若得洛이면 不可復制니 此爲除狼而得虎也니라 術이 疑之하여 不運軍糧하니 堅이 夜馳見術하고 曰② 所以出身不顧者는 上爲國家討賊이요 下慰將軍家門之私讐③어늘 而將軍이 受浸潤之言하여 還相

---

69) 孫堅進兵擊卓……修塞諸陵而還 : "이때에 '董卓을 토벌하였다.'라고 쓴 것이 3번(關東, 孫堅, 朱儁)인데 오직 孫堅에 대해서만 '진군하다.〔進兵〕'라고 쓴 것은, 그의 의로움을 인정한 것이다. 그러므로 사실을 특별히 자세하게 쓴 것이다. 〈황제들의〉 陵을 수선함을 반드시 쓴 것은 山陵을 중시한 것이니, ≪資治通鑑綱目≫이 끝날 때까지 '능을 수선하였다.'라고 쓴 것이 5번이고 '山陵을 鎭衛하였다.'라고 쓴 것이 1번이고 '여러 능을 살펴보았다.'라고 쓴 것이 1번이다.〔於是書討卓者三(關東 孫堅 朱儁) 惟堅書進兵 予義也 故特詳之 修陵必書 重山陵也 終綱目 書修陵五 書鎭衛山陵一 書按視諸陵一〕" ≪書法≫

"諸君이 唱義함으로부터 지금까지 역적을 격파한 功이 있음을 듣지 못하였는데, 오직 孫堅의 이러한 擧措가 그런대로 사람들의 마음에 들었으니, ≪資治通鑑綱目≫에서 이것을 써서 인정함이 마땅하다.〔自諸君唱義 未聞有破賊之功 惟堅此擧差强人意 宜乎綱目書以予之也〕" ≪發明≫

嫌疑는 何也오 術이 踧踖(축적)하여 卽調發軍糧④하다

① ≪後漢書≫ 李賢의 注에 "陽人聚의 옛 성은 梁縣의 서쪽에 있다." 하였다.
賢曰 "陽人聚故城在梁縣西."
② 陽人聚는 魯陽과의 거리가 100여 리이다.
陽人, 去魯陽百餘里.
③ 〈"下慰將軍家門之私讐"는〉 지난해 3월에 董卓이 袁隗를 죽이고 그 집안을 멸족한 일을 가리킨다.
上年三月, 卓殺袁隗, 滅其家.
④ "踧踖"은 스스로 편치 못한 모습이다.
踧踖, 不自安貌.

【目】董卓이 사람을 보내 孫堅을 설득해서 그와 더불어 화친하고자 하였는데, 손견이 말하기를 "동탁이 하늘의 뜻을 어겨 無道하니, 지금 내가 너의 三族을 다 주멸하여 천하에 내걸어 보이지 않으면 나는 죽어서도 눈을 감지 못할 것이다. 그러니 어찌 너와 화친을 하겠는가." 하고는 다시 진군하여 大谷(태곡)에 주둔하니 낙양과의 거리가 90리였다. 동탁이 직접 나와 그와 싸우다가 패주해서 澠池(면지)로 퇴각하여 주둔하였다.

卓이 遣說(세)堅하여 欲與和親이어늘 堅曰 卓이 逆天無道하니 今不夷汝三族하여 縣示四海하면 則吾死不瞑目이니 豈將與乃和親邪①아하고 復進軍大谷하니 距洛九十里라 卓이 自出與戰이라가 敗走하여 却屯澠(면)池하다

① 縣(매달다)은 懸으로 읽는다. 瞑은 눈을 감음이다. 乃(너)는 汝이다.
縣, 讀曰懸. 瞑, 閉目也. 乃, 汝也.

【目】孫堅이 진군하여 낙양에 이르러서 宗廟를 掃除하고 太牢로 제사 지냈으며 傳國璽를 雒陽城의 남쪽 甄官(견관)의 우물 속에서 얻었다. 손견이 군대를 나누어 또다시 동탁을 邀擊하니, 동탁이 長史 劉艾에게 이르기를 "關東의 군대가 자주 패하여 모두 나를 두려워해서 아무 일도 하지 못하는데, 오직 손견만이 다소 우직하나 자못 사람을 잘 쓰니, 마땅히 諸將들에게 말해서 그를 기피할 줄을 알게 해야 할 것이다." 하고는 마침내 董越을 澠池에, 段煨를 華陰에, 牛輔를 安邑에 주둔시켜 山東 지방의 군대를 방어하게 하고, 자신은 군대를 이끌고 長安으로 돌아가니, 손견이 황제들의 능을 수선하고 군대를 이끌고 魯陽으로 돌아갔다.

堅이 進至雒陽하여 掃除宗廟하고 祠以太牢하고 得傳國璽於城南甄官井中①하다 分兵邀卓하니 卓이 謂長史劉艾曰 關東軍이 敗數(삭)矣라 皆畏孤하여 無能爲也로되 惟孫堅이 少戇(당)하여 頗能用人하니 當語諸將하여 使知忌之라하고 乃使董越屯澠池하고 段煨屯華陰하고 牛輔屯安邑하여 以禦山東하고 而自引兵還長安②하니 孫堅이 修塞(색)諸陵하고 引軍還魯陽하다

① 甄官은 돌을 조탁하고 흙을 빚는 일을 관장하였다.
甄官, 掌瑑石陶土之事.
② 牛輔는 董卓의 사위이다.
輔, 卓之壻也.

【綱】 여름 4월에 董卓이 長安에 이르렀다.

夏四月에 卓이 至長安하다

【目】 董卓이 長安에 이르자 公卿들이 그를 영접하며 수레 아래에서 절하였다. 동탁이 이로 인하여 손날로 치는 시늉을 하며 皇甫嵩에게 이르기를 "義眞(皇甫嵩)은 두려운가?" 하니, 황보숭이 다음과 같이 말하였다.

"明公이 德으로 조정을 보필하면 큰 경사가 장차 이를 것이니 무슨 두려울 게 있겠습니까. 그러나 만약 형벌을 남용해서 제멋대로 행동한다면 장차 천하 사람들이 모두 두려울 것이니, 어찌 저 황보숭만이 두렵겠습니까."

卓이 至長安하니 公卿이 迎拜車下어늘 卓이 因抵手하여 謂皇甫嵩曰 義眞이 怖未乎①아 嵩曰 明公이 以德輔朝廷이면 大慶이 方至하리니 何怖之有며 若淫刑以逞이면 將天下皆懼하리니 豈獨嵩乎아

① 抵는 音이 紙이다. "抵手"는 손을 기울여 〈손날로〉 치는 것이다. 義眞은 皇甫嵩의 字이다.
抵, 音紙. 抵手, 側手擊也. 義眞, 嵩字.

【綱】 6월에 지진이 있었다.

六月에 地震하다

【綱】 袁紹가 冀州牧 韓馥을 쫓아내고 스스로 冀州牧을 겸하였다.

◑ 袁紹逐冀州牧韓馥하고 自領州事[70]하다

【目】 처음에 何進이 張楊을 보내어 幷州에서 군사를 모집하게 하였는데, 마침 하진이 실패해 〈죽임을 당하였다.〉 장양은 上黨郡에 머물면서 수천 명의 병력을 보유하고 있었는데, 이때에 이르러 장양이 河內에 있는 袁紹에게 歸附하여 南單于와 함께 漳水에 주둔하니, 韓馥은 호걸들이 대부분 진심으로 원소에게 歸附한다고 하여 원소를 시기해서 은밀히 그의 군량을 줄여 원소의 군사들을 흩어지게 하고자 하였다.

初에 何進이 遣張楊하여 募兵幷州러니 會에 進이 敗라 楊이 留上黨하여 有衆數千人①이러니 至是에 歸袁紹於河內하여 與南單于로 屯漳水②하니 韓馥이 以豪傑이 多歸心袁紹라하여 忌之하여 陰節其糧하여 欲使離散이러라

① 上黨郡은 幷州에 속하였다.
上黨郡, 屬幷州.

② 濁漳水는 上黨郡 長子縣에서 발원하여 동쪽으로 鄴縣을 경유하니, 鄴縣은 韓馥이 머물던 곳이다.
濁漳水出上黨長子, 而東過鄴, 鄴則韓馥所居也.

---

70) 袁紹逐冀州牧韓馥 自領州事 : "이때에 辛評 등이 韓馥을 설득하여 袁紹에게 冀州牧의 지위를 사양하게 하였는데, 원소가 곧바로 '쫓아냈다.〔逐〕'라고 쓴 것은 어째서인가. 이는 원소의 속내를 주벌한 것이니, 원소는 이때에 義擧가 될 수 없었다. ≪資治通鑑綱目≫에서 원소가 몸을 마칠 때까지 그를 인정한 말이 한 번도 없다. 그렇다면 원소를 추대하여 맹주로 삼았다는 것은 어찌하여 썼는가. 이는 '그를 맹주로 삼았으나 끝내 이와 같았다.'라고 말한 것과 같으니, 원소를 깊이 책망한 것이다. 〔於是辛評等 說馥讓紹 則其直書逐 何 誅意也 紹於是不得爲義擧矣 綱目終紹之身 無予辭 然則推紹爲盟主 何以書 若曰以爲盟主而卒若是焉 所以深責紹也〕" ≪書法≫

"袁紹의 집안은 4대에 걸쳐 5명의 三公을 배출하여 천하 사람들의 重望을 받았는데, 제일 먼저 何進과 함께 환관들을 주살할 계책을 唱導하여 禍의 기틀을 挑發하였고, 마침내 역적인 董卓을 불러들여 포학함을 자행하고 난리를 일으키게 하였다. 그리하여 漢나라의 國統을 傾覆시키고 백성들에게 해독을 퍼뜨려서 천하가 나뉘고 무너지는 지경에 이르렀으니, 그 禍가 또한 지극하였다. 원소가 이미 맹주가 된 뒤에 진실로 마땅히 떨쳐 일어나서 죽음을 돌아보지 않고 황실을 위해 힘을 다하였다면 거의 지난날의 잘못을 조금이나마 속죄할 수 있었을 것이다. 더구나 袁隗가 죽임을 당했을 적에 온 집안이 도륙을 당했으니, 더욱 마땅히 애통하여 원수이자 역적인 동탁을 섬멸하는 데에 힘써야 했을 것이다. 그런데 어찌하여 義兵을 일으킨 이후로 여태껏 한 명의 군사를 보내고 한 명의 기병을 보내어서 나아가 역적의 무리를 공격했다는 말을 듣지 못하였고, 도리어 돌아가며 서로 병탄하여 자신의 세력을 북돋워 증식하는 데에만 힘썼단 말인가. 이는 과연 무엇을 한 자란 말인가. ≪資治通鑑綱目≫에서 '원소가 冀州牧을 쫓아내고 자기가 冀州牧을 겸하였다.'라고 써서 글에서는 그를 폄하하는 말이 없지만, 勤王하는 데에는 태만하고 참람하게 지위를 도적질하는 데에는 급한 뜻이 은연중 書法의 사이에 저절로 나타난다. 훗날 曹操에게 패하여 달아난 뒤에 피를 토하고 죽은 것은 하늘이 그를 주벌한 것이니, 어찌 말할 것이 있겠는가. 〔袁紹四世五公 負海內重望 首與何進唱誅宦官之謀 挑發禍機 遂至逆賊暴亂 傾覆漢祚 流毒生民 四海分崩 禍亦烈矣 紹旣身爲盟主 固當奮不顧死 戮力王室 庶可少贖前日之失 況袁隗之死 擧家屠戮 尤當痛心疾首 務殄讐賊 夫何自擧義以來 未聞遣一兵馳一騎進攻賊黨 顧乃更相呑噬 務自封殖 果何爲者 綱目書紹逐冀州牧 自領州事 文無貶詞 而其緩於勤王 急於僭竊之意 隱然自見於書法之間 他時奔敗之餘 嘔血而死 蓋天誅之也 何足道哉〕" ≪發明≫

【目】 袁紹의 門客 逢紀가 원소에게 다음과 같이 말하였다.

"장군이 큰 일을 거행하면서 다른 사람이 물자를 대주기를 바라고 있으니 한 州도 점거하지 못하면, 스스로를 온전히 할 수 없습니다. 韓馥은 자질이 용렬한 사람이니, 은밀히 公孫瓚과 연락하여 그로 하여금 冀州를 점령하게 하는 것이 좋을 것입니다. 그러면 한복이 반드시 크게 놀라 두려워할 것이니, 이를 인하여 辯士를 보내어 그에게 禍福을 말해주면 한복이 갑작스럽게 발생한 危難에 압박을 받아서 반드시 자신의 지위를 사양할 것입니다."

원소가 편지를 써서 공손찬에게 보내자 공손찬이 마침내 군대를 이끌고 冀州에 이르니, 한복이 공손찬과 싸웠으나 이기지 못하였다.

紹客(逄)〔逢〕[71]紀謂紹曰 將軍이 擧大事에 而仰人資給하니 不據一州하면 無以自全이라 韓馥은 庸才니 可密要公孫瓚하여 使取冀州하면 馥이 必駭懼①하리니 因遣辯士하여 爲陳禍福이면 馥이 迫於倉卒하여 必有遜讓하리이다 紹以書與瓚한대 瓚이 遂引兵至하니 馥이 與戰不利하다

① 要(청하다)는 邀로 읽는다.
要, 讀曰邀.

【目】 마침 董卓이 函谷關으로 들어가자, 袁紹가 延津으로 돌아와 군대를 주둔하고 韓馥과 친한 辛評과 荀諶(순심)과 郭圖 등으로 하여금 한복을 다음과 같이 설득하게 하였다.

"公孫瓚이 燕과 代의 병졸들을 거느려 勝勢를 타고 남쪽으로 오니 그 銳鋒을 당할 수 없고, 車騎將軍 袁紹가 군대를 이끌고 동쪽으로 향하니 그 뜻을 또한 헤아릴 수 없습니다. 우리는 삼가 장군을 위하여 이를 위태롭게 여깁니다."

한복이 두려워하며 말하기를 "그렇다면 어찌해야 하겠는가?" 하자, 순심이 말하기를 "장군께서 스스로 생각하시기에 너그럽고 인자하여 여러 사람을 포용함이 袁氏(袁紹)에 비해 어떠하며, 지혜와 용맹이 여느 사람보다 뛰어남이 袁氏에 비해 어떠하며, 대대로 은혜와 덕을 베풂이 원씨에 비해 어떠합니까?" 하니, 한복이 말하기를 "내가 모두 그만 못하다." 하였다. 이에 순심이 다음과 같이 말하였다.

"원씨는 한 시대의 호걸인데 장군께서 그만 못한 세 가지 조건을 가지고서 그의 위에 오랫동안 거하였으니, 저 사람은 장군의 아래가 되지 않을 것입니다. 冀州는 천하의 功業을 세우는 데에 매우 중요한 지역이니 저 원소가 만약 공손찬과 힘을 합하여 冀州를

71) (逄)〔逢〕: 저본에는 '逄'으로 되어 있으나, ≪資治通鑑≫과 ≪御批資治通鑑綱目≫에 의거하여 '逢'으로 바로잡았다. 아래 '逄紀'의 逄도 이에 따라 고쳤다.

취하려 하면 당장에 위태로움과 멸망이 닥쳐올 것입니다. 그러나 원씨는 장군과 오랜 교분이 있고 또한 동맹관계이니, 지금의 계책은 만약 冀州를 들어서 원씨에게 사양하면 그는 틀림없이 장군에게 후한 덕을 입었다고 여길 것이고 공손찬 역시 그와 더불어 다투지 못할 것이니, 이렇게 되면 장군은 현자에게 사양하였다는 훌륭한 명성이 있고 一身은 泰山보다 더 편안할 것입니다."

한복은 타고난 성품이 겁이 많고 두려워하였기 때문에 그의 계책을 옳게 여겼다.

會에 董卓入關이어늘 紹還軍延津①하고 使馥所親辛評, 荀諶, 郭圖等으로 說(세)馥曰 公孫瓚이 將燕, 代之卒하여 乘勝來南하니 其鋒을 不可當이요 袁車騎引軍東向하니 其意를 亦未可量也니 竊爲將軍危之②하노라 馥이 懼曰 然則爲之奈何오 諶曰 君이 自料寬仁容衆이 孰與袁氏며 智勇過人이 孰與袁氏며 世布恩德이 孰與袁氏오 馥曰 皆不如也로라 諶曰 袁氏는 一時之傑이어늘 將軍이 資三不如之勢하여 久處其上하니 彼不爲將軍下也리라 夫冀州는 天下之重資也니 彼若與公孫瓚으로 幷力取之하면 危亡을 可立而待也라 然이나 袁氏는 將軍之舊요 且爲同盟③하니 當今之計는 若擧冀州以讓袁氏면 彼必厚德將軍하고 瓚亦不能與之爭矣리니 是는 將軍有讓賢之名이요 而身安於泰山也니라 馥性恇怯이라 因然其計④하다

① 《續漢志》[72]에 "酸棗縣의 북쪽에 延津이 있다."[73] 하였다.
續漢志 "酸棗縣北有延津."
② 河內로부터 延津에 이르면 東向이 된다.
自河內至延津爲東向.
③ 〈'且爲同盟'은 袁紹와〉 동맹하여 董卓을 토벌함을 이른다.
謂同盟討董卓.
④ 恇은 겁냄이고, 怯은 두려워함이다.
恇, 怯也. 怯, 畏也.

【目】 韓馥의 長史 耿武와 別駕 閔純과 治中 李歷은 이 말을 듣고 한복에게 다음과 같이 간하였다.

---

72) 續漢志 : 晉나라 때의 司馬彪가 지은 《續漢書》의 八志 중에 하나이다. 南朝 宋나라 때에 范曄이 지은 《後漢書》가 세상에 유통되자 사람들은 이미 나와 있던 《속한서》를 점차 읽지 않게 되었다. 그러나 《후한서》는 범엽이 彭城王의 반란에 참여하였다가 처형되면서 志 부분이 완성되지 못한 상태였다. 그 후 北宋 때에 이르러 《속한서》의 八志, 즉 〈律曆志〉, 〈禮儀志〉, 〈祭祀志〉, 〈天文志〉, 〈五行志〉, 〈郡國志〉, 〈百官志〉, 〈輿服志〉를 《후한서》에 합하여 간행함으로써 《후한서》에 없었던 志를 보충하였는바, 이것이 바로 현전하는 《후한서》가 되었다.

73) 縣의……있다 : 이는 《後漢書》 권31 〈郡國志 兗州 陳留郡〉 酸棗縣 조에 대한 劉昭의 注이다.

"袁紹는 외로운 나그네의 신세에 곤궁한 군대로 우리의 콧숨에 의지하니, 비유하면 어린아이를 넓적다리와 손바닥 위에 놓고 장난하는 것과 같아서 젖을 먹이는 것을 끊으면 당장에 굶겨 죽일 수 있는데, 어찌하여 冀州를 그에게 넘겨주고자 하십니까."

이에 한복이 다음과 같이 말하였다.

"나는 본래 袁氏 집안의 옛 부하였고 또한 재주가 本初만 못하니, 德을 헤아려서 사양함은 옛사람이 귀하게 여긴 바이다. 그대들만 유독 어찌하여 이것을 나쁘게 여기는가."

한복이 마침내 冀州牧의 자리를 피하여 원소에게 사양하였다. 한복의 從事들이 모두 한복을 버리고 떠나갔으나 오직 경무와 민순만은 칼을 잡고서 원소에게 항거하니, 원소가 이들을 모두 죽이고는 承制하여 한복을 奮威將軍으로 삼았으나 통솔하는 군대가 없었고, 沮授를 奮武將軍으로 삼아 여러 장수들을 감독하여 통솔하게 하였다.

馥의 **長史耿武**와 **別駕閔純**과 **治中李歷**이 **聞而諫曰 袁紹孤客窮軍**으로 **仰我鼻息**①하니 **譬如嬰兒在股掌之上**이라 **絶其哺乳**면 **立可餓殺**이어늘 **奈何欲以州與之**②잇고 **馥曰 吾**는 **袁氏故吏**요 **且才不如本初**하니 **度**(탁)**德而讓**은 **古人所貴**라 **諸君**이 **獨何病焉**고 **馥**이 **乃避位讓紹**하니 **從事皆棄馥去**호되 **獨武, 純**이 **杖刀拒紹**어늘 **紹皆殺之**하고 **承制**하여 **以馥爲奮威將軍**호되 **而無所將御**③하고 **以沮授爲奮武將軍**하여 **使監護諸將**④하다

① 仰은 믿음(의지함)이다. "鼻息"은 콧속의 氣息(숨)을 이르니, 〈콧숨을〉 내쉬면 따뜻해지고 들이마시면 차가워진다. "仰我鼻息"은 나의 호흡하는 힘에 의지함을 말한 것이다.
仰, 恃也. 鼻息, 謂鼻中之氣息, 噓之則溫, (及)〔吸〕[74]之則寒. 仰我鼻息, 言仗我呼吸之力也.

② 哺는 奔謨의 切이니, 마심이다.
哺, 奔謨切, 歠也.

③ "將御"는 統御(統率)라고 말한 것과 같다.
將御, 猶言統御也.

④ 沮는 側余의 切이다. 沮授는 사람의 姓名이다.
沮, 側余切. 沮授, 姓名.

【目】 審配와 **田豐**이 모두 정직함으로써 **韓馥**에게 뜻을 얻지 못하였는데, **袁紹**는 전풍을 **別駕**로 삼고 심배를 **治中**으로 삼고 **許攸**와 **逢紀**와 **荀諶**을 모두 **謀主**(主要한 謀士)로 삼았다.

원소가 또 **朱漢**을 **都官從事**[75]로 삼았는데, 주한은 일찍이 한복에게 모욕을 받은 적

74) (及)〔吸〕: 저본에는 '及'으로 되어 있으나, ≪資治通鑑≫ 註에 의거하여 '吸'으로 바로잡았다.

75) 都官從事 : 司隷校尉의 屬吏 중 하나이다. 사예교위의 직책은 京師와 그 부근의 불법을 규찰하지만

이 있었다. 이때에 주한은 군대를 출동하여 한복의 집을 포위하고 한복의 큰 아들을 잡아다가 그의 두 발을 잘랐다. 원소가 주한을 잡아 죽였으나 한복은 오히려 근심하고 두려워해서 원소를 버리고 떠나가 張邈에게 의지하였다.

뒤에 원소의 사자가 이르러서 장막과 함께 귓속말을 주고받자, 이를 본 한복은 자기를 해칠 것을 도모한다고 여겨 마침내 자살하였다.

審配, 田豐이 竝以正直으로 不得志於馥이러니 紹以豐爲別駕하고 配爲治中하고 及許攸, (逢)〔逢〕紀, 荀諶으로 皆爲謀主하다 紹又以朱漢爲都官從事[①]하니 漢이 嘗爲馥所不禮러니 於是에 發兵圍馥第하여 收馥大兒하여 折其兩足하니 紹收漢殺之호되 馥猶憂怖하여 去依張邈이러라 後에 紹使(시)至하여 與邈耳語어늘 馥이 謂圖己라하여 遂自殺하다

① 袁紹가 都官從事를 두었으니, 그렇다면 여전히 司隷校尉를 겸하고 있는 것이다.
紹置都官從事, 則猶領司隷校尉也.

【綱】 袁紹가 表文을 올려 曹操를 東郡太守로 삼았다.

袁紹表曹操爲東郡太守하다

【目】 鮑信이 曹操에게 이르기를 "袁紹가 盟主가 되면 권력을 이용하여 이익을 독점해서 장차 스스로 亂을 일으킬 것이니, 이는 다시 한 명의 董卓이 있게 되는 것이다. 그를 억누르려 한다면 힘으로 제압할 수가 없으니, 우선 大河의 남쪽을 도모하여 변고가 있기를 기다리는 것이 좋겠다." 하니, 조조가 이 말을 좋게 여겼다.

마침 黑山과 白繞 등 십여 만의 무리가 東郡을 노략질하자 조조가 병력을 이끌고 이들을 격파하니, 원소가 이를 계기로 表文을 올려 조조를 東郡太守로 삼아서 東武陽縣을 治所로 삼게 하였다.

鮑信이 謂曹操曰 袁紹爲盟主에 因權專利하여 將自生亂하리니 是는 復有一卓也라 抑之則力不能制니 且可規大河之南하여 以待其變이라한대 操善之[①]러니 會에 黑山, 白繞等十餘萬衆이 略東郡이어늘 操引兵擊破之하니 袁紹因表操爲東郡太守하여 治東武陽[②]하다

① 規는 도모함이다.
規, 圖也.

동시에 중앙의 관리들을 감찰하는 역할을 맡았다. 그 아래 從事가 12명이 있는데, 그중 하나인 도관종사는 백관의 위법을 규찰하였다.(≪後漢書≫ 〈百官志〉)

② 東武陽縣은 東郡에 속하였다.
東武陽縣, 屬東郡.

【綱】 董卓이 張楊을 河內太守로 삼았다.

卓이 以張楊爲河內太守[76]하다

【目】 南單于가 張楊을 위협하여 袁紹를 배반하고 黎陽에 주둔하게 하였다. 그러므로 董卓이 이를 계기로 등용한 것이다.

南單(子)〔于〕[77]劫楊以叛袁紹屯黎陽이라 故로 卓이 因而用之하다

【綱】 겨울 10월에 董卓이 衛尉 張溫을 죽였다.

冬十月에 卓이 殺衛尉張溫하다

【目】 太史가 雲氣를 관찰하고[78] 말하기를 "大臣 중에 죽여야 할 자가 있다." 하니, 董卓이 사람을 시켜 張溫의 죄를 誣告해서 笞刑을 가하여 죽여서 이에 들어맞게 하였다.

太史望氣하고 言當有大臣戮死者라한대 董卓이 使人誣告溫罪하여 笞殺以應之하다

【綱】 黃巾賊이 勃海를 침략하니, 校尉 公孫瓚이 이들을 격파하였다.

黃巾이 寇勃海하니 校尉公孫瓚이 擊破之하다

【綱】 公孫瓚이 袁紹를 공격하고 劉備를 平原相으로 삼았다.

◑公孫瓚이 攻袁紹하고 以劉備爲平原相하다

【目】 劉虞의 아들 劉和가 侍中이 되었는데, 황제가 그로 하여금 도망해 돌아가서 유우로

76) 卓以張楊爲河內太守 : "다시 '卓以'라고 쓴 것은 董卓이 長安에 이르렀기 때문이다.〔復書卓以 卓至長安也〕" ≪書法≫

77) (子)〔于〕: 저본에는 '子'로 되어 있으나, ≪資治通鑑≫에 의거하여 '于'로 바로잡았다.

78) 雲氣를 관찰하고 : 원문의 '望氣'는 古代에 점치는 한 방법으로 구름을 관찰하여 吉凶을 예측하던 방술이다. 雲氣는 구름을 가리킨다.

하여금 병력을 데리고 와서 황제를 맞이하게 하였다. 袁術이 유화를 억류하고 사람을 시켜 유우에게 편지를 보내니, 유우가 騎兵을 보내 유화에게 가게 하였다

公孫瓚 또한 자기 아우 公孫越을 보내어 기병을 데리고 원술에게 가게 해서 원술로 하여금 유화를 붙잡고 그 병력을 빼앗게 하니, 유우와 공손찬이 이로 말미암아 틈이 생기게 되었다.

劉虞子和爲侍中이러니 **帝使逃歸**하여 **令虞以兵來迎**①하니 **袁術**이 **留和**하고 **使以書與虞**한대 **虞遣騎詣和**②하고 **公孫瓚**이 **亦遣其弟越**하여 **以騎詣術**하여 **教術執和**하고 **奪其兵**③하니 **虞, 瓚**이 **由是**로 **有隙**이러라

① ≪資治通鑑≫에는 "황제가 동쪽 洛陽으로 돌아갈 것을 생각하여 劉和로 하여금 거짓으로 董卓을 피하여 몰래 武關을 나가 劉虞에게 가서 그로 하여금 군대를 거느리고 와서 자신을 맞이하게 했다." 하였다.
通鑑 "帝思東歸, 使和僞逃董卓, 潛出武關詣虞, 令將兵來迎."

② ≪資治通鑑≫에는 "수천 명의 騎兵을 보내어 劉和에게 가게 하였다." 하였다.
通鑑 "遣數千騎詣和."

③ ≪資治通鑑≫에는 "公孫瓚은 袁術이 딴 마음을 품고 있음을 알고 〈劉虞를〉 간류하였으나, 유우가 이를 따르지 않았다. 공손찬은 원술이 이 소식을 듣고 자기를 원망할까 두려워하여 또한 자신의 從弟인 公孫越을 보내어 천 명의 騎兵을 거느려 원술에게 가게 하고는 은밀히 원술을 시켜서 유화를 붙잡고 그 병력을 빼앗게 했다." 하였다.
通鑑 "公孫瓚知術有異志, 止之, 虞不聽, 瓚恐術聞而怨之, 亦遣其從弟越, 將千騎詣術, 而陰教術執和奪其兵."

【目】 이때에 關東 지방의 州郡들이 서로 兼幷하여 스스로 强大해지기를 힘썼고 袁紹와 袁術 또한 각자 서로 의심하고 배반하였다.

원술이 孫堅을 보내어 董卓을 공격하게 하였는데, 돌아오기 전에 원소가 周昂을 보내어 손견의 陽城을 습격하여 빼앗게 하였다. 손견이 탄식하기를 "함께 의병을 일으켜서 장차 社稷을 구원하려고 하였는데 逆賊이 이제 곧 격파되려고 하자 각각 이와 같이 행동하니, 내가 누구와 함께 힘을 쓰겠는가." 하고는 병력을 인솔하고 주앙을 공격하여 패주시켰다.

원술이 公孫越을 보내어 손견을 도와 주앙을 공격하게 하였는데, 공손월이 流矢에 맞아 죽었다. 이에 공손찬이 노하여 말하기를 "내 아우가 죽은 것은 禍가 원소에게서 시작된 것이다." 하고는 마침내 군대를 출동시켜 磐河에 주둔하여 원소의 죄악을 나열하

고 병력을 전진시켜 원소를 공격하니, 冀州의 여러 城이 대부분 원소를 배반하고 공손찬을 따랐다.

是時에 關東州郡이 務相兼并하여 以自彊大하고 袁紹, 袁術이 亦自相離貳라 術이 遣孫堅하여 擊董卓하여 未返에 紹遣周昂하여 襲奪堅陽城①한대 堅이 歎曰 同擧義兵하여 將救社稷이러니 逆賊垂破에 而各若此하니 吾當誰與戮力乎아하고 引兵擊昂하여 走之하다 袁術이 遣公孫越하여 助堅攻昂이러니 越이 爲流矢所中死어늘 公孫瓚이 怒曰 余弟死는 禍起於紹라하고 遂出軍屯磐河②하여 數紹罪惡하고 進兵攻之하니 冀州諸城이 多畔〔紹〕[79] 從瓚이러라

① 孫堅이 豫州刺史를 겸하여 陽城에 주둔하였다.
堅領豫州刺史, 屯陽城.

② 〈"磐河"는〉 바로 ≪爾雅≫에 있는 九河의 하나인 鉤磐河이다.[80]
卽爾雅九河鉤磐之河也.

【目】 처음에 涿郡의 劉備는 中山靖王의 후손으로 어려서 아버지를 여의고 가난하여 어머니와 함께 신을 파는 것을 생업으로 삼았으나 큰 뜻이 있어서 말수가 적고 喜怒를 얼굴빛에 드러내지 않았다.

유비는 일찍이 公孫瓚과 함께 盧植을 師事하였으므로 이로 인하여 공손찬에게 가서 의지하였다. 이때에 이르러 공손찬이 자신의 장수 田楷와 함께 靑州를 순행하게 하였는데 유비가 공을 세우니, 이를 계기로 유비를 平原相으로 삼았다.

初에 涿郡劉備는 中山靖王之後也①라 少孤貧하여 與母以販履爲業호되 有大志하여 少語言하고 喜怒를 不形於色하니라 嘗與瓚으로 同師盧植이라 因往依瓚이러니 至是하여 瓚이 使與其將田楷로 徇靑州有功이어늘 因以爲平原相하다

① 靖王은 이름이 勝이니, 景帝의 아들이다.

79) 〔紹〕: 저본에는 '紹'자가 없으나 ≪資治通鑑≫에 의거하여 보충하였다.

80) 爾雅에……鉤磐河이다 : 원문의 '鉤磐'은 ≪爾雅≫ 〈釋水〉에 '鉤盤'으로 되어 있는데, 이에 대한 郭璞의 注에 "물굽이가 쇠갈고리와 같아서 물의 흐름이 盤桓하는 것이다.〔水曲如鉤 流盤桓也〕"라고 설명하였다. '九河'는 禹임금 때의 黃河의 아홉 支流를 가리키는 것으로, ≪이아≫ 〈석수〉에 의하면 徒駭, 太史, 馬頰, 覆鬴, 胡蘇, 簡, 絜, 鉤盤, 鬲津을 이른다. ≪書經≫ 〈夏書 禹貢〉에 "구하가 이미 물길을 따랐다.〔九河旣道〕"라고 하였는데, 이에 대한 蔡沈의 ≪集傳≫에 "구하는 ≪이아≫에 '첫째는 徒駭, 둘째는 太史, 셋째는 馬頰, 넷째는 覆鬴, 다섯째는 胡蘇, 여섯째는 簡潔, 일곱째는 鉤盤, 여덟째는 鬲津이다.' 하였으며, 그 하나는 황하의 經流이다. 그런데 先儒는 황하의 경류를 알지 못하고는 마침내 簡과 潔을 나누어 둘이라 하였다.〔九河 爾雅 一曰徒駭 二曰太史 三曰馬頰 四曰覆鬴 五曰胡蘇 六曰簡潔 七曰鉤盤 八曰鬲津 其一則河之經流也 先儒不知河之經流 遂分簡潔爲二〕"라고 설명하여 簡과 絜을 나누어 보아서는 안 된다고 하였다. 磐과 盤, 絜과 潔은 서로 통용된다.

靖王, 名勝, 景帝子.

【目】 유비는 젊어서부터 河東 사람 關羽와 涿郡 사람 張飛와 매우 친하였는데, 이때 관우와 장비를 別部司馬로 삼아서 部曲(부하)을 나누어 통솔하게 하였다. 유비는 이들 두 사람과 잠을 잘 때에도 침상을 함께하여 은혜가 형제와 같았고 여러 사람이 둘러앉아 있을 때에도 두 사람이 종일토록 모시고 서서 유비를 따라 주선하고 어려움과 험난함을 피하지 않았다.

備少與河東關羽와 涿郡張飛로 友善이러니 以羽, 飛로 爲別部司馬하여 分統部曲①하다 備與二人으로 寢則同牀하여 恩若兄弟하고 而稠人廣坐에 侍立終日하여 隨備周旋하고 不避艱險②하니라

桃園結義

① 대장군의 營은 다섯 部이니, 部마다 각각 校尉 한 사람과 軍司馬 한 사람이 있고, 별도의 군영에 병사를 거느린 것을 別部司馬라고 하였으니, 그 병력의 많고 적음은 각각 時宜에 따랐다.
大將軍營, 五部. 部各有校尉一人・軍司馬一人. 其別營領屬, 爲別部司馬. 其兵多少, 各隨時宜.

② 稠는 많음이다.
稠, 多也.

【目】 常山 사람 趙雲이 常山郡을 위하여 군대를 거느리고 公孫瓚을 찾아오자, 공손찬이 말하기를 "그대가 사는 州의 사람들이 모두 袁氏를 원한다고 들었는데, 그대는 어찌하여 홀로 혼미하여 반대로 하는가?" 하니, 조운이 대답하기를 "천하가 訩訩함에 누가 옳은지를 알지 못하여 백성들이 거꾸로 매달려 있는 듯한 곤궁함이 있습니다. 저희 州의 논의는 仁政이 있는 곳을 따르기로 하였으니, 袁公을 소홀히 하고 현명한 將

軍을 사사로이 대하기 위한 것이 아닙니다." 하였다.

유비가 조운을 보고 기이하게 여겨서 깊이 교분을 맺어 자기 문하로 데려오니, 조운이 마침내 유비를 따라 平原에 가서 유비를 위하여 騎兵을 주관하였다.

常山趙雲이 爲郡將兵詣瓚①이어늘 瓚曰 聞貴州人이 皆願袁氏어늘 君何獨迷而能反乎②아 雲曰 天下訩訩에 未知孰是하여 民有倒懸之厄이라 鄙州論議는 從仁政所在하니 不爲忽袁公, 私明將軍也니이다 劉備見而奇之하여 深加接納하니 雲이 遂從備至平原하여 爲備主騎兵하다

常山 趙子龍

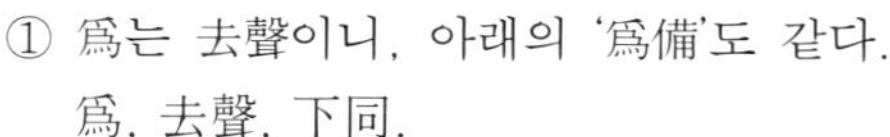

① 爲는 去聲이니, 아래의 '爲備'도 같다.
爲, 去聲, 下同.

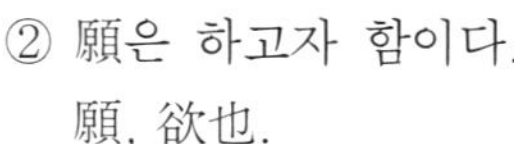

② 願은 하고자 함이다.
願, 欲也.

【綱】 袁術이 孫堅으로 하여금 劉表를 공격하게 하니, 유표의 군사가 그를 활로 쏘아 맞혀 죽였다.

袁術이 使孫堅擊劉表하니 表軍이 射(석)殺之[81)]하다

【目】 처음에 袁術이 南陽의 戶口 수백만을 얻고는 사치하고 방탕하며 욕심을 부려서 세

81) 袁術……射(석)殺之 : "孫堅이 처음 擧義했을 적에 ≪資治通鑑綱目≫에서 '討'라고 썼고, 이윽고 董卓을 패퇴시킴에 특별히 '進兵'이라고 쓴 것은 모두 인정한 말이다. 그러나 손견이 이때에 袁術에게 부림을 받아 안에서 자기들끼리 서로 공격하였으니, 나라를 위해 죽은 것이 아니다. '術使'라고 쓰고 '射殺之'라고 쓴 것은 애석히 여긴 것이다.〔堅初擧義 綱目書討 旣而敗卓 特書進兵 皆予辭也 於是而爲術所使 內自相攻 則非死於國矣 書術使 書射殺之 惜之也〕" ≪書法≫
"孫堅이 예전에 역적을 격파한 공이 있자 ≪資治通鑑綱目≫에서 이것을 써서 인정하였는데 지금 도리어 袁術에게 부림을 받았으니, 그렇다면 義가 아니다. 勤王에 죽지 않고 포학한 桀을 돕다가 죽어서 곧바로 이것을 책에 썼으니, 애석함을 이루 말할 수 있겠는가.〔孫堅前有破賊之功 綱目方書而予之 今乃爲袁術所使 則非義矣 不死於勤王而死於助桀 直書于冊 可勝惜哉〕" ≪發明≫

孫堅이 劉表를 공격하다

금을 징수함에 한도가 없으니, 백성들이 이를 괴로워하여 점점 離散하였다.

원술은 袁紹와 틈이 생겨 각각 援助를 받을 黨與를 세워 서로 도모하니, 원술은 公孫瓚과 결탁하고 원소는 劉表와 연합하였다.

初에 袁術이 得南陽戶口數百萬하고 而術이 奢泆肆欲하여 徵斂無度하니 百姓이 苦之하여 稍稍離散하니라 旣與袁紹有隙하여 各立黨援以相圖하니 術은 結公孫瓚하고 而紹는 連劉表러라

【目】 袁術이 孫堅으로 하여금 劉表를 공격하게 하자, 유표가 자신의 장수 黃祖를 보내어 맞아 싸우게 하였는데, 손견이 황조를 격파하고 마침내 襄陽을 포위하였다. 유표가 밤에 황조를 보내어 몰래 나가 군사를 징발하게 하여 〈황조가 병력을 이끌고〉 돌아오려고 하였는데, 손견이 그를 맞이하여 싸우니 황조가 敗走하였다. 손견이 승세를 타고 밤중에 황조를 추격하니, 황조의 步兵이 손견을 쏘아 맞혀서 죽였다.

손견이 천거한 孝廉 桓階가 유표에게 가서 손견의 喪을 치를 것을 청하자 유표가 의롭게 여겨 허락하니, 원술이 이로 말미암아 유표를 이기지 못하였다.

術이 使孫堅擊表하니 表遣其將黃祖하여 逆戰이어늘 堅이 擊破之하고 遂圍襄陽하다 表夜遣黃祖하여 潛出發兵欲還①이러니 堅이 逆與戰하니 祖敗走어늘 堅이 乘勝하여 夜追祖한대 祖步兵이 射(석)堅殺之②하다 堅所擧孝廉桓階 詣表請堅喪이어늘 表義而許之하니 術이 由是로 不能勝表하다

① ≪資治通鑑≫에는 兵 아래에 "祖將兵(황조가 병력을 이끌다.)" 세 글자가 있다.
通鑑, 兵下有祖將兵三字.

② 步兵은 ≪資治通鑑≫에는 '部兵'으로 되어 있다.
步兵, 通鑑作部兵.

【綱】 河南尹 朱儁이 州郡에 글을 돌려 군대를 징발하여 董卓을 토벌하였다.

河南尹朱儁이 移書州郡하여 徵兵討卓[82)]하다

【目】 처음에 董卓이 關中(函谷關)에 들어갈 적에 朱儁을 남겨두어 雒陽을 지키게 하였는데, 주준이 은밀히 山東의 장수들과 함께 모의하여 동쪽으로 가서 군대를 中牟에 주둔하고 州郡에 글을 돌려 군대를 징발하여 동탁을 토벌하니, 徐州刺史 陶謙이 정예병 3천 명을 보내어 돕고 나머지 주군 또한 모두 지원한 바가 있었다.

初에 董卓이 入關할새 留儁守雒陽이러니 而儁이 潛與山東諸將으로 通謀하여 東屯中牟하고 移書州郡하여 徵兵討卓[①]하니 徐州刺史陶謙이 遣精兵三千助之하고 餘州郡도 亦皆有所給이러라

① 中牟縣은 河南尹에 속하였다.
中牟縣, 屬河南尹.

【綱】 劉焉이 漢中太守를 죽이고 斜谷閣(斜谷路)을 차단하였다.

劉焉이 殺漢中太守하고 斷斜谷閣[83)]하다

---

82) 河南尹朱儁……徵兵討卓 : "'글을 돌려 董卓을 토벌했다.〔移書討卓〕'라고 쓴 것은 어째서인가. 朱儁을 인정한 것이니 '移書'라고 쓴 것이 여기에서 시작되었다. ≪資治通鑑綱目≫이 끝날 때까지 '移書'라고 쓴 것이 한 번이고 '檄文을 돌렸다.〔移檄〕'라고 쓴 것이 7번이니, 오직 승상 司馬睿와 湘東王 高駢의 경우에는 비난하는 말이 된다.〔移書討卓 何 予儁也 書移書始此 終綱目 書移書一 移檄七 惟丞相睿湘東王高駢 爲譏辭〕" ≪書法≫

"≪春秋≫를 살펴보건대 魯나라 莊公 9년에 '齊나라 군대와 乾時에서 싸워서 우리(魯나라) 군대가 크게 패했다.'고 썼는데, ≪春秋公羊傳≫의 注解하는 자가 이르기를, '국내(魯나라)의 경우에서는 그 패함을 말하지 않는데 여기에서 패했다.'고 말한 것은 원수와 싸워서 비록 패했더라도 또한 영광스럽기 때문이다. 莊公이 아버지의 원수를 갚은 것이 아니고 다만 다른 일로 인하여 군대를 일으켰는데도 ≪春秋≫에서 오히려 이것을 써서 인정하였으니, 하물며 참으로 복수하는 자는 어떠하겠는가. 朱儁이 董卓을 토벌할 적에 얼마 안 되어 도리어 그에게 패하여 조그만 功도 없었다. 그런데도 ≪資治通鑑綱目≫에서 '주준이 州郡에 글을 돌려 군대를 불러 董卓을 토벌했다.'고 써서 마치 깊이 가상히 여기고 기꺼이 인정하는 뜻이 있는 것처럼 한 것은 역적을 토벌함을 급하게 여겨서 成敗와 利害는 돌아볼 겨를이 없기 때문이다. 만일 그가 과연 능히 이로 인하여 역적을 섬멸했다면 이에 대한 書法을 또 알 수 있는 것이다.〔按春秋魯莊公九年 書及齊師戰于乾時 我師敗績 傳者謂內不言其敗 此其言敗者 爲與讐戰 雖敗亦榮也 夫莊公非能復父之讐 特因他事擧兵 春秋猶書而予之 況眞能復讐者乎 朱儁討卓 未幾反爲所敗 略無尺寸之功 然綱目書移書州郡 召兵討卓 若有深嘉樂予之意者 急於討賊 故成敗利鈍有不暇顧耳 使其果能因此殄賊 書法又可知矣〕" ≪發明≫

83) 劉焉殺漢中太守 斷斜谷閣 : "劉焉이 처음에 益州의 分野에 천자의 기운이 있다는 말로 인하여 마침내 益州牧이 되기를 요구하였는데 지금 또다시 행하는 바가 이와 같았으니, 바라서는 안 되는 것을 탐하여 도모함이 어떠한가. 이때에 역적이 횡포를 부리고 난을 일으켰는데 유언이 宗姓이 되어서 대의를 제창하여 토벌하지 못하고 도리어 흉악함을 부렸기 때문에 '漢中太守를 죽이고 斜谷閣을 차

【目】 劉焉이 益州에 있으면서 은밀히 딴 계책을 도모하였다. 沛縣 사람 張魯가 조부 張陵 때부터 대대로 五斗米道를 믿으면서 蜀 지역에 우거하였는데, 유언이 그를 督義司馬로 삼아서 함께 병력을 연합하여 漢中太守를 습격해 죽이고 斜谷閣을 차단하여 漢나라 使者를 죽이고는 乘輿車(황제가 타는 수레)를 만들어 타고 다녔다.

이때 유언의 아들 劉璋이 奉車都尉가 되어 長安에 있었는데, 황제가 유장을 보내어 유언을 타이르게 하니, 유언이 유장을 억류하고 돌려보내지 않았다.

焉이 在益州하여 陰圖異計러라 沛人張魯 自祖父陵以來로 世爲五斗米道하여 客居于蜀이러니 焉이 以爲督義司馬하여 與合兵하여 掩殺漢中太守하고 斷斜谷閣하여 殺害漢使(시)하고 作乘輿車①하다 時에 焉子璋이 爲奉車都尉하여 在長安이러니 帝使璋喩焉하니 焉이 留不遣하다

① 劉焉이 蜀 지방에 있으면서 처음으로 督義司馬와 助義校尉, 褒義校尉를 두었고 劉表가 荊州에 있으면서 또한 綏民校尉를 두었으니, 漢나라가 쇠하자 제후들이 命令을 제멋대로 내려서 임의로 각각 官屬을 둔 것이다. 胡三省이 말하기를 "지금 興元府에서 서북쪽으로 斜谷路로 들어가 鳳州의 경계에 이르면 150리 되는 지점에 棧閣 2,989칸과 板閣 2,892칸이 있다." 하였다.
劉焉在蜀, 創置督義司馬·助義·褒義校尉, 劉表在荊州, 亦置綏民校尉. 漢衰, 諸侯擅命, 率意各置官屬. 胡三省曰 "今興元府西北入斜谷路, 至鳳州界百五十里, 有棧閣(五)〔二〕[84]千九百八十九間·板閣二千八百九十二間."

【綱】 管寧과 邴原과 王烈이 遼東으로 갔다.

管寧, 邴原, 王烈이 適遼東[85]하다

【目】 公孫度의 위엄이 海外에 행해지니 中國(中原)의 人士 중에 난리를 피하는 자들이 그에게 많이 귀의하였는데, 北海 사람 管寧과 邴原과 王烈이 모두 그에게 가서 의지하였다.

관녕은 소싯적에 華歆과 친구가 되었는데, 일찍이 함께 菜田을 김매다가 땅에 황금이

단했다.'고 썼으니, 그 죄가 거의 董卓과 똑같은 것이다.〔劉焉始因益州分野有天子氣 遂求爲牧 今又所爲若此 則其貪圖非望 爲何如哉 是時逆賊暴亂 焉爲宗姓 不能唱義誅討 反肆桀逆 書殺漢中太守 斷斜谷閣 其罪殆與卓等矣〕"≪發明≫

84) (五)〔二〕: 저본에는 '五'로 되어 있으나, ≪資治通鑑≫ 註에 의거하여 '二'로 바로잡았다.

85) 管寧邴原王烈適遼東 : "특별히 쓴 것이니, 三賢의 거취를 ≪資治通鑑綱目≫에서 매번 삼가 썼다.〔特筆也 三賢去就 綱目每謹書之〕"≪書法≫

있는 것을 보고는 관녕은 하던 호미질을 계속할 뿐 돌아보지 않았으나 화흠은 황금을 주워서 던져버리니, 사람들이 이를 가지고 그 인품의 우열을 알았다.

병원은 太學에서 8, 9년 동안 유학하고 돌아갈 적에 스승과 벗들이 그가 술을 마시지 않는다고 하여 쌀과 고기를 모아 전송하였는데, 병원이 말하기를 "내가 본래 술을 잘 마시나 다만 〈술을 마시면〉 사람의 생각을 황폐하게 하고 학업을 폐하게 하기 때문에 끊었을 뿐이었다. 지금 멀리 떠나 작별하게 되었으니, 한번 술을 마실 만하다." 하고 이에 함께 술을 마셨으나 종일토록 취하지 않았다.

관녕과 병원이 모두 지조를 숭상한다고 알려지니, 공손도가 館을 비워놓고 그들이 오기를 기다렸다. 관녕은 공손도를 만나 본 뒤에 마침내 산골짜기에 초가집을 지으니, 피난하는 자들이 점점 찾아와 그를 따라서 열흘에서 달포 사이에 마을을 이루었다.

公孫度威行海外하니 中國人士避亂者 多歸之라 北海管寧, 邴原, 王烈이 皆往依焉하다 寧이 少時에 與華歆爲友하여 嘗共鋤菜러니 見地有金하고 寧은 揮鋤不顧로되 歆은 捉而擲之하니 人이 以是知其優劣하니라 邴原이 遊學八九年而歸할새 師友以原不飮酒라하여 會米肉送之한대 原曰 本能飮酒로되 但以荒思廢業故로 斷之耳①러니 今當遠別하니 可一飮이라하고 於是에 共飮하여 終日不醉하니라 寧, 原이 俱以操尙稱하니 度虛館以候之②러니 寧이 旣見度에 乃廬於山谷하니 避難者 漸來從之하여 旬月而成邑하니라

① 荒은 昏迷하여 어지러움을 이른다. 思(생각)는 相吏의 切이다.
荒, 迷亂之謂. 思, 相吏切.
② 操(지조)는 七到의 切이다. 候는 그가 오기를 기다린 것이다.
操, 七到切. 候者, 伺其至也.

【目】 管寧은 公孫度를 만날 때마다 오직 經典을 말하고 세상일은 언급하지 않았으며, 산으로 돌아오면 오로지 ≪詩經≫과 ≪書經≫을 講하고 俎豆의 禮를 익혔으며 배우는 자가 아니면 만나보지 않았다. 이로 말미암아 공손도는 그의 어짊을 편안히 여기고 백성들은 그의 덕에 교화되었다.

邴原은 성질이 강직하여 淸議로써 사람들을 바로잡으니, 공손도 이하의 사람들이 마음에 불안해하였다. 관녕이 병원에게 이르기를 "못 속에 잠겨 있는 용은 나타나지 않음으로써 덕을 이루니,[86] 이는 때에 맞지 않으면 모두 禍를 부르는 길이 됨을 말한 것이

86) 못……이루니 : ≪周易≫ 乾卦 初九爻辭에 "初九는 못 속에 잠겨 있는 용이니, 쓰지 말라.〔初九潛龍勿用〕" 하였는바, 제때를 만나지 못하여 은둔해 있는 사람은 자신의 德을 숨기고 드러내지 않아야

다." 하고는 은밀히 병원을 보내어 도망하여 돌아가게 하니, 공손도 또한 다시 쫓지 않았다.

寧이 每見度에 語唯經典하고 不及世事하며 還山에 專講詩書하고 習俎豆하고 非學者면 無見也라 由是로 度安其賢하고 民化其德하니라 邴原은 性剛直하여 淸議以格物하니 度已下 心不安之①라 寧이 謂原曰 潛龍은 以不見(현)成德하니 言非其時면 皆招禍之道也②라하고 密遣原逃歸하니 度亦不復追也러라

① 格은 본음대로 읽으니, 바로잡음이다. 〈格物은〉 淸議로써 사람들을 바로잡음을 이른다. 일설에 格은 품평함을 이른다고 한다.
格, 讀如字, 正也, 言以淸議正物也. 一說, 格, 謂(摽)〔標〕[87]品之也.

② 見(나타내다)은 賢遍의 切이다.
見, 賢遍切.

【目】 王烈은 기국과 사업이 보통 사람보다 크게 뛰어나서 사람들을 가르치고 인도하기를 잘하였다. 소를 훔친 자가 있어 주인이 그 도둑을 잡았는데, 도둑이 죄를 받을 것을 청하며 말하기를 "형벌은 달게 받겠으나, 제발 王彦方(왕렬)이 알게 못하게 해주십시오." 하였다. 왕렬은 이 말을 듣고는 사람을 시켜 그 도둑에게 사례하고 삼베 한 끗〔端〕을 보내었다. 혹자가 그 이유를 묻자, 왕렬은 다음과 같이 말하였다.

"도둑이 내가 그의 잘못을 듣게 될까 두려워하였으니, 이는 惡을 부끄러워하는 마음이 있는 것이다. 이미 惡을 부끄러워할 줄 알면 善한 마음이 장차 생겨날 것이다. 그러므로 내가 삼베를 보내어 善을 행하도록 권장한 것이다."

뒤에 어떤 노인이 길에서 劍을 잃어버렸는데 길을 가던 한 사람이 이것을 발견하고는 지키고 있었다. 저물녘에 이르러 노인이 다시 찾으러 와서 劍을 얻고는 괴이하게 여겨 이 일을 왕렬에게 고하였다. 왕렬이 사람을 시켜서 찾아보니, 바로 전에 소를 도둑질한 자였다.

사람들은 여러 가지 曲直을 다투고 송사할 일이 있을 적마다 왕렬에게 질정하러 가려고 하다가 혹은 도중에 돌아오고 혹은 그의 집을 멀리서 바라보고 돌아와서 모두 서로 정직함으로써 양보하여 감히 왕렬이 이 사실을 듣지 못하게 하였다.

公孫度가 왕렬을 長史로 삼고자 하였는데, 왕렬은 이를 사양하고 장사꾼이 되어 스스

함을 비유한 것이다.

87) (摽)〔標〕: 저본에는 '摽'로 되어 있으나, ≪資治通鑑綱目集覽正誤≫에 의거하여 '標'로 바로잡았다.

로를 폄하하여 마침내 면하였다.

烈은 器業이 過人하여 善敎誘하더니 有盜牛者어늘 主得之하니 盜請罪曰 刑戮은 是甘이로되 乞不使王彦方知也①라하니 烈이 聞而使人謝之하고 遺布一端②하다 或이 問其故한대 烈曰 盜懼吾聞其過하니 是有恥惡之心이라 旣知恥惡이면 則善心將生이라 故로 與布以勸爲善也라하니라 後有老父遺劍於路어늘 行道一人이 見而守之라가 至暮에 老父還尋得劍하고 怪之하여 以事告烈한대 烈이 使推求하니 乃先盜牛者也③러라 諸有爭訟曲直에 將質之於烈④이라가 或至塗而反하고 或望廬而還하여 皆相推以直하고 不敢使烈聞⑤하니라 度欲以爲長史어늘 烈辭之하고 爲商賈以自穢하여 乃免하다

① 彦方은 王烈의 字이다.
彦方, 烈字.
② 布帛 6丈을 端이라고 한다. 일설에는 8丈을 端이라고 한다. 살펴보건대, 옛날에는 2丈을 端이라고 하였다.
布帛六丈曰端, 一曰八丈曰端. 按古以二丈爲端.
③ 推는 찾음이다.
推, 尋也.
④ 質은 질정함이다.
質, 正也.
⑤ 推는 옮김(양보함)이다.[88]
推, 移也.

壬申年(192)

【綱】 漢나라 孝獻皇帝 初平 3년이다. 봄 정월에 董卓이 校尉인 李傕과 郭汜, 張濟를 보내어 朱儁을 中牟에서 격파하고 마침내 潁川을 노략질하였다.

三年이라 春正月에 卓이 遣校尉李傕, 郭汜, 張濟하여 擊朱儁於中牟하여 破之하고 遂掠

88) 推는 옮김(양보함)이다 : 이에 대한 胡三省의 注에 "推는 옮김이다. ≪漢書≫ 〈韓延壽傳〉에 '전지를 상대방에게 옮겨주었다.'라고 한 것이 바로 이 뜻이다.〔推 移也 前書 韓延壽傳 以田相移 卽此義也〕"라고 하였다. '以田相移'는 ≪漢書≫ 권76 〈韓延壽列傳〉에 "漢나라 宣帝 神爵 3년(B.C. 59)에 韓延壽가 左馮翊이 되었는데, 백성 중에 형제끼리 서로 田地를 다투는 자가 있었다. 이에 한연수가 모두 자기 탓으로 돌리고 문을 닫고서 자신의 과오를 생각하자, 爭訟하던 자들이 스스로 잘못을 뉘우쳐서 전지를 상대방에게 옮겨주고 죽을 때까지 감히 다시는 쟁송하지 않기를 원하였다.〔願以田相移 終死不敢復爭〕"라고 보이는데, 이에 대한 顔師古의 注에 "移는 전함과 같다. 一說에 '형은 아우에게 양보하고 아우는 또 형에게 양보하므로 서로 전해주었다고 한 것이다.' 하였다.〔移 猶傳也 一說 兄以讓弟 弟又讓兄 故云相移〕"라고 설명하였다.

潁川[89]하다

荀彧

【目】 처음에 荀淑에게 荀彧이라는 손자가 있었으니, 어려서부터 뛰어나다는 명성이 있었다. 何顒(하옹)이 그를 보고 기이하게 여겨 말하기를 "王者를 보좌할 재주이다." 하였다.

천하가 혼란해지자, 순욱이 父老들에게 이르기를 "潁川 지방은 〈지형이 평평하여〉 사방에서 적의 공격을 받을 땅이니, 마땅히 빨리 피해야 합니다." 하였다. 그러나 고을 사람들은 대부분 고향 땅에 연연하여 떠나가지 못하였는데, 순욱은 홀로 종족을 거느리고 떠나가 韓馥에게 의지하니, 때마침 袁紹가 한복의 지위를 빼앗고는 순욱을 上賓의 禮로 대우하였다.

순욱은 원소가 끝내 大業을 이루지 못할 것임을 헤아렸는데, 曹操가 웅대한 지략이 있다는 말을 듣고 마침내 원소를 버리고 조조를 따랐다. 조조는 순욱과 함께 말을 해보고는 크게 기뻐하여 말하기를 "나의 子房[90]이다." 하고는 奮武司馬로 삼았다.

그 후 李傕과 郭汜가 中牟를 격파한 뒤에 마침내 潁川을 노략질하니, 이 지방 사람들 중에 남아 있던 자들은 대부분 죽임을 당하였다.

初에 荀淑이 有孫曰彧하니 少有才名①이라 何顒이 見而異之하여 曰 王佐才也라하니라 及天下亂에 彧이 謂父老曰 潁川은 四戰之地니 宜亟避之②니라 鄕人이 多懷土不能去어늘 彧이 獨率宗族하여 去依韓馥이러니 會에 袁紹已奪馥位라 待以上賓之禮하다 彧이 度(탁)紹終不能定大業이러니 聞曹操有雄略하고 乃去從操하니 操與語하고 大悅曰 吾子房也라하고 以爲奮武司馬③하다 至傕, 汜旣破中牟에 遂掠潁川하니 其鄕人留者 多爲所殺④하니라

① 彧은 乙六의 切이다.

---

89) 遂掠潁川 : "'노략질했다.'라고 쓴 것은 李傕 등을 賊으로 여긴 것이다.[書掠 賊之也]" ≪書法≫

90) 子房 : 劉邦(高祖)을 도와 漢나라를 일으킨 張良의 字인바, 智謀가 뛰어났으므로 荀彧을 그에게 견주어 이렇게 말한 것이다.

彧, 乙六切.

② "四戰之地"는 그 땅이 평평하여 사방에서 적의 공격을 받음을 말한 것이다.
四戰之地, 言其地平, 四面受敵.

③ 曹操가 처음 起兵했을 적에 奮武將軍이 되었으므로 荀彧을 奮武司馬로 삼은 것이다.
操初起兵, 爲奮武將軍, 故以彧爲奮武司馬.

④ 傕은 訖岳의 切이다. 汜는 似와 泛 두 가지 音이 있다.
傕, 訖岳切. 汜, 似・泛二音.

【綱】 袁紹가 公孫瓚을 界橋에서 공격하여 대패시켰다.

袁紹擊公孫瓚於界橋하여 **大敗之**하다

【目】 袁紹가 직접 출동하여 公孫瓚을 막아서 界橋의 남쪽 20리 지점에서 싸우니, 공손찬의 군대 3만 명이 매우 정예로웠다. 원소는 麴義를 시켜 정예병 800명을 거느리고 먼저 올라가게 하고 강한 쇠뇌 1,000張을 좌우에 설치하고서 공손찬의 군대를 맞게 하였다.

공손찬은 국의의 병력이 적음을 얕잡아보고 騎兵을 풀어 달려가게(공격하게) 하였는데, 국의의 군대는 방패 아래에 숨어서 움직이지 않다가 공손찬의 군대가 채 수십 보도 안 되는 곳에 이르자, 일시에 함께 쇠뇌를 발사하고 함성을 질러 땅이 진동하였다. 공손찬의 군대를 대패시켜 그의 장수 嚴綱을 참살하고 추격하여 공손찬의 진영에 이르러 그 牙門을 함락하니, 남은 무리가 모두 달아났다.

袁紹自出拒公孫瓚하여 戰於界橋南二十里①하니 瓚兵三萬이 甚銳라 紹令麴義로 領精兵八百하여 先登하고 彊弩千張으로 夾承之②하다 瓚이 輕其兵少하여 縱騎騰之어늘 義兵이 伏楯下不動③이러니 未至數十步하여 一時同發하고 讙呼動地④하다 大敗瓚軍하여 斬其將嚴綱하고 追至瓚營하여 拔其牙門하니 餘衆이 皆走⑤하다

① ≪水經註≫에 "淸河는 東北으로 界城亭 동쪽을 지나가는데 물가에 큰 교량이 있어, 이것을 界城橋라고 한다." 하였다.
水經註 "淸河東北逕界城亭東, 水上有大梁, 謂之界城橋."

② 麴은 姓이다.
麴, 姓也.

③ 楯(방패)은 몸을 막고 눈을 가리는 도구이다.
楯, 所以扞身蔽目者.

④ 讙(함성을 지르다)은 許元의 切이다.
讙, 許元切.

⑤ 牙는 깃발의 이름이다. 옛날에 군대가 출동하면 牙旗를 軍門에 세웠으니, 높은 자가 거처하는 곳이다. 후대 사람들이 이를 인하여 治所를 牙門이라고 하였다.
牙, 旗名也. 古者軍行, 則建立牙於軍門, 尊者所在. 後人因以所治爲牙.

【目】 처음에 兗州刺史 劉岱가 袁紹, 公孫瓚과 함께 연합하여 화친하니, 원소는 처자식을 유대의 처소에 보내어 거처하게 하였고, 공손찬 또한 從事 范方을 보내어 기병을 거느리고 유대를 돕게 하였다.

공손찬이 원소의 군대를 격파하자, 공손찬은 유대에게 말하여 원소의 처자식을 돌려보내게 하고, 범방에게 명하기를 "만약 유대가 원소의 가솔을 돌려보내어 〈원소와의 관계를〉 끊지 않으면 기병을 거느리고 돌아오라." 하였다.

유대가 程昱에게 묻자, 정욱이 말하기를 "가까운 곳에 있는 원소의 원조를 버리고 먼 곳에 있는 공손찬의 도움을 구하면, 이는 越나라에서 사람을 빌려 와서 물에 빠진 자식을 구하게 한다는 말과 똑같습니다. 공손찬은 원소의 적수가 아니니, 끝내 그에게 사로잡힐 것입니다." 하니, 유대가 그의 말을 따랐다. 범방이 기병을 거느리고 공손찬에게 돌아갔는데, 범방이 이르기도 전에 공손찬이 패하였다.

初에 兗州刺史劉岱 與紹, 瓚連和하니 紹令妻子로 居岱所하고 瓚亦遣從事范方하여 將騎助岱러니 及瓚破紹軍에 語岱하여 令遣紹妻子①하고 勅方호되 若岱不遣紹家어든 將騎還②하라 岱問程昱한대 昱曰 棄近援而求遠助하면 此假人於越以救溺子之說也③니라 瓚은 非紹敵이니 終爲所禽이라한대 岱從之하다 方이 將其騎歸러니 未至而瓚敗하다

① 〈程昱傳〉에 "公孫瓚이 袁紹의 군대를 격파하고 마침내 使者를 보내어 劉岱에게 말해서 원소의 처자식을 돌려보내어 원소와의 관계를 끊게 했다."91) 하였다.
程昱傳 "瓚擊破紹軍, 乃遣使語岱, 令遣紹妻子, 使與紹絶."

② 紹家는 袁紹의 처자식을 이른다.
紹家, 謂袁紹妻子.

③ 〈"假人於越以救溺子之說"은〉 형세가 서로 미칠 수 없음을 말한 것이다. 越나라 사람들이 수영을 잘하였기 때문에 물에 빠진 사람을 구할 수 있다고 한 것이다.
言勢不能相及也. 越人習水, 故以爲能救溺.

---

91) 公孫瓚이……했다 : 이 내용은 ≪三國志≫ 권14 〈魏書 程昱傳〉에 보인다.

【綱】 여름 4월에 王允이 中郎將 呂布를 시켜 董卓을 주살하자, 詔書를 내려 왕윤을 錄尙書事로 삼고 여포를 奮威將軍으로 삼아 함께 조정의 정사를 맡게 하였다.

夏四月에 **王允**이 **使中郎將呂布**로 **誅董卓**이어늘 **詔允錄尙書事**하고 **以布爲奮威將軍**하여 **共秉朝政**[92)]하다

【目】 董卓이 그의 아우 董旻(동민)을 左將軍으로 삼고 형의 아들 董璜을 中軍校尉로 삼아서 군대의 일을 모두 주관하게 하니 내외의 종족이 모두 조정에 나열되어 있었고, 侍妾이 낳은 품안에 있는 자식을 모두 侯로 봉하여 어린아이가 金印과 紫綬를 가지고 희롱하였다.

동탁은 또 수레와 의복을 참람하게 황제와 똑같게 하고, 三臺[93)]의 관리들을 불러서 尙書 이하가 太師府에 나와 일을 아뢰게 하였으며, 郿縣에 塢(소형 城堡)를 쌓으니 높이와 두께가 모두 7丈이었고 30년 먹을 곡식을 비축하였다. 동탁은 스스로 말하기를 "일이 이루어지면 천하에 雄據할 것이고, 이루어지지 못하더라도 이것을 지키면 노년을 마칠 때까지 충분하다." 하였다.

董卓이 **以其弟旻爲左將軍**하고 **兄子璜爲中軍校尉**하여 **皆典兵事**하니 **宗族內外 竝列朝廷**하고 **侍妾懷抱中子**를 **皆封侯**하여 **弄以金紫**하며 **車服僭擬**하고 **召呼三臺**하여 **尙書以下詣府啓事**①하고

---

92) 夏四月 王允……共秉朝政 : "'使'라고 쓴 것은 어째서인가. 功을 王允에게 돌린 것이다. 이 때문에 呂布가 董卓을 주살했을 적에 '王允使(왕윤이 시켰다.)'라고 썼고 唐나라의 田神功이 史朝義를 패퇴시켰을 적에 '光弼使(李光弼이 시켰다.)'라고 썼으니, 모두 그 윗사람에게 공을 돌린 것이다. 주살의 例는 두 가지가 있으니, '伏誅'라고 쓴 것은 중하게 여긴 말이고 곧바로 '誅'라고 쓴 것은 시원하게 여긴 말이다. ≪資治通鑑綱目≫에 '군주를 폐위하고 시해했다.'고 쓴 것이 20번인데 '역적이 토벌되었다.'고 쓴 것이 4번이고, '군주를 弑害했다.'고 쓴 것이 73번인데 시해에 대해 殺이라고 쓴 것이 8번이고 '역적이 토벌되었다.'고 쓴 것이 26번이다. 이는 역적 열 명 중에 두세 명을 얻은 것이니, 亂이 어찌 끝이 있겠는가.〔書使 何 歸功允也 是故呂布之誅董卓 書王允使 田神功之敗朝義 書光弼使 皆歸功其上者也 誅例有二 書伏誅者 重辭也 直書誅者 快辭也 綱目書廢君而弑之者二十 賊討者四 書弑君者七十三 弑書殺者八 賊討者二十六 蓋什得其二三焉 亂豈有極哉〕" ≪書法≫

"董卓은 몸에 대역죄를 지고 황실을 전복시켰으니, 죄가 죽음으로도 용서받지 못한다. 그러나 당시의 여러 신하들이 사방을 두리번거리기만 하고 능히 그를 토벌한 자가 있지 않았는데 오직 王允이 은밀히 呂布를 심복으로 삼아서 능히 元惡을 죽였다. 그러므로 ≪資治通鑑綱目≫에서 '왕윤이 여포로 하여금 동탁을 주살하게 하였다.'라고 썼으니, 왕윤에게 功을 돌린 것이 매우 분명하다. 왕윤이 끝을 잘 마치지 못했다고 하여 어찌 그 사실을 없앨 수 있겠는가.〔卓身負大逆 蕩覆帝室 罪不容誅 然當時諸臣環視四顧 無有能討之者 惟王允潛布腹心 克殄元惡 故綱目書允使呂布誅董卓 其歸功於允 彰彰明矣 豈以其不終之故而遂泯其實乎〕" ≪發明≫

93) 三臺 : 尙書臺, 御使臺, 謁者臺를 이른다.

築塢於郿하니 高厚皆七丈이요 積穀三十年儲라 自云 事成이면 雄據天下하고 不成이라도 守此足以畢老라하니라

① "弄以金紫"는 金章과 紫綬를 가지고 희롱함을 이른다.
弄以金紫, 謂弄戲金章紫綬也.

【目】 董卓은 사람들을 잔인하게 주살하여 장수들이 말을 하다가 잘못하는 경우가 있으면 곧바로 앞에서 죽이니, 사람들이 편안히 살 수가 없었다.

司徒 王允은 司隸校尉 黃琬과 僕射 士孫瑞와 함께 동탁을 주살할 것을 은밀히 모의하였다. 中郎將 呂布는 활을 잘 쏘고 말을 잘 타며 힘이 보통 사람보다 뛰어나니, 동탁이 그를 아끼고 신임하여 부자간이 되기로 맹세하였다. 그러나 동탁은 성격이 괴팍하고 편협하여 여포가 일찍이 동탁의 뜻을 조금 어기자 동탁이 手戟을 뽑아 여포에게 던졌다. 여포가 용맹하고 민첩하게 피하고 〈용모를 고쳐 사죄하니〉 동탁의 노여움이 또한 풀렸다.

王允과 呂布가 董卓을 주살할 것을 모의하다

왕윤이 평소에 여포를 잘 대우하니, 여포가 왕윤을 만나 이러한 상황을 말하였다. 왕윤이 이를 인하여 동탁을 주살하려는 계책을 그에게 고하고 內應이 되게 하였다. 여포가 말하기를 "부자간이 되었으니, 어찌하면 좋겠습니까?" 하자, 왕윤이 말하기를 "그대는 원래 姓이 呂氏이니 본래 동탁의 骨肉이 아니다. 동탁이 手戟을 던질 때에 어찌 부자간의 정이 있었겠는가." 하니, 여포가 마침내 이를 허락하였다.

卓이 忍於誅殺하여 諸將言語有蹉跌이면 便戮於前하니 人不聊生이러라 司徒王允이 與司隸校尉黃

琬과 僕射士孫瑞로 密謀誅卓①하다 中郎將呂布 便弓馬하고 膂力過人하니 卓이 愛信之하여 誓爲父子라 然이나 卓이 性剛褊하여 嘗小失卓意어늘 卓이 拔手戟擲布한대 布拳捷避之하니 卓意亦解②하다 允이 素善待布하니 布見允言狀이어늘 允이 因以誅卓之謀로 告之하고 使爲內應한대 布曰 如父子何오 曰 君自姓呂니 本非骨肉이라 擲戟之時에 豈有父子情邪아 布遂許之하다

① 士孫은 複姓이다.
士孫, 複姓.

② 手戟은 작은 창이니, 공격하고 찌르기에 편리한 것이다. 勇力을 拳이라고 하고 민첩함을 捷이라고 한다.
手戟, 小戟, 便於擊刺者. 勇力爲拳, 迅疾爲捷.

【目】 4월에 황제가 병이 들었다가 막 쾌차하여 신하들이 未央殿에서 크게 모이니, 董卓이 朝服을 입고 수레를 타고서 들어올 적에 길 좌우에 병력을 진열하여 호위가 삼엄하였으며, 呂布 등을 시켜 앞뒤를 막고 호위하게 하였다.

王允이 士孫瑞로 하여금 직접 詔書를 써서 여포에게 주게 하자, 여포가 勇士 십여 명에게 衛士의 복장을 거짓으로 입고서 北掖門을 지키게 하였다. 동탁이 들어오자 이들이 창으로 그를 찌르니, 동탁은 갑옷 위에 옷을 덧입은 상태였으므로 창이 들어가지 못하였다.

동탁이 팔을 다쳐 수레에서 떨어지면서 돌아보고 크게 고함치기를 "여포야! 어디에 있느냐?" 하였다. 여포가 말하기를 "賊臣을 토벌하라는 詔書가 있었다." 하고는 소리에 응하여 창을 가지고 동탁을 찌르고서 병사들을 재촉하여 참살하게 하였다. 그리고 즉시 품안에 있던 詔板(詔令을 쓴 書板)을 꺼내어 관리와 군사들에게 명령하기를 "詔書를 받들어 동탁을 토벌할 뿐이고 나머지 사람들은 모두 不問에 부친다." 하니, 관리와 군사들이 모두 만세를 부르고 백성들이 길에서 노래하고 춤을 추었으며, 士女들은 의복을 팔아 술과 고기를 사서 서로 慶賀하였다. 郿縣에 있는 동탁의 종족들은 모두 그 부하들에게 죽임을 당하였다.

四月에 帝有疾新愈하여 大會未央殿하니 卓이 朝服乘車而入할새 陳兵夾道하여 屯衛周匝(잡)하고 令呂布等으로 捍衛前後라 王允이 使士孫瑞로 自書詔以授布①한대 布令勇士十餘人으로 僞著(착)衛士服하여 守北掖門이러니 卓이 入이어늘 以戟刺(척)之하니 卓이 衷甲不入이라 傷臂墮車②하여 顧大呼曰 呂布何在오 布曰 有詔討賊臣이라하고 應聲持矛刺(척)卓하여 趣(촉)兵斬之③하고 卽出懷中詔板하여 以令吏士曰 詔討卓耳요 餘皆不問이라한대 吏士皆稱萬歲하고 百姓이 歌舞於道하고 士女賣

衣裝하여 市酒肉相慶이러라 宗族在郿 皆爲其群下所殺하다

① 尙書와 僕射로 하여금 직접 詔書를 쓰게 한 것은 이 일이 누설될까 두려워한 것이다.
使尙書・僕射自書詔者, 懼其泄也.
② '衷甲'은 안에 갑옷을 입고 갑옷 위에 옷을 덧입은 것이다.
衷甲者, 被甲於內而加衣甲上.
③ 趣은 促으로 읽는다.
趣, 讀曰促.

【目】董卓의 시신을 저자에다가 버려두었는데, 동탁은 평소 몸집이 크고 살이 쪄서 시신을 지키는 관리가 큰 심지를 만들어 배꼽 가운데에 놓고 불을 붙이니, 불빛이 새벽까지 밝게 타올라 이와 같이 하기를 여러 날 동안 하였다. 郿縣의 塢에 금 2, 3만 근과 은 8, 9만 근이 있었고 비단과 진귀한 보배가 산처럼 쌓여 있었다.

王允을 錄尙書事로 삼고 呂布를 奮威將軍으로 삼아서 符節을 빌려주어 의식을 三司와 비견하게 하고 溫侯로 봉하여 함께 조정의 정사를 맡게 하였다.

暴(폭)卓屍於市하니 卓이 素充肥라 守吏爲大炷하여 置臍中然之하니 光明達曙하여 如是積日①이러라 塢中에 有金二三萬斤과 銀八九萬斤이요 錦綺奇玩이 積如丘山이러라 以王允錄尙書事하고 呂布爲奮威將軍하여 假節하여 儀比三司하고 封溫侯하여 共秉朝政②하다

① 炷는 音이 注로 등불이니, 불꽃을 붙이는 것이다
炷, 音注, 燈也, 燼所著者.
② 奮威將軍은 본래 符節이 없는데 지금 符節을 빌려준 것은 그의 위엄을 중하게 하고자 한 것이다. 儀比三司는 儀同三司[94]와 같다. 溫縣은 河內郡에 속하였다.
奮威將軍本無節, 今以節假之者, 欲以重其威也. 儀比三司, 猶(儁)〔儀〕[95]同三司也. 溫縣, 屬河內郡.

【目】董卓이 죽었을 적에 蔡邕이 王允과 자리에 함께 있었는데, 채옹은 이 소식을 듣고는 놀라 탄식하였다. 그러자 왕윤이 발끈하여 꾸짖기를 "동탁은 나라의 큰 역적으로 漢나라 황실을 거의 망하게 하였다. 그대는 황제의 신하로서 마땅히 함께 동탁을 미워해

94) 儀同三司 : 散官의 명칭이다. 三司는 곧 三公으로, 漢나라 때에는 太尉, 司徒, 司空을 三司라고 하였는바, 儀同三司는 본래 三司는 아니지만 儀制를 그와 동등하게 갖추는 것을 이른다. 後漢의 殤帝 延平 원년(106)에 鄧騭(등질)이 車騎將軍 儀同三司가 됨으로부터 시작되었다.(≪後漢書≫ 권46 〈鄧騭列傳〉)

95) (儁)〔儀〕: 저본에는 '儁'으로 되어 있으나, ≪資治通鑑≫ 註에 의거하여 '儀'로 바로잡았다.

야 하는데 그가 사사로이 대우한 것을 생각하여 도리어 서글퍼하고 애통해하니, 어찌 함께 逆臣이 되지 않겠는가." 하고는 즉시 체포하여 廷尉에게 회부하였다.

그러자 채옹이 사죄하기를 "몸은 비록 不忠하였으나 원컨대 얼굴에 刺字하고 발꿈치를 베는 형벌을 받아 계속하여 漢나라의 史書를 완성할 수 있게 해주십시오." 하였다. 太尉 馬日磾가 왕윤에게 다음과 같이 말하였다.

"伯喈(蔡邕)는 세상에 드문 뛰어난 인재이고 漢나라의 역사를 많이 알고 있으니, 마땅히 이어서 後史를 완성하게 하여 한 시대의 큰 典故가 되게 해야 합니다. 또 지은 죄가 지극히 미미하니, 그를 죽임은 너무 人望을 잃는 것이 아니겠습니까."

이에 왕윤이 다음과 같이 말하였다.

"옛날에 武帝가 司馬遷을 죽이지 아니하여 그로 하여금 비방하는 글을 지어 후세에 전하게 만들었다. 지금 국운이 중간에 쇠하여 戎馬(軍馬)가 교외에 있으니, 아첨하는 신하가 붓을 잡고서 어린 군주의 좌우에 있게 해서는 안 된다. 이는 황제의 聖德에도 유익함이 없고 또 우리들이 그 비난을 받게 될 것이다."

마일제가 물러나와 사람들에게 말하기를 "王公은 아마도 후손이 없을 것이다. 善人은 나라의 기강이고 禮樂과 같은 제도를 制作함은 나라의 典故인데 기강을 멸하고 전고를 폐하니, 어찌 오래갈 수 있겠는가." 하였다. 채옹이 마침내 옥중에서 죽었다.

卓之死也에 蔡邕이 在王允坐러니 聞之驚歎이어늘 允이 勃然叱之曰 董卓은 國之大賊으로 幾亡漢室이라 君爲王臣하여 所宜同疾이어늘 而懷其私遇하여 反相傷痛하니 豈不共爲逆哉아하고 卽收付廷尉하니 邕이 謝曰 身雖不忠이나 願黥首刖足하여 繼成漢史[①]호리이다 太尉馬日磾 謂允曰[②] 伯喈는 曠世逸才요 多識漢事[③]하니 當續成後史하여 爲一代大典이요 而所坐至微하니 誅之는 無乃失人望乎아 允曰 昔에 武帝不殺司馬遷하여 使作謗書하여 流於後世[④]라 方今國祚中衰하여 戎馬在郊하니 不可令佞臣執筆하여 在幼主左右니 既無益聖德이요 復使吾黨으로 蒙其訕議니라 日磾退而告人曰 王公이 其無後乎인저 善人은 國之紀也요 制作은 國之典也어늘 滅紀廢典하니 其能久乎아 邕이 遂死獄中하다

① 처음에 蔡邕을 朔方으로 유배 보냈는데 유배지에서 글을 올려 ≪漢書≫의 여러 志를 뒤이어 완성할 것을 청하였으니, 그가 배운 바와 뜻한 바가 여기에 있었다.
初邕徙朔方, 自徙中上書, 乞續漢書諸志, 蓋其所學所志者在此.

② 馬日磾는 馬融의 族孫이다.
日磾, 融之族孫也.

③ 伯喈는 蔡邕의 字이다.

伯喈, 邕字.

④ 〈"使作謗書 流於後世"는〉 무릇 史官이 일을 기록할 적에 善한 일과 惡한 일을 반드시 모두 쓰는데, 司馬遷이 지은 ≪史記≫는 모두 漢나라의 선하지 못한 일로써 다 비방이 됨을 말한 것이다. 비단 武帝의 일신을 가리켰을 뿐만이 아니니, 高祖가 家令의 말을 훌륭하게 여긴 것[96]과 武帝가 처음으로 算緡錢을 거두고 술의 판매를 전매한 것[97]과 같은 따위가 여기에 해당한다. 班固의 문집에 "사마천이 글을 지어 一家의 말을 이루었다. 그러나 그 몸이 형벌을 받았기 때문에 도리어 그 글을 은미하게 하여 조정을 풍자하고 비판하며 漢나라 當代를 폄훼하기까지 하였으니, 이는 의로운 선비가 아니다." 하였다.[98]

凡史官記事, 善惡必書, 謂遷所著史記, 俱是漢家不善之事, 皆爲謗也. 非獨指武帝之身, 卽高祖善家令之言, 武帝算緡榷酤之類, 是也. 班固集云 "司馬遷著書, 成一家之言, 至以身陷刑,

---

96) 高祖가……것 : '家令'은 漢나라 때에 皇家의 屬官으로, 그 집안일을 주관하였다. 제후국에서도 家令을 두었는데 후세에는 '太子家令'이라는 관직만 남게 되었다. 漢 高祖 즉위 6년(B.C. 201)에 고조가 닷새마다 한 번씩 太公(고조의 부친)을 배알하였는데 私家에서 행하는 부자간의 禮를 따랐다. 그러자 태공의 家令이 태공에게 아뢰기를 "하늘에는 두 개의 태양이 없고, 땅에는 두 사람의 왕이 없습니다. 지금 고조는 비록 아들이지만 군주이시며, 태공께서는 비록 아버지이지만 신하인데, 어찌 군주로 하여금 신하를 배알하게 하실 수 있습니까? 이렇게 하면 황제의 위엄과 권위가 서지 않습니다.〔天無二日 土無二王 今高祖雖子 人主也 太公雖父 人臣也 奈何令人主拜人臣 如此則威重不行〕" 하였다. 그 뒤 고조가 배알하러 왔을 때에 태공이 빗자루를 들고 문에서 맞이하여 뒤로 물러서니, 고조가 크게 놀라며 어가에서 내려서 태공을 부축하였다. 그러자 태공이 "황제는 군주이시니, 어찌 저 때문에 천하의 법도를 어지럽힐 수 있겠습니까.〔帝 人主也 奈何以我亂天下法〕" 하였다. 이에 고조는 태공을 太上皇으로 추존하고, 마음속으로 家令의 말을 훌륭하게 여겨서〔心善家令言〕 그에게 金 500斤을 하사하였다.(≪史記≫ 권8 〈高祖本紀〉)

97) 武帝가……것 : 원문의 '算緡'은 '算緡錢'이라고도 하는바, 漢나라 때에 시행한 稅法이다. 이는 일종의 所得稅로서 상인, 수공업자, 고리대금업자 및 수레와 선박에 부과하였는데, 주된 과세 대상은 商品이나 資産으로 '緡錢'은 세금을 계산하는 단위이다. ≪漢書≫ 권6 〈武帝紀〉에 "〈元狩 4년(B.C. 119)에〉 처음으로 산민전을 시행하였다.〔初算緡錢〕" 하였는데, 이에 대한 顔師古의 注에 인용한 李斐의 말에 "緡은 명주실이니, 錢을 꿰는 데에 쓴다. 1꿰미는 1,000錢이니, 1,000錢에 20錢을 算錢으로 낸다.〔緡 絲也 以貫錢也 一貫千錢 出算二十也〕"라고 설명하였다. 원문의 '榷酤'는 '榷酒', '榷酒酤', '酒榷'이라고도 하는바, 漢나라 때 처음으로 실시한 이후로 역대 왕조에서 시행한 주류전매제도로 나라에서 주점을 두어 주류를 전매하거나 일반 주점에 대해 酒稅를 징수하거나 榷酒錢을 균등하게 배당하여 田地의 畝數에 따라 징수하는 등 다양한 방법을 통해 국가의 재정수입을 증가시켰다. ≪한서≫ 권6 〈무제기〉에 "〈天漢 3년(B.C. 98)에〉 처음으로 술 판매를 전매하였다.〔初榷酒酤〕"라고 하였는데, 이에 대한 顔師古의 注에 인용한 韋昭의 말에 "나무로 〈다리를 놓아〉 물을 건너는 것을 榷이라 하니, 백성들이 술을 빚어 파는 것을 금하고 오직 관청에 주점을 설치하여, 도로에 나무를 설치해서 다리를 놓고 이로움을 독점하는 것처럼 함을 이른다.〔以木渡水曰榷 謂禁民酤釀 獨官開置 如道路設木爲榷 獨取利也〕"라고 설명하였다.

98) 班固의……하였다 : 後漢 明帝 永平 17년(74)에 '明帝는 ≪史記≫에 있는 司馬遷의 贊語가 전부 다 옳은 것은 아니다.'라고 지적한 班固의 말을 듣고, 이에 대한 자세한 설명을 적어서 올리게 하여 읽어본 뒤에 詔書를 내려서 "사마천이 글을 지어 一家의 말을 이루어서 후세에 그 이름을 드날렸다. 그러나 그 몸이 형벌을 받았기 때문에 도리어 그 글을 은미하게 하여 조정을 풍자하고 비판하며 漢나라 當代를 폄훼하기까지 하였으니, 이는 의로운 선비가 아니다.〔司馬遷著書 成一家之言 揚名後世 至以身陷刑之故 反微文刺譏 貶損當世 非誼士也〕"라고 한 내용이 보인다.(≪文選≫ 권48 〈符命 典引〉)

故微文刺譏, 貶損當世, 非誼士也."

【目】 처음에 黃門侍郎 荀攸와 尙書 鄭泰, 侍中 种輯(충집) 등이 모의하기를 "동탁이 교만하고 잔인하여 친한 사람이 없으니, 비록 강한 군대를 보유하고 있으나 실로 한낱 匹夫일 뿐이다. 곧장 찔러 죽이면 된다." 하였다. 일이 거의 성공하려던 차에 발각되어서 체포되어 獄에 갇혀 있었는데, 이때 마침 동탁이 죽어서 禍를 면하였다.

初에 黃門侍郎荀攸와 尙書鄭泰와 侍中种輯等이 謀曰 董卓이 驕忍無親하니 雖資彊兵이나 實一匹夫耳니 可直刺(척)殺也니라 事垂就而覺하여 收繫獄이러니 會에 卓死하여 得免하다

【綱】 黃巾賊이 兗州를 침략하여 兗州刺史 劉岱를 죽이자, 曹操가 兗州로 들어가 兗州를 점거하고 스스로 刺史를 칭하였다.

黃巾이 寇兗州하여 殺刺史劉岱어늘 曹操入據之하고 自稱刺史[99]하다

【目】 靑州의 黃巾賊이 兗州를 침략하자 劉岱가 이들을 공격하고자 하였는데, 濟北相 鮑信이 다음과 같이 간하였다.

"지금 賊의 병력이 백만입니다. 백성들이 모두 놀라 두려워하고 士卒들은 싸울 의지가 없으니, 대적할 수가 없습니다. 그러나 賊軍은 輜重이 없고 오직 노략질하는 것에 의지하고 있으니, 지금은 우선 병사들의 힘을 길러서 먼저 굳게 방어하는 것만 못합니다. 저들이 싸우고자 하여도 싸울 수 없고 공격하고자 하여도 공격할 수 없으면 그 형세가 틀림없이 離散될 것입니다. 그런 뒤에 정예병을 선발해서 요해처를 점거하여 공격한다면 격파할 수 있을 것입니다."

그러나 유대는 이 말을 따르지 않고 마침내 그들과 싸워서 결국 죽임을 당하였다.

靑州黃巾이 寇兗州어늘 劉岱欲擊之한대 濟北相鮑信이 諫曰 今賊衆百萬이라 百姓이 皆震恐하고 士卒이 無鬪志하니 不可敵也라 然이나 賊軍이 無輜重하고 唯以鈔略爲資하니 今不若畜士衆之力하여 先爲固守라 彼欲戰不得하고 攻又不能하면 其勢必離散이니 然後에 選精銳하여 據要害擊之면 可破也리이다 岱不從하고 遂與戰하여 果爲所殺하다

---

99) 曹操入據之……自稱刺史 : "이때에 詔令을 내려 金尙을 兗州刺史로 삼았는데 曹操가 그를 맞이하여 공격하자 김상이 袁術에게로 달아났다. 이에 '據'라고 쓰고 '自稱'이라고 썼으니, ≪資治通鑑綱目≫에서 조조를 〈어떻게 여겼는지〉 알 수 있다.〔於是詔以金尙爲兗州刺史 操逆擊之 尙奔袁術 書據 書自稱 綱目之於操可見矣〕" ≪書法≫

【目】 曹操의 部將 陳宮이 조조에게 이르기를 "兗州에는 지금 주인이 없고 皇命이 단절되었습니다. 제가 청컨대 兗州 안의 綱紀들을 설득할 것이니, 밝으신 太守(조조는 당시 東郡太守임)가 뒤이어 가서 이 州의 牧이 되어 이를 기반으로 삼아 천하를 거두소서. 그렇게 하신다면 이는 霸王의 대업이 될 것입니다." 하였다. 진궁이 인하여 가서 別駕從事와 治中從事 등을 설득하여 조조를 맞이해서 兗州刺史를 겸하게 하였다.

황건적의 병사들은 정예롭고 사나우며 조조의 병사들은 숫자가 적고 약하였는데, 조조가 병사들을 어루만지고 격려하며 상과 벌을 분명하게 내리고 틈을 타 기이한 계책을 써서 밤낮으로 會戰하여 싸울 때마다 적군을 사로잡으니, 황건적이 마침내 패퇴하였다.

鮑信이 전사하자 조조가 적을 추격하여 濟北에 이르러서 모두 항복시켜 30여만 명의 병졸을 얻고 그중에 정예병을 거두어 靑州兵이라고 호칭하였다.

曹操部將陳宮이 謂操曰[①] 州今無主하고 而王命斷絶하니 宮이 請說(세)州中綱紀하리니 明府尋往牧之하여 資之以收天下면 此霸王之業也[②]니이다 宮이 因往說(세)別駕, 治中하여 迎操하여 領兗州刺史하다 賊衆이 精悍하고 操兵이 寡弱이러니 操撫循激勵하며 明設賞罰하고 承間設奇[③]하여 晝夜會戰하여 戰輒禽獲하니 賊遂退走라 鮑信이 戰死[④]어늘 操追至濟北하여 悉降之하여 得卒三十餘萬하고 收其精銳하여 號를 靑州兵이라하니라

① 陳宮은 兗州의 東郡 사람이다.
宮, 兗州東郡人.

② 說(설득함)는 輸芮의 切이니, 아래의 "往說"도 같다. 綱紀는 바로 州의 別駕와 治中 등의 여러 從事를 이른다. "牧之"는 州의 牧이 됨을 이른다.
說, 輸芮切, 下同. 綱紀, 卽謂州別駕及治中諸從事也. 牧之, 謂爲州牧.

③ "承間"은 틈나는 때를 탐을 이른다.
承間, 謂乘其間隙之時.

④ 〈"鮑信戰死"는〉 曹操가 鮑信과 미리 나가 전투할 지역을 순행하였는데, 뒤에 步軍이 도착하기 전에 갑자기 賊과 만나서 마침내 접전하게 되었다. 포신이 결사적으로 싸워서 조조를 구원하여 조조가 겨우 포위망을 뚫고 나왔는데, 포신은 결국 전사하였다.
操先與信出行戰地, 後步軍未至, 而卒與賊遇, 遂接戰. 信殊死戰以救操, 操僅得潰圍出, 信遂沒.

【目】 황제가 詔令을 내려 金尙을 兗州刺史로 삼아 김상이 장차 兗州에 부임하려고 하였는데, 曹操가 그를 맞이하여 공격하니, 김상이 袁術에게로 달아났다.

詔以金尙爲兗州刺史하여 將之部러니 操逆擊之하니 尙이 犇袁術하다

【綱】 李傕과 郭汜 등이 군대를 일으켜 대궐을 침범하여 司徒 王允을 죽이니, 呂布가 달아나 武關을 나갔다.

李傕, 郭汜等이 擧兵犯闕하여 殺司徒王允하니 呂布走出關[100)]하다

【目】 처음에 呂布가 王允에게 董卓의 부하들을 다 죽일 것을 권하였으나 왕윤은 말하기를 “이들은 죄가 없으니 不可하다.” 하였다. 여포가 동탁의 재물을 公卿과 將校들에게 나누어 하사하고자 하였으나 왕윤은 또 따르지 않았다.

왕윤은 평소 여포를 검객으로 대우하였고 여포는 자신의 공로를 자부하여 스스로 과시하는 일이 많았는데, 여포는 이미 자신의 뜻과 기대를 잃게 되자 점점 서로 불화하게 되었다.

왕윤은 성품이 강하고 모가 나며 惡을 미워하였으나 처음에는 동탁을 두려워하였으므로 몸을 굽혀 낮추었다. 그러나 동탁이 이미 섬멸되자, 스스로 ‘다시는 환난이 없을 것이다.’라고 생각하여 자못 스스로 교만하고 오만해지니, 이 때문에 부하들이 그리 따르지 않았다.

初에 呂布勸王允하여 盡殺董卓部曲한대 允曰 此輩無罪하니 不可니라 布欲以卓財物로 班賜公卿將校한대 允又不從하다 允이 素以劍客遇布하고 布負其功勞하여 多自誇伐이러니 旣失意望에 漸不相平이러라 允이 性剛稜疾惡①호되 初懼董卓故로 折節下之러니 卓旣殲滅에 自謂無復患難이라하여

100) 李傕郭汜等……呂布走出關 : “당시의 상황으로 말하면 李傕과 郭汜의 변고는 王允이 포용하지 못한 데에서 격발된 것이다. 만일 왕윤이 혹자의 의견을 따라 皇甫嵩으로써 나아가 董卓의 군대를 거느리게 하였거나 그렇지 않으면 그들이 사면을 요구하는 것을 따라서 사면해주었더라면 또한 충분히 反側하여 불안해하는 마음을 다소 안정시켜서 반드시 이처럼 혹독한 禍를 부르지는 않았을 것이다. 그러나 ≪資治通鑑綱目≫에서 이에 대하여 조금도 왕윤을 허물하는 뜻이 없음은 어째서인가. 왕윤은 大臣의 신분으로 역적을 토벌할 것을 은밀히 도모하여 목소리와 얼굴빛을 동하지 않고서 弑逆한 자를 하루아침에 섬멸하였으니, 漢나라에 공을 세운 것이 크다. 하늘이 만약 漢나라를 도왔다면 반드시 政勢가 뒤집힐 이치가 없었을 것인데, 불행히도 漢나라의 덕이 종말을 고하여 逆黨이 다시 나오게 되었다. 그러므로 왕윤 자신은 불측한 禍에 빠지고 漢나라 또한 뒤따라 망하였으니, 이는 하늘이 버린 것이지 단지 사람이 계책을 잘못한 실수 때문만은 아니다. ≪資治通鑑綱目≫에서 ‘이각과 곽사가 군대를 일으켜 대궐을 침범하였다.’라고 썼으니 역적들이 배반하여 반란한 죄를 볼 수 있고, ‘司徒 왕윤을 죽였다.’라고 썼으니 왕윤이 죄가 없이 죽임을 당하여 그 지위에서 죽은 충절을 볼 수 있다. 그렇다면 惡을 징계하고 善을 권면하는 뜻은 逆順이 있음만 알고 成敗가 있음은 알지 못하는 것이니, 어찌 엄중하지 않겠는가.〔以當時言之 傕汜之變 激於允之不能容 使允能從或者之議 以皇甫嵩就領其衆 不然 因其求赦而赦之 亦足少安反側之心 未必召禍如是之烈 然綱目於此略無咎允之意 何哉 允身爲大臣 密謀討賊 不動聲色 使弑逆之虜 一旦勦滅 其有功於漢多矣 天若祚漢 必無反覆之理 不幸漢德告終 逆黨復出 故允身罹不測之禍 而漢亦隨之 此則天之所廢 非特人謀不善之失也 綱目書傕汜擧兵犯闕 則見逆賊反叛之罪 書殺司徒王允 則見允無罪見殺 死於其位之節 然則懲惡勸善之義 知有逆順而不知有成敗也 豈不嚴哉〕” ≪發明≫

頗自驕傲하니 以是로 群下不甚附之하니라

① 稜은 모남이니, 剛稜은 剛方(강하고 모남)이라고 말한 것과 같다.
稜, 方稜也. 剛稜, 猶言剛方.

【目】 王允이 처음에 士孫瑞와 의논하여 특별히 詔令을 내려 董卓의 부하들을 사면하려고 하였는데, 이윽고 의심하기를 "부하들은 그 주인을 따를 뿐인데 지금 만약 이들을 惡逆이라고 명명했다가 사면해준다면 다만 깊이 스스로 의심하게 할 것이니, 편안히 하는 방법이 아닐까 염려된다." 하고는 마침내 중지하였다. 또 동탁의 군대를 모두 해산할 것을 의논하였는데, 혹자가 왕윤을 다음과 같이 설득하였다

"涼州 사람들은 평소에 袁氏를 겁내고 關東의 군대를 두려워합니다. 지금 만약 하루아침에 군대를 해산하고 관문을 연다면 틀림없이 사람들이 모두 스스로 위태롭게 여길 것이니, 皇甫義眞(皇甫嵩)을 장군으로 삼아서 나아가 涼州의 군대를 거느리게 하고 인하여 陝 지역에 머물면서 백성을 안정시키고 어루만지게 해야 합니다."

그러나 왕윤은 말하기를 "그렇지 않다. 關東에서 義兵을 일으킨 자들은 모두 우리의 무리이다. 지금 만약 험한 곳을 막고 陝 지역에 병력을 주둔시킨다면 비록 涼州는 편안하더라도 關東 사람들의 마음을 의심하게 할 것이니, 불가하다." 하였다.

允이 始與士孫瑞議하여 特下詔赦卓部曲이러니 旣而요 疑曰 部曲이 從其主耳어늘 今若名之惡逆而赦之면 恐適使深自疑니 非所以安之也라하고 乃止하다 又議悉罷其軍이러니 或이 說(세)允曰 涼州人이 素憚袁氏而畏關東①이라 今若一旦解兵開關이면 必人人自危하리니 可以皇甫義眞爲將軍하여 就領其衆하고 因使留陝以安撫之라한대 允曰 不然하다 關東擧義兵者는 皆吾徒也니 今若距險屯陝이면 雖安涼州나 而疑關東之心이니 不可也니라

① 董卓의 將校와 지위에 있는 자들이 대부분 涼州 사람이었다.
卓將校及在位者, 多涼州人.

【目】 이때 백성들이 유언비어를 퍼뜨리기를 "涼州 출신의 사람들을 모두 죽일 것이다." 하니, 동탁의 옛 장교들이 마침내 서로 두려워하고 놀라서 모두 병력을 보유하고 스스로를 지켰다. 李傕 등이 돌아와 陝 지역에 이르러서 使者를 長安으로 보내어 사면을 청하였으나 사면을 얻지 못하였다. 그러자 이각 등이 더욱 두려워하여 각자 해산해서 사잇길로 향리에 돌아가고자 하였다.

이때 校尉 賈詡가 다음과 같이 말하였다.

"그대들이 만약 군대를 버리고 單身으로 간다면 한낱 亭長 따위가 능히 그대들을 체포할 것이다. 우리가 서로 병력을 거느리고 서쪽으로 가서 長安을 공격하여 董公(董卓)을 위해 원수를 갚는 것만 못하다. 일이 이루어지면 국가(황제)를 받들어 천하를 바로잡을 것이고, 만약 일이 이루어지지 못하여 본래의 계책과 부합하지 못하면 그때 달아나더라도 늦지 않을 것이다."

이각 등은 그의 말을 옳게 여겨 마침내 서로 결맹하고 수천 명의 군대를 거느려 이른 새벽부터 밤늦도록 서쪽으로 가면서 길을 따라 병사를 수합하니, 장안에 도착할 때에는 이미 10여만 명의 군사가 모였다.

時에 百姓이 訛言當悉誅涼州人이라하니 卓故將校遂轉相恐動하여 皆擁兵自守러라 李傕等이 還至陝[①]하여 遣使(시)詣長安求赦호되 不得하니 傕等이 益懼하여 欲各解散하여 間行歸鄉里러니 校尉賈詡曰 諸君이 若棄軍單行이면 則一亭長이 能束君矣리니 不如相率而西하여 以攻長安하여 爲董公報仇니 事濟면 奉國家以正天下하고 若其不合이라도 走未後也[②]니라 傕等이 然之하여 乃相與結盟하고 率軍數千하여 晨夜西行하여 隨道收兵하니 比至長安에 已十餘萬이러라

① 〈"李傕等還至陝"은〉 李傕 등이 陳留와 潁川에서 陝 지역으로 돌아온 것이다.
傕等自陳留·潁川還也.

② "不合"은 일이 이루어지지 못하여 본래의 계책과 부합하지 못함을 이른다.
不合, 謂事不濟, 不與本計合也.

【目】이들(李傕 등)이 董卓의 옛 부하인 樊稠, 李蒙 등과 연합하여 長安城을 포위하였으나 城이 높아서 공격할 수가 없어 8일 동안 지키고 있었는데, 呂布의 군대 중에 叟兵이 내부에서 반란을 일으켜 이각의 군사들을 데리고 성안으로 들어와서 군대를 풀어 노략질하였다. 여포가 이들과 싸웠으나 승리하지 못하자 수백 명의 騎兵을 거느리고 青瑣門 밖에 말을 멈추고서 王允을 불러 함께 떠나고자 하였다. 이에 왕윤은 다음과 같이 거절하였다.

"만약 社稷의 神靈의 보우를 받는다면 위로 국가를 편안히 함이 나의 소원이요, 만약 이를 얻지 못한다면 몸을 바쳐 죽을 것이다. 朝廷(황제)이 나이가 어리시어 나를 믿고 있을 뿐이니, 難을 당하여 구차히 죽음을 면함은 내가 차마 하지 못하겠다. 부디 관동의 諸公들에게 말하여 부지런히 국가를 생각하게 하라."

太常 种拂(충불)이 싸우다가 죽었다.[101]

與卓故部曲樊稠, 李蒙等으로 合圍長安城하니 城峻하여 不可攻이라 守之八日이러니 呂布軍에 有叟兵內反①하여 引傕衆入城하여 放兵虜掠이어늘 呂布與戰不勝하여 將數百騎하고 駐馬青瑣門外하고 招王允同去한대 允曰 若蒙社稷之靈이면 上安國家 吾之願也요 如其不獲이면 則奉身以死之라 朝廷이 幼少하여 恃我而已시니 臨難苟免은 吾不忍也로라 努力謝關東諸公하여 勤以國家爲念하라 太常种拂이 戰死하다

① 叟兵은 바로 蜀兵이니, 漢代에는 蜀 지역을 叟라고 하였다.
叟兵, 卽蜀兵也, 漢代謂蜀爲叟.

【目】李傕과 郭汜가 南宮의 掖門에 군대를 주둔하였는데, 王允이 황제를 부축하여 宣平門에 올라 병란을 피하였다. 이각 등이 城門 아래에서 황제를 향해 땅에 엎드려 머리를 조아리며 말하기를 "董卓이 폐하에게 충성하였는데 아무런 이유도 없이 呂布에게 죽임을 당하였으니, 신들은 동탁을 위하여 원수를 갚으려는 것이고 감히 반역을 하려는 것이 아닙니다. 청컨대, 일이 끝난 다음 廷尉에게 나아가 죄를 받겠습니다." 하였다. 그러고는 門樓를 포위하고 함께 表文을 올려 왕윤을 나오게 할 것을 청하여 왕윤에게 묻기를 "太師(동탁)가 무슨 죄가 있단 말인가?" 하니, 왕윤이 곤궁하고 위축되어 마침내 내려와 이들을 만나보았다. 이각 등이 司隸校尉 黃琬을 체포하여 죽였다.

傕, 汜屯南宮掖門이어늘 王允이 扶帝上宣平門避兵①이러니 傕等이 於城門下에 伏地叩頭曰 董卓이 忠於陛下어늘 而無故爲呂布所殺하니 臣等이 爲卓報讐요 非敢爲逆也니이다 請事畢에 詣廷尉受罪라하고 圍門樓하여 共表請王允出오하니 問太師何罪오 允이 窮蹙하여 乃下見之하다 傕等이 收司隸黃琬하여 殺之하다

① ≪三輔黃圖≫에 "長安城 東面의 북쪽 첫 머리의 문을 宣平門이라고 부른다.' 하였다.
三輔黃圖曰 "長安城東面北頭門, 號宣平門."

【目】〈처음에〉 王允이 宋翼을 馮翊으로 삼고 王宏을 扶風으로 삼았었는데, 李傕 등은 왕윤을 죽이고자 하여 마침내 먼저 송익과 왕굉을 불렀다. 왕굉이 使者를 보내어 송익에게 이르기를 "郭汜와 李傕이 우리 두 사람이 밖에 있기 때문에 아직 王公(王允)을 죽이

101) 太常……죽었다 : ≪資治通鑑≫에는 "太常 种拂이 말하기를 '나라의 大臣이 되어서 포악한 자와 침략하는 자를 막지 못하여 적의 시퍼런 칼날로 하여금 궁궐을 향하게 하였으니 가면 장차 어디로 가겠는가.〔爲國大臣 不能禁暴禦侮 使白刃向宮 去將安之〕' 하고 마침내 싸우다가 죽었다." 하여, 충불이 싸우다가 죽은 이유가 보인다.

지 못하는 것이니, 오늘 부름에 나아가면 내일에 모두 族滅당할 것이다. 계책을 장차 어떻게 내어야 하겠는가?" 하니, 송익이 말하기를 "비록 禍와 福을 헤아리기 어려우나 황제의 命은 피할 수 없는 것이다." 하였다.

왕굉이 말하기를 "關東의 의병이 솥에 물이 끓듯이 함께 일어나 董卓을 주살하고자 하였으니, 지금 만약 군대를 일으켜 이들과 함께 이각 등을 토벌하여 山東과 서로 호응한다면 이는 轉禍爲福의 계책이 될 것이다." 하였다. 그러나 송익이 따르지 않자, 왕굉은 독립할 수가 없어서 마침내 함께 부름에 나아갔다.

이각이 왕윤과 송익, 왕굉을 체포하여 모두 죽이고 왕윤의 시신을 저자에 버려두니 감히 거두는 자가 없었는데, 왕윤의 옛 관리인 趙戩(조전)이 관직을 버리고 시신을 거두어 장례하였다.

王允이 以宋翼爲馮翊하고 王宏爲扶風[①]이러니 傕等이 欲殺允하여 乃先徵翼, 宏한대 宏이 遣使(시) 謂翼曰 汜, 傕이 以我二人在外故로 未危王公[②]하니 今日就徵이면 明日俱族하리니 計將安出고 翼曰 雖禍福難量이나 然王命은 所不得避也니라 宏曰 關東義兵이 鼎沸하여 欲誅董卓하니 今若擧兵共討傕等하여 與山東相應하면 此轉禍爲福之計也니라 翼이 不從이어늘 宏이 不能獨立하여 遂俱就徵하니 傕이 收允及翼, 宏하여 幷殺之하고 尸王允於市하니 莫敢收者러니 故吏趙戩이 棄官收葬之[③]하다

① ≪資治通鑑≫에는 "王允"의 위에 初자가 있다.
通鑑, 王允上有初字.
② 危는 죽임을 이른다.
危, 謂殺也.
③ 戩은 子淺의 切이다.
戩, 子淺切.

【目】 呂布가 武關에서 南陽으로 달아났다. 袁術이 그를 매우 후대하였으나 여포가 멋대로 군대를 풀어 노략질하니, 원술이 이를 근심거리로 여겼다. 여포는 스스로 편안하지 못하여 원술을 떠나 河內로 가서 張楊을 따랐는데, 李傕 등이 현상금을 내걸어 여포를 찾기를 급박하게 하자 또다시 도망하여 袁紹에게 돌아갔다가 이윽고 다시 장양에게 돌아갔다.

처음에 王允이 동탁을 토벌한 공로를 독차지하니, 士孫瑞는 왕윤에게 功을 돌리고 侯에 봉해지지 않았다. 사손서는 이 때문에 이 兵難에서 禍를 면할 수 있었다.

呂布自武關으로 犇南陽하니 袁術이 待之甚厚러니 布恣兵鈔掠하니 術이 患之라 布不自安하여 去從張楊於河內러니 傕等이 購求布急이어늘 又逃歸袁紹라가 旣而요 復歸張楊하다 始에 允이 自專討卓之勞하니 士孫瑞歸功不侯라 故로 得免於難하니라

【目】司馬公(司馬光)이 다음과 같이 평하였다.
"≪周易≫ 謙卦 九三爻辭에 '功勞가 있으면서도 겸손함이니 군자가 끝마침이 있어 吉하리라.' 하였다. 士孫瑞가 功이 있어도 자랑하지 아니하여 그 몸을 보존하였으니, 지혜롭다고 하지 않을 수 있겠는가."

司馬公曰 易稱勞謙이니 君子有終吉이라하니 士孫瑞有功不伐하여 以保其身하니 可不謂之智乎아

【綱】가을 7월에 太傅 馬日磾와 太僕 趙岐를 보내어 關東 지방의 군벌들을 화해시켰다.

秋七月에 遣太傅馬日磾와 太僕趙岐하여 和解關東[102]하다

【綱】9월에 李傕, 郭汜, 樊稠, 張濟가 스스로 장군이 되었다.

◑九月에 李傕, 郭汜, 樊稠, 張濟 自爲將軍하다

【目】李傕과 郭汜와 樊稠는 조정의 정사를 관장하고 張濟는 나가 弘農에 군대를 주둔하였다.

傕, 汜, 稠는 筦朝政하고 濟는 出屯弘農①하다

① 筦(관장하다)은 管과 통한다.
筦, 通作管.

---

102) 遣太傅馬日磾……和解關東 : "'關東 지방의 군벌들을 화해시켰다.〔和解關東〕'고 쓴 것은 어째서인가. 비난한 것이다. 天子는 是非와 曲直의 주체이다. 관동의 여러 장수가 군대를 일으켜 서로 공격하였으면 그 시비와 곡직이 매우 분명한데도 이것을 분변하여 바로잡지 못하고, 마침내 大臣을 보내어 節을 가지고 가서 화해시켰으니, 그 떨치지 못함이 심하다. 이에 곧바로 써서 비난하였다. ≪資治通鑑綱目≫이 끝날 때까지 '使者를 보내어 화해시켰다.'고 쓴 것이 2번이다.(이해와 唐 昭宗 乾寧 3년(896)이니, 모두 쇠미한 시대이다.)〔書和解關東 何 譏也 天子者 是非曲直之主也 關東諸將擧兵相攻 其是非曲直必有在矣 不能分辨而匡直之 乃遣大臣 持節和解 甚矣 其不振也 直書譏之 終綱目書遣使和解二(是年唐昭宗乾寧三年 皆衰世也)〕" ≪書法≫

【綱】馬騰을 장군으로 삼아 郿縣에 주둔하게 하였다.

以馬騰爲將軍하여 屯郿하다

【目】董卓이 關中으로 들어올 적에 韓遂와 馬騰을 불러 山東을 도모하였는데, 이들이 이르자 마침 동탁이 죽으니, 李傕 등은 이들을 모두 장군으로 삼아서 한수는 돌려보내고 마등은 남아서 郿縣에 주둔하게 하였다.

董卓이 入關에 召韓遂, 馬騰하여 (與)〔以〕103)圖山東이러니 至에 會卓死하니 傕等이 皆以爲將하여 遣遂還하고 留騰屯郿하다

【綱】겨울 10월에 劉表를 荊州牧으로 삼았다.

冬十月에 以劉表爲荊州牧하다

【綱】曹操가 使者를 보내어 글을 올렸다.

◑曹操遣使(시)上書하다

【目】曹操가 毛玠를 辟召하여 治中從事를 삼으니, 모개가 조조에게 다음과 같이 말하였다.

"지금 천하가 분열되고 무너져서 乘輿104)가 파천하고 백성들이 생업을 포기하여 기근에 허덕이고 流離하니, 국가에는 1년을 버틸 저축이 없고 백성들은 편안하고 견고한 뜻이 없어서 오랫동안 버티기가 어렵습니다. 군대는 의로운 자가 승리하고 지위는 재물로써 지키는 법이니, 마땅히 천자를 받들어서 신하 노릇 하지 않는 자들에게 명령하고 농업을 닦아서 軍資를 저축해야 합니다. 이와 같이 하면 霸王의 대업을 이룰 수 있을 것입니다."

조조는 그의 말을 받아들여 使者를 보내어서 河內太守 張楊을 찾아가 길을 빌려 서쪽으로 長安에 이르고자 하였는데, 장양이 이를 들어주지 않았다.

曹操辟毛玠하여 爲治中從事하니 玠言於操曰 今天下分崩하여 乘輿播蕩하고 生民廢業하여 飢饉

---

103) (與)〔以〕: 저본에는 '與'로 되어 있으나, ≪御批資治通鑑綱目≫에 의거하여 '以'로 바로잡았다.
104) 乘輿 : 天子가 타는 수레로, 때로는 천자를 지칭하기도 한다.

流亡하니 公家無經歲之儲하고 百姓無安固之志하여 難以持久라 夫兵義者勝이요 守位以財하나니 宜奉天子以令不臣하며 修耕植以畜軍資니 如此면 則霸王之業을 可成也리이다 操納其言하여 遣使(시)詣河內太守張楊하여 欲假塗西至長安이러니 楊이 不聽하다

【目】 董昭가 張楊을 설득하기를 "袁紹와 曹操가 비록 화목하지만 형세상 오랫동안 함께할 수가 없고 조조가 지금은 비록 약하지만 실로 천하의 영웅입니다. 마땅히 上事[105]를 통하게 하고 아울러 表文을 올려서 그를 천거해야 하니, 만약 일이 성공한다면 오래도록 깊은 친분을 맺을 수 있을 것입니다." 하니, 장양이 이 말을 따랐다.

鍾繇

이에 동소가 조조를 위하여 편지를 써서 李傕과 郭汜 등에게 보내어 간곡한 뜻을 다하였다. 이각과 곽사가 조조의 사자를 억류할 것을 의논하였는데, 黃門侍郎 鍾繇가 그들을 설득하기를 "지금 영웅들이 한꺼번에 일어나서 각각 皇命을 사칭하여 제멋대로 행동하는데, 오직 曹兗州(曹操)만이 皇室에 마음을 두고 있습니다. 그런데도 그의 충심을 물리치는 것은 장래의 바람에 부응하는 방법이 아닙니다." 하니, 이각과 곽사가 그의 말을 따랐다. 종요는 鍾皓의 증손이다.

董昭說(세)楊曰 袁, 曹雖睦이나 勢不久群이요 曹今雖弱이나 然實天下之英雄也라 宜通其上事하고 幷表薦之니 若事有成이면 永爲深分이라한대 楊이 從之①하다 昭乃爲操作書하여 與傕, 汜等하여 致殷勤하다 傕, 汜議留操使(시)어늘 黃門侍郎鍾繇說(세)曰 方今에 英雄竝起하여 各矯命專制호되 唯曹兗州 乃心王室이어늘 而逆其忠款은 非所以副將來之望也라한대 傕, 汜從之하다 繇는 皓之曾孫也라

① 分은 扶問의 切이니, 친분이다.
分, 扶問切, 契分也.

105) 上事 : 朝廷에 글을 올려서 사안에 대해 말하는 것 또는 그러한 奏章을 가리킨다.

【綱】朱儁을 불러 太僕으로 삼았다.

徵朱儁爲太僕[106)]하다

【目】陶謙이 여러 郡守와 相들과 함께 奏記[107)]를 올려 朱儁을 추대하여 太師로 삼고 이어서 牧伯들에게 격문을 돌려 함께 李傕을 토벌하고 천자를 받들어 맞이하고자 하였다. 그런데 마침 이각이 尙書 賈詡의 계책을 따라 주준을 불러 조정에 들어오게 하였다. 그러자 주준이 마침내 도겸의 의견을 거절하고 부름에 나아가니, 다시 그를 太僕으로 삼았다.

陶謙이 與諸守, 相으로 共奏記하여 推朱儁爲太師①하고 因移檄牧伯하여 欲以同討李傕하고 奉迎天子러니 會에 李傕이 用尙書賈詡策하여 徵儁入朝하니 儁이 乃辭謙議而就徵이어늘 復爲太僕하다

① 守는 郡守이고 相은 諸侯의 相이다.
守, 郡守也. 相, 諸侯相也.

【目】范曄이 다음과 같이 평하였다.

"皇甫嵩과 朱儁은 모두 上將의 지략으로 倉卒間에 하늘을 감동시킬 만한 큰 사업을 버리고 匹夫의 하찮은 신의를 따라서 끝내 위험한 곳에서 낭패를 당하여 智士들의 웃음거리가 되었다. 이는 하늘이 이 혼란을 조장한 것인가. 어찌하여 지혜와 용맹을 제대로 끝마치지 못하였는가."[108)]

---

106) 徵朱儁爲太僕 : "朱儁이 이전에 義를 제창하여 역적을 토벌하였으니, 功을 비록 이루지는 못하였으나 뜻이 또한 가상하다. 지금 李傕과 郭汜가 횡포를 부리고 亂을 일으켜서 조정을 위협하였는데 이때에 여러 郡守와 相이 함께 주준을 추대하여 맹주로 삼았으니, 만일 주준이 이로 인해 동맹들을 규합하여 인솔해서 힘써 황실을 부지하였다면 어찌 매우 아름답지 않았겠는가. 그런데 도리어 머리를 숙여서 이각의 부름에 나아감은 어째서인가. 게다가 주준은 오히려 격문을 돌려 董卓을 토벌하였는데 또 어찌하여 이각과 곽사를 두려워한단 말인가. ≪資治通鑑綱目≫에 '주준을 불러 太僕으로 삼았다.'라고 써서 글에는 폄하하는 말이 없으나 이때 조정의 명령이 이각과 곽사에게서 나왔으니, 그렇다면 주준이 부르는 명에 나아감은 그가 이각과 곽사에게 몸을 굽힌 것임을 따라서 알 수 있다. 주준은 충성과 지혜를 모두 잃어서 천고에 비난을 받게 되었으니, 이는 과연 누구의 잘못인가. 〔儁前唱義討賊 功雖不就 志亦可嘉 今傕汜暴亂 劫制朝廷 於是諸守相共推儁爲主 使儁能因此 糾率同盟 力扶王室 豈不甚美 顧乃俛首以就李傕之召 何耶 且儁尙能移檄討卓 又何畏於傕汜哉 綱目書召儁爲太僕 文無貶詞 然是時朝命出於傕汜 則儁之就召 其屈身從可知矣 忠智俱失 貽譏千古 是果誰之咎歟〕" ≪發明≫

107) 奏記 : 漢나라 때에 官府의 長官에게 의견을 기술하여 올리던 문서를 가리킨다.

108) 皇甫嵩과……못하였는가 : 이 내용은 ≪後漢書≫ 권101 〈皇甫嵩朱儁列傳〉의 끝부분에 실려 있는 范曄의 論에 보인다.

范曄曰 皇甫嵩, 朱儁이 竝以上將之略으로 當倉卒之時하여 而舍格天之大業하고 蹈匹夫之小諒하여 卒狼狽虎口하여 爲智士笑①하니 豈天之長斯亂也아 何智勇之不終乎아

① 狽는 博蓋의 切이니, 이리의 등속이다. 앞발이 없어서 이리에게 붙어 다니니, 이리가 없으면 움직이지 못한다. 그러므로 갑작스럽게 어려운 일을 당함을 狼狽라고 한다.
狽, 博蓋切, 狼屬也, 無前足, 附狼而行, 失狼則不能動, 故猝遽謂之狼狽.

癸酉年(193)

【綱】漢나라 孝獻皇帝 初平 4년이다. 봄 정월 초하루에 일식이 있었다.

四年이라 春正月朔에 日食하다

【綱】袁術이 封丘로 군대를 전진하자 曹操가 이를 격파하니, 원술이 壽春으로 달아나 스스로 揚州刺史를 겸하였다.

◑袁術이 進兵封丘어늘 曹操擊破之하니 術이 走壽春하여 自領揚州事①하다

① 封丘縣은 陳留郡에 속하였다.
封丘縣, 屬陳留郡.

【目】袁術이 劉表에게 핍박을 받고는 군대를 전진하여 북쪽으로 향하였으나 曹操에게 격파당하자, 패주하고 돌아와서 자신이 설치했던 揚州刺史 陳瑀를 쫓아내고 壽春을 점거하여 州의 일을 겸하였다. 李傕이 원술을 外援으로 삼고자 하여 그를 左將軍으로 삼았다.

術이 爲劉表所逼하여 進兵北向이러니 爲曹操所破하여 走歸하여 逐所置揚州刺史陳瑀하고 據壽春하여 領州事①하니 李傕이 欲術爲援하여 以爲左將軍하다

① 《資治通鑑》에는 지난해에 "袁術이 陳瑀를 揚州刺史로 삼았다." 하였다.[109] 壽春縣은 九

109) 資治通鑑에는……하였다 : 《資治通鑑》 漢 獻帝 初平 3년(192)에 "揚州刺史인 汝南 사람 陳溫이 卒하자 袁紹가 袁遺로 하여금 揚州刺史를 겸하게 하였는데, 袁術이 원유를 격파하였다. 그러자 원유가 달아나 沛縣에 이르러 병사에게 죽임을 당하였다. 이에 원술이 下邳 사람 陳瑀를 양주자사로 삼았다.〔揚州刺史汝南陳溫卒 袁紹使袁遺領揚州 袁術擊破之 遺走至沛 爲兵所殺 術以下邳陳瑀爲揚州刺史〕" 하였다.

江郡에 속하니, 揚州刺史의 治所가 있는 곳이다.
通鑑, 上年 "術以陳瑀爲揚州刺史." 壽春縣, 屬九江郡, 揚州刺史治所.

【綱】 袁紹가 아들 袁譚을 青州刺史로 삼았다.

袁紹以其子譚爲青州刺史하다

【目】 袁紹가 田楷와 2년 동안 연달아 싸움에 士卒들이 피폐해지고 양식이 모두 소진되어 서로 백성들을 노략질하니, 들에는 푸성귀도 없게 되었다. 원소가 아들 袁譚을 青州刺史로 삼았는데, 전해가 그와 싸워 승리하지 못하였다. 이때 마침 趙岐가 와서 화해시키니, 公孫瓚이 마침내 원소와 화친하여 각각 군대를 이끌고 떠나갔다.

袁紹與田楷로 **連戰二年**하니 **士卒**이 **疲困**하고 **糧食**이 **竝盡**하여 **互掠百姓**하니 **野無青草**①러라 **紹以其子譚爲青州刺史**러니 **楷與戰**하여 **不勝**이라 **會**에 **趙岐來和解**하니 **瓚**이 **乃與紹和親**하여 **各引兵去**하다

① 田楷는 公孫瓚이 설치한 青州刺史이다. "野無青草"는 들에는 먹을 수 있는 푸성귀도 없음을 이른다.[110]
楷, 公孫瓚所置青州刺史. 野無青草, 謂在野無蔬食之物.

【綱】 3월에 魏郡의 군대가 黑山賊인 于毒 등과 함께 鄴城(鄴縣의 城)을 전복하였다.

三月에 **魏郡兵**이 **與黑山賊于毒等**으로 **共覆鄴城**[111]①하다

---

110) 들에는……이른다 : 이 말은 ≪春秋左氏傳≫ 僖公 26년(B.C. 634) 조에 보인다. 이해 여름에 齊나라 孝公이 魯나라의 북쪽 변방을 침공하였는데 魯나라의 대부 展喜가 齊나라 군대를 犒饋하기 위해 효공을 찾아갔다. 그러자 효공이 전희에게 "집에는 경쇠를 달아놓은 것과 같아 안이 텅 비었고 들에는 푸성귀 하나도 없는데, 무엇을 믿고 우리 齊나라 군대를 두려워하지 않는가.〔室如縣罄 野無青草 何恃而不恐〕" 하였는데, 이에 대한 杜預의 注에 "이때의 여름 4월은 지금의 2월이어서 들에 穀物이 성숙되지 않았기 때문에 居室에는 食糧이 다 떨어졌고 들에는 먹을 수 있는 푸성귀도 없으니, 당연히 두려워해야 한다는 말이다.〔時夏四月 今之二月 野物未成 故言居室而資糧縣盡 在野則無蔬食之物 所以當恐〕"라고 설명하였다.

111) 魏郡兵……共覆鄴城 : "'賊을 함락하였다.〔寇陷〕'라고 쓴 적은 많으나 '전복하였다.〔覆〕'라고 쓴 적은 있지 않으니, '鄴城을 전복하였다.〔覆鄴城〕'라고 쓴 것은 士民이 도탄에 빠짐이 심한 것이다. ≪資治通鑑綱目≫에 賊을 함락한 것에 대해 '覆'이라고 쓴 것은 1번뿐이다.〔書寇陷 多矣 未有書覆者 書曰覆鄴城 士民之塗炭甚矣 綱目寇陷書覆 一而已〕" ≪書法≫

① 魏郡은 冀州에 속하였다. 앞의 初平 2년(191)에 袁紹가 冀州牧을 겸하였다.[112)]
魏郡, 屬冀州. 上二年, 紹領冀州牧.

【綱】陶謙을 徐州牧으로 삼았다.

◑ 以陶謙爲徐州牧하다

【目】徐州의 治中從事인 王朗이 刺史 陶謙에게 권하여 使者를 조정에 보내어 貢物을 바치게 하였으므로 이러한 명이 있었다. 이어서 왕랑을 會稽太守로 삼았다.

徐州治中王朗이 勸刺史陶謙하여 遣使奉貢이라 故로 有是命하고 仍以朗爲會稽(大)〔太〕[113)]守하다

【綱】여름 6월에 우박이 크게 내렸다.

夏六月에 大雨雹하다

【綱】華山이 무너지고 갈라졌다.

◑ 華山이 崩裂[114)]하다

【綱】袁紹가 于毒과 左髭丈八(좌자장팔) 등을 공격하여 모두 참살하였다.

◑ 袁紹擊于毒, 左髭丈八等하여 皆斬之하다

【綱】가을에 曹操가 徐州를 공격하니 陶謙이 달아나 郯縣(담현) 지역을 지켰다.

---

112) 앞의……겸하였다 : 본서 58쪽에 보인다.

113) (大)〔太〕: 저본에는 '大'로 되어있으나, ≪資治通鑑≫에 의거하여 '太'로 바로잡았다.

114) 華山 崩裂 : "華山은 어디인가. 西嶽이다. 예전에 岱山이 갈라졌다고 썼으니 갈라짐은 이변이지만 무너진 데다가 갈라진 것만은 못하다. 이 때문에 '華山이 무너졌다.'고 쓰자 漢나라가 망하였고, '恒山이 무너졌다.'고 쓰자 晉나라가 망하였으니(安帝 義熙 5년(409)) 도두 황제의 기업이 시작된 곳이다. ≪資治通鑑綱目≫이 끝날 때까지 嶽이 무너진 것이 2번이다.〔華山 何 西嶽也 前書岱山裂矣 裂 異也 未若崩且裂之甚也 是故書華山崩而漢亡 書恒山崩而晉亡(安帝義熙五年) 皆帝業所由起也 終綱目嶽崩者 二〕" ≪書法≫

◑ **秋**에 **曹操擊徐州**하니 **陶謙**이 **走保**郯하다

【目】 前 太尉 曹嵩이 피난하여 琅邪에 있었는데, 그의 아들 曹操가 맞이해올 적에 조숭의 輜重이 100여 輛이었다. 이때 陶謙의 別將이 陰平을 지키고 있었는데, 華縣과 費縣 사이에서 조숭을 습격하여 그를 죽였다.

가을에 조조가 군대를 이끌고 도겸을 공격하여 10여 개의 城을 함락시키고 彭城에 이르러 크게 싸우니, 도겸이 패하여 郯縣으로 달아났다. 조조는 泗水에서 남녀 수십만 명을 익사시킨 뒤에 郯縣 지역을 공격하였으나 이기지 못하고 마침내 떠나가서 城邑을 격파하여 깨뜨려 모조리 도륙하니, 닭과 개도 모두 남아 있지 못하고 폐허가 된 邑에 다시는 사람이 다니지 않았다.

前太尉曹嵩이 **避難在琅邪**러니 **其子操迎之**할새 **嵩**의 **輜重**이 **百餘兩**이라 **陶謙別將**이 **守陰平**이러니 **掩襲嵩於華, 費間**하여 **殺之**①하다 **秋**에 **操引兵擊謙**하여 **攻拔十餘城**하고 **至彭城**하여 **大戰**하니 **謙**이 **敗走**郯②이어늘 **操坑殺男女數十萬口於泗水**하고 **攻**郯**不克**하고 **乃去**하여 **攻破城邑**하여 **皆屠之**③하니 **鷄犬亦盡**하고 **墟邑無復人行**이러라

① 陰平縣은 東海郡에 속하였다. 華는 胡化의 切이다. ≪漢書≫ 〈地理志〉에는 華縣과 費縣이 모두 泰山郡에 속한다고 되어 있다.115) ≪續漢志≫에는 泰山郡 條에 費縣은 있고 華縣은 없으니,116) 아마도 합병하여 줄인 듯하다.
陰平縣, 屬東海郡. 華, 胡化切. 前漢志, 華・費二縣, 皆屬泰山郡. 續漢志, 泰山有費縣, 無華縣, 蓋併省也.

② 郯縣은 東海郡에 속하였으니, 徐州刺史의 治所가 있는 곳이다.
郯縣, 屬東海郡, 徐州刺史治所.

③ 〈"攻破城邑 皆屠之"는〉 ≪資治通鑑≫에 "〈曹操가〉 慮, 睢陵, 夏丘를 공격하여 점령해서 모두 도륙하였다." 하였으니, 이 세 縣은 모두 下邳國에 속하였다.
通鑑 "攻取慮・睢(수)陵・夏丘, 皆屠之." 三縣皆屬下邳國.

【綱】 겨울 10월에 지진이 있었다.

冬十月에 **地震**하다

115) 漢書……있다 : 현재 ≪漢書≫ 권28上 〈地理志〉 泰山郡 條에는 華縣만 보이고 費縣은 보이지 않는다.

116) 續漢志에는……없으니 : 현재 ≪後漢書≫ 권31 〈郡國志 兗州〉의 泰山郡 조에 費縣은 '費侯國'이라고 보이며, 華縣은 보이지 않는다.

【綱】 孛星이 天市[117)]에 나타났다.

◑ 有星이 孛于天市하다

【綱】 大司馬 劉虞가 公孫瓚을 토벌하다가 이기지 못하고 죽임을 당하였다.

◑ 大司馬劉虞 討公孫瓚이라가 不克하고 見殺[118)]하다

【目】 劉虞는 公孫瓚과 오랫동안 서로 사이가 좋지 못하였는데, 유우가 조정에 使者를 보내어 글을 올려서 공손찬이 포학하게 노략질한 죄를 아뢰니, 공손찬 또한 유우가 창고의 군량을 착복하였다고 아뢰었다. 그리하여 두 사람의 上奏가 서로 치달려 번갈아 비방하였으나 조정에서는 모호한 태도를 보일 뿐이었다.

공손찬이 薊城의 동남쪽에 작은 城을 쌓고 거주하였는데, 유우는 그가 끝내 亂을 일으킬까 두려워하여 마침내 10만 명의 군대를 거느리고 토벌하였다.

이때에 공손찬의 부하들은 밖에 흩어져 있었으므로 공손찬은 倉卒間이라 城 밑을 파고 달아나고자 하였다. 유우의 군대는 編制가 없고 전투에 익숙하지 못하였으며 유우는 또 백성들의 집을 아껴서 불태우는 것을 허락하지 않고, 군사들에게 경계하기를 "나머지 사람들은 해치지 말라. 伯珪(공손찬) 한 사람을 죽일 뿐이다." 하였다.

유우가 薊城을 포위, 공격하였으나 함락시키지 못하였는데, 공손찬은 마침내 정예병 수백 명을 선발, 모집해서 바람을 이용해 불을 놓고 곧바로 돌격하였다. 이에 유우의 군대가 크게 무너지니, 공손찬이 유우를 사로잡았다.

---

117) 天市 : 별의 명칭으로 ≪史記≫ 권27 〈天官書〉에 "〈房宿의〉 동북쪽 모퉁이에 있는 12개의 별을 旗라 하고, 旗 가운데에 있는 4개의 별을 天市라 한다.〔東北曲十二星曰旗 旗中四星曰天市〕" 하였다.

118) 大司馬劉虞……見殺 : "袁紹가 公孫瓚에 대하여 擊이라고 썼는데 여기서는 討라고 쓴 것은 어째서인가. 袁紹는 上(황제)을 무시하였기 때문이니, 오직 劉虞만이 討라고 쓸 수 있는 것이다. 죽일 적에 '見殺'이라고 쓴 적이 있지 않은데 '見殺'이라고 쓴 것은 아랫사람으로서 윗사람에게 가하지 않게 한 말이니, ≪資治通鑑綱目≫을 편수함은 명분을 바로잡았을 뿐이다. ≪자치통감강목≫이 끝날 때까지 '見殺'이라고 쓴 것이 한 번뿐이다.〔袁紹於瓚書擊 此其書討 何 無上也 唯劉虞得書之 殺未有書見殺者 書見殺 不以下加上之辭也 綱目之修 名分而已矣 終綱目 書見殺一〕" ≪書法≫

"大司馬라고 썼으면 그 관직을 잃지 않았음을 볼 수 있고, 公孫瓚을 토벌했다고 썼으면 꼬투리를 잡을 만한 명분이 있음을 볼 수 있고, 이기지 못하여 죽임을 당했다고 썼으면 죽은 것이 절개를 잃지 않았음을 볼 수 있으니, 공손찬은 본래 劉虞의 節度를 받았는데 마침내 횡포를 부리고 항거하자 유우가 군대를 일으켜 그를 토벌해서 명분과 의리가 매우 바르다. 그러므로 그 書法이 이와 같은 것이다.〔書大司馬 則見不失其官 書討公孫瓚 則見有詞可執 書不克見殺 則見死不失節 蓋瓚本受虞節度 而乃暴橫抗拒 虞興兵討之 名義甚正 故其書法如此〕" ≪發明≫

虞與瓚으로 積不相能[①]이러니 虞遣使(시)奉章하여 陳其暴掠之罪하니 瓚이 亦上虞稟(름)糧不周하여 二奏交馳하여 互相非毁호되 朝廷이 依違而已[②]러라 瓚이 乃築小城於薊城東南以居어늘 虞恐其終爲亂하여 乃率兵十萬討之하니 時에 瓚部曲이 放散在外라 倉卒掘城欲走러라 虞兵이 無部伍하고 不習戰하며 又愛民廬舍하여 不聽焚燒하고 戒軍士曰 無傷餘人하라 殺一伯珪而已[③]니라 攻圍不下러니 瓚이 乃簡募銳士數百人하여 因風縱火하고 直衝突之하니 虞衆이 大潰어늘 瓚이 執虞하다

① 積은 날짜가 오램이요 평소이다. 公孫瓚이 처음에는 劉虞의 節度(지휘)를 받았는데 공손찬은 무력과 포악함을 숭상하고 유우는 인자함과 용서함을 힘써서 여러 번 유우의 節度를 어겨 오랫동안 서로 화합하지 못하였다.
積, 日久也, 素也. 瓚初受虞節度, 瓚尙武暴, 而虞務仁恕, 屢違節度, 積不相能.
② "依違"는 甲이 奏章을 올리면 甲의 말을 따라 乙을 나쁘다고 하고, 乙이 奏章을 올리면 乙의 말을 따라 甲을 나쁘다고 하여, 분명하게 옳다 그르다 함이 없음을 말한 것이다.
依違, 言甲奏上則依甲而違乙, 乙奏上則依乙而違甲, 無決然之是非也.
③ 伯珪는 公孫瓚의 字이다.
伯珪, 瓚字.

【目】이때 마침 詔令을 내려 사자 段訓을 보내어 劉虞에게 封邑을 더해주었는데 公孫瓚이 마침내 유우가 예전에 袁紹 등과 함께 尊號를 칭할 것을 도모했다고 무함하고, 단훈을 위협해서 유우와 그의 妻子를 薊市에서 참수하고 유우의 머리를 京師로 올려 보냈다. 유우의 옛 관리인 尾敦이 도중에 유우의 머리를 빼앗아 돌아가 장례하였다.

유우는 은혜와 후덕함으로 사람들의 마음을 얻었는바, 北州에 유리하여 들어온 자들과 옛날부터 살던 자들이 애통해하고 안타까워하지 않는 이가 없었다.

會에 詔遣使者段訓하여 增虞封邑한대 瓚이 乃誣虞前與袁紹等으로 謀稱尊號라하여 脅訓斬虞及妻子於薊市하고 傳首京師하니 故吏尾敦이 於路에 劫歸葬之[①]하다 虞以恩厚得衆心이라 北州流舊莫不痛惜[②]하니라

① 尾敦은 사람의 姓名이다.
尾敦, 姓名.
② 流는 다른 州의 사람으로서 幽州로 흘러들어온 자이고, 舊는 옛부터 幽州에 토착하여 호적을 갖고 있는 자이다.
流者, 他州人流入幽州者也. 舊者, 舊著籍幽州者也.

【目】처음에 劉虞가 사자를 보내어 글을 받들고 長安에 가게 하고자 하였으나 그 적임자

를 고르기가 어려웠는데, 사람들이 모두 말하기를 "右北平 사람 田疇는 나이가 22세이니, 나이는 비록 적으나 기이한 재주가 있다." 하였다. 유우가 마침내 예를 갖추어 전주를 초청해서 掾을 삼아 장안으로 보내었다.

전주가 門客 중에 20명의 騎兵을 선발하여 사잇길을 따라 장안에 이르러서 명을 전달하였다. 그러자 詔令을 내려 전주를 騎都尉로 삼았는데, 전주는 이를 받지 않고 회답을 얻어서 속히 돌아왔다. 그러나 도착하자 유우가 이미 죽었다. 전주는 유우의 묘를 찾아가 제사하고 받아온 글을 꺼내어 진열한 다음 곡하며 울고 떠나갔다.

田疇

初에 虞欲遣使奉章하여 詣長安이로되 而難其人이러니 衆이 咸曰 右北平田疇 年二十二니 年雖少나 然有奇才라하여늘 虞乃備禮하여 請以爲掾而遣之하다 疇選家客二十騎하여 循間道하여 至長安致命①이어늘 詔以爲騎都尉하니 不受하고 得報馳還이러니 比至에 虞已死라 疇謁祭虞墓하고 陳發章表하여 哭泣而去하다

① 間(사잇길)은 古莧의 切이다.
間, 古莧切.

【目】 公孫瓚이 노하여 현상금을 내걸어 田疇를 체포하고 이르기를 "네가 답장을 나에게 보내지 않음은 어째서인가?" 하니, 전주가 다음과 같이 말하였다.

"漢나라가 쇠퇴하여 사람마다 딴마음을 품고 있는데 오직 劉公만이 충절을 잃지 않았습니다. 답장에서 말한 것이 장군에게 좋은 내용이 아니어서 반갑게 들을 만한 것이 아닐듯 하기에 올리지 않았습니다. 게다가 장군이 죄 없는 주군(유우)을 죽이고 또 의리를 지키는 신하를 원수로 삼으니, 저는 燕과 趙 지방의 人士들이 장차 모두 東海에 뛰어들어 죽어서 장군을 따르는 자가 없게 될까 염려됩니다."

공손찬은 마침내 그를 풀어주었다.

瓚이 怒하여 購求獲疇하여 謂曰 汝不送章報我는 何也오 疇曰 漢室衰頹하여 人懷異心호되 惟劉公이 不失忠節하니 章報所言이 於將軍에 未美라 恐非所樂聞일새 故不進也로라 且將軍이 旣滅無罪之君하고 又讐守義之臣하니 疇恐燕, 趙之士 將皆蹈東海而死하여 莫有從將軍者也①니라 瓚이 乃釋之하다

① 東海에 뛰어들어 죽는다는 것은 魯仲連의 말이다.[119]
蹈東海而死, 魯仲連語也.

【目】田疇는 북쪽으로 無終縣에 돌아가서 종족과 기타 따르는 자 수백 명을 거느리고서 땅을 쓸고 맹세하기를, "주군의 원수를 갚지 못했으니, 나는 세상에 서서 살 수가 없다." 하고는 마침내 徐無山 산중에 들어가서 깊고 험한 산중에서 평평하고 넓은 땅을 찾아내어 거주하고 몸소 농사를 지어 부모를 봉양하니, 백성들이 그에게 귀의하여 수년 사이에 5천 여 家戶에 이르렀다.

전주가 그 父老들에게 이르기를, "지금 무리가 모여 도읍을 이루었는데 서로 통솔하여 하나가 되지 못하고 또 法制로써 다스림이 없으니, 오랫동안 편안할 방도가 아닐 듯하다. 나에게 어리석은 계책이 있어, 그대들과 함께 시행하기를 원하니 좋겠는가?" 하자, 모두 "좋다."고 대답하였다.

전주는 마침내 約束(規約)을 만들어서 서로 죽이고 傷害하며 죄를 범하고 도둑질하는 자와 다투고 송사하는 자를 죄의 경중에 따라 처벌받게 하여 죄가 무거운 자는 사형에 이르게 하니, 약속이 모두 20여 조항이었다. 또 혼인하여 딸을 시집보내고 아들을 장가들이는 禮를 제정하였으며 학교에서 경전을 강론하고 전수하는 학업을 일으켜서 여러 사람들에게 시행하자, 여러 사람들이 모두 편리하게 여겨서 길에 흘린 물건을 줍지 않음에 이르니, 북쪽 변방이 翕然히 그의 위엄과 신의에 복종하였다.

烏桓과 鮮卑가 각각 사신을 보내어 선물을 바치자, 전주가 모두 어루만지고 받아들여서 도적질하지 못하게 하였다.

---

119) 東海에……말이다 : 전국시대 齊나라의 高士인 魯仲連이 趙나라에 있을 때에 秦나라가 趙나라를 공격하여 사태가 위급하게 되었다. 이때 魏나라에서 장군 新垣衍을 趙나라로 보내 趙王을 설득해서 함께 秦나라를 높여 황제로 삼아 秦나라의 군대를 퇴각하게 하고자 하였다. 이 말을 들은 노중련은 신원연을 찾아가서 말하기를 "저들이 만약 방자하게 황제가 되어 주제넘게 천하를 다스리려 한다면 나는 東海에 뛰어들어 죽음이 있을지언정 그 백성이 되기를 원치 않노라.〔彼卽肆然而爲帝 過而爲政於天下 則連有蹈東海而死耳 不願爲之民也〕"라고 하여 이 계획이 무산되었다.(≪史記≫ 권83 〈魯仲連列傳〉)

疇北歸無終①하여 率宗族及他附從者數百人하여 掃地而盟曰 君仇不報하니 吾不可以立於世라하고 遂入徐無山中②하여 營深險平敞地而居하고 躬耕以養父母하니 百姓이 歸之하여 數年間에 至五千餘家③라 疇謂其父老曰 今衆이 成都邑이어늘 而莫相統一하고 又無法制以治之하니 恐非久安之道라 疇有愚計하여 願與諸君共施之하노니 可乎아 皆曰 可라하여늘 疇乃爲約束④하여 相殺傷, 犯盜, 諍訟者를 隨輕重抵罪하여 重者는 至死하니 凡二[120]十餘條⑤라 又制爲婚姻嫁娶之禮하며 興學校講授之業하여 班行於衆한대 衆皆便之하여 至道不拾遺하니 北邊이 翕然服其威信하니라 烏桓, 鮮卑 各遣使致饋遺어늘 疇悉撫納하여 令不爲寇하다

① 無終縣은 右北平郡에 속하니, 田疇는 아마도 이 縣 사람인 듯하다.
無終縣, 屬右北平郡, 疇蓋其縣人.

② 徐無縣은 右北平郡에 속하니, 여기에 徐無山이 있다.
徐無縣, 屬右北平郡, 有徐無山.

③ '間'자는 마땅히 윗구에 붙여야 하니, 백성들이 돌아와서 수년 사이에 무려 5천여 가호에 이름을 말한 것이다.
間字, 當屬(촉)上句, 言百姓歸之, 數年之間, 多至五千餘家.

④ 언어로써 서로 약속하거나 경계하고 명령하거나 검속하는 것을 모두 約束이라고 한다.
以言語要結・戒令・檢束, 皆曰約束.

⑤ 諍은 爭으로 읽는다.
諍, 讀曰爭.

【綱】 11월에 지진이 있었다.

十一月에 地震하다

120) 二 : 저본에는 '二'로 되어 있으나, 清代 武英殿刊本 ≪御批資治通鑑綱目≫에는 '三'으로 되어 있으며, ≪資治通鑑≫에는 '一'로 되어 있다.

思政殿訓義 資治通鑑綱目 제13권 상

漢 獻帝 興平 원년(194)~漢 獻帝 建安 2년(197)

≪資治通鑑綱目≫ 제13권은 甲戌年 漢나라 獻帝 興平 원년(194)부터 戊子年 漢나라 獻帝 建安 13년(208)까지이다. 모두 15년이다.

起甲戌漢獻帝興平元年하여 盡戊子漢獻帝建安十三年이라 凡十五年이라

甲戌年(194)

【綱】漢나라 孝獻皇帝 興平 원년이다. 봄 정월에 황제가 冠禮를 거행하였다.

興平元年이라 春正月에 帝冠하다

【綱】2월에 모친 王夫人[1]을 추존하여 靈懷皇后라 하였다.

◑ 二月에 追尊母王夫人하여 爲靈懷皇后하다

【目】有司가 長秋宮을 세울 것[2]을 아뢰었는데, 황제가 詔令을 내리기를 "돌아가신 皇妣

---

1) 모친 王夫人 : 본명은 王榮으로 邯鄲 사람이다. 五官中郎將 王苞의 손녀로 靈帝 때에 궁에 들어와 美人에 봉해졌기 때문에 王美人으로도 불린다. 光和 4년(181)에 劉協을 낳았는데, 영제의 皇后 何氏가 이를 시기한 나머지 사람을 시켜 鴆毒으로 왕영을 살해하였다. 이에 영제가 격노하여 何氏를 폐출하고자 하였는데, 宦官들이 한사코 반대하여 뜻을 이루지 못하였다. 왕영이 살해당한 뒤에 영제는 왕영을 그리워하여 〈追德賦〉와 〈令儀頌〉을 지었으며 영제의 母后인 董氏가 유협을 직접 양육하였다. 中平 6년(189) 9월에 董氏의 일족인 董卓이 何氏의 소생인 少帝 劉辯을 폐위하고 왕영의 소생인 유협을 즉위시켰는바, 이가 바로 獻帝이다.(≪後漢書≫ 권9 〈獻帝紀〉, 권10下 〈靈思何皇后紀〉, 권27 〈孝獻皇帝紀〉)

2) 長秋宮을 세울 것 : '長秋宮'은 본래 漢나라 高帝가 거처하였던 궁전의 명칭으로 '長秋'라고도 약칭하는데, 후대에는 皇后를 가리키는 말로 사용하였다. ≪後漢書≫ 권10上 〈明德馬皇后紀〉에 "明帝 永平 3년(60) 봄에 有司가 장추궁을 세울 것을 아뢰었으나 황제가 이에 대해 말하는 바가 있지 않았다. 〔永平三年春 有司奏立長秋宮 帝未有所言〕"라고 하였는데, 이에 대한 李賢의 注에 "〈長秋宮은〉 황후가 거처하는 궁이다. '長'은 오램이고 '秋'는 만물이 성숙하는 시초이기 때문에 이것으로 명명한 것이다.

(母后)의 宅兆(묘소)도 아직 가려서 정하지 못하였으니, 어찌 차마 後宮[3)]을 선발하는 것을 말하겠는가." 하였다. 이에 三公이 아뢰어 皇妣 王夫人의 墓를 改葬하고 尊號를 追上하여 靈懷皇后라 하였다.

有司奏立長秋宮이어늘 詔曰 皇妣宅兆未卜하니 何忍言後宮之選乎①리오 於是에 三公이 奏改葬皇妣王夫人②하고 追上尊號曰 靈懷皇后라하다

① 宅은 墓穴이고, 兆는 塋域이다.
宅, 墓穴也. 兆, 塋域也.
② 文昭陵에 改葬한 것이다.
改葬于文昭陵.

【綱】 劉備가 陶謙을 구원하자, 도겸이 表文을 올려 유비를 豫州刺史로 삼을 것을 청하였다.

劉備救陶謙하니 謙이 表備爲豫州刺史하다

【目】 陶謙이 田楷에게 위급함을 고하자, 전해가 劉備와 함께 그를 구원하였다. 유비가 마침내 도겸에게 귀의하니, 도겸이 表文을 올려 유비를 豫州刺史로 삼아 小沛에 주둔하게 할 것을 청하였다. 曹操 또한 군량이 다하여 군대를 이끌고 돌아갔다.

陶謙이 告急於田楷어늘 楷與備救之하고 備遂歸謙하니 謙이 表領豫州하여 屯小沛①하다 曹操軍食亦盡하여 引兵還하다

① 沛國은 相縣에 治所를 두었는데, 沛가 따로 縣이 되어서 패국에 속하니, 당시 사람들이 沛縣을 일러 小沛라고 하였다. 이 때문에 豫州刺史의 府는 본래 譙縣에 치소를 두었는데, 유비가 예주자사가 되어 小沛에 주둔한 것이다. 살펴보건대, 이때에 또 豫州刺史 郭貢이 있었으니, 이는 조정의 명령이 행해지지 못하여 사사로이 서로 임명하고 설치한 것이다.
沛國治相縣, 而沛自爲縣, 屬沛國, 時人謂沛縣爲小沛. 由此, 豫州刺史本治譙, 備領刺史而屯小沛. 按此時又有豫州刺史郭貢, 朝命不行, 私相署置者也.

황후를 세울 것을 청함에 감히 대놓고 가리켜서 말하지 못하기 때문에 궁으로써 일컬은 것이다.〔皇后所居宮也 長者久也 秋者萬物成熟之初也 故以名焉 請立皇后 不敢指言 故以宮稱之〕"라고 설명하였다.

3) 後宮 : 본래는 妃와 嬪이 거처하는 궁전으로 妃와 嬪을 가리키는데, 여기에서는 특히 皇后를 지칭하는 말로 쓰였다.

【綱】 여름 4월에 曹操가 다시 陶謙을 공격하고 군대를 돌려서 劉備를 공격하여 격파하였는데, 陳留太守 張邈이 呂布를 맞이하여 조조에게 항거하자, 조조가 군대를 돌려서 공격하였다.

夏四月에 曹操復攻陶謙하고 還擊劉備하여 破之러니 陳留太守張邈이 迎呂布以拒操하니 操還攻之하다

【目】 曹操가 荀彧과 程昱에게 鄄城을 지키게 하고 자신은 다시 가서 陶謙을 공격하였는데, 지나가는 곳마다 잔인하게 멸망시켰다. 군대를 돌려서 郯縣의 동쪽에서 劉備를 격파하자 도겸이 두려워하여 달아나 丹陽으로 돌아가고자 하였는데, 이때 마침 張邈이 조조를 배반하니, 조조가 마침내 군대를 이끌고 兗州로 돌아갔다.

처음에 장막이 소싯적에 遊俠을 좋아하여 袁紹와 曹操가 모두 그와 친하였다. 그러나 원소가 盟主가 되어 교만한 기색이 있자 장막이 바른말로 원소를 질책하니, 원소가 노하여 조조에게 장막을 죽이도록 하였다. 조조가 이를 따르지 않았으나 장막은 끝내 스스로 편안히 있지 못하였다.

曹操使荀彧, 程昱으로 守鄄(견)城①하고 復往攻陶謙할새 所過에 殘滅이러라 還하여 擊破劉備於郯(담)東하니 謙이 恐하여 欲走歸丹陽②이러니 會에 張邈叛操하니 操乃引還하다 初에 邈이 少時好游俠하니 袁紹及操皆與之善이러니 及紹爲盟主에 有驕色이어늘 邈이 正議責紹한대 紹怒하여 使操殺之하니 操不聽호되 而邈이 終不自安이러라

① 鄄城縣은 濟陰郡에 속하였다. 獻帝가 鄄城에 兗州를 설치하였는데 아마도 曹操가 兗州刺史가 되어 처음으로 이곳을 다스린 듯하다.
鄄城縣, 屬濟陰郡. 帝於鄄城置兗州, 蓋操以刺史始治此.

② 陶謙은 丹陽 사람이다.
謙, 丹陽人也.

【目】 前 九江太守 邊讓이 평소 재주와 명망이 있었는데, 曹操가 자신을 비판하고 의논한다 하여 죽였다. 이로 말미암아 兗州의 士大夫들이 모두 두려워하였다. 陳宮은 성품이 강직하고 意氣가 장렬하였는데 마음속으로 또한 스스로 의심하고서 마침내 張邈의 아우 張超와 함께 조조를 배반할 것을 모의하고 다음과 같이 장막을 설득하였다.

"지금 천하가 와해되어 영웅호걸이 함께 일어났습니다. 君이 천리에 달하는 넓은 지

역의 무리를 거느리고서 사방이 〈평평하여〉 적의 공격을 받는 지역에 처하여 검을 어루만지면서 돌아보면 또한 人傑이 될 만한데 도리어 다른 사람에게 제재를 받고 있으니, 또한 비루하지 않습니까. 지금 兗州(曹操)의 군대가 동쪽으로 정벌하러 가서 境內가 텅 비었고, 呂布는 壯士로서 전투에 뛰어나 그의 앞을 가로막을 자가 없으니 만약 임시로 그를 맞이하여 그와 함께 연주를 다스리고 천하의 형세를 관찰하면서 時局의 변화를 기다리면 이 또한 천하를 주름잡을 수 있는 기회입니다."

장막이 그의 말을 따라서 마침내 여포를 맞이하여 兗州牧으로 삼았다.

荀彧은 장막이 장차 난을 일으키려고 하는 것을 알고 즉시 군대를 무장하여 대비하고서 東郡太守 夏侯惇을 濮陽에서 급히 부르니, 여포가 마침내 복양을 점거하였다.

前九江守邊讓이 素有才名이러니 操以其譏議已而殺之하니 由是로 兗州士大夫皆恐懼러라 陳宮은 剛直壯烈이러니 內亦自疑하여 乃與邈弟超로 共謀叛操하고 說(세)邈曰 今天下分崩하여 雄傑竝起하니이다 君以千里之衆으로 當四戰之地하여 撫劍顧眄이면 亦足以爲人豪어늘 而反受制於人하니 不亦鄙乎아 今州軍東征에 其處空虛[①]하고 呂布는 壯士라 善戰無前하니 若權迎之하여 共牧兗州하고 觀天下形勢하여 以俟時事之變이면 此亦縱橫之一時也니라 邈이 從之하여 遂迎布爲兗州牧하다 彧이 知邈爲亂하고 卽勒兵設備하고 急召東郡守夏侯惇於濮陽하니 布遂據濮陽[②]하다

① "州軍東征"은 曹操의 군대가 徐州를 정벌함을 이른다.
州軍東征, 謂操兵征徐州也.

② 濮陽縣은 東郡에 속하였다.
濮陽縣, 屬東郡.

【目】 豫州刺史 郭貢이 수만 명의 무리를 거느리고 鄄城 아래로 오자, 혹자가 '곽공이 呂布와 함께 일을 도모한다.' 하였다. 곽공이 荀彧을 만날 것을 요구하자 순욱이 장차 가려고 하였는데, 夏侯惇이 말하기를 "君은 온 州 전체가 의지하여 중요하게 여기는 사람이니, 가면 반드시 위험하게 될 것입니다." 하였다. 그러자 순욱이 다음과 같이 말하였다.

"곽공과 張邈 등은 평소 交分을 맺었던 사이가 아닙니다. 지금 신속히 왔기 때문에 틀림없이 계책을 정하지 못하였을 것이니, 계책을 정하기 전에 설득하면 비록 우리를 위해 쓰이지 않더라도 중립을 유지하게 할 수 있지만 만약 우리가 먼저 의심하면 저들은 장차 노하여 계책을 세울 것입니다."

곽공은 순욱이 두려워하는 마음이 없음을 보고 鄄城을 공격하기가 쉽지 않다고 여겨

서 마침내 군대를 이끌고 떠나갔다.

豫州刺史郭貢이 率衆數萬하고 來至城下하니 或言與布同謀라 貢이 求見彧한대 彧이 將往이러니 惇曰 君은 一州鎭也니 往必危①하리라 彧曰 貢與邈等이 分非素結也②라 今來速하니 計必未定이니 及其未定하여 說(세)之면 縱不爲用이나 可使中立③이어니와 若先疑之면 彼將怒而成計리라 貢이 見彧無懼意하고 謂鄄城을 未易(이)攻이라하여 遂引兵去하다

① "一州鎭"은 온 州 전체가 그에게 의지하여 중요하게 여김을 이른다.
一州鎭, 謂一州倚之爲重也.
② 分(친분, 교분)은 扶問의 切이다. 〈"分非素結"은〉 郭貢과 張邈, 呂布 등 여러 사람이 평소 서로 교분을 맺었던 사이가 아님을 말한다.
分, 扶問切. 言郭貢與張邈・呂布等諸人, 其交分非素相結者.
③ 〈"可使中立"은〉 떠나가거나 나아가지 않게 하는 것이다.
不令其有所去就也.

【目】이때에 兗州의 郡縣이 모두 呂布에게 호응하였는데 오직 鄄城과 范縣과 東阿縣이 동요하지 않았다. 여포의 군사 중에 항복한 자가 말하기를 "진궁이 직접 군대를 거느리고 가서 장차 東阿縣을 취하려 하고 또 氾嶷(범억)에게 范縣을 취하게 했습니다." 하였다.

荀彧이 程昱에게 이르기를 "지금 州 전체가 모두 배반하고 오직 이 세 城만이 있을 뿐인데 진궁 등이 큰 병력으로 진공하니, 이 지역 사람들의 마음을 깊이 단결시키지 않으면 세 城이 틀림없이 동요할 것입니다. 君은 東阿縣의 백성이 우러러 존경하는 자이니, 응당 가서 그들을 按撫해야 할 것입니다." 하였다.

是時에 兗州郡縣이 皆應布호되 唯鄄城, 范, 東阿不動①이러니 降(항)者言호되 宮이 欲自將取東阿하고 又使(汎)〔氾〕[4] 嶷取范②이라하니 彧이 謂昱曰 今擧州皆叛하고 唯有此三城이어늘 宮等이 以重兵臨之하니 非有以深結其心이면 三城必動이니 君은 民之望也라 宜往撫之니라

① 李賢이 말하기를 "范縣은 東郡에 속하였으니, 지금의 濮陽縣이다. 東阿縣은 東郡에 속하였으니, 지금의 濟州縣이다." 하였다.
賢曰 "范縣, 屬東郡, 今濮陽縣. 東阿縣, 屬東郡, 今濟州縣也."
② 氾은 符咸의 切이니, 姓이다.
(汎)〔氾〕, 符咸切, 姓也.

---

4) (汎)〔氾〕: 저본에는 '汎'으로 되어 있으나, ≪資治通鑑≫에 의거하여 '氾'으로 바로잡았다. 아래도 같다.

【目】程昱이 마침내 東阿縣으로 돌아가는 길에 范縣에 들러서 縣令 靳允(근윤)을 다음과 같이 설득하였다.

"듣건대 呂布가 君의 어머니와 아우와 처자식을 붙잡아두고 있다 하니, 효성스런 아들로서 참으로 마음을 가눌 수 없을 것입니다. 지금 천하가 크게 어지러워 영웅들이 함께 일어났는데, 이 중에 틀림없이 命世之才로서 천하의 어지러움을 종식시킬 자가 있을 것이니, 이는 지혜로운 자가 마땅히 자세히 살펴 가려야 할 것이다. 저 여포는 타고난 성품이 거칠어서 친한 자가 적고 강퍅하여 무례하니 그저 용맹한 匹夫일 뿐이요, 陳宮 등은 형세 때문에 잠시 여포와 연합하였으니 서로 君臣 간이 될 수는 없을 것이다. 曹使君(曹操)의 지혜와 책략은 세상에 드무니, 이는 아마도 하늘이 낸 사람일 것이다. 君이 반드시 范縣을 굳게 지키고 내가 東阿縣을 지키면 田單의 공적[5)]을 세울 수 있을 것이니, 忠義를 저버리고 惡人을 따라서 母子가 모두 함께 망하는 것에 비해 어떠한가."

그러자 근윤이 눈물을 흘리면서 이를 허락하고, 마침내 氾嶷을 죽이고 군대를 무장하여 스스로 성을 지켰다.

昱이 乃歸過范하여 說(세)其令靳(근)允曰① 聞呂布執君母弟妻子라하니 孝子誠不可爲心이라 今天下大亂하여 英雄竝起에 必有命世能息天下之亂者하리니 此智者所宜詳擇也라 夫布는 麤中少親하고 剛而無禮하니 匹夫之雄耳②요 宮等이 以勢假合하니 不能相君也③라 曹使君은 智略不世出하니 殆天所授라 君必固范하고 我守東阿하면 則田單之功을 可立이니 孰與違忠從惡而母子俱亡乎아 允이 流涕許之하고 遂殺氾嶷하고 勒兵自守하다

① 靳은 姓이다.
　靳, 姓也.
② 麤는 마음이 精하지 못함이다.
　麤, 心不精也.
③ 相은 본음대로 읽으니, 〈"不能相君"은〉 서로 더불어 君臣의 分義를 정할 수 없음을 말한 것이다.

---

5) 田單의 공적 : 戰國時代에 멸망의 위기에 처한 齊나라를 구해낸 田單의 업적을 가리킨다. 燕나라 昭王이 樂毅에게 齊나라를 공격하게 하자 악의가 齊나라의 70여 성을 함락시키고, 齊나라 湣王이 재상 淖齒(요치)에게 죽임을 당하여 나라가 거의 멸망할 지경에 이르렀다. 이때 田單이 3년 동안 卽墨을 사수하면서 反間計를 써서 악의를 파면시키고, 1,000여 마리의 소에 五采와 용무늬를 그린 붉은 비단옷을 만들어 입히고 소의 뿔에 병기와 칼날을 묶고는 기름을 부은 갈대를 소꼬리에 묶어 불을 붙이고, 城에 수십 군데 구멍을 파놓은 다음 밤에 소를 풀어놓고 장사 5천 명이 그 뒤를 따르게 하였다. 꼬리가 뜨거워지자 성난 소들이 燕나라 군대로 달려가니, 燕나라 군대가 대패하여 도망하였다. 전단이 이들을 추격하여 齊나라의 70여 성을 모두 수복하였다.(≪史記≫ 권46 〈田敬仲完世家〉, 권82 〈田單列傳〉)

相, 如字. 言不能相與定君臣之分也.

【目】 徐衆이 다음과 같이 評하였다.[6)]

"靳允이 曹公(曹操)에 대해서 아직 君臣의 관계를 이루지 않았고 어머니는 至親이니, 의리상 응당 范縣을 떠났어야 한다. 衛나라 公子 開方이 齊나라에서 벼슬하여 여러 해가 되어도 돌아가지 않자, 管仲이 '그 어버이를 그리워하지 않으니 어찌 군주를 사랑할 수 있겠는가.'라고 평하였다. 이 때문에 忠臣은 반드시 孝子의 집안에서 구해야 하는 것이다. 근윤은 마땅히 먼저 지친인 어머니를 구원했어야 한다. 徐庶의 어머니가 曹公에게 잡혀 있었는데, 劉備가 서서를 보내어 북쪽으로 돌아가게 하였다. 천하를 다스리고자 하는 자는 남의 자식 된 자의 심정을 헤아려야 하니, 曹公 또한 마땅히 근윤을 보냈어야 한다."

徐衆曰① 允於曹公에 未成君臣이요 母는 至親也니 於義應去라 衛公子開方이 仕齊하여 積年不返이어늘 管仲이 以爲不懷其親하니 安能愛君②이리오하니 是以로 求忠臣을 必於孝子之門이니 允이 宜先救至親이라 徐庶母爲曹公所得이어늘 劉備遣庶歸北하니 欲爲天下者는 恕人子之情也니 曹公이 亦宜遣允이니라

① ≪資治通鑑≫에는 曰 위에 評자가 있다.
通鑑, 曰上有評字.

② 齊 桓公이 管仲에게 "開方은 어떠한가?" 하고 묻자, 관중이 대답하였다. "어버이를 버리고서 군주에게 왔으니, 이는 人情이 아니므로 가까이 하기가 어렵습니다."[7)]
齊桓公問管仲曰 "開方何如." 對曰 "棄親以適君, 非人情, 難親."

---

6) 徐衆이……評하였다 : 이는 徐衆이 지은 ≪三國評≫에 실려 있다. 서중은 東晉 때 사람으로 咸康 연간에 黃門侍郎이 되었고 建元 초에 侍中이 되었다. ≪삼국평≫은 본래 3권으로 구성되어 있었다고 하나 현재 독립된 책으로 전해지지 않으며 여러 史書에 그 片鱗이 전해지고 있다. 그러나 ≪隋書≫ 권33 〈經籍志〉에는 '≪三國評志≫ 3권'을 徐爰이 撰한 것으로 되어 있다. 淸나라 杭世駿이 撰한 ≪三國志補註≫ 권2 〈魏書〉에도 '徐衆三國評曰'에 대해 "서중은 마땅히 서원이 되어야 한다.〔徐衆當是徐爰〕"라고 설명하였다.

7) 어버이를……어렵습니다 : 이 내용은 ≪史記≫ 권32 〈齊太公世家〉에 보인다. 管仲의 병이 위독하자, 桓公이 병문안을 가서 관중의 후임으로 재상이 될 만한 자를 물으면서 開方을 언급하니, 관중이 "부모를 배반하고 군주에게 왔으니 인정에 어긋납니다. 가까이하기 어렵습니다.〔倍親以適君 非人情 難近〕"라고 대답하였다. 개방은 본래 衛나라 懿公의 庶長子로 衛나라가 齊나라와의 전쟁에서 패하자 齊나라에 인질로 보내졌는데, 齊나라의 강성함을 보고 벼슬하기를 원하여 15년 동안 본국으로 돌아가지 않았고 부모의 喪에도 奔喪하지 않았다. 이에 관중은 개방의 이러한 행위가 天理와 人情에 부합하지 않는다고 여긴 것이다. 그러나 환공은 관중의 말을 듣지 않고 개방을 총애하였는데, 이후 환공의 병이 위중해졌을 때에 개방은 易牙, 竪刁(수조)와 함께 환공을 室에 禁錮하여 굶어죽게 만들고 그 시신을 67일이나 방치하여 구더기가 문 밖에까지 기어 나오게 하였다.

【目】程昱이 또 별도의 기병대를 보내어 倉亭津을 차단하자 陳宮이 강물을 건널 수 없었다. 정욱이 東阿縣에 이르니, 현령 棗祗가 이미 城을 점거하여 굳게 지키고 있었다. 정욱은 끝내 세 성을 보전하여 曹操의 대군이 돌아오기를 기다렸다.

呂布가 鄄城을 공격하였으나 함락시키지 못하고 서쪽으로 가서 濮陽에 주둔하였다. 조조가 말하기를 "여포가 東平을 점거하지 못하여 亢父와 泰山의 길을 차단하고서 험한 지세를 이용하여 나의 군대를 막고서 자기는 도리어 복양에 주둔하니, 나는 그가 아무것도 할 수 없다는 것을 알겠다." 하고는 마침내 진격하였다

◑ 昱이 又遣別騎하여 絶倉亭津①하니 (官)〔宮〕[8]이 不得渡하다 至東阿②하니 令棗祗已拒城堅守라 卒完三城하여 以待操③하다 布攻鄄城不能下하고 西屯濮陽한대 操曰 布不能據東平하여 斷亢父, 泰山之道하여 乘險要我하고 而乃屯濮陽하니 吾知其無能爲也라하고 乃進攻之④하다

① ≪述征記≫에 "倉亭津은 范縣의 경계에 있으니, 東阿縣과의 거리가 60리이다." 하였다.[9]
(迷征去)〔述征記〕[10] "倉亭津在范縣界, (記)〔去〕[11]東阿六十里."
② 여기서 句를 뗀다.
句.
③ 棗祗는 사람의 성명이니, 東阿縣의 縣令이다.
棗祗, 姓名, 東阿縣令也.
④ 東平國은 亢父와 泰山의 길에 위치하고 있다. 亢父는 본래 東平에 속하였는데, 章帝 元和 원년(84)에 任城에 分屬되었다.
東平國, 當亢父・泰山之道. 亢父本屬東平, 章帝元和元年, 分屬任城.

【綱】5월에 將軍 郭汜와 樊稠가 모두 三公처럼 開府(府를 설치하고 屬官을 둠)하였다.

五月에 將軍郭汜, 樊稠 竝開府如三公하다

---

8) (官)〔宮〕: 저본에는 '官'으로 되어 있으나, ≪資治通鑑≫에 의거하여 '宮'으로 바로잡았다.

9) 述征記……하였다 : ≪水經注≫ 권5 〈河水〉에 "또 河水가 동북쪽으로 東阿縣 북쪽을 지나가며, 하수가 范縣의 동북쪽에서 흘러 倉亭津이 된다. ≪述征記≫에 말하였다. '창정진은 범현의 경계에 있으니, 동아현과의 거리가 60리이다.'〔又東北過東阿縣北 河水于范縣東北流爲倉亭津 述征記曰 倉亭津在范縣界 去東阿六十里〕" 하였다.

10) (迷征去)〔述征記〕: 저본에는 '迷征去'로 되어 있으나, ≪水經注≫에 의거하여 '述征記'로 바로잡았다.

11) (記)〔去〕: 저본에는 '記'로 되어 있으나, ≪水經注≫에 의거하여 '去'로 바로잡았다.

【綱】 6월에 涼州를 나누어 雍州를 설치하였다.

◑ 六月에 分涼州하여 置雍州하다

【目】 河西의 네 郡은 涼州의 治所와 거리가 멀고 河寇 때문에 단절되었다고 하여 별도로 한 州를 설치할 것을 청하자, 황제가 조서를 내려 邯鄲商을 雍州刺史로 삼았다.

河西四郡이 以去涼州治遠하고 隔以河寇라하여 求別置州어늘 詔以邯鄲商爲雍州刺史①하다

① 涼州刺史는 본래 漢陽郡 冀縣에 治所를 두었는데, 당시 寇賊이 많이 일어나 마침내 河西와 단절되었다. 河寇는 아마도 黃河를 기반으로 하여 노략질을 하는 도둑 떼인 듯하다. 邯鄲은 複姓이고 商은 이름이다.
涼州刺史本治漢陽郡冀縣, 時寇賊繁興, 遂與河西隔絶. 河寇, 蓋群盜阻河爲寇者. 邯鄲, 複姓. 商, 名也.

【綱】 京師에 두 번 지진이 있었다.

京師에 地再震[12)]하다

【綱】 이달 그믐에 일식이 있었다.

◑ 是月晦에 日食하다

【綱】 가을 7월에 楊定을 장군으로 삼아 開府(府를 설치하고 屬官을 둠)하게 하였다.

◑ 秋七月에 以楊定爲將軍하여 開府하다

【綱】 4월부터 이달(7월)까지 비가 내리지 않았다.

◑ 自四月로 不雨하여 至于是月하다

---

12) 京師 地再震 : "京師에 지진이 있는 것은 작은 변고가 아니다. 順帝 때에 일찍이 이를 썼었고, 이때에 다시 썼는데 한 달에 지진이 두 번 있기까지 하였다. ≪資治通鑑綱目≫이 끝날 때까지 '地震'을 쓴 것이 101번인데, 한 해에 지진이 두 번 있었던 것이 12번이고, 한 달에 지진이 두 번 있었던 것이 2번이다.(桓帝 建和 3년(149)과 바로 이해이다.) 獻帝의 경우는 모두 京師에 지진이 있었던 것이 보이니, 桓帝에 견줄 바가 아니다.〔地震京師 非小變也 順帝嘗書之矣 於是復書 而一月至再焉 終綱目 書地震一百一 一歲再震十二 而一月再震二(桓帝建和三年 是年) 獻皆見於京師 非桓比矣〕" ≪書法≫

【目】 곡식 1斛의 값이 50만 錢에 이르자, 長安城 안에 사람들이 서로 잡아먹었다. 이에 황제가 侍御史 侯汶(후민)에게 太倉의 쌀과 콩을 내어서 가난한 사람들을 위해 죽을 끓여 나누어 주게 하였다. 그러나 굶어 죽는 사람의 수는 전과 다름없었다. 그러자 황제가 쌀과 콩을 각각 5升씩 취하여 御前에서 죽을 끓이게 하여 죽을 두 동이 얻고는 마침내 후민에게 곤장 50대를 치니,[13] 이에 가난한 백성들이 모두 온전히 구제될 수 있었다.

穀一斛에 直(치)錢五十萬하니 長安中이 人相食이라 帝令侍御史侯汶으로 出太倉米豆하여 爲貧人作糜①호되 餓死者如故라 帝取米, 豆各五升하여 於御前作糜하여 得二盆하고 乃杖汶五十하니 於是에 悉得全濟하다

① 爲(위하다)는 去聲이다. 糜는 죽이다.
爲, 去聲. 糜, 粥也.

【綱】 9월에 曹操가 呂布를 공격하다가 이기지 못하고 군대를 돌려 鄄城으로 달아났다.

九月에 曹操攻呂布라가 不克하고 還走鄄城하다

典韋

【目】 呂布에게는 濮陽의 서쪽에 주둔시킨 별도의 군대가 있었는데 曹操가 야습하여 이를 격파하였다. 이때 마침 여포가 와서 육박전을 하여 양측이 격렬하게 대립해 형세가 매우 급박하였다.

조조의 司馬 典韋가 모집에 응한 군사들을 거느리고 나가 여포의 군

13) 황제가……치니 : 황제는 侍御史 侯汶에게 太倉의 쌀과 콩을 내어 죽을 쑤어 굶주린 백성을 구제하게 하였으나 후민이 쌀과 콩을 빼돌리고 죽을 조금만 쑤어 먹였기 때문에 굶어 죽는 사람의 숫자가 줄어들지 않은 것이다. 이때 황제가 쌀과 콩 각각 5升씩 취하여 죽을 쑤어 두 동이가 나오는 것을 보고는 후민이 그동안 쌀과 콩을 빼돌린 사실을 알았기 때문에 그어게 곤장을 치게 한 것이다.

대를 막을 적에 화살이 비처럼 쏟아지는데도 전위는 한 번도 쳐다보지 않고 等人에게 이르기를 “적들이 10步의 거리까지 오면 나에게 아뢰라.” 하였다. 등인이 “10보입니다.” 하고 아뢰자, 전위는 또 말하기를 “5보의 거리까지 오면 나에게 아뢰라.” 하였다. 적이 가까이 다가오자, 등인이 두려워하여 적들이 이르렀다고 급박하게 말하였다. 이에 전위가 창을 잡아 쥐고서 큰 소리로 고함치며 일어나니, 창이 이르는 곳에 그의 손이 가는 대로 거꾸러지지 않은 자가 없었다.

조조가 이에 군대를 이끌고 떠나갈 수 있어서 마침내 濮陽에 들어가 그 東門을 불태우고 군대를 뒤로 물리려는 뜻이 없음을 보였다.

呂布가 濮陽에서 曹操와 싸우다

여포와의 전투에서 조조의 군대가 패하였는데 여포의 기병이 조조를 붙잡았으나 그를 알아보지 못하고 놓아주니, 조조가 불길을 뚫고서 탈출하여 〈전열을 가다듬은 다음〉 진군해 다시 공격하여 여포와 백여 일 동안 대치하였다. 그러나 군량이 다하여 각각 군대를 이끌고 떠나갔는데, 조조는 甄城으로 돌아갔고 여포는 山陽에 주둔하였다.

呂布有別屯在濮陽西러니 曹操夜襲破之하니 布至하여 搏戰하여 相持甚急이어늘 司馬典韋 將應募者하여 進當之①할새 矢至如雨호되 韋不視하고 謂等人曰② 虜來十步어든 乃白하라 曰 十步라한대 又曰 五步어든 乃白하라 等人이 懼하여 疾言虜至어늘 韋持戟大呼而起하니 所抵에 無不應手倒者라 操乃得引去하여 遂入濮陽하여 燒其東門하여 示無反意하다 及戰하여 軍敗에 布騎得操而不識하여 釋之하니 操突火而出③하고 進復攻之하여 與布相守百餘日이러니 糧盡하여 各引去하여 操는 還鄄城하고 布는 屯山陽하다

① 典韋는 사람의 姓名이다.
典韋, 姓名.

② 等人[14]이란 등급을 세워서 사람을 모집하여 그 등급에 도달한 자를 等人이라 이른다. 혹자는 "等人은 일등으로 응모한 자이다." 하였다.
等人者, 立等以募人, 及等者, 謂之等人. 或曰 "等人, 一等應募之人也."

③ 突은 맞닥뜨림이다(돌진함이다).
突, 觸也.

【目】袁紹가 사람을 보내 曹操를 설득하여 조조에게 그의 가솔들을 보내서 鄴縣에 거주하게 하자, 조조가 이를 허락하려고 하였다. 이에 程昱이 다음과 같이 말하였다.

"생각건대 장군께서는 아마도 일에 임하여 두려워하시는 듯합니다. 그렇지 않다면 어찌 이렇게 깊이 생각하지 않습니까. 저 원소가 천하를 병탄하려는 마음을 품고 있지만 그 智謀가 일을 이루기에는 부족합니다. 장군께서 스스로 헤아리시기에 저 원소의 아랫사람이 될 수 있겠습니까. 지금 兗州가 비록 殘破되었지만 그래도 세 城이 남아 있고 싸울 수 있는 군사들이 만 명을 밑돌지 않을 것이니, 장군의 神武함[15]을 가지고 荀文若(荀彧)과 저 程昱 등과 함께 그들을 거두어서 쓰시면 霸王의 業을 이룰 수 있을 것입니다. 원컨대 장군께서는 다시 한 번 생각해보십시오."

그러자 조조가 마침내 이를 중지하였다.

袁紹使人說(세)操하여 欲使遣家居鄴이어늘 操將許之러니 程昱曰 意者컨대 將軍이 殆臨事而懼로다 不然이면 何慮之不深也오 夫袁紹有幷天下之心이나 而智不能濟也니 將軍이 自度(탁)能爲之下乎아 今兗州雖殘이나 尙有三城하고 能戰之士 不下萬人이니 以將軍之神武로 與文若, 昱等으로 收而用之하면 霸王之業을 可成也①니 願將軍은 更慮之하라 操乃止하다

① 文若은 荀彧의 자이다.

---

14) 等人 : 元나라 王幼學의 ≪資治通鑑綱目集覽≫에는 "衆人이라고 말한 것과 같다.〔猶言衆人〕"라고 설명하였다.

15) 神武함 : 이는 본래 吉凶과 禍福으로 천하에 위엄을 보여 복종시키고 刑殺을 사용하지 않음을 이른다. ≪周易≫ 〈繫辭傳 上〉에 "옛날에 聰明하고 叡智하며 神武하여 죽이지 않는 자일 것이다.〔古之聰明叡知神武而不殺者夫〕"라고 하였는데, 이에 대한 孔穎達의 疏에 "저 ≪주역≫의 道는 深遠하여 길흉과 화복으로 만물에 위엄을 보여 복종시켰다. 그러므로 옛날에 聰明하고 叡智하며 神武한 군주는 伏羲氏 등을 이르니, 이 ≪주역≫의 道를 써서 천하에 위엄을 보여 복종시켰는바, 이는 刑殺을 사용하지 않고서 위엄을 보여 복종시킨 것이다.〔夫易道深遠 以吉凶禍福威服萬物 故古之聰明叡知神武之君 謂伏犧等 用此易道 能威服天下 而不用刑殺而威服之也〕"라고 설명하였다. 후대에는 '英明함과 威武를 갖추었다.'는 의미로 引伸되어서 帝王이나 將相의 지혜와 덕을 칭송하는 데에 많이 사용하였다.

文若, 荀彧字.

【綱】 劉焉이 卒하자, 그의 아들 劉璋을 益州牧으로 삼았다.

劉焉이 卒커늘 以其子璋으로 爲益州牧[16)]하다

【目】 天火[17)]가 緜竹城을 태우자 劉焉이 治所를 成都로 옮겼는데, 등에 등창이 나서 卒하였다. 益州의 大吏인 趙韙(조위) 등이 유언의 아들 劉璋의 성품이 온화하고 인자함을 탐내서 함께 表文을 올려 유장을 益州刺史로 삼을 것을 청하자, 황제가 詔命을 내려 益州牧으로 삼았다.

天火燒緜竹城하니 劉焉이 徙治成都①러니 疽發背而卒하다 州大吏趙韙等이 貪焉子璋溫仁하여 共上以爲刺史②어늘 詔以爲益州牧하다

① 劉焉이 처음으로 緜竹城에 거처하였다.
焉, 初居緜竹.
② 韙는 羽鬼의 切이다. 上(올림)은 時掌의 切이다.
韙, 羽鬼切. 上, 時掌切.

【綱】 陶謙이 卒하자, 劉備가 徐州牧을 겸하였다.

陶謙이 卒하니 劉備兼領徐州[18)]하다

【目】 陶謙이 병세가 위중하자, 別駕從事 麋竺(미축)에게 이르기를 "劉備가 아니면 이 州

16) 劉焉卒……爲益州牧 : "관직을 쓰지 않은 것은 어째서인가. 劉焉을 죄준 것이다. 이로부터 牧鎭이 卒한 것에 대해 관직을 쓰지 않았으니, 이는 그가 上(황제)을 무시하였다고 여긴 것이다. 그러므로 그가 卒함에 한결같이 삭제한 것이다.〔不書官 何 罪焉也 自是牧鎭卒皆不書官 以爲無上也 故於其卒也 壹削之〕" ≪書法≫

17) 天火 : 천둥과 번개 또는 자연 발화 등의 원인으로 일어난 불을 가리킨다. ≪春秋左氏傳≫ 宣公 16년(B.C. 593) 조에 "모든 火災에 사람이 방화한 것을 火라 하고, 자연적으로 발생한 불을 災라 한다.〔凡火 人火曰火 天火曰災〕"라고 보인다.

18) 劉備兼領徐州 : "여기에서 徐州 사람들이 劉備를 맞이하였는데 유비가 袁術을 추대하자 사람들이 불가하다고 하여 유비가 마침내 徐州牧을 겸임하였으니, 그렇다면 詔命이 내린 것이 아니다. 그런데 어찌하여 '스스로〔自〕'라고 일컫지 않았는가.(袁紹와 袁術이 '自領'이라고 쓴 것을 근거한 것이다.) ≪資治通鑑綱目≫은 유비에 대해서 면제해주는 말이 많으니, 이는 유비가 바르기 때문이다.〔於是州人迎備 備推袁術 衆不可 遂領徐州 則非有詔命也 曷爲不稱自(據袁紹袁術書自領) 綱目於劉備多恕辭 正也〕" ≪書法≫

를 편안하게 할 수 없다." 하였다.

도겸이 卒하자, 미축이 州의 사람들을 거느리고 유비를 맞이하였는데, 유비가 감히 이를 감당하지 못하여 말하기를 "袁公路(袁術)의 집안은 4대에 걸쳐 다섯 公을 배출하여 온 천하가 귀의하고 따르는 바이다. 원공로가 지금 가까이 壽春에 있으니, 그대는 徐州를 그에게 넘겨주는 것이 좋겠다." 하였다. 그러자 典農校尉 陳登이 다음과 같이 말하였다.

"원공로는 교만하고 방자하니, 난세를 다스릴 군주가 아닙니다. 지금 제가 使君(유비)을 위하여 보병과 기병 십만 명을 모으고자 하니, 위로는 군주를 바로잡고 백성을 구제할 수 있고, 아래로는 한 지방을 割據하여 서주의 境內를 지킬 수 있습니다. 만약 使君이 허락해주지 않으면 저 진등 역시 使君의 말을 따르지 않겠습니다."

北海相 孔融이 유비에게 이르기를 "원공로가 어찌 나라를 걱정하여 집안을 잊는 자이겠습니까. 무덤 속의 해골을 어찌 개의할 것이 있겠습니까. 오늘의 일은 백성들이 유능한 자를 〈보고서〉 따르는 것이니, 하늘이 주는데도 취하지 않으면 후회해도 어찌할 수 없을 것입니다." 하자, 유비가 마침내 徐州牧을 겸하였다.

謙이 疾篤에 謂別駕糜竺(미축)曰 非劉備면 不能安此州[①]니라 謙이 卒커늘 竺이 率州人迎備한대 備未敢當하여 曰 公路는 四世五公으로 海內所歸[②]라 今近在壽春하니 君可以州與之니라 典農校尉陳登曰[③] 公路는 驕豪하니 非治亂之主라 今欲爲使君하여 合步騎十萬[④]하노니 上可以匡主濟民이요 下可以割地守境이니 若使君이 不見聽許면 登亦未敢聽使君也호리라 北海相孔融이 謂備曰 袁公路 豈憂國忘家者邪아 冢中枯骨을 何足介意[⑤]리오 今日之事는 百姓與能[⑥]이니 天與不取면 悔不可追라한대 備遂領徐州하다

① 糜는 武悲의 切이다. 竺은 음이 竹이다.
糜, 武悲切. 竺, 音竹. 糜竺, 姓名.

② 公路는 袁術의 자이다. 袁安부터 袁隗까지 4世인데, 원안은 司徒가 되었고 아들 袁敞은 司空이 되었고 손자 袁湯은 사공이 되었고 曾孫 袁逢은 사공이 되었고 원외는 太傅가 되었으니, 모두 5명의 三公이다.
公路, 袁術字. 自袁安至袁隗四世, 安爲司徒, 子敞爲司空, 孫湯爲司空, 曾孫逢爲司空, 隗爲太傅, 凡五公.

③ 陶謙이 表文을 올려 陳登을 典農校尉로 삼도록 하였다.
陶謙表登爲典農校尉.

④ 爲(위하다)는 去聲이다.
爲, 去聲.

⑤ 〈"冢中枯骨 何足介意"는〉 바로 4대에 걸쳐 5명의 三公〔四世五公〕을 배출한 것을 말한 것이다.
正爲四世五公發也.
⑥ 與는 본음대로 읽으니, 〈"百姓與能"은〉 백성들이 유능한 자를 보고서 따름을 말한다.
與, 如字. 言百姓視能者而與之.

【綱】 馬日磾가 壽春에서 卒하였다.

馬日磾卒於壽春[19)]하다

【目】 처음에 馬日磾가 趙岐와 함께 使命을 받들어 壽春에 이르렀는데, 조기가 뜻을 지켜 굽히지 않자 袁術이 그를 꺼렸다. 마일제가 원술에게 요구하는 바가 자못 많았는데, 원술이 〈조정에서 마일제에게 준〉 使節을 빌려서 보다가 빼앗고 돌려주지 않았다. 마일제가 떠나갈 것을 청하였으나 원술이 억류하고 보내주지 않으니, 마일제가 피를 토하고 죽었다.

初에 日磾與趙岐로 俱奉使(시)至壽春이러니 岐守志不撓하니 袁術이 憚之하니라 日磾 頗有求於術이러니 術이 借節視之라가 因奪不還하고 求去不遣하니 日磾嘔血而死하다

【綱】 袁術이 表文을 올려 孫策을 懷義校尉로 삼도록 하였다.

袁術이 表孫策하여 爲懷義校尉하다

【目】 처음에 孫堅이 錢塘 사람 吳氏를 아내로 삼아서 네 아들을 낳으니, 바로 孫策과 孫

---

19) 馬日磾卒於壽春 : "馬日磾는 누구인가. 太傅이다. 그렇다면 어찌하여 관직을 쓰지 않았는가. 使者로서 使節을 잃었기 때문이다. 이때에 마일제가 사명을 받들고 가서 關東 지방의 군벌들을 화해시켰는데, 袁術이 그를 속여서 그의 使節을 빼앗았으니, 이는 마일제가 〈使命을 저버려〉 군주의 명을 욕되게 한 것이다. 그러므로 '壽春에서 卒하였다.'라고만 쓰고 그 관직을 삭제한 것이다. 東漢에서 牧鎭 이외의 人士가 卒했을 적에 관직을 쓰지 않은 경우가 3번(單超와 馬日磾와 荀攸)이고, ≪資治通鑑綱目≫이 끝날 때까지 卒했을 적에 지명을 쓴 경우가 4번(馬日磾와 管寧, 太傅 司馬越과 楊復光)인데, 오직 마일제와 태부 사마월에 대해서만 비난하는 말이 된다.〔日磾 何 太傅也 然則曷爲不書官 使(시)失節也 於是日磾奉使和解關東 袁術詐奪其節 是辱命也 故書卒於壽春 而削其官 東漢自牧鎭外卒不書官者三(單超 日磾荀攸) 終綱目 卒以地者四(日磾管寧太傅越楊復光) 惟日磾太傅越爲譏辭〕" ≪書法≫
"劉焉은 분수 밖의 일을 탐내고 도모하여 사치하고 참람하여 신하 노릇 하지 않았으며, 마일제는 사명을 제대로 받들지 못하여 使節을 빼앗기고 자신을 굽혔기 때문에 모두 '卒'이라고만 쓰고 그 관직을 삭제한 것이다.〔劉焉貪圖非 奢僭不臣 日磾奉使無狀 失節屈身 故皆書卒而削去其官〕" ≪發明≫

權과 孫翊과 孫匡이고, 이 밖에 딸 하나가 더 있었다. 손견이 밖에서 從軍할 적에 자기 집안을 壽春에 머물게 하였는데, 孫策은 나이 십여 세에 이미 명성이 알려진 사람들과 교분을 맺었다. 舒縣 사람 周瑜는 孫策과 同年으로 또한 英明하고 豁達(활달)하며 夙成하였다.

周瑜

주유가 舒縣에서 壽春으로 와서 〈손책을 만나보고〉 誠心을 미루어 교분을 맺고 손책에게 권하여 서현으로 옮겨가서 거주하게 하되 길 남쪽의 〈교통이 좋고 양지바른〉 큰 저택을 양보하여 손책에게 주고, 堂에 올라 손책의 모친에게 절을 올리고는 있고 없는 것을 서로 융통하여 구제하였다.

손견이 죽었을 적에 손책은 나이가 열일곱이었는데 부친 손견의 영구를 曲阿로 모셔와 안장하고, 얼마 후 마침내 長江을 건너 江都에 거주하여 호걸들과 교분을 맺어 〈아버지를 위해〉 복수할 뜻이 있었다.

初에 孫堅이 娶錢塘吳氏하여 生四男하니 策, 權, 翊, 匡及一女라 堅이 從軍於外에 留家壽春이러니 策年十餘歲에 已交結知名이러라 舒人周瑜 與策同年이라 亦英達夙成이러니 自舒來造하여 推結分好하고 勸策徙居舒[①]하여 推(퇴)道南大宅與策하고 升堂拜母하고 有無通共[②]하다 及堅死에 策年十七이라 還葬曲阿[③]하고 已乃度江하여 居江都[④]하여 結納豪俊하여 有復讐之志[⑤]하니라

① 分(분수)은 扶問의 切이다. "推結分好"는 誠心을 미루어 교분을 맺음을 이른다.
分, 扶問切. 推結分好, 謂推分而結好也.

② 推(양보하다)는 吐雷의 切이다.
推, 吐雷切.

③ 曲阿는 옛 雲陽縣이다. 秦나라 때에 이 지역에 天子의 기운이 있다고 하여, 始皇帝가 북쪽 언덕을 뚫어서 그 기세를 무너뜨리고 直道를 끊어서 굽어지게 만들었기 때문에 지명을 曲阿라고 이른 것이다.
曲阿, 古雲陽縣也. 秦時言其地有天子氣, 始皇鑿北坑以敗其勢, 截直道, 使阿曲, 故謂之曲阿.

④ 江都는 ≪書經≫ 〈夏書 禹貢〉의 揚州이다. 漢나라 景帝 때에 江都國을 설치하였는데, 武帝 때에 廣陵郡으로 명칭을 바꾸었다.
江都, 禹貢揚州也. 景帝置江都國, 武帝更廣陵郡.

⑤ 〈"有復讎之志"는〉 부친 孫堅이 黃祖에게 죽임을 당하였기 때문이다.
以父堅爲黃祖所殺也.

【目】 袁術이 表文을 올려 孫策의 外叔 吳景에게 丹陽太守를 겸임하게 하고 從兄 孫賁(손비)를 都尉로 삼도록 하였다. 손책이 찾아가서 원술을 만나보고 눈물을 흘리며 다음과 같이 말하였다.

"先親께서 옛적에 長沙로부터 들어가 董卓을 토벌하고 현명하신 使君과 南陽에서 함께 만나서 同盟하여 우호를 맺었는데, 불행하게도 難을 만나서 공업을 마치지 못하셨습니다. 저 손책이 옛 은혜에 감격하여 스스로 의지하여 교분을 맺고자 하오니, 현명하신 使君께서는 저의 정성을 살펴주시길 바랍니다."

원술은 손책의 이 말을 매우 기특하게 여겼으나 그 부친의 군대를 되돌려주려고 하지 않고, 손책에게 이르기를 "丹陽郡은 정예병이 많이 배출되는 지역이니, 단양군에 가면 군대를 불러 모을 수 있을 것이다." 하였다.

術이 上策舅吳景領丹陽太守하고 從兄賁(비)爲都尉[①]하다 策이 往見術하고 涕泣言曰 亡父昔從長沙入討董卓하고 與明使君으로 會於南陽하여 同盟結好러니 不幸遇難하여 勳業不終하니이다 策이 感惟舊恩하여 欲自憑結하노니 願明使君은 垂察其誠하라 術이 甚奇之나 然未肯還其父兵하고 謂曰 丹陽은 精兵之地니 可往召募니라

① 上(올림)은 時掌의 切이다. 賁는 음이 祕이다.
上, 時掌切. 賁, 音祕.

【目】 孫策이 마침내 그 모친을 맞이하여 曲阿에 이르러서 외숙(吳景)에게 의지하고 군대를 불러 모아 수백 명을 얻었는데, 涇縣의 大帥 祖郎에게 습격을 받아 거의 위태로운 지경에 이르렀다. 이에 다시 찾아가서 袁術을 만나 보았는데, 원술이 손견의 남은 병력 천여 명을 손책에게 되돌려주고 懷義校尉에 임명하여 그를 九江太守로 삼을 것을 허락하였다. 그러나 이윽고 다시 〈바꾸어〉 陳紀를 구강태수로 임명하였다.

원술은 또 손책에게 廬江太守 陸康을 공격하게 하고 이르기를 "지금 만약 육강을 잡으면 여강은 참으로 卿의 소유가 될 것이다." 하였는데, 손책이 여강을 공격하여 함락

시키자 원술은 또다시 그의 옛 屬吏인 劉勳을 여강태수로 임명하니, 손책이 더욱 실망하였다.

策이 遂迎其母하여 詣曲阿하여 依舅氏하고 召募得數百人이러니 爲涇縣大帥祖郎所襲하여 幾至危殆①라 於是에 復往見術한대 術이 以堅餘兵千餘人으로 還策하고 拜懷義校尉하여 許以爲九江太守하다 已而요 更用陳紀하고 又使攻廬江太守陸康하고 謂曰 今若得康이면 廬江은 眞卿有也라하더니 策이 攻拔之한대 術이 復用其故吏劉勳하니 策이 益失望하니라

① 涇縣은 丹陽郡에 속하였다. 祖는 성이다.
涇縣, 屬丹陽郡. 祖, 姓也.

【綱】 劉繇를 揚州刺史로 삼았다.

以劉繇爲揚州刺史하다

【目】 劉繇는 劉岱의 아우이다. 평소 높은 명망이 있었는데 황제가 詔令을 내려 그를 揚州刺史에 임용하니, 袁術이 이미 〈治所인〉 壽春을 점거하였다고 하여 유요는 남쪽으로 가서 長江을 건너가 治所를 설치하고자 하였다. 그러자 吳景과 孫賁가 그를 曲阿로 맞이해왔다.

오랜 시일이 지난 뒤에 유요가 오경과 손비는 본래 원술이 배치한 자들이라고 하여 핍박해 쫓아내었다. 오경과 손비가 후퇴하여 歷陽에 주둔하자, 유요가 장수를 보내 橫江에 주둔하게 하여 그들을 막았다.

繇는 岱之弟也라 素有盛名이러니 詔用爲揚州하니 以袁術已據壽春이라하여 欲南渡江①한대 吳景, 孫賁 迎置曲阿하다 久之요 繇 以景, 賁本術所置라하여 迫逐之하니 景, 賁退屯歷陽②이어늘 繇遣將하여 屯橫江以拒之③하다

① ≪續漢志≫에 "揚州는 본래 歷陽에 治所를 두었는데, 中世 이후에 壽春으로 치소를 옮겼다." 하였다.
續漢志"揚州本治歷陽. 蓋中世以後, 徙治壽春."

② 歷陽縣은 九江郡에 속하였다.
歷陽縣, 屬九江郡.

③ 橫江은 바로 橫塘이다. ≪金陵覽古≫에 "長江 어귀부터 淮水를 따라 둑을 축조하였는데, 이를 일러 橫塘이라 한다." 하였다.
橫江, 卽橫塘也. 金陵覽古曰"自江口沿淮築堤, 謂之橫塘."

乙亥年(195)

【綱】 漢나라 孝獻皇帝 興平 2년이다. 봄 정월에 曹操가 定陶에서 呂布를 패퇴시켰다.

二年이라 春正月에 曹操敗呂布於定陶하다

【綱】 현지(鄴城)에서 袁紹를 右將軍에 임명하였다.

◑ 卽拜袁紹爲右將軍[①20)]하다

① 당시에 袁紹가 鄴城에 있었으므로 업성에 나아가 그를 임명한 것이다.
時紹在鄴, 就鄴拜之.

【綱】 2월에 李傕(이각)이 樊稠(번조)를 죽이고 郭汜(곽사)를 공격하고, 황제를 겁박하여 자기 군영 안으로 들어오게 하였다.

◑ 二月에 李傕이 殺樊稠, 攻郭汜하고 劫帝하여 入其營하다

【目】 董卓이 죽은 초기에는 三輔 지역의 백성이 아직도 수십만 家戶나 되었는데, 李傕 등이 군대를 풀어놓아 약탈을 자행한 데다가 기근까지 닥치니, 2년 사이에 백성이 서로 잡아먹어서 거의 다하였다.

李傕과 郭汜와 樊稠가 각자 공로를 자랑하여 권력을 다투었는데, 이각은 번조가 용맹하여 사람들의 마음을 얻는다고 생각해서 그를 꺼려 번조를 청하여 모여서 의논하다가 그 자리에서 그를 죽였다. 이로 말미암아 장수들이 더욱 서로 의심하여 배반하였다.

董卓이 初死에 三輔民이 尙數十萬戶라 傕等이 放兵劫掠하고 加以飢饉하니 二年之間에 民相食略盡이러라 李傕, 郭汜, 樊稠 矜功爭權이러니 傕以稠勇而得衆이라하여 忌之하여 請稠會議라가 於坐殺之하니 由是로 諸將이 轉相疑貳하니라

---

20) 卽拜袁紹爲右將軍 : "三公이 아니면 '卽拜(현지에 나아가 임명하다.)'라고 쓴 경우가 있지 않았는데(張溫과 劉虞가 모두 太尉와 大司馬인 것에 근거한 것이다.) 右將軍에 대해서 곧바로 '卽拜'라고 쓴 것은 어째서인가. 이는 비판한 것이다. 袁紹가 勤王하지 않았는데 漢나라 조정에서 鄴城에 나아가 그를 임명하였으니, 卽拜라고 쓴 것은 원소를 부끄럽게 하기 위한 것이다.〔非三公 未有書卽拜者(據張溫劉虞皆太尉大司馬) 右將軍直書卽拜 何 譏也 紹不勤王而漢就拜之 書卽拜 所以媿紹也〕" ≪書法≫

【目】 李傕과 郭汜가 각자 군대를 정비하고 서로 공격할 적에 이각이 마침내 군대를 거느려 궁을 포위하고서 수레 세 대로 황제를 〈자기의 군영으로〉 맞이해 가고, 군대를 풀어놓아 궁에 들어가 宮人과 御物을 약탈하며 아울러 금과 비단을 취하고 마침내 불을 질러서 宮殿과 官府 및 民家를 전부 다 태워 버렸다.

황제가 다시 公卿을 보내어 이각과 곽사를 화해시켰는데, 곽사가 太尉 楊彪와 大司農 朱儁 등 열 명을 억류하여 볼모로 삼으니, 朱儁이 분하고 답답해하여 병이 나서 죽었다.

傕, 汜 各治兵相攻할새 傕이 遂將兵圍宮하여 以車三乘迎帝하고 放兵하여 入掠宮人, 御物하며 幷取金帛하고 遂放火하여 燒宮殿, 官府, 居民하여 悉盡하다 帝復使公卿으로 和傕, 汜[①]한대 汜留太尉楊彪, 大司農朱儁等十人하여 以爲質[②]하니 儁이 憤懣하여 發病死하다

① 예전에 황제가 侍中과 尙書를 보내서 李傕과 郭汜를 화해시켰는데, 이각과 곽사가 이를 따르지 않았기 때문에 '다시 보냈다〔復使〕'라고 한 것이다.
前帝使侍中・尙書和傕・汜, 傕・汜不從, 故云復使.

② 質는 音이 致이다.
質, 音致.

【綱】 여름 4월에 貴人 伏氏를 세워 皇后로 삼았다.

夏四月에 立貴人伏氏爲皇后하다

【綱】 郭汜가 李傕을 공격하자, 이각이 황제를 北塢로 옮겼다.

◑郭汜攻李傕이어늘 傕이 遷帝於北塢하다

【目】 郭汜가 李傕을 공격하는 일을 상의하였는데, 楊彪가 말하기를 "신하들이 함께 다투어 한 사람은 天子를 겁박하고 한 사람은 公卿을 볼모로 삼으니, 이렇게 할 수 있단 말인가." 하였다. 그러자 곽사가 노하여 직접 칼로 치려고 하였는데, 양표가 말하기를 "卿은 國家(天子)도 받들지 않으니 내가 어찌 살기를 구하겠는가." 하니, 郭汜가 마침내 그만두었다.

이각이 羌族과 胡族 수천 명을 불러와서 御物을 그들에게 주고 宮人을 주기로 허락하여 곽사를 공격하게 하고자 하였는데, 곽사가 마침내 군대를 거느리고 밤에 이각의 營

門을 공격하여 화살이 황제의 휘장에까지 날아왔다.

郭汜議攻李傕이어늘 楊彪曰 群臣共鬪하여 一人은 劫天子하고 一人은 質公卿이 可乎아 汜怒하여 欲手刃之한대 彪曰 卿이 尙不奉國家하니 吾豈求生邪아하니 汜乃止하다 傕이 召羌, 胡數千하여 以御物與之하고 許以宮人하여 欲令攻汜어늘 汜遂將兵하고 夜攻傕門하여 矢及帝帷러라

【目】李傕이 다시 乘輿(황제)를 옮겨서 北塢에 이르고 校尉에게 塢門을 감시하게 하니, 안팎이 단절되어서 모시는 신하들이 모두 굶주린 기색을 띠었다. 황제가 쌀과 쇠뼈를 요구하여 좌우의 신하들에게 하사하고자 하였는데, 이각이 악취가 나는 쇠뼈를 주었다.

傕이 復移乘輿하여 幸北塢①하고 使校尉로 監塢門하니 內外隔絶하여 侍臣이 皆有飢色이라 帝求米及牛骨하여 以賜左右하니 傕이 以臭牛骨與之하다

① 당시에 황제는 南塢에 있었고 李傕은 北塢에 있었다.
時帝在南塢, 傕在北塢.

【目】司徒 趙溫이 李傕에게 편지를 보내어 다음과 같이 말하였다.

"公이 예전에 王城을 도륙해서 大臣들을 무참히 살해하고, 지금 사소한 원한 때문에 郭汜와 다투어서 매우 큰 원수를 만들었다. 朝廷(황제)이 화해시키고자 하였으나 詔令을 시행하지 않고 다시 乘輿(황제)를 黃白城으로 옮기고자 하니, 이는 진실로 老夫가 이해하지 못하는 바이다. ≪周易≫에 '잘못을 한 번 함은 過가 되고 잘못을 거듭함은 涉이 되고 잘못을 세 번 하여 고치지 않으면 그 정수리까지 빠지니 凶하다.' 하였으니, 빨리 함께 화해하는 것만 못하다."

이에 이각이 크게 노하여 조온을 죽이고자 하였는데, 그의 아우 李應이 간하니, 며칠 만에 마침내 그만두었다.

司徒趙溫이 與傕書曰 公이 前屠陷王城하여 殺戮大臣하고 今爭睚眥(애자)之隙하여 以成千鈞之讐①라 朝廷이 欲令和解호되 詔命不行하고 而復欲轉乘輿於黃白城하니 此誠老夫所不解也②로라 於易에 一爲過요 再爲涉이요 三而弗改하여 滅其頂하니 凶이라하니 不如早共和解③니라 傕이 大怒하여 欲殺溫이러니 其弟應이 諫之하니 數日에 乃止④하다

① 千鈞은 무거움을 말한 것이다.
千鈞, 言重也.
② 黃白城은 弘農郡에 있었다.

黃白城, 在弘農郡.

③ ≪周易≫ 大過卦 上六爻辭에 "지나치게 건너 정수리까지 빠지니 凶하다." 하였는데, 趙溫이 이것에 의거하여 一과 再와 三의 뜻을 나눈 것이다.
易大過上六曰"過涉滅頂, 凶." 溫依此而分一再三之義.

④ 李應은 趙溫의 옛 掾吏이다.
應, 溫故掾也.

【目】 윤5월에 황제가 謁者僕射 皇甫酈을 보내어 李傕과 郭汜를 화해시킬 적에 황보력이 먼저 곽사에게 찾아가니 곽사가 명을 따랐는데, 또다시 이각에게 찾아가니 이각이 명을 따르려고 하지 않으면서 말하기를 "君이 보기에 나의 方略과 군대가 충분히 郭多를 제압하겠는가? 곽다가 또 公卿을 겁박하고 볼모로 삼고 있는데, 君은 진실로 그를 돕고자 하는가?" 하자, 황보력이 다음과 같이 말하였다.

"근자에 董公(董卓)의 강함은 장군이 아는 바이다. 呂布가 은총을 받고서 도리어 동공을 살해하였으니, 이는 동공이 용맹만 있고 무모하였기 때문이다. 지금 곽사는 公卿을 볼모로 삼고 있고 장군은 天子를 협박하고 있으니, 누구의 죄가 가볍고 무거운가? 張濟는 곽사와 함께 모의하고 楊奉은 장군의 행위가 옳지 않다는 것을 알고 있으니, 장군이 비록 그들을 총애하더라도 장군에게 쓰이지 않을 것이다."

이각이 황보력을 꾸짖고 내보내니, 황보력이 禁門에 이르러 "이각이 詔命을 받들려 하지 않고 언사가 공손하지 못하였습니다." 하고 아뢰었다. 황제는 이 말을 이각이 들을까 두려워 급히 황보력에게 떠나가도록 명하였다.

閏月에 帝使謁者僕射(야)皇甫酈(력)으로 和傕, 汜할새 酈이 先詣汜하니 汜從命이러니 又詣傕하니 傕이 不肯하여 曰 君이 觀吾方略士衆이 足辦郭多否[①]아 多又劫質公卿이어늘 而君苟欲左右之邪[②]아 酈曰 近者에 董公之强은 將軍所知也라 呂布受恩而反圖之하니 此는 有勇而無謀也일새라 今汜質公卿而將軍脅主하니 誰輕重乎아 張濟與汜有謀하고 楊奉이 知將軍所爲非是[③]하니 將軍이 雖寵之나 猶不爲用也리라 傕이 呵之出하니 酈이 詣省門하여 白傕不肯奉詔하고 辭語不順[④]한대 帝恐傕聞之하여 亟(극)令酈去하다

① 郭汜는 또 다른 이름이 郭多이다. 李傕이 이르기를 "네가 나의 方略과 나의 군대를 가지고 볼 때에 곽사를 이길 수 있겠는가?"라고 한 것이다.
郭汜, 一名多. 傕謂汝以我之方略, 我之士衆觀之, 可勝郭汜否乎.

② 左右(돕다)는 佐佑로 읽는다.
左右, 讀曰佐佑.

③ 楊奉은 白波賊의 우두머리이다.
奉, 白波賊帥也.
④ "省門"은 바로 禁門이다.
省門, 卽禁門也.

【綱】李傕이 스스로 大司馬가 되었다.

李傕이 自爲大司馬하다

【綱】曹操가 定陶를 공격하여 점령하자, 呂布가 달아나 劉備에게 귀의하고 廣陵太守 張超를 남겨두어 雍丘를 지키게 하였다.

◑ 曹操攻拔定陶하니 呂布走歸劉備하고 留廣陵太守張超하여 守雍丘하다

【目】呂布의 장수 薛蘭과 李封이 鉅野에 주둔하고 있었는데, 曹操가 공격하여 설란 등을 참살하였다. 조조는 陶謙이 이미 죽었다고 하여 마침내 徐州를 취하고 돌아와 여포를 평정하고자 하였는데, 荀彧이 다음과 같이 말하였다.

"옛적에 高祖는 關中을 확보하고 光武帝는 河內를 점거하였으니, 모두 뿌리를 깊게 하고 근본을 견고히 하여 천하를 제압해서, 나아가면 충분히 적을 이길 수 있고 물러나면 충분히 굳게 지킬 수 있었습니다. 이 때문에 비록 어려움과 실패가 있었으나 끝내 大業을 이룬 것입니다.

장군은 본래 兗州를 가지고 일을 시작하였고, 또 黃河와 濟水 가에 있는 兗州는 천하의 요해지입니다. 이 또한 장군에게 關中과 河內 같은 곳이니, 먼저 평정하지 않을 수 없습니다. 이제 군대를 나누어 동쪽으로 가서 陳宮을 공격하고 그 사이에 이미 성숙한 보리를 수확하면 일거에 여포를 격파할 수 있을 것입니다. 만약 여포를 놓아두고 동쪽으로 가서 徐州를 공격하면, 군사들을 많이 남겨둘 경우 병력을 쓰기에 충분하지 못하고, 군사들을 조금 남겨둘 경우 여포가 빈 틈을 타고서 약탈과 포악한 짓을 자행하여 민심이 더욱더 동요될 것이니, 이는 연주가 없는 것이나 마찬가지입니다.

呂布將薛蘭, 李封이 屯鉅野러니 曹操攻之하여 斬蘭等[①]하다 操以陶謙已死라하여 欲遂取徐州하고 還乃定布어늘 荀彧曰 昔에 高祖保關中하고 光武據河內하니 皆深根固本以制天下라 進足以勝敵이요 退足以堅守라 故로 雖有困敗나 而終濟大業[②]하니이다 將軍이 本以兗州首事하고 且河, 濟는

天下之要地니 是亦將軍之關中, 河內也라 不可以不先定[③]이니이다 今分兵하여 東擊陳宮하고 以其間收熟麥이면 一擧而布可破也리이다 若舍而東[④]인댄 多留兵則不足用이요 少留兵則布乘虛寇暴하여 民心益危하리니 是는 無兗州也니이다

① 鉅野縣은 山陽郡에 속하였다.
鉅野縣, 屬山陽郡.

② 高祖가 천하를 취할 적에 蕭何에게 關中을 지키게 하고 光武帝가 河北을 경영할 적에 寇恂에게 河內를 지키게 하여, 모두 王業의 근본으로 삼았다.
高祖取天下, 令蕭何守關中, 光武經營河北, 令寇恂守河內, 皆以爲王業根本.

③ 曹操가 처음 東郡太守 鮑信 등이 맞이하는 대로 따라서 領兗州牧이 되었다가 마침내 진군하여 黃巾賊 등을 격파하였다. 兗州 지역은 동남쪽으로 濟水를 점유하고 서북쪽으로 黃河에 이른다.
操初從東郡守鮑信等迎領兗州牧, 遂進兵破黃巾等. 兗州之域, 東南據濟, 西北距河.

④ 舍(버리다)는 捨로 읽는다.
舍, 讀作捨.

【目】 만약 徐州를 공격하여 평정하지 못하면 장군이 장차 어디로 돌아가겠습니까? 또한 陶謙이 비록 죽었으나 서주를 멸망시키기가 쉽지 않습니다. 저 徐州의 사람들은 왕년에 실패하였던 경험을 鑑戒로 삼아 틀림없이 성벽을 견고하게 수리하고 들판의 곡식을 모두 거두어들여서 미리 준비하고 장군을 기다릴 것이니, 徐州를 공격해도 함락시키지 못하고 노략질해도 얻는 바가 없으면 열흘도 못 되어 십만의 군대가 전투하기도 전에 절로 곤핍하게 될 것입니다. 예전에 徐州를 토벌할 적에 위엄과 형벌을 실로 행하였으니, 그 子弟들이 父兄들의 치욕을 기억하여 틀림없이 항복하려는 마음이 없을 것이요, 설령 서주를 격파하더라도 오히려 소유할 수 없을 것입니다.

무릇 일에는 진실로 이것을 버리고 저것을 취하는 경우가 있으니, 큰 것을 작은 것과 바꾸는 것도 괜찮고, 편안함을 위태로움과 바꾸는 것도 괜찮고, 한때의 형세만 헤아리고 근본이 견고하지 못함을 근심하지 않는 것도 괜찮습니다. 그러나 지금 세 가지를 비추어보았을 때에 우리에게 이로운 점이 없으니, 장군께서는 심사숙고하시길 바랍니다."

그러자 조조가 마침내 〈徐州의 공격을〉 중지하였다.

若徐州不定이면 將軍이 當安所歸乎아 且謙雖死나 徐州未易亡也라 彼懲往年之敗하여 必堅壁淸野以待將軍하리니 攻之不拔하고 略之無獲이면 不出十日에 則十萬之衆이 未戰而自困耳라 前討徐州에 威罰實行[①]하니 其子弟念父兄之恥하여 必無降心이요 就能破之라도 尙不可有也[②]리이다

夫事固有棄此取彼者하니 以大易小可也요 以安易危可也요 權一時之勢하고 不患本之不固 可也어니와 今三者莫利하니 願將軍은 熟慮之하소서 操乃止하다

① 〈"威罰實行"은〉 도륙한 바가 많음을 이른다.
謂多所屠戮也.

② 徐州의 子弟들은 이미 父兄들의 원한이 있어서 반드시 曹操에게 진심으로 복종하지 않을 것이니, 비록 그들의 군대를 격파하더라도 오히려 그 땅을 소유할 수 없는 것이다.
徐州子弟, 旣有父兄之讐, 必不心服於操, 縱破其兵, 猶不能有其地也.

【目】 呂布가 다시 陳宮과 함께 만여 명을 거느리고 와서 싸웠는데, 曹操의 군사들이 모두 보리를 수확하러 군영을 나가고 군영 안에 있는 자들은 천 명도 채 되지 못하였다.

조조의 군대가 주둔하고 있는 곳의 서쪽에 큰 제방이 있었는데, 조조가 제방의 뒤쪽에 군사들을 매복시키고 절반의 병사만을 내보내어 싸움을 걸게 하였다. 두 군대가 이미 교전을 하자 제방 뒤쪽에 매복하고 있던 군사들이 뛰쳐나와 여포의 군대를 크게 격파하여 定陶를 함락하고 군대를 나누어 여러 縣을 평정하였다.

여포가 동쪽으로 徐州에 가서 劉備에게 의탁하였는데, 張邈이 여포를 따르고 그 아우 張超를 남겨두어 雍丘를 지키게 하였다.

여포는 유비를 만나보고 매우 존경하여 유비를 자신의 장막 안으로 초청하여 그 아내의 침상 위에 앉히고 아내에게 유비를 향하여 절을 올리게 하고 주연을 베풀어 술을 따르고 음식을 대접하며 유비를 아우라고 칭하였다. 유비는 여포가 말에 조리가 없는 것을 보고 겉으로는 좋은 체하였으나 속으로는 기뻐하지 않았다.

布復與陳宮으로 將萬餘人來戰하니 操兵이 皆出收麥하고 在者不能千人이라 屯西에 有大隄어늘 操隱兵隄裏하고 出半兵挑戰이러니 旣合에 伏發하여 大破之하여 攻拔定陶하고 分兵平諸縣하다 布東奔劉備어늘 張邈이 從之하고 留弟超하여 守雍丘하다 布見備에 甚尊敬之하여 請備於帳中하여 坐婦牀上하고 令婦向拜하고 酌酒飮食하며 名備爲弟하다 備見布語言無常하고 外然之나 而內不悅하니라

【綱】 6월에 장군 張濟가 황제를 맞이하여 동쪽으로 돌아왔다. 가을 7월에 〈황제가〉 長安을 출발할 적에 장제를 驃騎將軍으로 삼아 開府하게 하였다.

六月에 將軍張濟 迎帝東歸[21]하다 秋七月에 發長安할새 以濟로 爲驃騎將軍하여 開

21) 將軍張濟 迎帝東歸 : "'劫帝', '遷帝'라고 쓴 것이 있는데, 여기에서 '迎帝'라고 쓴 것은 어째서인가. 본래 황제의 뜻이었기 때문이다. 그러므로 張濟에 대해 '將軍'이라고 쓸 수 있었다. 〈뒤에 장제가 李

府하다

【目】 李傕과 郭汜가 몇 달 동안 연이어 서로 공격하니, 죽은 자가 만 명으로 헤아릴 정도로 많았다. 이각의 장수 楊奉이 이각을 죽일 것을 도모하다가 일이 누설되자 이각을 배반하여 군대를 거느리고 떠나가니, 이각의 병력이 점점 쇠약해졌다.

張濟가 陝縣에서 서쪽으로 長安에 이르러 이각과 곽사를 화해시키고 乘輿(天子)를 옮겨서 잠시 동안 弘農에 가 있게 하고자 하니, 황제 역시 舊都인 雒陽을 그리워하여 사자를 보내어 宣諭하기를 여러 차례 반복하자, 곽사와 이각이 화해할 것을 허락하였다.

이각이 화해할 계획을 아직 결정하지 못하였는데, 이각이 거느리고 있던 羌族과 胡族들이 자주 찾아와서 省門을 엿보고 말하기를 "天子가 이 안에 계신가? 이장군(이각)이 우리에게 宮人을 주겠다고 허락하였는데 지금 모두 어디에 있는가?" 하였다.

황제가 이를 근심하여 사람을 보내 장군 賈詡에게 이르기를 "卿이 옛날에 직무를 수행함에 공정하고 충직하였기 때문에 승진하여 榮寵을 받았다. 그런데 지금 羌族과 胡族들이 길에 가득하니, 마땅히 方略을 생각해야 할 것이다." 하였다.

가후가 마침내 강족과 호족들의 우두머리를 불러서 술과 음식을 먹이고 封賞[22]을 내려주겠다고 허락하자 강족과 호족들이 모두 무리를 거느리고 떠나가니, 이각의 병력이 이로 말미암아 고단하고 약해졌다.

李傕, 郭汜相攻連月하니 死者以萬數라 傕將楊奉이 謀殺傕이라가 事泄叛去하니 傕衆이 稍衰라 張濟自陝西至①하여 欲和傕, 汜하고 遷乘輿하여 權幸弘農하니 帝亦思舊京②하여 遣使宣諭하여 十反에 汜, 傕이 許和러니 計未定에 而羌, 胡數(삭)來窺省門하고 曰 天子在此中邪아 李將軍이 許我宮人이러니 今皆何在오 帝患之하여 使謂將軍賈詡曰 卿이 前奉職公忠故로 升榮寵이러니 今羌, 胡滿路하니 宜思方略하라 詡乃召羌, 胡大帥하여 飮食(임사)之하고 許以封賞한대 羌, 胡皆引去하니 傕이 由此單弱하니라

① 陝縣은 弘農에 속하였다. 張濟가 初平 3년(192)에 이곳에 나가 수자리를 살았다.
陝縣, 屬弘農. 濟初平三年出戍焉.

② 舊京은 雒陽을 이른다.

傕과 郭汜와 연합하여〉 황제를 뒤쫓아 陝縣에 이르러서는 叛逆이니, 다시 장제에 대해서 장군의 칭호를 삭제하고 이각과 곽사에 대해 성을 쓰지 않았다.〔書劫帝遷帝有之矣 此其書迎帝 何 本帝意也 故張濟得書將軍 及追帝至陝則逆矣 復削稱張濟而傕汜不書姓〕≪書法≫

22) 封賞 : 상으로 관작·재물·토지 등을 봉해주는 것을 이른다.

舊京, 謂雒陽也.

【目】 7월에 車駕(皇帝)가 동쪽으로 나가서 밤에 霸陵에 이르니 시종하는 자들이 모두 굶주렸는데, 張濟가 관직에 따라 차등을 두어 음식을 나누어 주었다.

七月에 車駕東出하여 夜到霸陵하니 從者皆飢어늘 張濟賦給有差하다

【目】 李傕이 長安을 떠나 池陽에 주둔하였다. 郭汜가 황제를 高陵으로 거둥하게 하고자 하였는데, 公卿과 張濟는 마땅히 弘農으로 거둥해야 한다고 하여 신하들의 의논이 정해지지 못하였다.

황제가 使者를 보내어 곽사에게 曉諭하기를 "弘農이 郊廟와 가까워서 그리로 가고자 할 뿐이니, 장군은 의심하지 말라." 하였다. 곽사가 황제의 뜻을 다르지 않자, 황제가 마침내 종일토록 음식을 들지 않았다. 곽사가 이를 듣고 말하기를 "잠시 가까운 縣에 거둥해도 괜찮다." 하였다.

8월에 황제가 新豐으로 거둥하였는데, 곽사가 다시 계획을 꾸며 황제를 협박해 되돌아와서 郿縣에 도읍하고자 하였다. 侍中 种輯(충집)이 이를 알고 은밀히 楊定과 董承과 楊奉에게 알려 新豐에 모이게 하니, 곽사가 자신의 계획이 누설되었음을 알고 마침내 군대를 버리고 도망쳐 南山으로 들어갔다.

傕이 出屯池陽①하니 郭汜欲令帝幸高陵②이어늘 公卿及濟 以爲宜幸弘農이라하여 議之不決이라 帝遣使諭汜曰 弘農이 近郊廟하니 勿有疑也하라 汜不從하니 帝遂終日不食이라 汜聞之하고 曰 可且幸近縣이라하다 八月에 幸新豐이러니 汜復謀脅帝還都郿③어늘 侍中种輯이 知之하고 密告楊定, 董承, 楊奉하여 令會新豐④하니 汜自知謀泄하고 乃棄軍入南山⑤하다

① 池陽縣은 馮翊에 속하였다.
池陽縣, 屬馮翊.
② 高陵縣은 馮翊에 속하였다.
高陵縣, 屬馮翊.
③ ≪後漢書≫ 〈董卓列傳〉에는 都가 幸으로 되어 있다.[23]
董卓傳, 都作幸.
④ 董承은 靈帝의 모친인 董太后의 조카이다.

23) 後漢書……있다 : ≪後漢書≫ 권102 〈董卓列傳〉에 "郭汜가 마침내 다시 황제를 협박하여 郿縣으로 거둥하게 하고자 하였는데, 楊定과 楊奉과 董承이 이를 따르지 않았다.〔汜遂復欲脅帝幸郿 定奉承不聽〕"라고 보인다.

承, 靈帝母董太后之姪.

⑤ 新豐의 驪山으로부터 서쪽으로 終南山에 이르기까지를 南山이라 한다.
自新豐驪山西接終南, 謂之南山.

【綱】 8월에 曹操가 雍丘를 포위하니, 張邈이 그의 부하에게 살해되었다.

八月에 **曹操圍雍丘**하니 **張邈**이 **爲其下所殺**①하다

① 曹操가 雍丘를 포위하자 張邈이 袁術에게 찾아가서 구원을 청하였으나, 이르기 전에 그의 부하에게 살해되었다.
操圍雍丘, 邈詣袁術求救, 未至, 爲其下所殺.

【綱】 겨울 10월에 曹操를 兗州牧으로 삼았다.

○**冬十月**에 **以曹操爲**兗州牧하다

【綱】 12월에 황제가 弘農에 이르니 張濟가 李傕과 郭汜와 연합하여 황제를 뒤쫓아 陝縣에 이르렀는데, 황제가 黃河를 건너 李樂의 군영으로 들어갔다.

◑**十二月**에 **帝至弘農**하니 **張濟與**傕, 汜**合**하여 **追帝至陝**이어늘 **帝渡河**하여 **入李樂營**[24)]하다

【目】 郭汜의 黨與가 다시 계획을 꾸며서 乘輿(皇帝)를 협박하여 서쪽으로 거둥하게 하고자 하니, 楊定과 董承이 군대를 거느리고 天子를 맞이해서 楊奉의 군영으로 거둥하였고, 뒤에 華陰으로 거둥하였다.

장군 段煨(단외)가 御用의 물품과 관원들에게 필요한 물자와 기구들을 갖추고서 황제가 자기 군영으로 거둥하게 하고자 하였는데, 단외는 양정과 사이가 나빴다. 양정의 당여가 "단외가 반란을 일으키고자 한다."라고 무함하자, 楊彪와 趙溫과 劉艾가 모두 말하기를 "단외는 반란을 일으키지 않았으니, 臣들이 감히 죽음으로써 이를 보증합니다." 하였으나 황제가 의심하였다.

郭汜黨이 復謀脅乘輿西行하니 楊定, 董承이 將兵迎天子하여 幸楊奉營하고 幸華陰①하다 將軍

24) 帝渡河 入李樂營 : "'李樂의 군영으로 들어갔다.'라고 썼으니, 그렇다면 '겁박하여 옮겼다.'라고 쓴 것과는 다르다.〔書入李樂營 則與書刦遷者異矣〕" ≪書法≫

段煨 具服御, 資儲하여 欲上幸其營이러니 煨與楊定有隙이라 定黨이 言煨欲反이라한대 楊彪, 趙溫, 劉艾皆曰 段煨不反이니 臣等이 敢以死保之하노이다 帝疑之러라

① ≪資治通鑑≫에는 '營'자 아래에 "夏育 등이 군대를 무장하여 乘輿를 저지하고자 하였는데, 楊定과 楊奉이 힘써 싸워서 격파하여 마침내 벗어날 수 있었다. 壬寅日에 황제가 華陰에 거둥하였다." 하였다.
通鑑, 營下云"夏育等勒兵, 欲止乘輿, 楊定・楊奉力戰破之, 乃得出. 壬寅, 行幸華陰."

【目】楊定이 楊奉과 董承과 함께 段煨를 공격하려고 할 적에 황제에게 詔令을 내려줄 것을 청하였으나 황제가 말하기를 "단외의 죄가 아직 드러나지 않았는데 양봉 등이 그를 공격하면서 朕에게 조령을 내리게 하고자 하는가." 하였다. 한사코 청하였으나 황제가 들어주지 않았다.

양봉 등이 이에 곧 단외의 군영을 공격하였으나 함락시키지 못하였는데, 단외가 御膳을 공급하고 百官에게 양식과 물자를 제공하여 딴마음이 없었다. 황제가 조령을 내려 화해시키자, 양정 등이 군영으로 돌아갔다.

定이 將與奉, 承攻煨할새 請帝爲詔한대 帝曰 煨罪未著어늘 奉等이 攻之而欲令朕有詔邪아 固請호되 弗聽하다 奉等이 乃輒攻煨營호되 不下러니 煨供給御膳하고 廩(름)贍百官하여 無二意라 詔和解之하니 定等이 還營하다

【目】李傕과 郭汜는 楊定이 段煨를 공격한다는 말을 듣고 서로 불러서 함께 단외를 구원하고 이어서 황제를 겁박하여 서쪽으로 거둥하게 하고자 하니, 양정이 필마로 도망하여 荊州로 달아났다.

張濟는 楊奉과 董承과 서로 사이가 좋지 못하여 이에 다시 이각과 곽사와 연합하였다. 車駕가 마침내 弘農으로 거둥하자 장제와 이각과 곽사가 함께 乘輿를 뒤쫓아가서 弘農의 東澗에서 크게 전투를 벌였는데, 동승과 양봉의 군대가 패하여 百官과 士卒로서 사망한 자가 많아 이루 다 헤아릴 수 없을 정도였다. 어용의 물품, 符와 策, 典籍을 버려서 대부분 거의 다 유실되었다.

황제가 曹陽에 이르러 노숙하자, 동승과 양봉이 마침내 이각 등을 속여서 연합하는 체하고, 은밀하게 間使를 河東으로 보내어 옛 白波의 우두머리인 李樂, 韓暹(한섬), 胡才와 南匈奴의 右賢王 去卑를 불러들이니, 모두 각자 자기 군대 수천 명의 기병을 거느리고 와서 함께 이각 등을 공격하여 크게 격파하였다.

李傕, 郭汜聞定攻煨하고 相招共救之하고 因欲劫帝而西하니 楊定이 單騎亡走荊州하다 張濟與奉, 承不相平하여 乃復與傕, 汜合하니 車駕遂幸弘農이어늘 濟, 傕, 汜 共追乘輿하여 大戰於東澗하니 承, 奉軍敗하여 百官, 士卒이 死者不可勝數라 棄御物, 符・策, 典籍하여 略無所遺①하다 露次曹陽②하니 承, 奉이 乃譎(휼)傕等하여 與連和하고 而密遣間使至河東③하여 招故白波帥李樂, 韓暹, 胡才及南匈奴右賢王去卑④하니 竝率其衆數千騎來하여 共擊傕等하여 大破之하다

① 무릇 乘輿(황제)가 사용하는 물건은 모두 御物이 된다. 符는 銅虎符와 竹使符 따위이다. 策은 簡을 엮어서 만드니, 옛적에 誥와 命을 모두 策에 썼다. 漢나라 제도에 天子의 策書는 길이가 2尺이다. 典籍은 內府의 圖籍과 尙書臺 안의 故事 따위이다.
凡乘輿服御之物, 皆爲御物. 符, 銅虎符・竹使符之類. 策, 編簡爲之, 古者誥・命皆書之策. 漢制, 天子策書長二尺. 典籍, 內府圖籍及尙書中故事之類.

② 한데서 묵어 廬舍가 없는 것을 露次라고 한다. 杜佑가 말하기를 "陝郡 서쪽 45리 지점에 曹陽澗이 있다." 하였다.
野宿無廬舍, 謂之露次. 杜佑曰 "陝郡西四十五里有曹陽澗."

③ 譎은 속임이다. 間(몰래)은 古莧의 切이다.
譎, 詐也. 間, 古莧切.

④ 靈帝 말엽에 黃巾賊의 잔당인 郭太 등이 西河의 白波谷에서 일어나니, 이로 말미암아 白波賊이라고 불렀다. 暹은 음이 纖이다. 去卑는 右賢王의 이름이니, 大夏의 赫連氏가 바로 그 후예이다.
靈帝末, 黃巾餘黨郭太等起於西河白波谷, 因號白波賊. 暹, 音纖. 去卑, 右賢王名, 大夏赫連氏, 卽其裔也.

【目】車駕가 출발하여 동쪽으로 갔는데 李傕 등이 다시 와서 싸우니, 楊奉 등이 크게 패하여 사망한 자의 수가 東澗의 전투보다도 훨씬 더 많았다. 李樂이 말하기를 "일이 급박하니, 陛下께서는 마땅히 말을 타셔야 합니다." 하자, 上이 말하기를 "百官을 버리고 떠나갈 수 없으니, 이들이 무슨 죄가 있단 말인가!" 하였다.

군사들의 행렬이 길에 40리나 이어져 陝縣에 이르러서야 비로소 군영을 만들고 스스로 지키니, 황제를 호위하는 虎賁과 羽林의 무사들이 백 명도 채 못 되었다.

李樂이 두려워하여 車駕를 배에 태워 砥柱를 지나 孟津으로 나가 〈육지에 오르고자 하였는데,〉 楊彪가 黃河의 水路가 험난하다고 하여 이에 이락에게 밤에 황하를 건너 배를 준비하고 불을 피워서 신호로 삼게 하였다. 上이 公卿과 함께 도보로 군영을 나섰고 皇后의 오라비 伏德이 황후를 부축하여 배에 오르니, 함께 황하를 건넌 사람은 楊彪 이

하 겨우 수십 명뿐이었다.

車駕發東①이러니 傕等이 復來戰하니 奉等이 大敗하여 死者甚於東澗이라 李樂曰 事急矣니 陛下宜御馬니이다 上曰 不可舍百官而去니 此는 何辜哉오 兵相連綴(체)四十里②하여 至陝하여 乃結營自守하니 虎賁, 羽林이 不滿百人이라 李樂이 懼하여 欲令車駕御船하여 過砥柱하여 出孟津이어늘 楊彪以爲河道險難이라하여 乃使樂夜渡具船하고 擧火爲應하니 上與公卿이 步出營하고 皇后兄伏德이 扶后하여 御船하니 同濟者 楊彪以下纔數十人③이러라

① 〈'車駕發東'은 車駕가〉 曹陽에서 출발하여 동쪽으로 간 것이다.
自曹陽發而東行也.
② 綴은 株衛의 切이니, 잇닿음이다.
綴(체), 株衛切, 聯也.
③ 〈"同濟者 楊彪以下纔數十人"은〉 그 宮女와 吏民 중에 黃河를 건너지 못한 자들은 모두 군사들에게 약탈을 당한 것이다.
其宮女及吏民不得渡者, 皆爲兵所掠奪.

【目】 황제가 大陽에 이르러 李樂의 군영으로 거둥하자, 河內太守 張楊이 수천 명의 사람을 시켜 쌀을 짊어지고 오게 하여 황제에게 바쳤다. 上이 牛車를 타고 安邑에 거둥하자, 河東太守 王邑이 綿帛[25]을 받들어 바쳤는데, 황제는 이것을 모두 다 公卿 이하의 관원들에게 하사하였다.

王邑 등의 장수들이 서로 다투어 관직에 임명해줄 것을 요구하니, 刻印(印章)이 부족하여 심지어는 송곳으로 새겨서 만들어주기까지 하였다.

乘輿(황제)가 가시나무로 만든 울타리 안에 머무니, 門戶에 닫아걸 빗장도 없었다.

到大陽하여 幸李樂營①하니 河內太守張楊이 使數千人으로 負米貢餉②하다 上이 御牛車하여 幸安邑하니 河東太守王邑이 奉獻綿帛이어늘 悉賦公卿以下③하다 群帥競求拜職하니 刻印不給하여 至乃以錐畫之하다 乘輿居棘籬中하니 門戶無關閉라

① 大陽縣은 河東郡에 속하였다.
大陽縣, 屬河東郡.
② 餉은 보냄이다.
餉, 饋也.
③ 賦는 지급함이고 나누어줌이다.

25) 綿帛 : 솜, 명주, 비단의 총칭이다.

賦, 給與也, 分界也.

【目】 황제가 또 太僕 韓融을 보내어 李傕과 郭汜 등과 講和하게 하니, 이각이 이에 百官을 풀어주고 宮人을 돌려보냈다. 얼마 후 식량이 다하였다.

張楊이 〈野王縣에서〉 찾아와 황제를 朝見하고 乘輿를 洛陽으로 돌아가게 할 것을 계획하였으나 장수들이 이를 따르지 않았다.

이때 長安城 안이 텅 비어서 사람이 없은 지 40여 일이나 되었다. 건장한 사람들은 사방으로 흩어져 떠나갔고 병약한 사람들은 서로 잡아먹으니, 2, 3년 사이에 關中 지역에는 사람의 자취를 다시 볼 수 없었다.

帝又遣太僕韓融하여 與傕, 汜等連和①하니 傕이 乃放百官하고 歸宮人하다 已而요 糧盡이라 張楊이 來朝하고 謀以乘輿還雒陽하니 諸將이 不聽하다 是時에 長安城空이 四十餘日이라 强者四散하고 羸(리)者相食하니 二三年間에 關中이 無復人跡이러라

① 韓融은 韓韶의 아들이다.
融, 韶之子也.

【目】 沮授가 袁紹를 다음과 같이 설득하였다.

"장군의 집안은 몇 代에 걸쳐 台輔를 지내어 대대로 忠義를 이루었습니다. 지금 冀州의 경내가 대체로 안정되었으며 병력이 강하고 사졸이 따르니, 서쪽으로 가서 大駕를 맞이하여 鄴都(鄴城)에 나아가 궁궐을 옮겨서 天子를 끼고 諸侯를 호령하며 병사와 군마를 비축하여 王庭에 朝見(조현)하지 않는 자들을 토벌하면 어느 누가 막을 수 있겠습니까."

그러나 郭圖와 淳于瓊은 다음과 같이 반대하였다.

"漢나라 황실이 쇠미하여 몰락한 지가 이미 오래되었습니다. 지금 부흥시키고자 하면 어렵지 않겠습니까. 게다가 英雄들이 모두 일어났을 때에는 먼저 天下를 얻는 자가 王노릇을 하는 법입니다. 지금 天子를 맞이해 가까운 곳에 옮겨서 일이 있을 때마다 번번이 表文을 올려 보고하면, 따를 경우에는 장군의 권세가 약해지고 따르지 않을 경우에는 천자의 命에 항거하는 것이 되니, 이는 훌륭한 계책이 아닙니다."

이에 저수가 말하기를 "지금 朝廷(황제)을 맞이하는 것이 의리에 있어서 옳고 시기에 있어서 마땅하니, 만약 빨리 결정하지 않으면 반드시 먼저 하는 자가 있을 것입니다."

하였으나 원소가 따르지 않았다.

沮授說(세)袁紹曰 將軍이 累葉台輔하여 世濟忠義러니 今州域粗定하고 兵强士附①하니 西迎大駕하여 卽宮鄴都하여 挾天子而令諸侯하고 畜士馬以討不庭하면 誰能禦之②리오 郭圖, 淳于瓊曰 漢室陵遲가 爲日久矣라 今欲興之면 不亦難乎③잇가 且英雄竝起에 先得者王하나니 今迎天子自近하여 動輒表聞이면 從之則權輕이요 違之則拒命이니 非計之善者也니이다 授曰 今迎朝廷이 於義爲得이요 於時爲宜니 若不早定이면 必有先之者矣리이다 紹不從④하다

① 州域은 冀州의 지역을 이른다.
州域, 謂冀州之域也.
② 卽은 나아감이다. "不庭"은 朝見하지 않는 자를 이르니, 아랫사람이 윗사람을 섬기는 禮는 모두 王庭에서 이루어진다.[26] 일설에 "庭은 정직함이니, 不庭은 정직하지 않은 자를 이른다." 하였다.
卽, 就也. 不庭, 謂不朝者. 下之事上, 皆成禮於庭中. 一說"庭, 直也. 不庭, 謂不直者."
③ 陵遲는 丘陵이 점점 낮아지는 것과 같음을 말한다.
陵遲, 言若丘陵之漸逶遲.
④ 先(앞섬)은 悉薦의 切이다.
先, 悉薦切.

【綱】 孫策이 曲阿에서 劉繇를 격파하여 패주시켰다.

孫策이 擊劉繇於曲阿하여 破走之하다

【目】 孫堅의 옛 장수인 丹陽 사람 朱治가 袁術의 政事와 德行이 확립되지 못한 것을 보고 孫策에게 고향으로 돌아가 江東 지역을 취하도록 권하였다. 손책이 원술을 다음과 같이 설득하였다.

"저희 집안은 강동 지역의 백성들에게 옛 은혜가 있으니, 원컨대 제 외숙 吳景을 도와서 橫江을 토벌하여 횡강을 함락시킨 뒤에 그대로 제 고향인 강동으로 돌아가 군대를 불러 모으면 3만 명의 병력을 얻을 수 있을 것이니, 이로써 현명하신 使君께서 천하를 평정하시는 것을 돕겠습니다."

원술은 손책이 자기를 원망한다는 것을 알았으나, 劉繇가 曲阿를 점거하고 王朗이 會

26) 아랫사람이……이루어진다 : 이는 본래 ≪春秋左氏傳≫에 대한 杜預의 注로, 隱公 10년(B.C. 713) 조에 보인다.

稽에 있으니, 손책이 반드시 그들을 평정할 수 없을 것이라고 여겨서 이어 허락하고 表文을 올려 손책을 折衝校尉로 삼았다.

손책이 步兵 천여 명과 騎兵 수십 명을 거느리고 다니면서 군사들을 모집하니, 歷陽에 이르렀을 때에는 군사들의 수가 5, 6천 명이나 되었다. 周瑜가 丹陽에서 군대를 거느리고 와서 손책을 맞이하고 물자와 軍糧과 馬草를 원조하였다.

孫堅의 舊將丹陽朱治 見袁術政德不立하고 勸孫策歸取江東이어늘 策이 說(세)術曰 家有舊恩在東하니 願助舅討橫江[①]하여 橫江拔에 因投本土召募하면 可得三萬兵하리니 以佐明使君定天下[②]호리이다 術이 知其恨이나 而以劉繇據曲阿하고 王朗在會稽하니 謂策未必能定이라하여 乃許之[③]하고 表策爲折衝校尉하다 將兵千餘人, 騎數十匹하고 行收兵하니 比至歷陽에 衆이 五六千이라 周瑜自丹陽으로 將兵迎之하고 助以資糧[④]하다

① 舅(外叔)는 바로 吳景이다.
舅, 卽吳景.
② 孫策은 본래 江東 사람이기 때문에 강동을 일러 本土라고 한 것이다.
策, 本江東人, 故謂之本土.
③ "知其恨"은 袁術이 孫策을 九江太守와 廬江太守로 삼을 것을 허락하였다가 임용하지 않은 것을 이른다.
知其恨, 謂許以九江・廬江而不用也.
④ 당시에 周瑜의 從父 周尙이 丹陽太守가 되었는데 주유가 가서 문안하였다. 이때 마침 孫策이 歷陽에 이르러 급히 편지를 보내어서 주유에게 알리자, 주유가 군대를 거느리고 와서 손책을 맞이하였다.
時瑜從父尙爲丹陽(木)〔太〕[27]守, 瑜往省之. 會策到歷陽, 馳書報瑜, 瑜將兵迎策.

【目】孫策이 진군하여 橫江을 공격해 함락하고는 長江을 건너서 이리저리 옮겨 다니며 싸우니, 향하는 곳마다 모두 격파해서 감히 그의 예봉을 당해 내는 자가 없었다. 백성들은 孫郎(孫策)이 온다는 말을 듣고 모두 魂飛魄散하였는데, 손책이 이르자 군사들이 명령을 잘 받들고 감히 노략질하지 아니하여 닭과 개와 채소를 하나도 범하는 바가 없으니, 백성들이 이에 크게 기뻐하여 다투어 쇠고기와 술을 가지고 와서 군사들을 위로하였다.

손책은 사람됨이 용모가 매우 준수하고 談笑를 잘하였으며, 성품이 활달하여 남의 말을 잘 받아들여서 사람을 쓰기를 잘하였다. 이 때문에 선비와 백성 중에 그를 만나 본

27) (木)〔太〕: 저본에는 '木'으로 되어 있으나, ≪資治通鑑≫에 의거하여 '太'로 바로잡았다.

자들은 마음을 다하지 않는 이가 없어서 그를 위하여 기꺼이 목숨을 바쳤다.

進攻橫江하여 拔之하고 渡江轉鬪하니 所向皆破하여 莫敢當其鋒者러라 百姓이 聞孫郞至하고 皆失魂魄[①]이러니 及策至에 軍士奉令하여 不敢虜略하여 鷄犬菜茹를 一無所犯[②]하니 民乃大悅하여 競以牛酒勞軍하니라 策爲人이 美姿顔하고 能笑語하며 性闊達聽受하여 善用人하니 是以로 士民見者莫不盡心하여 樂爲致死[③]하니라

① 孫策이 年少하여 비록 位號(관직의 칭호)가 있었으나 吳 지역 사람들이 모두 그를 일러 孫郞이라고 하였다.
策年少, 雖有位號, 而吳人皆謂之孫郞.
② 茹 또한 菜(채소)이다.
茹, 亦菜也.
③ 〈"樂爲致死"의〉 爲(위하다)는 去聲이니, 아래에 "非爲"의 爲도 똑같다.
爲, 去聲, 下非爲同.

【目】 孫策이 曲阿에서 劉繇를 공격하니, 유요가 太史慈에게 손책 군의 動靜을 정탐하게 하였다. 太史慈가 오직 기병 한 명만을 데리고 나왔다가 神亭에서 갑작스럽게 손책과 遭遇하였는데, 손책은 기병 13명이 수행하고 있었다. 태사자가 곧장 나아가 싸워서 곧바로 손책과 상대하여 손책은 태사자의 手戟을 손으로 잡아채고 태사자 또한 손책의 투구를 빼앗았는데, 마침 양편의 군사와 기병들이 이르러서 이에 흩어졌다.

劉繇의 군대가 패하여 달아나자 손책이 曲阿에 들어가서 장병들을 위로하고 상을 내리며 은혜로운 명령을 반포하여 각 縣에 告諭하기를 "종군하기를 원하는 자는 한 집에서 한 사람이 나오면 그 집의 賦役을 면제해주고, 종군하기를 원하지 않는 자는 강요하지 않겠다." 하였다. 그러자 열흘 사이에 〈모집에 응한 자들이〉 사방에서 운집하여 이때에 병력 2만여 명과 말 천여 匹을 얻으니, 위엄이 江東 지방에 떨쳐졌다.

策이 攻劉繇於曲阿하니 繇使太史慈로 偵視輕重[①]이러니 獨與一騎로 卒遇策於神亭[②]하니 策이 從騎十三이라 慈便前鬪하여 正與策對하니 策이 擥得慈手戟하고 慈亦得策兜鍪(두무)[③]러니 會에 兩家兵騎來赴하니 於是에 解散하다 繇兵敗走하니 策이 入曲阿하여 勞賜將士하며 發恩布令하여 告諭諸縣호되 樂從軍者는 一身行에 復(복)除門戶하고 不樂者는 不强[④]이라하니 旬日之間에 四面이 雲集하여 得見(현)兵二萬餘人과 馬千餘匹하니 威振江東[⑤]이러라

① 太史는 複姓이고, 慈는 이름이다.
太史, 複姓. 慈, 名也.

② 卒(갑자기)은 猝로 읽는다. 神亭은 地名이다. 胡三省의 注에 "神亭은 지금 鎭江府 丹陽縣의 경계에 있다." 하였다.
卒, 讀曰猝. 神亭, 地名. 胡三省曰 "神亭, 在今鎭江府丹陽縣界."

③ 擥(손으로 잡다)은 攬과 같다.
擥, 與攬同.

④ 復(부역을 면제함)은 方目의 切이니, 〈"一身行 復除門戶"〉 한 사람이 자기 자신으로써 從軍하면 그 집의 賦役을 면제해주는 것이다.
復, 方目切. 一人以身行, 除其門戶賦役也.

⑤ 〈"見兵"의〉 見(현재)은 賢遍의 切이다.
見, 賢遍切.

【目】 袁術이 表文을 올려 孫策을 殄寇將軍의 일을 대리하게 하였다.

손책의 장수 呂範이 손책에게 말하기를 "지금 장군께서는 事業이 날로 커지고 군사들이 날로 많아지는데 기강에 있어서는 여전히 정돈되지 못한 부분이 있습니다. 저 여범이 잠시 領都督이 되어서 장군을 보좌하여 다스리고자 합니다." 하였다. 이에 손책이 말하기를 "子衡은 이미 士大夫이고 게다가 手下에 벌써 많은 군사들을 거느리고 있다. 그러니 다시 몸을 굽혀서 이러한 낮은 관직을 담당하여 軍中의 잗다란 일들을 관리하는 것이 어찌 마땅하겠는가." 하니, 이에 여범이 다음과 같이 말하였다.

"그렇지 않습니다. 제가 지금 고향을 버리고 장군께 의탁한 것은 처자식 때문이 아니요 세상의 일을 이루고자 해서입니다. 비유하자면 함께 한 배에 타고서 바다를 건널 적에 한가지 일이라도 堅實하지 못하면 곧바로 모두 함께 危難을 당하는 것과 같으니, 이 또한 저 여범을 위한 계책이요 그저 장군을 위한 것일 뿐만은 아닙니다."

손책은 이 말을 듣고 웃기만 하였는데, 여범이 밖으로 나가 곧바로 홑 소창옷을 벗고 袴褶(軍服)을 착용하고 채찍을 잡고서 閤下에 이르러 일을 아뢰고 스스로 領都督이라고 칭하니, 이로부터 軍中이 엄숙하고 공경하여 禁令이 크게 행해졌다.

術이 表策行殄寇將軍[①]하다 策將呂範이 言於策曰 今將軍이 事業日大하고 士衆日盛이어늘 而紀綱猶有不整者하니 範이 願暫領都督하여 佐將軍部分之[②]하노이다 策曰 子衡은 旣士大夫요 加手下已有大衆하니 豈宜復屈小職하여 知軍中細事乎[③]아 範曰 不然하니이다 今捨本土而託將軍者는 非爲妻子也요 欲濟世務也[④]라 譬猶同舟涉海에 一事不牢면 卽俱受其敗니 此亦範計라 非但將軍也니이다 策이 笑어늘 範이 出하여 便釋褠하여 著袴褶(착고습)하고 執鞭하여 詣閤下啓事하고 自稱領都督[⑤]이라하니 自是로 軍中이 肅睦하여 威禁大行하니라

① 殄寇將軍이라는 호칭이 아마도 이때에 시작된 듯하다.
殄寇將軍號, 蓋始於此.
② 分(部曲)은 扶問의 切이다.
分, 扶問切.
③ 子衡은 呂範의 字이다.
子衡, 範字.
④ 呂範은 汝南 사람이다.
範, 汝南人.
⑤ 〈"釋褠"의〉 釋은 풂이고 褠는 음이 溝이니, 홑옷이다. 著(입다)은 陟略의 切이다. 褶(바지)은 음이 習이니, 袴褶은 말을 탈 때 입는 軍服이다.
釋, 解也. 褠, 音溝, 單衣也. 著, 陟略切. 褶, 音習. 袴褶, 騎服也.

【目】 孫策이 張紘을 正義校尉로 삼고 彭城 사람 張昭를 長史로 삼아서 항상 한 사람은 남아서 지키도록 하고 한 사람은 토벌하는 데 從軍하도록 하였다. 손책이 師友의 禮로써 장소를 대우하여 文事와 武事를 한결같이 그에게 맡겨서 처리하였다.

장소가 北方에 있는 士大夫들의 편지를 받아볼 때마다 治績의 훌륭함을 모두 장소에게 돌렸다. 손책이 〈이를 듣고〉 기뻐서 웃으며 말하기를 "옛적에 管子(管仲)가 齊나라의 정승이 되었을 적에 첫 번째도 仲父(管仲에 대한 경칭)에게 고하라 하고 두 번째도 중부에게 고하라 하여 桓公이 霸者의 으뜸이 되었다. 지금 子布(張昭)가 현능한데 내가 능히 그를 임용하였으니, 桓公과 같은 공적과 명성이 나에게 있지 않겠는가." 하였다.

策이 以張紘爲正義校尉하고 彭城張昭爲長史[①]하여 常令一人居守하고 一人從征討하다 待昭以師友之禮하여 文武之事를 一以委之러니 每得北方士大夫書에 專歸美於昭라 策이 歡笑曰 昔에 管子相齊에 一則仲父요 二則仲父하여 而桓公이 爲霸者宗[②]이라 今子布賢이어늘 我能用之하니 其功名이 獨不在我乎[③]아

① 正議校尉는 孫策이 사사로이 部署를 만들어 설치한 것이다.
正議校尉, 策私所署置.
② 〈"一則仲父 二則仲父"는〉 ≪新序≫ 권4 〈雜事〉에 다음과 같이 말하였다. "有司가 齊 桓公에게 일을 처리할 것을 청하니, 환공이 말하기를 '仲父에게 고하라.' 하였다. 有司가 또다시 청하자 환공이 말하기를 '중부에게 고하라.' 하였다. 곁에 있는 자가 말하기를 '첫 번째도 중부에게 고하고 두 번째도 중부에게 고하게 하시니, 군주 노릇 하기가 쉽습니다.' 하였다. 그러자 환공이 말하기를 '내가 중부를 얻기 전에는 어려웠는데 이미 중부를 얻었으니, 어찌하여 쉽지 않겠는가.' 하였다. 그러므로 王者는 현능한 자를 구하는 데에 수고롭고 인재

를 얻음에 편안하다."

新序曰 "有司請吏[28]於齊桓公, 公曰 '以告仲父.' 有司又請, 公曰 '以告仲父.' 在側者曰 '一則告仲父, 二則告仲父, 易哉爲君.' 公曰 '吾未得仲父則難, 已得仲父, 曷爲其不易.' 故王者勞於求賢, 佚於得人."

③ 子布는 張昭의 字이다.

子布, 昭字.

【目】 劉繇가 會稽로 달아나려고 하였는데, 許劭가 말하기를 "會稽는 재물이 부유하고 풍족하니 손책이 탐내는 곳이고, 또한 궁벽하게 멀리 바닷가에 있으니, 그곳으로 가서는 안 됩니다. 북쪽으로 豫壤(豫州의 경계)과 잇닿아 있고 서쪽으로 荊州와 접하고 있는 豫章만 못합니다. 만약 관리와 백성들을 수합하고 조정에 사자를 보내어 공물을 바치면 足下는 황제의 명령을 받을 것이니, 孟德(曹操)과 景升(劉表)이 반드시 구제해줄 것입니다." 하자, 유요가 이 말을 따랐다.

劉繇將奔會稽어늘 許劭曰 會稽富實하니 策之所貪이요 且窮在海隅하니 不可往也니 不如豫章이 北連豫壤하고 西接荊州①라 若收合吏民하고 遣使貢獻이면 足下受王命일새 孟德, 景升이 必相救濟라한대 繇從之②하다

① 豫壤은 豫州의 경계이다.

豫壤, 豫州之境壤.

② 孟德은 曹操의 字이고, 景升은 劉表의 字이다.

孟德, 曹操字. 景升, 劉表字.

【綱】 劉繇가 豫章을 공격하자, 笮融(착융)이 패주하여 죽었으므로 華歆을 太守로 삼았다.

劉繇攻豫章하니 笮融이 走死어늘 以華歆爲太守하다

【目】 처음에 陶謙이 笮融을 下邳相으로 삼아서 廣陵과 下邳와 彭城의 식량 운송을 감독하게 하였는데, 착융이 마침내 바쳐야 할 식량을 떼어 자기 것으로 만들고, 浮屠의 祠堂(寺刹)을 크게 축조하여 사람들에게 佛經을 읽도록 하였으며 이웃 郡의 불교를 신봉

28) 請吏 : "請吏"의 吏자는 事의 古字이며, ≪呂氏春秋≫ 권17 〈任數〉에는 "請事"로 되어 있다. 이는 '어떤 사안에 대해서 지시해줄 것을 요청한다.'는 의미로, 여기에서는 이 뜻을 취하여 번역하였음을 밝혀두는 바이다.(≪新序校釋≫ 〈雜事〉, ≪新序今註今譯≫ 〈雜事〉, ≪新序全譯≫ 〈雜事〉)

하는 자들을 초치하니 그 수가 오천여 戶에 이르렀다. 浴佛日(석가탄신일)마다 음식을 마련하여 〈길가에〉 자리를 펴고 늘어놓은 것이 수십 리나 되니, 비용과 물자가 巨億으로 헤아릴 정도로 많았다.

曹操가 陶謙을 격파하자, 착융이 이에 남녀 만 명을 거느리고 廣陵으로 달아나니, 廣陵太守 趙昱이 賓客의 禮로 그를 접대하였다. 착융은 광릉의 財貨를 탐내어 마침내 酒宴에서 술에 취한 때를 틈타서 조욱을 죽이고 군사들을 풀어놓아 크게 노략질하고, 달아나 秣陵에 있는 彭城相 薛禮에게 의탁하였는데, 또다시 설례를 죽이고, 또 豫章太守 朱皓를 속여서 죽이고 그를 대신하여 郡을 다스렸다.

劉繇가 토벌하자, 착융이 패주하여 죽었으므로 황제가 詔令을 내려 華歆을 太守로 삼았다.

初에 陶謙이 以笮融爲下邳相[①]하여 使督廣陵, 下邳, 彭城糧運이러니 融이 遂斷以自入[②]하고 大起浮屠祠하여 課人讀佛經하고 招致旁郡好佛者하니 至五千餘戶라 每浴佛에 設食하여 布席數十里하니 費以巨億計[③]러라 及曹操擊破陶謙에 融이 乃將男女萬口하고 走廣陵하니 太守趙昱이 待以賓禮라 融이 利廣陵資貨하여 遂乘酒酣하여 殺昱하고 放兵大掠하고 走依彭城相薛禮於秣陵이러니 復殺禮[④]하고 又詐殺豫章大守朱皓而領其郡하다 劉繇討之하니 融이 敗走死어늘 詔以華歆爲太守하다

① 笮은 側格의 切이니, 姓이다.
笮, 側格切, 姓也.

② 斷(자르다, 떼다)은 음이 短이니, 截과 같다. 〈"斷以自入"은〉 감독한 세 城의 식량을 떼어 자기 것으로 만듦을 말한 것이다.
斷, 音短, 猶截也. 言以所督三城之糧, 斷而入己也.

③ 釋氏가 이르기를 "부처가 4월 초파일에 태어났다." 하니, 부처를 섬기는 자들이 이날에 浴佛會를 열었다.
釋氏謂佛以四月八日生. 事佛者, 以是日爲浴佛會.

④ 춘추시대에 楚나라 威王이 金을 묻어 土氣를 진압하였기 때문에 金陵이라고 명명하였는데, 漢나라 때에 秣陵으로 고쳤다. 이보다 앞서 薛禮가 陶謙에게 핍박을 받아 말릉에 주둔하였다.
春秋楚威王埋金以鎭土氣, 故名金陵. 漢改曰秣陵. 先是, 禮爲陶謙所逼, 屯秣陵.

【綱】 孫策이 그 장수 朱治를 보내어 吳郡을 점거하였다.

孫策이 遣其將朱治하여 據吳郡하다

【目】 丹陽都尉 朱治가 吳郡太守 許貢을 쫓아내고 그 郡을 점거하자 許貢이 남쪽으로 가서 山賊 嚴白虎에게 의지하였는데, 뒤에 孫策이 모두 공격하여 죽였다.

丹陽都尉朱治 逐吳郡太守許貢하고 而據其郡하니 貢이 南依山賊嚴白虎러니 後에 策이 皆擊殺之①하다

① 嚴白虎가 만여 명의 무리를 거느리고 험한 산세를 의지해 한데 모여 주둔하여 吳郡의 남쪽에 있었다.
白虎有衆萬餘人, 阻山屯聚, 在吳郡之南.

【綱】 雍丘가 크게 패하니, 張超가 自殺하였다. 袁紹가 東郡을 포위하여 太守 臧洪을 붙잡아 죽였다.

雍丘潰하니 張超自殺하다 袁紹圍東郡하여 執太守臧洪하여 殺之[29]하다

【目】 張超가 雍丘를 지키고 있었는데 曹操가 급박하게 포위해 공격하자, 장초가 말하기를 "오직 臧洪이 와서 나를 구원할 것이다." 하였다. 좌우의 사람들이 말하기를 "袁紹와 曹操가 현재 화목하고 장홍은 원소가 表文을 올려서 등용된 사람이니, 반드시 友好를 무너뜨려 禍를 부르지는 않을 것입니다." 하였다. 그러자 장초가 말하기를 "子源(臧洪)

29) 袁紹圍東郡……殺之 : "≪資治通鑑綱目≫을 살펴보면 이해 정월에 '현지에서 袁紹를 右將軍에 임명하였다.'라고 쓰고, 2월에 '李傕이 황제를 겁박하여 그의 군영으로 들어오게 하였다.'라고 쓰고, 4월에 '이각이 황제를 北塢로 옮겼다.'라고 쓰고, 12월에 '이각이 황제를 뒤쫓아 陝縣에 이르렀는데, 황제가 黃河를 건너 李樂의 군영으로 들어갔다.'라고 썼다. 이때를 당하여 乘輿가 播遷하여 가시덤불 속에서 분주하였다. 그런데 원소의 집안은 몇 代에 걸쳐 台輔를 지냈고 자기는 이제 막 上將의 임명을 받아서 손에 강력한 군대를 장악하고 있었는데 大駕를 받들어 맞이하지 못하고 마침내 沮授의 바른 의논을 물리치고 郭圖의 간사한 말을 두려워하여 朝廷이 傾覆되는 것을 坐視하고 조금도 돌아보지 않았다. 게다가 또 東郡을 포위 공격하여 자기의 私慾을 채우고자 하였으며, 일찍이 달려가 황제에게 문안하고 관직을 수행하려는 뜻이 없었다. 臧洪은 원소와 본래 嫌隙이 없었고 다만 郡將(郡守) 張超에게 충절을 다함으로써 뜻을 지켜 굽히지 않았을 뿐이다. 장홍이 눈을 브릅뜨고 원소의 죄를 낱낱이 열거한 말을 보면 그의 罪狀에 적중하였는데 원소가 스스로 반성할 줄을 알지 못한 것은 어째서인가. '東郡을 포위하여 태수 장홍을 붙잡아 죽였다.'라고 썼으니, 원소가 병력의 많음을 믿고 힘에 의지하여 守臣(지방관)을 잡아 죽이고, 장홍이 예상치 못하게 흉포한 자의 禍에 걸렸으나 官守를 잃지 않고 힘이 다하여 害를 당한 뜻을 볼 수 있으니, 이것이 모두 삼엄하게 書法의 사이에 드러난다. 그렇다면 원소의 죄를 이루 다 주벌할 수 있겠는가.〔考之綱目 是年正月書卽拜袁紹爲右將軍 二月書李傕劫帝入其營 四月書傕遷帝北塢 十二月書傕追帝至陝 帝渡河入李樂營 方是時也 乘輿播越 奔走荊棘中 袁紹累葉台輔 新受上將之命 手握彊兵 不能奉迎大駕 而乃却沮授之正議 忼郭圖之邪說 坐視朝廷傾覆 略弗之顧 方且攻圍東郡 求逞己私 曾無奔問官守之意 臧洪與紹本無怨隙 徒以盡節郡將 守志不屈而已 觀其瞋目數紹之語 深中其罪 而紹不知自反 何哉 書圍東郡執太守臧洪殺之 所以見其怙衆憑力 執殺守臣 而臧洪橫罹桀逆 不失官守 力屈見害之意 皆森然著見(현)於書法之間 然則袁紹之罪 可勝誅哉〕" ≪發明≫

은 天下의 義士이니, 끝내 근본을 배반하지 않을 것이다. 다만 강하여 힘이 센 원소에게 제재를 당해 제때에 이르지 못할까 두려울 뿐이다." 하였다.

장홍은 당시 東郡太守로 있었는데 〈장초의 형세가 위급하다는 소식을 듣고〉 맨발로 달려와 목 놓아 큰 소리로 울면서 원소에게 군대를 출동시켜 줄 것을 청하여 장초에게 가서 그의 危難을 구제하려고 하였으나 원소가 군대를 내어주지 않았다. 그러자 장홍이 자기가 거느린 병력만을 인솔하여 가게 해줄 것을 청하였으나 원소가 또한 허락하지 않았다. 雍丘가 마침내 무너져 패하니, 장초가 자살하였다.

張超在雍丘러니 **曹操圍之急**한대 **超曰 惟臧洪**이 **當來救吾**①하리라 **衆曰 袁, 曹方睦**하고 **洪**이 **爲袁所表用**하니 **必不敗好以招禍**②리이다 **超曰 子源**은 **天下義士**니 **終不背本**③이로되 **但恐見制强力**하여 **不相及耳**④니라 **洪**이 **時爲東郡太守**러니 **徒跣號泣**하여 **從紹請兵**하여 **將赴其難**이로되 **紹不與**하고 **請自率所領以行**이로되 **亦不許**하여 **雍丘遂潰**하니 **超自殺**하다

① 臧洪은 廣陵 사람이다. 張超가 이보다 앞서 廣陵太守가 되어서 장홍을 초청하여 功曹[30]로 삼아 그에게 정사를 맡겼다.
洪, 廣陵人. 超先爲廣陵太守, 請洪爲功曹, 委之以政.
② 臧洪이 張超를 위하여 劉虞에게 使者로 갔었는데 길이 막히자 이로 인하여 袁紹에게 의탁하니, 원소가 表文을 올려 東郡太守로 삼아서 東武陽에 治所를 두도록 하였다.
洪爲超使劉虞, 路梗, 因寓於袁紹, 紹表爲東郡太守, 治東武陽.
③ 子源은 臧洪의 字이다.
子源, 洪字.
④ "强力"은 강하여 힘이 셈을 이른다.
强力, 謂强有力也.

【目】 臧洪이 이로 말미암아 袁紹를 원망하여 모든 관계를 끊고 그와 通交하지 않았다. 원소가 군대를 일으켜 장홍을 포위 공격하였는데 한 해가 넘도록 함락시키지 못하자, 陳琳에게 명하여 장홍에게 편지를 써서 타이르도록 하였다. 이에 장홍이 답장을 보내어 다음과 같이 말하였다.

"나는 보잘것없는 사람으로 도중에 行役(使者의 일)을 말미암아 主人(袁紹)의 知遇를 입어서 마침내 외람되게도 큰 州를 맡았으니, 스스로 大事를 완수하고 함께 皇室을 높일 수 있을 것이라고 생각하였는데, 本州(廣陵)가 침범당하고 郡將(張超)이 액난을 만나서 군대를 출동시켜줄 것을 청하였으나 거절당하였고 하직하고 길을 떠나려 하였으

30) 功曹 : 본서 49쪽 역주 54) 참조.

나 구애받아서 나의 옛 주군으로 하여금 마침내 敗滅에 이르게 하여 區區한 나의 微節을 펼 수 없게 될 줄을 어찌 생각했겠는가. 이것이 내가 슬픔을 참고 창을 휘둘러 눈물을 거두고 절교를 고한 까닭이니, 떠나가라. 孔璋(陳琳)이여! 足下는 境外에서 이익을 구하고 나 장홍은 君親에게 목숨을 바치며, 그대는 盟主(袁紹)에게 몸을 의탁하고 나 장홍은 황제가 계신 長安에서 任版에 이름을 올렸으니, 그대는 내가 죽으면 이름이 사라질 것이라고 여기겠지만 나 역시 그대가 살아 있으나 이름이 알려지지 못함을 비웃는 바이다."

洪이 由是怨紹하여 絶不與通이라 紹興兵圍之하여 歷年不下러니 令陳琳으로 以書喩之[①]한대 洪이 復書曰 僕은 小人也라 中因行役하여 蒙主人傾蓋하여 遂竊大州[②]하니 自謂究竟大事하고 共尊王室이러니 豈悟本州被侵하고 郡將遘厄[③]하여 請師見拒하고 辭行被拘하여 使洪故君으로 遂至淪沒하여 區區微節을 無所獲申이리오 斯所以忍悲揮戈하여 收淚告絶者也니 行矣어다 孔璋[④]아 足下는 徼利於境外하고 臧洪은 投命於君親하며 吾子는 託身於盟主하고 臧洪은 策名於長安[⑤]이니 子謂余身死而名滅이나 僕亦笑子生而無聞焉하노라

① 陳琳은 臧洪과 同邑(同鄕) 사람이다.
琳, 洪邑人.

② 臧洪이 일찍이 袁紹에게 의탁하였기 때문에 그를 일러 主人이라고 한 것이다. "傾蓋"는 길을 가다가 서로 만나 軿車(휘장이 있는 수레)를 가까이 대고 말할 적에 두 수레의 傘蓋(일산)가 서로 맞닿아서 조금 기운다는 뜻이다. 일설에 "傾은 물러나 수레를 몰지 않음이니, 존경하여 예우하는 것이다." 하였다.
洪嘗寓於紹, 故謂之主人也. 傾蓋者, 道行相遇, 軿車對語, 兩蓋相切小欹之義也. 一說"傾者, 却不御也, 所以尊禮也."

③ 郡將은 張超를 이른다. 遘는 만남이다.
郡將, 謂張超也. 遘, 遇也.

④ "行矣"는 好去(잘 가라)라고 말한 것과 같다. 孔璋은 陳琳의 字이다.
行矣, 猶言好去也. 孔璋, 琳字.

⑤ 盟主는 袁紹를 이른다. "策名"은 이름을 신하의 名簿에 올림을 이른다. 당시에 황제가 長安에 있었다.
盟主, 謂袁紹也. 策名, 謂名書於所臣之策. 時帝在長安.

【目】袁紹가 마침내 병력을 늘려 맹공을 가하니, 성안에 糧穀이 이미 다하였다. 장홍이 장수와 관원 및 士民을 불러서 이르기를 "나 장홍은 大義로 볼 때 죽지 않을 수 없

지만 그대들은 이와 아무런 관계가 없다. 성이 함락되기 전에 처자식을 데리고 성을 나가는 것이 좋겠다." 하니, 모두 눈물을 떨구며 말하기를 "밝으신 太守께서는 袁氏와 본래 嫌隙(원한)이 없었는데 지금 本朝의 郡將(張超) 때문에 스스로 殘敗와 곤궁을 초래하였으니, 관리와 백성들이 어찌 차마 밝으신 太守를 버려두고 떠나갈 수 있겠습니까." 하였다.

처음에는 그래도 쥐를 잡아먹고 활 따위의 힘줄과 뿔을 삶아 먹었는데, 뒤에는 더 이상 먹을 만한 것이 없었다. 廚房에 쌀이 3되가 있었는데 이것으로 묽은 죽을 쑤어 군사들에게 두루 나누어 주고 또 그 愛妾을 죽여서 먹이니, 장수와 사졸들이 눈물을 흘려서 차마 얼굴을 들고 바라보는 자가 없었다. 남녀 7, 8천 명이 서로 잇달아 죽었지만 떠나가 배반하는 자가 없었다.

紹遂增兵急攻하니 城中糧穀已盡이라 洪이 呼將吏士民하여 謂曰 洪은 於大義에 不得不死어니와 諸君은 無事라 可先城未敗하여 將妻子出①하라하니 皆垂泣曰 明府與袁氏로 本無怨隙이러니 今爲本朝郡將之故로 自致殘困하니 吏民이 何忍當舍明府去也리오 初에 尙掘鼠, 煮筋角이러니 後無可復食者라 內廚에 有米三升이어늘 以爲薄糜하여 徧班士衆②하고 又殺其愛妾以食(사)之③하니 將士流涕하여 無能仰視라 男女七八千人이 相枕而死호되 莫有離叛者러라

① 先(앞섬)은 悉薦의 切이다.
先, 悉薦切.
② "三升"은 ≪後漢書≫ 〈臧洪傳〉에는 "三斗"로 되어 있다.
三(幷)〔升〕,[31] 洪傳作三斗.
③ 食(먹이다)는 飤로 읽는다.
食, 讀曰(飮)〔飤〕.[32]

【目】 성이 함락되었을 적에 袁紹가 臧洪을 사로잡고 그에게 이르기를 "오늘에 항복하겠는가?" 하자, 장홍이 두 손으로 땅을 짚고 눈을 부릅뜨며 다음과 같이 말하였다.

"袁氏들이 漢나라를 섬겨서 4대에 걸쳐 5명의 三公이 배출되었으니, 漢나라의 큰 은혜를 받았다고 이를 만하다. 지금 皇室이 쇠약한데도 그대는 황실을 보호해 도울 뜻은 없고 기회를 이용하여 분에 넘치는 것을 바라고 忠良한 사람들을 많이 죽여서 간악한 위세를 세우려 한다. 나 장홍이 힘이 약하여 칼을 뽑아[33] 천하를 위해 원수를 갚을 수

---

31) (幷)〔升〕: 저본에는 '幷'으로 되어 있으나, ≪資治通鑑≫에 의거하여 '升'으로 바로잡았다.
32) (飮)〔飤〕: 저본에는 '飮'으로 되어 있으나, ≪資治通鑑≫ 註에 의거하여 '飤'로 바로잡았다.

없는 것이 안타까우니, 어찌 항복을 말하는가."

원소가 그를 죽였다.

城陷에 生執洪하여 謂曰 今日服未아 洪이 據地瞋目曰 諸袁이 事漢하여 四世五公하니 可謂受恩이어늘 今王室衰弱호되 無扶翼之意하고 欲因際會하여 希冀非望하고 多殺忠良하여 以立姦威라 惜洪力劣하여 不能推(퇴)刃爲天下報仇하니 何謂服乎아하니 紹殺之①하다

① 劣은 약함이다. 推(밀다)는 吐雷의 切이다.
劣, 弱也. 推, 吐雷切.

【目】臧洪의 同邑(同鄕) 사람 陳容이 젊어서부터 장홍과 친하게 지내고 그를 사모하였는데, 당시에 袁紹와 함께 그 자리에 있다가 일어나서 원소에게 이르기를 "장군이 大事를 거행함은 천하 백성을 위하여 포학한 자를 제거하고자 한 것인데 먼저 忠義의 선비를 주살하니, 이것이 어찌 하늘의 뜻에 부합하겠습니까." 하였다.

원소가 부끄러워하여 사람을 시켜 끌어내게 하고 이르기를 "너는 장홍의 무리도 아닌데 공연히 다시 이처럼 행동한단 말인가." 하니, 진용이 돌아보며 말하기를 "仁義에 어찌 일정한 것이 있겠습니까. 인의를 그대로 행하면 君子이고 인의를 어기면 小人이니, 오늘에 차라리 장홍을 위해 날을 같이하여 죽을지언정 장군과 함께 날을 같이하여 살지는 않겠습니다." 하여 마침내 또다시 죽임을 당하였다.

함께 자리에 있던 사람들 중에 탄식하지 않는 이가 없어서 속으로 서로 말하기를 "어찌 하루에 두 명의 烈士를 죽일 수 있단 말인가." 하였다.

洪邑人陳容이 少親慕洪이러니 時在紹坐라가 起謂紹曰 將軍이 擧大事는 欲爲天下除暴어늘 而先誅忠義하니 豈合天意리오하니 紹慙하여 使人牽出하여 謂曰 汝非臧洪儔어늘 空復爾爲①아 容이 顧曰 仁義豈有常리오 蹈之則君子요 背之則小人이니 今日에 寧爲臧洪同日而死언정 不與將軍同日而生也②라하여 遂復見殺하니 在坐無不歎息하고 竊相謂曰 如何一日殺二烈士오하니라

33) 칼을 뽑아 : 원문의 "推刃"은 원래 "칼날을 밀친다."는 뜻이다. ≪春秋公羊傳≫ 定公 4년 조에 "아버지가 죄를 지어 주벌을 받고 죽은 경우가 아니면 아들이 복수하는 것이 옳지만, 아버지가 죄를 지어 주벌을 받고 죽었는데 아들이 복수하는 것은 칼날을 밀치는 道이다.〔父不受誅 子復讎 可也 父受誅 子復讐 推刃之道也〕"라고 하였는데, 이에 대한 何休의 注에 "한 번 가고 한 번 옴을 '칼날을 밀침'이라고 한다.〔一往一來曰推刃〕"라고 하였다. 이는 본래 아버지가 죄를 지어 주벌을 받아 마땅한데 자식이 원수를 갚으면, 원수의 아들 역시 반드시 보복할 것인바, 이렇게 되면 복수가 복수를 불러 복수를 반복하게 됨을 말한다. 여기서는 引伸하여 刀劍으로 다른 사람을 찔러 죽이거나 혹은 원수를 갚는다는 뜻으로 사용되었다.

① "爾爲"는 如此(이와 같다)와 같다.
爾爲, 猶如此也.
② "寧爲"는 ≪資治通鑑≫에 "寧與"로 되어 있다.
寧爲, 通鑑作寧與.

【綱】劉虞의 옛 屬吏인 鮮于輔가 劉虞의 아들 劉和를 맞이하여 公孫瓚을 공격해 격파하였다.

劉虞故吏鮮于輔 迎虞子和하여 攻公孫瓚하여 破之[34)]하다

【目】公孫瓚이 이미 劉虞를 죽이고 幽州를 전부 차지하니, 자신의 재주와 능력을 믿고서 백성을 돌보지 않았으며, 남의 허물만 기억하고 좋은 점은 잊어버리고, 흘겨보는 정도의 사소한 원한에도 반드시 보복하였다.

衣冠을 갖춘 善士와 출중한 재능을 지닌 자들을 반드시 억누르고 곤란하게 하여 窮苦한 상황에 처하게 하였다. 어떤 이가 그 까닭을 물으니, 공손찬이 말하기를 "衣冠을 갖춘 士大夫들은 모두 자신은 職分상 당연히 존귀해야 한다고 여겨서 다른 사람이 베풀어 준 은혜에 감사해 하지 않는다." 하였다. 그러므로 그가 총애한 사람들은 대부분 장사치 따위의 용렬한 자들이어서 있는 곳마다 침탈과 포학함을 자행하니, 백성들이 원망하였다.

公孫瓚이 既殺劉虞하고 盡有幽州하니 恃其才力하고 不恤百姓하며 記過忘善하고 睚眥(애자)必報라 衣冠善士, 有材秀者를 必抑困하여 使在窮苦之地하다 或이 問其故한대 瓚曰 衣冠이 皆自以職分當貴라하여 不謝人惠라하니 故所寵愛 類多商販, 庸兒라 所在侵暴하니 百姓이 怨之하니라

---

34) 劉虞故吏鮮于輔……破之 : "'故吏'를 쓴 것은 어째서인가. 의로움을 허여한 것이다. 이 때문에 鮮于輔에 대해 '劉虞의 故吏'라고 썼고 陳安에 대해 '晉王 司馬保의 故將'이라고 썼고 麻秋와 張賀度에 대해 '故趙將(옛 後趙의 장수)'이라고 썼고 劉黑闥에 대해 '竇建德의 故將'이라고 썼고 鞏廷美에 대해 '湘陰의 故將'이라고 썼으니, 이는 모두 허여한 것이다. ≪資治通鑑綱目≫이 끝날 때까지 '故吏'라고 쓴 것이 1번이고 '故將'이라고 쓴 것이 7번인데, 오직 옛 楚나라 장수〔故楚將〕 利幾에 대해 反자를 썼고 成都의 故將 公師藩에 대해 寇자를 썼다. 이는 죄주는 말이 되니, 逆賊의 黨이기 때문이다.〔書故吏何 予義也 是故鮮于輔以劉虞故吏書 陳安以晉王保故將書 麻秋張賀度以故趙將書 劉黑闥以竇建德故將書 鞏廷美以湘陰故將書 皆予之也 終綱目 書故吏一 故將七 唯故楚將利幾書反 成都故將公師藩書寇 爲罪辭 逆黨也〕" ≪書法≫

"'故吏'라고 쓴 것은, 한편으로는 劉虞의 은덕이 사람들에게 남아 있어서 사라지지 않음을 나타낸 것이고, 한편으로는 鮮于輔 등이 옛 주인을 잊지 않는 의리를 나타낸 것이니, 아마도 이는 모두 忠臣과 義士를 권면함이 될 것이다.〔故吏之書 一以見虞之恩德在人未泯 一則見輔等不忘故主之義 皆所以爲忠臣義士之勸也歟〕" ≪發明≫

【目】劉虞의 從事 鮮于輔 등이 燕國 사람 閻柔가 평소 은혜와 신의가 있다고 하여 그를 추대하여 烏桓司馬로 삼았다. 염유가 胡族과 漢族 수만 명을 招誘하여 公孫瓚이 설치한 漁陽太守 鄒丹과 싸워서 참살하였다. 烏桓의 峭王 역시 자기 부족 사람들과 鮮卑族 등 도합 7천여 명의 기병을 거느리고 鮮于輔를 따라 남쪽으로 와서 劉虞의 아들 劉和를 맞이하여 袁紹의 장수 麴義와 연합해서 도합 10만의 병력으로 함께 공손찬을 공격하여 鮑丘에서 공손찬을 격파하고 首級 2만여 급을 베었다.

이에 代郡, 廣陽, 上谷, 右北平 등의 지역이 각각 공손찬이 설치한 長吏를 죽이니, 공손찬의 군대가 여러 번 패하였다.

劉虞從事鮮于輔等[①]이 以燕國閻柔 素有恩信이라하여 推爲烏桓司馬하고 招誘胡, 漢數萬人하여 與瓚所置漁陽太守鄒丹으로 戰하여 斬之[②]하고 烏桓峭王이 亦率種人及鮮卑七千餘騎하여 隨輔하여 南迎虞子和하여 與袁紹將麴義로 合兵十萬하여 共攻瓚하여 破瓚於鮑丘하고 斬首二萬餘級[③]하다 於是에 代郡, 廣陽, 上谷, 右北平이 各殺瓚所置長吏하니 瓚軍이 屢敗하다

① 鮮于는 複姓이다.
鮮于, 複姓.

② 閻柔는 廣陽 사람으로, 젊었을 적에 烏桓과 鮮卑에 포로로 잡혀가서 그 부족 사람들에게 전적으로 신임을 받았다. 護烏桓校尉는 司馬 두 명을 두니, 〈司馬의〉 秩은 六百石이다.
柔, 廣陽人. 少沒烏桓·鮮卑中, 爲其種人所歸信. 護烏桓校尉, 有司馬二人, 秩六百石.

③ 鮑丘는 물의 이름이다. ≪水經注≫에 "鮑丘水는 塞外로부터 흘러와서 남쪽으로 漁陽縣의 동쪽을 지나가니, 劉和 등이 公孫瓚을 격파한 곳이다. 또 남쪽으로 潞縣의 서쪽을 지나간다." 하였다.
鮑丘, 水名. 水經注 "鮑丘水從塞外來, 南過漁陽縣東. 和等破瓚處也. 又南過潞縣西."

【目】이보다 앞서 童謠에 "燕國의 남쪽 경계와 趙國의 북쪽 경계에 中間이 합쳐지지 않은 곳이 크기가 숫돌만 한데, 오직 이 가운데에서만 난을 피할 수 있다." 하였다. 公孫瓚은 스스로 생각하기를 "易縣 지역이 여기에 해당한다." 하여 마침내 易縣으로 鎭營을 옮기고 城壘를 에워싸는 塹壕를 열 겹으로 만들고 참호 안에 높이가 10丈인 큰 丘陵을 쌓고서 그 위에 樓(望樓)를 만들되 鐵로 문을 만들었다. 그러고는 오로지 자신의 姬妾과만 거주하고 賓客들을 소원하게 대하여 가까이 신임하는 사람이 없으니, 謀臣과 猛將들이 차츰 배반하여 離散하였다.

공손찬은 이후로 다시 공격하여 싸우는 일이 드물어졌는데, 어떤 이가 그 까닭을 묻

자 다음과 같이 말하였다.

"내가 옛적에는 천하를 指麾하여 평정할 수 있다고 여겼는데, 오늘날에 이르러 전쟁이 막 시작되고 있으니, 이것을 보건대 이는 내가 해결할 수 있는 것이 아니다. 군사들을 쉬게 하여 경작에 힘써서 凶年을 구제하는 것만 못하다. 兵法에 '百樓[35]는 공격하지 못한다.' 하였는데, 지금 나의 각 군영에는 樓櫓(누로)가 수십 겹이고 비축한 양곡이 3백만 斛이니, 이 양곡을 다 먹으면 천하의 일이 판가름 나는 것을 충분히 기다릴 수 있다."

先是에 有童謠曰 燕南垂, 趙北際에 中央不合大如礪하니 唯有此中可避世①라하니 瓚이 自謂易(역)地當之②라하여 遂徙鎭易하고 爲圍塹十重하고 築京高十丈하고 爲樓其上호되 以鐵爲門③하다 專與姬妾居하고 疏遠賓客하여 無所親信하니 謀臣, 猛將이 稍稍乖散이러라 自此之後로 希復攻戰이어늘 或問其故한대 瓚曰 我昔謂天下를 指麾可定이러니 至於今日하여 兵革方始하니 觀此컨대 非我所決이니 不如休兵力耕하여 以救凶年이라 兵法에 百樓不攻이라하니 今吾諸營樓櫓數十重이요 積穀이 三百萬斛이니 食盡此穀이면 足以待天下之事矣④라하니라

① "如礪"는 그 크기가 〈숫돌만 하여〉 작음을 말하니, 泰山이 닳고 닳아서 숫돌만 해진다는 뜻과 같다.
如礪, 言其小也, 猶泰山若礪之意.

② 易은 羊益의 切이다. ≪漢書≫에는 "易縣은 涿郡에 속하였다." 하고, ≪續漢志≫에는 "河間에 속하였다." 하였다.
易, 羊益切. 前書, 易縣屬涿郡. 續漢志, 屬河間.

③ ≪說文解字≫에 "京은 사람이 만든 매우 높고 큰 丘陵이다." 하였다. ≪水經注≫에 "易京은 易城의 서쪽 4, 5리 지점에 있으니, 易水가 그 남쪽을 지나간다." 하였다.
說文"京, 人所爲絶高丘也." 水經註"易京, (有)〔在〕[36]易城西四五里, 易水逕其南."

④ 櫓는 櫓와 통하니, 城 위에 守禦하는 望樓로 그 위에는 지붕이 없다.
櫓, 與櫓通, 城上守禦望樓也. 上無覆屋.

丙子年(196)

【綱】 漢나라 孝獻皇帝 建安 원년이다. 봄 2월에 雒陽의 宮殿을 修繕하였다.

---

35) 百樓 : 敵情을 관찰하는 높은 누대로, 百은 '백 층 높이'인바, 樓臺가 매우 높음을 뜻한다.

36) (有)〔在〕: 저본에는 '有'로 되어 있으나, ≪資治通鑑≫ 註에 의거하여 '在'로 바로잡았다.

建安元年라 **春二月**에 **修雒陽宮**하다

【目】 董承과 張楊이 天子를 호위하여 洛陽으로 돌아가고자 하였는데, 楊奉과 李樂이 이를 원하지 않았다. 이로 말미암아 장수들이 돌아가며 서로 의심하여 딴마음을 품었다. 장양이 동승에게 먼저 낙양의 宮殿을 수리하게 하였는데, 5월에 황제가 楊奉, 李樂, 韓暹의 군영에 使者를 보내어 자신을 낙양으로 보내줄 것을 요구하니, 양봉 등이 詔令을 따랐다.

董承, 張楊이 欲以天子還雒陽이어늘 楊奉, 李樂이 不欲하니 由是로 諸將이 更(경)相疑貳러라 張楊이 使董承으로 先繕修雒陽宮하니 五月에 帝遣使하여 至楊奉, 李樂, 韓暹營하여 求送至雒陽한대 奉等이 從詔하다

【綱】 여름 6월에 劉備가 袁術과 盱眙(우이)에서 싸웠다. 呂布가 下邳를 습격하여 점령하니, 유비가 여포에게 항복하고서 마침내 여포와 병력을 합하여 원술을 공격하였다.

夏六月에 **劉備與袁術**로 **戰於盱眙**[37]러니 **呂布襲取下邳**하니 **備降於布**하여 **遂與幷兵擊術**하다

【目】 袁術이 劉備를 공격하여 徐州를 다투자, 유비가 司馬 張飛에게 下邳를 지키게 하고, 자신은 직접 군대를 거느리고 盱眙와 淮陰에서 원술을 막았는데, 한 달 남짓 서로 대치하면서 이기고 지기를 번갈아 하였다. 원술이 呂布에게 편지를 보내어 下邳를 습격하도록 권하고 군량을 지원해줄 것을 허락하였다.

여포가 군대를 이끌고 동쪽으로 가자[38] 장비가 패하여 달아나니, 여포가 유비의 처자식 및 장수와 관원들의 식솔들을 포로로 잡았다. 유비는 남은 군사들을 수습하여 동

37) 劉備與袁術 戰於盱眙 : "袁術이 劉備를 공격한 것은 徐州를 쟁탈한 것인데 이를 쓰지 않고, '유비가 원술과 싸웠다.'라고 쓴 것은 어째서인가. 원술이 徐州를 두고 쟁탈한 것을 인정하지 않은 것이다. 徐州를 두고 쟁탈한 것을 인정하지 않은 것은 유비가 徐州牧을 겸한 것을 유비에게 허물하지 않은 것이니, ≪資治通鑑綱目≫은 유비에 대해 용서(양해)하는 말이 많다.〔袁術攻備 爭徐州也 不書 書備與術戰 何 不予術之爭也 不予其爭者 不以領徐州累備也 綱目於備多恕辭〕" ≪書法≫

38) 동쪽으로 가자 : 원문의 "東下"는 '동쪽으로 내려간다'라는 말로 동쪽으로 가는 것을 뜻한다. 중국의 지형은 서쪽과 북쪽이 높고 동쪽과 남쪽이 낮으므로 동쪽으로 가는 것을 '동쪽으로 내려간다'라고 표현하는바, 서쪽으로 가는 것을 '서쪽으로 올라간다〔西上〕'라고 하는 것과 상대되는 표현이다.

쪽으로 가서 廣陵을 점거하고 원술과 싸웠으나 또다시 패하니, 군량이 떨어져 굶주리고 처지가 매우 곤궁하여 여포에게 항복을 받아줄 것을 요청하였다. 여포 역시 원술이 약속했던 군량 지원이 이어지지 않은 것에 분노하여 이에 유비를 불러서 다시 豫州刺史로 삼고, 그와 병력을 연합하여 원술을 공격하고 小沛에 주둔하게 하였다. 여포는 스스로 徐州牧이라고 칭하였다.

袁術이 攻劉備하여 以爭徐州러니 備使司馬張飛로 守下邳하고 自將拒術於盱眙, 淮陰하여 相持經月에 更(경)有勝負[①]라 術이 與呂布書하여 勸令襲下邳하고 許助以軍糧한대 布引軍東下[②]하니 飛敗走어늘 布虜備妻子及將吏家口하다 備收餘兵하여 東取廣陵하여 與術戰又敗하니 飢餓困踧하여 請降於布한대 布亦忿術運糧不繼하여 乃召備하여 復以爲豫州刺史하고 與幷勢擊術하여 使屯小沛하고 布自稱徐州牧[③]하다

① ≪後漢書≫ 〈郡國志〉에 "盱眙와 淮陰 두 縣은 下邳國에 속하였다." 하였다.
郡國志 "盱眙・淮陰二縣屬下邳國."
② 呂布가 지난해에 〈徐州에 가서〉 劉備에게 의탁하였으니, 이는 下邳의 서쪽에 주둔한 것이다.
布去年奔備, 蓋屯於下邳之西.
③ 幷(합하다)은 畀政의 切이다.
幷, 畀政切.

【綱】 가을 7월에 황제가 雒陽으로 돌아왔다.

秋七月에 帝還雒陽하다

【目】 楊奉과 韓暹이 황제를 받들어 동쪽으로 돌아오니, 張楊이 양식을 가지고 와서 도로에서 맞이하였다.

7월에 車駕가 洛陽에 이르니, 장양이 장수들에게 이르기를 "天子는 마땅히 천하 사람들과 함께 섬겨야 할 분이다. 朝廷에는 본래 公卿이 있어서 천자를 보좌하니, 나 장양은 응당 밖으로 나가서 外敵을 막아야 할 것이다." 하고 마침내 野王縣으로 돌아갔다. 양봉 역시 밖으로 나가서 梁縣에 주둔하고, 韓暹과 董承이 京師에 머물러 宿衛를 담당하였다.

이때에 宮室이 모두 불에 타 없어져서 百官이 가시덤불을 헤치고 담장과 벽 사이에 의지해 있었는데, 州와 郡에서 수송해오는 물건이 이르지 않아서 尙書郎 이하의 관원들

이 직접 밖으로 나가 돌벼를 채취해오니, 어떤 이는 담장과 벽 사이에서 굶주려 죽고 어떤 이는 병사들에게 죽임을 당하기도 하였다.

楊奉, 韓暹이 奉帝東還하니 張楊이 以糧迎道路하다 七月에 至雒陽하니 張楊이 謂諸將曰 天子는 當與天下共之라 朝廷이 自有公卿하니 楊은 當出扞外難이라하고 遂還野王①하니 楊奉이 亦出屯梁②하고 韓暹, 董承이 留宿衛하다 時에 宮室燒盡이라 百官이 披荊棘하여 依牆壁間하고 州郡委輸不至라 尙書郎以下 自出採稆(려)③하니 或飢死牆壁間하고 或爲兵士所殺하니라

① 野王縣은 河內郡에 속하였으니, 張楊이 주둔한 곳이다.
野王縣, 屬河內郡, 張楊所屯也.

② ≪後漢書≫ 〈郡國志〉에 "梁縣은 河南尹에 속하였다." 하였다.
郡國志 "梁縣屬河南尹."

③ 稆는 음이 몸이니, 돌벼(씨를 뿌리지 않았는데 저절로 나는 벼)이다.
稆, 音呂, 自生禾也.

【綱】 曹操가 入朝하고 스스로 司隷校尉 錄尙書事가 되었다.

曹操入朝하고 自爲司隷校尉, 錄尙書事[39]하다

【目】 曹操가 許縣에 있으면서 天子를 맞이해올 것을 계획하자, 사람들이 말하기를 "山東

---

39) 曹操入朝……錄尙書事 : "이때에 董承이 은밀하게 曹操를 부르니, 조조가 마침내 군대를 거느리고 京師로 왔다. 조조가 경사에 이른 뒤에 韓暹과 張楊의 罪를 아뢰자, 황제가 〈한섬과 장양이 거가를 보좌한 공이 있다고 하여〉 詔命을 내려 죄를 묻지 말도록 하고 조조를 司隷校尉로 삼았으니, 그렇다면 이는 詔命이다. 그런데 '詔以'라고 쓰지 않고 '自爲'라고 쓴 것은 어째서인가. 군주를 협박함을 미워한 것이다.〔於是董承潛召曹操 操遂將兵詣京師 旣至 罪狀韓張 帝詔勿問 而以操爲司隷校尉則詔命矣 不書詔以 書自爲 何 惡(오)要君也〕" ≪書法≫

"≪資治通鑑綱目≫은 國政을 專斷한 신하의 爵位를 올림(승진)에 있어 반드시 '自爲'라고 썼다. 이때에 曹操가 막 入朝하여 아직 군주를 무시하는 마음이 있지 않았는데, 書法이 대번에 이와 같음은 어째서인가. 무릇 賞을 내려 권면하고 刑罰을 가하여 두렵게 하는 것을 '君'이라 하니, 복을 내리고 위엄을 내리는 것은 오직 임금만이 할 수 있다. 조조가 이때에 와서는 죄가 있는 자를 주벌하고 功이 있는 자에게 賞을 주며 절개를 위하여 목숨을 바친 자를 撫恤하고 董承 등 열세 사람을 封하여 列侯로 삼았으니, 이는 모두 천자의 명에서 나온 것인가, 아니면 모두 조조가 스스로 한 것인가. 더구나 조조가 군대를 보유하고 대궐로 향하여 조정을 위협하고 제재해서 천자가 그의 손안에 있었으니, 그렇다면 '스스로 司隷校尉가 되었다.'라고 쓴 것이 어찌 지나친 것이겠는가. 살펴보건대 荀彧이 도모한 바는, ≪春秋≫의 마음속에 품은 생각(동기)을 주벌하는 法으로 따져보고, ≪자치통감강목≫에서 쓴 것을 참고해보면 더욱 미덥다.〔綱目凡專國之臣 於其進爵 則必以自爲書之 是時操方入朝 未有無君之心 而書法遽已如此 何哉 夫慶賞刑威曰君 作福作威惟辟 操之此行 誅有罪 賞有功 矜死節 封董承等十三人爲列侯 是皆出於天子之命耶 抑皆出於操之所自爲耶 況操擁兵向闕 脅制朝廷 天子在其掌握 則以自爲司隷校尉書之 夫豈過哉 觀之 荀彧之所謀 概以春秋誅心之法 參諸綱目之所書而益信〕" ≪發明≫

지역이 아직 평정되지 못하였고, 韓暹과 楊奉이 扈駕한 공로를 자부하여 방자하고 포학하니 갑작스럽게 제압할 수 없습니다." 하였는데, 荀彧이 다음과 같이 말하였다.

"옛적에 晉나라 文公이 周나라 襄王을 〈호위하여〉 京師로 들여보내자 諸侯들이 그림자처럼 따랐고, 漢나라 高祖가 義帝를 위하여 喪服을 입자[40] 천하 사람들의 마음이 高祖에게 돌아왔습니다. 天子가 蒙塵(播遷)한 이래로 將軍께서 먼저 義兵을 제창하였으나 다만 山東이 소란하므로 멀리 달려갈 겨를이 없었습니다. 그런데 이제 鑾駕(大駕)가 돌아왔는데 東京(雒陽)은 雜木이 자라고 황폐합니다. 진실로 이때를 이용하여 主上을 받들어 사람들의 기대에 부응하는 것은 큰 順理(義理에 순응함)이고, 至公無私함을 잡아 지켜 천하를 복종시킴은 큰 지략이고, 大義를 붙들어 영걸들을 招致함은 큰 德이니, 사방에 비록 반역하는 賊臣이 있으나 그들이 무슨 일을 하겠습니까. 만약 제때에 결정하지 않아서 호걸들에게 이러한 마음을 갖게 하면 뒤에 비록 생각하더라도 또한 어찌할 수 없을 것입니다."

曹操在許하여 謀迎天子①하니 衆以爲山東未定하고 韓暹, 楊奉이 負功恣睢(휴)하니 未可卒制②니이다 荀彧曰 昔에 晉文公이 納周襄王而諸侯景(영)從하고 漢高祖爲義帝縞素而天下歸心③하니이다 自天子蒙塵으로 將軍이 首唱義兵이로되 徒以山東擾亂으로 未遑遠赴러니 今鑾駕旋軫하고 東京榛蕪④하니 誠因此時하여 奉主上以從人望은 大順也요 秉至公以服天下는 大略也요 扶弘義以致英俊은 大德也니 四方이 雖有逆節이나 其何能爲리오 若不時定하여 使豪傑生心이면 後雖爲慮라도 亦無及矣리이다

① ≪後漢書≫ 〈郡國志〉에 "許縣은 潁川郡에 속하였다." 하였다. 황제가 이미 도읍을 許縣으로 옮기고서 許昌(許州)으로 이름을 바꾸었다.

---

40) 漢나라 高祖가……입자 : 義帝는 戰國 시대 楚나라 懷王의 손자 熊心으로, 楚 懷王으로도 불린다. 秦나라가 楚나라를 멸망시키자, 웅심은 양치기로 숨어 지내다가 秦 二世 2년(B.C. 208)에 項梁 등에 의해 왕으로 옹립되었는데, 전국 시대의 회왕과 구별하기 위해 懷王心이라고 칭하기도 한다. 漢나라 2년(B.C. 205) 겨울 10월에 西楚霸王 項羽가 은밀히 九江王 黥布 등에게 義帝를 공격하게 하여 郴縣(침현)에서 시해당하였다. 이때 漢王 劉邦이 남쪽으로 平陰津을 건너 洛陽의 新城에 이르렀는데, 三老인 董公이 길을 가로막고 유방에게 義帝를 위하여 素服을 입고 제후들에게 고하여 항우를 토벌하도록 설득하였다. 이에 유방이 의제를 위하여 喪을 발표하고 대성통곡한 다음 제후들에게 고하기를 "천하가 함께 의제를 세워서 北面하여 섬겼는데 이제 항우가 의제를 추방하여 江南에서 시해하였으니, 이는 대역무도한 죄이다. 寡人이 친히 의제를 위해 喪을 발표하여 군사들에게 모두 흰 옷을 입히고 關中의 병력을 총동원하고 三河의 군사를 거두어 남쪽으로 江漢에 배를 띄워 내려가서 여러 侯와 王을 따라 초나라의 의제를 시해한 자를 공격하려 한다.〔天下共立義帝 北面事之 今項羽放殺義帝於江南 大逆無道 寡人親爲發喪 兵皆縞素 悉發關中兵 收三河士 南浮江漢以下 願從諸侯王 擊楚之殺義帝者〕"라고 하였다. 이에 제후들이 크게 호응하여 유방은 천하 통일의 대업을 이룩하는 계기가 되었다.(≪史記≫ 권8 〈高祖本紀〉, ≪漢書≫ 권1上 〈高帝紀〉)

郡國志 "許縣屬潁川郡." 帝旣徙都, 改曰許昌.

② 〈"未可卒制"의〉 卒(갑자기)은 猝로 읽는다.
卒, 讀曰猝.

③ "景從"은 그림자가 형체를 따르는 것과 같음을 말한다. ≪春秋左氏傳≫ 僖公 25년(B.C. 635) 조에 狐偃이 晉나라 文公에게 말하기를 "諸侯의 霸者가 되려고 한다면 天子의 일에 盡力하는 것보다 더 좋은 것이 없으니, 이렇게 하면 諸侯들이 믿을 것이고 또한 大義名分이 있습니다." 하니, 문공이 左軍을 거느리고서 襄王을 맞이하였다. 양왕이 王城으로 들어가서 반란을 일으킨 太叔을 溫 땅에서 잡아 隰城에서 죽였다. 이로 말미암아 문공이 마침내 霸業을 정하니, 천하가 복종하였다.
景從, 言如景之從形也. 左傳, 狐偃言於晉侯曰 "求諸侯, 莫如勤王, 諸侯信之, 且大義也." 晉侯以左師逆王, 王入于王城, 取太叔于溫, 殺之于隰城, 遂定霸業, 天下服從.

④ 軫은 수레 뒤에 가로댄 나무이니, "旋軫"은 수레를 돌린다는 말과 같다. 榛은 鋤榛의 切이니, 나무가 叢生하는 모양이다. 蕪는 황폐함이다.
軫, 車後橫木也. 旋軫, 猶言回轅. 榛, 鋤榛切, 木叢生之貌. 蕪, 荒薉也.

【目】 曹操가 이에 曹洪을 보내 군대를 거느리고 서쪽으로 가서 天子를 맞이하게 하였는데, 董承 등이 막으니 조홍이 나아갈 수가 없었다.

議郎 董昭는 楊奉의 兵馬가 가장 강성하지만 黨援이 부족하다고 생각하여 조조의 명의로 다음과 같이 편지를 써서 양봉에게 보내었다.

"바로 지금 群凶이 中夏(中國)를 어지럽혀서 四海가 편안하지 못하니, 반드시 많은 賢者를 필요로 하여야 皇室을 깨끗이 할 수 있다. 장군은 응당 안에서 조정의 일을 주관하고 나는 밖의 支援이 되어야 한다. 지금 나는 양곡이 있고 장군은 군대가 있으니, 있는 것과 없는 것을 서로 융통하면 충분히 서로 구제할 수 있다. 죽든 살든 고생하든 서로 더불어 이 모든 것을 함께하겠다."

양봉이 편지를 받고 기뻐하여 장수들에게 말하고 함께 表文을 올려서 조조를 鎭東將軍으로 삼았다.

操乃遣曹洪하여 將兵하여 西迎天子한대 董承等이 拒之하니 洪이 不得進이러니 議郎董昭 以楊奉兵馬最强而少黨援이라하여 作操書與奉曰 方今群凶猾夏하고 四海未寧하니 必須衆賢以淸王軌①니 將軍이 當爲內主요 吾爲外援이라 今吾有糧하고 將軍有兵하니 有無相通이면 足以相濟니 死生契(결)闊을 相與共之②니라 奉이 得書喜하여 語諸將하여 共表操爲鎭東將軍하다

① "王軌"는 王度, 王路라는 말과 같으니, 王室(皇室)을 가리켜 말한 것이다.

王軌, 猶言王度・王路, 指王室而言.

② "契闊"은 勤苦함이다. 이는 죽든 살든 勤苦하는 상황에 처하든 서로 더불어 이 모든 것을 함께함을 이른다.
契闊, 勤苦也. 此蓋謂死也生也, 處勤苦之中, 相與共之也.

曹操가 皇帝를 맞이하여 정권을 잡다

【目】 韓暹이 자신의 功을 자랑하며 전횡을 부리고 방자하게 굴자 董承이 이를 근심하고 인하여 은밀하게 曹操를 부르니, 조조가 이에 군대를 거느리고 洛陽으로 왔다. 조조가 낙양에 이른 다음 한섬과 張楊의 罪를 아뢰자, 황제가 한섬과 장양은 功이 있다고 하여 詔令을 내려 죄를 묻지 말도록 하고, 조조에게 司隷校尉와 錄尚書事를 겸하게 하였다.

조조가 이에 죄가 있는 자를 주벌하고 功이 있는 자에게 賞을 주며 절개를 위하여 목숨을 바친 자를 撫恤하고 董承 등 열세 사람을 封하여 列侯로 삼았다.

韓暹이 矜功專恣어늘 董承이 患之하여 因潛召操하니 操乃將兵詣雒陽하다 既至에 奏韓暹, 張楊之罪하니 帝以暹, 楊有功이라하여 詔勿問하고 以操로 領司隷校尉, 錄尚書事하다 操於是에 誅有罪하고 賞有功하며 矜死節하고 封董承等十三人하여 爲列侯①하다

① 〈"封董承等十三人 爲列侯"는〉 袁宏의 ≪後漢紀≫ 권29 〈孝獻皇帝紀〉에 "衛將軍 董承, 輔國將軍 伏完, 侍中 丁冲과 种輯, 尚書僕射 鍾繇, 尚書 郭浦, 御史中丞 董芬, 彭城相 劉艾, 左馮翊 韓斌, 東郡太守 楊衆, 議郎 羅邵와 伏德과 趙蕤를 封하여 列侯로 삼았다." 하였다.
宏紀曰 "封衛將軍董承, 輔國將軍伏完, 侍中丁(原)〔冲〕[41]・种(輔)〔輯〕,[42] 尚書僕射鍾繇, 尚書郭(溥)〔浦〕,[43] 御史中丞董芬, 彭城相劉艾, 〔左〕[44]馮翊韓斌, 東郡太守楊衆, 議郎羅

41) (原)〔冲〕: 저본에는 '原'으로 되어 있으나, ≪後漢紀校注≫에 의거하여 '冲'으로 바로잡았다.
42) (輔)〔輯〕: 저본에는 '輔'로 되어 있으나, ≪後漢紀校注≫에 의거하여 '輯'으로 바로잡았다.
43) (溥)〔浦〕: 저본에는 '溥'로 되어 있으나, ≪後漢紀校注≫에 의거하여 '浦'로 바로잡았다.
44) 〔左〕: 저본에는 누락되었으나, ≪後漢紀校注≫에 의거하여 보충하였다.

邵・伏德・趙蕤爲列侯."

【綱】曹操가 황제를 許縣으로 옮기고 스스로 大將軍이 되어 武平侯에 封해졌다.

曹操遷帝于許[45]하고 **自爲大將軍**하여 **封武平侯**하다

---

45) 曹操遷帝于許 : "'張濟가 황제를 맞이하여 동쪽으로 돌아왔다.'라고 쓴 것으로부터 1년이 지난 뒤에 '황제가 洛陽으로 돌아왔다.'라고 썼는데, 이윽고 달을 바꾸지 않고서 다시 '황제를 許縣으로 옮겼다.'라고 썼으니, 曹操의 죄를 이루 다 주벌할 수 있겠는가. 그러므로 〈동탁의 무리인〉 郭汜와 같이 〈'自爲'라고〉 쓴 것이다.〔自書張濟迎帝東歸 期年而後書帝還雒陽 曾未改月 而復書遷帝于許 操之罪 可勝誅哉 故書之如郭汜〕" ≪書法≫

"≪春秋≫ 閔公 2년(B.C. 660)에 '齊人이 陽나라의 주민을 옮기고서 그 땅을 점유하였다.'라고 썼으니, 옮겼다는 것은 강제로 옮긴 것이다. ≪春秋≫ 僖公 元年(B.C. 659)에 '邢나라 사람들이 夷儀로 옮겨 갔다.'라고 썼으니, 옮겨 갔다는 것은 스스로 옮겨 간 것이다.

建安 初元(초기)의 일에 대해 이전의 史書들은 모두 許縣으로 遷都한 것으로 군장을 썼다. 과연 말한 바와 같다면 天子가 스스로 許縣으로 遷都한 것이니, 다시 무엇을 말하겠는가. 그러나 ≪資治通鑑綱目≫은 이에 대해 도리어 크게 옳지 않다고 여겼으니, 어째서인가.

董卓이 亂을 처음 일으킨 이후로 李傕과 郭汜가 서로 공격하여 天子가 가시덤불 속에서 분주하였는데, 曹操에게 勤王한 일이 있었다는 말을 듣지 못하였다. 今年에 車駕가 洛陽으로 돌아오자 조조가 처음으로 入朝하였으니, 그의 계책은 진실로 天子를 끼고서 諸侯를 호령하고자 한 것일 뿐이요, 애당초 참으로 帝室을 扶翼하려는 마음이 있었던 것이 아니다. 무릇 洛邑은 宗廟가 있는 곳이니, 불행하게도 殘毁되었으면 곧바로 수리하여 복구하고 다스려서 이 백성들로 하여금 漢나라 官吏의 威儀의 성대함을 다시 보게 했어야 한다. 〈조조가 이렇게 하였으면〉 거의 조금이나마 臣子가 君父를 바로잡는 책임에 부응할 수 있었을 터인데 이제 도리어 옛 거처와 宮室을 버리고 車駕를 옮겨 許縣에 거둥하게 한 것은 어째서인가. 그러므로 ≪資治通鑑綱目≫에서 '조조가 황제를 許縣으로 옮겼다.'라고 썼으니, 그렇다면 그 내용이 급박하여 제멋대로 한 뜻이 있는 것이다. 더구나 '황제를 옮겼다.'라고 하였다면, 옮긴 것은 황제의 一身에 그쳤을 뿐 宗廟와 社稷은 모두 버리고 돌아보지 않은 것이니, 漢나라 황제는 이에 이르러 또한 寄生하는 군주일 뿐인 것이다.

옛적에 高祖가 基業을 처음으로 열자 ≪資治通鑑綱目≫은 '황제가 서쪽으로 洛陽에 도읍하였다.'라고 쓰고, 이어서 '황제가 서쪽으로 關中에 도읍하였다.'라고 썼으며, 光武帝가 中興하자 '朱鮪가 洛陽을 가지고 항복하니 황제가 들어가 도읍하였다.'라고 썼으니, 조조가 황제를 許縣으로 옮겼다고 하여 황제가 스스로 옮겼다고 글을 쓰지 않은 것과 어찌 天壤之差일 뿐이겠는가. 아, 만약 조조가 강제로 옮기지 않고 漢나라 황제가 오히려 무슨 일이라도 할 수 있었다면 마땅히 '조조가 황제를 받들어서 許縣으로 천도하였다.'라고 썼을 것이니, 아! 슬프도다.〔春秋閔二年 書齊人遷陽 遷之者 彊遷之也 僖元年書(刑)〔邢〕遷于夷儀 遷者 自遷也 建安初元之事 前史皆以遷都許爲文 果如所言 則天子自遷都許 夫復何說 而綱目於此 乃大不然 何哉 蓋自董卓肇亂 傕汜交攻 天子奔走荊棘間 未聞曹操有勤王之擧 今年車駕還洛陽 操始入朝 其謀固欲挾天子令諸侯而已 初非眞有翊扶帝室之心也 夫洛邑 宗廟所在 不幸殘毁 正當修復經理 使斯民復見漢官威儀之盛 庶可少塞臣子救君父之責 今乃棄其故居宮室 移駕至許 何哉 故綱目書曹操遷帝于許 則其詞急而有專意 況謂之遷帝 則所遷者止於帝之一身 而宗廟社稷 皆棄不顧 則漢帝至是 亦寄生之君耳 昔高祖開基 綱目書帝西都洛陽 繼書帝西都關中 至光武中興 則書朱鮪以洛陽降 帝入都之 其與遷帝于許而不以自遷爲文者 相去何止霄壤 嗚呼 使曹操不出於强遷 而漢帝尙能爲有無 則當書操奉帝遷都于許矣 吁〕" ≪發明≫

【目】 曹操가 董昭를 데려다가 계책을 물으니, 동소가 다음과 같이 말하였다.

"지금 이곳(洛陽)에 있는 장수들이 사람마다 각자 다른 속셈을 가지고 있으니, 지금 낙양에 머무르며 조정을 바로잡아 돕는 것은 事勢가 이롭지 못합니다. 오직 車駕를 옮겨 許縣으로 거둥함이 있을 뿐입니다. 그러나 朝廷(天子)이 播遷하였다가 이제 막 옛 京師로 돌아와서 모든 사람들이 안정되기를 학수고대하는데, 지금 다시 車駕를 옮기면 사람들의 마음에 불만스러울 것입니다. 무릇 非常한 일을 행하여야 非常한 功業을 세울 수 있으니, 바라건대 장군께서는 이로움이 많은 것을 헤아려서 결행하십시오."

조조가 말하기를 "이것이 나의 본뜻이다." 하고는 마침내 車駕를 받들어 동쪽으로 옮겨서 스스로 大將軍이 되어 武平侯에 封해지고 처음으로 許縣에 宗廟와 社稷을 세우니, 이로부터 조정의 政事가 曹氏에게 돌아가고 천자는 빈자리만 지킬 뿐이었다.

操引董昭問計한대 昭曰 此下諸將이 人殊意異하니 今留匡弼이 事勢不便이라 惟有移駕幸許耳니이다 然이나 朝廷播越하여 新還舊京하여 跂望獲安①이러니 今復徙駕하면 不厭衆心이라 夫行非常之事라야 乃有非常之功이니 願將軍은 算其多者②하소서 操曰 此는 孤本志也라하고 乃奉車駕東遷하여 自爲大將軍하여 封武平侯③하고 始立宗廟社稷於許하니 自是로 政歸曹氏하고 天子는 守位而已러라

① 播는 流離이고 옮김이며, 越은 顚墜(실추시킴)이고 달아남이다. 跂(발꿈치)는 去智의 切로 企와 같으니, "跂望"은 발꿈치를 들고서 바라보는 것이다.
播, 流也. 遷也. 越, 顚墜也, 走也. 跂, 去智切, 與企同. 跂望, 擧踵以望也.

② 〈"算其多者"는〉 무릇 일을 거행함에 이로움이 있고 또한 해로움이 있으니, 오직 이로움이 많고 해로움이 적은 것을 헤아려서 결행하는 것이다.
凡擧事, 有利, 亦有害, 惟算其利多而害少者行之.

③ 武平縣은 陳國에 속하였다. 이는 曹操가 神武로써 禍亂을 평정한 뜻을 취한 것이다.
武平縣, 屬陳國. 此取其以神武平禍亂也.

【綱】 孫策이 會稽를 점령하니, 會稽太守 王朗이 항복하였다.

孫策이 取會稽[46]하니 太守王朗이 降하다

46) 孫策 取會稽 : "앞에서 '그의 장수(朱治)를 보내어 吳郡을 점거하였다.'라고 썼는데, 여기에서 '會稽를 점령하였다.'라고 쓰고, 이어서 또 '廬江을 습격하여 점령하였다.'라고 썼으니, ≪資治通鑑綱目≫에서 孫氏(孫策)에 대해 이로부터 취할 바가 없는 것이다.〔前書遣其將據吳郡矣 於是書取會稽 繼又書襲廬江取之 綱目於孫氏 自是無取焉矣〕" ≪書法≫

【目】 孫策이 군대를 이끌고 浙江을 건너가니, 會稽의 功曹 虞翻이 太守 王朗을 설득하기를 "손책이 用兵을 잘하니 피하는 것만 못합니다." 하였으나, 왕랑이 이를 따르지 않고 군대를 내어 固陵에서 손책을 막았다. 손책이 자주 싸웠으나 이기지 못하니, 손책의 숙부 孫靜이 다음과 같이 손책을 설득하였다.

"왕랑이 지형의 險阻함을 믿고 城을 의지해 수비하니, 갑작스럽게 함락시키기 어렵다. 查瀆(자독)이 여기에서 남쪽으로 수십 리 지점에 있으니, 마땅히 저곳을 따라 나가서 그 안을 점거해야 한다. 이렇게 한다면 이것이 兵法에 이른바 '적이 대비가 없는 곳을 공격하고 적이 예상치 못한 곳으로 출동한다.'[47]라는 것이다."

손책이 이를 따라서 밤에 횃불을 많이 들어 올려 疑兵을 만들고, 군대를 나누어 자독의 길을 따라 나가서 高遷屯을 습격하였다. 왕랑이 크게 놀라 周昕(주흔)을 보내어 맞아 싸우게 하였는데, 손책이 격파하여 참살하였다. 왕랑이 달아나자 손책이 추격하여 대파하니, 왕랑이 마침내 항복하였다. 이에 손책이 스스로 會稽太守를 겸하고, 다시 우번을 임명하여 功曹로 삼아 交友의 禮로써 대우하였다.

孫策이 引兵渡浙江하니 會稽功曹虞翻이 說(세)太守王朗曰 策이 善用兵하니 不如避之니이다 朗이 不從하고 發兵拒策於固陵①하다 策이 數(삭)戰不克이러니 策叔父靜이 說(세)策曰 朗이 負阻城守하니 難可卒拔이라 查瀆이 南去此數十里니 宜從彼據其內②하면 所謂攻其無備오 出其不意者也니라 策이 從之하여 夜에 多然火爲疑兵하고 分軍投查瀆道하여 襲高遷屯③하니 朗이 大驚하여 遣周昕逆戰이어늘 策이 破斬之하다 朗이 遁走어늘 策이 追擊大破之한대 朗이 乃降하니 策이 自領會稽太守하고 復命翻爲功曹하여 待以交友之禮하다

① ≪水經注≫에 "浙江이 동쪽으로 固陵城의 북쪽을 지나간다. 옛적에 范蠡가 浙江 가에 城을 쌓고서 '견고하게 지킬 수 있다.' 하였으니, 이 때문에 이름을 固陵이라 하였다. 浙江이 또 동쪽으로 相塘(자당)을 지나가니, 이를 일러 相瀆이라 한다." 하였다.
水經註 "浙江東逕固陵城北. 昔范蠡築城於浙江之濱, 言可以固守, 謂之固陵. 浙江又東逕(相)〔柤〕[48]塘, 謂之柤瀆."

② 卒(갑자기)은 猝로 읽는다.
卒, 讀曰猝.

③ ≪三國志≫ 卷51 〈吳書 宗室傳〉에 대한 裴松之의 注에 "살펴보건대, 지금 永興縣에 高遷橋가 있다." 하였다.
裴松之曰 "按今永興縣有高遷橋."

---

47) 적이……출동한다 : 이 말은 ≪孫子≫ 〈始計〉에 보인다.

48) (相)〔柤〕 : 저본에는 '相'으로 되어 있으나, ≪資治通鑑≫ 註에 의거하여 '柤'로 바로잡았다.

【目】 孫策이 遊獵을 좋아하니, 虞翻이 간하기를 "현명한 太守께서 가볍게 나가 微服 차림으로 出行하기를 좋아하시니, 수종하는 관원들이 차비할 겨를이 없고 吏卒들이 항상 괴로워하고 있습니다. 白龍이 물고기의 옷을 입었다가 漁夫 豫且(예저)에게 곤욕을 당했으니, 다소 留意하시길 바랍니다." 하였다. 손책이 말하기를 "그대의 말이 옳다." 하였으나 이를 고치지 못하였다.

策이 好遊獵하니 翻이 諫曰 明府喜輕出微行하니 從官이 不暇嚴하고 吏卒이 常苦之①라 夫白龍魚服이라가 困於豫且(저)하니 願少留意②하소서 策曰 君言이 是也라호되 然不能改러라

① 嚴은 차비함이다.
嚴, 裝也.

② 且는 七余의 切이니, 豫且는 사람의 姓名이다. ≪說苑≫ 卷9 〈正諫〉에 다음과 같은 내용이 보인다.

"吳나라 왕이 〈微服 차림으로〉 백성과 어울려 술을 마시려 하자, 伍子胥가 간하기를, '이는 불가합니다. 옛적에 白龍이 淸泠의 연못에 내려와 물고기로 변했는데 어부 豫且가 작살로 그 눈을 쏘아 맞추었습니다. 백룡이 하늘로 올라가서 天帝에게 호소하자, 천제가 이르기를 「이때를 당하여 너는 어느 곳에서 어떤 모습을 하고 있었느냐?」 하니, 백룡이 대답하기를 「저는 청령의 연못에 내려와 물고기로 변신해 있었습니다.」 하였습니다. 그러자 천제가 말하기를 「물고기는 본디 사람들이 작살로 쏘아 잡는 것이다. 예저가 무슨 죄가 있는가.」 하였습니다. 저 백룡은 천제가 귀하게 기르는 동물이고 예저는 宋나라의 미천한 어부입니다. 백룡이 물고기로 변신하지 않았더라면 예저가 작살로 쏘아 맞추지 않았을 것입니다. 지금 왕께서 萬乘의 지위를 버리고 布衣의 선비와 함께 어울려 술을 마시려 하시니, 신은 예저의 작살을 맞을까 염려됩니다.' 하였다. 왕이 이에 중지하였다."

且, 七余切. 豫且, 姓名也. 說苑曰"吳王欲從民飮酒, 伍子胥諫曰 '不可. 昔白龍下淸泠之淵, 化爲魚, 漁者豫且射中其目, 白龍上訴, 天帝曰「當是之時, 若安置而形.」白龍對曰「我下淸泠之淵, 化爲魚.」天帝曰「魚固人之所射也, 豫且何罪.」夫白龍, 天帝貴畜也. 豫且, 宋國之賤臣也. 白龍不化, 豫且不射. 今棄萬乘之位, 而從布衣之(土)〔士〕[49]飮酒, 臣恐其有豫且之患矣.' 王乃止."

【綱】 겨울 10월에 曹操가 楊奉을 공격하여 패주시켰다.

冬十月에 曹操攻楊奉하여 走之하다

【目】 車駕가 동쪽으로 옮겨갈 적에 楊奉이 梁縣에서 와서 맞이하고자 하였으나 미치지

49) (土)〔士〕: 저본에는 '土'로 되어 있으나, ≪說苑≫에 의거하여 '士'로 바로잡았다.

못하였다. 曹操가 양봉을 정벌하자, 양봉이 남쪽으로 달아나 袁術에게 의탁하였다.

車駕東遷에 楊奉이 自梁欲邀之호되 不及이러니 操征奉하니 奉이 南奔袁術하다

【綱】 袁紹를 太尉로 삼고, 曹操가 스스로 司空이 되었다.

以袁紹爲太尉하고 曹操自爲司空[50)]하다

【目】 황제가 袁紹에게 詔書를 내려 힐책하기를 "땅이 넓고 병력이 많은데 勤王하는 군대가 출동하였다는 말을 듣지 못하였고, 다만 마음대로 서로 토벌하였을 뿐이다." 하자, 원소가 上書하여 해명하고 하소연하였다. 이에 원소를 太尉로 삼았는데, 원소는 자신의 班列이 曹操의 아래에 있음을 부끄럽게 여겨서 사양하고 받지 않았다. 조조가 두려워하여 大將軍을 원소에게 양보할 것을 청하고 스스로 司空이 되어서 車騎將軍의 일을 代行하였다.

詔書下紹하여 責以地廣兵多而不聞勤王之師하고 但擅(천)相討伐①한대 紹上書陳愬라 乃以紹爲太尉하니 紹恥班在曹操下하여 辭不受어늘 操懼하여 請以大將軍讓紹하고 而自爲司空하여 行車騎將軍事하다

① 勤王은 王(天子)을 京師로 들여보내는 일에 盡力하는 것이다. "擅相討伐"은 袁紹가 公孫瓚과 서로 공격한 것을 이른다.
勤王, 勤納王也. 擅相討伐, 謂與公孫瓚相攻也.

【綱】 曹操가 荀彧을 侍中 尙書令으로 삼고 荀攸를 軍師로 삼고 郭嘉를 祭酒로 삼았다.

曹操以荀彧爲侍中, 尙書令[51)]하고 荀攸爲軍師하고 郭嘉爲祭酒하다

---

50) 以袁紹爲太尉 曹操自爲司空 : "哀帝가 三公의 分職을 바로잡아 董賢을 높인 이후로 太尉와 大司馬가 司空의 위에 자리하고 大將軍의 지위가 또 이보다 더 높아졌다. 曹操가 이미 스스로 大將軍이 되었는데 이때에 袁紹가 太尉를 받지 않은 것을 두려워하여 大將軍을 그에게 양보하고 스스로 司空이 되었으니, 그렇다면 사양한 것인데 어찌하여 또한 폄하하여 '自'라고 썼는가. ≪資治通鑑綱目≫의 書法은 진실로 上(황제)의 뜻에서 나오지 않았으면 한결같이 '自'라고 썼다.〔自哀帝正三公分職以尊董賢 而太尉大司馬位司空上 大將軍位又尊焉 操旣自爲大將軍矣 於是 以紹不受太尉也懼 以大將軍讓之而自爲司空 則讓也 曷爲亦貶書自 綱目之法 苟不出於上意 一以自書之〕" ≪書法≫
"袁紹와 曹操는 一般인 사람이다. 그러나 원소가 太尉가 된 것에 대해서 '以'자를 쓰고 曹操가 司空이 된 것에 대해서 '自'자를 쓴 것은 나라의 政事가 曹操에게서 나오고 袁紹에게서 나오지 않았기 때문이다.〔袁曹一體之人 然紹爲太尉則書曰以 操爲司空則書曰自者 國政出於曹而不出於袁故也〕" ≪發明≫

【目】 曹操가 荀彧을 侍中 守尙書令으로 삼고 훌륭한 策謀를 낼 수 있는 선비에 대해 묻자, 순욱이 자기의 從子 荀攸와 潁川 사람 郭嘉를 천거하였다. 조조가 순유를 불러서 그와 함께 이야기하고 크게 기뻐하여 말하기를 "公達(荀攸)은 비범한 사람이다. 내가 그와 함께 일을 계획하게 되었으니, 천하의 일은 응당 어찌 근심하겠는가." 하고 그를 軍師로 삼았다.

操以荀彧爲侍中, 守尙書令하고 問以策謀之士한대 彧이 薦其從子攸及(穎)〔潁〕[52]川郭嘉하다 操徵攸與語하고 大悅曰 公達은 非常人也①라 吾得與之計事호니 天下를 當何憂哉리오하고 以爲軍師하다

① 公達은 荀攸의 字이다.
公達, 攸字.

荀攸

【目】 처음에 郭嘉가 袁紹를 찾아가 만나보자 원소가 매우 공경하여 예우하였다. 곽가가 수십 일 머문 뒤에 辛評과 郭圖에게 이르기를 "袁公은 그저 周公이 선비에게 자신을 낮추었던 것만 본받으려고 할 뿐 사람을 쓰는 방법을 알지 못하며, 일이 번잡하고 다단하나 요점이 부족하고 계책을 좋아하나 결단함이 없으니, 그와 함께 천하의 大難을 구제하여 霸王의 業을 정하고자 한다면 어려운 일이다. 나는 장차 다시 떠나가서 주인을 찾을 것이니, 그대들은 어찌하여 떠나가지 않는가." 하였다. 두 사람이 깨닫지 못하자, 곽가가 마침내 떠나갔다.

郭嘉

51) 曹操以荀彧爲侍中 尙書令 : "侍中과 尙書令은 司空의 소속이 아닌데 어찌하여 '曹操가 荀彧을 侍中 尙書令으로 삼았다.'라고 썼는가. 순욱은 조조의 謀主이다. 비록 漢나라의 신하이지만 다만 조조의 私人일 뿐이니, 특별히 조조를 써서 서로 죄준 것이다.〔侍中尙書令 非司空屬也 曷爲書曹操以爲侍中尙書令 彧操謀主也 雖爲漢臣 直操之私人而已矣 特書曹操以交罪之〕" ≪書法≫

52) (穎)〔潁〕 : 저본에는 '穎'으로 되어 있으나, ≪資治通鑑≫에 의거하여 '潁'으로 바로잡았다.

曹操가 곽가를 불러 보아 그와 함께 천하의 일을 논하고서 기뻐하여 말하기를 "나로 하여금 大業을 이루게 할 자는 반드시 이 사람이다." 하였는데, 곽가가 밖으로 나오자 그 역시 기뻐하여 말하기를 "이분이 진짜 나의 주인이다." 하였다. 조조가 表文을 올려서 곽가를 司空軍祭酒로 삼았다.

初에 郭嘉往見袁紹하니 紹甚敬禮之러니 居數十日에 謂辛評, 郭圖曰 袁公이 徒欲效周公之下士하고 而不知用人之機하며 多端寡要하고 好謀無決하니 欲與共濟天下大難하여 定霸王之業이면 難矣①라 吾將更(경)擧以求主하리니 子盍行乎②아 二人이 不寤어늘 嘉遂去之하다 操召見하여 與論天下事하고 喜曰 使孤成大業者는 必此人也라하더니 嘉出에 亦喜曰 眞吾主也라하니라 操表嘉爲司空祭酒③하다

① 下는 예로써 낮춤이다. "多端"은 일의 단서가 많음을 말하고, "寡要"는 지극한 요점을 얻음이 적은 것이다. "大難"의 難(어려움, 난리)은 去聲이다.
下, 禮下之也. 多端, 言事緖多也. 寡要, 少得其至要也. 大難之難, 去聲.

② 更(바꾸다)은 工衡의 切이다.
更, 工衡切.

③ 陳壽의 ≪三國志≫ 권14 〈魏書 郭嘉傳〉에는 "司空軍祭酒"로 되어 있는데, 여기에서는 '軍'자가 빠져 있다.
陳壽三國志作司空軍祭酒, 此逸軍字.

【綱】 孔融을 將作大匠으로 삼았다.

以孔融爲將作大匠53)하다

【目】 北海太守 孔融이 천하의 禍亂을 평정할 뜻을 두었으나 재주는 부족한데 포부만 커서 끝내 功을 이룬 바가 없었다. 그의 고상한 담론과 청아한 가르침은 사람들이 玩味하여 傳誦할 만하였으나 일을 논하고 실정을 고찰하면 모두 실행되기가 어려웠다. 다만 그물을 치는 데에만 능할 뿐 그물눈은 매우 엉성하고, 잠시 동안 사람들의 마음을 얻을 수는 있었지만 오랜 시일이 지나면 사람들 또한 다시는 그를 따르려고 하지 않았으며,

53) 以孔融爲將作大匠 : "다시 '以'자를 쓴 것은 어째서인가. 孔融을 荀彧과 차별한 것이다. 다시 '以'자를 쓰지 않으면 공융 또한 曹操의 私人이 되고 만다. 이 때문에 王龔을 梁冀와 차별할 적에 다시 '以'자를 썼고(順帝 永和 원년(136)) 공융을 순욱과 차별할 적에 다시 '以'자를 썼으니, ≪資治通鑑綱目≫은 賢人과 간사한 사람에 대한 구별이 엄격하다.〔再書以 何 殊融於彧也 不再書以 則融亦操之私人矣 是故殊王龔於梁冀 則再書以(順帝永和元年) 殊孔融於荀彧 則再書以 綱目賢邪之辨 嚴矣哉〕" ≪書法≫

임용한 자들이 대부분 경박하며 잔재주만 부리는 사람들이었다.

공융이 名儒 鄭玄을 높여 섬김에 있어서는 子孫의 禮를 행하였으며 그가 사는 고을 이름을 鄭公鄕이라고 바꾸었다. 그러나 청아하고 준수한 선비 左承祖와 劉義遜 등에 대해서는 모두 座席만 갖출 뿐 그들과 더불어 政事를 논하지 않으면서 말하기를 "이들은 백성들이 우러러 바라는 사람이니, 이들을 잃을 수 없다." 하였다.

당시에 袁紹와 曹操와 公孫瓚의 세력이 머리와 꼬리로 서로 연결하였는데, 孔融은 孤立되어 그들과 왕래하지 못하였다. 좌승조가 공융에게 권하여 스스로 强國에 의탁하도록 하였는데, 공융이 이를 따르지 않고 그를 죽이자 유의손이 공융을 저버리고 떠나갔다.

北海太守孔融이 志在靖難호되 而才疏意廣하여 訖無成功[①]하니 高談淸教를 可玩而誦이로되 論事考實하면 難可悉行이라 但能張磔(척)網羅而目理甚疏[②]하고 造次에 能得人心호되 久久亦不願附也요 所任이 多剽輕小才[③]러라 至於尊事名儒鄭玄하여는 執子孫禮하며 易其鄕名曰鄭公鄕이라하고 及淸雋之士左承祖, 劉義遜等하야는 皆備在座席호되 而不與論政하고 曰 此는 民望이니 不可失也라하니라 時에 袁, 曹, 公孫이 首尾相連호되 融이 孤立하여 不與通이러니 承祖勸融하여 自託彊國한대 融이 不聽而殺之어늘 義遜이 棄去하다

① 難(병란)은 去聲이다. 訖은 마침내이고 끝내이다.
難, 去聲. 訖, 竟也, 終也.
② 磔은 陟格의 切이니, 벌림이고 엶이다.
磔, 陟格切, 張也, 開也.
③ 輕(가볍다)은 墟正의 切이다.
輕, 墟正切.

【目】 靑州刺史 袁譚이 孔融을 공격하여 전투가 봄부터 여름까지 이어졌는데, 戰士는 수백 명만 남았고 流矢가 사방에서 날아들었지만 공융은 여전히 案席에 기대어 책을 읽고 태연자약하게 담소하였다. 그러다가 城이 함락되자 비로소 東山으로 달아났다.

曹操는 공융과 오랜 친분이 있었으므로 그를 조정으로 불러들여 將作大匠으로 삼았다.

袁譚은 공융을 격파한 뒤에 위엄과 은혜가 크게 드러났는데, 그 뒤에 小人들을 신임하고 자기 마음대로 방종하여 사치하고 음탕하니, 聲望이 마침내 쇠락하였다.

靑州刺史袁譚이 攻融하여 自春及夏하니 戰士餘數百人이요 流矢交集이로되 而融이 猶隱几讀

書하고 談笑自若이러니 城陷에 乃犇東山①하다 曹操與融有舊라 徵爲將作大匠하다 譚이 旣破融에 威惠甚著러니 其後에 信任群小하고 肆志奢淫하니 聲望이 遂衰하니라

① 隱은 去聲이니, 기댐이다. 東山은 都昌縣의 東山이다. 都昌縣은 北海郡에 속하였다.
隱, 去聲, 憑也. 東山, 都昌縣之東山也. 都昌縣屬北海郡.

【綱】 백성을 모집하여 許州(許縣, 許昌) 일대에서 屯田을 경작하게 하고 각 州郡에 모두 田官을 설치하였다.

募民屯田許下하고 州郡에 竝置田官[54)]하다

【目】 中平 이래로 백성들이 농업을 포기하니, 여러 군대가 함께 일어남에 다 부분 糧穀이 부족하여 굶주리면 노략질하고 배부르면 먹고 남은 것을 버리니, 와해되고 유리하여 적이 없는데도 스스로 멸망하는 자를 이루 헤아릴 수 없었다. 袁紹의 군사들은 〈먹을 것이 없어〉 뽕나무 열매(오디)를 따서 먹었고 袁術은 蒲蠃(소라)를 채취해 먹었다.

棗祗가 屯田을 설치할 것을 청하자, 曹操가 그의 말을 따라 조지를 屯田都尉로 삼고 任峻을 典農中郎將으로 삼아서 백성들을 모집하여 許州 일대에서 둔전을 경작하게 하여 곡식 백만 斛을 얻었다. 이에 州郡에는 으레 田官(농사를 감독하는 관원)을 두어 소재지마다 倉廩이 모두 가득하였다. 이 때문에 조조가 四方을 정벌할 적에 양식을 운반하는 노고가 없었다.

中平以來로 民棄農業①하니 諸軍竝起에 率乏糧穀하여 饑則寇略하고 飽則棄餘하니 瓦解流離하여 無敵自破者를 不可勝數②라 袁紹軍은 仰桑椹(심)하고 袁術은 取給蒲蠃(포라)③러니 棗祗請建置屯田하니 曹操從之하여 以祗爲屯田都尉하고 任峻爲典農中郎將하여 募民屯田許下하여 得穀百萬斛④하다 於是에 州郡이 例置田官하여 所在에 倉廩皆滿이라 故로 操征伐四方에 無運糧之勞러라

① 中平은 靈帝의 年號이다.
中平, 靈帝年號.

---

54) 募民屯田許下……竝置田官 : "曹操가 이 때문에 霸業을 이룬 것이다. 이 때문에 許州 일대에서 屯田을 경작하게 하면 썼고 芍陂의 屯田을 開墾하면 썼다.〔操所以成霸業者也 故屯田許下則書 開芍陂屯田則書〕"≪書法≫
"군대는 식량을 근본으로 삼고 백성은 식량을 하늘로 삼는다. 이때 여러 군대가 함께 일어남에 대부분 糧穀이 부족하였는데, 오직 曹操가 棗祗의 계책을 써서 식량을 풍족하게 하는 功을 이루었다. 이 때문에 ≪資治通鑑綱目≫에서 이를 써서 인정한 것이다.〔兵以食爲本 民以食爲天 是時諸軍竝起 率乏糧穀 惟操用棗祗之策 成足食之功 故綱目書此 以予之也〕"≪發明≫

② 瓦解는 기와 조각들이 흩어지는 것과 같음을 말한다.
瓦解, 言如衆瓦之解散.

③ 椹은 뽕나무 열매(오디)이다. 蠃는 盧戈의 切이니, 蚌蛤(조개)의 종류이다.
椹, 桑實也. 蠃, 盧戈切, 蚌(방)屬也.

④ ≪三國志≫ 〈魏書〉에 "曹公이 典農中郎將을 설치하였으니, 秩이 二千石이다." 하였다. 許는 許州를 이른다. 許下는 洛을 洛下라 하고, 郟을 郟下라고 말하는 것과 같은 따위이다.
魏志曰 "曹公置典農中郎將, 秩二千石." 許, 謂許州也. 許下, 猶洛曰洛下, 郟(겹)曰郟下之類.

【綱】 呂布가 다시 劉備를 공격하자 劉備가 달아나 許州로 돌아갔다. 詔令을 내려 유비를 豫州牧으로 삼아, 그를 동쪽으로 보내어 沛縣에 주둔하게 하였다.

呂布復攻劉備하니 **備走歸許**어늘 **詔以爲豫州牧**[55]하여 **遣東屯沛**하다

【目】 袁術이 呂布를 두려워하여 마침내 아들을 위하여 求婚(請婚)하자, 여포가 허락하였다.

원술이 장수 紀靈 등을 보내어 劉備를 공격하자 유비가 여포에게 구원을 청하였는데, 여포가 말하기를 "원술이 만약 유비를 격파하면 북쪽으로 泰山의 장수들과 연합하여 내

55) 呂布復攻劉備……詔以爲豫州牧 : "이때에 袁術이 劉備를 공격하자 呂布가 구원하여 원술을 물리쳤는데, 이를 쓰지 않고 '다시 유비를 공격하였다.'라고 쓴 것은 어째서인가. 여포의 번복함을 미워한 것이다. '走'에 대해 '歸許'를 쓰고 '牧'에 대해 '詔以'를 썼으니, ≪資治通鑑綱目≫에서는 유비에 대해 인정하는 말이 많은데 오직 그의 행위가 바르기 때문일 뿐이다. 史書(≪資治通鑑≫)에는 '劉備가 달아나 曹操에게 귀의하자 조조가 후하게 대우하여 豫州牧으로 삼았다.'라고 썼다.〔於是 袁術攻備 布救却之 不書 書復攻備 何 惡(오)反覆也 走書歸許 牧書詔以 綱目於備多予辭 惟其正而已矣 史書備走歸操 操厚遇之 以爲豫州牧〕" ≪書法≫
"分注(目)에는 呂布가 劉備를 구원한 일을 기재하였는데 ≪資治通鑑綱目≫(綱)에는 여포가 유비를 공격한 것만을 쓴 것은, 여포가 번복을 일삼는 小人이어서 그가 유비를 구원함을 인정하지 않은 것이다. 分注에서는 유비가 曹操에게 귀의한 것을 기술하였는데 ≪자치통감강목≫에서는 곧바로 '許州로 돌아갔다.'라고 쓴 것은, 許州로 돌아감을 말하였으면 天子에게 돌아갔음을 알 수 있는 것이다. 分注에서는 조조가 유비를 豫州牧으로 삼았다고 기술하였는데 ≪자치통감강목≫에서는 곧바로 '詔令을 내려 유비를 豫州牧으로 삼았다.'라고 쓴 것은, 조령을 말하였으면 명령이 朝廷에서 나왔고 조조가 임용할 수 있는 바가 아님을 알 수 있는 것이다. 오직 昭烈帝(유비)만이 漢나라를 보존하려는 마음이 있었고 ≪자치통감강목≫에 소열제를 인정한 뜻이 있었기 때문에 그 書法이 이와 같은 것이다. 이로부터 4년 뒤에 '詔令을 내려 유비에게 군대를 거느려 袁術을 邀擊하게 하였다.'라고 썼으니, 그 뜻이 또한 이와 같다.〔分注載呂布救備之事 而綱目止書布攻備者 布反覆小人 不予其救也 分注述備歸曹操 而綱目乃書歸許者 言歸許則見其歸天子也 分注述操以備爲豫州牧 而綱目乃書詔以爲豫州牧者 言詔則見出於朝廷 而非操所得用也 惟昭烈有存漢之心 綱目有予昭烈之意 故其書法如此 後此四年 書詔備將兵邀袁術 其義亦然〕" ≪發明≫

가 원술의 포위 속에 있게 될 것이니, 유비를 구원하지 않을 수 없다." 하고 급히 달려가서 유비와 기령이 대치하는 곳으로 갔다.

여포가 기령 등에게 이르기를 "玄德(유비)은 나 여포의 아우이다. 그대들에게 곤란을 당하기 때문에 내가 와서 구원하는 것이다." 하니, 기령 등이 마침내 전투를 멈추었다.

袁術이 畏呂布하여 乃爲子求婚한대 布許之하다 術이 遣將紀靈等하여 攻劉備하니 備求救於布어늘 布曰 術若破備면 則北連泰山諸將하여 吾爲在術圍中이리니 不得不救也①라하고 馳往赴之하여 謂靈等曰 玄德은 布弟也②라 爲諸君所困하니 故來救之하노라 靈等이 乃罷하다

① 泰山의 諸將은 臧霸, 孫觀, 吳敦, 尹禮의 무리를 이른다.
泰山諸將謂臧霸, 孫觀, 吳敦, 尹禮輩.

② 玄德은 劉備의 字이다.
玄德, 備字.

【目】 劉備가 군대를 수합하여 만여 명을 얻으니, 呂布가 이를 미워하여 유비를 공격하였다. 유비가 패주하여 曹操에게 귀의하자, 조조가 유비를 후하게 대우하고 豫州牧으로 삼았다. 어떤 이가 조조에게 이르기를 "유비는 英雄의 뜻을 품고 있으니, 지금 조속히 도모하지 않으면 뒤에 반드시 근심거리가 될 것입니다." 하였다. 조조가 이것을 郭嘉에게 물으니, 곽가가 다음과 같이 대답하였다.

"이러한 점이 있습니다. 그러나 公께서 義兵을 일으키심은 백성을 위하여 포학한 자를 제거하려는 것인데, 정성을 미루고 신의에 의지해서 俊傑들을 부르더라도 오히려 이르지 않을까 두렵습니다. 지금 유비는 영웅이란 명성이 있습니다. 곤궁함 때문에 자신(公)에게 귀의하였는데 도리어 그를 해치면 이는 어진 이를 해쳤다는 이름을 남기는 것입니다. 이와 같이 하면 지혜로운 선비들이 장차 스스로 의심하여 마음을 돌려서 다른 주인을 찾을 것이니, 公이 누구와 더불어 천하를 평정하겠습니까. 근심거리가 되는 한 사람을 제거하려다가 四海의 期望을 막는 것은 安危의 기틀에 관계되니, 살피지 않을 수 없습니다."

조조가 웃으며 말하기를 "그대의 말이 맞다." 하고 마침내 유비에게 군대를 더 보태주고 양식을 공급해서 동쪽으로 沛縣에 이르러 흩어진 군사들을 수습해서 여포를 도모하게 하였다.

備合兵得萬餘人이어늘 布惡(오)之하여 攻備하니 備敗走歸曹操한대 操厚遇之하고 以爲豫州牧하다 或이 謂操曰 備有英雄之志하니 今不早圖면 後必爲患하리라 操以問郭嘉한대 嘉曰 有是니이다 然이나 公起義兵은 爲百姓除暴어늘 推誠杖信하여 以招俊傑이라도 猶懼其未也[①]라 今備有英雄名이어늘 以窮歸己而害之면 是는 以害賢爲名也니 如此면 則智士將自疑하여 回心擇主하리니 公이 誰與定天下乎잇가 夫除一人之患하여 以沮四海之望은 安危之機也니 不可不察이니이다 操笑曰 君이 得之矣로다하고 遂益其兵하고 給糧食하여 使東至沛하여 收散兵以圖呂布하다

① 杖(의지함)은 上聲이다. ≪春秋左氏傳≫ 襄公 8년(B.C. 565) 조에 "의지할 것〔杖〕은 誠信만 한 것이 없다." 하였는데, 林堯叟(林之奇)의 注에 "사람이 의지할 만한 것으로는 誠信만 한 것이 없다." 하였다.
杖, 上聲. 左傳襄八年"杖莫如信", 註"人之可倚杖者, 莫如誠信."

【目】 처음에 劉備가 豫州에 있으면서 袁渙을 茂才로 천거했었는데, 이때에 이르러 원환이 呂布에게 억류되었다. 여포가 원환에게 유비를 꾸짖고 모욕하는 편지를 쓰게 하였으나 원환은 할 수 없다고 하였다. 여포가 크게 노하여 무기로 협박하자, 원환이 안색을 조금도 변치 않고 웃으며 다음과 같이 응대하였다.

"저 원환은 오직 德이 있어야 다른 사람을 욕되게(부끄러워하게) 할 수 있다고 들었고, 욕설로써 〈부끄러워하게〉 한다는 것은 듣지 못하였습니다. 만약 저(유비)가 진실로 君子라면 또한 장군의 욕하는 말을 부끄러워하지 않을 것이요, 저가 진실로 小人이라면 장차 다시 편지로 장군의 뜻을 욕할 것이니, 이렇게 되면 모욕당함이 여기(장군)에 있고 저기(유비)에 있지 않습니다. 그리고 또 저 원환이 지난날에 劉將軍을 섬긴 것은 오늘날 장군을 섬기는 것과 같으니, 만일 하루아침에 이곳을 떠나가서 다시 장군을 욕한다면 옳겠습니까."

여포가 부끄러워하여 중지하였다.

初에 備在豫州하여 擧袁渙茂才러니 至是하여 爲布所留라 使作書罵辱備하니 渙不可라한대 布大怒하여 以兵脅之러니 渙이 顔色不變하고 笑而應之曰 渙은 聞唯德可以辱人이요 不聞以罵라하니이다 使彼固君子邪인댄 且不恥將軍之言이요 彼誠小人邪인댄 將復將軍之意리니 則辱在此요 不在彼[①]니이다 且渙이 他日之事劉將軍은 猶今日之事將軍也니 如一旦去此에 復罵將軍이 可乎잇가 布慙而止하다

① 〈"使彼固君子邪……將復將軍之意"는〉 呂布가 편지로 劉備에게 욕할 경우 유비가 君子라면 진실로 〈呂布가〉 욕한 것에 대해 부끄러워하지 않을 것이고, 유비가 小人이라면 장차 다시 편지로 여포에게 욕할 것임을 말한 것이다.
言布以書罵備, 備君子邪, 固不以罵爲恥, 其小人邪, 將復以書罵布也.

【綱】張濟가 穰城을 공격하였다가 패하여 죽으니, 族子 張繡가 張濟의 군대를 거느리고 荊州로 귀의하였다.

張濟攻穰城이라가 敗死하니 族子繡以其衆歸荊州하다

【目】張濟가 關中에서 군대를 이끌고 荊州로 들어와 穰城을 공격하다가 流矢에 맞아 죽었다. 荊州의 官屬들이 모두 축하하였는데, 劉表가 말하기를 "장제가 곤궁하기 때문에 왔는데 主人인 내가 無禮하여 서로 싸우는 지경에 이르렀으니, 이는 나(荊州牧)의 뜻이 아니다. 나는 조문만 받고 하례는 받지 않겠다." 하고 사람을 시켜 장제의 군대를 받아들이게 하니, 장제의 군사들이 이를 듣고 기뻐하여 모두 진심으로 劉表에게 歸附하였다. 장제의 族子 張繡가 그 군대를 대신하여 거느려 宛縣에 주둔하였다.

張濟自關中引兵入荊州하여 攻穰城이라가 中流矢死[1]하다 荊州官屬이 皆賀한대 劉表曰 濟以窮來어늘 主人無禮하여 至於交鋒[2]하니 此非牧意라 牧은 受弔요 不受賀也[3]라하고 使人納其衆하니 衆聞之하고 喜하여 皆歸心焉이러라 濟族子繡 代領其衆하여 屯宛하다

① 穰縣은 南陽郡에 속하였다.
穰縣, 屬南陽郡.
② 無禮는 사람을 보내어 近郊에서 慰勞하고 館舍를 제공하는 禮가 없음을 말한 것이다.
無禮, 言無郊勞授館之禮也.
③ 당시에 劉表가 荊州牧으로 있었다.
時表爲荊州牧.

【目】처음에 황제가 長安을 나온 뒤에 賈詡가 段煨(단외)에게 가서 의지하였는데 이때에 이르러 張繡에게 귀의하였다. 가후가 장수를 설득하여 劉表에게 귀의하게 하니, 장수가 이를 따랐다. 가후가 유표를 찾아가 만나보니, 유표가 賓客의 禮로써 대접하였다. 가후가 말하기를 "유표는 천하가 태평할 때에 三公이 될 만한 재주를 지닌 자이다. 그러나 事勢의 변화를 제대로 보지 못하고 의심이 많고 결단력이 없으니, 아무 일도 해낼 수

없을 것이다." 하였다.

初에 帝旣出長安에 賈詡往依段煨러니 至是歸繡하여 說(세)繡使附劉表하니 繡從之하다 詡往見表어늘 表以客禮待之러니 詡曰 表는 平世三公才也라 不見事變하고 多疑無決하니 無能爲也라하니라

【綱】劉表가 學校를 세우고 雅樂을 만들었다.

劉表立學校하고 作雅樂[56)]하다

【目】劉表가 백성을 사랑하고 선비를 우대하여 조용히 스스로 보전하니, 荊州의 경내가 평안하여 아무런 일이 없었고 學士로서 귀의하는 자가 천 명으로 헤아려졌다.

유표가 이에 學校를 일으켜 세워 經術(經學)을 講明하고, 옛날에 雅樂郎이었던 杜夔에게 명하여 雅樂을 만들게 하여 뜰에서 연주하는 것을 보려고 하였다. 그러자 杜夔가 말하기를 "지금 장군은 호칭이 天子가 아니니, 음악을 합주하여 뜰에서 연주하는 것은 불가한 것이 아닙니까." 하니, 유표가 마침내 중지하였다.

劉表愛民養士하여 從容自保하니 境內無事하고 學士歸之者以千數라 表乃起立學校하여 講明經術하고 命故雅樂郎杜夔하여 作雅樂하여 欲庭觀之①러니 夔曰 今將軍이 號不爲天子하니 合樂而庭作之는 無乃不可乎잇가 表乃止하다

① 漢나라 음악은 네 가지 등급이 있으니, 첫 번째는 太予樂이니 郊廟와 上陵과 殿에서 음식을 올릴 때 연주하는 음악을 담당하고, 두 번째는 周頌의 雅樂이니 辟雍과 饗射와 六宗[57)]과 社稷에 사용하는 음악을 담당하고, 세 번째는 黃門 鼓吹이니 天子가 신하들에게 宴樂을

56) 劉表立學校 作雅樂 : "學校를 세우고 雅樂을 만듦을 쓴 것은 어째서인가. 비판한 것이다. 학교를 세우고 아악을 만든 것에 대해 무엇을 비판한 것인가. 帝室(皇室)이 장차 기울어져 가는데 군대를 출동시켜 나라를 바로잡지 못하고 禮文의 일에 종사하기를 태평성세인 듯하였으니, 時務를 제대로 알지 못한다고 이를 만하다. ≪資治通鑑綱目≫에서 학교를 세움을 쓴 것은 도두 칭찬한 것인데, 오직 鴻都門學과 劉表의 學校 및 宋나라의 四學은 비판하는 말이 된다.〔書學校雅樂 何 譏也 立學校 作雅樂 則何譏 帝室將傾 不能出兵匡國 而方從事禮文之事 若平世然 可謂不知務矣 綱目書立學 皆美也 唯鴻都門學 劉表學校及宋四學 爲譏辭〕" ≪書法≫

"學校를 세우고 雅樂을 만든 것은 훌륭한 일이다. 劉表가 이것을 만든 것을 쓴 것은 또한 인정한 것인가? 아니다. 이때에 權臣이 명령을 擅斷하여 宗國이 위태로웠는데 劉表는 군대가 강하고 영토가 넓은데도 기회를 틈타서 분발하여 반란을 일으키는 자들을 소탕하지 못하고 행하는 바가 마침내 이와 같았으니, 이를 쓴 것은 칭찬한 것이 아니고 바로 勤王에 태만하여 時務를 제대로 알지 못한 것을 비판하고자 한 것일 뿐이다.〔立學校 作雅樂 美事也 書劉表作此 亦予之乎 曰 非也 是時權臣擅命 宗國阽危 表兵强地廣 不能乘時奮發 掃除亂略 而所爲乃爾 書非美之 正以譏其緩於勤王 不知時務云耳〕" ≪發明≫

57) 六宗 : 높여서 제사하는 여섯 가지의 神으로 四時와 寒暑, 日(해)과 月(달), 星(별)과 水旱이라 하니, 異說이 분분하다.

베풀 때에 사용하고, 네 번째는 短簫와 鐃歌[58]이니 軍樂이다.
漢樂四品, 一曰太予樂, 典郊廟・上陵・殿擧之樂, 二曰周頌雅樂, 典辟雍饗射六宗社稷之樂, 三曰黃門鼓吹, 天子所以宴樂群臣, 四曰短簫・鐃歌, 軍樂也.

【目】杜襲과 繁欽(파흠)이 荊州에서 난을 피하였는데, 유표가 모두 賓客의 禮로써 대우하였다. 파흠이 유표에게 자주 기이한 재간을 보이자, 杜襲이 그를 깨우쳐 말하기를 "내가 그대와 함께 형주에 온 것은 그저 몸을 보전하여 때를 기다리고자 한 것일 뿐이다. 어찌 형주목 유표가 마땅히 난을 평정할 주인이라고 여겨서 이 長者로 하여금 그에게 몸을 맡기라고 권하는가. 그대가 만약 유표에게 재능을 보이는 것을 그치지 않으면 나의 무리가 아니니, 나는 그대와 절교할 것이다." 하였다. 이에 파흠이 感慨하여 말하기를 "공경히 가르침을 받들겠습니다." 하였다.

杜襲, 繁(파)欽이 避亂荊州어늘 表俱待以賓禮①러니 欽이 數見(삭현)奇於表②한대 襲이 喩之曰 吾所以與子俱來者는 徒欲全身以待時耳라 豈謂劉牧이 當爲撥亂之主而規長者委身哉아 子若見(현)能不已면 非吾徒也니 吾與子絶矣리라 欽이 慨然曰 請敬受命호리라

① 繁는 音이 婆이니, 繁欽은 사람의 姓名이다.
繁, 音婆. 繁欽, 姓名.
② 數은 音이 朔이다. 見(보이다)은 賢遍의 切이니, 아래의 "見能"도 똑같다. "數見奇"는 자주 기이한 재간을 보여줌을 이른다.
數, 音朔. 見, 賢遍切, 下見能同. 數見奇, 謂頻數以奇才見示也.

【目】禰衡(예형)이 젊었을 때부터 재주가 있고 구변이 뛰어났으나 기개를 숭상하여 강하고 오만하였다. 孔融이 曹操에게 그를 천거하였는데 예형이 조조를 꾸짖고 욕하니, 조조가 노하여 말하기를 "촌놈 예형을 내가 죽이는 것은 참새와 쥐를 죽이는 것처럼 쉬울 뿐이다. 다만 이 사람이 평소에 헛된 명성이 있으니, 〈그를 죽이면〉 원근에서 장차 나더러 사람을 용납하지 못한다고 말할 것이다." 하고는 마침내 劉表에게 보내었다.

예형은 유표의 훌륭함을 극구 칭찬하여 마지않았으나 유표의 左右를 비난하고 폄하하기를 좋아하니, 유표의 左右가 예형을 참소하였다. 이에 유표가 노하여 江夏太守 黃祖가 성질이 급하다고 하여 예형을 황조에게 보내었는데, 뒤에 예형이 사람들 앞에서

58) 短簫와 鐃歌 : 모두 軍樂인데 短簫는 입으로 부는 악기의 이름이며 鐃歌 역시 騎兵들이 부는 악기이다.

황조를 욕하니, 황조가 예형을 죽였다.

禰衡이 少有才辯이나 而尙氣剛傲[①]러니 孔融이 薦之於操한대 衡이 罵辱操[②]하니 操怒曰 禰衡豎子를 孤殺之 猶雀鼠耳로되 顧此人이 素有虛名하니 遠近이 將謂孤不能容之라하고 乃送與劉表하다 衡이 稱表之美盈口로되 而好譏貶其左右하니 左右譖之라 表怒하여 以江夏太守黃祖性急이라하여 送衡與之러니 後에 衡이 衆辱祖하니 祖殺之하다

① 禰는 姓이다.
   禰, 姓也.
② 曹操가 禰衡을 불러서 鼓吏(북 치는 관리)로 삼았기 때문에 예형에게 꾸짖음과 욕을 받은 것이다.
   操召衡爲鼓吏, 故爲衡所罵辱.

丁丑年(197)

【綱】 漢나라 孝獻皇帝 建安 2년이다. 봄 정월에 曹操가 張繡를 공격하여 항복시켰는데, 장수가 배반하여 조조를 습격해 그 아들 曹昂을 죽였다.

二年이라 春正月에 曹操擊張繡하여 降之러니 繡叛하여 襲操하여 殺其子昂하다

【目】 曹操가 張繡를 토벌할 적에 淯水에 군대를 주둔하였는데 장수가 군대를 이끌고 와서 항복하였다. 조조가 張濟의 妻를 〈시침하는 姬妾으로〉 맞아들이니, 장수가 원한을 품고서 조조의 군대를 습격하고 조조의 長子 曹昂을 죽이니, 조조는 流矢에 맞아 패하여 달아났다.

이때에 조조 휘하의 각 軍이 크게 혼란하였는데, 平虜校尉 于禁만이 홀로 군대를 정돈하여 돌아왔다. 우금은 길에서 사람들을 겁박하고 약탈하는 靑州兵을 만나 그 죄를 낱낱이 열거하고 공격하였다. 청주병이 달아나 조조에게 가서 이를 고자질하였다.

우금은 진영에 도착한 다음 먼저 營壘를 세우느라 제때에 조조를 배알하지 못하였다. 어떤 이가 우금에게 이르기를 "마땅히 급히 曹公에게 가서 〈청주병을 공격한 일을〉 해명해야 합니다." 하니, 우금이 말하기를 "지금 적들이 뒤에 있으니, 언제 추격해올지 모른다. 먼저 대비하지 않으면 어떻게 적들을 맞아 싸우겠는가." 하고 서서히 塹壕를 파고 營壘를 안전하게 만든 뒤에 비로소 들어가 조조를 배알하고 전후의 상황을 갖추어 아뢰

었다.

조조는 말하기를 "淯水에서의 난리에 나도 오히려 狼狽하였는데, 장군이 혼란한 와중에서도 군대를 제대로 정비하여 포학한 무리를 토벌하고 營壘를 안전하게 만들었으니, 동요시킬 수 없는 氣節이 있다. 비록 옛날의 名將이라도 어찌 이보다 더하겠는가." 하고 이에 益壽亭侯에 봉하였다.

曹操討張繡하여 軍于淯(육)水한대 繡擧衆降이러니 操納張濟之妻하니 繡恨之하여 襲擊操軍하고 殺操長子昂하니 操中流矢하여 敗走하다 諸軍이 大亂호되 平虜校尉于禁이 獨整衆而還이러니 道逢青州兵이 劫掠人하고 禁이 數其罪而擊之하다 青州兵이 走詣操하다 禁旣至하여 先立營壘하고 不時謁이러니 或이 謂禁호되 宜促(촉)詣公辨之하라한대 禁曰 今賊在後하니 追至無時라 不先爲備하면 何以待敵이리오하고 徐鑿塹安營訖에 乃入謁하고 具陳其狀하다 操曰 淯水之難에 吾猶狼狽어늘 將軍이 在亂能整하여 討暴堅壘하니 有不可動之節①이라 雖古名將이라도 何以加之리오하고 於是에 封益壽亭侯하다

① "討暴"는 사람들을 겁박하고 약탈하는 청주병을 공격한 것을 이른다. "堅壘"는 먼저 塹壕를 파고 營壘를 안전하게 만든 것을 이른다.
討暴, 謂擊劫掠者. 堅壘, 謂先鑿塹安營也.

【綱】 鍾繇를 司隷校尉로 삼아서 關中의 각 軍을 감독하게 하였다.

以鍾繇爲司隷校尉하여 督關中諸軍하다

【目】 袁紹가 曹操에게 편지를 보냈는데, 언사가 거만하고 무례하였다. 조조가 荀彧과 郭嘉에게 이르기를 "지금 의롭지 못한 원소를 토벌하고자 하는데 힘이 대등하지 못하니, 어떻게 해야 하는가?" 하니, 두 사람이 다음과 같이 대답하였다.

"劉邦과 項羽의 힘이 대등하지 못하였던 것은 公께서도 아시는 바입니다. 지금 원소에게는 열 가지의 패배할 이유가 있고 公에게는 열 가지의 이길 이유가 있으니, 원소가 비록 강하지만 아무 일도 해낼 수 없을 것입니다. 원소는 禮儀가 번거로운데 公은 자연에 맡기니, 이는 道에 있어서 이긴 것입니다. 원소는 도리를 거슬러 행하는데 公은 순리를 받들어 천하를 통솔하니, 이는 義에 있어서 이긴 것입니다. 桓帝와 靈帝 이래로 정사가 너무 너그러워 잘못되었는데, 원소는 너그러움으로써 너그러움을 구제하기 때문에 정돈하지 못하는데 公은 엄함으로써 바로잡아서 上下가 제재할 줄을 아니, 이는

다스림에 있어서 이긴 것입니다.

원소는 겉으로는 너그러우나 속으로는 시기하고 사람을 쓰면서도 의심해서 임용한 자들은 오직 親戚과 子弟일 뿐인데, 公은 겉으로는 너그럽고 소탈하면서도 속으로는 機智가 밝아서 사람을 씀에 의심함이 없고 오직 재주의 마땅함만을 살펴 遠近(親疏)을 따지지 않으니, 이는 度量에 있어서 이긴 것입니다. 원소는 계책이 많으나 결단력이 부족하여 일을 뒤늦게 처리하는 데 문제가 있는데 公은 계책을 얻으면 즉시 행하여 변화에 대응해서 다함이 없으니, 이는 智謀에 있어서 이긴 것입니다.

袁紹與操書에 辭語驕慢하니 操謂荀彧, 郭嘉曰 今將討不義而力不敵하니 何如오 對曰 劉, 項之不敵은 公所知也라 今紹有十敗하고 公有十勝하니 紹雖彊이나 無能爲也라 紹는 繁禮多儀하고 公은 體任自然하니 此는 道勝也니이다 紹는 以逆動하고 公은 奉順以率天下하니 此는 義勝也①니이다 桓靈以來로 政失於寬이어늘 紹는 以寬濟寬故로 不攝②하고 公은 糾之以猛하여 而上下知制하니 此는 治勝也니이다 紹는 外寬內忌하고 用人而疑之하여 所任이 唯親戚子弟요 公은 外易簡而內機明하여 用人無疑하고 唯才所宜하여 不間遠近하니 此는 度勝也니이다 紹는 多謀少決하여 失在後事하고 公은 得策輒行하여 應變無窮하니 此는 謀勝也니이다

① 天子를 받들어 천하를 통솔함은 도리에 있어서 順함이 되는 것이다.
奉天子以率天下, 於理爲順.

② 攝은 整齊함이다.
攝, 整也.

【目】袁紹는 의논이 고명하고 揖讓하여 명예를 거두니 선비들 중에 말을 좋아하고 외면을 꾸미는 자들이 그에게 많이 귀의하는데 公은 지극한 마음으로 사람들을 대하고 헛되이 찬미하지 않아서 충성스럽고 정직하며 원대한 식견과 실제 재주가 있는 선비들이 모두 쓰이기를 원하니, 이는 德에 있어서 이긴 것입니다. 원소는 굶주리고 추위에 떠는 사람을 보면 가엾게 여기고 염려하여 이러한 생각이 낯빛에 나타나지만 보이지 않는 것에 대해서는 생각이 혹 미치지 못하는데 公은 목전의 작은 일에 대해서는 때로 소홀히 하는 경우가 있으나 큰일에 이르러서는 四海와 서로 접하고 은혜가 베풀어지는 바에 모두 그 소망을 넘으며 비록 보이지 않는 것이라도 생각이 두루 미치지 않음이 없으니, 이는 仁에 있어서 이긴 것입니다.

원소는 大臣들이 권력을 다투어서 참소하는 말로 미혹시키고 어지럽히는데 公은 아랫사람을 道로써 어거하여 서서히 젖어드는 참소가 행해지지 않으니, 이는 밝음에 있어

서 이긴 것입니다. 원소는 옳고 그름을 알지 못하는데 公은 옳게 여기는 사람은 禮로써 올려주고 옳지 않다고 여기는 사람은 法으로써 바로잡으니, 이는 文에 있어서 이긴 것입니다. 원소는 허장성세를 좋아하여 用兵의 요점을 알지 못하는데 公은 적은 병력으로 많은 적을 이겨서 用兵術이 神과 같아 장수와 군사들이 믿고 의지하며 적들이 두려워하니, 이는 武에 있어서 이긴 것입니다."

紹는 高議揖遜하여 以收名譽하니 士之好言飾外者 多歸之하고 公은 以至心待人하고 不爲虛美하여 士之忠正遠見而有實者 皆願爲用하니 此는 德勝也니이다 紹는 見人飢寒하면 恤念之하여 形於顔色이나 其所不見은 慮或不及하고 公은 於目前小事엔 時有所忽이나 至於大事하여는 與四海接하고 恩之所加에 皆過其望하며 雖所不見이라도 慮無不周하니 此는 仁勝也니이다 紹는 大臣爭權하여 讒言惑亂호되 公은 御下以道하여 浸潤不行하니 此는 明勝也니이다 紹는 是非不可知로되 公은 所是를 進之以禮하고 所不是를 正之以法하니 此는 文勝也니이다 紹는 好爲虛勢하여 不知兵要하고 公은 以少克衆하여 用兵如神하여 軍人恃之하고 敵人畏之하니 此는 武勝也니이다

【目】 曹操가 웃으면서 말하기를 "卿이 말한 바와 같다면 내가 무슨 德으로 이를 감당하겠는가." 하였다.

郭嘉가 또 말하기를 "袁紹가 지금 북쪽으로 公孫瓚을 공격하고 있으니, 그가 遠征하는 틈을 타 동쪽으로 가서 呂布를 공격해 취할 수 있습니다. 만약 원소가 우리를 침략하고 여포가 원소의 원조가 된다면 이는 큰 폐해가 될 것입니다." 하자, 荀彧이 또한 말하기를 "먼저 여포를 공격해 취하지 않으면 河北을 도모하기가 쉽지 않을 것입니다." 하였다.

조조가 말하기를 "그러하다. 그러나 내가 의혹하는 바는 또 원소가 關中을 침범해 소요를 일으켜서 서쪽으로 羌族과 胡族과 연합해 亂을 일으키고 남쪽으로 蜀과 漢中을 유인하여 결탁할까 두려운 것이다. 이렇게 되면 우리가 오직 兗州와 豫州만을 가지고 천하의 6분의 5에 대항하는 것이니, 장차 어찌해야 하겠는가?" 하니, 순욱이 다음과 같이 말하였다.

"關中의 장수가 열 명으로 헤아려지는데 서로 연합하여 하나가 될 수 없고, 오직 韓遂와 馬騰이 가장 강성하니 지금 만약 恩德으로 安撫하고 使者를 보내어 연합하면 비록 오랫동안 평안할 수는 없으나 公이 山東을 안정시킬 때까지는 움직이지 못하게 할 수 있을 것입니다. 侍中 鍾繇가 智謀가 있으니, 만약 그에게 서쪽의 일을 맡기면 公께서는 근심이 없을 것입니다."

조조가 이에 表文을 올려서 종요를 侍中 守司隷校尉로 삼게 하여 持節[59]로 關中의 각 軍을 감독하게 하고, 특별히 科制(법조문과 제도)에 구애받지 않고 직무를 수행할 수 있게 하였다.

종요가 長安에 이르러 馬騰과 韓遂 등에게 公文을 보내어 禍福(利害)을 말해주니, 마등과 한수가 각각 아들을 보내어 入侍하게 하였다.

操笑曰 如卿所言인댄 孤何德以堪之오 嘉又曰 紹方北擊公孫瓚하니 可因其遠征하여 東取呂布니 若紹爲寇하고 布爲之援이면 此深害也니이다 或亦曰 不先取呂布면 河北을 未易圖也니이다 操曰 然하다 吾所惑者는 又恐紹侵擾關中하여 西亂羌, 胡하고 南誘蜀, 漢하면 是我獨以兗, 豫로 抗天下六分之五也니 爲將奈何오 或曰 關中將帥以十數로되 莫能相一하고 唯韓遂, 馬騰이 最彊하니 今若撫以恩德하고 遣使連和하면 雖不能久安이나 比公安定山東엔 足以不動이라 侍中鍾繇有智謀하니 若屬(촉)以西事하면 公無憂矣리이다 操乃表繇以侍中守司隷校尉하여 持節督關中諸軍하고 特使不拘科制①하다 繇至長安하여 移書騰, 遂等하여 爲陳禍福하니 騰, 遂各遣子入侍하다

① 〈"特使不拘科制"는〉 鍾繇로 하여금 科條와 制度에 구애받지 않고 편의에 따라 종사할 수 있게 한 것이다.
使不拘泥科條制度, 得便宜從事.

【綱】 袁術이 稱帝하고 前 兗州刺史였던 金尙을 죽였다.

袁術이 稱帝하고 殺故兗州刺史金尙[60]하다

【目】 袁術은 讖言에 "漢나라를 대신할 자는 當塗高[61]이다." 하니, 스스로 말하기를 "나의

---

59) 持節 : 漢나라 말엽과 魏晉南北朝 시기에 지방의 軍政을 관장한 관리에게 종종 이와 유사한 칭호를 붙이기도 하였는바, 使持節은 中級 이하의 관리를 주살할 수 있고, 持節은 관직이 없는 사람을 죽일 수 있고, 假節은 軍令을 어긴 자를 죽일 수 있었다.

60) 袁術……殺故兗州刺史金尙 : "이보다 앞서 詔令을 내려 金尙을 兗州刺史로 삼았는데 曹操가 맞아 공격해서 패주시켰으니, 그렇다면 上任(부임)하지 못한 것인데 옛 관직을 쓴 것은 어째서인가. 충절을 인정한 것이다. 이 때문에 金尙이 비록 상임하지 못하였으나 죽임을 당함에 '故刺史'라고 썼고, 呂範이 비록 印綬가 내려지지 않았으나 卒함에 '大司馬'라고 썼으니, 모두 어짊을 인정한 것이다.〔先是詔以尙刺兗州 操逆擊走之 則未上也 書故官 何 予節也 是故金尙雖未上 而見殺書故刺史 呂範雖印綬未下 而卒書大司馬 皆予賢也〕" ≪書法≫
"袁術이 僭逆하였을 적에 金尙이 몸을 더럽히지 않았기 때문에 원술이 稱帝한 아래에 '殺'자를 쓰고 김상의 관직을 썼으니, 이는 김상이 충절을 위하여 목숨을 바친 것을 인정한 것이다.〔袁術僭逆 金尙能不爲所汚 故書殺書官於術稱帝之下 所以予其死節也〕" ≪發明≫

61) 當塗高 : 길을 당하여 높고 크다는 뜻으로 魏闕을 가리킨다. 魏闕은 古代 宮門 밖 양쪽에 높이 솟은

名字(術)가 여기에 응한다." 하고, 또 袁氏는 陳나라에서 나와서 舜임금의 후예가 되니, 黃(土德)으로 赤(火德)을 대신함이 五德(五行)이 운행하는 차서라고 하여 마침내 僭逆의 계획을 품었다.

원술은 孫堅이 傳國璽를 얻었다는 말을 듣고는 손견의 妻를 붙잡아 傳國璽를 빼앗고 尊號를 칭하는 일에 대해 의논하였는데, 主簿 閻象이 나와서 다음과 같이 말하였다.

"옛적에 周나라는 后稷으로부터 文王에 이르기까지 德과 功을 쌓아서 文王은 天下를 셋으로 나누어 그 둘을 소유하고도 殷나라를 복종하여 섬기셨습니다. 明公이 비록 누대에 걸쳐 번창하였으나 周나라의 성대함만은 못하고, 漢나라 황실이 비록 미약하나 殷나라 紂王의 포학함과는 같지 않습니다."

원술이 묵묵히 아무런 말도 못 하였다.

袁術이 以讖言에 代漢者 當塗高라하니 自云名字應之①라하고 又以袁氏出陳하여 爲舜後하니 以黃代赤이 德運之次②라하여 遂有僭逆之謀러라 聞孫堅이 得傳國璽하고 拘堅妻而奪之하여 議稱尊號하니 主簿閻象이 進曰 昔에 周自后稷으로 至于文王히 積德累功하여 三分天下에 有其二호되 猶服事殷하니이다 明公이 雖奕世克昌이나 未若有周之盛③하고 漢室雖微나 未若殷紂之暴也니이다 術이 默然하다

① 當塗高는 바로 曹魏에 대한 讖言이다. ≪周禮≫ 〈天官 太宰〉에 "象魏(궁문 양쪽에 세워 敎令을 게시하던 한 쌍의 높은 臺)는 闕의 이름이다." 하였으니, 闕 가운데에 門을 통하게 하여 길을 만들고 그 위에 法象(政敎와 法令)을 게시하였는바, 그 모습이 높고 크기 때문에 이를 일러 象魏라고 한 것이다. 袁術은 字가 公路이고 '術'자 또한 邑 가운데의 길이어서 當塗의 뜻에 가깝기 때문에 이를 자기에 대한 조짐으로 오인한 것이다.
當塗高, 乃曹魏之讖. 周禮"象魏, 闕名." 蓋闕中通門爲道, 其上懸法象, 其狀巍然高大, 故謂之象魏. 術字公路, 術亦邑中道, 近於當塗之義, 故誤認爲己兆也.

② 춘추시대 陳나라 大夫 轅濤塗가 있었으니, 袁氏는 그 후예이다. 黃은 土의 색이고 赤은 火의 색이다. "德運"은 五德의 운행이다. 五行에 火가 土를 낳는다.[62] 袁術이 스스로 이르기를 "자신은 본래 舜임금의 후예로 舜임금은 土德을 소유하였다. 지금 내가 土로써 漢나라의

樓觀인데 이 누관 아래에는 항상 法令이나 敎令을 걸어놓은 장소로 삼았는바 높다 하여 魏闕이라 명칭하였다. 이는 곧 魏나라가 漢나라를 뒤이을 讖言이라 한다.

62) 德運은……낳는다 : 五德은 五行의 德으로 오덕의 운행은 木이 火를 낳고 火가 土를 낳고 土가 金을 낳고 金이 水를 낳고 水가 木을 낳음을 이른다. 古代의 王朝는 오행 중에 한 가지를 들어 그 왕조의 상징으로 삼고, 그 오행에 배당된 색과 수를 사용하였는바, 木德의 색은 靑色이고 수는 三과 八이며, 火德의 색은 赤色이고 수는 二와 七이며, 土德의 색은 黃色이고 수는 五와 十이며, 金德의 색은 白色이고 수는 四와 九이며, 水德의 색은 黑色이고 수는 一과 六이었다. 漢나라는 火德이며 火는 土를 낳으므로 袁術이 土德으로 왕(황제) 노릇을 하려고 한 것이다.

火를 대신하는 것은 오덕이 운행하는 차서이다." 한 것이다.
陳大夫轅濤塗, 袁氏其後也. 黃, 土色, 赤, 火色. 德運, 五德之運也. 五行, 火生土. 術自謂本舜之後, 舜有土德, 今我以土代漢火, 五運之次敍也.

③ 奕은 重(거듭)과 같다.
奕, 猶重也.

【目】袁術이 處士 張範을 초빙하자, 장범이 그 아우 張承을 보내어 사양하였다. 원술이 장승에게 이르기를 "내가 광대한 토지와 수많은 士民으로 齊 桓公의 복을 바라고 漢 高祖에게 자취를 견주고자 하니, 어떠한가?" 하자, 장승이 말하기를 "이는 德에 달려 있고 세력의 강함에 달려 있지 않습니다. 무릇 德으로써 천하 사람들이 바라는 바에 부응하면 비록 匹夫의 밑천을 가지고 霸者와 王者의 功을 일으키더라도 어려운 일이라고 할 수 없지만 만약 분수에 넘치게 참람하여 時勢를 어기면서 動하면 이는 사람들이 버리는 바이니, 어느 누가 그로 하여금 흥성하게 하겠습니까." 하니, 원술이 기뻐하지 않았다.

術이 聘處士張範하니 範이 使其弟承으로 謝之한대 術이 謂曰 孤以土地之廣과 士民之衆으로 欲徼福齊桓하고 擬迹高祖하니 何如오 承曰 在德이요 不在强이니이다 夫用德以同天下之欲이면 雖由匹夫之資하여 而興霸王之功이라도 不足爲難이어니와 若苟欲僭擬하여 干時而動이면 衆之所棄니 誰能興之리오하니 術이 不悅하다

【目】孫策이 이 소식을 듣고 袁術에게 다음과 같은 편지를 보내었다.
"湯王과 武王이 비록 聖德이 있었지만 만약 당시에 桀王과 紂王이 道를 잃음이 없었다면 걸왕과 주왕을 핍박하여 천하를 취하지 못했을 것입니다. 지금 主上께서는 천하에 惡을 행함이 있는 것이 아니고, 다만 나이가 어려 강한 신하들에게 협박을 받으실 뿐이니, 湯王과 武王의 때와 다릅니다. 또한 董卓이 탐욕스럽고 음탕하며 교만하고 흉포하여 뜻에 한도가 없었으나 천자를 폐위하고 스스로 천자가 되는 짓은 또한 오히려 하지 않았습니다. 그런데도 천하 사람들이 한 마음으로 그를 미워하였습니다. 하물며 그의 잘못을 본받으면서 그보다 더 심한 짓을 하는 자는 더 말해 무엇하겠습니까. 충성스러운 말은 귀에 거슬리고 반박하는 의논은 증오를 초래하나 진실로 尊明께 유익함이 있으면 감히 사양하지 않겠습니다."

원술이 처음에는 손책이 반드시 자기와 뜻이 부합할 것이라고 생각하였는데 손책

의 편지를 받고는 근심하고 기운이 꺾여 병이 나니, 손책이 마침내 원술과 절교하였다.

孫策이 聞之하고 與術書曰 湯, 武雖有聖德이나 假使時無失道면 無由逼而取也라 今主上이 非有惡於天下요 徒以幼小로 脅於强臣하니 異於湯, 武之時니이다 且董卓이 貪淫驕陵하여 志無紀極이나 至於廢主自興하여는 亦猶未也로되 而天下同心疾之어든 況效尤而甚焉者乎[①]잇가 忠言逆耳요 駮議致憎이나 苟有益於尊明이면 無所敢辭[②]니이다 術이 始料策必與己合이러니 及得其書에 愁沮發疾이어늘 策이 遂絶之하다

① 效는 배움이고 尤는 허물(잘못)이다. ≪春秋左氏傳≫ 僖公 24년(B.C. 636) 조에 "〈남의 잘못을〉 허물로 여기면서 그 허물을 본받는다면 罪가 더욱 심한 것이다.' 하였다.
效, 學. 尤, 過也. 左傳"尤而效之, 罪又甚焉."

② "駮議致憎"은 남과 다른 의논을 제기하여 憎惡와 疾視를 초래함을 말한다.
駮議致憎, 言以持異議致憎疾也.

【目】이때에 이르러 袁術이 壽春에서 참람하게 稱帝하여 스스로 國號를 仲家라 칭하고 百官을 설치하고 天地에 郊祀를 지냈다.

沛國相 陳珪가 젊었을 적에 원술과 교유했었는데 원술이 그 아들을 볼모로 삼고 편지로 그를 부르니, 陳珪가 답서를 보내기를 "足下가 은밀히 반역을 도모하여 자신으로써 禍를 시험하니, 나로 하여금 사사로운 이익을 도모하여 그대에게 아부하기를 바란다면 내 차라리 죽을지언정 따르지 않겠다." 하였다.

원술이 金尙을 太尉로 삼고자 하였는데 김상이 허락하지 않고 도망가자, 원술이 그를 죽였다.

至是에 僭號於壽春하여 自稱仲家라하고 置百官하며 郊祀天地[①]하다 沛相陳珪 少與術遊[②]러니 術이 質其子而以書召之하니 珪答書曰 足下陰謀不軌하여 以身試禍하니 欲吾營私阿附인대 有死不能也로라 術이 欲以金尙爲太尉러니 尙不許而逃去어늘 術이 殺之하다

① 袁術이 그 나라를 仲이라고 호칭한 것이다.
號其國曰仲.

② 陳珪는 陳球의 아우의 아들이다.
珪, 球弟子也.

【綱】3월에 袁紹를 大將軍으로 삼아 冀州·青州·幽州·幷州의 네 州를 겸하

여 감독하게 하였다.

三月에 以袁紹爲大將軍하여 兼督冀, 靑, 幽, 幷四州[63)]하다

---

63) 以袁紹爲大將軍……幷四州 : "앞에서 '현지에 나아가 袁紹를 右將軍에 임명하였다.'라고 쓰고 이어서 '원소를 太尉로 삼았다.'라고 썼는데, 여기에서 또 '원소를 大將軍으로 삼아 冀州·靑州·幽州·幷州의 네 州를 겸하여 감독하게 하였다.'라고 썼으니, '自爲'라고 쓴 것과는 또한 다르다. 그렇다면 원소를 인정한 것인가. 이는 비판한 것이다. 비판함은 어째서인가. 원소가 勤王하지 않았기 때문이니, ≪資治通鑑綱目≫에서 그 恩數(조정에서 내린 관작의 등급)를 낱낱이 쓴 것은 그를 부끄럽게 하기 위한 것이다.〔前書卽拜紹爲右將軍 繼書以紹爲太尉 於是又書以紹爲大將軍 兼督冀靑幽幷四州 與書自爲者亦異矣 然則予之歟 譏也 其譏 何 紹不勤王 綱目歷書其恩數 所以愧之也〕" ≪書法≫

思政殿訓義 資治通鑑綱目 제13권 중

漢 獻帝 建安 2년(197)~漢 獻帝 建安 7년(202)

【綱】 여름 5월에 蝗蟲의 재해가 있었다.

夏五月에 蝗하다

【綱】 呂布를 左將軍으로 삼으니, 여포가 袁術의 군대를 공격하여 격파하였다.

◑ 以呂布爲左將軍하니 布擊袁術兵하여 破之[1]하다

【目】 袁術이 使者를 보내서 스스로 황제라고 선포한 일을 呂布에게 알리고 이를 통하여 여포의 딸을 아내로 맞아들일 것을 요구하니, 여포가 딸을 보내어 원술의 사자를 따라가게 하였다.

陳珪는 徐州의 여포와 揚州의 원술이 서로 연합해서 끊임없이 禍難을 만들어낼까 염려하여 여포를 찾아가 다음과 같이 설득하였다.

"曹公(曹操)이 天子를 받들어 맞이하여 국가의 정사를 보좌하니, 장군은 마땅히 그와 더불어 협동하여 계획을 세워서 함께 大計를 보존해야 합니다. 그런데 지금 원술과 通婚을 하면 틀림없이 의롭지 못하다는 이름을 받아서 장차 累卵의 위태로움이 있게 될 것입니다."

여포 역시 원술이 당초 자기를 받아주지 않았던 것에 대해서 원한을 품고 있었으나 자신의 딸이 이미 원술의 사자를 따라서 원술에게 가는 도중에 있었다. 이에 뒤쫓아가 딸을 다시 데려와서 원술과의 약혼을 깨뜨리고 그 사자에게 刑具를 가해 압송하여 許都의 저자에서 梟首하였다.

---

1) 布擊袁術兵 破之 : "袁術이 황제를 칭하였으니, 이는 국가의 도적인데 어찌하여 '토벌〔討〕'을 쓰지 않았는가. '토벌'이라고 써서 呂布를 인정하지 않은 것이다. 여포에 대해서 어찌하여 '토벌'이라고 써서 여포를 인정하지 않았는가. 여포는 大義를 아는 자가 아니니, 陳珪가 아니었으면 여포는 또한 도둑의 婚媾(혼인한 관계)였을 것이다.〔術稱帝 國賊也 曷爲不書討 不以討予布也 布則曷爲不以討予之 布非知大義者也 微陳珪 則布亦寇婚媾矣〕" ≪書法≫

袁術이 遣使(시)하여 以稱帝告呂布하고 因求迎婦한대 布遣女隨之하니 陳珪恐徐, 揚合從에 爲難未已①하여 往說(세)布曰 曹公이 奉迎天子하여 輔贊國政하니 將軍이 宜與協同策謀하여 共存大計어늘 今與術結昏이면 必受不義之名하여 將有累卵之危矣리라 布亦怨術初不己受也②로되 女已在塗라 乃追還絶昏하고 械送其使하여 梟首許市③하다

① 袁術은 揚州를 다스리고 있었고, 呂布는 徐州를 다스리고 있었다.
術領揚州, 布領徐州.
② 〈"布亦怨術初不己受"는〉 이 일이 初平 3년(192)에 보인다.[2)]
事見初平三年.
③ 당시에 황제가 許都에 있었다.
時帝在許.

【目】陳珪가 아들 陳登을 曹操에게 보내려고 하였으나, 呂布가 한사코 동의하지 않다가 때마침 詔令을 내려서 여포를 左將軍으로 삼고, 조조가 또 여포에게 手書를 보내어 깊이 위무하고 받아들이자, 여포가 크게 기뻐하여 곧바로 진등을 보내어 章奏를 올려 謝恩하고 아울러 조조의 手書에 답하였다.

진등이 조조를 만나보고 이를 통하여 아뢰기를 "여포는 용맹하지만 智謀가 없어서 去就를 가볍게 결정하니, 마땅히 빨리 도모하셔야 합니다." 하자, 조조가 곧바로 진규의 秩을 中二千石으로 올려주고 진등을 廣陵太守에 임명하여 은밀하게 部衆을 규합하여서 內應하도록 하였다.

珪欲使子登으로 詣曹操한대 布固不肯이러니 會에 詔以布爲左將軍하고 操復遺布手書하여 深加慰納하니 布大喜하여 卽遣登奉章謝恩하고 幷答操書하니 登見操하고 因陳布勇而無謀하여 輕於去就하니 宜早圖之라한대 操卽增珪秩中二千石하고 拜登廣陵太守하여 令陰合部衆爲內應①하다

① 漢나라의 제도에 王國의 相은 그 秩이 二千石이니, 秩을 中二千石으로 올려줌은 그 秩이 九卿에 견주어지는 것이다.[3)]

---

2) 이……보인다 : 본서 90쪽에 보인다.

3) 秩을……것이다 : 漢나라의 제도는 관리들의 등급을 녹봉의 수량으로 기준을 삼았는바, 中二千石은 '2,000석에 찬다.'는 뜻으로 한 해에 받는 녹봉이 2,160석이다. ≪漢書≫ 권8 〈宣帝紀〉에 "〈神爵 4년(B.C. 58)〉 여름 4월에 潁川太守 黃霸가 치적이 매우 탁월하여 그 秩이 中二千石이 되었다.〔夏四月 潁川太守黃霸 以治行尤異 秩中二千石〕"라고 하였는데, 이에 대한 顔師古의 注에 "漢나라의 제도에 秩이 二千石인 자는 한 해에 1,440석을 받으니 실제로는 2,000에 차지 못한다. 그런데 '中二千石'이라 이른 것은 한 해에 2,160석을 받으니 成數를 들어서 말하였기 때문에 中二千石이라 한 것이다. '中'이라는 것은 참〔滿〕이다.〔漢制 秩二千石者 一歲得一千四百四十石 實不滿二千石也 其云中二千石者 一歲

漢制, 王國相秩二千石, 增秩中二千石, 則秩視九卿.

【目】 처음에 呂布가 陳登을 통하여 徐州牧의 자리를 요구하였으나 얻지 못하였다. 진등이 돌아오자 여포가 노하여 戟(갈래창)을 뽑아서 안석을 찍어 쪼개고 말하기를 "卿의 아비가 나에게 권하여서 曹操에게 협력하여 袁公路(袁術)와의 약혼을 깨뜨리게 하였다. 그런데 지금 내가 요구하는 바는 얻지 못하고 卿의 부자는 顯達하여 요직을 차지하게 되었으니, 이는 다만 卿이 나를 팔아먹은 것일 뿐이다." 하였다. 진등이 여기에 전혀 동요하지 않고 천천히 대답하기를 "저 진등이 曹公을 만나보고 '장군을 기르는 것은 비유하자면 범을 기르는 것과 같으니, 마땅히 그 고기를 배부르게 먹여야 합니다. 배부르지 않으면 장차 사람을 물게 됩니다.'라고 말하였더니, 조공은 '卿의 말과 같지 않다. 비유하자면 매를 기르는 것과 같으니, 굶주리면 곧바로 쓰임이 되고 배부르면 날아서 떠나간다.'라고 말하였는바, 그 말씀이 이와 같았습니다." 하니, 여포의 노여워한 뜻이 그제야 비로소 풀렸다.

袁術이 그 대장 張勳 등을 보내어 韓暹 및 楊奉과 연합하여 수만 명의 보병과 기병을 거느려 일곱 방면의 길로 나누어서 여포를 공격하게 하였는데, 여포가 두려워하여 대적하지 못하자 陳珪가 말하기를 "한섬 및 양봉과 원술은 갑자기 연합한 군대일 뿐이라서 평소 정해놓은 계책이 없으니, 서로 유지하여 나갈 수 없습니다. 제 아들 진등이 이를 헤아려 보고서 '끈에 묶인 닭들이 함께 홰에 올라갈 수 없는 것'에 견주었으니, 즉시 흩어지게 할 수 있습니다." 하였다.

여포가 진규의 계책을 따라서 한섬과 양봉에게 편지를 보내어 말하기를 "두 장군은 직접 大駕(天子)를 危難에서 구하였고, 나 여포는 손수 董卓을 죽여서 함께 功名을 세웠는데, 지금 어찌하여 원술과 함께 나라를 배반한 역적이 되었는가. 서로 힘을 합쳐 원술을 격파하여 나라를 위해 폐해를 제거하는 것만 못하다." 하고, 또한 원술의 군수물자를 전부 다 이들에게 줄 것을 허락하였다. 그러자 한섬과 양봉이 크게 기뻐하여 여포를 따라서 진군하였는데 한섬과 양봉의 군대가 동시에 큰소리로 부르짖으면서 함께 장훈의 군영에 이르니, 장훈 등이 흩어져 달아나 살상을 당하거나 물에 빠져 죽어서 거의 전멸하였다.

始에 布因登求徐州牧이나 不得이러니 登還에 布怒하여 拔戟斫(작)几曰 卿父勸吾協同曹操하여

得二千一百六十石 擧成數言之 故曰中二千石 中者 滿也]"라고 설명하였다. 漢나라 때 九卿의 秩은 모두 中二千石이었기 때문에 이를 가지고 구경을 지칭하는 용어로 사용하기도 하였다.

絶婚公路러니 今吾所求無獲이요 而卿父子顯重하니 但爲卿所賣耳로다 登不爲動①하고 徐對之曰 登이 見曹公하고 言養將軍이 譬如養虎니 當飽其肉이라 不飽則將噬(서)人이라한대 公曰 不如卿言하다 譬如養鷹하니 飢卽爲用이요 飽則颺去라하니 其言如此라하니 布意乃解②하다 袁術이 遣其大將張勳等하여 與韓暹, 楊奉步騎數萬으로 七道攻布하니 布懼不敵이러니 珪曰 暹, 奉與術은 卒合之師耳라 謀無素定하니 不能相維③라 子登策之에 比於連鷄勢不俱棲하니 立可離也④리이다 布用珪策하여 與暹, 奉書하여 曰 二將軍親拔大駕하고 而布手殺董卓하여 俱立功名이어늘 今奈何與袁術同爲賊乎아 不如相與幷力破術하여 爲國除害라하고 且許悉以術軍資與之하니 暹, 奉이 大喜하여 從布進軍이러니 暹, 奉兵이 同時叫呼하여 竝到勳營하니 勳等散走하여 殺傷墮水死者殆盡이러라

① 爲(위하다)는 去聲이니, 아래의 "爲國"도 똑같다.
爲, 去聲, 下爲國同.
② 颺(날리다)은 去聲이니, 바람이 날리는 것이다.
颺, 去聲, 風所飛颺也.
③ 卒(갑자기)은 猝로 읽는다.
卒, 讀曰猝.
④ ≪戰國策≫에 "秦나라 惠王이 말하였다. '제후들의 생각이 하나가 될 수 없는 것은 끈에 묶인 닭들이 함께 홰에 올라갈 수 없는 것과 같다.'"[4] 하였는데, 이에 대한 鮑彪의 註에 "連은 끈으로 묶는 것을 이르고, 棲는 닭이 머무는 곳이다."라고 풀이하였다.
戰國策 "秦惠王曰 '諸侯之不可一, 猶連鷄之不能俱上於棲.'" 註 "連, 謂繩繫之, 棲, 鷄所宿也."

【目】泰山에 있는 도적의 우두머리인 臧霸가 莒縣을 격파하여 군수물자를 얻자, 呂布가 직접 찾아가서 이것을 요구하려고 하였다. 이에 督將 高順이 간하기를 "장군의 위엄과 명성은 먼 곳 가까운 곳 할 것 없이 모두 다 두려워하는 바입니다. 무엇을 구한들 얻지 못하기에 도리어 직접 가서 財貨를 요구한단 말입니까. 만에 하나 성공하지 못하면 어찌 위엄과 명성을 손상시키지 않겠습니까." 하였다. 그러나 여포는 그의 말을 따르지 않았는데, 장패 등이 여포를 막으니, 여포는 소득이 없이 돌아왔다.

고순은 사람됨이 청렴결백하고 위엄이 있으며 말수가 적었고, 그가 거느린 700여 명의 병사들은 호령이 정돈되어 싸울 때마다 반드시 이겼는데, 여포는 뒤에 고순을 소원히 대하고 魏續이 內外의 친함(인척 관계)이 있다고 하여 고순의 병사들을 빼앗아 위속에게 주었다가 전투를 하게 되면 다시 고순에게 거느리게 하였다. 그러나 고순은 또한

4) 秦나라……같다 : 이 내용은 ≪戰國策≫ 권3 〈秦策〉의 '秦惠王謂寒泉子' 조에 보인다.

끝내 한스러워하는 마음이 없었다.

여포의 성질이 바꾸는 것을 경솔하게 결단하여 행하는 바가 反覆無常하니, 고순이 항상 간하기를 "장군께서 거동하심에 자세히 생각하려고 하지 않으시어 혹 잘못된 것이 있으면 그때마다 번번이 잘못을 말씀하니, 잘못을 자주 저질러서야 되겠습니까." 하였다. 여포가 고순의 충성을 알았지만 그의 간언을 따르지는 못하였다.

泰山賊帥臧霸 破莒하여 得其資實①이어늘 布自往求之한대 其督將高順이 諫曰 將軍威名은 遠近所畏라 何求不得而自行求賂오 萬一不克이면 豈不損邪잇가 布不從이러니 霸等이 拒之하니 無獲而還하다 順이 爲人이 淸白有威嚴하고 少言辭요 所將七百餘兵이 號令整齊라 每戰必克이러니 布後疏順하고 以魏續有內外之親이라하여 奪其兵以與續이라가 當戰則復令順將호되 順亦終無恨意러라 布性決易하여 所爲無常②하니 順이 每諫曰 將軍擧動에 不肯詳思하여 忽有失得이면 動輒言誤하니 誤豈可數(삭)乎③잇가 布知其忠而不能從이러라

① 前漢 시대에 莒縣은 城陽國에 속하였는데 後漢 시대에는 琅邪國에 속하였다.
前漢莒縣, 屬城陽國, 後漢屬琅邪國.
② "決易"은 바꾸는 것을 결심할 적에 다시 생각을 지극히 하지 않는다는 것과 같다. 一說에 "易(쉽다)는 以豉의 切이다." 하였다.[5]
決易, 猶言決意變易, 不復致思也. 一說"易, 以豉切."
③ 數(자주)은 음이 朔이다.
數, 音朔.

【綱】袁術이 刺客을 보내어 陳王 劉寵을 살해하였다.

袁術이 遣盜하여 殺陳王寵하다

【目】처음에 陳王 劉寵이 武勇이 있고 활을 잘 쏘았는데, 黃巾賊의 난이 일어났을 적에 유총이 군대를 다스려 스스로 지키니, 나라 사람들이 그를 두려워하여 감히 떠나가 배반하지 못하였다. 또 陳國相 駱俊이 평소 威望과 은혜가 있어서 이웃 고을의 백성들이 대부분 그에게 귀의하여 10여만 명의 무리를 보유하게 되었다. 袁術이 陳國에 군량을 요구하였는데 낙준이 거절하자, 원술이 刺客을 보내어 낙준과 유총을 속여서 살해하니, 陳國이 이로 말미암아 격파되어 패망하였다.

5) 一說에……하였다 : 결정이나 결단을 쉽게 한다는 뜻이 된다.

初에 陳王寵이 有勇善射①러니 黃巾賊起에 寵이 治兵自守하니 國人畏之하여 不敢離叛하고 國相駱俊이 素有威恩이라 隣郡人이 多歸之하여 有衆十餘萬이러니 袁術求糧이어늘 俊이 拒絶之한대 術이 遣客詐殺俊及寵하니 陳이 由是破敗하다

① 劉寵은 漢나라 明帝의 아들인 陳敬王 劉羨의 증손이다. 安帝 永寧 元年(120)에 진경왕의 아들 劉崇이 陳王으로 즉위하였는데, 즉위한 지 5년 만에 薨하자 아들 劉承이 작위를 계승하였고, 유승이 훙하자 아들 유총이 작위를 계승하였다.
寵, 明帝子陳敬王羨之曾孫也. 安帝永寧元年, 敬王子崇立, 五年薨, 子承嗣, 承薨, 子寵嗣.

【綱】 孫策을 會稽太守로 삼아서 袁術을 토벌하게 하였다.

以孫策爲會稽太守하여 討袁術하다

【綱】 가을 9월에 曹操가 袁術을 공격하여 그 군대를 패주시키고 격파하였다.

◑ 秋九月에 曹操擊袁術하여 走破之[6]하다

【目】 曹操가 동쪽으로 袁術을 정벌하자, 원술이 군대를 버리고 달아나면서 그 장수 橋蕤(교유) 등을 남겨두어 조조를 막게 하였는데 조조가 이들을 공격하여 참살하니, 원술이 달아나 淮水를 건넜다. 당시에 날씨가 가물어 흉년이 들어서 士人과 백성들이 추위에 떨고 굶주리니 원술의 세력이 이로 말미암아 마침내 쇠퇴하게 되었다.

沛國 사람 許褚는 勇力이 보통의 사람들보다 크게 뛰어났는데 무리를 모아 조조에게 귀의하니, 조조가 말하기를 "이 사람은 나의 樊噲(번쾌)이다."[7] 하고, 바로 그날 都尉에

6) 以孫策爲會稽太守……走破之 : "〈孫策에게〉 '以'자를 쓴 것은 어째서인가. 이는 上(황제)의 命이기 때문이다. 그러므로 손책에게는 '토벌〔討〕'을 쓸 수 있는 것이다. 그렇다면 曹操에게 '공격〔擊〕'을 쓴 것은 어째서인가. 조조는 漢나라의 逆賊이니, 역적으로 역적을 공격하게 하였을 뿐인 것이다. 하나의 袁術에 대해서 손책에게는 '토벌〔討〕'을 썼고 조조에게는 '공격〔擊〕'을 썼으니, ≪資治通鑑綱目≫의 權衡(기준, 척도)이 분명하다.〔以者何 上命也 故策得書討 然則操書擊 何 操漢賊也 以賊擊賊而已矣 一袁術也 策書討 操書擊 綱目之權衡審矣〕" ≪書法≫

7) 이……樊噲(번쾌)이다 : 樊噲는 漢 高祖 劉邦의 猛將으로 勇力이 출중하였는바, 曹操가 자신의 휘하 장수가 된 許褚가 번쾌처럼 용력이 매우 뛰어남을 비유한 것이다. 유방이 秦나라의 關中 지역을 선점하고 函谷關을 막자, 項羽는 關門을 격파하고 유방을 공격하기로 하였다. 항우의 숙부 項伯이 주선하여 유방은 鴻門으로 와서 함곡관을 막은 것에 대해 사과하였는데, 宴席에서 范增이 항우에게 유방을 죽이라는 신호를 여러 번 보냈으나 항우는 못 본 체하였다. 이에 범증이 項莊에게 劍舞를 추면서 유방을 찔러 죽이라고 사주하니, 항백도 검무를 추면서 유방을 보호하였다. 이때 밖에 있던 번쾌가 이 사실을 알고는 칼을 차고 방패를 든 채로 군막 안으로 달려 들어가서 눈을 부릅뜨고 노

임명하였다.

曹操東征袁術하니 術이 棄軍走하고 留其將橋蕤等하여 拒操어늘 操擊斬之하니 術이 走渡淮하다 時에 天旱歲荒하여 士民凍餒하니 術이 由是遂衰하다 沛國許褚 勇力絶人이러니 聚衆歸操하니 操曰 此는 吾樊噲也라하고 卽日에 拜都尉하다

【綱】 前 太尉 楊彪를 하옥하였다가 이윽고 사면하여 출옥시켰다.

下故太尉楊彪獄이러니 尋赦出之하다

【目】 楊彪는 袁術과 인척간이었는데 曹操가 이를 미워하여 양표를 체포해 하옥할 것을 奏請하고 大逆罪를 범하였다고 탄핵하였다. 그러자 孔融이 이 소식을 듣고 미처 朝服을 입지도 못한 채 조조를 찾아가 만나보고 말하기를 "楊公의 집안은 4대에 거쳐 내려온 청렴하고 고결한 덕행이 있어서 온 천하 사람들이 우러러보는 바입니다. 부자간이나 형제간에는 죄가 서로 미치지 않는 법인데, 하물며 袁氏 때문에 양공에게 죄를 돌린단 말입니까." 하자, 조조가 말하기를 "이는 國家(皇帝)의 뜻이다." 하였다. 이에 공융은 다음과 같이 말하였다.

"만약 周나라 成王이 召公을 죽였다면 周公이 그 사실을 몰랐다고 말할 수 있겠습니까."[8)]

조조가 許縣의 令長 滿寵에게 양표의 옥사를 심리하게 하자, 공융과 荀彧이 모두 만총에게 〈심문만 하고〉 고문하지 말도록 부탁하였다. 그러나 만총이 대답하지 않고 법대로 고문하고서 며칠이 지난 뒤에 조조를 만나 보기를 청하고 말하기를 "양표를 고문하였으나 별다른 供招가 없었습니다. 이 사람은 온 천하에 명망이 있으니, 만약 죄상이 명백하지 않은데 죽이면 틀림없이 백성들이 크게 실망할 것입니다. 삼가 明公을 위하여 이 점을 애석하게 여깁니다." 하자, 조조가 바로 그날 양표를 사면하여 출옥시켰다.

양표는 漢나라 皇室이 쇠약해지고 조정의 정사가 曹氏의 손에 달려 있음을 보고, 마침내 다리가 오그라들었다고 일컫고 10여 년 동안 밖으로 나다니지 않으니, 이로 말미

려보니, 항우가 장사라고 칭찬하면서 그에게 술과 고기를 내렸다. 유방이 이를 틈타 변소에 가는 척하고 밖으로 나온 뒤에 번쾌를 불러서 홍문을 빠져나갔다.(≪史記≫ 권7 〈項羽本紀〉)

8) 周나라……있겠습니까 : 成王은 이름이 誦으로 武王의 아들이고, 召公은 이름이 奭으로 周나라의 종친이며, 周公은 이름이 旦으로 무왕의 同母弟이고 성왕의 숙부인바, 주공과 소공은 모두 周나라를 일으킨 명재상이다. 여기에서는 楊彪를 소공에 비유하고 曹操를 주공에 비유하여 설사 황제가 양표를 죽이려고 하더라도 조조가 마땅히 直諫하여 양표를 죽이지 못하게 하여야 함을 말한 것이다.

암아 禍難을 면할 수 있었다.

楊彪與袁術昏姻①이러니 曹操惡(오)之하여 奏收下獄하고 劾以大逆하니 孔融이 聞之하고 不及朝服하고 往見操曰 楊公은 四世清德하여 海內所瞻②이라 父子, 兄弟 罪不相及이어든 況以袁氏歸罪楊公乎아 操曰 此國家之意③니라 融曰 假使成王殺召公이면 周公이 可得言不知乎아 操使許令滿寵으로 按彪獄④하니 融與荀彧이 皆屬(촉)寵勿加考掠⑤호되 寵無所報하고 考訊如法하여 數日에 求見曰 楊彪考訊에 無他辭語하니 此人이 有名海內라 若罪不明白이면 必大失民望하리니 竊爲明公惜之하노이다 操卽日에 赦出彪하다 彪見漢室衰微하고 政在曹氏하고 遂稱脚攣하고 積十餘年不行하니 由是로 得免於禍⑥러라

① ≪後漢書≫ 〈楊彪列傳〉을 근거해보면, 양표의 아들 楊脩는 袁術의 생질이니, 양표는 아마도 袁氏에게 장가든 듯하다.
   據彪傳, 彪子脩, 袁術之甥. 彪蓋娶於袁氏也.
② 〈"楊公四世淸德"은〉 楊震과 楊秉과 楊賜와 楊彪 4代가 淸白함으로 일컬어진 것이다.
   震・秉・賜・彪四世, 以淸白稱.
③ 國家는 황제를 이른다.
   國家, 謂帝也.
④ "許令"은 許縣의 令長이고, 滿寵은 사람의 성명이다.
   許令, 許縣之令長. 滿寵, 姓名.
⑤ 屬(부탁하다)은 之欲의 切이다. "考掠"은 볼기를 치면서 訊問함을 이른다.
   屬, 之欲切. 考掠, 謂搒笞而問也.
⑥ 攣은 力全의 切이니, 拘曲(오그라들다, 굽다)이다.
   攣, 力全切, 拘曲也.

【綱】 金尙의 아들 金瑋를 郎中으로 삼았다.

以金尙子瑋爲郎中[9)]하다

9) 以金尙子瑋爲郎中 : "관직을 임명함에 '아무개의 아들〔某子〕'이라고 쓴 경우가 있지 않았는데 여기에서 '金尙의 아들〔金尙子〕'이라고 쓴 것은 어째서인가. 그 절개를 인정한 것이다. 이 때문에 그 사사로움을 비판할 경우에는 馬初에 대해서 '馬惠의 아들'이라 썼고(桓帝 永興 2년(154)), 그 절개를 인정하면 金瑋에 대해서 '김상의 아들'이라 썼고, 그 功을 근본하면 鄧朗에 대해서 '鄧艾의 손자'라고 썼으니(晉나라 초기 癸巳年(273)), 이는 모두 ≪資治通鑑綱目≫에서 특별히 쓴 것이다.〔拜官 未有書某子者 書金尙子 何 予節也 是故譏其私 則初書馬惠子(桓帝永興二年) 予其節 則瑋書金尙子 本其功 則朗書鄧艾孫(晉初癸巳年) 皆綱目之特筆也〕" ≪書法≫
"만약 '金瑋를 郎中으로 삼았다.'라고 썼다면 어찌 말이 簡約하면서도 뜻이 충분하지 않겠는가. 그러나 반드시 '金尙의 아들 김위'라고 한 것은 절개를 위하여 죽은 의리를 기린 것이므로 특별히 표출하여 세상에 권면한 것이다.〔若曰以金瑋爲郎中 豈不言簡而意足 然必曰金尙子瑋者 所以褒死節之誼 故特

【目】馬日磾(마일제)의 靈柩가 京師에 이르자,[10] 조정이 의논하여 喪禮의 등급을 높이고자 하였는데, 孔融이 말하기를 "마일제가 上公의 존귀한 신분으로 旄節을 잡은 사신의 임무를 담당하였으나 자신의 뜻을 굽혀서 姦臣 袁術에게 아첨하여 견제를 받았다. 聖上께서 불쌍히 여기시어 차마 추궁하여 조사하지 못하였으나 상례의 등급을 높여서는 안 된다." 하니, 조정이 이를 따랐다.

金尙의 靈柩가 京師에 이르자,[11] 황제가 조령을 내려 百官에게 조문하여 제사 지내게 하고 그의 아들 金瑋를 郎中에 임명하였다.

馬日磾喪이 至京師하니 朝廷이 議欲加禮러니 孔融曰 日磾以上公之尊으로 秉旄節之使어늘 而曲媚姦臣하여 爲所牽率하니 聖上이 哀矜하사 未忍追案이나 不宜加禮니라 朝廷이 從之하다 尙喪至에 詔百官弔祭하고 拜其子瑋爲郎中하다

【綱】劉備가 楊奉을 유인하여 살해하였다.

劉備誘楊奉하여 殺之[12]하다

【目】韓暹과 楊奉이 徐州와 揚州의 사이에서 노략질하였는데 劉備가 양봉을 유인하여 참살하였고, 한섬은 郭汜, 胡才와 함께 모두 사람에게 살해당하였고, 李樂은 병으로 죽었다.

韓暹, 楊奉이 寇掠徐, 揚間이어늘 劉備誘奉斬之하니 暹與郭汜, 胡才는 皆爲人所殺하고 李樂은 病死하다

表而出之 爲世勸也〕" ≪發明≫

10) 馬日磾의……이르자 : 이보다 앞서 初平 3년(192) 7월의 綱에 "太傅 馬日磾와 太僕 趙岐를 보내어 關東 지방의 군벌들을 화해시켰다."라는 내용이 보이며, 또 興平 원년(194) 9월 綱에 "馬日磾가 壽春에서 卒하였다."라는 내용이 보이는데, 그 目에 "처음에 馬日磾가 趙岐와 함께 使命을 받들어 壽春에 이르렀는데, 조기가 뜻을 지켜 굽히지 않자 袁術이 그를 꺼렸다. 마일제가 원술에게 요구하는 바가 자못 많았는데, 원술이 조정에서 마일제에게 준 使節을 빌려서 보다가 빼앗고 돌려주지 않았다. 마일제가 떠나갈 것을 청하였으나 원술이 억류하고 보내주지 않으니, 마일제가 피를 토하고 죽었다."라고 하였다.

11) 金尙의……이르자 : 바로 이해인 建安 2년(197) 정월의 綱에 "袁術이 稱帝하고 옛날에 兗州刺史였던 金尙을 죽였다."라고 한 내용이 보이는데, 그 目에 "원술이 김상을 太尉로 삼고자 하였는데 김상이 허락하지 않고 도망가자, 원술이 그를 죽였다."라고 하였다.

12) 劉備誘楊奉殺之 : "楊奉에 대해서 마땅히 '주살〔誅〕'이라고 써야 하는데 쓰지 않은 것은 유인해 살해하여 天討(天子가 하늘을 대신하여 행하는 토벌)가 될 수 없기 때문이다.〔楊奉宜書誅而不書者 誘而殺之 不得爲天討也〕" ≪發明≫

戊寅年(198)

【綱】漢나라 孝獻皇帝 建安 3년이다. 봄에 曹操가 張繡를 다시 공격하였다.

三年이라 春에 曹操復擊張繡하다

【目】荀攸가 말하기를 "張繡와 劉表가 서로 믿고 의지하여 그 힘이 강합니다. 그러나 장수는 客軍으로서 유표에게 군량을 의지하고 있는데 유표가 군량을 제대로 공급하지 못하니, 두 사람은 형편상 반드시 서로 어그러져 떨어져나갈 것입니다. 군대의 출동을 늦추는 것이 나으니, 장수를 유인하여 이르게 할 수 있습니다. 만약 군대의 출동을 급박하게 하면 형편상 두 사람은 반드시 서로 구제하게 될 것입니다." 하였는데, 曹操가 이를 따르지 않고 穰縣에서 장수를 포위하였다.

荀攸曰 繡與劉表相恃爲彊이나 然繡以遊軍仰食於表어늘 表不能供也하니 勢必乖離라 不如緩之니 可誘而致也요 若急之면 其勢必相救니이다 操不從하고 圍繡於穰하다

【綱】여름 4월에 將軍 段煨 등에게 詔令을 내려서 李傕을 토벌하여 그 三族을 誅滅하게 하였다.

夏四月에 詔將軍段煨等하여 討李傕하여 夷三族하다

【綱】曹操가 군대를 인솔하여 京師로 돌아왔다. 5월에 劉表가 張繡를 구원하자 조조가 이를 격파하였는데, 장수가 다시 조조의 군대를 추격하여 패퇴시켰다.

◑曹操引兵還하다 五月에 劉表救張繡어늘 操擊破之러니 繡復追敗操軍하다

【目】처음에 袁紹가 詔書를 받을 때마다 그 안에 자신에게 불리한 내용이 있는 것을 근심하여 天子를 자기와 가까운 곳으로 옮기고자 하였다. 그리하여 曹操에게 사람을 보내어 "許都 일대는 지세가 낮고 습하며 雒陽은 殘破되었으니, 鄄城(견성)으로 천도하여 지역이 온전하고 재정이 풍족한 곳으로 나아가는 것이 마땅하다."라고 설득하였는데, 조조가 이를 거절하였다.

田豐이 원소에게 다음과 같이 말하였다.

"천도의 계획은 이미 따를 수가 없습니다. 마땅히 빨리 許都를 도모하여 천자를 받들어 맞이해서 행하는 바가 있을 때마다 곧 詔書에 의탁하여 海內를 호령하는 것이 바로 上策입니다. 이와 같이 하지 않으면 결국에는 다른 사람에게 잡힐 것이니, 그때에는 후회하더라도 소용이 없습니다."

원소가 이를 따르지 않았는데, 원소의 도망친 사졸들 중에 전풍의 계책을 가지고 조조에게 아뢰는 자가 있어서 조조가 穰縣에 대한 포위를 풀고 돌아갔다.

初에 袁紹每得詔書에 患其有不便於己者하여 欲移天子自近하여 使說曹操以許下埤溼(비습)하고 雒陽殘破[①]하니 宜徙都鄄城하여 以就全實이라한대 操拒之어늘 田豐曰 徙都之計 旣不克從이라 宜早圖許하여 奉迎天子하여 動托詔書하여 號令海內 此算之上者요 不爾면 終爲人所禽이니 雖悔無益也니이다 紹不從이러니 而亡卒有以豐謀白操者하여 操解穰圍而還[②]이라

① 埤는 部靡의 切이니, 땅이 낮고 습한 것이다. 溼은 濕의 古字이다.
埤, 部靡切, 下濕也. 溼, 古濕字.

② "亡卒"은 袁紹의 도망친 사졸이다.
亡卒, 紹亡卒也.

【目】張繡가 군대를 이끌고 曹操를 추격하였다. 劉表가 군대를 보내어 장수를 구원하여 安衆에 주둔시켜 險阻한 지세를 점거해 지켜서 조조군의 퇴로를 차단하였다.

조조가 荀彧에게 편지를 써서 보내기를 "내가 安衆에 도착하면 장수의 군대를 틀림없이 격파할 것이다." 하였다. 그러나 안중에 도착하였을 적에 조조의 군대는 앞뒤로 적의 공격을 받았다. 조조가 마침내 밤중에 험조한 지세를 뚫어 길을 통하게 하고 거짓으로 달아나는 체하니, 유표와 장수가 전군을 동원하여 추격하였는데, 조조가 奇兵(기습부대)을 풀어서 협공하여 이를 크게 격파하였다.

張繡가 率衆追之러니 劉表遣兵救繡하여 屯於安衆하여 守險以絶軍後[①]어늘 操與荀彧書曰 吾到安衆에 破繡必矣로다 及到安衆에 操軍前後受敵이라 操乃夜鑿險僞遁하니 表, 繡悉軍來追어늘 操縱奇兵夾攻하여 大破之하다

① ≪後漢書≫ 〈郡國志〉에 南陽郡에 安衆侯國이 있다.
郡國志, 南陽郡有安衆侯國.

【目】 후일 荀彧이 그 까닭을 물었는데, 曹操가 말하기를 “적군이 나의 돌아가는 군대를 막아서 나를 死地에 두니, 내가 이 때문에 이길 줄을 알았다.” 하였다.

他日에 彧問其故한대 操曰 虜遏吾歸師而與吾死地하니 吾是以로 知勝矣①로다

① 兵法에 “돌아가는 군대는 막지 말라.”[13] 하였고, 또 “死地에 놓인 뒤에야 살아난다.”[14] 하였다.
兵法曰 “歸師勿遏.” 又曰 “置之死地而後生.”

【目】 張繡가 曹操를 추격할 적에 賈詡가 만류하였으나 장수가 이를 듣지 않아 패하고 돌아왔는데, 이때 가후가 성에 올라가서 장수에게 이르기를 “급히 다시 추격하십시오. 다시 싸우면 반드시 이길 것입니다.” 하니, 장수가 이 말을 따라서 과연 이 때문에 승리하고 돌아왔다.

이에 장수가 가후에게 묻기를 “내가 정예병을 거느려 퇴각하는 적의 군대를 추격할 적에 公은 반드시 패할 것이라고 말하였고, 패한 사졸을 거느려 승리한 적의 군대를 공격할 적에 公은 반드시 이길 것이라고 말하였는데, 모두 公이 한 말과 같이 되었으니, 이는 어째서인가?” 하자, 가후가 다음과 같이 말하였다.

“장군께서 비록 用兵을 잘하시지만 曹公의 적수는 아닙니다. 조공의 군대가 막 퇴각할 적에 반드시 스스로 그 퇴로를 차단했을 것이기 때문에 장군이 반드시 패할 것을 알았고, 조공이 이미 실책한 것도 없고 힘을 다 쓰지도 않았는데 하루아침에 군대를 이끌고 물러갔으니, 이는 틀림없이 國內에 變故가 발생하였기 때문입니다. 이미 장군의 군대를 격파한 뒤에는 반드시 경무장한 군대로 속히 나아가고 장수들을 남겨두어 퇴로를 차단하였을 것이니, 장수들이 비록 용맹하지만 장군의 적수가 아닙니다. 그러므로 비록 패한 군대를 출동시켜 싸웠으나 반드시 이긴 것입니다.”

장수가 이에 탄복하였다.

繡之追操也에 賈詡止之러니 繡不聽하여 敗還하니 詡登城하여 謂曰 促更追之하라 更戰必勝하리라 繡從之하여 果以勝還이라 乃問詡曰 繡以精兵追退兵이어늘 而公曰必敗라하고 以敗卒擊勝卒이어늘

---

13) 돌아가는……말라 : 이 내용은 ≪孫子≫ 〈軍爭〉에 “돌아가는 군대는 막지 말고, 적을 포위할 때에는 반드시 한쪽을 비워주고, 궁지에 빠진 적은 압박하지 말아야 하니, 이는 용병하는 법이다.〔歸師勿遏 圍師必闕 窮寇勿迫 此用兵之法也〕”라고 보인다.

14) 死地에……살아난다 : 이 내용은 ≪孫子≫ 〈九地〉에 “병사들을 망할 땅에 투입한 뒤에야 생존하고, 죽을 땅에 빠뜨린 뒤에야 살아난다.〔投之亡地然後存 陷之死地然後生〕”라고 보인다. ‘死地’란 죽을 땅이란 뜻으로, 生과 死가 판가름 나는 매우 위험한 처지에 놓임을 이른다.

而公曰必克이라하더니 悉如公言은 何也오 詡曰 將軍이 雖善用兵이나 非曹公敵也라 曹公軍이 新退하니 必自斷後라 故知必敗요 曹公이 旣無失策하고 力未盡이어늘 而一朝引退하니 必國內有故也[①]라 已破將軍에 必輕軍速進하고 留諸將斷後하리니 諸將雖勇이나 非將軍敵이라 故로 雖用敗兵而戰必勝也니이다 繡乃服이러라

① "有故"는 變故가 발생함을 이른다.
有故, 謂有變也.

【綱】가을 9월에 呂布가 다시 劉備를 공격하였다. 겨울에 曹操가 여포를 공격하여 그를 죽였다.

秋九月에 呂布復攻劉備러니 冬에 曹操擊布하여 殺之하다

【目】呂布가 다시 袁術과 通好하고 高順과 張遼를 보내어 劉備를 공격하였는데 9월에 沛城을 격파하고 유비의 처자식을 포로로 잡으니, 유비가 단신으로 달아났다.

曹操가 직접 여포를 공격하고자 하였는데, 장수들이 모두 말하기를 "劉表와 張繡가 우리의 배후에 있는데 먼 길을 가서 여포를 습격하면 틀림없이 위태롭게 될 것입니다." 하였다. 그러자 荀攸가 다음과 같이 말하였다.

"유표와 장수는 이제 막 격파되어서 형세상 감히 군대를 움직이지 못할 것입니다. 여포는 굳세고 용감하며 또 袁術의 세력에 의지하니, 만약 그가 淮水와 泗水 일대에서 횡행한다면 호걸들은 반드시 그에게 호응할 것입니다. 이제 그가 막 배반하여 軍中의 인심이 아직 하나로 뭉치지 않은 때를 틈타서 진군한다면 그를 격파할 수 있습니다."

이에 조조가 "좋다."라고 하였다.

呂布復與袁術通하고 遣高順, 張遼하여 攻劉備하여 九月에 破沛城하고 虜備妻子하니 備單身走라 曹操欲自擊布어늘 諸將이 皆曰 劉表, 張繡在後어늘 而遠襲呂布하면 其危必也이리라 荀攸曰 表, 繡新破하니 勢不敢動이요 布는 驍猛하고 又恃袁術[①]하니 若從橫淮, 泗間이면 豪傑이 必應之리니 今乘其初叛하여 衆心未一이면 往可破也니이다 操曰 善하다

① 驍는 堅堯의 切이니, 굳셈이다.
驍, 堅堯切, 健也.

【目】군대가 출동하자, 泰山에 주둔하고 있던 도적의 우두머리 臧霸 등이 모두 呂布에게

귀부하였다. 曹操는 劉備와 梁 지역에서 만나 진군하여 彭城에 이르렀다.

陳宮이 여포에게 이르기를 "마땅히 군대를 출동하여 적을 맞받아 공격해야 합니다. 휴식을 취한 군대를 거느려 피로한 적을 공격하면 이기지 못할 것이 없습니다." 하였으나, 여포는 말하기를 "저들이 진군하여 공격하기를 기다렸다가 泗水 속으로 몰아넣는 것만 못하다." 하였다.

比行에 泰山屯帥臧霸等이 皆附於布라 操與劉備遇於梁하여 進至彭城하니 陳宮謂布호되 宜逆擊之라 以逸擊勞면 無不克也리이다 布曰 不如待其來攻하여 蹙著(축착)泗水中①이라하다

① 蹙은 핍박함이다. 著은 陟略의 切이니, 둠이다.
蹙, 迫也. 著, 陟略切, 置也.

【目】 10월에 曹操가 彭城을 함락하여 도륙하였다. 廣陵太守 陳登이 郡의 군대를 거느리고서 조조의 선봉이 되어 진군하여 下邳에 이르렀다. 呂布가 여러 차례에 걸쳐 싸웠으나 모두 패하고는 회군하여 下邳城을 지키고 감히 나오지 못하면서 조조에게 항복하고자 하였는데, 陳宮이 다음과 같이 말하였다.

"조조의 군대는 먼 길을 와서 형세상 오래 있을 수가 없습니다. 장군이 만약 보병과 기병을 거느리고 성 밖으로 나가서 주둔하고, 제가 나머지 병력을 거느리고 성 안에서 성문을 닫고 지키고 있다가 조조가 만약 장군을 향해 공격해오면 제가 군대를 이끌고서 그 배후를 공격하고, 조조가 만약 다만 성만을 공격하면 장군이 성 밖에서 구원해주십시오. 이와 같이 하면 한 달을 넘기지 못하여 조조의 군대는 식량이 바닥나게 될 것이니, 이때 공격하면 격파할 수 있습니다."

여포는 이 말이 옳다고 여겼는데, 여포의 처가 다음과 같이 말하였다.

"진궁은 高順과 평소 사이가 좋지 못하였으니, 반드시 마음을 같이하여 함께 성을 지키지 못할 것입니다. 만일 차질이 생기면 장군께서는 응당 어디에 스스로 서시겠습니까. 또한 曹氏가 公臺(陳宮)를 赤子와 같이 대하였는데도 그는 조씨를 버리고 우리에게 귀의하였습니다. 지금 장군께서 공대를 후대하신 것이 조조가 대우했던 것을 넘지 못하는데, 성 전체를 그에게 내맡기고 처자식을 버리고서 孤軍으로 먼 길을 떠나려고 하시니, 만약 하루아침에 변고가 발생하면 妾이 어찌 다시 장군의 처가 될 수 있겠습니까."

여포가 이에 그만두었다.

十月에 操屠彭城하다 廣陵太守陳登이 率郡兵하고 爲操先驅하여 進至下邳하니 布屢戰皆敗하여

還保城不敢出하여 欲降이어늘 陳宮曰 曹操遠來하니 勢不能久라 將軍이 若以步騎로 出屯於外하고 宮이 將餘衆하여 閉守於內라가 若向將軍이어든 宮이 引兵而攻其背하고 若但攻城이면 則將軍救於外면 不過旬月에 操軍食盡하리니 擊之可破也니이다 布然之러니 布妻曰 宮與高順이 素不和하니 必不同心共守라 如有蹉跌이면 將軍이 當於何自立乎잇가 且曹氏待公臺如赤子로되 猶舍而歸我①하니 今將軍厚公臺不過曹氏어늘 而欲委全城, 捐妻子하고 孤軍遠出하니 若一旦有變이면 妾豈得復爲將軍妻哉잇가 布乃止하다

① 公臺는 陳宮의 字이다.
公臺, 陳宮字.

【目】張楊이 평소 呂布와 친하게 지냈으므로 그를 구원하고자 하였으나 그렇게 할 수가 없어서 이에 군대를 출동하여 멀리서 그를 위하여 聲援하였다.

11월에 장양의 장수 楊醜가 장양을 살해하여 曹操에게 호응하자, 別將 眭固(수고)가 다시 양추를 살해하고 그 군대를 거느리고 북쪽으로 가서 袁紹에게 의탁하였다.

장양은 성품이 인자하고 온화하여 위엄과 형벌을 행함이 없어서 아랫사람의 모반이 발각되면 그를 마주하여 눈물을 흘리며 슬피 울고서 번번이 용서해주고 죄를 추궁하지 않았다. 이 때문에 禍難에 미친 것이다.

張楊이 素與布善이라 欲救之로되 不能하여 乃出兵遙爲之勢러니 十一月에 楊將楊醜殺楊以應操하니 別將眭固 復殺醜하고 將其衆하여 北合袁紹①하다 楊은 性仁和하고 無威刑하여 下人이 謀反發覺이어든 對之涕泣하고 輒原不問이라 故로 及於難하니라

① 眭는 胥規의 切이니, 眭固는 사람의 姓名이다.
眭, 胥規切. 眭固, 姓名.

【目】曹操가 下邳를 포위한 지 오래되니, 군대가 지치고 쇠약해져 회군하고자 하였는데 荀攸와 郭嘉가 다음과 같이 말하였다.

"呂布는 용맹하지만 智謀가 없으니, 지금 여러 차례 치른 전투에서 모두 패배하여 銳氣가 꺾였습니다. 三軍은 장수를 主로 삼으니, 主將이 쇠하면 병사들은 奮戰하려는 의지가 없고, 陳宮은 지혜가 있으나 더딥니다. 지금 여포의 銳氣가 회복되지 못하고 진궁의 계책이 정해지지 못하였을 적에 급히 공격하면 여포를 항복시킬 수 있습니다."

조조가 이에 沂水와 泗水의 물을 끌어다가 下邳城에 대니, 달포가 지나자 여포의 형

세가 더욱 절박하게 되었다.

操圍下邳久라 疲敝欲還이러니 荀攸, 郭嘉曰 呂布는 勇而無謀하니 今屢戰皆北(배)하여 銳氣衰矣[①]라 三軍은 以將爲主니 主衰則軍無奮意요 陳宮이 有智而遲하니 今及布氣之未復하고 宮謀之未定하여 急攻之면 布를 可拔也리이다 乃引沂泗灌城하니 月餘에 布益困迫[②]이러라

① 군대가 패배한 것을 北라고 한다.
軍敗曰北(배).

② 泗水는 동남쪽으로 흘러가 下邳縣 서쪽을 지나고, 沂水는 남쪽으로 흘러가 또한 下邳縣 서쪽에 이르러서 남쪽으로 흘러가 泗水로 들어가기 때문에 두 물을 함께 끌어다가 下邳城에 댄 것이다.
泗水東南流, 過下邳縣西, 沂水南流, 亦至下邳縣西, 而南入于泗, 故併引二水以灌城.

【目】 12월에 呂布의 장수 魏續 등이 함께 陳宮과 高順을 사로잡고서 그 군대를 거느려 曹操에게 항복하였다. 여포가 白門의 城樓에 오르니, 조조의 군대가 급박하게 포위하였다. 여포가 左右의 수하로 하여금 자신의 머리를 베어 가지고 조조에게 나아가 투항하게 하였는데, 좌우의 수하들이 차마 그렇게 하지 못하자 여포가 이에 성에서 내려가 조조에게 항복하였다.

曹操가 呂布를 죽이다

여포가 조조를 보고 말하기를 "明公께서 근심하신 바가 저 여포에 지나지 않았는데, 지금 제가 이미 항복하였습니다. 만약 저로 하여금 기병을 거느리게 하고 明公께서 보병을 거느리시면 천하는 평정할 것도 못 될 것입니다." 하자, 조조가 여포의 포박을 느슨하게 해줄 것을 명하였다. 그러자 劉備가 말하기를 "안 됩니다. 明公께서는 여포가 丁建陽(丁原)과 董太師(董卓)를 섬겼던 일을 보

지 못하였습니까." 하니, 조조가 고개를 끄덕였다.

조조가 진궁에게 이르기를 "卿의 노모와 처자식을 어찌 하려는가." 하니, 진궁이 다음과 같이 말하였다.

"제가 듣건대, 孝로써 천하를 다스리는 자는 다른 사람의 어버이를 해치지 않고, 천하에 仁政을 베푸는 자는 다른 사람의 제사를 끊지 않는다고 하였습니다. 제 노모와 처자식의 생사는 明公에게 달려 있지, 저에게 달려 있지 않습니다."

조조가 다시 말하기도 전에 진궁이 刑을 받기를 청하고, 마침내 나가면서 뒤도 돌아보지 않았다. 조조가 그를 위하여 눈물을 흘리며 슬피 울고, 여포와 고순까지 모두 목을 졸라 죽였다. 조조는 진궁의 노모를 불러 죽을 때까지 봉양하였으며, 진궁의 여식을 시집보내어 그 집안을 잘 돌보아주었는데, 모두 처음보다 더 후하게 하였다.

張遼와 臧霸 등이 모두 조조에게 항복하였다.

十二月에 布將魏續等이 共執陳宮, 高順하여 率其衆降이라 布登白門樓하니 兵圍之急[①]이어늘 布令左右로 取其首詣操하니 左右不忍이라 乃下降하여 布見操하고 曰 明公之所患이 不過於布러니 今已服矣라 若令布將騎하고 明公將步하면 天下는 不足定也니라 操命緩布縛하니 劉備曰 不可하다 明公이 不見呂布事丁建陽, 董太師乎아하니 操頷之[②]러라 操謂宮曰 奈卿老母妻子何오 宮曰 宮은 聞以孝治天下者는 不害人之親이요 施仁政於天下者는 不絶人之祀라하니 老母妻子存否 在明公이요 不在宮也니라 操未復言에 宮이 請就刑하고 遂出不顧하니 操爲之泣涕하고 幷布, 順皆縊殺之하다 召宮母養之하여 終其身하고 嫁宮女하여 撫視其家호되 皆厚於初러라 張遼, 臧霸等이 皆降하다

① 下邳城 南門의 이름이 白門이다.
下邳城南門名白門.

② 丁原은 字가 建陽이고 董卓은 관직이 太師에 이르렀는데, 여포가 이들을 모두 살해하였다. 頷은 戶感의 切이니, "頷之"라는 것은 턱을 약간 움직여서 응답한 것이다.
丁原字建陽, 董卓官至太師, 布皆殺之. 頷, 戶感切, 頷之者, 微動頤頷以應之.

【目】 처음에 曹操가 兗州에 있을 때 徐翕과 毛暉를 장수로 삼았었는데, 兗州에 변란이 일어나자 서흡과 모휘가 모두 조조를 배반하고 도망하여 臧霸에게 의탁하였다.

조조가 劉備에게 말하여 장패에게 두 사람의 머리를 보내도록 하였는데, 장패가 다음과 같이 말하였다.

"저 장패가 세상에서 자립할 수 있었던 것은 이러한 짓을 하지 않았기 때문입니다. 제가 목숨을 보전하게 해주신 主公의 은혜를 받았으니,[15] 감히 命을 어기지 못하겠습

니다. 그러나 王者와 霸者의 사업을 이루는 군주에게는 義로써 아뢸 수 있으니, 장군께서 이 말씀을 전해주시길 바랍니다."

유비가 장패의 말을 조조에게 전하니, 조조가 탄식하고 장패에게 이르기를 "이는 古人이 행한 일인데 그대가 능히 이를 행하니, 이는 바로 내가 바라는 바이다." 하고 서흡과 모휘를 太守로 삼고, 陳登은 功을 세웠다고 하여 伏波將軍의 직위를 더하였다.

初에 操在兗州에 以徐翕, 毛暉爲將이러니 及兗州亂에 翕, 暉皆叛하여 亡命投霸하니 操語備하여 令霸送二首한대 霸曰 霸所以能自立者는 以不爲此也라 霸受主公生全之恩하니 不敢違命이어니와 然王霸之君은 可以義告니 願將軍爲之辭하라 備以霸言白한대 操歎息하고 謂霸曰 此는 古人之事어늘 而君能行之하니 孤之願也라하고 以翕, 暉爲太守하고 陳登은 以功加伏波將軍하다

【綱】 劉備를 左將軍으로 삼았다.

以劉備爲左將軍하다

【目】 劉備가 曹操를 따라 許都로 돌아오자, 조조가 表文을 올려서 유비를 左將軍으로 삼도록 하고 더욱더 후하게 예우하였다.

備從操하여 還許하니 操表以爲左將軍하고 禮之愈重이러라

【綱】 孫策을 討逆將軍으로 삼고 吳侯에 봉하였다.

以孫策爲討逆將軍[16]하고 封吳侯하다

---

15) 제가……받았으니 : 臧霸는 泰山郡 華縣 사람으로, 字는 宣高이며, 또 다른 이름은 奴寇이다. 黃巾賊의 난이 일어났을 적에 陶謙을 따라 적을 격파하여 騎都尉에 임명되었고, 이후 徐州에서 군대를 모아 孫觀, 吳敦, 尹禮 등의 세력을 규합하여 開陽 일대에서 할거하였다. 建安 3년(198), 曹操가 呂布를 토벌할 때에 장패는 군대를 이끌고 가서 여포를 구원하였다. 그러나 결국 여포가 붙잡히는 바람에 조조에게 보복을 당할까 두려워 은신하였는데, 조조가 수색해 그를 찾아내어 한번 만나보고는 크게 기뻐하여 琅邪相으로 삼고, 그에게 靑州와 徐州를 맡겼다.(≪三國志≫ 권18 〈魏書 臧霸傳〉)

16) 以孫策爲討逆將軍 : "앞에서 '孫策을 會稽太守로 삼아서 袁術을 토벌하게 하였다.'라고 썼고, 여기에서 '孫策을 討逆將軍으로 삼았다.'라고 썼으니, 이는 과연 역적을 토벌한 것을 가지고 손책을 인정한 것인가. 거듭 명하여 원술을 토벌하게 하였는데, 한 명의 병사를 내어 한 명의 역적을 죽였다는 말을 들어본 적이 없으니, 이렇게 쓴 것은 그를 부끄럽게 만든 것이다. ≪資治通鑑綱目≫은 孫氏에 대해서 孫堅 이후로는 취한 것이 없다.〔前書以爲會稽太守討袁術矣 此書以爲討逆將軍 果予策以討賊乎 再命討術 而未聞出一兵殺一賊 書所以愧之也 綱目於孫氏 自堅以後無取焉〕" ≪書法≫

【目】 孫策이 張紘을 許都에 보내어 지방의 특산물을 바치자, 曹操가 손책을 慰撫해 받아들이고자 하였다. 그리하여 表文을 올려서 손책을 討逆將軍으로 삼고 吳侯에 봉하고, 장굉을 侍御史로 삼았다.

袁術이 周瑜를 居巢縣長으로 삼고 臨淮 사람 魯肅을 東城縣長으로 삼았는데, 주유와 노숙은 원술이 성공하지 못할 것을 알고서 관직을 버리고 長江을 건너서 손책을 따랐다.

孫策이 遣張紘하여 獻方物①하니 曹操欲撫納之하여 表策爲討逆將軍하고 封吳侯하고 以紘爲侍御史②하다 袁術이 以周瑜爲居巢長하고 臨淮魯肅爲東城長③이러니 瑜, 肅이 知術無成하고 棄官渡江從策하다

① "方物"은 그 지방에서 생산된 물품이다.
方物, 方土所産之物.

② 討逆將軍도 처음으로 설치한 것이다. 烏程에서 吳 지역으로 옮겨 봉하였으니, 그 封地를 더 높여준 것이다.
討逆將軍, 亦創置也. 由烏程徙封吳, 進其封也.

③ 東城縣은 前漢 시대에 九江郡에 속하였다가 後漢 시대에 없앴으니, 이는 응당 袁術이 다시 설치한 것이다.
東城縣, 前漢屬九江郡, 後漢省, 當是術復置也.

【目】 孫策이 직접 군대를 거느려 陵陽縣에서 祖郎을 토벌하여 사로잡고 그에게 이르기를 "네가 예전에 나를 습격하여 나의 말안장을 찍었는데 지금 내가 군대를 처음 일으켜 큰일을 시작함에 오랫동안 품고 있는 원한은 버리기로 하였으니, 너는 두려워하지 말라." 하고는 즉시 차꼬와 수갑을 벗기고 門下賊曹에 임명하였다.

또 勇里에서 太史慈를 토벌하여 사

孫策과 싸우는 太史慈

로잡았다가 포박을 풀어주고 그의 손을 잡고서 말하기를 "神亭에서 서로 싸웠을 때의 일을 기억하는가? 만약 卿이 그때 나를 잡았으면 어떻게 하였겠는가?" 하고 묻자, 태사자가 말하기를 "헤아릴 수 없습니다." 하였다. 이에 손책이 크게 웃고 말하기를 "오늘의 일은 마땅히 卿과 함께하겠다. 듣건대 卿은 義烈이 있고 천하의 지모 있는 선비라고 하는데, 다만 의탁할 대상을 가릴 적에 마땅한 사람을 얻지 못하였을 뿐이다. 나는 卿의 知己이니, 뜻대로 되지 않을까 근심하지 말라." 하고 즉시 門下督에 임명하였다.

손책의 군대가 돌아올 적에 祖郎과 太史慈가 모두 앞장서서 인도하자, 軍中의 사람들이 이를 영광으로 여겼다.

策이 自將討祖郎於陵陽하여 禽之①하고 謂曰 爾昔襲孤하여 斫孤馬鞍②이러니 今創軍立事에 除棄宿恨하니 汝勿恐怖하라하고 卽破械하여 署門下賊曹③하다 又討太史慈於勇里하여 禽之라가 解縛捉其手하고 曰 寧識(지)神亭時邪아 若卿이 爾時得我면 云何④오 慈曰 未可量也니라 策大笑曰 今日之事를 當與卿共之하리라 聞卿有烈義하고 天下智士也⑤로되 但所託未得其人耳⑥라 孤是卿知己니 勿憂不如意也하라하고 卽署門下督하다 軍還할새 祖郎, 太史慈 俱在前導하니 軍人以爲榮이러라

① 陵陽縣은 丹陽郡에 속하였다.
陵陽縣, 屬丹陽郡.

② 위의 興平 원년(194) 조에서 孫策이 祖郎에게 습격을 당하였다.[17]
上興平元年, 策爲祖郎所襲.

③ 械는 차꼬와 수갑이다. 門下賊曹에 임명한 것은 盜賊에 관한 일을 주관하게 하려고 한 것이다.
械, 桎梏也. 除署爲門下賊曹, 以主盜賊之事.

④ 勇里는 涇縣에 있다. 捉은 잡음이다. 識는 음이 志이니, 기억함이다. 神亭에서의 일은 興平 2년(195) 조에 보인다.[18]
勇里在涇縣. 捉, 執也. 識, 音志, 記也. 神亭, 事見興平二年.

⑤ 太史慈는 東萊 사람으로 젊어서 郡의 奏曹의 史(胥吏)가 되었다. 당시 郡의 태수와 州의 자사 사이에 嫌隙(틈)이 생겨서 서로 조정에 奏章을 올려서 아뢰었는데 州의 奏章이 낙양에 먼저 도착하면, 태사자가 이것을 강제로 빼앗아 훼손하였으니, 이 때문에 이름이 널리 알려지게 되었다. 뒤에 孔融의 急難에 달려가서 劉備에게 나아가 구원해주기를 요구하였으니, 이것이 손책이 말한 義烈이다.
慈, 東萊人, 少爲郡奏曹史. 時郡與州有隙, 交章以聞, 而州章先到雒, 慈劫取壞之, 由是知名. 後赴孔融之急, 詣劉備求救, 此策所謂烈義也.

---

17) 위의……당하였다 : 자세한 내용은 본서 120쪽 참조.

18) 神亭에서의……보인다 : 자세한 내용은 본서 138쪽 참조.

⑥ 〈"其人"은〉 劉繇를 이른다.
謂劉繇也.

【目】 이때 마침 劉繇가 豫章에서 卒하자, 揚州의 병사 1만여 명이 華歆을 받들어 主君으로 삼고자 하였다. 그러자 화흠이 "시기를 틈타서 마음대로 권력을 휘두르는 것은 신하로서 마땅히 할 바가 아니다." 하고 사절하여 돌려보내니, 양주의 병사들은 歸附할 곳이 없게 되었다.

孫策이 太史慈에게 명하여 가서 양주의 병사들을 안무하게 하고, 그에게 다음과 같이 말하였다.

"劉牧(劉繇)은 예전에 내가 袁氏를 위하여 廬江을 공격한 것을 책망하였는데, 우리 先君의 병사 수천 명이 모두 袁公路(袁術)의 휘하에 있었고, 나는 大業을 세우는 데에 뜻이 있었으니, 어찌 뜻을 굽혀서 이것을 구하지 않을 수 있었겠는가. 그 뒤에 원술은 신하로서의 절개를 지키지 않았고, 내가 간하였으나 이를 따르지 않았다. 丈夫가 義로써 교제함에 만일 큰 변고가 있으면 떠나가지 않을 수 없으니, 내가 원공로와 교제하고 또 절교한 前後始末이 이와 같다. 劉牧이 살아 있을 때에 그와 함께 시비를 따지지 못한 것이 한스러운데, 지금 그의 아들이 豫章에 있으니 卿이 가서 살펴보고, 아울러 나의 뜻을 그의 部曲(部下)에게 널리 전달하여, 나에게 오는 것을 기꺼워하는 자들은 함께 데려오고 기꺼워하지 않는 자들은 우선 편안하게 하고 위로하며, 華子魚(華歆)가 백성을 다스리는 방법과 법도가 어떠한지 아울러 살펴보라. 卿은 얼마의 병력이 필요한가? 병력의 많고 적음은 그대의 뜻에 따라 결정하라."

會에 劉繇卒於豫章하니 揚州士衆萬餘人이 欲奉華歆爲主한대 歆이 以爲因時擅命은 非人臣所宜라하고 謝遣之하니 其衆이 未有所附라 策이 命慈往撫安之하고 謂曰 劉牧이 往責吾爲袁氏攻廬江하니 吾先君兵數千人이 盡在公路許①라 吾志在立事하니 安得不屈意以求之乎리오 其後에 不遵臣節하고 諫之不從②하니 丈夫義交에 苟有大故면 不得不離니 吾交求公路及絶之本末이 如此라 恨不及其生時하여 與共論辨也로라 今兒子在豫章하니 卿이 往視之하고 幷宣孤意於其部曲하여 樂來者는 與俱來하고 不樂者는 且安慰之하고 幷觀華子魚所以牧御方規何如③하라 卿이 須幾兵고 多少隨意④하라

① 劉牧은 劉繇를 이른다. 유유가 이보다 앞서 揚州刺史가 되었는데 廬江이 여기에 예속되었다. 袁術이 孫策에게 廬江을 공격하도록 하였기 때문에 유유가 과거에 손책을 책망한 적이 있었다. 爲(위하다)는 去聲이다. 이보다 앞서 孫堅이 수천 명의 병사를 거느렸었는데 원술

에게 병합되었다가 나중에 남은 병사 천여 명을 손책에게 돌려주었기 때문에 "모두 袁公路의 휘하에 있었다."라고 한 것이다. 許는 處(처소)와 같다.
劉牧, 謂劉繇也. 繇先爲揚州刺史, 廬江隷焉. 袁術使孫策攻廬江, 故劉繇往嘗責讓策也. 爲, 去聲. 先孫堅有兵數千, 爲袁術所幷, 後以餘兵千餘人還策, 故云盡在公路許. 許, 猶言處也.

② 이 일은 위의 建安 2년(197) 조에 보인다.[19]
事見上二年.

③ 子魚는 華歆의 字이다.
子魚, 歆字.

④ 幾는 擧豈의 切이니, 많고 적음을 헤아려서 묻는 말이다.
幾, 擧豈切, 數問多少之辭.

【目】 太史慈가 말하기를 "병력이 많아서는 안 됩니다. 수십 명만 거느리면 충분합니다." 하자, 좌우의 사람들이 모두 말하기를 "태사자는 틀림없이 돌아오지 않을 것입니다." 하였는데, 孫策이 다음과 같이 말하였다.

"子義(太史慈)가 나를 버리고서 다시 누구를 따르겠는가. 자의가 비록 용맹하고 담력과 의열이 있지만 반복무상한 사람은 아니다. 그 마음이 道義를 잡아 지키고 승낙하는 것을 신중히 하여 한 번 마음으로 知己가 될 것을 허락하면 죽더라도 저버리지 않으니, 諸君은 근심하지 말라."

태사자는 과연 기약한 대로 돌아와 손책에게 다음과 같이 말하였다.

"華子魚(華歆)는 참으로 어질고 덕이 있는 사람입니다. 그러나 별다른 방법과 법도는 없고 스스로 지킬 뿐입니다. 僮芝가 제멋대로 廬陵縣을 점거하고, 番陽縣(파양현)의 백성들이 별도로 宗部를 세워 海昏과 上繚가 豫章郡의 徵集하고 調用하는 명령을 받지 않는데도, 화자어는 그저 이것을 보고만 있을 뿐입니다."

그러자 손책이 손뼉을 치며 크게 웃고, 마침내 豫章郡을 겸병하려는 뜻을 품었다.

慈曰 兵不宜多니 將數十人이면 足矣니이다 左右皆曰 慈必不還하리이다 策曰 子義捨我하고 當復從誰①리오 子義雖氣勇有膽烈이나 然非縱橫之人이라 其心이 秉道義하고 重然諾하여 一以意許知己면 死亡不相負하나니 諸君은 勿憂也②하라하더니 果如期而慈反하고 謂策曰 華子魚는 良德也라 然無他方規하고 自守而已라 僮芝自擅廬陵③하고 番(파)陽이 別立宗部④하여 海昏, 上繚 不受發召⑤[20]호되 子魚但視之而已러이다 策拊掌大笑하고 遂有兼幷之志⑥러라

---

19) 이……보인다 : 자세한 내용이 본서 178쪽에 보인다.

20) 海昏上繚不受發召 : ≪資治通鑑≫에는 "말하기를 '우리가 이미 별도로 海昏郡과 上繚郡을 세웠으니

① 子義는 太史慈의 字이다.
子義, 慈字.

② 然은 옳음이니 결단하는 말이고, 諾은 응함이니 허락하는 말이다. 一은 전일함이니, 〈"一以意許知己"는〉 한 번 그 마음에 스스로 知己가 될 것을 허락하면 비록 죽더라도 저버리지 않는 것이다.
然, 是也, 決辭也. 諾, 應也, 許辭也. 一, 專一也. 壹以其意自許知己之交, 則雖死不負.

③ 僮芝는 성명이다. 廬陵縣은 豫章郡에 속하였다.
僮芝, 姓名. 廬陵縣, 屬豫章郡.

④ 番는 음이 婆이니, 番陽縣은 豫章郡에 속하였다. 宗部는 바로 이른바 江南의 宗賊(종족끼리 패거리 지은 도적)이다.
番, 音婆, 番陽縣, 屬豫章郡. 宗部, 卽所謂江南宗賊也.

⑤ 海昏縣은 豫章郡에 속하였다. 당시 縣의 백성 수천 가호들이 스스로 서로 結集하여 宗伍를 만들고 上繚에 營壘를 쌓았다. ≪水經注≫에 "僚水는 建昌縣에서 발원하니, 漢나라 元帝 永光 2년(B.C. 42)에 海昏縣을 나누어 세웠다. 僚水가 또 동쪽으로 흘러가 新吳縣을 지나가니, 漢나라 中平 연간에 세웠다. 僚水가 또 海昏縣을 지나니, 이를 일러 上僚水라 한다." 하였다. 繚는 僚로 읽는다.
海昏縣, 屬豫章郡. 時縣民數千家, 自相結聚, 作宗伍, 壁於上繚. 水經註 "僚水導源建昌縣, 漢元帝永光二年, 分海昏立. 僚水又東逕新吳縣, 漢中平中立. 僚水又逕海昏縣 謂之上僚水." 繚, 讀曰僚.

⑥ 拊는 침이다.
拊, 拍也.

【綱】 袁紹가 公孫瓚을 공격하여 포위하였다.

袁紹攻公孫瓚하여 **圍之**[21]하다

【目】 袁紹가 여러 해를 계속하여 公孫瓚을 공격하였으나 이길 수 없었다. 그래서 그와 원한을 풀고 화친하고자 하였으나 공손찬이 이에 대답도 하지 않고 더욱 수비에 치중하니, 원소가 이에 군대를 크게 일으켜서 공손찬을 공격하였다.

徵集하고 調用하는 명령을 받지 않겠다.〔言我已別立郡海昏上繚 不受發召〕' 하였다."라고 되어 있다.

21) 袁紹攻公孫瓚 : "劉虞가 公孫瓚을 공격할 적에는 '토벌〔討〕'이라 쓰고, 袁紹가 公孫瓚을 공격할 적에는 '공격〔攻〕'이라 쓴 것은 원소가 사사로이 세력을 키워서 서로 병탄하는 데에 힘썼으니, 이는 사실 또 한 명의 공손찬일 뿐이다. 그러니 어찌 節度(조정의 지휘)를 받아서 大義에 의거하여 공격해 토벌하는 자(劉虞)와 동일시할 수 있겠는가.〔劉虞擊瓚則書討 袁紹擊瓚則書攻者 紹私自封殖 務相併吞 其實亦一瓚耳 豈得與受其節度 仗義攻討者 比而同之哉〕" ≪發明≫

이보다 앞서 공손찬의 別將 중에 적군에게 포위된 자가 있었는데 공손찬이 이를 구원하지 않고 말하기를 "한 사람을 구원하면 이후로 장수들이 자신을 구원해줄 것이라고 믿어서 힘써 싸우려고 하지 않게 된다." 하였다.

원소가 진군하여 공손찬을 공격하자, 남쪽 경계의 別營이 구원받지 못할 줄을 알고 혹은 항복하거나 혹은 궤멸되었다. 이에 원소의 군대가 곧장 전진하여 易京의 문에 도달하니, 공손찬의 군대는 그 형세가 날로 위축되었다.

袁紹連年攻公孫瓚이나 不能克하니 欲與釋憾連和러니 瓚不答而增修守備하니 紹於是에 大興兵以攻瓚하다 先是에 瓚別將이 有爲敵所圍者어늘 瓚이 不救하고 曰 救一人이면 使後將恃救하여 不肯力戰이라하더니 及紹來攻瓚에 南界別營이 知不見救하고 或降或潰라 紹軍이 徑至其門하니 瓚衆이 日蹙①이러라

① 門은 易京[22]의 문이다.
門, 易京之門也.

己卯年(199)

【綱】 漢나라 孝獻皇帝 建安 4년이다. 봄 3월에 公孫瓚이 스스로 불에 타 죽었다.

四年이라 春三月에 瓚이 自焚死하다

【目】 黑山에 있는 도적의 우두머리인 張燕이 군대를 거느려 公孫瓚을 구원하였다. 공손찬이 은밀하게 사람을 시켜 장연에게 편지를 보내어서 불을 지르는 것을 호응하는 신호로 삼게 하고, 공손찬이 성안에서 나가 싸우고자 하였다. 그런데 袁紹의 斥候가 그 편지를 얻자, 〈이에 원소는 편지에 적혀 있는〉 기약대로 불을 질렀다. 공손찬이 마침내 나가서 싸우자, 원소가 복병을 설치하여 공격하니, 공손찬이 크게 패하여 다시 성으로 돌아와 스스로 지켰다.

원소의 군대가 地道(지하 통로, 땅굴)를 파서 城樓 아래를 뚫고서 〈나무 기둥을 세워

22) 易京 : 公孫瓚이 易河 부근에 축조한 구릉〔京〕을 가리킨다. 공손찬이 전투에서 여러 번 패하자, 易河 주위에 삼중으로 된 성을 쌓았는데 둘레가 6리이고, 그 가운데에 흙으로 높은 구릉을 쌓았기 때문에 이렇게 명명한 것이다. 幽州 歸義縣의 남쪽에 있었다고 한다.(≪後漢書≫ 권9 〈獻帝紀〉 建安 4년 李賢注)

땅굴의 길이가 성루의 절반에 도달하자 바로 나무 기둥에〉 불을 지르니, 성루가 곧 기울어 쓰러졌다. 원소의 군대가 이런 방법으로 차츰 공손찬이 있는 京中(공손찬의 거처)까지 도달하자, 공손찬이 마침내 그의 자매와 처자식들을 모두 목을 졸라 죽인 다음 몸에 불을 붙여 스스로 타 죽었다.

黑山帥張燕이 率兵救瓚①하니 瓚이 密使人齎書하여 使起火爲應하고 瓚이 欲自內出戰이러니 紹候得其書하고 如期擧火하다 瓚이 遂出戰이어늘 紹設伏擊之하니 瓚이 大敗하여 復還自守어늘 紹爲地道하여 穿其樓下하여 燒之[23]하니 樓輒傾倒라 稍至京中②하니 瓚이 乃悉縊其姉妹妻子然後에 引火自焚하다

① 張燕은 바로 褚飛燕이다.
張燕, 卽褚飛燕.

② 이보다 앞서 公孫瓚이 높이 10丈인 京(높은 구릉)을 축조하여 거처하였는바, 京中은 바로 그 京의 가운데이다.
先是, 瓚築京高十丈以居, 京中, 卽其中也.

【綱】 漁陽太守 鮮于輔에게 詔令을 내려서 幽州를 都督하게 하였다.

詔漁陽太守鮮于輔하여 都督幽州하다

【目】 漁陽 사람 田豫가 太守 鮮于輔를 설득하기를 "曹氏(曹操)가 천자를 받들어서 제후를 호령하니, 결국에는 천하를 평정할 수 있을 것입니다. 속히 그를 따르는 것이 마땅합니다." 하자, 선우보가 마침내 그의 군대를 거느려서 王命을 받들었는데, 조령을 내려서 선우보를 建忠將軍으로 삼아 幽州의 여섯 郡을 都督하게 하였다.

漁陽田豫 說(세)太守鮮于輔曰① 曹氏奉天子하여 以令諸侯하니 終能定天下라 宜早從之라한대 輔乃率其衆하여 以奉王命이어늘 詔以輔爲建忠將軍하여 都督幽州六郡하다

① 鮮于輔가 이미 鄒丹을 참살하고, 마침내 漁陽太守의 직무를 대행하였다.
輔旣斬鄒丹, 遂領漁陽太守.

【綱】 袁紹가 황제의 制命으로 烏桓王 蹋頓(답돈)을 單于(선우)로 삼았다.

---

23) 穿其樓下 燒之 : ≪資治通鑑≫에는 "穿其樓下 施木柱之 度足達半 便燒之"로 되어 있어 이에 의거하여 번역하였다.

袁紹承制하여 以烏桓蹋頓爲單于하다

【目】 처음에 烏桓王 丘力居가 죽었는데 그의 아들 樓班이 나이가 어렸다. 이에 구력거의 조카 蹋頓이 무용과 지략이 있어서 대신 왕으로 즉위하였는데, 袁紹가 公孫瓚을 공격할 적에 답돈이 원소를 도왔다. 원소가 황제의 制命으로 답돈 등에게 모두 선우의 印綬를 하사하였다. 또 閻柔가 烏桓의 인심을 얻었다고 하여 이로 말미암아 은총과 위무를 가하여서 북쪽 변경을 안정시키고자 하였다.

그 뒤에 烏桓의 각 部가 樓班을 받들어 선우로 삼고 답돈을 왕으로 삼았지만 답돈이 여전히 오환의 계책을 꾀하는 권력을 쥐고 있었다.

初에 烏桓王丘力居死에 子樓班이 年少라 從子蹋頓이 有武略하여 代立이러니 袁紹攻公孫瓚할새 蹋頓助之하니 紹承制하여 皆賜以單于印綬①하다 又以閻柔得烏桓心이라하여 因加寵慰하여 以安北邊이러니 其後에 諸部奉樓班爲單于하고 以蹋頓爲王이나 然蹋頓이 猶秉計策이러라

① ≪資治通鑑≫에는 "蹋頓과 難樓와 蘇僕延과 烏延 등에게 모두 單于의 印綬를 하사하였다." 라고 되어 있다.
通鑑 "皆賜蹋頓·難樓·蘇僕延·烏延等單于印綬."

【綱】 董承을 車騎將軍으로 삼았다.

以董承爲車騎將軍하다

【綱】 여름에 袁術이 북쪽으로 달아나자 劉備에게 詔令을 내려서 군대를 거느려 邀擊하게 하니, 원술이 다시 패주하여 죽었다.

◑夏에 袁術이 北走어늘 詔劉備將兵邀之[24]하니 術이 還走死하다

---

24) 詔劉備將兵邀之 : "조령〔詔〕이라는 것은 무엇인가. 上(황제)의 命이다. 劉備가 許都로 돌아갔을 적에는 ≪資治通鑑≫은 '曹操가 유비를 후하게 대우하고서 豫州牧으로 삼았다.' 하였는데 ≪資治通鑑綱目≫은 '조령을 내려서 예주목으로 삼았다.〔詔以爲豫州牧〕'라고 썼다. 유비가 조조를 따라 呂布를 공격하다가 돌아갔을 적에는 ≪자치통감≫은 '조조가 表文을 올려서 유비를 左將軍으로 삼도록 하였다.' 하였는데 ≪자치통감강목≫은 다만 '유비를 左將軍으로 삼았다.〔以劉備爲左將軍〕'라고 썼다. 유비가 袁術을 요격하였을 때에는 ≪자치통감≫은 '조조가 유비를 보냈다.〔曹操遣劉備〕'라고 하였는데 ≪자치통감강목≫은 '유비에게 조령을 내렸다.〔詔劉備〕'라고 썼다. 이렇게 쓴 것은 유비를 조조와 다르게 여긴 것이다. 유비를 조조와 다르게 여긴 것은 유비를 온전하게 한 것이다. 이 때문에 '≪자치통감강목≫은 유비에 대해서 용서해주는 말〔恕辭〕이 많다.'라고 한 것이다.〔詔者 何 上命也 備之歸

【目】 袁術이 이미 스스로 황제라고 칭하고는 荒淫과 사치가 더욱 심해져서 姬妾 수백 명이 모두 능라 주단으로 옷을 해 입고 쌀밥에 고기반찬을 실컷 먹었으나, 그 아랫사람들이 굶주리고 곤궁한 것은 거두어 구제하지 않았다.

이윽고 비축한 물자를 모두 탕진하여 스스로 존립할 수 없게 되자, 이에 宮室을 불태우고 그 部曲(部將) 陳簡에게 가서 의탁하였으나 다시 진간에게 거절을 당하여 사졸들이 흩어져 달아나니, 원술이 어찌할 바를 몰랐다. 이에 袁紹에게 사자를 보내어 그에게 황제의 칭호를 돌려주었다. 袁譚이 원술을 영접할 적에 원술이 下邳로부터 북쪽으로 지나가려고 하였는데 曹操가 劉備를 보내어 요격하자, 다시 壽春으로 달아났다.

6월에 원술이 江亭에 이르러 대자리만 펴놓은 평상에 앉아서 탄식하며 말하기를 "나 원술이 결국 이러한 지경에까지 이르렀구나!" 하고, 이로 인하여 분개하여 피를 토하고서 죽었다.

원술의 從弟 袁胤이 그 部曲을 거느리고 원술의 靈柩 및 처자식을 호송하여 皖城(환성)에서 廬江太守 劉勳에게 의탁하였다.

前 廣陵太守 徐璆(서규)가 傳國璽를 얻어서 조정에 바쳤다.

術旣稱帝에 淫侈滋甚하여 媵御數百이 無不兼羅紈, 厭粱肉하고 自下飢困은 莫之收䘏이러니 旣而요 資實空盡하여 不能自立이라 乃燒宮室하고 犇其部曲陳簡이라가 復爲簡所拒하여 士卒散走하니 不知所爲라 乃遣使歸帝號於紹하니 袁譚이 迎術할새 欲從下邳北過어늘 曹操遣劉備邀之하니 復走壽春하다 六月에 至江亭하여 坐簀牀而嘆曰 袁術이 乃至此乎아하고 因憤慨歐血死①하니 術從弟胤이 率其部曲하고 奉術柩及妻子하여 犇廬江太守劉勳於皖城②하니 故廣陵太守徐璆得傳國璽하여 獻之③하다

① 簀은 대자리이니, 茵席(자리, 방석)이 없음을 이른다.
簀, (第)〔笫〕[25]也, 謂無茵席也.
② 皖縣은 廬江郡에 속하였다.
皖縣, 屬廬江郡.
③ 璆는 渠幽의 切이다.
璆, 渠幽切.

許也 史稱操厚遇之 以爲豫州牧 綱目則書詔以 其從操擊布而歸也 史稱操表爲左將軍 綱目則止書以 其邀袁術也 史稱操遣備 綱目則書詔 所以殊備於操也 殊備於操者 全備也 故曰 綱目於劉備多恕辭〕" ≪書法≫

25) (第)〔笫〕: 저본에는 '第'로 되어 있으나, ≪資治通鑑≫ 註에 의거하여 '笫'로 바로잡았다.

【綱】 가을 8월에 曹操가 黎陽으로 진군하였는데, 9월에 許都로 돌아오고서 군대를 나누어 官渡를 수비하였다.

秋八月에 **曹操進軍黎陽**이러니 **九月**에 **還許**하고 **分兵守官渡**하다

【目】 袁紹가 더욱 교만하여 조정에 공물을 바치는 횟수와 수량이 점차 드물고 간략해졌다. 원소가 정예 병력 10만 명과 騎馬 1만 필을 선발하여 許都를 공격하려고 하자, 沮授가 다음과 같이 간하였다.

"근래 여러 해 동안 군대를 동원하여 백성들은 지쳐 쇠약해지고 창고에는 저축이 없으니, 군대를 동원할 수 없습니다. 농사에 힘써서 백성들을 편안히 휴식시키고 조정에 사자를 보내어 〈公孫瓚을 멸하였다는〉 捷報를 천자께 올리는 것이 마땅합니다. 만약 첩보를 천자께 상달할 수 없으면 곧 表文을 올려서 '우리가 천자를 높이는 길을 曹操가 막는다.'라고 아뢴 뒤에 진군하여 黎陽에 주둔하고서 점점 黃河 이남 지역을 경영하고, 이와 동시에 선박을 더욱 건조하고 무기를 잘 정비하며, 정예 기병을 나누어 보내어 조조의 변경을 침략하여 저들로 하여금 편안히 쉬지 못하게 하고 우리는 편안히 쉬면서 힘을 비축해야 하니, 이와 같이 하면 가만히 앉아서도 조조를 평정할 수 있습니다."

袁紹益驕하여 **貢御稀簡**하고 **簡精兵十萬, 騎萬匹**하여 **欲以攻許**어늘 **沮授諫曰 近師出歷年**에 **百姓疲敝**하고 **倉庫無積**하니 **未可動也**[①]라 **宜務農息民**하고 **遣使獻捷**이니 **若不得通**이어든 **乃表曹操隔我王路**[②]**然後**에 **進屯黎陽**하여 **漸營河南**하고 **益作舟船**하고 **繕修器械**하고 **分遣精騎**하여 **抄其邊鄙**하여 **令彼不得安**이요 **我取其逸**이니 **如此**면 **可坐定也**니이다

① ≪資治通鑑≫에는 '近'자 아래에 "討公孫瓚(公孫瓚을 토벌하고자)" 네 자가 있다.
通鑑, 近下有討公孫瓚四字.

② "王路"는 王(天子)을 높이는 길을 이른다.
王路, 謂尊王之路也.

【目】 郭圖와 審配가 말하기를 "明公의 神武함으로 강한 군대를 이끌고서 曹操를 치는 것은 손바닥을 뒤집는 것처럼 매우 쉬운 일이니, 어째서 굳이 이와 같이 할 필요가 있단 말인가." 하자 沮授가 다음과 같이 말하였다.

"亂을 구원하고 포악한 자를 주벌하는 것을 義兵(의로운 군대)이라 이르고, 수효가 많음을 믿고 힘이 강함에 의지하는 것을 驕兵이라 이르니, 의로운 자는 敵이 없고 교만한

자는 먼저 멸망합니다. 조조가 천자를 받들고서 천하를 호령하는데, 지금 군대를 일으켜 남쪽으로 향하는 것은 군신간의 大義에 어긋납니다. 또한 廟堂에서 계책을 정하여 승리를 결단하는 것은 힘의 강약에 달려 있지 않습니다. 조조의 법령이 이미 잘 시행되어 사졸들은 훈련이 잘되어 있으니, 이는 公孫瓚처럼 가만히 앉아서 공격당할 자가 아닙니다. 지금 만전을 기하는 계책을 버리고 명분 없는 군대를 일으키려 하니, 삼가 公을 위하여 두려워하는 바입니다."

그러자 곽도와 심배가 다음과 같이 말하였다.

"周나라 武王이 殷나라 紂王을 토벌한 것이 의롭지 못한 일이 아닌데, 하물며 군대를 동원하여 조조를 치는 데에 명분이 없다고 말한단 말입니까. 또한 公의 오늘날의 강함으로 장수와 병사들이 전장에서 분투할 것을 생각하니, 때맞추어 大業을 정하지 않으면 이는 이른바 '하늘이 주는데도 받지 않으면 도리어 재앙을 받는다.'라고 한 것입니다. 監軍 저수의 계책은 굳게 잡아 지키는 데에만 있고 시운의 추이를 보고서 기미를 아는 應變의 계책이 아닙니다."

원소가 곽도의 말을 받아들이자, 곽도 등이 이 기회를 틈타서 저수를 참소하기를 "저수가 안팎 전체를 감독하고 통솔하여 그 위세가 三軍을 진동합니다." 하였다. 원소가 이에 저수가 통솔하는 군대를 나누어서 곽도와 淳于瓊과 함께 각각 一軍씩 맡도록 하였다.

郭圖, 審配曰 以明公之神武로 引彊衆以伐曹操는 易(이)如覆手니 何必乃爾리오 授曰 夫救亂誅暴를 謂之義兵이요 恃衆憑彊을 謂之驕兵이니 義者는 無敵이요 驕者는 先滅하나니 曹操奉天子하여 以令天下어늘 今擧師南向은 於義則違요 且廟勝之策이 不在强弱①이다 曹操法令既行하여 士卒精練하니 非公孫瓚坐而受攻者也라 今棄萬安之術하고 而興無名之師하니 竊爲公懼之②하노이다 圖, 配曰 武王伐紂 不爲不義라 況兵加曹操而云無名고 且以公今日之彊으로 將士思奮하니 不及時以定大業이면 所謂天與不取인댄 反受其咎라 監軍之計는 在於持牢요 而非見時知幾之變也③니이다 紹納圖言하니 圖等이 因是譖授曰 授監統內外하여 威震三軍이라한대 紹乃分授所統하여 使與郭圖, 淳于瓊으로 各典一軍하다

① 廟堂(朝廷)의 위에서 계책을 정하여 천 리의 밖에서 승리를 결단하는 것이니, 이를 일러 "廟勝"이라 한다.
定策於廟堂之上, 而決勝於千里之外, 是之謂廟勝.

② ≪漢書≫에 "董公이 말하였다. '군대를 명분 없이 동원하면 일이 진실로 이루어지지 못한다.'"[26] 하였다.

前漢 "董公曰 '兵出無名, 事故不成.'"

③ 袁紹가 沮授를 奮武將軍으로 삼아 장수들을 감독하여 관할하게 하였기 때문에 監軍이라 칭한 것이다. "持牢"는 남쪽 지역 사람들이 把穩(확실하게 잡다, 단단히 잡다)이라고 말하는 것과 같다.

紹以授爲奮武將軍, 使監護諸將, 故稱爲監軍. 持牢, 猶南人言把穩也.

【目】 許下(許都)의 장수들이 袁紹가 남쪽으로 진군한다는 것을 듣고 모두 두려워하였는데, 曹操가 말하기를 "나는 원소의 사람됨을 안다. 그는 뜻은 크지만 지혜가 부족하고 얼굴빛은 근엄하지만 담력이 작으며, 시기하고 각박하지만 위엄이 부족하고 병력이 많지만 배치함이 분명하지 못하며, 장수가 교만하고 政令이 한결같지 못하니, 영토가 비록 넓고 양식이 비록 풍족하나 다만 나의 봉양으로 삼을 만할 뿐이다." 하였다.

孔融이 荀彧에게 이르기를 "원소는 영토가 넓고 병력이 강한데 田豐과 許攸는 智士로 계책을 세우고, 審配와 逢紀는 忠臣으로 그의 일을 맡고, 顔良과 文醜는 勇將으로 그의 군대를 통솔하니, 아마도 싸워서 이기기 어려울 것이다." 하자, 荀彧이 다음과 같이 말하였다.

"원소의 병력이 비록 많지만 법도와 기율이 정비되지 않았고, 전풍은 강직하지만 윗사람을 범하고, 허유는 탐욕스러워 정무를 잘 다스리지 못하고, 심배는 擅斷하지만 지모가 없고 봉기는 과감하지만 자신만이 옳다고 여긴다. 이 몇 사람들은 형편상 서로 용납되지 못하므로 반드시 내부의 변고가 발생할 것이다. 안량과 문추는 한 지아비의 용맹일 뿐이니, 한 번 싸워서 사로잡을 수 있다."

許下諸將이 聞紹南兵하고 皆懼어늘 曹操曰 吾知紹之爲人하노니 志大而智小하고 色厲而膽薄하며 忌克而少威하고 兵多而分畫不明하며 將驕而政令不一하니 土地雖廣하고 糧食雖豐이나 適足以爲吾奉也니라 孔融이 謂荀彧曰 紹土廣兵强하고 田豐, 許攸는 智士也라 爲之謀하고 審配, (逢)〔逢〕紀는 忠臣也라 任其事하고 顔良, 文醜는 勇將也라 統其兵하니 殆難克乎인저 彧曰 紹兵雖多而法不整하고 豐은 剛而犯上하고 攸는 貪而不治하고 配는 專而無謀하고 紀는 果而自用하니 此數人者 勢不相容이라 必生內變이요 顔良, 文醜는 一夫之勇耳라 可一戰而禽也니라

【目】 8월에 曹操가 진군하여 黎陽에 주둔하고서 臧霸 등에게 靑州에 들어가게 하고 于禁

26) 董公이……못한다 : 董公은 '三老董公'으로, 漢나라 때 지방의 長老로서 그 지방의 교육을 맡아 가르친 자이다. 이는 漢 高祖가 남쪽으로 平陰 나루를 건너 洛陽의 新城에 이르렀을 때에 三老의 한 사람인 董公이 고조에게 한 말이다.(≪漢書≫ 권1 〈高帝本紀〉)

에게 河上에 주둔하게 하였다. 9월에 조조가 許都로 돌아와 군대를 나누어 官渡를 지키게 하였다.

八月에 操進軍黎陽하여 使臧霸等入靑州하고 于禁屯河上①이러니 九月에 操還許하여 分兵守官渡②하다

① 河上은 黃河 남쪽 기슭의 땅이다.
河上, 黃河南岸地.

② 裴松之의 ≪北征記≫에 "中牟臺가 아래로 汴水에 임하였으니, 이것이 官渡이다." 하였다.
裴松之北征記曰 "中牟臺下臨汴水, 是爲官渡."

【綱】 겨울 11월에 張繡가 曹操에게 와서 항복하였다.

冬十一月에 張繡來降하다

【目】 袁紹가 사람을 보내어 張繡를 부르고, 아울러 장수의 謀士인 賈詡에게 편지를 주어 그와 우호를 맺고자 하였다. 장수가 이를 허락하려고 하였는데, 가후는 장수가 있는 자리에서 원소의 사자에게 드러내놓고 이르기를 "그대는 돌아가 袁本初(袁紹)에게 사절하라. 형제끼리도 서로 용납하지 못하는데 천하의 國士를 용납할 수 있겠는가." 하였다.

장수가 가후에게 이르기를 "이와 같다면 마땅히 어디로 귀의해야 하겠는가?" 하자, 가후가 말하기를 "曹公을 따르는 것만 못합니다." 하였다. 장수가 말하기를 "원소는 강하고 曹操는 약하며, 또 앞서 내가 조조와 원수가 되었으니, 어떻게 그를 따르겠는가." 하자 가후가 다음과 같이 말하였다.

"이것이 바로 마땅히 조공을 따라야 하는 이유입니다. 조공이 천자를 받들어 천하를 호령하니, 이것이 마땅히 따라야 하는 첫 번째 이유입니다. 원소는 강성하므로 우리가 적은 수의 군대로 그를 따르면 반드시 우리를 중요하게 여기지 않을 것이지만 조공은 병력이 약하므로 우리를 얻으면 반드시 기뻐할 것이니, 이것이 마땅히 따라야 하는 두 번째 이유입니다. 霸業과 王業을 이루려는 뜻을 품었으면 진실로 사사로운 원한을 버려서 온 천하에 덕을 밝힐 것이니, 이것이 마땅히 따라야 하는 세 번째 이유입니다. 장군께서는 의심하지 마십시오."

11월에 장수가 군대를 거느려 항복하였는데 조조가 그의 손을 잡고 환영하는 잔치자리를 마련해주고 揚武將軍에 임명하였으며, 表文을 올려서 가후를 執金吾로 삼도록

하였다.

袁紹遣人招張繡하고 幷與賈詡書結好하니 繡欲許之러니 詡於繡坐上에 顯謂紹使曰 歸謝袁本初하라 兄弟不能相容이어늘 而能容天下國士乎[①]아 繡謂詡曰 若此면 當何歸오 詡曰 不如從曹公이니이다 繡曰 袁彊曹弱하고 又先與曹爲讐하니 從之如何[②]오 詡曰 此乃所以宜從也니이다 夫曹公이 奉天子以令天下하니 其宜從이 一也요 紹는 强盛하니 我以少衆從之면 必不以我爲重이어니와 曹公은 衆弱하니 其得我에 必喜하리니 其宜從이 二也요 夫有霸王之志면 固將釋私怨하여 以明德於四海하리니 其宜從이 三也니 願將軍은 無疑하라 十一月에 繡率衆降하니 操執手歡宴하고 拜揚武將軍하고 表詡爲執金吾[③]하다

① 顯이라는 것은 많은 사람이 모인 자리에서 분명하게 말하는 것이다. "不能相容"은 〈袁紹가〉 袁術과 틈이 생겨서 각각 黨與를 결성하여 서로 도모한 것을 이른다.
顯者, 明言之於稠人中也. 不能相容, 謂與袁術有隙, 各結黨與以相圖也.

② "與曹爲讐"는 淯水의 전투에서 張繡가 曹操의 아들 曹昂을 죽인 것을 이른다.
與曹爲讐, 謂淯水之戰, 殺其子也.

③ 揚武將軍은 建始 연간 초기에 처음 설치되었다.
揚武將軍, 始於建始之初.

【綱】 鹽官을 다시 설치하고, 司隷校尉의 治所를 弘農으로 옮겼다.

復置鹽官하고 徙司隷校尉治弘農[①]하다

① 河東 安邑의 鹽池에 본래 鹽官이 있었다. 당시 鍾繇를 司隷校尉로 삼았는데 ≪魏略≫과 ≪三國志≫에 근거하면 종요가 실제 洛陽을 治所로 삼았으니, 이는 아마도 잠시 弘農을 治所로로 삼아서 關中 지역을 招撫한 것인 듯하다.
河東安邑鹽池, 舊有鹽官. 時以鍾繇爲司隷校尉, 據魏略及三國志, 繇實治洛陽, 蓋暫治弘農, 以招撫關中也.

【目】 關中의 장수들이 袁紹와 曹操가 한창 싸운다 하여 모두 중립하여 지켜만 보고 있었다. 涼州牧 韋端이 從事 楊阜를 許都에 보내었는데, 양부가 돌아오자 장수들이 원소와 조조의 승패에 대해서 물으니, 양부가 다음과 같이 말하였다.

"袁公은 관대하지만 과단하지 못하고 계획하기를 좋아하지만 결단력이 부족하니, 과단하지 못하면 위엄이 없고 결단력이 부족하면 일의 시기를 놓치게 된다. 지금 비록 원공이 강하지만 끝내 大業을 이룰 수 없다. 曹公은 출중한 재주와 원대한 지략이 있어서

기회를 결정함에 의심함이 없고 법령이 통일되고 병사들이 정예로우며 법도 밖의 사람을 능히 등용하여 임용한 자들이 각각 그 힘을 다하니, 반드시 큰일을 이룰 수 있다."

關中諸將이 以袁, 曹方爭이라하여 皆中立顧望이라 涼州牧韋端이 使從事埸阜詣許러니 阜還에 諸將이 問袁, 曹勝敗한대 阜曰 袁公은 寬而不斷하고 好謀而少決하니 不斷則無威요 少決則後事라 今雖强이나 終不能成大業이요 曹公은 有雄才遠略하여 決機無疑하고 法一而兵精하고 能用度外之人하여 所任이 各盡其力하니 必能濟大事者라하니라

【目】 曹操가 御史 衛覬에게 關中 지역을 鎭撫하게 하였다. 당시 사방에 流亡하였다가 돌아온 백성들이 많이 있었는데, 관중의 장수들이 대부분 이들을 꾀어다가 자신의 部曲으로 삼았다. 이에 위기가 다음과 같이 편지를 써서 荀彧에게 보냈다.

"관중은 비옥한 땅인데, 지난번에 기근과 전란을 만나서 백성들이 유망하여 荊州로 들어간 것이 10만여 가호였는데, 지금 돌아온 자들이 스스로 생계를 도모할 길이 없습니다. 그래서 장수들이 각각 다투어 이들을 불러 회유하여 자신의 부곡으로 삼는데 郡과 縣이 빈약하여 그들과 다툴 수 없으니, 장수들이 마침내 강성해져서 하루아침에 변고가 발생하면 반드시 후환이 있을 것입니다.

소금은 나라의 귀중한 보물인데, 전란이 일어난 이래로 방치하고 관리하지 않으니, 마땅히 옛날과 같이 使者(담당관)를 두어 소금의 판매를 감독해서 그 수입으로 밭 가는 소를 사서 만약 돌아온 백성이 있으면 이것을 공급하여 힘써 경작하고 곡식을 모아서 관중의 재화를 풍족하게 하면, 먼 곳에 있는 백성들이 이것을 듣고는 반드시 밤낮으로 다투어 돌아올 것입니다. 또 司隷에게 관중에 머무르며 다스려서 일을 주관하게 하면 장수들의 세력은 날로 약해지고 관부와 백성들은 날로 성하게 될 것이니, 이것이 근본을 강하게 하고 적을 약하게 하는 이로운 방법입니다."

순욱이 이것을 아뢰자 조조가 이를 따르니, 관중 지역이 이로 말미암아 복종하였다.

操使御史衛覬로 鎭撫關中하다 時四方에 大有還民이러니 諸將이 多引爲部曲이어늘 覬書與荀彧曰 關中은 膏腴之地로되 頃遭荒亂하여 人民流入荊州者 十萬餘家러니 今歸者 無以自業이라 諸將이 各競招懷以爲部曲호되 郡縣貧弱하여 不能與爭하니 兵家[27]遂彊하여 一旦變動이면 必有後憂리라 夫鹽은 國之大寶也라 亂來放散하니 宜如舊置使者監賣하여 以其直(치)益으로 市犁ᅩ하여 若有歸民이어든 以供給之하여 勤耕積粟하여 以豐殖關中이면 遠民聞之하고 必日夜競還①이라 又使司隷留

27) 兵家 : 일반적으로는 전술가, 병법가를 가리키는바 여기서는 장수를 가리킨 것으로 보인다.

治關中하여 以爲之主면 則諸將日削하고 官民日盛하리니 此强本弱敵之利也니라 彧이 以白한대 操從之하니 關中이 由是服從하니라

① 殖은 많음이다.
殖, 多也.

【綱】 劉表가 從事中郎 韓嵩을 許都에 보내었다.

劉表遣從事中郎韓嵩하여 詣許[28)]하다

【目】 袁紹가 사람을 보내 劉表에게 도와줄 것을 청하자, 유표가 허락하였으나 끝내 구원병이 원소에게 이르지 않았고, 또한 曹操도 원조하지 않았다. 이에 從事中郎 韓嵩이 다음과 같이 말하였다.

"지금 두 영웅이 서로 대립함에 천하의 무게 중심이 장군에게 달려 있습니다. 만약 큰일을 하고자 하면 〈두 사람이 서로 싸워 모두〉 피폐한 때를 틈타 군대를 일으키는 것이 좋을 것이요, 만약 이와 같이 하지 못하면 진실로 마땅히 따라야 할 바를 선택해야 할 것입니다. 조조는 用兵을 잘하고 賢俊한 인재들이 그에게 많이 귀의하였으니, 형세상 반드시 원소를 이길 것입니다. 그러한 뒤에 그가 군대를 옮겨서 長江과 漢水 일대로

---

28) 劉表遣從事中郎韓嵩 詣許 : "'許都에 보내었다.〔詣許〕'라고 쓴 것은 어째서인가. 이는 朝貢이 아니기 때문이다. 劉表에 대해서는 ≪資治通鑑綱目≫에서 겨우 1, 2번 썼으니, 그 은혜로운 명령과 學校를 세우고 雅樂을 만든 것을 썼을 뿐 勤王한 일이 있었다는 것을 듣지 못하였다. 지금 韓嵩을 보낸 것은 다만 그로 하여금 朝廷(황제)을 엿보게 한 것일 뿐이니, '한숭을 허도에 보내었다.'라고 쓴 것은 유표를 책한 것이다. 그러나 한숭이 돌아옴에 조정을 대단히 칭찬하고, 유표에게 자식을 보내어 入侍하게 할 것을 권하였으니, 大義를 아는 자라고 이를 만하다. 그러므로 특별히 관직을 쓴 것이다.〔書詣許 何 非朝貢也 表於綱目 僅一再書 書其恩命及立學校作雅樂而已 不聞其有勤王之擧也 今者遣嵩 徒使窺朝廷耳 書曰遣詣許 罪表也 然嵩之歸也 盛稱朝廷 勸遣侍子 可謂知大義者矣 故特書官〕" ≪書法≫

"이때 袁紹와 曹操가 한창 서로 힘을 겨루며 버텨서 결판이 나지 않았는데, 鑾駕(天子)가 許都에 있었다. 劉表는 병력이 강하고 영토가 넓었으니, 마땅히 따라야 할 바를 선택하지 못하였을 뿐만 아니라 또한 朝宗(황제에게 조회)하는 의리를 분명히 알지 못하였다. 그러므로 ≪資治通鑑綱目≫에서 이에 대해 '韓嵩을 보내 입조하게 하였다.'라고 쓰지 않았으니 유표가 군주를 무시하는 마음이 있음을 알 수 있고, '한숭을 許都에 보내었다.'라고 썼으니, 멀리서 바라보며 틈을 관찰하려는 뜻이 있음을 알 수 있다. 그렇다면 유표의 죄를 이루 다 주벌할 수 있겠는가. 한숭에 대해서 그 관직을 특별히 쓴 것은 한숭이 使者의 직분을 다하고 君臣의 의리를 알아서 官守를 잃지 않음을 아름답게 여긴 것이요, 이것으로 유표를 인정한 것이 아니니, 아아! 은미하도다.〔是時袁曹方相持未決 而鑾駕在許 表兵强地廣 非惟不能擇所宜從 且昧於朝宗之義 故綱目於此 不書遣嵩入朝 則見其有無君之心 而書遣嵩詣許 則見其有顧望觀釁之意 然則表之罪 可勝誅哉 若夫韓嵩特書其官者 蓋美嵩能盡使人之職 知君臣之義 不失官守 而非以是予表也 嗚呼 微矣〕" ≪發明≫

향하면 아마도 장군이 막을 수 없을 것입니다. 이제 가장 좋은 방법은 荊州를 가지고 조조에게 귀부하는 것입니다. 그러면 조조가 반드시 장군에게 깊이 감사하여 장군이 길이 복을 누릴 것이니, 이것이 만전을 기하는 계책입니다."

袁紹使人求助於劉表한대 表許之而竟不至하고 亦不援曹操하니 從事中郞韓嵩曰① 今兩雄相持에 天下之重이 在於將軍하니 若欲有爲인댄 起乘其敝 可也요 如其不然인댄 固將擇所宜從이라 曹操善用兵하고 賢俊多歸之하니 其勢必擧袁紹라 然後에 移兵以向江漢이면 恐將軍이 不能禦也로니 今莫若擧荊州以附曹操니 操必重德將軍하여 長享福祚리니 此萬全之策也니이다

① 漢나라 제도에 오직 司隷校尉만이 從事中郞을 두었는데, 漢나라 말엽에 이르면 州牧 역시 從事中郞을 두었다.
漢制, 惟司隷校尉有從事中郞. 至漢末, 則州牧亦有從事中郞矣

【目】 劉表가 의심하여 결단하지 못하고 이에 韓嵩을 보내어 許都로 가게 하면서 말하기를 "그대는 나를 위하여 그 틈을 살펴보라." 하니, 한숭이 다음과 같이 말하였다.

"'聖人은 分義를 통달하고, 그 다음(賢人)은 분의를 지킨다.'29) 하였으니, 저 한숭은 분의를 지키는 자입니다. 군주와 신하라는 명분이 정해지면 죽음으로써 이를 지켜야 합니다. 지금 저는 簡策에 이름을 올리고서 몸을 바쳐 장군의 신하가 되었으니, 오직 장군이 명하는 바를 따라서 끓는 물속에 나아가고 불속으로 뛰어들어가 죽더라도 마다하지 않을 것입니다. 장군이 위로는 천자에게 순종하고 아래로는 曹公에게 귀의할 수 있으면 저를 許都에 사신 보내도 괜찮지만, 만일 이처럼 결단을 내리지 못하고 머뭇거리면 제가 京師에 이르렀을 적에 천자께서 저에게 한 관직을 내려주시실 경우 이것을 사양할 수 없으면 저는 천자의 신하가 되고, 다만 장군에게는 옛 부하일 뿐입니다. 군주의 곁에 신하로 있으면 군주를 위해야 하니, 그렇다면 저는 천자의 명을 지켜서 의리상 다시 장군을 위하여 죽을 수가 없습니다. 부디 거듭 생각하시어 저의 충정을 저버리지 마십시오."

29) 聖人은……지킨다 : 이는 《春秋左氏傳》 成公 15년(B.C. 576) 조에 子臧이 한 말이다. 자장은 춘추시대 曹宣公의 公子 欣時의 字이다. 선공의 사후에 즉위한 군주가 의롭지 못하다고 하여 제후들이 자장을 周王에게 謁見시키고서 曹나라의 군주로 세우려고 하였는데, 자장이 사양하며 말하기를 "옛 기록에 '聖人은 分義를 통달하고, 그 다음인 賢人은 분의를 지키고, 下愚는 분의를 잃는다.' 하였으니, 군주가 되는 것은 나의 분의가 아니다. 비록 성인에게는 미칠 수 없다 하더라도 감히 지킬 바를 잃겠는가.〔前志有之曰 聖達節 次守節 下失節 爲君非吾節也 雖不能聖 敢失守乎〕" 하고서 도망하여 宋나라로 달아났다. '분의를 통달한다〔達節〕'는 것은 일정한 규범에 얽매이지 않고 때에 맞게 대처함을 이른다.

그러나 유표가 억지로 한숭을 보내었는데, 한숭이 許都에 이르자 詔命을 내려서 한숭을 侍中과 零陵太守에 임명하였다.

한숭이 荊州로 돌아와 朝廷의 德을 대단히 칭찬하고, 유표에게 그 자식을 보내어 入侍하게 할 것을 권하였다. 이에 유표가 크게 노하여 한숭이 두 마음을 품었다고 하여, 사람들을 크게 모으고 병사들을 진열하고서 그를 참살하려고 하였다. 그러나 한숭은 여기에 동요되지 않고 천천히 말하기를 "이는 장군이 저를 저버린 것이요, 제가 장군을 저버린 것이 아닙니다." 하고는 예전에 했던 말들을 빠짐없이 갖추어 진술하자, 유표가 마침내 그를 가두었다.

表狐疑不斷하여 乃遣嵩詣許하고 曰 君爲我觀其釁(흔)하라 嵩曰 聖은 達節하고 次는 守節하나니 嵩은 守節者也라 夫君臣名定에 以死守之어늘 今策名委質(지)하니 唯將軍所命이라 雖赴湯蹈火라도 死無辭也라 將軍이 能上順天子하고 下歸曹公이면 使嵩可也어니와 如其猶豫인댄 嵩至京師에 天子假嵩一職하여 不獲辭命이면 則成天子之臣이요 將軍之故吏耳라 在君爲君이면 則嵩守天子之命하여 義不得復爲將軍死也리니 惟加重思하여 無爲負嵩하라 表强之①러니 至許에 詔拜嵩侍中, 零陵太守하다 及還에 盛稱朝廷之德하고 勸表遣子入侍하니 表大怒하여 以爲懷貳라하여 大會陳兵將斬之러니 嵩이 不爲動하고 徐曰 將軍負嵩이요 嵩不負將軍이라하고 具陳前言하니 表乃囚之하다

① 重(거듭)은 除用의 切이니, "重思"는 三思(여러 번 생각함)라고 말하는 것과 같다. "强之"는 강요하여 가게 함을 이른다.
重, 除(相)〔用〕[30]切. 重思, 猶言三思也. 强之, 謂强之使行也.

【綱】 孫策이 廬江을 습격하여 점령하고 豫章을 순행하자 豫章太守 華歆이 항복하였다.

孫策이 襲廬江하여 取之하고 徇豫章하니 太守華歆이 降하다

【目】 廬江太守 劉勳은 袁術의 部曲의 수가 많아서 군량이 넉넉하지 못하기 때문에 從弟 劉偕를 보내어 上繚의 宗帥(宗部의 우두머리)들에게 쌀을 구하였는데 그 수량을 채울 수 없자, 유해가 유훈을 불러서 그들을 습격하게 하였다.

孫策이 유훈의 군대가 강성함을 싫어하여 거짓으로 言辭를 낮추어 유훈을 섬기고, 군대를 출동하여 外援이 되기를 청하자, 劉曄이 유훈에게 다음과 같이 말하였다.

---

30) (相)〔用〕: 저본에는 '相'으로 되어 있으나, ≪資治通鑑≫ 註에 의거하여 '用'으로 바로잡았다.

"上繚가 비록 작지만 성이 견고하고 해자가 깊어서 공격은 어렵고 수비는 쉬우니, 10일 내로 함락할 수가 없습니다. 군대가 밖에서 피로하고 국내가 텅 비었을 적에 손책이 빈 틈을 타고 우리를 습격하면 후방을 홀로 수비할 수가 없으니, 이는 장군이 나아가자니 敵에게 굽히고 물러나자니 돌아갈 데가 없게 되는 것입니다. 만약 군대를 반드시 출동시킨다면 禍難이 지금 당장 이를 것입니다."

유훈이 이 말을 듣지 않고 마침내 上繚를 공격하였는데, 군대가 海昏에 이르자 宗帥들이 모두 달아나서 얻은 바가 전혀 없었다.

廬江太守劉勳이 以袁術部曲衆多하여 不能贍이라 遣從弟偕하여 求米於上繚諸宗帥로되 不能滿數[①]하니 偕召勳하여 使襲之하다 孫策이 惡(오)勳兵强하여 僞卑辭以事勳하고 請出兵以爲外援한대 劉曄曰[②] 上繚雖小나 城堅池深하여 攻難守易(이)니 不可旬日而擧也라 兵疲於外而國內虛어든 策이 乘虛襲我면 則後不能獨守리니 是將軍이 進屈於敵이요 退無所歸라 若軍必出이면 禍今至矣리이다 勳이 不聽하고 遂伐上繚하여 至海昏하여 宗帥皆逃하니 了無所得이러라

① 〈"不能滿數"는〉 그 요구한 바의 수량을 채우지 못함을 이른다
謂不滿其所求之數也.
② 劉曄은 漢나라의 宗室에서 나왔다.
曄, 出於漢之宗室.

【目】이때 孫策이 군대를 이끌고 서쪽으로 가서 黃祖를 공격하였는데, 군대가 石城縣에 이르렀을 적에 劉勳이 海昏에 있다는 소식을 들었다. 손책이 이에 周瑜와 함께 皖城(환성)을 습격해 함락하여 袁術과 유훈의 처자식들을 붙잡아서 慰撫하여 돌보고, 아울러 그 部曲 3만여 명을 얻었다. 손책이 유훈을 공격하여 격파하자 유훈이 북쪽으로 가서 許都의 曹操에게 귀의하였는데, 손책이 유훈의 남은 병력을 거두어 병사 2천여 명과 배 천 척을 노획한 다음 마침내 진군하여 黃祖를 공격하였다. 劉表가 장수를 보내와 황조를 구원하였는데, 손책이 유표의 군대와 싸워서 크게 격파하고 배 6천 척을 노획하였다.

時策이 引兵西擊黃祖러니 行及石城[①]하여 聞勳在海昏하고 策이 乃與周瑜로 襲皖城克之하여 得術, 勳妻子하여 撫視之하고 及其部曲三萬餘人하다 攻勳破之하니 勳이 北歸許어늘 策이 收其餘兵하여 得二千餘人과 及船千艘하여 遂進擊祖하니 劉表遣將來救어늘 策이 與戰大破之하고 獲船六千艘하다

① 石城縣은 丹陽郡에 속하였다.
石城縣, 屬丹(楊)〔陽〕[31]郡.

【目】孫策이 많은 병력으로 豫章을 순행하려고 하여 椒丘에 주둔하고, 虞翻에게 이르기를 "華子魚(華歆)가 본래 명성이 있지만 그러나 나의 적수가 아니다. 만약 문을 열어 성을 양보하지 않는다면 우리의 金鼓가 한번 진동함에 傷害를 당하는 바가 없을 수 없으니, 卿이 곧 그의 앞에서 나의 뜻을 자세히 말해주어라." 하였다.

우번이 이에 가서 華歆을 만나보고 말하기를 "제가 삼가 듣건대, 明府께서는 저희 郡의 前 王府君(王朗)과 함께 그 명성이 中州(中原)에서 나란하다고 하시니, 저는 항상 우러러 사모하는 마음을 품고 있습니다." 하니, 화흠이 말하기를 "내가 王會稽(王朗)만 못하다." 하였다. 우번이 다시 말하기를 "잘 모르겠습니다만, 豫章郡의 물자와 양식 및 무기, 그리고 병사와 백성들의 용맹함과 과감함이 저희 會稽郡에 비해 어떻습니까?" 하니, 화흠이 말하기를 "크게 미치지 못한다." 하였다. 이에 우번이 다음과 같이 말하였다.

"명부께서 왕회계만 못하다고 말씀하신 것은 謙讓의 말씀일 뿐입니다. 그러나 정예 병력이 회계군만 못한 것은 사실 명부의 말씀대로입니다. 孫討逆(孫策)은 지모와 책략이 출중하고 용병술이 귀신같아서 예전에 劉揚州(劉繇)를 평정한 일은 명부께서 직접 보신 바이고, 남쪽으로 가서 저희 회계군을 평정한 것도 명부께서 들으신 바입니다. 이제 명부께서 외딴 성을 지키는데 물자와 양식이 부족하시니, 빨리 계획을 세우지 않으면 후회하여도 다시 어찌할 수가 없을 것입니다. 지금 손장군의 대군이 이미 椒丘에 주둔하였으니, 내일 정오까지 손장군을 영접하는 檄文이 이르지 않으면 저는 명부와 다시 만나볼 수 없을 것입니다."

策이 盛兵將徇豫章하여 屯于椒丘①하고 謂虞翻曰 華子魚自有名字나 然非吾敵也②라 若不開門讓城이면 金鼓一震에 不得無所傷害니 卿便在前하여 具宣孤意하라 翻이 乃往見華歆하고 曰 竊聞明府與鄙郡故王府君으로 齊名中州호니 常懷瞻仰③이로라 歆曰 孤不如王會稽也니라 翻이 復曰 不審豫章資糧器仗과 士民勇果 孰與鄙郡고 歆曰 大不如也니라 翻曰 明府言不如王會稽는 謙光之譚耳④어니와 精兵不如會稽는 實如尊敎라 孫討逆이 智略超世하고 用兵如神하여 前定劉揚州는 君所親見이요 南定鄙郡은 亦君所聞也⑤라 今守孤城에 資糧不足하니 不早爲計면 悔無及也라 今大軍이 已次椒丘하니 明日日中에 迎檄不至者면 與君辭矣리라

31) (楊)〔陽〕: 저본에는 '楊'으로 되어 있으나, ≪後漢書≫ 〈郡國志〉에 의거하여 '陽'으로 바로잡았다.

① 椒丘는 豫章郡 南昌縣과 수십 리 거리에 있다.
椒丘, 去豫章南昌縣數十里.
② "自有名字"는 그 이름이 당시에 알려진 것을 말한다.
自有名字, 言其名聞當時也.
③ 虞翻은 會稽 사람이니, 스스로 그 郡을 겸칭하여 "鄙郡"이라 한 것이다. "故三府君"은 前 會稽太守 王朗을 이른다.
翻, 會稽人, 自謙稱其郡曰鄙郡也. 故王府君, 謂前會稽太守王朗也.
④ ≪周易≫ 謙卦 〈彖傳〉에 "謙은 높고 빛난다."[32] 하였다. 譚은 談과 통한다.
易曰 "謙尊而光." 譚, 與談通.
⑤ 劉揚州는 劉繇를 이른다.
劉揚州, 謂劉繇也.

【目】 華歆이 이에 그날 밤 檄文을 짓고 다음 날 아침에 吏屬을 보내어 격문을 가지고 가서 孫策을 영접하게 하였다. 손책이 곧 진군하니, 화흠이 葛巾 차림으로 손책을 영접하였다. 손책이 말하기를 "府君의 연치와 덕망과 명성은 먼 곳 가까운 곳 할 것 없이 모든 사람들이 귀의하는 바이고 저는 나이가 어리니, 子弟의 禮를 행하는 것이 마땅합니다." 하고는 곧 화흠을 향하여 절하고 그를 예우하여 上賓으로 삼았다. 또 劉繇의 시신을 거두어 수레에 실어서 장사를 지내게 하고 그 가족들을 잘 대우하였다.

歆이 乃夜作檄하여 明旦에 遣吏齎迎이어늘 策이 便進軍하니 歆이 葛巾迎策①이라 策曰 府君年德名望이 遠近所歸요 策年幼稚하니 宜修子弟之禮라하고 便向歆拜하고 禮爲上賓하고 收載劉繇喪하여 善遇其家하다

① 葛은 絺綌(葛布)의 풀이니, 이것으로 布를 만들 수 있다. ≪後漢書≫ 〈郭泰列傳〉에 "郭泰가 길을 가다가 비를 만나 頭巾의 한 모서리가 푹 꺼졌는데, 당시 사람들이 이에 일부러 두건의 한 모서리를 꺾어서 '林宗巾'이라고 불렀다." 하였다. 이에 대한 李賢의 주에 "巾은 葛로 만드니, 그 형상이 帢과 같은바 居士와 野人이 착용하는 것이다." 하였다.
葛, 絺綌草也, 可以爲布. 後書 "郭泰行遇雨, 巾一角墊, 時人乃故折巾一角, 號曰林宗巾." 注 "巾, 以葛爲之, 其形如帢(갑), 居士野人所服."

32) 謙은 높고 빛난다 : 이는 謙卦의 〈彖傳〉에 보이는 말이다. 이에 대해 孔穎達의 疏에는 "높은 자가 겸손함이 있으면 더욱 광명함이 성대하다.〔尊者有謙而更光明盛大〕"라고 해석하였고, 程頤의 ≪易傳≫에는 "그 道가 존대하고 광현하다.〔其道尊大而光顯〕"라고 해석하였고, 朱熹의 ≪易本義≫에는 "사람이 겸손하면 높은 곳에 처한 자는 그 德이 더욱 빛난다.〔人能謙則其居尊者其德愈光〕"라고 해석하였다. 일설에는 '尊'이 '撙'과 통용된다고 하여 退讓의 뜻으로 보기도 한다.

【目】 孫盛이 다음과 같이 평하였다.

"華歆이 이미 伯夷와 商山四皓[33)]처럼 물러나 은둔하여 멀리 피하는 유풍이 없었고, 또 王의 신하가 자기 한 몸을 돌보지 않는 절개를 잃어서 바르지 못한 儒者의 말에 마음을 굽히고 잘난 체하여 제멋대로 행동하는 무리와 서로 친해서 지위를 빼앗기고 절개를 무너뜨렸으니, 허물 중에 무엇이 이보다 더 크겠는가."

孫盛曰① **歆**이 **旣無夷, 皓韜遯之風**②하고 **又失王臣匪躬之節**③하여 **撓心交臂**하고 **位奪節墮**(휴)하니 **咎孰大焉**④이리오

① 孫盛은 晉나라 太原 中都 사람이니, ≪魏武春秋≫를 지었다.
盛, 晉太原中都人, 撰魏武春秋.

② 夷는 伯夷를 이르고 皓는 四皓를 이르니, 〈"歆 旣無夷 皓韜遯之風"은 華歆에게는〉 재능을 감추고 행적을 숨겨 세상에 드러내지 않았던 이들의 遺風이 없음을 말한 것이다.
夷, 謂伯夷. 皓, 謂四皓. 言無此輩韜光隱晦之遺風.

③ ≪周易≫ 蹇卦 六二爻辭에 "왕의 신하가 어려운 일을 감당하는 것은 자기 한 몸을 돌보기 위해서가 아니다."라고 하였다.
易 "王臣蹇蹇, 匪躬之故."

④ "撓心交臂"는 ≪資治通鑑≫에 "바르지 못한 儒者의 말에 마음을 굽히고 잘난 체하여 제멋대로 행동하는 무리와 서로 접하였다."라고 되어 있다. "交臂"는 손을 서로 마주 잡는다고 말하는 것과 같으니, 〈"撓心交臂"는〉 華歆이 虞翻에게 설득당하여 그 마음(志操)을 굽혀서 孫策과 만나고 접함을 말한 것이다. 墮(무너지다)는 隳로 읽는다.
撓心交臂, 通鑑作"撓心於邪儒之說, 交臂於陵肆之徒." 交臂, 猶言手相接也. 言歆爲虞翻所說, 枉撓其心, 而與孫策相見相接也. 墮, 讀曰隳.

【目】 功曹 魏騰이 孫策의 뜻을 거스르자 손책이 그를 죽이려고 하였는데, 손책의 모친인 吳夫人이 큰 우물의 난간에 기대어 다음과 같이 말하였다.

"네가 이제 막 江南에 와서 기업을 세웠는데 그 일이 아직 안정되지 못하였으니, 마땅히 어진 이를 우대하고 선비를 예우하여 잘못은 버려두고 功은 기억해야 할 것이다. 魏

---

33) 商山四皓 : 秦나라 말기에 난세를 피하여 商山에 은거하였던 네 명의 隱士로, 東園公 唐宣明과 甪里先生(녹리선생) 周術과 邯鄲公 綺里季와 夏黃公 崔黃을 가리킨다. 이들은 모두 여든이 넘은 나이에 수염과 눈썹이 희었기 때문에 당시 사람들이 '四皓'라고 불렀다. 漢 高祖가 이들을 여러 차례 불렀으나 거절하고 은거하였는데, 高祖가 만년에 太子를 폐하고 戚夫人의 소생인 趙王 如意를 세우려고 하자, 呂后가 呂澤으로 하여금 張良에게 계책을 내도록 강요하게 하여 장량의 계책에 따라 태자로 하여금 정중히 서신을 갖추어 겸손한 언사와 安車로써 사호를 초빙하였다. 이에 사호가 入朝하여 태자를 지성으로 보호하고 섬겨서 마침내 태자를 폐하지 않게 되었다.(≪史記≫ 권55 〈留侯世家〉)

功曹는 공무를 행함에 있어 힘을 다하여 계책을 도모하였는데, 네가 오늘 그를 죽이면 내일 사람들이 모두 너를 배반할 것이다. 나는 禍難이 닥치는 것을 차마 보지 못하겠으니, 마땅히 먼저 이 우물 안에 몸을 던져야겠다."

이에 손책이 크게 놀라 위등을 풀어주었다.

◑ 功曹魏騰이 忤策意하니 策이 將殺之러니 策母吳夫人이 倚大井하여 謂曰 汝新造江南하여 其事未集하니 方當優賢禮士하고 捨過錄功이라 魏功曹在公盡規어늘 汝今日殺之면 則明日에 人皆叛汝하리니 吾不忍見禍之及이라 當先投此井中耳리라 策이 大驚하여 釋之하다

【綱】 曹操가 다시 官渡에 주둔하였다.

曹操復屯官渡하다

【綱】 劉備가 徐州에서 군대를 일으켜 曹操를 토벌하자, 조조가 군대를 보내어 유비를 공격하였다.

◑ 劉備起兵徐州하여 討曹操[34] 하니 操遣兵擊之하다

---

34) 劉備起兵徐州 討曹操 : "袁紹가 일찍이 군대를 거느리고 남쪽으로 향하였는데 이를 쓰지 않았고, 曹操가 進軍한 것을 쓴 것과 원소가 진군하여 黎陽에 주둔한 것을 쓸 적에는 '攻'이라고 쓰고 '討'를 쓰지 않았다. 역적을 토벌하는 의리가 중하니, ≪資治通鑑綱目≫은 이것으로 사람을 인정하는 것을 신중히 하였다. 반드시 劉備와 같은 뒤에야 '討'를 쓸 수 있는 것이다.〔紹嘗南兵矣 不書 書曹操進軍 及書紹進軍黎陽 則書攻不書討 討賊義重 綱目重以予人也 必若劉備 然後可以書討矣〕" ≪書法≫

"曹操가 天子를 위협하여 遷都한 이래로 천하가 이미 漢나라의 소유가 아니었다. 董承이 元舅(國舅)의 높은 신분으로 직접 密詔를 받들어 昭烈(劉備)과 함께 조조를 죽일 것을 모의하였으나 결행하지 못하였다. 그러므로 소열이 徐州에 있으면서 인하여 마침내 군대를 일으킨 것이다. 그러나 이전의 史書에는 소열이 조조를 토벌한 내용을 쓴 것이 없고, 다만 范曄의 ≪後漢書≫에만 동승 등이 密詔를 받고 조조를 주벌하려 했다고 기재하여 義를 세움이 자못 정밀하였다. 그러나 소열이 조조를 토벌한 일은 말하지 않았다. 陳壽의 ≪三國志≫에 魏나라의 일을 기록함에 이르러서는 도리어 '동승 등이 반란을 도모하다가 죽임을 당하였다.'고 말하였으니, 잘못되고 강령되어 이치에 맞지 않음이 이보다 더 심함이 없었다. 그런데 蜀漢의 일을 기록함에 이르러서는 처음으로 소열이 漢中王을 칭한 내용 아래에 동승 등과 함께 조조를 죽일 것을 모의했다는 말을 기록하였으니, 이는 실제 사실을 없애기가 어려워서 하는 수 없이 돌려서 말한 것이다. 지금 朱子의 ≪資治通鑑綱目≫은 이에 대하여 특별히 기록하여 義例(의리를 밝히는 사례)를 세우고, '徐州에서 군대를 일으켜 조조를 토벌했다.'고 말하였으니, 이는 바로 三綱을 扶持하고 人極(사람의 도리)을 세워서 亂臣賊子를 천백 년 뒤에 토벌하여 古今의 大義로 하여금 어느 때이고 밝혀지지 않을 때가 없어서 요컨대 逆臣과 亂臣의 무리로 하여금 끝내 천하에 설 수 없게 한 것이니, 세상에 가르침을 드리움이 크다. 그러므로 '≪자치통감강목≫이 만들어짐에 亂臣賊子가 두려워했다.'고 말하는 것이다.〔自曹操劫遷天子以來 天下已非漢有 董承以元舅之尊 親承密詔 與昭烈謀誅操而不克 故昭烈在徐 因遂起兵 然前史未有書其討操者 獨范史載董承等受密詔誅操 其立義頗精 然不言昭烈討操之擧 至陳壽志魏 反謂董承等謀反伏誅 其謬妄無理 莫甚於此 及其志蜀

【目】 처음에 董承이 獻帝의 衣帶 속에 있는 密詔를 받았다고 일컫고 劉備와 함께 曹操를 주살할 것을 모의하였다.

하루는 조조가 차분하고 여유롭게 유비에게 이르기를 "지금 천하의 영웅은 오직 使君과 나 두 사람뿐이니, 袁本初(袁紹)와 같은 부류는 여기에 넣을 만하지 못하오." 하였다. 유비는 막 음식을 먹다가 짐짓 놀라서 수저를 놓쳤는데, 때마침 천둥이 치자 유비가 이를 기회 삼아 말하기를 "聖人께서는 '빠른 우레가 치고 맹렬한 바람이 불면 반드시 낯빛을 변하셨다.'[35]라고 하였으니, 진실로 이유가 있어서 그러한 것입니다." 하였다.

曹操가 劉備와 영웅을 논하다

유비가 마침내 동승 및 种輯(충집) 등과 함께 조조를 주살할 것을 계획하였는데, 이때 마침 조조가 유비를 보내어 袁術을 요격하게 하자 유비가 마침내 徐州刺史를 죽이고 關羽를 남겨두어 下邳를 지키게 하고 자신은 小沛로 돌아가니, 郡과 縣이 대부분 조조를 배반하고 유비에게 호응하였다.

유비의 군대가 수만 명이었는데, 사자를 보내어 袁紹와 연합하니, 조조가 長史 劉岱를 보내어 공격하였으나 이기지 못하였다. 유비가 유대에게 이르기를 "너 같은 사람 백 명이 오더라도 나를 어찌할 수 없고, 曹公이 직접 오더라도 그 승부를 알 수 없다." 하였다.

始於昭烈稱漢中王之下 錄其與董承等同謀誅操之語 此則實事難泯 不可得而曲說者也 綱目於此 特筆起義 其曰起兵徐州討曹操者 正所以扶三綱 立人極 誅亂臣賊子於千百載之下 使古今大義無時而不明 要使逆亂之徒 終無以自立於天下 其垂世教也大矣 故曰 綱目修而亂臣賊子懼〕" ≪發明≫

35) 聖人께서는……변하셨다 : 聖人은 孔子를 가리킨다. 이는 ≪論語≫ 〈鄕黨〉에 보이는 내용으로, 공자의 용모 변화에 대해서 기록한 것인데, 鄭玄과 朱熹의 주에 의하면 그 이유는 '하늘의 노여움을 공경한 것〔敬天之怒〕'이라고 한다.

初에 董承이 稱受帝衣帶中密詔하고 與劉備謀誅曹操러니 操從容謂備曰 今天下英雄이 惟使君與操耳라 本初之徒는 不足數也니라 備方食이라가 失匕箸하고 値雷震에 備因曰 聖人云迅雷風烈에 必變이라하니 良有以也①로다 遂與承及种輯等同謀러니 會操遣備하여 邀袁術한대 備遂殺徐州刺史하고 留關羽하여 守下邳하고 身還小沛하니 郡縣이 多叛操爲備라 備衆이 數萬人이라 遣使하여 與袁紹連和러니 操遣長史劉岱擊之나 不克이라 備謂曰 使汝百人來라도 無如我何요 曹公自來라도 未可知耳니라

① 匕는 숟가락이고 箸는 젓가락이다. 劉備가 자신이 영웅인 것을 曹操가 알아보고 장차 자기를 도모할까 두려워하여 짐짓 놀라서 숟가락과 젓가락을 놓친 체한 것이다.
匕, 匙也. 箸, 梜也. 備以操知其英雄, 懼將圖己, 故驚失匕筯也.

庚辰年(200)

【綱】 漢나라 孝獻皇帝 建安 5년이다. 봄 정월에 曹操가 車騎將軍 董承을 죽이고 마침내 劉備를 공격하여 격파하니, 유비가 冀州로 달아났다.

五年이라 春正月에 操殺車騎將軍董承[36)]하고 遂擊備하여 破之하니 備奔冀州하다

【目】 董承의 계획이 누설되자, 曹操가 동승 등을 죽이고 그들의 三族을 모두 멸하였다.

조조가 직접 劉備를 토벌하려고 하자, 장수들이 모두 말하기를 "公과 天下를 다투는 자는 袁紹입니다. 지금 원소가 진군해 오려고 하는데 이를 버리고 동쪽으로 가시니, 원소가 우리의 배후에서 공격하면 어찌합니까?" 하였다. 이에 조조가 말하기를 "유비는 人傑이다. 지금 공격하지 않으면 틀림없이 후환이 될 것이다." 하니, 郭嘉가 다음과 같이 거들었다.

"원소는 성격이 지둔하고 의심이 많으니, 그가 공격해 오더라도 틀림없이 빠르지 않을 것입니다. 유비는 이제 막 군대를 일으켜서 사람들의 마음이 완전히 歸附하지 않았으니, 급히 공격하면 틀림없이 패퇴시킬 수 있습니다."

36) 操殺車騎將軍董承 : "董承이 劉備와 함께 曹操를 주살할 것을 모의하였는데 일이 누설되어 죽임을 당하였으니, 그렇다면 어찌하여 '故'를 쓰지 않고 '殺'을 썼는가. '故'를 쓰는 것은 역적을 토벌한 것으로 董承을 인정하는 것이다. 역적을 토벌한 것으로 동승을 인정하지 않음은 어째서인가. 조조가 入朝하여 정권을 장악한 것은 동승이 그렇게 만들었기 때문이다.〔董承與備同謀誅操 事泄被殺 則曷爲不書故書殺 書故 是以討賊與承矣 其不以討賊予承 何也 操之入 承爲之〕" ≪書法≫

조조의 군대가 마침내 동쪽으로 출동하였다.

董承謀洩하니 操殺承等하고 皆夷三族하다 操欲自討劉備한대 諸將이 皆曰 與公爭天下者 袁紹也라 今紹方來而棄之東하니 紹乘人後면 若何[①]오 操曰 劉備는 人傑也라 今不擊이면 必爲後患이리라 郭嘉曰 紹性遲而多疑하니 來必不速이요 備新起하여 衆心未附하니 急擊之면 必敗리이다 操師遂東하다

① 袁紹가 장차 침략하려고 하는데 도리어 이를 버리고서 돌아보지 않고, 동쪽으로 가서 劉備를 정벌함을 말한 것이다.
言紹方來寇, 乃棄而不顧, 而東征備也.

【目】 田豐이 袁紹를 설득하기를 "劉備와 曹操가 전쟁을 계속하니, 대번에 결판이 나지 않을 것입니다. 公이 군대를 일으켜 조조의 후미를 습격하면 한 번 가서 평정할 수 있을 것입니다." 하였으나, 원소는 아들의 병 때문에 갈 수 없다고 사양하였다. 전풍이 지팡이를 들어 땅을 치며 말하기를 "아! 좀처럼 만나기 어려운 좋은 때를 만났는데 어린 자식의 병 때문에 그 기회를 놓치니, 안타깝다. 일이 틀려버렸구나." 하였다.

조조가 유비를 공격해 격파하여 그 처자식을 사로잡고는 진군하여 下邳를 함락시키고 關羽을 사로잡으니, 유비가 青州로 달아나서 원소에게 귀의하였는데 원소가 鄴城으로부터 200리 되는 지점까지 나와서 맞이하였다. 유비가 업성에 머무른 지 한 달 남짓되니, 그동안에 도망한 사졸들이 차츰 유비에게 돌아왔다.

田豐說(세)袁紹曰 劉, 曹連兵하니 未可卒解[①]라 公이 擧軍而襲其後면 可一往而定이니이다 紹辭以子疾하니 豐이 擧杖擊地曰 嗟乎라 遭難遇之時어늘 而以嬰兒病失其會하니 惜哉라 事去矣로다 操擊劉備하여 破之하고 獲其妻子하고 進拔下邳하고 禽關羽하니 備奔青州하여 歸袁紹한대 紹去鄴二百里하여 迎之[②]하니 駐月餘에 亡卒이 稍歸之라

① 卒(갑자기)은 猝로 읽는다. 解는 판가름이다.
卒, 讀曰猝. 解, 判也.
② 袁紹가 멀리 나와서 劉備를 맞이하니, 이는 그를 소중히 여기고 공경한 것이다.
紹遠出迎備, 重敬之也.

【綱】 2월에 曹操가 官渡로 돌아가자 袁紹가 진군하여 黎陽에 주둔하였다. 여름 4월에 원소가 군대를 보내어 白馬縣을 공격하였는데, 조조가 격파하고 그

장수 顔良과 文醜를 참살하였다.

二月에 **曹操還官渡**하니 **袁紹進軍黎陽**이러니 **夏四月**에 **紹遣兵**하여 **攻白馬**어늘 **操擊破之**하고 **斬其將顔良, 文醜**하다

【目】 曹操가 官渡로 돌아가자 袁紹가 이에 許都를 공격할 것을 의논하였는데, 田豐이 다음과 같이 말하였다.

"조조가 이미 劉備를 격파하였으니, 그렇다면 허도는 더 이상 텅빈 것이 아닙니다. 또한 조조는 用兵을 잘하니, 병력이 비록 적지만 가볍게 여길 수 없습니다. 지금 최선의 방법은 오래 시간을 끌어가며 버티는 것이니, 밖으로는 영웅들과 교분을 맺고 안으로는 농사와 戰備에 치중한 뒤에 정예 병력을 선발하여 적의 공허함을 틈타 번갈아 출격해서 적이 오른쪽을 구원하면 그 왼쪽을 공격하고 적이 왼쪽을 구원하면 그 오른쪽을 공격하여, 우리는 아직 피로하지 않은데 저들이 이미 피곤하게 되면 3년이 되기 전에 가만히 앉아서 이길 수 있을 것입니다. 지금 廟堂에서 헤아려 승리를 결단하는 계책을 쓰지 않고 한 번의 싸움에서 성공과 실패를 결단하려고 하시니, 만약 뜻대로 되지 않으면 후회하여도 다시 어찌할 수가 없을 것입니다."

원소가 따르지 않자 전풍이 극력 간쟁하자, 원소가 刑具로 그를 구속하였다. 이에 원소는 州와 郡에 檄文을 돌려서 조조의 죄악을 낱낱이 열거하고, 2월에 진군하여 黎陽에 주둔하였다.

操還官渡하니 紹乃議攻許어늘 田豐曰 曹操旣破劉備하니 則許下非復空虛요 且操善用兵하니 衆雖少나 未可輕也라 今不如以久持之하여 外結英雄하고 內修農戰이니 然後에 簡其精銳하여 乘虛迭出하여 救右則擊其左하고 救左則擊其右하여 使我未勞而彼已困이면 不及三年에 可坐克也리이다 今釋廟勝之策하고 而決成敗於一戰하니 若不如志면 悔無及也리이다 紹不從이어늘 豐이 彊諫한대 紹械繫之하다 於是에 移檄州郡하여 數操罪惡하고 二月에 進軍黎陽하다

【目】 沮授가 출발하기에 앞서 그 宗族들을 모아놓고 자기의 재물을 나누어주며 다음과 같이 말하였다.

"勢를 보존하면 위엄이 가해지지 않는 바가 없고 勢를 망실하면 자기 한 몸도 보전하지 못하니, 슬프다!"

袁紹가 顔良을 보내어 白馬縣을 공격하자, 저수가 말하기를 "안량은 성품이 조급하고

편협하니, 비록 용맹하지만 그에게 모두 맡겨서는 안 됩니다." 하였으나 원소가 이를 듣지 않았다.

沮授臨行에 會其宗族하고 散財與之曰 勢存則威無不加요 勢亡則不保一身하나니 哀哉라 紹遣顔良하여 攻白馬[1]한대 沮授曰 良이 性促狹하니 雖驍勇이나 不可獨任이니이다 紹不聽하다

① 白馬縣은 東郡에 속하였다.
白馬縣, 屬東郡.

【目】 4월에 曹操가 白馬縣을 구원할 적에 荀攸가 말하기를 "지금 병력이 적어서 적수가 못 되니, 반드시 적의 형세를 분산시켜야 상대할 수 있을 것입니다. 公이 延津에 이르러 군대를 도하시켜 그 후방을 습격하려는 것처럼 하면 袁紹는 반드시 서쪽으로 응할 것이니, 그러한 뒤에 경무장한 군대로 백마현을 습격하여 대비하지 않았을 때 몰래 공격하면 顔良을 사로잡을 수 있습니다." 하자, 조조가 이를 따랐다.

關羽가 顔良의 목을 베다

원소가 군대를 나누어 서쪽으로 향하자, 조조가 이에 군대를 이끌고 행군 속도를 倍加하여 백마현으로 향해 가니, 안량이 와서 맞이하여 싸웠다. 關羽가 안량의 〈지휘하는〉 깃발과 日傘을 멀리서 바라보고는 말을 채찍질하여 달려 나가 수많은 무리 가운데에서 안량을 찔러 머리를 베어 가지고 돌아오니, 원소의 병사들 중에 맞서는 자가 없었다. 조조가 마침내 백마현의 포위를 풀고는 이곳의 백성들을 옮겨서 서쪽으로 갔다.

四月에 操救白馬할새 荀攸曰 今兵少不敵하니 必分其勢라야 乃可라 公到延津하여 若將渡兵向

其後者면 紹必西應之하리니 然後에 輕兵襲白馬하여 掩其不備면 顔良을 可禽也리이다 操從之하다 紹分兵西어늘 操乃引軍兼行하여 趣白馬하니 良이 來逆戰이어늘 關羽望見良麾蓋①하고 策馬刺(척)良於萬衆之中하여 斬其首而還하니 紹軍이 莫能當이라 遂解白馬之圍하고 徙其民而西하다

① "戎車"는 大將이 타는 것이니, 여기에 幢麾(의장용 깃발)를 설치하고 傘蓋(日傘)를 펼쳐놓는다.
戎車, 大將所乘者, 設幢麾張蓋.

【目】袁紹가 黃河를 건너서 曹操를 추격하려고 하자, 沮授가 말하기를 "勝負의 변화를 자세히 살피지 않을 수 없습니다. 지금 마땅히 延津에 머물러 주둔하고 군대를 나누어 官渡로 진군해야 합니다. 그리하여 만약 적을 이겨서 노획한 바가 있으면 돌아와서 〈연진에〉 주둔해 있는 大軍을 맞이하여 출동시켜도 늦지 않습니다. 만약 〈대군이 황하를 건너 남하하였다가〉 어려움이 발생하면 수많은 병사들이 돌아올 수가 없습니다." 하였으나 원소는 이를 따르지 않았다.

이에 저수가 황하를 건널 적에 탄식하며 말하기를 "윗사람은 그 뜻(욕망)을 채우려고만 하고 아랫사람은 功을 세우는 데에만 힘쓰니, 悠悠히 흐르는 黃河여, 내가 성공하여 다시 건너 돌아올 수 있겠는가." 하고 마침내 病을 핑계로 관직을 사양하니, 원소가 허락하지 않고 마음속으로 그를 원망하였다.

원소의 군대가 延津의 남쪽에 이르자, 조조가 병사들을 무장시켜서 南阪의 아래에 진영을 갖추어 주둔하고 騎兵들에게 말안장을 풀어 말들을 풀어놓게 하였다. 이때 白馬縣의 輜重隊가 이미 길에 올랐는데 장수들은 "적의 기병이 많으니 돌아가 營壘를 지키는 것만 못하다."라고 하였다. 그러자 荀攸가 말하기를 "이것은 적을 유인하여 낚는 것이니, 어찌 떠나가겠는가." 하니, 조조가 순유를 돌아보면서 웃었다.

紹渡河追之러니 沮授曰 勝負變化를 不可不詳이라 今宜留屯延津하고 分兵官渡하여 若其克獲이어든 還迎不晩①이니 設其有難이면 衆弗可還이니이다 紹不從하니 授臨濟에 歎曰 上盈其志하고 下務其功하니 悠悠黃河여 吾其濟乎아하고 遂以疾辭하니 紹不許而意恨之러라 軍至延津南하니 操勒兵駐營南阪下하고 令騎解鞍放馬②러니 是時에 白馬輜重就道라 諸將以爲敵騎多하니 不如還保營이라한대 荀攸曰 此所以餌敵이라 如何去之리오 操顧攸而笑러라

① 〈"還迎不晩"은〉 돌아와서 延津에 머물러 주둔해 있는 大軍을 맞이하는 것이다.
還迎留屯大軍也.

② 南阪은 白馬山의 남쪽에 있다. 白馬山은 동남쪽으로 白馬縣 故城과의 거리가 50리쯤 되는

지점에 있다.[37]

南阪, 在白馬山南. 白馬山, 〔東〕[38]南距白馬縣故城可五十里.

【目】 袁紹의 騎兵將 文醜가 劉備와 함께 5, 6천의 기병을 거느리고 전후로 이르자, 曹操의 장수들이 아뢰기를 "말에 오를(싸울) 만합니다." 하였으나 조조는 말하기를 "아직은 아니다." 하였다. 잠시 후에 원소의 기병이 점점 더 많이 도착해서 혹은 군대를 나누어 曹操軍의 輜重을 공격하자, 조조가 말하기를 "말에 오를 만하다." 하니, 이에 모두 말에 올라 마음대로 공격해서 원소의 군대를 대파하고 문추를 참살하였다.

문추와 顔良은 모두 원소의 명장인데 조조군이 두 번 싸워 모두 잡아서 죽이니, 袁紹軍의 사기가 크게 꺾였다.

紹騎將文醜與劉備로 將五六千騎하여 前後至하니 諸將白 可上馬라한대 操曰 未也라 有頃에 騎至稍多하여 或分趣輜重이어늘 操曰 可矣라하니 乃皆上馬하여 縱擊大破之하고 斬醜하다 醜, 良은 皆紹名將이라 再戰禽之하니 紹軍이 奪氣러라

【目】 처음에 曹操는 關羽의 사람됨을 장하게 여겼으나 그가 자기의 곁에 머물 뜻이 없다는 것을 살펴보고 張遼를 시켜 그의 심정을 묻자, 관우가 탄식하기를 "曹公께서 나를 후대하시는 것을 내가 잘 알고 있으나 나는 劉將軍(劉備)의 은덕을 입어서 함께 죽기로 맹세하였으니, 그를 배반할 수가 없습니다. 다만 功를 세워서 조공에게 보답한 뒤에 비로소 떠날 것입니다." 하였다. 장료가 관우의 말을 조조에게 보고하니, 조조가 의롭

關羽

37) 白馬山은……있다 : ≪水經注≫ 권5 〈河水〉에 "동남쪽으로 白馬縣 故城과의 거리가 50리쯤 되니, 아마도 곧 ≪開山圖≫에서 말한 白馬山인 듯하다.〔東南距白馬縣故城可五十里 疑卽開山圖之所謂白馬山也〕"라고 한 내용이 보인다.

38) 〔東〕 : 저본에는 '東'자가 없으나 ≪水經注≫에 의거하여 보충하였다.

게 여겼다.

관우가 顔良을 죽였을 때에 조조는 관우가 반드시 떠날 것을 알고 크게 賞賜를 더 하사하였는데, 관우는 하사받은 것들을 모두 封緘하고 글을 올려 하직을 고하고 袁紹 軍中의 劉備에게 달려갔다.

左右가 그를 추격하려 하자 조조가 말하기를 "저 사람도 각기 그 주인을 위하는 것이니, 쫓지 말라." 하였다.

조조가 官渡로 돌아와 주둔하였는데, 閻柔가 조조에게 사자를 보내오니 조조가 염유를 烏桓校尉로 삼았다.

鮮于輔가 직접 찾아와서 조조를 만나보니, 조조가 그를 度遼將軍으로 삼아 돌아가서 幽州의 땅을 鎭守하게 하였다.

初에 操壯關羽之爲人이로되 而察其無留意하고 使張遼로 以其情問之한대 羽歎曰 吾極知曹公待我厚나 然吾受劉將軍恩하여 誓以共死하니 不可背之라 要當立效하여 以報曹公하고 乃去耳로라 遼以報操하니 操義之러니 及殺良에 操知其必去하고 重加賞賜러니 羽盡封其所賜하고 拜書告辭하고 而犇劉備於袁軍①하니 左右欲追之어늘 操曰 彼各爲其主니 勿追也하라 操還軍官渡하니 閻柔遣使詣操어늘 操以柔爲烏桓校尉하고 鮮于輔來見이어늘 操以爲度遼將軍하여 還鎭幽土하다

① 〈"袁軍"은〉 袁紹의 군대이다.
袁紹軍也.

【綱】 孫策이 卒하자, 그 아우 孫權이 대신하여 그 군대를 거느렸다.

孫策이 卒하니 弟權이 代領其衆하다

【目】 孫策이 빈틈을 타 許都를 습격하려고 하였으나 배치한 군대가 아직 출동하지 않았는데, 때마침 이보다 앞서 손책이 죽였던 吳郡太守 許貢의 家奴가 〈허공을 위해 복수하고자 하여〉 손책이 사냥을 나가는 것을 기회로 삼아 대나무 숲 속에 엎드려 있다가 화살을 쏘아 손책의 뺨을 맞추어서 그 創傷이 심하였다.

이에 손책이 張昭 등을 불러서 이르기를 "中國(中原)이 한창 혼란하니, 吳越 지역의 많은 사람과 三江의 險固함을 가지고 충분히 성공과 실패를 관망할 수 있다. 公 등은 내 아우를 잘 보필하라." 하고, 孫權을 불러서 印綬를 채워주고 이르기를 "두 진영 사이에서 기회를 노려 천하의 영웅들과 승패를 다툼은 卿이 나만 못하고, 어진 사람을 들어

쓰고 유능한 사람에게 맡겨서 각각 그 마음을 다하게 하여 江東을 보존하는 것은 내가 卿만 못하다." 하였다.

손책이 마침내 죽으니, 당시 나이가 26세였다.

策이 欲乘虛襲許나 部署未發이러니 會에 先所殺吳郡太守許貢奴客이 因其出獵하여 伏篁竹中이라가 射之中頰(협)하여 創甚①이라 召張昭等하여 謂曰 中國方亂하니 以吳, 越之衆과 三江之固로 足以觀成敗②라 公等은 善相吾弟③하라하고 呼權하여 佩以印綬하고 謂曰 決機於兩陳之間하여 與天下爭衡은 卿不如我④요 擧賢任能하여 各盡其心하여 以保江東은 我不如卿이라하고 遂卒하니 時年二十六이라

① 中(맞히다)은 去聲이다. 頰은 얼굴의 옆면이다.
中, 去聲. 頰, 面旁也.
② 三江은 吳松江과 錢塘江과 浦陽江을 이른다.
三江, 謂吳松江・錢塘江・浦陽江也.
③ 相(돕다)은 息亮의 切이다.
相, 息亮切.
④ 陳(진영)은 陣으로 읽는다. 衡(저울대)은 輕重을 공평하게 하는 것이다. "爭衡"은 분열하여 다투는 세상에서 兵力이 어느 한쪽에 더해지면 천하의 大勢가 이 때문에 가벼워졌다 무거워졌다 함을 말한다.
陳, 讀曰陣. 衡, 所以平輕重也. 爭衡, 言分爭之世, 兵力所加, 天下大勢爲之輕重也.

【目】 孫權이 슬퍼하며 울부짖어서 軍事를 돌보지 않자, 張昭가 말하기를 "孫孝廉아! 지금이 곡할 때란 말인가." 하고, 마침내 손권의 의복을 갈아입히고 그를 부축하여 말에 태워서 밖으로 나가 군대를 순시하게 하였다. 그리고 위로는 朝廷에 表文을 올리고 아래로는 屬城(소속된 城邑)에 移文을 돌리고 안팎의 將校들에게 각각 직분을 다하도록 명령하였다.

周瑜가 巴丘로부터 군대를 거느리고 喪에 달려와 머물면서 장소와 함께 軍事를 관장하였다. 당시 孫策이 비록 會稽, 吳郡, 丹陽, 豫章, 廬江, 廬陵을 점유하였지만 궁벽하고 험한 지역에서는 아직도 전부 복종하지 않았다. 流亡하여 우거하는 士人들은 모두 자신의 安危에 따라서 거취를 생각하여 확고한 군신 관계가 없었는데, 장소와 주유 등은 이르기를 "손권은 함께 大業을 성취할 수 있다." 하여 마침내 마음을 다하여 그를 섬겼다.

權이 悲號하여 未視事러니 昭曰 孝廉아 此寧哭時邪①아하고 乃易權服하고 扶上馬하여 使出巡軍하고

上表朝廷하고 下移屬城하고 中外將校를 各令奉職하다 周瑜自巴丘將兵赴喪하여 留하여 與張昭共掌衆事②러니 時策이 雖有會稽, 吳郡, 丹陽, 豫章, 廬江, 廬陵이나 然深險之地 猶未盡從이라 流寓之士 皆以安危去就爲意하여 未有君臣之固어늘 而昭, 瑜等이 謂權可與共成大業이라하여 遂委心而服事焉하다

① 孫權이 이에 앞서 陽羨縣長이 되었는데, 郡에서 그를 孝廉(효도하고 청렴한 사람)으로 살펴서 천거하였기 때문에 이것으로 그를 칭한 것이다.
權先爲陽羨長, 郡察孝廉, 故以稱之.

② ≪資治通鑑≫에서 지난해에 "周瑜를 남겨두어 巴丘를 鎭守하게 하였다." 하였는데, 이에 대한 胡三省의 註에 다음과 같이 말하였다.
"裴松之가 말하였다. '살펴보건대, 孫策이 이때에 처음으로 豫章과 廬陵을 얻었으나 여전히 江夏를 평정하지는 못하였다. 주유가 鎭駐한 곳은 응당 지금의 巴丘縣이 있었을 것이니, 이후에 주유가 卒한 巴丘라는 곳과는 같지 않다.' 내가 ≪晉書≫ 〈地理志〉에 근거해보건대 廬陵郡에 巴丘縣이 있다.[39] 沈約이 말하기를 '〈이 巴丘縣은〉 晉나라가 세웠다.' 하였으니, 지금 撫州 崇仁縣이 바로 그곳이다. 梁나라 때에 巴丘를 바꾸어 巴山이라고 하였다."
通鑑上年"留周瑜鎭巴丘." 胡三省註"裴松之曰'案孫策于時, 始得豫章·廬陵, 尙未能得定江夏, 瑜之所鎭, 應在今巴丘縣也. 與後所卒巴丘處不同.' 余據晉地理志, 廬陵郡有巴丘縣. 沈約曰 晉立. 今撫州崇仁縣, 卽其地. 梁改巴丘曰巴山."

【綱】 가을에 袁紹가 劉備를 보내어 汝南과 潁川 지역 일대를 침략하자 曹操가 공격하여 패주시켰는데, 유비가 다시 원소의 군대를 거느리고서 여남에 이르렀다.

秋에 袁紹遣劉備하여 略汝, 潁이어늘 曹操擊走之러니 備復以紹兵으로 至汝南[40]하다

【目】 汝南郡에 있는 黃巾賊의 우두머리인 劉辟 등이 曹操를 배반하고 袁紹에게 호응하자, 원소가 劉備를 보내어 군대를 거느리고 가서 유벽을 돕게 하니, 주위의 郡과 縣이

---

39) 晉書……있다 : ≪晉書≫ 권15 〈地理志〉 '揚州 廬陵郡' 조에 의하면, 廬陵郡이 統轄하는 縣은 西昌, 高昌, 石陽, 巴丘, 南野, 東昌, 遂興, 吉陽, 興平, 陽豊 등 총 10곳이다.

40) 袁紹遣劉備……至汝南 : "劉備에 대해서 일찍이 '曹操를 토벌하였다.'라고 썼으니, 이는 또한 조조를 적으로 여긴 것이다. 그런데 여기에서는 어찌하여 略을 쓰고 至를 쓰기를 常辭(보통의 말)와 같이 하였는가. 이는 의로운 토벌이 아니어서이다. 의로운 토벌이 아님은 어째서인가. 袁紹가 보냈기 때문이다. ≪資治通鑑綱目≫은 원소를 미워하기 때문에 汝南의 전투에서 유비가 조조의 장수를 죽인 것을 쓰지 않았다.〔備嘗書討操矣 是亦敵操也 曷爲書略書至如常辭 非義討也 其非義討 何 紹遣之也 綱目惡(오)紹 故汝南之戰 備殺操將不書〕" ≪書法≫

대부분 호응하였다.

陽安都尉 李通이 戶調(家戶마다 부과하는 무명과 비단)를 급히 징수하니, 朗陵縣長 趙儼이 다음과 같이 편지를 써서 荀彧에게 보내었다.

"지금 陽安의 백성들이 곤궁하고 인근의 城들이 모두 배반하니, 이 때문에 형세가 기울어져 동요되기 쉬운바, 이는 바로 한 지역의 안위가 달려 있는 중요한 관건입니다. 또한 이 郡의 사람들은 忠節을 잡아 지켜서 어려운 상황에 처해서도 두 마음을 품지 않았습니다. 생각건대 國家에서는 마땅히 慰撫해주어야 하는데 더욱 급하게 무명과 비단을 징수하니, 그렇다면 어떻게 善을 권할 수 있겠습니까."

순욱이 즉시 조조에게 아뢰어 징수한 무명과 비단을 전부 다 백성들에게 돌려주니, 상하가 모두 기뻐하여 郡內가 마침내 안정되었다.

汝南黃巾劉辟等이 叛曹操하고 應袁紹어늘 紹遣劉備하여 將兵助辟하니 郡縣多應之러라 陽安都尉李通이 急錄戶調①러니 朗陵長趙儼이 以書與荀彧曰② 今陽安百姓이 困窮하고 隣城이 竝叛하니 易(이)用傾蕩이라 乃一方安危之機也라 且此郡人이 執忠守節하여 在險不貳하니 以爲國家宜垂慰撫요 而更急斂綿絹이면 何以勸善이리오 彧이 卽白操하여 悉以綿絹還民하니 上下歡喜하여 郡內遂安하다

① 曹操가 汝南縣을 두 縣(朗陵과 陽安)으로 나누고 陽安都尉를 설치하였다. 錄은 거두어들임이다. 家戶마다 무명과 비단을 세금으로 내는 것을 調라고 이른다.
操分汝南二縣, 置陽安都尉. 錄, 收拾也. 戶出綿絹, 謂之調.

② 朗陵 또한 汝南縣이니, 陽安에 분속되었다.
朗陵, 亦汝南縣, 分屬陽安.

【目】 당시 曹操가 새로운 科條(法令)를 제정하고 州와 郡에 내려서 시행하게 하였는데 〈이전에 비해〉 자못 더욱 준엄하였고 무명과 비단을 징수하는 것도 급하게 하자, 長廣太守 何夔가 조조에게 다음과 같이 말하였다.

"先王이 九服의 賦稅를 분별하여 遠近에 따라 달리하였고, 三典의 형벌을 제정하여 治亂을 고르게 하였습니다. 제가 생각하건대, 이 長廣郡의 경우에는 마땅히 변방의 먼 지역과 새로 귀의한 나라에 적용하는 법을 따라야 하니, 민간의 작은 일은 長吏에게 그때그때 상황에 따라 처리하여 위로는 조정의 正法을 어기지 않고 아래로는 백성의 마음에 순응하게 해야 합니다. 이렇게 하면, 3년이 지난 뒤에는 백성들이 生業에 편안하게 될 것입니다. 그러한 뒤에야 비로소 법으로써 다스릴 수 있습니다."

이에 조조가 그의 말을 따랐다.

時에 操制新科하고 下州郡하여 頗增嚴峻하고 而調綿絹方急하니 長廣太守何夔 言於操曰① 先王이 辨九服之賦하여 以殊遠近②하고 制三典之刑하여 以平治亂③이라 愚以爲此郡이 宜依遠域新邦之典하니 其民間小事는 使長吏臨時隨宜하여 上不背正法하고 下以順百姓之心이면 比及三年에 民安其業하리니 然後에 乃可齊之以法也니이다 操從之하다

① 長廣縣은 前漢 때에는 琅邪郡에 속하였고 後漢 때에는 東萊郡에 속하였다. 여기서는 아마도 曹操가 樂進을 靑州로 들여보내어 장광현을 새로 거두어 郡으로 삼은 것인 듯하다.
長廣縣, 前漢屬琅邪郡, 後漢屬東萊郡. 此蓋操遣樂進入靑州, 新收以爲郡.

② 〈"九服"은〉 ≪周禮≫ 〈秋官 大行人〉에 "邦畿(王畿, 천자의 도읍)는 사방 1,000리이다. 邦畿의 밖 사방 500리 지역을 侯服이라 이르니, 1년에 한 번 천자를 朝見하고 공물은 祀物(제사에 쓰는 물건)이다. 또 侯服 밖 사방 500리 지역을 甸服이라 이르니, 2년에 한 번 천자를 조현하고 공물은 嬪物(賓客을 접대하는 데에 쓰는 물건)이다.[41] 또 甸服 밖 사방 500리 지역을 男服이라 이르니, 3년에 한 번 천자를 조현하고 공물은 器物(宗廟에 쓰는 祭器)이다. 또 男服 밖 사방 500리 지역을 采服이라 이르니, 4년에 한 번 천자를 조현하고 공물은 服物(祭服을 만드는 재료)이다. 또 采服 밖 사방 500리 지역을 衛服이라 이르니, 5년에 한 번 천자를 조현하고 공물은 材物(대나무와 木材)이다. 또 衛服 밖 사방 500리 지역을 要服이라 이르니, 6년에 한 번 천자를 조현하고 공물은 貨物(金玉과 龜甲과 조개 등 자연물)이다. 九州(六服) 밖을 蕃國이라 하니, 한 王代에 한 번 천자를 조현하고, 각각 귀하게 여기는 보물을 폐백으로 삼는다." 하였는데, 鄭玄의 주에 "九州의 밖은 夷服과 鎭服과 蕃服이다." 하였다.
禮秋官大行人 "邦畿方千里. 其外方五百里謂之侯服, 歲一見, 其貢祀物. 又其外方五百里謂之甸服, 二歲一見, 其貢嬪物. 又其外方五百里謂之男服, 三歲一見, 其貢器物. 又其外方五百里謂之采服, 四歲一見, 其貢服物. 又其外方五百里謂之衛服, 五歲一見, 其貢材物. 又其外方五百里謂之要服, 六歲一見, 其貢貨物. 九州之外謂之蕃國, 世一見, 各以其所貴寶爲贄." 注 "九州之外, 夷服・鎭服・蕃服."

③ 〈"三典"은〉 ≪周禮≫ 〈秋官 大司寇〉에 "大司寇는 천하를 다스리는 세 가지 법을 세우고 반포

41) 공물은 嬪物이다 : 이에 대한 鄭玄의 주에 "鄭司農이 말하였다. '嬪物은 婦人이 만드는 물건이다.'……내가 생각건대, 嬪物은 생사와 모시이다.〔鄭司農云 嬪物 婦人所爲物也……玄謂 嬪物絲枲也〕"라고 설명하였으며, 또한 ≪周禮≫ 〈天官 太宰〉의 '嬪貢'에 대한 정현의 주에 "嬪은 옛 책에 賓으로 되어 있다.〔嬪 故書作賓〕"라고 설명하였다. 淸代의 王引之는 ≪經義述聞≫ 권8 〈周官 上〉 '嬪貢 其貢嬪物' 조에서 다음과 같이 설명하였다. "賓은 本字이고 嬪은 借字이니, 마땅히 本字와 같이 읽어야 하고 借字를 따라서 풀이해서는 안 된다.……또 살펴보건대, ≪周禮≫ 〈秋官 大行人〉에 '侯服의 공물은 祀物이고, 甸服의 공물은 嬪物이다.' 하였는데, 여기의 嬪 역시 마땅히 賓으로 읽어야 하니, 祀物은 제사 지내는 일에 사용하는 물건이고, 賓物은 빈객을 접대하는 일에 사용하는 물건이다.〔賓本字也 嬪借字也 讀當如其本字 不當依借字爲解……又案 秋官大行人 侯服其貢祀物 甸服其貢賓物 嬪亦當讀爲賓 祀物 祭祀之事所用之物 賓物 賓客之事所用之物也〕"

하는 것을 관장하여 王이 법을 어긴 제후국을 징벌하는 것을 보좌한다. 첫 번째는 새로 세워진 나라를 징벌할 적에는 輕法을 쓰는 것이고,[42] 두 번째는 세운 지 오래된 나라를 징벌할 적에는 中法(常法)을 쓰는 것이고[43], 세 번째는 어지러운 나라[44]를 징벌할 적에는 重法을 쓰는 것이다." 하였다.
禮秋官大司寇 "掌建邦之三典, 以佐王刑邦國. 一曰刑新國用輕典, 二曰刑平國用中典, 三曰刑亂國用重典."

【目】 劉備가 汝南과 潁川 지역 일대를 침략하자, 曹操가 曹仁을 시켜 유비를 공격하여 패주시키고 배반한 縣들을 전부 수복하였다.

유비가 돌아와 袁紹를 설득하여 남쪽으로 劉表와 연합하게 하였다. 원소가 유비를 보내어 다시 汝南에 이르니, 조조가 장수를 보내어 공격하게 하였으나 유비에게 죽임을 당하였다.

劉備略汝, 潁之間이어늘 操使曹仁擊破走之하고 盡復收諸叛縣①하니 備還說(세)紹하여 南連劉表한대 紹遣備하여 復至汝南하니 操遣將擊之나 爲備所殺하다

① 曹仁은 曹操의 從弟이다.
仁, 操從弟也.

【綱】 9월 초하루에 일식이 있었다.

九月朔에 日食하다

【綱】 袁紹가 官渡에서 曹操를 공격하였는데 겨울 10월에 조조가 원소의 輜重隊를 습격하여 격파하니, 원소의 군대가 크게 무너졌다.

◑ 袁紹攻曹操於官渡[45]러니 冬十月에 操襲破其輜重하니 紹軍이 大潰하다

42) 첫 번째는……것이고 : 이에 대한 鄭玄의 주에 "그 백성들이 아직 가르침에 익숙하지 못하기 때문이다.〔爲其民未習於敎〕"라고 설명하였다.

43) 두 번째는……것이고 : 원문의 '平國'에 대해서 孫詒讓의 ≪周禮正義≫에 "나라를 세운 지 오래되어서 태평하여 아무런 일이 없는 것을 이른다.〔謂立國日久 承平無事者也〕"라고 설명하였다.

44) 어지러운 나라 : 이에 대한 鄭玄의 주에 "찬탈하고 시해하며 반역하는 나라〔簒殺叛逆之國〕"라고 설명하였다.

45) 袁紹攻曹操於官渡 : "袁紹가 州와 郡에 檄文을 돌려서 曹操의 죄악을 낱낱이 열거하였는데, ≪資治通鑑綱目≫은 어째서 '曹操를 토벌하였다.'라고 쓰지 않았는가. 원소는 본래 勤王하려는 마음이 없었으니, 사실 이 또한 조조가 한 짓을 하고자 한 것에 불과할 뿐이다. 그러니 어찌 帝室을 보좌하고

【目】袁紹가 陽武縣에 주둔하였는데, 沮授가 다음과 같이 설득하였다.

"우리의 북쪽 군대는 비록 수효가 많으나 굳셈과 과감함이 曹操의 남쪽 군대에 미치지 못하고, 남쪽 군대는 비록 정예로우나 물자와 저축이 북쪽 군대만 못합니다. 남쪽 군대는 급히 싸우는 것을 바라고 북쪽 군대는 이로움이 出兵을 늦추는 데에 있으니, 천천히 持久戰을 하여 시일을 끄는 것이 마땅합니다."

그러나 원소가 이 말을 따르지 않았다.

袁紹軍陽武①러니 沮授說(세)曰 北兵雖衆이나 而勁果不及南하고 南兵雖精이나 而資儲不如北하니 南幸於急戰이요 北利在緩師라 宜徐持久하여 曠以日月이니이다 紹不從하다

① 陽武縣은 河南尹에 속하였으니, 官渡水의 북쪽에 있었다.
陽武縣, 屬河南尹, 在官渡水北.

【目】8월에 袁紹의 進駐한 군대가 차츰 전진하여 그 營壘가 동서로 수십 리나 되니, 曹操 또한 군영을 나누어 袁紹軍의 영루에 상대하였다. 조조가 출병하여 싸웠으나 이기지 못하고는 다시 돌아와 營壁을 굳게 지키고 나가서 싸우지 않으니, 원소가 高櫓[46]를 만들고 土山을 일으키고 地道를 파서 공격하였다. 조조의 군대는 병력이 적고 군량이 다하여 사졸들이 피로하고 곤핍하였으며 많은 백성들이 배반하였다.

조조가 荀彧에게 편지를 보내어 許都로 돌아가 원소의 군대를 유인하여 오게 하려는 것에 대해 의논하였는데, 순욱이 다음과 같이 답하였다.

"원소가 전군을 官渡에 결집시켜 公과 勝敗를 결단하고자 하니, 公은 지극히 약한 병력으로 지극히 강한 병력을 상대하는 것입니다. 만약 적을 제압하지 못하면 반드시 적에게 제압을 당할 것이니, 이는 천하를 취할 수 있는 중요한 관건입니다. 또한 원소는 보통 사람들 가운데 영웅일 뿐이어서 인재를 모았으나 제대로 쓰지 못합니다. 公은 神武함과 명철함에다가 大順(天道에 순응함)으로 돕는다면, 어디로 향해 간들 이루지 못할 바가 있겠습니까. 지금 곡식이 비록 부족하지만 項羽의 楚나라와 劉邦의 漢나라가 滎陽

높여서 漢나라의 忠純한 신하가 될 수 있겠는가. 만약 曹操가 성공하지 못했다면 진실로 漢나라를 찬탈할 수 없었을 것이요, 원소가 공만일 성공함이 있었다면 이 역시 한 명의 조조일 뿐이다. 그러니 군자가 어찌 지나치게 원소를 인정할 수 있겠는가.〔袁紹移檄州郡 數操罪惡 綱目何不以討操書之 蓋紹素無勤王之心 其實不過亦欲爲操所爲耳 豈能翊戴帝室 爲漢氏之純臣耶 使操無成 固不能以簒漢 紹而有成 是亦一操而已 君子豈得過予之哉〕"《發明》

46) 高櫓 : 樓櫓라고도 하는바, 고대에 軍中에서 망을 보거나 공격하고 수비하는 데에 쓰였던 높은 누대이다. 지붕이 없으며 지면 또는 수레나 배의 위에 세웠다.

(형양)과 成皐의 사이에서 서로 대치하던 상황과는 같지 않으니, 이때 유방과 항우가 먼저 물러나려고 하지 않았던 것은 먼저 물러나면 勢가 굽혀진다고 여겼기 때문입니다. 公이 袁紹軍의 십분의 일 밖에 안 되는 병력으로 땅을 구획하여 지켜서 그 咽喉(要地)를 죄어 나아갈 수 없게 한 지가 이미 반년입니다. 정황이 드러나고 勢가 다하면 반드시 변고가 있게 될 것인바, 이는 기묘한 計略을 써서 승리할 때이니 놓쳐서는 안 됩니다."

조조가 이에 영벽을 굳게 지켜 원소와 대치하였다.

八月에 紹進營稍前하여 東西數十里라 操亦分營與相當하여 出兵戰不勝하여 復還堅壁이어늘 紹爲高櫓, 起土山하고 爲地道하여 攻之하니 操衆少糧盡하여 士卒疲乏하고 百姓多叛이라 操與荀彧書하여 議欲還許하여 以致紹師①러니 彧報曰 紹悉衆聚官渡하여 欲與公決勝敗니 公以至弱當至彊이라 若不能制면 必爲所乘이니 是天下之大機也라 且紹는 布衣之雄耳라 能聚人而不能用하니 以公之神武明哲으로 而輔以大順이면 何向而不濟리오 今穀雖少나 未若楚, 漢在滎陽, 成皐間也니 是時에 劉, 項이 莫肯先退者는 以爲先退則勢屈也라 公이 以十分居一之衆②으로 畫地而守之③하여 搤其喉而不得進이 已半年矣④라 情見(현)勢竭이면 必將有變이니 此用奇之時라 不可失也⑤니이다 操乃堅壁持之하다

① 致(이르게 하다)는 至와 같다. 兵法에 "전쟁을 잘하는 자는 적을 유인하여 오게 하고, 적에게 끌려가지 않는 것이다."[47] 하였다.
致, 猶至也. 兵法 "善戰者致人, 不致於人."
② 〈"以十分居一之衆"은〉 袁紹의 병력과 그 차이가 현격함을 말한 것이다.
言與紹衆相懸也.
③ 〈"畫地而守之"는〉 땅을 구획하여 限隔(경계)을 만듦을 말한 것이다.
言畫地作限隔也.
④ 搤는 잡아 쥠이다. 喉는 목구멍이다.
搤, 捉也. 喉, 咽也.
⑤ 見(나타나다)은 賢遍의 切이다.
見, 賢遍切.

【目】袁紹의 곡식을 운반하는 수레 수천 대가 官渡에 이르렀는데, 曹操가 공격하여 불태웠다.

10월에 원소가 다시 군대를 보내 곡식을 운반할 적에 淳于瓊 등에게 군대를 거느려 호송하게 하였는데 沮授가 원소를 설득하기를 "〈蔣奇를 파견하여〉 별도로 외부에 支軍

47) 전쟁을……것이다 : 이 내용은 ≪孫子≫ 〈虛實〉에 보인다.

(별동대)을 거느려서 曹操軍의 노략을 차단하여야 합니다." 하였고, 또 許攸가 말하기를 "조조가 전군을 동원하여 우리를 막고 있으니, 許下(許都)는 형세상 틀림없이 텅 비고 약할 것입니다. 만약 경무장한 군대를 나누어 보내어 밤을 새워 급히 가서 불의에 습격하면 허도를 함락시킬 수 있습니다. 허도가 함락되거든 천자를 받들어 맞이하여 조조를 토벌하면 조조를 사로잡을 수 있고, 만일 〈허도가〉 궤멸되지 않더라도 그 부대가 조조군의 앞뒤로 하여 분주히 응대하게 할 수 있으니, 틀림없이 격파될 것입니다." 하였다. 그러나 원소는 모두 따르지 않았다.

紹運穀車數千乘하여 至官渡어늘 操擊燒之하다 十月에 紹復遣軍運穀할새 使淳于瓊等으로 將兵送之러니 沮授說(세)紹호되 可別爲支軍於表[48]하여 以絶曹操之鈔①니이다 許攸曰 曹操悉師拒我하니 許下勢必空弱이니 若分遣輕軍하여 星行掩襲이면 許를 可拔也②라 許拔則奉迎天子하여 以討操면 操成禽矣요 如其未潰라도 可令首尾犇命이니 破之必也리이다 紹皆不從이러라

① 支는 別(별도)이고 表는 밖이다.
支, 別也. 表, 外也.
② "星行"은 〈아침 일찍 나가고 밤늦게 돌아와〉 별을 머리에 이고 가는 것이다.
星行, 戴星而行也.

【目】이때 마침 許攸의 집안사람이 법을 범하였는데, 審配가 그를 체포하여 옥에 가두자 허유가 노하여 마침내 달아나 曹操에게 의탁하였다.

조조는 허유가 왔다는 소식을 듣고 맨발로 뛰어나가 그를 영접하여 손뼉을 치고 웃으며 말하기를 "子卿이 먼 곳에서 왔으니, 나의 일이 이루어질 것이다." 하였다.

허유가 들어가 자리에 앉은 뒤에 조조에게 이르기를 "袁氏(袁紹)의 군대가 강성하니, 어떻게 대응할 것입니까? 지금 얼마의 양식이 있습니까?" 하고 물었다. 조조가 말하기를 "한 달 정도 버틸 수 있으니, 어떻게 해야 하는가?" 하니, 허유가 다음과 같이 말하였다.

"袁紹의 輜重車 1만여 대가 故市와 烏巢에 있는데 그곳에 주둔하여 지키는 군대는 경비가 삼엄하지 않으니, 만약 경무장한 군대로 습격하여 쌓여 있는 양식을 불태우면 사흘도 못 되어 원소는 스스로 패할 것입니다."

會에 攸家犯法①이어늘 審配收繫之한대 攸怒하여 遂犇操하니 操聞其來하고 跣出迎之하여 撫掌笑

48) 可別爲支軍於表 : ≪資治通鑑≫에는 "可遣蔣奇別爲支軍於表"로 되어 있다.

曰 子卿이 遠來하니 吾事濟矣[②]로다 旣入坐에 謂操曰 袁氏軍盛하니 何以待之오 今有幾糧乎아 操曰 可支一月이니 爲之奈何오 攸曰 袁氏輜重萬餘乘이 在故市, 烏巢하여 屯軍無嚴備[③]하니 若以輕兵襲之하여 燔其積聚면 不過三日에 袁氏自敗也리이다

① "攸家"는 許攸의 집안사람이다.
攸家, 許攸之家人.

② 許攸의 字는 子遠인데 지금 子卿이라고 부른 것은 그를 귀하게 여긴 것이다. 혹자는 말하였다. "曹操가 허유의 자를 부르며 '子遠아, 卿이 왔으니 나의 일이 이루어질 것이다.'라고 하는 것이 文勢에 순하다."
許攸, 字子遠, 今呼爲子卿, 貴之也. 或曰 "操字攸曰 '子遠, 卿來, 吾事濟矣.' 於文爲順."

③ ≪史記索隱≫에 "故市는 縣의 이름이니, 河南에 속한다." 하였다. 胡三省이 말하기를 "≪水經注≫에 근거하면 烏巢澤은 陳留 酸棗縣 동남쪽에 있다." 하였다.
索隱曰 "故市, 縣名, 屬河南." 胡三省曰 "據水經, 烏巢澤, 在陳留酸棗縣東南."

【目】 曹操가 크게 기뻐하여 마침내 荀攸와 曹洪을 남겨두어 本營을 지키게 하고, 자신이 직접 보병과 기병 5천 명을 거느리고서 袁紹軍의 旗幟를 사용하여 병사들에게 재갈을 물리고 말의 입을 묶고서 밤중에 샛길로 나갔다. 그런데 사람마다 섶을 한 묶음씩 껴안고 가게 하여 원소군의 輜重이 있는 곳에 이르러서 불을 놓아 급히 공격하였다.

曹操가 烏巢에 쌓여 있는 袁紹의 군량을 태우다

원소는 조조가 淳于瓊을 공격한다는 소식을 듣고 그 아들 袁譚에게 이르기를 "설령 조조가 순우경을 격파하더라도 내가 그의 本營을 함락시키면 저 조조는 진실로 돌아갈 곳이 없게 될 것이다." 하고, 이에 그 장수 高覽과 張郃 등

에게 조조의 본영을 공격하게 하였다.

장합이 말하기를 "曹公의 정예병이 갔으니 반드시 순우경을 격파할 것입니다. 제가 먼저 가서 이를 구원하겠습니다." 하였으나 郭圖는 한사코 조조의 본영을 공격할 것을 청하였다. 이에 장합이 말하기를 "조공의 營壘는 견고하니 공격하더라도 반드시 함락시키지 못할 것이고, 만약 순우경 등이 사로잡히면 우리들은 모두 포로가 될 것입니다." 하였다.

원소는 다만 경무장한 기병을 보내어 순우경을 구원하게 하고, 重兵(매우 강력한 군대)으로 조조의 본영을 공격하였으나 함락시키지 못하였다. 원소의 기병이 烏巢에 이르렀는데 조조가 이를 크게 격파하여 순우경 등을 참살하고 그 양곡을 전부 불태웠다.

操大喜하여 乃留荀攸, 曹洪守營하고 自將步騎五千하여 用袁軍旗幟하여 銜枚縛馬口하고 夜從間道出하여 人抱束薪하고 至屯에 放火急擊之하다 紹聞操擊瓊하고 謂其子譚曰 就操破瓊이라도 吾拔其營이면 彼固無所歸矣①라하고 乃使其將高覽, 張郃等으로 攻操營하니 郃曰 曹公精兵이 往必破瓊이니 請先救之하노이다 郭圖固請攻操營이어늘 郃曰 曹公營固하니 攻之타도 必不拔이요 若瓊等見禽이면 吾屬이 盡爲虜矣라한대 紹但遣輕騎救瓊하여 而以重兵攻營이러니 不能下하다 騎至烏巢에 操大破之하여 斬瓊等하고 盡燔其糧穀하다

① 就(설령, 만약)는 卽이니, 〈"就操破瓊……彼固無所歸矣"는〉 설령 曹操가 淳于瓊을 격파하더라도 내가 그의 本營을 공격하여 함락시키면 조조가 장차 돌아갈 곳이 없게 될 것이라고 말한 것이다.
就, 卽也, 言卽使操破淳于瓊, 而我攻拔其營, 將無所歸.

【目】 袁紹의 병사들이 놀라 두려워하니, 郭圖가 부끄러워하여 다시 張郃을 참소하였다. 그러자 장합이 마침내 高覽과 함께 城을 공략하는 기구를 불태우고 曹操의 군영에 나아가 항복하니, 이에 원소의 군대가 놀라고 소요하여 크게 무너졌다. 원소와 원담 등이 幅巾 차림으로 말을 타고서 800명의 기병과 함께 黃河를 건넜는데 조조가 추격하였으나 따라잡지 못하고, 袁紹軍의 輜重과 圖書와 진귀한 보물들을 모조리 거두었으며, 잔여 군사 중에 항복한 자들을 조조가 모두 산 채로 땅속에 묻으니, 전후로 죽인 것이 7만여 명이었다.

沮授가 曹操軍에게 붙잡혔는데 큰 소리로 부르짖기를 "나는 항복하지 않았다." 하였다. 조조가 그와 예로부터 사귄 교분이 있어서 마침내 사면하고 후하게 대우하였는데, 저수가 이윽고 袁氏(袁紹)에게 돌아갈 것을 도모하자 조조가 마침내 그를 죽였다.

조조가 거두어들인 원소의 편지들 중에서 許下 및 軍中 사람들이 원소에게 보낸 편지를 얻었는데, 조조는 이를 모두 불태우고 말하기를 "원소가 강성했을 때엔 나도 오히려 스스로 보존할 수 없었으니, 하물며 衆人은 더 말해 무엇하겠는가." 하였다. 이에 冀州의 城邑들이 대부분 조조에게 항복하였다.

紹軍恟懼어늘 郭圖慙하여 復譖張郃하니 郃이 遂與覽焚攻具하고 詣操營降하니 於是에 紹軍이 驚擾大潰라 紹及譚等이 幅巾乘馬하여 與八百騎渡河어늘 操追之不及하고 盡收其輜重, 圖書, 珍寶하고 餘衆降者를 操盡阬之하니 前後所殺이 七萬餘人이러라 沮授爲操軍所執하여 大呼曰 授不降也로라 操與之有舊라 遂赦而厚遇焉이러니 授尋謀歸袁氏하니 操乃殺之하다 操收紹書中得許下及軍中人書하여 皆焚之하고 曰 當紹之彊에 孤猶不能自保온 況衆人乎아하니 冀州城邑이 多降於操하다

【目】袁紹가 달아나 黎陽의 黃河 북쪽 기슭에 이르러서 그의 장수 蔣義渠의 군영에 들어가자, 장의거가 〈원소를 위하여〉 자신의 군막을 피해주어 원소를 거처하게 하고 그 안에서 호령을 내리게 하였다. 그러자 흩어졌던 병사들이 원소가 살아 있다는 말을 듣고 차츰 다시 돌아왔다.

어떤 사람이 田豐에게 이르기를 "그대는 반드시 重用될 것이다." 하였는데, 전풍이 다음과 같이 말하였다.

"袁公이 겉으로는 관대하지만 속으로는 시기하니 나의 충정을 믿지 않는다. 만약 싸움에 이겨서 기뻐하였더라면 오히려 나를 사면해줄 수 있겠지만 지금 싸움에 져서 화가 났으니, 나는 살기를 바랄 수 없다."

원소가 逢紀에게 이르기를 "田別駕가 앞서 나에게 출병하지 말 것을 간하였으니, 내가 또한 이를 부끄럽게 여기는 바이다." 하였는데, 봉기가 말하기를 "전풍이 장군께서 퇴각하신 것을 듣고서 손뼉을 치며 크게 웃고 자신의 말이 적중한 것을 기뻐하였습니다." 하였다. 원소가 이에 요속들에게 이르기를 "내가 전풍의 말을 따르지 않아서 과연 비웃음을 당하였다." 하고는 마침내 그를 죽였다.

원소는 사람됨이 너그럽고 고아하며 기국과 도량이 있어서 기쁨과 노여움을 얼굴빛에 나타내지 않았으나 성품이 교만하고 괴팍하여 스스로 높은 체해서 善言을 따르는 데에 부족하였다. 그러므로 실패함에 이른 것이다.

紹走하여 至黎陽北岸하여 入其將蔣義渠營한대 義渠避帳而處之하고 使宣號令하니 衆聞紹在하고

稍復歸之러라 或謂田豐曰 君必見重矣로다 豐曰 公이 貌寬而內忌하니 不亮吾忠[①]이라 若勝而喜면 猶能赦之어니와 今戰敗而恚(에)하니 吾不望生이로라 紹謂(逢)〔逢〕紀曰 田別駕前諫止吾하니 吾亦慙之하노라 紀曰 豐聞將軍之退하고 拊手大笑하여 喜其言之中也니이다 紹於是이 謂僚屬曰 吾不用田豐言하여 果爲所笑라하고 遂殺之하다 紹爲人이 寬雅有局度하여 喜怒를 不形於色이나 而性이 矜愎自高하여 短於從善이라 故로 至於敗[②]하니라

① 亮은 믿음이며 밝음이다.
亮, 信也, 明也.
② 愎은 弼力의 切이니, 어그러짐이며 悖戾함이다.
愎, 弼力切, 戾也, 狠也.

【綱】孛星이 大梁에 나타났다.

有星孛于大梁[①]하다

① 胃宿 7도로부터 畢宿 10도까지를 大梁의 位次(分野)라고 한다.
自胃七度至畢十度, 曰大梁之次.

【綱】劉馥을 揚州刺史로 삼았다.

◑ 以劉馥爲揚州刺史하다

【目】廬江 사람 梅乾 등이 수만 명의 무리를 모아 長江과 淮河 일대에 있었는데, 曹操가 表文을 올려 劉馥을 揚州刺史로 삼았다. 당시 揚州는 오직 九江郡만을 점유하였는데, 유복이 匹馬로 合肥의 빈 성에 이르러 州의 治所를 건립하고 매건 등을 招撫하여 회유하니, 은혜와 교화가 크게 행해져 流亡한 백성들 중에 돌아온 자가 만 명으로 헤아려졌다. 유복이 마침내 屯田을 확대하고 못과 보를 일으키니, 관부와 백성들 모두 저축이 있게 되었다. 이에 諸生을 모아 學校를 세우고, 또 성벽과 보루를 높게 만들고 나무와 돌을 많이 쌓아놓아서 수비하고 전투하는 대비를 갖추었다.

廬江梅乾等이 聚衆數萬하여 在江, 淮間이러니 曹操表馥刺揚州라니 時에 揚州獨有九江[①]이라 馥이 單馬造合肥空城하여 建立州治[②]하고 招懷乾等하니 恩化大行하여 流民歸者以萬數라 於是에 廣屯田, 興陂堨(피알)하니 官民有畜[③]이라 乃聚諸生立學校하고 又高爲城壘, 多積木石하여 以修守戰之備하니라

① 당시에 〈揚州의 郡 중에〉 廬江, 丹陽, 會稽, 吳郡, 豫章이 모두 孫氏에게 속하였고, 劉馥이 맡은 揚州刺史는 오직 九江郡만 점유하였을 뿐이다.
時廬江・丹(楊)〔陽〕[49]・會稽・吳郡・豫章皆屬孫氏. 馥刺揚州, 獨有九江耳.

② ≪後漢書≫〈郡國志〉에 의하면 漢나라의 揚州刺史는 歷陽에 治所를 두었다.[50] 지금 劉馥이 合肥로 옮기고, 뒤에 또 壽春으로 치소를 옮겼는데, 江左(江東, 吳나라)의 揚州는 建業에 치소를 두어서 양주가 나뉘었다.
郡國志, 漢揚州刺史治歷陽. 今馥移合肥, 後又移治壽春, 而江左揚州治建業, 揚州分矣.

③ 陂는 못(저수지)이다. 堨은 於葛의 切이니 흙으로 〈둑을 쌓아〉 물을 막은 것을 堨이라 한다.
陂, 池也. 堨, 於葛切, 以土壅水曰堨.

【綱】孫權을 討虜將軍으로 삼았다.

以孫權爲討虜將軍하다

【目】曹操가 孫策의 죽음을 듣고 그의 喪을 기회로 삼아 공격하려고 하자, 張紘이 간하기를 "다른 사람의 喪을 기회로 삼는 것은 이미 옛날의 바른 도리가 아니고, 만약 〈그렇게 하고서도〉 이기지 못하면 원수가 되어 우호 관계를 버리니, 이를 기회로 삼아서 후하게 대우하는 것만 못합니다." 하였다. 조조가 곧바로 表文을 올려서 孫權을 討虜將軍으로 삼고 會稽太守의 직을 겸하게 하였다.

조조가 장굉으로 하여금 손권을 보좌해 자기에게 內附하게 하려고 하여, 마침내 장굉을 會稽都尉로 삼았다. 장굉이 吳에 이르자, 吳太夫人은 손권의 나이가 어리다고 하여 장굉과 張昭에게 함께 손권을 보좌해줄 것을 부탁하니, 장굉이 오직 손권의 허물을 補完하고 得失을 살필 것을 생각하여 아는 것을 힘써 실천하지 않음이 없었다.

曹操聞孫策死하고 欲因喪伐之러니 張紘이 諫曰 乘人之喪은 既非古義요 若其不克이면 成讐棄好니 不如因而厚之니이다 操卽表權爲討虜將軍하고 領會稽太守①하고 操欲令紘輔權內附하여 乃以紘爲會稽都尉하다 紘至에 吳太夫人이 以權年少라하여 委紘與張昭하여 共輔之하니 紘이 思惟補察하여 知無不爲러라

① 討虜將軍이라는 호칭이 이때에 처음으로 만들어졌다.
討虜將軍之號, 創置於此.

---

49) (楊)〔陽〕: 저본에는 '楊'으로 되어 있으나, ≪資治通鑑≫ 註에 의거하여 '陽'으로 바로잡았다.
50) 後漢書……두었다 : 이와 관련된 내용은 ≪後漢書≫ 권32 〈郡國志〉 '揚州 九江郡' 조에 보인다.

【目】 魯肅이 북쪽으로 돌아가려고 하자, 周瑜가 그를 만류하고 인하여 孫權에게 천거하기를 "노숙의 재주는 時政을 보좌하기에 마땅하니, 응당 이러한 인재들을 널리 구하여 功業을 이루어야 할 것입니다." 하였다. 손권은 곧바로 노숙을 만나 보고 그와 더불어 대화한 뒤에 기뻐하여 빈객들이 물러가자 홀로 노숙을 들어오게 하여 榻(卓牀)을 합하고 그와 마주하여 술을 마시며 계책을 물으니, 노숙이 다음과 같이 말하였다.

魯肅

"漢나라 황실은 다시 일으킬 수 없고 曹操는 대번에 제거할 수 없으니, 장군을 위하여 헤아려 보건대 오직 江東을 보전해 지켜서 천하의 틈(변화)을 지켜볼 뿐입니다. 만약 북쪽의 조조가 일이 많을 때를 틈타 黃祖를 제거하고 나아가 劉表를 정벌하고 長江 유역을 모두 점거하여 소유한다면 이는 帝王의 功業입니다."

張昭가 노숙은 나이가 어려 거칠고 서투르다고 비방하였는데, 손권이 그를 더욱 귀중하게 여겼다.

魯肅이 將北還이어늘 周瑜止之하고 因薦於權曰 肅이 才宜佐時하니 當廣求其比하여 以成功業이니이다 權卽見肅하고 與語悅之하여 賓退에 獨引肅合榻하고 對飮問計[①]한대 肅曰 漢室을 不可復興이요 曹操를 不可卒除니 爲將軍計컨대 惟有保守江東하여 以觀天下之釁耳라 若因北方多務하여 勦除黃祖하고 進伐劉表하고 竟長江所極하여 據而有之면 此王業也[②]니이다 張昭毁肅年少麤疏나 權이 益貴重之하니라

① 胡三省이 말하였다. "榻은 牀이니, 坐榻이 있고 臥榻이 있다. 지금 江南 지역에서는 또 几案의 등속을 卓牀이라고 부른다. 卓은 높음이니, 坐榻과 臥榻에 견주면 높기 때문이다. '合榻'은 卓牀을 합하였다고 말하는 것과 같다."
胡三省曰 "榻, 牀也. 有坐榻, 有臥榻. 今江南又呼几案之屬爲卓牀. 卓, 高也. 以其比坐榻·臥榻爲高也. 合榻, 猶言合卓也."

② 勦는 끊음이다.
勦, 絶也.

【目】 孫權이 小將(하급 무관)들 중에 거느린 병력이 적고 능력이 수준에 미치지 못하는 자들을 헤아려서 병합하였는데, 別部司馬 呂蒙의 군대는 軍容이 정돈되고 사졸들의 훈련이 잘되어 있었다. 이에 손권이 크게 기뻐하여 그에게 병력을 더해주고 총애하며 신임하였다.

功曹 駱統이 손권에게 권하여 어진 이를 높이고 선비를 대접하여 時政의 이로움과 폐단을 부지런히 묻도록 하였으며, 연회를 베풀어 賞賜하는 날에 사람마다 개별적으로 나아오게 하여 거처가 어떠한지를 묻고 친밀한 뜻을 더하여 말을 하도록 유도하고 타일러서 그 뜻을 살피게 하니, 손권이 그의 말을 받아들여서 따랐다.

權이 料諸小將兵少而用薄者하여 幷合之①하니 別部司馬呂蒙이 軍容鮮整하고 士卒練習이라 權이 大悅하여 增其兵하여 寵任之하다 功曹駱統이 勸權尊賢接士하여 勤求損益하여 饗賜之日에 人人別進하여 問其燥濕하고 加以密意하여 誘諭使言하여 察其志趣하니 權이 納用焉②하다

① 料는 力條와 力弔의 두 가지 切이니, 헤아림이다.
料, 力條·力弔二切, 量也.
② 駱統은 駱俊의 아들이다. 사람이 거처할 적에 습한 곳을 피하여 건조한 데로 나아간다. "問其燥濕"라는 것은 그 거처가 어떠한지를 묻는 것이다.
統, 俊之子也. 人之居處, 避濕就燥. 問其燥濕者, 問其居處何如也.

【綱】 劉表가 長沙郡과 零陵郡과 桂陽郡을 공격하여 모두 함락하였다.

劉表攻長沙, 零〔陵〕[51), 桂〔陽〕[52)하여 皆下之하다

【目】 劉表가 長沙郡과 零陵郡과 桂陽郡을 공격하여 모두 평정하니, 이에 유표의 땅이 사방 수천 리이고 갑옷 입은 병사들이 십여만 명이었다. 유표는 마침내 조정에 職貢(貢物)을 바치지 않고 天地에 郊祀를 지내고 거처와 사용하는 물건들을 참람하게 乘輿(天子)

---

51) 〔陵〕: 저본에는 '陵'자가 없으나 校點本 ≪資治通鑑綱目≫(≪朱子全書≫ 8, 上海古籍出版社)에 의거하여 보충하였다.

52) 〔陽〕: 저본에는 '陽'자가 없으나 校點本 ≪資治通鑑綱目≫(≪朱子全書≫ 8, 上海古籍出版社)에 의거하여 보충하였다.

에게 견주었다.

劉表攻長沙, 零陵, 桂陽하여 皆平之하니 於是에 表地方數千里요 帶甲十餘萬이라 遂不供職貢하고 郊祀天地하고 居處服用을 僭擬乘輿焉이러라

【綱】 益州司馬 張魯가 漢中을 점거하고 從事 趙韙(조위)가 난을 일으켰다.

益州司馬張魯據漢中하고 從事趙韙作亂하다

【目】 張魯는 劉璋이 우매하고 나약하다고 하여 마침내 漢中을 점거하였다. 처음에 南陽郡과 三輔 지역의 백성으로서 流亡하여 益州에 들어온 자들이 수만 가호였는데, 〈유장의 아버지〉 劉焉이 이들을 전부 거두어 군사로 삼았다. 유장은 성품이 너그럽고 부드러우며 위엄과 지략이 없어서 東州의 사람들이 益州에 본래 거주하던 백성들을 침탈하고 포악하게 굴었으나 유장이 이를 금하지 못하였다.

趙韙가 평소 인심을 얻었는데, 士人과 백성들이 원망하는 것을 이용하여 마침내 난을 일으켜 유장을 공격하고 荊州의 劉表에게 뇌물을 보내 그와 연합하니, 蜀郡과 廣漢郡과 犍爲郡이 모두 호응하였다.

張魯以劉璋闇懦라하여 遂據漢中①하다 初에 南陽, 三輔民流入益州者 數萬家라 劉焉이 悉收以爲兵이러니 璋性寬柔하여 無威略하여 東州人이 侵暴舊民호되 璋이 不能禁②이라 趙韙素得人心이러니 因士民之怨하여 遂作亂攻璋하고 賂荊州하여 與連和③하니 蜀郡, 廣漢, 犍爲 皆應之하다

① 闇은 暗과 똑같으니, "闇懦"는 우매하고 나약함을 이른다.
闇, 與暗同. 闇懦, 謂暗昧而懦弱也.

② 東州의 사람들은 南陽郡과 三輔 지역의 流亡한 백성들을 이른다.
東州人, 謂南陽郡及三輔流民.

③ 趙韙는 劉焉을 따라 蜀에 들어왔고 劉璋은 또 조위가 세운 사람이니, 益州의 大吏(大臣, 高官)이다. 荊州는 劉表이다.
韙從劉焉入蜀, 璋又韙所立, 益州之大吏也. 荊州, 劉表也.

辛巳年(201)

【綱】 漢나라 孝獻皇帝 建安 6년이다. 봄 3월 초하루에 일식이 있었다.

六年이라 春三月朔에 日食하다

【綱】 여름 4월에 曹操가 倉亭에 주둔한 袁紹의 군대를 공격하여 격파하였다.

○ 夏四月에 曹操擊袁紹倉亭하여 破之하다

【目】 曹操가 袁紹를 이제 막 격파하였다고 하여 그 틈을 이용해 劉表를 공격하고자 하였는데, 荀彧이 말하기를 "원소가 이제 막 패하여 그 무리들의 마음이 떠났으니, 마땅히 곤궁한 때를 틈타 완전히 평정해야 합니다. 그런데 長江과 漢水 일대로 遠征하려고 하시니, 만약 원소가 잔존한 무리들을 거두어 빈틈을 타고 우리의 배후를 공격하면 公의 大事가 글러버릴 것입니다." 하였다. 조조가 마침내 河上(黃河의 가)에서 군대를 정렬하여 威容을 과시하고 倉亭에 주둔한 원소의 군대를 공격하여 격파하였다.

曹操以袁紹新破라하여 欲以其間擊劉表①러니 荀彧曰 紹既新敗에 其衆離心하니 宜乘其困하여 遂定之어늘 而欲遠師江漢하니 若紹收其餘燼하여 乘虛以出人後면 則公事去矣리이다 操乃揚兵河上하여 擊紹倉亭軍하여 破之②하다

① 間(틈)은 古莧의 切이다.
間, 古莧切.

② 袁紹가 군대를 보내어 倉亭津에 주둔하게 한 것이다.
紹蓋遣軍屯(名)〔倉〕[53]亭津.

【綱】 가을 9월에 〈曹操가〉 劉備를 汝南에서 공격하니, 유비가 荊州로 달아났다.

秋九月에 擊劉備於汝南하니 備奔荊州하다

【目】 曹操가 劉備를 汝南에서 공격하니, 유비가 劉表에게로 달아났다. 유표는 유비가 온다는 말을 듣고 직접 郊外에 나가서 맞이하여 上賓의 예로써 대우하고 병력을 증원해주어 新野에 주둔하게 하였다.

유비가 荊州에 있은 지 몇 년이 되었다. 한번은 유표와 함께 자리에 앉아 있었는데

53) (名)〔倉〕: 저본에는 '名'으로 되어 있으나, ≪資治通鑑≫ 註에 의거하여 '倉'으로 바로잡았다.

일어나 측간에 갔다가 〈자기 넓적다리에 살이 찐 것을 보고는〉 慨然히 눈물을 흘렸다. 유표가 괴이하게 여겨 유비에게 묻자, 유비가 다음과 같이 말하였다.

"평상시에는 몸이 말안장을 떠나지 않아서 넓적다리의 살이 항상 적었는데, 지금은 다시 말을 타지 않아 넓적다리 안쪽에 살이 붙었습니다. 세월이 흐르는 물과 같아서 늙음이 장차 이를 터인데 功業을 세우지 못했으니, 이 때문에 슬퍼하는 것입니다."

操擊備於汝南한대 備奔劉表하니 表聞備至하고 自出郊迎하여 以上賓禮待之하고 益其兵하여 使屯新野[①]하다 備在荊州數年이러니 嘗於表坐에 起至厠이라가 慨然流涕[②]어늘 表怪問備한대 備曰 平常에 身不離鞍하여 髀肉皆(涓)〔消〕[③54)]러니 今不復騎하니 髀裏肉生이라 日月如流하여 老將至矣어늘 而功業不建하니 是以悲耳라하니라

① ≪水經注≫에 말하였다. "新野縣은 安衆縣의 동남쪽에 있다."
水經註"新野縣, 在安衆縣東南."

② 坐(앉다)는 徂臥의 切이다.
坐, 徂臥切.

③ 離(떠나다)는 力智의 切이다. 髀는 음이 陛이니, 넓적다리이다.
離, 力智切. 髀, 音陛, 股也.

【綱】 趙韙가 成都를 포위하였다가 싸움에 져서 죽었다.

趙韙圍成都라가 敗死하다

【目】 趙韙가 싸움에 져서 죽은 뒤에 그 무리인 巴郡太守 龐羲가 난을 일으키고자 하여, 屬吏 程祁를 그의 아버지 漢昌令 程畿에게 보내어 〈군대를 징발하려는〉 자신의 뜻을 전달하였으나 뜻을 이루지 못하였다.

방희가 노하여 사람을 보내어 정기에게 이르기를 "나를 따르지 않으면 화난이 장차 집안에 미칠 것이다." 하였는데, 정기가 말하기를 "樂羊이 아들의 고기를 먹은 것은 부자간의 은혜가 없었던 것이 아니요, 大義로써 그렇게 한 것이다. 지금 비록 程祁를 죽여 국을 끓여서 나에게 주더라도 나는 그것을 마시겠다." 하니, 방희가 이에 그만두었다.

韙既敗死에 其黨巴郡太守龐羲欲爲亂하여 遣吏程祁하여 宣旨於其父漢昌令畿러니 不得[①]이라

54) (涓)〔消〕: 저본에는 '涓'으로 되어 있으나, ≪資治通鑑≫에 의거하여 '消'로 바로잡았다.

義怒하여 使人謂畿曰 不從太守면 禍將及家리라 畿曰 樂羊食子는 非無父子之恩이요 大義然也②니 今雖羹祁以賜畿라도 畿啜之矣리라 義乃止하다

① 漢昌縣은 巴郡에 속하였으니, 漢나라 말엽에 宕渠를 나누어 설치하였다. 畿는 程祁의 아버지의 이름이다.
漢昌縣, 屬巴郡, 漢末分宕渠置. 畿, 祁之父名也.

② ≪韓非子≫에 말하였다. "魏 文侯가 樂羊을 보내어 中山을 공격하게 하였는데, 당시 악양의 아들이 중산에 있었다. 중산의 군주가 악양의 아들을 삶아 국을 끓여서 그 국을 보내오자 악양이 그것을 마시고 중산을 공격하여 함락시켰다."[55]
韓非子曰 "魏文侯遣樂羊攻中山, 時羊有子在中山, 中山君烹其子而遺之羹, 羊啜之, 攻拔中山."

【綱】 張魯가 巴郡을 점령하자, 詔令을 내려서 장로를 漢寧太守로 삼았다.

張魯取巴郡하니 詔以魯爲漢寧太守하다

【目】 張魯가 鬼神의 道로써 백성을 교화하였는데 병자에게 그 잘못을 自首하게 한 뒤에 그를 위하여 기도해주니, 실제로 병을 치료하는 데에는 아무런 유익함도 없었으나 小民들은 매우 어리석어서 다투어 함께 그를 섬겼다. 장로는 법을 범한 자에 대해서 세 번 용서한 뒤에 형벌을 시행하였으며 長吏를 두지 않고 모두 祭酒를 통해서 다스리니, 백성들과 오랑캐들이 곧 그를 좋아하였다.

뒤에 마침내 巴郡을 습격하여 점령하였는데, 朝廷에서는 정벌할 힘이 없어서 마침내 현지에서 장로를 漢寧太守로 삼아 조정에 공물을 바치도록 하였을 뿐이었다.

張魯以鬼道敎民호되 使病者로 自首其過하고 爲之請禱하니 實無益於治病이나 然小人昏愚하여 競共事之라 犯法者를 三原然後에 行刑①하며 不置長吏하고 皆以祭酒爲治하니 民夷便樂之②러라 後에 遂襲取巴郡하니 朝廷이 力不能征이라 遂就寵魯爲漢寧太守하여 通貢獻而已③러라

① 原은 용서함이니, "三原"은 三宥[56]라고 말하는 것과 같다.
原, 赦也. 三原, 猶言三宥也.

② 張魯가 鬼神의 道로써 백성을 가르쳤는데, 와서 배우는 자들을 처음에는 鬼卒이라 명명하였다가 뒤에는 祭酒라고 부르니, 祭酒는 각각 部衆을 거느렸다.

---

55) 魏 文侯가……함락시켰다 : 이와 관련된 내용은 ≪韓非子≫ 권7 〈說林 上〉에 보인다.

56) 三宥 : 죄를 용서하는 세 가지 경우로, '모르고 지은 죄〔不識〕', '실수로 지은 죄〔過失〕', '무심코 지은 죄〔遺忘〕'이다.(≪周禮≫ 〈秋官 司寇 司刺〉)

魯以鬼道敎民, 其來學者, 初名爲鬼卒, 後號祭酒, 祭酒各領部衆.

③ 袁山松(袁崧)의 ≪後漢書≫에 말하였다. "建安 20년(215)에 漢中의 安陽을 나누어 漢寧郡을 설치하였다."
袁山松書曰 "建安二十年, 分漢中之安陽, 置漢寧郡."

【目】 백성 중에 땅속에서 玉印을 얻은 자가 있었는데, 아랫사람들이 이것을 기회로 삼아 張魯를 높여 漢寧王으로 삼고자 하였다. 그러자 閻輔가 다음과 같이 간하였다.

"漢川(漢中郡)의 백성이 10만 가호이고 재화가 풍부하고 토지가 비옥하며 사면의 지세가 험고하니, 위로 천자를 보필하면 齊 桓公과 晉 文公이 될 수 있고, 그 다음으로 竇融처럼 하더라도 부귀를 잃지 않을 것입니다.[57] 지금 황제의 制命을 받들어 부서를 나누어 관직을 설치함에 형세상 충분히 마음대로 결단할 수 있으니, 王이라는 칭호는 필요치 않습니다. 부디 王을 칭하지 말아서 禍難을 맨 먼저 당하지 마십시오."

이에 장로는 이 말을 따랐다.

民有地中에 得玉印者어늘 群下欲尊魯爲漢寧王한대 閻輔諫曰 漢川之民이 戶出十萬하고 財富土沃하고 四面險固하니 上匡天子면 則爲桓文이요 次及竇融이라도 不失富貴니 今承制署置에 勢足斬斷이라 不煩於王이니 願且不稱하여 勿爲禍先하라 魯從之하다

壬午年(202)

【綱】 漢나라 孝獻皇帝 建安 7년이다. 봄 정월에 曹操가 다시 진군하여 官渡에 주둔하였다.

여름 5월에 袁紹가 卒하자, 어린 아들 袁尙이 그를 계승하여 州의 일을 처리하고 장자 袁譚이 黎陽에 나가 주둔하였는데, 조조가 공격하여 패퇴시켰다.

七年이라 春正月에 曹操復進軍官渡하다 夏五月에 袁紹卒하니 幼子尙이 襲行州事하고

57) 그……것입니다 : 이는 자신들이 할거하는 지역과 군사력을 가지고 天子를 섬기면 竇融처럼 漢나라 조정 안에서 강력한 권한을 갖게 된다는 뜻이다. 두융은 王莽의 新나라 말기와 後漢 건국 초기에 河西 지역에 할거하였던 軍閥로, 光武帝 劉秀에게 하서 지역을 가지고 귀의하여 涼州牧에 제수되어 隗囂(외효)를 격파하였다. 이후 建武 12년(36)에 入朝하여 大司空, 將作大匠, 行衛尉事 등의 顯職을 역임하였고, 永平 3년(60)에는 洛陽의 南宮 雲臺閣에 그의 화상이 그려지는 등 조정에서의 존귀함과 영예가 극에 달하였다.(≪後漢書≫ 권23 〈竇融列傳〉)

長子譚이 出屯黎陽이어늘 操攻敗之[58)]하다

【目】袁紹가 부끄럽고 분하여 병이 나서 피를 토하고 薨하였다.

처음에 원소에게 세 아들이 있었으니, 袁譚과 袁熙와 袁尙이었다. 원소의 후처 劉氏가 원상을 총애하기에 원소가 그를 후사로 삼고자 하여, 마침내 원담을 出系시켜 형의 후사를 잇게 하고 靑州刺史로 나가게 하였다. 그러자 沮授가 간하기를 "세상 사람들이 일컫기를 '만 명의 사람이 토끼를 쫓되 한 사람이 이것을 잡으면 토끼를 탐하는 자들이 모두 그만둔다.' 하였으니, 이는 분수(分)가 정해져 있기 때문입니다. 〈長子인〉 원담이 마땅히 후사가 되어야 하는데 그를 배척하여 밖에 거처하게 하시니, 禍難이 이로부터 시작될 것입니다." 하였는데, 원소가 말하기를 "내가 아들들에게 각자 한 州를 맡게 하여서 그 능력을 보고자 한다." 하였다. 이에 원희를 幽州刺史로 삼고, 생질 高幹을 幷州刺史로 삼았다.

逢紀와 審配는 본래 원담에게 미움을 받았고, 辛評과 郭圖는 모두 원담에게 귀부하여 심배 및 봉기와 틈이 있었다.

袁紹慙憤發病하여 嘔血薨하다 初에 紹有三子하니 譚, 熙, 尙이니 紹後妻劉氏愛尙이라 紹欲以爲後하여 乃以譚繼兄後하여 出爲靑州刺史①하니 沮授諫曰 世稱萬人逐兎에 一人獲之면 貪者悉止는 分定故也②라 譚이 當爲嗣而斥使居外하니 禍其始此矣리이다 紹曰 吾欲令諸子로 各據一州하여 以視其能하노라 於是에 以熙爲幽州刺史하고 甥高幹爲幷州刺史러니 (逄)〔逢〕紀, 審配는 素爲譚所疾하고 辛評, 郭圖는 皆附於譚而與配, 紀有隙이러라

① 袁紹는 본래 司空 袁逢의 孽子(庶子)였는데, 伯父 袁成의 양자로 들어가 후사를 이었다. 원성에게 이보다 앞서 아들이 있었는데 그가 죽었으므로 원소가 후사를 이은 것이다. 원소가 袁譚을 폐하고 袁尙을 후사로 세우고자 하였기 때문에 원담을 出系시켜 형의 후사를 잇게 한 것이다.
紹, 本司空逢之孽子, 出後伯父成. 成蓋先有子, 死, 而紹後之. 紹欲廢譚立尙, 故以譚繼兄後.

② 愼子[59)]가 말하기를 "토끼 한 마리가 길거리에서 달리면 백 명의 사람이 그 토끼를 뒤쫓아,

---

58) 袁紹卒……操攻敗之 : "袁紹가 이미 패망하여 애당초 말할 것이 없었다. 그러나 어린 아들이 州를 계승하고, 장자가 나가 주둔한 것을 썼으니, 이는 후세에 장자를 폐하고 어린 아들을 후사로 세우는 것에 대한 경계로 삼은 것이고, 또한 이로써 袁譚과 袁尙이 서로 공격한 이유를 보인 것일 뿐이다.〔紹旣敗亡 初不足道 然必書幼子襲州 長子出屯者 所以爲後世廢長立幼之戒 且以見譚尙交攻之由耳〕" ≪發明≫

59) 愼子 : 이름은 愼到로, 戰國時代 趙나라 사람이다. 黃老學을 배워서 法治를 주장하여 "백성은 군주

토끼를 탐내는 마음을 모두 가지고 있더라도 사람들이 이를 비난하지 않는 것은 토끼의 분수(分)가 아직 정해지지 않았기 때문이요, 토끼가 시장 가득 쌓여 있어도 사람들이 지나가며 돌아보지 않는 것은 토끼를 원하지 않는 것은 아니지만 분수가 정해진 뒤라 비록 탐나더라도 다투지 않는 것이다."[60] 하였다.

分(분)은 扶問의 切이다.

愼子曰"兎走於(衛)〔街〕,[61] 百人逐之, 貪心俱存, 人莫之非者, 以兎爲未定分也. 積兎在市, 過而不顧, 非不欲兎也, 分定之後, 雖鄙不爭." 分, 扶問切.

【目】袁紹가 薨하자 여러 사람들은 袁譚이 장자라고 하여 그를 후사로 세우고자 하였는데, 審配 등은 원담이 후사로 서게 되면 辛評 등에게 해를 당할까 두려워하여 마침내 원소의 遺命을 사칭하여 袁尙을 받들어 후사로 삼았다. 원담이 도착하였으나 후사로 서지 못하고는 스스로 車騎將軍이라 칭하고 黎陽에 주둔하였다.

원상이 원담에게 적은 병력을 주고 아울러 逢紀에게 따라가도록 하였는데 원담이 병력을 더 줄 것을 청하였으나 심배 등이 주지 않자, 원담이 노하여 봉기를 죽였다.

曹操가 원담을 공격하자, 원상이 직접 군대를 거느려 원담을 도와 조조와 서로 대치하였는데, 원담과 원상이 자주 패하였다.

及紹薨에 衆이 以譚長欲立之러니 配等이 恐譚立而評等爲害하여 遂矯紹遺命하여 奉尙爲嗣하니 譚至에 不得立하여 自稱車騎將軍하고 屯黎陽①하다 尙이 少與之兵而使紀隨之한대 譚이 求益兵이어늘 配等이 不與하니 譚이 怒殺紀하다 曹操攻譚이어늘 尙이 自將助之하여 與操相拒하니 譚, 尙이 數(삭)敗하다

① 袁紹가 처음 군대를 일으켰을 적에 스스로 車騎將軍이라고 칭하였기 때문에 袁譚 또한 이렇게 칭한 것이다.
紹初起兵, 自稱車騎將軍, 故譚亦稱之.

【綱】袁尙이 郭援과 高幹을 보내어 河東을 순행하게 하였는데, 鍾繇가 이들을 격파하고 곽원을 참살하였다.

에게 하나로 복종하고 國事는 법에 의해 결단되어야 하니, 이것이 나라를 다스리는 大道이다.〔民一於君 事斷於法 是國之大道也〕"라고 하였다. 齊나라의 宣王과 湣王 때에 鄒衍, 淳于髡, 接子, 環淵 등과 함께 上大夫가 되었고, 齊나라 稷下의 學宮에서 講學하여 명성이 높았다. 저서로는 ≪愼子≫ 7편이 있다.

60) 토끼……않는다 : 이 내용은 ≪愼子≫ 〈君人〉에 보인다.

61) (衛)〔街〕: 저본에는 '衛'로 되어 있으나, ≪資治通鑑≫ 註에 의거하여 '街'로 바로잡았다.

袁尙이 **遣郭援, 高幹**하여 **徇河東**이어늘 **鍾繇擊破之**하고 **斬援**하다

【目】 袁尙이 장수 郭援과 高幹을 보내어 함께 河東을 공격하게 하고 使者를 보내어 馬騰 등과 병력을 연합하니, 곽원이 지나가는 곳의 城邑들이 모두 항복하였다. 河東郡의 관원 賈逵가 絳縣을 지키고 있었는데 곽원이 맹렬하게 공격하자, 絳縣의 父老들이 곽원에게 약속하기를 "가규를 해치지 않으면 바로 항복하겠다." 하니, 곽원이 이를 허락하였다.

이윽고 곽원이 무기로 가규를 위협하여 자신의 장수로 삼고자 하였으나 가규가 여기에 동요되지 않았다. 곽원의 左右가 머리를 땅에 조아리게 하였는데 가규가 꾸짖으며 말하기를 "國家의 長吏가 도적을 위하여 머리를 땅에 조아리는 경우가 어디에 있단 말인가." 하였다. 곽원이 노하여 가규를 참살하려고 하자, 어떤 이는 가규의 몸 위에 엎드려서 그를 구원하였고, 絳縣의 관리와 백성들이 모두 성에 올라가 소리치며 말하기를 "약속을 저버리고 우리의 어진 使君을 죽이려 하니, 차라리 모두 함께 죽는 것이 낫다." 하였다. 곽원이 마침내 가규를 壺關에 가두었는데, 祝公道라는 자가 밤에 몰래 그를 구출하였다.

尙이 遣其將郭援, 高幹하여 共攻河東①하고 發使하여 與馬騰等連兵하니 援이 所經城邑皆下러라 河東郡吏賈逵守絳②이어늘 援이 攻之急한대 父老約援호되 不害逵면 乃降호리라 援이 許之러니 旣而요 以兵劫之하여 欲使爲將이어늘 逵不動하니 左右使叩頭한대 逵叱之曰 安有國家長吏가 爲賊叩頭③리오 援이 怒하여 將斬之하니 或伏其上以救之하고 吏民이 皆乘城呼曰 負約殺我賢君하니 寧俱死耳라하여늘 乃囚之壺關이러니 有祝公道者 夜盜出之④하다

① ≪資治通鑑≫에는 "袁尙이 자기가 설치한 河東太守 郭援을 보내어 高幹 및 匈奴 南單于와 함께 河東을 공격하게 하였다."라고 되어 있다.
通鑑 "尙遣所置河東太守郭援, 與高幹・匈奴南單于共攻河東."
② 絳縣은 河東郡에 속하였다.
絳縣, 屬河東郡.
③ 賈逵는 郡吏이고 長吏가 아니었으나 絳縣을 지키고 있었기 때문에 스스로 縣의 長吏라고 이른 것이다. 爲(위하다)는 去聲이니, 아래의 "爲言"도 똑같다.
逵, 郡吏, 非長吏也. 以守絳故, 自謂縣長吏. 爲, 去聲, 下爲言同.
④ 壺關縣은 上黨郡에 속하였다. 祝은 姓이고 公道는 이름이다.
壺關縣, 屬上黨郡. 祝, 姓. 公道, 名.

【目】 曹操가 鍾繇에게 平陽縣에서 南單于를 포위하게 하였는데 함락시키기 전에 郭援의 군대가 이르렀다. 종요가 張旣에게 馬騰을 설득하여 이해득실에 대해 말해주도록 하였는데, 마등이 의심하여 결단하지 못하자 傅幹이 다음과 같이 설득하였다.

"지혜로운 자는 재앙과 화난을 바꾸어 오히려 복으로 만드는 법입니다. 지금 曹公이 袁氏와 서로 대치하고 있는데 高幹과 郭援이 군대를 연합하여 河東을 공격하니, 조공이 비록 만전을 기하는 계책이 있더라도 하동이 위태롭지 않도록 저지할 방법이 없습니다. 장군께서 진실로 군대를 이끌고 곽원을 토벌하여 안팎으로 공격하면 형세상 틀림없이 이길 것이니, 이는 장군이 한 번 움직임에 원씨의 팔을 자르고 하동 한 지역의 위급함을 구해주는 것입니다. 조공이 반드시 장군에 대해서 깊이 감사해 할 것이니, 장군의 功名은 더불어 견줄 자가 없게 될 것입니다."

마등이 이에 아들 馬超를 보내어 군대를 거느려 종요와 연합하게 하였다.

操使鍾繇圍南單于於平陽이러니 未拔而援至[①]라 繇使張旣說(세)馬騰하여 爲言利害한대 騰疑未決이러니 傅幹이 說(세)曰 智者는 轉禍爲福하나니 今曹公이 與袁氏相持하여 而高幹, 郭援이 合攻河東하니 曹公이 雖有萬全之計나 不能禁河東之不危也라 將軍이 誠能引兵討援하여 內外擊之면 其勢必擧[②]니 是將軍一擧에 斷袁氏之臂하고 解一方之急이라 曹公이 必重德將軍하리니 將軍功名이 無與比矣리라 騰이 乃遣子超하여 將兵與繇會하다

① 平陽縣은 河東郡에 속하였다. 이때에 南單于 呼廚泉이 여기에 거처하였다.
平陽縣, 屬河東郡. 時南單于呼廚泉居之.

② "內外擊之"는 河東의 군대는 안에서 공격하고 馬騰의 군대는 밖에서 공격함을 이른다.
內外擊之, 謂河東之兵擊之於內, 而馬騰之兵擊之於外也.

【目】 처음에 장수들은 郭援의 병력이 강하다고 하여 平陽縣의 포위를 풀고 떠나려고 하였는데, 鍾繇가 다음과 같이 말하였다.

"袁氏의 세력이 한창 강성하니, 곽원이 진군해옴에 關中의 장수들이 은밀하게 그와 내통하지만 모두 다 배반하지 않는 것은 다만 우리의 위엄과 명성을 돌아보기 때문일 뿐이다. 만약 우리가 平陽縣을 버리고 떠나가서 약한 모습을 보이면 그곳의 백성들 중에 어느 누가 우리와 원수가 되지 않겠는가. 비록 내가 司隷의 治所로 돌아가고자 하더라도 이를 수 있겠는가. 이는 싸우기도 전에 먼저 스스로 싸움에서 패하는 것이 된다. 또한 곽원은 성격이 까다롭고 고집이 세며 남과 겨루어 이기기를 좋아해서 틀림없이 우리 군대를 얕잡아볼 것이니, 만약 우리가 汾水를 건너 군영을 만들고서 저들이 다 건너

기 전에 공격하면 크게 이길 수 있을 것이다."

곽원의 군대가 이르러서 과연 곧장 전진하여 汾水를 건넜는데, 분수의 절반도 건너기 전에 종요가 공격해 격파하니, 南單于도 항복하였다.

곽원은 종요의 생질이다. 校尉 龐德이 곽원을 참살하니, 종요가 그 머리를 보고서 통곡하였다. 이에 방덕이 종요에게 사죄하였는데, 종요가 말하기를 "곽원이 비록 나의 생질이지만 국가의 역적이니, 어찌 사죄할 것이 있겠는가." 하였다.

初에 諸將이 以郭援衆盛이라하여 欲釋平陽去러니 繇曰 袁氏方强하니 援之來에 關中이 陰與之通호되 所以未悉叛者는 顧吾威名故耳라 若棄而去하여 示之以弱이면 所在之民이 誰非寇讐리오 縱吾欲歸나 其得至乎아 此爲未戰에 先自敗也①라 且援이 剛愎好勝하여 必易(이)吾軍②이니 若渡汾爲營하여 及其未濟하여 擊之면 可大克也③니라 援이 至에 果徑前渡汾이어늘 未半에 繇擊破之하니 南單于亦降하다 援은 繇之甥也라 校尉龐德이 斬之하니 繇見其頭而哭한대 德이 謝繇어늘 繇曰 援雖我甥이나 國賊也니 何謝之有리오

① 〈"若棄而去……其得至乎"는〉 만약 군대를 퇴각하여 郭援을 피하면 關中의 장수들이 반드시 배반할 것이니, 비록 司隷의 治所로 돌아가고자 하더라도 또한 이를 수 없음을 말한 것이다.
言若退師避援, 則關中諸將必叛, 雖欲歸司隷治所, 亦不得而至也.
② 易는 얕잡아 봄이다.
易, 輕也.
③ ≪水經注≫에 "汾水는 남쪽으로 흘러서 平陽縣 동쪽을 지나간다." 하였다.
水經註 "汾水南過平陽縣東."

【綱】曹操가 孫權에게 인질을 보낼 것을 요구하였는데, 손권이 命을 받지 않았다.

曹操責孫權任子하니 **權**이 **不受命**[62]하다

62) 曹操責孫權任子 權不受命 : "'曹操가 요구하였다.〔操責〕'라고 쓴 것은 어째서인가. 漢나라를 위한 것이 아니기 때문이다. '命을 받지 않았다.〔不受命〕'라고 쓴 것은 그를 인정한 것이다.〔書操責 何 非爲漢也 書不受命 蓋予之〕" ≪書法≫
"윗사람에게 싫었던 것으로 아랫사람을 부리지 말며, 아랫사람에게 싫었던 것으로 윗사람을 섬기지 말고, 자기 몸에 善이 있은 뒤에 남에게 선을 요구하며, 자기 몸에 惡이 없은 뒤에 남의 악을 비난하는 것이다. 曹操가 天子를 위협해 遷都하여 王室을 손상시켜 찬탈하려는 형세가 이미 이루어졌는데, 이에 長江과 漢水를 넘어서 다른 사람에게 요구하고자 하니 어렵다. ≪資治通鑑綱目≫에서 '조조가 孫權에게 인질을 보낼 것을 요구하였는데 손권이 命을 받지 않았다.'라고 쓴 것은 ≪春秋≫에서 '魯 宣公이 莒나라와 郯나라를 화해시키고자 하였으나, 莒人이 동의하지 않았다.'라고 쓴 것과 일

【目】曹操가 편지를 보내어서 孫權에게 인질을 보낼 것을 요구하자 손권이 群僚를 불러서 회의하였는데, 張昭 등이 머뭇거리며 결정하지 못하였다. 손권이 周瑜를 데리고서 吳夫人의 앞에 나아가 의논을 결정할 적에 주유가 다음과 같이 말하였다.

"옛날 楚나라가 처음으로 分封을 받았을 적에 그 封地가 사방 100리도 못 되었는데, 후대의 군주들이 현명하고 재간이 있어서 疆土를 확장하고 국경을 개척하여 마침내 荊州와 揚州를 차지하여 南海에까지 이르러서 王業을 전하고 國祚를 이어간 것이 900여 년입니다. 지금 장군께서는 父兄이 물려주신 基業을 계승하고 여섯 郡의 넓은 토지와 많은 백성들을 겸하여 군대가 정예롭고 군량도 충분하고 장수와 사졸들이 명령을 따르며 산의 광석을 채굴하여 銅을 주조하고 바닷물을 끓여 소금을 만들어서 경내에 물자가 풍요로우니, 무슨 핍박을 당하기에 인질을 보내고자 하십니까. 일단 한 번 인질을 보내면 曹氏와 서로 首尾(밀접한 관계)가 될 수밖에 없으니, 그와 首尾가 되면 命하여 부를 적에 가지 않을 수 없습니다. 이렇게 되면 남에게 제압을 당하면서 기껏해야 제후의 印章 한 개와 노복 10여 명과 수레 몇 대와 말 몇 필을 얻는 데에 지나지 않을 뿐이니, 南面하여 孤를 칭하는 것과 어찌 같겠습니까. 볼모를 보내지 말고 서서히 사세의 변화를 살펴보는 것이 낫습니다. 만약 조씨가 義를 행하여 천하를 바로잡을 수 있으면 장군께서 그를 섬겨도 늦지 않을 것이고, 만약 포학하고 혼란한 짓을 하면 저이가 스스로 망하는 것을 구제할 겨를도 없는데 어찌 다른 사람을 해칠 수 있겠습니까."

이에 吳夫人이 말하기를 "公瑾의 의논이 옳다. 공근이 伯符(孫策)와 생년이 같은데 한 달이 늦을 뿐이다. 나는 이 사람을 내 아들과 똑같이 여기니, 너는 형으로 섬겨라." 하여, 마침내 인질을 보내지 않았다.

曹操下書하여 責孫權任子①하니 權이 召群僚會議한대 張昭等이 猶豫不決이어늘 權이 引周瑜하여 詣吳夫人前定議②할새 瑜曰 昔에 楚國初封이 不滿百里로되 繼嗣賢能하여 廣土開境하여 遂據荊, 揚하여 至於南海하여 傳業延祚九百餘年③이니이다 今將軍이 承父兄餘資하고 兼六郡之衆④하여 兵精糧多하고 將士用命하며 鑄山煮海하여 境內富饒하니 有何偪迫而欲送質⑤이니잇가 質一入이면 不得不與曹氏相首尾니 與相首尾면 則命召에 不得不往이라 如此면 見制於人하여 極不過一侯印과

은 다르지만 뜻은 똑같으니, 이는 모두 강대한 자가 약소한 자에게 명령을 행하지 못한 경우이다. 書法이 이와 같은 것은 후인에게 마땅히 먼저 스스로 그 근본을 다스려야 함을 경계한 것이다. 이 때문에 행함에 얻지 못함이 있으면 돌이켜 자신에게서 그 원인을 찾아야 할 뿐이니, 조조 같은 자가 어찌 이것을 알 만하겠는가.〔所惡(오)於上 無以使下 所惡(오)於下 無以事上 有諸己而後 可以求諸人 無諸己而後 可以非諸人 曹操劫遷天子 斲喪王室 簒勢已成 乃欲越江漢而責人 難矣 綱目書操責孫權任子 權不受命 其與春秋書宣公平莒及郯 莒人不肯 異事而同意 是皆以彊大不能行之於弱小者也 書法若此 所以戒後人當先自治其本 故行有不得者 反求諸己而已 若操 何足以知此〕"≪發明≫

僕從十餘人과 車數乘, 馬數匹이리니 豈與南面稱孤同哉리잇가 不如勿遣하고 徐觀其變이니 若曹氏能率義以正天下면 將軍이 事之未晩이요 若爲暴亂이면 彼自亡之不暇라 焉能害人[⑥]이리오 吳夫人曰 公瑾議是也[⑦]로다 公瑾이 與伯符同年이로되 小一月耳[⑧]라 我視之如子하니 汝其兄事之하라 遂不送質하다

① "任子"는 質子(인질)라는 말과 같다. 曹操가 이로써 孫權을 엿보고 어떻게 대응하는 지를 살펴본 것이다.
任子, 猶言質子也. 操蓋以此覘孫權, 而觀其所以應之.

② 吳夫人은 孫權의 모친이다.
吳夫人, 權母也.

③ 周나라 成王이 子와 男의 封地로 熊繹을 楚 지역에 封하니, 丹陽에 국도를 세웠다. 그 뒤 점차 강성해져서 若敖와 蚡冒의 시대에 이르러 楚나라의 封疆을 汝水까지 넓혔고, 武王과 文王은 長江과 漢水 일대를 모두 소유하였으며, 莊王 이후로는 中國(中原)과 盟主가 되기를 다투었고, 威王이 越나라를 격파하여 南海에까지 이르렀는데 秦나라에 미쳐 멸망하였으니, 모두 900여 년이다.
周成王封熊繹於楚以子男之田, 國於丹陽. 其後浸强, 至若敖・蚡冒, 封畛於汝, 武王・文王奄有江漢之間, 莊王以後, 與中國爭盟, 威王破越, 至于南海, 及秦而滅, 凡九百餘年.

④ 父는 孫堅을 이르고 兄은 孫策을 이른다. 여섯 郡은 會稽, 吳, 丹陽, 豫章, 廬陵, 廬江이다.
父, 謂孫堅, 兄, 謂孫策. 六郡, 會稽・吳・丹陽・豫章・廬陵・廬江也.

⑤ 質(인질)는 음이 致이니, 아래도 똑같다.
質, 音致, 下同.

⑥ 焉은 於虔의 切이다.
焉, 於虔切.

⑦ 公瑾은 周瑜의 字이다.
公瑾, 周瑜字.

⑧ 伯符는 孫策의 字이다.
伯符, 孫策字.

思政殿訓義 資治通鑑綱目 제13권 하

漢 獻帝 建安 8년(203)~漢 獻帝 建安 13년(208)

癸未年(203)

【綱】漢나라 孝獻皇帝 建安 8년이다. 봄 2월에 曹操가 黎陽을 공격하니 袁譚과 袁尙이 敗走하였다. 여름 4월에 조조가 추격하여 鄴縣에까지 갔다가 돌아왔다. 원담이 원상을 공격하였는데 이기지 못하였다.

八年이라 春二月에 曹操攻黎陽하니 譚, 尙이 敗走러니 夏四月에 操追至鄴而還하다 譚이 攻尙이러니 不克하다

【目】曹操가 黎陽을 공격하니, 袁譚과 袁尙이 패주하여 鄴縣으로 돌아갔다. 조조가 추격하여 업현에 이르자, 여러 장수들이 마침내 공격하고자 하였으나 郭嘉는 다음과 같이 반대하였다.

"袁紹가 이들 두 아들을 모두 사랑해서 둘 중 한 사람을 주장하여 후계자를 세우지 못하였습니다. 그런데 이제 이들 둘은 권력이 서로 비슷하고 각각 黨與가 있으니, 우리가 급히 공격하면 서로 보호할 것이고 우리가 느슨히 하면 서로 다투는 마음이 생길 것입니다. 우리가 남쪽으로 荊州를 향하고서 그들에게 변고가 생기기를 기다리는 것만 못하니, 변고가 생긴 뒤에 공격하면 一擧에 평정할 수 있을 것입니다."

조조가 "좋다." 하고 賈信을 남겨 黎陽을 지키게 하고 돌아갔다.

원담이 원상에게 이르기를 "지금 조조의 군대가 후퇴함에 장병들이 돌아갈 마음을 품고 있다. 그들이 아직 강을 건너가지 않았을 때에 군대를 출동시켜 습격하면 크게 궤멸시킬 수 있으니, 이 계책을 놓쳐서는 안 된다." 하였다. 원상이 이를 의심하자, 원담이 크게 노하여 원상을 공격하였다. 원담이 패하여 군대를 이끌고 南皮로 돌아갔다.

曹操攻黎陽하니 譚, 尙이 敗走還鄴하다 操追至鄴하니 諸將이 欲遂攻之어늘 郭嘉曰 袁紹愛此二子하여 莫適立也[①]러니 今權力相侔하고 各有黨與[②]하니 急之則相保요 緩之則爭心生하리이다 不如

南向荊州하여 以待其變이니 變成而後擊之면 可一擧定也리이다 操曰 善하다하고 留賈信하여 守黎陽而還하다 譚이 謂尙曰 今曹軍退에 人懷歸志라 及其未濟하여 出兵掩之면 可令大潰니 此策을 不可失也니라 尙이 疑之어늘 譚이 大怒攻尙이러니 譚이 敗하여 引兵還南皮[3]하다

① 適은 주장함이다.
適, 主也.

② 〈"各有黨與"는〉 辛評과 郭圖 등은 袁譚에게 붙고, 審配 등은 袁尙에게 붙음을 이른다.
謂辛評·郭圖等附譚, 審配等附尙也.

③ 南皮縣은 勃海郡에 속하였다.
南皮縣, 屬勃海郡.

【目】 袁譚의 別駕인 王脩가 青州에서 와서 원담을 구원하자, 원담이 다시 돌아가 袁尙을 공격하고자 하니, 왕수가 다음과 같이 말하였다.

"형제는 마치 왼손, 오른손과 같습니다. 지금 남과 싸우면서 자신의 오른손을 자르고는 '내 반드시 승리할 것이다.'라고 한다면, 그것이 가능하겠습니까. 형제를 버려두고 친애하지 않는다면, 천하에 그 누가 그를 친애하겠습니까. 저 참소하는 사람들이 骨肉의 사이를 이간질하여 하루아침의 이익을 바라니, 원컨대 귀를 막고 듣지 마십시오. 만약 간신 몇 사람을 참수하고 형제간에 다시 서로 親睦하여 사방을 다스리면 천하에 横行할 수 있습니다."

원담은 그의 말을 따르지 않았다.

譚別駕王脩 自青州來救[1]어늘 譚이 欲更還攻尙이러니 脩曰 兄弟者는 左右手也라 今與人鬪而斷其右手하고 曰我必勝이라하면 其可乎아 夫棄兄弟而不親이면 天下其誰親之리오 彼讒人이 離間骨肉하여 以求一朝之利하니 願塞(색)耳勿聽也하라 若斬佞臣數人하고 復相親睦하여 以御四方이면 可橫行於天下니라 譚이 不從하다

① 漢나라 青州刺史는 臨淄를 治所로 삼았다.
漢青州刺史治臨淄.

【綱】 가을 8월에 曹操가 劉表를 공격하였는데 袁尙이 平原에서 袁譚을 포위하였다. 겨울 10월에 조조가 돌아와 원담을 구원하고서 원상의 군대를 물리쳤다.

秋八月에 **操擊劉表**러니 **尙**이 **圍譚於平原**이어늘 **冬十月**에 **操還救却之**하다

【目】曹操가 劉表를 공격하고서 西平縣에 군대를 주둔하고 있었는데, 袁尙이 袁譚을 공격하여 大破하였다. 원담이 平原으로 도망하자, 원상이 원담을 포위하여 맹렬히 공격하였다. 원담이 辛評의 아우 辛毗를 조조에게 보내서 구원을 청하였다. 유표가 원담에게 편지를 보내 다음과 같이 타일렀다.

"군자는 난을 피할 적에 원수의 나라로 가지 않고[1] 친구와 절교할 적에 악평(험담)을 하지 않는데[2], 하물며 先人의 원수를 잊고 친족의 우호를 버려서 萬世의 경계가 되고 동맹에게 치욕을 끼친단 말인가. 만약 冀州(袁尙)가 아우 노릇을 하지 않으면 그대가 마땅히 뜻을 낮추고 몸을 욕되게 하면서 일을 이루는 것을 힘써야 할 것이니, 일이 안정된 뒤에 천하 사람들로 하여금 그 잘잘못을 평론하게 하는 것이 높은 義가 되지 않겠는가."

操擊劉表하여 **軍於西平**①이러니 **袁尙**이 **攻袁譚**하여 **大破之**하니 **譚**이 **犇平原**이어늘 **尙**이 **圍之急**이라 **譚**이 **遣辛評弟毗**하여 **詣曹操請救**②하다 **劉表以書諫譚曰 君子違難**에 **不適讐國**③이요 **交絶**에 **不出惡聲**④이어든 **況忘先人之讐**하고 **棄親戚之好**하여 **而爲萬世之戒**하고 **遺同盟之恥哉**⑤아 **若冀州不弟**어든 **君當降志辱身**하여 **以濟事爲務**니 **事定之後**에 **使天下平其曲直**이 **不亦爲高義邪**⑥아하다

① 西平縣은 汝南郡에 속하였다.
西平縣, 屬汝南郡.

② 毗는 音이 脾이다.
毗, 音脾.

---

1) 군자가……않고 : ≪春秋左氏傳≫ 哀公 8년(B.C. 487) 조에 다음과 같은 내용이 보인다. 吳나라가 邾나라를 위한 일 때문에 魯나라를 치려고 하여 叔孫輒에게 묻자 숙손첩이 "魯나라는 이름만 있고 실상이 없으니, 토벌하면 반드시 뜻을 이룰 수 있을 것입니다."라고 대답하였다. 이후 물러와서 公山不狃에게 고하자 공산불뉴가 다음과 같이 말하였다. "당신께서 이렇게 말한 것은 禮가 아닙니다. 君子는 본국을 떠나 外國으로 亡命하는 경우에도 怨讐의 나라로 가지 않고, 도망간 나라의 신하가 되기 전에 그 나라가 本國을 치는 일이 있으면 본국으로 돌아가서 임금의 명을 받고 달려가 싸우다가 죽어야 하고, 이미 그 나라에 몸을 依託하였으면 그 토벌에 참여하지 않고 몸을 숨겨야 합니다.〔非禮也 君子違 不適讐國 未臣而有伐之 奔命焉 死之可也 所託也則隱〕"

2) 친구와……않는데 : ≪史記≫ 권80 〈樂毅列傳〉에 다음과 같은 내용이 보인다. 趙나라가 樂毅를 기용하자, 燕나라 惠王이 사람을 보내 악의를 질책하면서 한편으로는 사과하기를 "장군이 燕나라를 버리고 趙나라에 귀의하였으니, 스스로 계책을 세운 것은 괜찮지만, 선왕께서 장군을 대우했던 마음은 어떻게 갚겠는가?" 하였다. 그러자 악의가 답서를 보내기를 "신이 듣건대, 옛 군자는 교유를 끊을 때에 악평을 하지 않고, 충신은 나라를 떠날 때에 자신의 명성을 깨끗이 하지 않는다고 합니다.〔臣聞古之君子 交絶不出惡聲 忠臣去國 不潔其名〕"라고 하였다.

③ 〈"君子違難 不適讐國"은〉 ≪春秋左氏傳≫ 〈哀公 8년〉에 있는 公山不狃의 말이다.
左傳, 公山不狃之言.
④ 〈"交絶 不出惡聲"은〉 ≪史記≫ 〈樂毅列傳〉에 있는 樂毅의 말이다.
史記, 樂毅之言.
⑤ 遺(주다)는 于季의 切이니, 아래의 "遺田父"의 遺도 같다. 劉表는 袁紹와 동맹을 하였다.
遺, 于季切, 下同. 表與袁紹同盟.
⑥ 袁尙이 冀州牧이 되었으므로 冀州라고 칭하였다. 袁譚은 원상의 형인데 지금 원상이 원담을 공격하였으니, 이는 아우 노릇을 하지 않은 것이다. 平(평론하다)은 音이 病이다.
尙爲冀州牧, 故稱冀州. 譚, 尙兄也, 今尙攻譚, 是爲不弟. 平, 音病.

【目】 劉表는 또 袁尙에게 다음과 같은 편지를 보내었다.

"靑州(袁譚)는 天性이 급하여 잘잘못에 대해 분명하지 못하니, 그대가 마땅히 먼저 曹操를 제거하여 先公(先親)의 恨을 씻고, 일이 안정된 뒤에 마침내 잘잘못을 의논하는 계책이 좋지 않은가. 만약 길을 잃고 돌아올 줄 모르면, 이는 韓子盧와 東郭逡이 스스로 눈앞에서 지쳐서 농부에게 잡힌 것과 같다."

원담과 원상은 모두 따르지 않았다.

又與尙書曰 靑州는 天性이 峭急하여 迷於曲直[①]하니 君當先除曹操하여 以卒先公之恨하고 事定之後에 乃議曲直之計 不亦善乎아 若迷而不返이면 則是韓盧, 東郭이 自困於前하여 而遺田父之獲也[②]니라 譚, 尙이 皆不從하다

① 袁譚이 靑州를 점거하였으므로 그를 靑州라 칭하였다. 峭는 준엄함이다.
譚據靑州, 故稱靑州. 峭, 峻也.
② ≪戰國策≫ 〈齊策〉에 "齊나라가 魏나라를 공격하려 하자, 淳于髡이 齊王에게 이르기를 '韓子盧는 天下의 빠른 사냥개이고, 東郭逡은 海內의 교활한 토끼입니다. 韓子盧가 東郭逡을 쫓아서 山을 돈 것이 세 번이고 산에 오른 것이 다섯 번이었는데, 토끼는 앞에서 지쳐 쓰러지고 개는 뒤에서 쓰러져서 개와 토끼가 모두 피로하여 각각 그 자리에서 죽자, 농부가 이를 보고는 힘 하나 들이지 않고 그 功(소득)을 독차지하였습니다. 이제 齊나라와 魏나라가 오랫동안 서로 버텨서 병사들을 지치게 하고 백성들을 피폐하게 하면, 臣은 강대국인 秦나라와 楚나라가 그 뒤를 이어서 농부의 공을 얻게 될까 두렵습니다." 하였다. 逡은 㕙과 같으니, 교활한 토끼의 이름이다.
戰國策 "齊欲伐魏, 淳于髡謂齊王曰 '韓子盧者, 天下之疾犬也, 東郭逡者, 海內之狡兎也. 韓子盧逐東郭逡, 環山者三, 騰山者五, 兎極於前, 犬廢於後, 犬兎俱罷, 各死其處, 田父見之, 無勞倦之苦, 而擅其功. 今齊魏久相持, 以頓其兵, 敝其衆, 臣恐强秦大楚承其後, 有田父之功.'" 逡, 㕙同, 狡兎名.

【目】 辛毗가 西平縣에 이르자, 曹操의 여러 부하들은 대부분 말하기를 "劉表가 한창 강성하니 마땅히 먼저 유표를 평정해야 한다." 하였으나, 荀攸는 다음과 같이 말하였다.

"천하에 한창 일(전쟁)이 있는데, 유표는 가만히 앉아서 長江과 漢水의 사이를 지키고 있으니 그가 사방(천하)을 차지하려는 뜻이 없음을 알 수 있습니다. 袁氏는 네 州의 땅[3]을 점거하여 갑옷을 입은 병사가 수십만이고, 袁紹는 너그럽고 厚德하여 민심을 얻었으니, 만약 두 아들이 화목하여 그가 이룩한 基業을 지킨다면 천하의 難이 그치지 않을 것입니다. 그런데 지금 형제가 서로 다투어 사이가 나쁘니, 그 형세가 둘 다 온전하지 못할 것입니다. 만약 이들이 합병하면 힘이 전일해지고 힘이 전일해지면 도모하기 어려울 것입니다. 그들이 혼란할 때에 취하면 천하가 안정될 것이니, 이때를 놓쳐서는 안 됩니다."

毗至西平이러니 操群下多以爲 劉表方彊하니 宜先平之라한대 荀攸曰 天下方有事어늘 而劉表坐保江, 漢之間하니 其無四方之志를 可知矣요 袁氏據四州之地하여 帶甲이 數十萬이라 紹以寬厚得衆心하니 使二子和睦하여 以守其成業이면 則天下之難이 未息也①어늘 今兄弟遘惡하니 其勢不兩全②이라 若有所幷則力專이요 力專則難圖也③라 及其亂而取之면 天下定矣리니 此時不可失也니이다

① 〈"使二子和睦……未息也"는〉 능히 曹操의 걱정거리가 될 수 있음을 말한 것이다.
謂能爲曹操患也.

② 遘는 마땅히 構가 되어야 한다. 혹자는 "遘는 만남이니, 〈'遘惡'은〉 미움으로써 서로 대함을 이른다." 하였다.
遘, 當作構. 或曰 "遘, 遇也, 謂以惡(오)相遇也."

③ 〈"若有所幷……難圖也"는〉 袁譚과 袁尙이 만약 하나로 합병되면 능히 힘을 전일하게 하여 曹操를 막을 것이니, 이렇게 되면 그 형세가 도모하기 어려움을 말한 것이다.
謂譚尙若幷於一, 則能專力以禦操, 其勢難圖.

【目】 曹操는 辛毗의 말을 따르고 그에게 이르기를 "袁譚을 반드시 믿을 수 있고 袁尙을 반드시 승리할 수 있는가?" 하니, 신비가 다음과 같이 대답하였다.

"明公은 사실인지 속임수인지를 묻지 말고, 다만 마땅히 그 형세를 논해야 할 뿐입니다. 袁氏의 형제가 서로 공격하여 본래 천하가 자기들의 손에 의해 평정될 것이라고 생각했었는데 하루아침에 明公에게 구원을 청하니, 이에 저들의 형세가 곤궁함을 알 수

3) 네 주의 땅 : 네 州는 冀州와 靑州, 幽州, 幷州를 가리킨다. ≪資治通鑑綱目≫ 建安 2년(197) 3월에 "袁紹를 大將軍으로 삼아 冀州·靑州·幽州·幷州 네 州를 겸하여 맡게 하였다.〔以袁紹爲大將軍 兼督冀靑幽幷四州〕"라고 한 내용이 보인다.

있습니다. 지금 군대가 밖에서 패하고 도모하는 신하가 안에서 주살을 당하였으며, 형제가 모함하여 싸워서 나라가 나뉘어 둘이 되었습니다. 그리하여 해마다 전쟁하고 공격해서 병사들의 갑옷에서는 이와 서캐가 생기며, 게다가 가뭄과 충해로 기근까지 함께 닥쳐왔습니다. 지금 우리가 가서 鄴縣을 공격할 경우 원상이 돌아와 업현을 구원하지 않으면 능히 스스로 지키지 못할 것이요, 원상이 돌아와 구원하면 즉시 원담이 그의 뒤에서 공격할 것이니, 이는 바로 하늘이 원상을 망하게 하는 시기입니다. 하늘이 원상을 明公에게 주는데도 明公이 취하지 않고 荊州를 정벌하면(정벌하시니), 형주는 풍년이 들어 백성들이 생업을 즐거워하여 나라에 빈틈이 있지 않습니다.

두 袁氏가 멀리 經略하기를 힘쓰지 않고 안에서 서로 도모해서 아침에 저녁 일도 도모할 수 없고 백성들이 목숨을 이어가지 못하고 있습니다. 그런데도 저들을 평정시키지 않고서 다른 해를 기다리고자 하시니, 다른 해에 혹 풍년이 들고 또 저들이 스스로 망할 줄을 알고 마음을 고쳐서 덕을 닦으면, 우리가 用兵할 수 있는 요점을 잃게 될 것입니다. 지금 원담이 구원을 청하는 틈을 타 저들을 어루만지면 이익이 이보다 더 큰 것이 없습니다. 또한 사방의 도둑으로는 河北보다 큰 것이 없으니, 河北이 평정되면 六軍이 강성해져서 천하가 진동할 것입니다."

조조가 "좋다." 하고는 마침내 원담과의 화해를 허락하였다.

操從之하고 謂毗曰 譚必可信이요 尙必可克不(부)①아 毗對曰 明公은 無問信與詐也하고 直當論其勢耳라 袁氏兄弟相伐하여 本謂天下可定於己②러니 而一旦求救於明公하니 此可知也③라 今其兵革敗於外하고 謀臣誅於內하며 兄弟讒鬩(참예)하여 國分爲二④하여 連年戰伐하여 介冑生蟣蝨(기슬)하며 加以旱蝗하여 饑饉竝臻⑤이니이다 今往攻鄴에 尙이 不還救면 卽不能自守요 還救면 卽譚踵其後하리니 此乃天亡尙之時也라 天以尙與明公이어늘 明公이 不取而伐荊州하면(니) 荊州는 豐樂하여 國未有釁이니이다 二袁이 不務遠略而內相圖하여 朝不謀夕하고 民命靡繼어늘 而不綏之하고 欲待他年하니 他年或登하고 又自知亡而改修厥德이면 失所以用兵之要矣⑥라 今因其請救而撫之면 利莫大焉이니이다 且四方之寇 莫大於河北하니 河北平이면 則六軍盛하여 而天下震矣리이다 操曰 善하다하고 乃許譚平⑦하다

① 不(의문형 종결어미)는 否로 읽는다.
不, 讀曰否.

② 〈"天下可定於己"는〉 袁譚의 青州와 袁尙의 冀州가 합병되어 하나가 되면 형세를 타고 천하를 평정할 수 있음을 말한 것이다.
謂幷青, 冀爲一, 則可乘勢以定天下.

③ 〈"此可知也"는〉 그 형세가 곤궁함을 말한 것이다.
言其勢窮.
④ "謀臣"은 逢紀와 田豐 등을 이른다. 鬩는 싸우는 것이다.
謀臣, 謂逢紀, 田豐等. 鬩, 鬪狠也
⑤ "蟣蝨"은 음이 幾瑟이다.
蟣蝨, 音幾瑟.
⑥ 年事(농사)가 풍년이 든 것을 登이라 한다.
歲熟曰登.
⑦ 平은 화해함이다.
平, 和也.

【目】 10월에 曹操가 黎陽에 이르자, 袁尙은 조조가 黃河를 건넜다는 말을 듣고는 마침내 平原을 버리고 鄴縣으로 돌아가니, 조조가 군대를 이끌고 돌아갔다.

十月에 至黎陽하니 尙이 聞操渡河하고 乃釋平原還鄴이어늘 操引軍還하다

【綱】 孫權이 군대를 보내어 山越을 토벌해서 평정하였다.

孫權이 遣兵하여 討山越하여 平之하다

【目】 孫權이 서쪽으로 黃祖를 공격하여 그의 水軍을 격파하니, 산의 도적(山越人)들이 다시 동요하였다. 손권이 돌아와서 呂範 등으로 하여금 토벌하게 하고, 또 呂蒙 등에게 〈山越의 요충지에 해당하는〉 劇縣(다스리기 어려운 縣)의 令長을 임시로 맡겨서 모두 평정하게 하였다. 賀齊가 建安을 토벌할 적에 병력을 점검하여 병사 만 명을 출동시키니, 손권이 그를 平東校尉로 삼았다.

孫權이 西伐黃祖하여 破其舟軍한대 而山寇復動①이어늘 權이 還하여 使呂範等討之하고 又以呂蒙等으로 守劇縣令長하여 悉平之②하다 賀齊討建安할새 料出兵萬人③하니 權이 以爲平東校尉하다

① 丹陽과 豫章, 廬陵에 모두 山越이 있었다.
丹陽・豫章・廬陵, 皆有山越.
② 劇은 어려움이요 심함이니, 이 지역이 山越의 요충지에 해당하여 가장 다스리기 어려움을 말한 것이다.
劇, 艱也・甚也. 言其地當山越之要, 最爲艱劇之甚者也.
③ 建安은 본래 冶縣의 지역이니, 會稽의 南部都尉가 그곳에 治所를 두었다. 建安 연간

(196~220)에 東侯官을 나누어 建安縣을 설치하니, 〈건안현이란 이름은〉 漢나라의 연호를 따른 것이다. 이때 건안현의 백성들이 난을 일으켜서 만여 명의 병력을 모았다. 料는 본음대로 읽으니, 현재 있는 수를 점검하는 것이다.

建安, 本冶縣地, 會稽南部都尉治焉. 建安中, 分東(候)〔侯〕4)官, 置建安縣, 用漢年號也. 時建安民作亂, 聚衆萬餘人. 料, 如字, 點閱見(현)數也.

甲申年(204)

【綱】 漢나라 孝獻皇帝 建安 9년이다. 봄 2월에 袁尙이 다시 袁譚을 공격하자, 여름 4월에 曹操가 鄴縣을 공격하였다. 가을 7월에 원상이 업현으로 돌아와 싸우다가 패하여 幽州로 달아나니, 조조가 마침내 업현에 들어가서 스스로 冀州牧을 겸하였다.

九年이라 **春二月**에 **袁尙**이 **復攻譚**이어늘 **夏四月**에 **曹操攻鄴**하다 **秋七月**에 **尙**이 **還戰**이라가 **敗走幽州**하니 **操遂入鄴**하여 **自領冀州牧**하다

【目】 정월에 曹操가 황하를 건너 淇水를 막아 물길이 白溝로 들어가게 해서 군량을 수송하는 길을 통하게 하였다.

2월에 袁尙이 다시 袁譚을 平原에서 공격할 적에 審配를 남겨두어 鄴縣을 지키게 하였는데, 조조가 土山을 일으키고 地道를 파서 공격하고, 또 그의 군량 수송로를 공격하여 끊었다.

5월에 조조가 참호를 파서 성을 포위하였는데 둘레가 40리였다. 처음에는 참호를 얕게 파서 넘어갈 수 있을 것처럼 보이니, 심배가 바라보고는 비웃고 나와서 이로움을 다투지 않았다. 조조가 하룻밤에 참호를 깊이 파서 너비와 깊이가 두 길이 되게 하고, 漳水를 끌어다가 鄴城에 주입시키니, 성안에서 굶어 죽은 자가 절반이 넘었다.

正月에 曹操濟河하여 遏淇水하여 入白溝하여 以通糧道①하다 二月에 尙이 復攻譚於平原할새 留審配守鄴이어늘 操爲土山地道以攻之하고 又攻絶其糧道하다 五月에 鑿塹圍城호되 周回四十里②라 初令淺하여 示若可越하니 配望見笑之하고 不出爭利하다 操一夜濬之하여 廣深二丈하고 引漳水灌之하니 城中餓死者 過半③이러라

4) (候)〔侯〕: 저본에는 '候'로 되어 있으나, ≪資治通鑑≫ 註에 의거하여 '侯'로 바로잡았다.

① 袁尙이 鄴縣에 있으니, 曹操가 장차 그를 공격하려 하였으므로 군량을 수송하는 길을 통하게 한 것이다. 班固의 ≪漢書≫ 〈地理志〉에 "淇水는 黎陽에 이르러 黃河로 들어간다." 하였으니, 조조가 水口 아래에 큰 통나무로 제방을 설치하고 淇水를 막아 동쪽 白溝로 들어가게 했다." 하였다.
袁尙在鄴, 操將攻之, 故通糧道. 班志"淇水至黎陽入河." 曹操於水口下大枋木以成堰, 遏淇水, 東入白溝.

② 土山과 地道는 급히 공격하기 위한 것이니, 급히 공격하여 함락할 수 있는 것이 아님을 알았다. 그러므로 참호를 파고 성을 포위해서 內外를 단절시켜 오래도록 곤궁하게 한 것이다.
土山·地道, 急攻也, 知非急攻可拔, 故鑿塹圍城, 絶其內外, 以久困之.

③ 廣(너비)은 古曠의 切이다. 深(깊이)은 悉禁의 切이다. ≪水經註≫에 "漳水는 鄴縣 서쪽을 지나간다." 하였다
廣, 古曠切. 深, 悉禁切. 水經註"漳水過鄴縣西."

【目】 7월에 袁尙이 만여 명을 거느리고 돌아와 鄴縣을 구원할 적에 먼저 主簿인 李孚로 하여금 城에 들어가게 하였다. 이부는 〈武官이 쓰는〉 平上幘을 착용하고 저물녘에 曹操軍의 都督이라 사칭하고, 북쪽(조조군)의 포위망을 지나 동쪽으로 가면서 포위망을 지키는 장병들을 질책하여 죄의 경중에 따라 벌을 시행하고, 마침내 조조의 진영 앞을 지나 남쪽의 포위망에 이르러서 수비하는 자들을 질책해서 포박하였다. 이브는 기회를 틈타 조조군의 포위망을 열고 성 아래로 달려가서 성 위에 있던 원상의 병사들을 부르니 〈성 위에 있는 사람이 밧줄로 끌어올려 이부가〉 성안으로 들어갔다.

조조는 이 말을 듣고 웃으며 말하기를 "이 사람은 다만 우리의 포위망 속으로 들어올 뿐만 아니라 장차 다시 나갈 것이다." 하였다.

이부는 포위망이 철저하여 다시 뚫고 나갈 수 없음을 알고는 마침내 審配에게 이르기를 "城中의 노약자를 모두 성 밖으로 내보내어 곡식을 절약하라." 하였다.

밤중에 노약자들이 白旗를 가지고 나가 항복할 적에 이부가 그들을 따라 나가서 포위망을 뚫고 무사히 떠나갔다.

七月에 尙이 將萬餘人하여 還救鄴할새 先使主簿李孚로 入城하니 孚著(착)平上幘(책)하고 投暮에 詐稱都督하고 歷北圍而東하여 呵責守圍將士하여 隨輕重行罰①하고 遂歷操營前하여 至南圍하여 責怒守者하여 收縛之하다 因開其圍하고 馳到城下하여 呼城上人得入②하다 操聞하고 笑曰 此非徒得入也라 方且復出하리라 孚知圍不可復冒하고 乃謂配호되 悉出城中老弱하여 以省(생)穀하라 夜에 持

白幡出降할새 孚隨輩出하여 突圍得去[③]하다

① 平上幘은 머리 윗부분이 평평한 것이니, 武官들은 평상책을 착용하였다. 投는 이름이다.
平上幘者, 其上平也, 武吏服平上幘. 投, 至也.

② 李孚가 먼저 曹操軍의 진영 앞을 지나가지 않았으면 포위망을 지키는 자가 반드시 의심하였을 것이니, 이부가 조조군의 수비하는 병사들도 포박할 수 없었을 것이고 포위 또한 열 수 없었을 것이다.
不先經操營前, 則守圍者必疑, 不可得而收縛, 圍亦不可開矣.

③ "隨輩出"은 항복하는 자들의 무리를 따라 함께 성을 나감을 이른다.
隨輩出, 謂隨降者之等輩, 同出城.

【目】 袁尙의 군대가 도착하자, 審配가 군대를 성 북쪽으로 출동시켰는데, 曹操가 맞아 공격하니 패하여 돌아왔다. 원상 또한 패주하여 曲漳에 의지해서 진영을 만들었는데, 조조가 마침내 원상을 포위하였다. 원상이 두려워하여 항복을 청했으나 조조가 항복을 받아주지 않으니, 원상의 무리들이 무너져서 中山으로 달아났다.

심배가 辛毗의 가솔들을 죽이고는 병졸들로 하여금 굳게 지켜 결사적으로 싸우게 하고 궁노부대를 매복시켜 조조를 쏘아 거의 맞출 뻔하였는데, 심배의 형의 아들 審榮이 성문을 열어 조조의 군대를 받아들였다.

尙兵旣至에 配出兵城北이어늘 操逆擊之러니 敗還하고 尙亦破走하여 依曲漳爲營[①]이러니 操遂圍之하다 尙이 懼하여 求降이어늘 不聽하니 衆潰하여 犇中山하다 審配殺辛毗家屬하고 令士卒堅守死戰하여 伏弩射操하여 幾中[②]이러니 配兄子榮이 開門內(납)操兵[③]하다

① 曲漳은 漳水의 굽이이다.
曲漳, 漳水之曲也.

② 中(맞추다)은 去聲이다.
中, 去聲.

③ 內(받아들이다)는 納으로 읽는다.
內, 讀曰納.

【目】 審配가 항거하여 싸우다가 사로잡히자 辛毗가 말채찍으로 그의 머리를 치면서 꾸짖으니, 심배가 돌아보고 말하기를 "개 같은 무리들아! 바로 네놈들 때문에 우리 冀州가 격파되었으니, 너를 죽이지 못하는 것이 한스럽다. 또 네가 今日에 능히 나를 네 맘대로 죽이고 살릴 수 있다고 생각하느냐?" 하였다.

曹操는 심배를 引見하고는 살려주고자 하였으나, 심배의 意氣가 壯烈하여 끝내 굽히는 말이 없자, 마침내 그를 참수하였다.

조조는 袁紹의 묘에 가서 제사하여 哭하고 눈물을 흘렸으며, 원소의 아내를 위로하고 그 가솔들과 보물을 돌려주고, 비단과 솜과 창고의 곡식을 하사하였다.

配拒戰被執이어늘 毗以馬鞭擊其頭而罵之한대 配顧曰 狗輩아 正由汝曹하여 破我冀州하니 恨不得殺汝也로라 且汝今日에 能殺生我邪[①]아 操引見配하고 欲活之러니 配意氣壯烈하여 終無撓辭라 遂斬之하다 操乃臨祀紹墓하여 哭之流涕하고 慰勞紹妻하고 還其家人寶物하고 賜繒絮稟食(름사)[②]하다

① 〈"且汝今日 能殺生我邪"는〉 나를 살리고 죽임이 曹操에게 달려 있고, 辛毗에게 달려 있지 않음을 말한 것이다.
言殺生由曹操, 不由辛毗.

② 食(양식)는 飤로 읽는다.
食, 讀曰(飮)〔飤〕[5)]

【目】 처음에 袁紹가 曹操와 함께 군대를 일으킬 적에 원소가 조조에게 묻기를 "만약 일이 제대로 되지 않으면 方面 중에 어느 곳을 점거해야 하는가?" 하니, 조조가 말하기를 "足下께서는 어떻게 생각하십니까?" 하였다. 원소가 말하기를 "내 남쪽으로 황하를 점거하여 북쪽으로 燕, 代를 의지하고 戎狄의 무리를 겸병하고서 남쪽을 향하여 천하를 다투면 거의 성공할 수 있을 것이다." 하였다. 조조는 말하기를 "저는 천하의 지혜롭고 勇力이 있는 자에게 맡겨서 道로써 어거할 것이니, 그렇게 하면 不可할 것이 없을 것입니다." 하였다.

初에 紹與操共起兵할새 紹問操曰 若事不輯이면 則方面何所可據[①]오 操曰 足下意以爲何如오 紹曰 吾南據河하여 北阻燕, 代하고 兼戎狄之衆하여 南向以爭天下면 庶可以濟乎인저 操曰 吾任天下之智力하여 以道御之면 無所不可라하니라

① 輯은 集과 같으니, 集은 이룸이다.
輯, 猶集也. 集, 成也.

【目】 9월에 詔令을 내려 曹操에게 冀州牧을 겸하게 하니, 조조가 사양하고 兗州로 돌아

5) (飮)〔飤〕: 저본에는 '飮'으로 되어 있으나, ≪資治通鑑≫ 註에 의거하여 '飤'로 바로잡았다.

갔다.

九月에 詔以操領冀州牧하니 操讓하고 還兗州①하다

① 당시에 정사가 曹操에게서 나왔으니, 겸하게 한 것은 진짜 겸하게 한 것이고 사양한 것은 진짜 사양한 것이 아니다.
當時, 政自操出, 領則眞領, 而讓非眞讓也.

【目】 처음에 袁尙이 從事 牽招를 上黨으로 보냈는데, 견초는 원상이 敗走했다는 말을 듣고 高幹에게 幷州를 가지고 원상을 맞아들일 것을 설득하였으나 따르지 않자, 견초가 마침내 曹操에게 가서 다시 從事가 되었다.

조조는 또 崔琰을 불러 別駕로 삼고 이르기를 "어제 戶籍을 살펴보았는데, 30만의 병력을 얻을 수 있으니 진실로 큰 州가 될 만하다." 하자, 최염이 다음과 같이 대답하였다.

"지금 九州[6]가 비단 폭처럼 찢어지고 骨肉인 두 袁氏가 창과 방패를 사용하고 있으니, 冀州 지방 백성들의 해골이 언덕과 들에 뒹굴고 있습니다. 그런데도 천자의 군대가 백성들의 風俗(疾苦)을 위로하여 도탄에 빠진 백성들을 구원한다는 말을 듣지 못했고, 오직 갑옷과 병기를 計較하는 것을 우선으로 삼으니, 이것이 어찌 우리 州의 士女들이 明公에게 바라는 바이겠습니까."

이에 조조는 용모를 고치고 그에게 사과하였다.

許攸가 功을 믿고서 조조에게 교만하게 굴자, 조조가 끝내 그를 죽였다.

初에 尙이 遣從事牽招하여 至上黨①이러니 聞尙走하고 說高幹以幷州迎之호되 不從이어늘 招乃詣操하여 復爲從事②하다 操又辟崔琰하여 爲別駕하고 謂曰 昨案戶籍하니 可得三十萬衆이라 故爲大州也로다 對曰 今九州幅裂하고 二袁이 親尋干戈하니 冀方蒸庶 暴骨原野③어늘 未聞王師 存問風俗하여 救其塗炭이요 而唯以校計甲兵爲先하니 斯豈鄙州士女 所望於明公哉잇가 操改容謝之하다 許攸恃功하여 驕嫚操하니 操竟殺之④하다

① 牽招는 사람의 姓名이다.
牽招, 姓名.
② "從事"는 冀州從事를 이른다.
從事, 謂冀州從事.

---

6) 九州 : 아홉 개의 州로 중국 전체를 가리킨다. 지역은 시대마다 약간씩 다르나, 대체로 冀州・靑州・徐州・兗州・豫州・揚州・荊州・雍州・幷州 또는 幽州를 가리킨다.

③ "幅裂"은 國土가 마치 布帛의 폭처럼 〈갈기갈기〉 찢어지는 것이다. 尋은 씀이다. 蒸은 무리이다.

幅裂, 如布帛之裂也. 尋, 用也. 蒸, 衆也.

④ 〈"許攸恃功"은〉 烏巢에서 승리한 계책이 許攸에게서 나왔으므로 그 공을 믿은 것이다. ≪資治通鑑≫에는 "許攸가 공을 믿고 교만하여 일찍이 여러 사람이 앉아 있는 자리에서 曹操의 어렸을 때 字를 부르며 '某甲[7]아, 卿은 내가 아니면 冀州를 얻지 못했을 것이다.' 하니, 曹操가 웃으며 말하기를 '네 말이 옳다.' 하였다. 그러나 내심 기뻐하지 않았는데, 뒤에 끝내 그를 죽였다." 하였다.

烏巢之捷, 計出於攸, 故恃其功. 通鑑 "許攸恃功驕嫚, 嘗於衆坐, 呼操小字曰 '某甲, 卿非我, 不得冀州也.' 操笑曰 '汝言, 是也.' 然內不樂, 後竟殺之."

【綱】 겨울 10월에 孛星이 東井에 나타났다.

冬十月에 有星孛于東井하다

【綱】 高幹이 幷州를 가지고 항복하자, 다시 그를 刺史로 삼았다.

◑ 高幹이 以幷州降이어늘 復以爲刺史하다

【綱】 12월에 曹操가 平原을 공격하여 함락하니, 袁譚이 달아나 南皮를 지켰다.

◑ 十二月에 曹操攻平原하여 拔之하니 袁譚이 走保南皮하다

【目】 袁譚이 다시 曹操를 배반하였다. 조조가 편지를 보내어 질책한 뒤에 진군하여 토벌하니, 원담이 平原에서 철수하여 달아나 南皮를 지켰다. 이에 조조가 平原에 들어가서 여러 縣을 經略하여 평정하였다.

袁譚이 復背曹操라 操與書責之然後에 進討①하니 譚이 拔平原하여 走保南皮어늘 操入平原하여 略定諸縣하다

① 여기서 句를 뗀다.

---

7) 某甲 : 그의 출생 연도를 따져 부른 것으로 예를 들어 甲子년에 태어났으면 甲子生 이라고 부른 것이다. 옛날에는 상대방을 높여 이름을 직접 부르지 않고 字를 불렀으며, 상대방의 지위가 높으면 관직명을 부르거나 明公 따위로 불렀는데, 許攸는 曹操를 무슨 ○ ○ 生으로 낮추어 부른 것이다.

句.

【綱】 公孫度가 卒하니, 아들 公孫康이 세습하여 郡의 일을 행하였다.

公孫度卒하니 子康이 襲行郡事하다

【目】 曹操가 表文을 올려 公孫度를 武威將軍으로 삼고 永寧鄕侯로 봉하게 하니, 공손도가 말하기를 "내가 遼東에서 왕 노릇 하니, 어떻게 길이 편안〔永寧〕하겠는가."[8] 하고는 印綬를 武庫(무기고)에 보관하였다. 이해에 卒하니, 아들 公孫康이 뒤를 이었다.

曹操表度爲武威將軍하고 封永寧鄕侯하니 度曰 我王遼東하니 何永寧也①오하고 藏印綬於武庫②러니 是歲에 卒하니 子康이 嗣하다

① 公孫度는 遼東太守이다.
度, 遼東太守也.
② 〈"武庫"는〉 遼東郡의 무기고이다.
遼東郡之武庫也.

【綱】 丹陽郡의 관리가 太守 孫翊을 죽이니, 손익의 아내 徐氏가 토벌하여 그들을 죽였다.

丹陽郡吏 殺其太守孫翊하니 翊妻徐氏 討殺之[9]하다

【目】 丹陽의 督인 嬀覽(규람)과 丞인 戴員(대운)이 太守 孫翊을 죽였다. 규람이 손익의 아내 徐氏를 핍박하여 취하고자 하자, 서씨가 거짓말하기를 "바라건대 모름지기 그믐날에 남편의 제사를 지내고 상복을 벗은 뒤에 명령을 따르겠다." 하고는 은밀히 친한 사

8) 내가……편안〔永寧〕하겠는가 : 曹操는 公孫度가 遼東 지방을 안정시켜 길이 편안하게 하라는 뜻으로 永寧鄕侯에 봉하였는데, 공손도는 "내가 요동에서 세력을 확장하여 왕 노릇 하니, 오래지 않아 반란을 일으킬 것이다. 어떻게 이 지방이 오랫동안 평안하겠는가."라고 말한 것이다.

9) 翊妻徐氏 討殺之 : "婦人이 賊을 토벌한 것은 ≪資治通鑑綱目≫을 쓴 이래로 있지 않았다. 그러므로 특별히 쓴 것이다. ≪자치통감강목≫이 끝날 때까지 부인이 적을 토벌한 것이 두 번인데(孫翊의 妻 徐氏, 馮寶의 妻 洗氏), 토벌하여 능히 죽인 자는 한 사람뿐이다.〔婦人討賊 綱目以來未有也 故特書之 終綱目婦人討賊二(孫翊妻徐氏 馮寶妻洗氏) 討而能殺之者 一人而已〕" ≪書法≫
"女子가 능히 절개를 지켜 욕을 당하지 않은 것도 매우 가상히 여길 만한데, 능히 변고에 임하여 계책을 내어서 徐氏와 같이 한 자는 있지 않다. 그러므로 특별히 '討殺'이라고 써서 그 공적을 드러낸 것이다.〔女子能守節不辱者 已足深嘉 未有能臨變設謀如徐氏者 故特書討殺 以著其績〕" ≪發明≫

람을 시켜서 손익의 옛 장수인 孫高와 傅嬰 등에게 말하여 함께 규람을 도모하게 하니, 손고와 부영이 눈물을 흘리며 이를 허락하고는 예전에 손익을 모시면서 給養(의식을 대줌)을 받은 자 20여 명을 은밀히 불러서 함께 맹세하고 모여 계책을 세웠다.

丹陽督嬀覽과 丞戴員이 殺太守孫翊①하다 覽이 欲逼取翊妻徐氏한대 徐紿之曰 乞須晦日에 設祭除服然後에 聽命호리라하고 潛使所親으로 語翊舊將孫高, 傅嬰等하여 與共圖覽하니 高, 嬰이 涕泣許諾하고 密呼翊時侍養者二十餘人하여 與盟誓合謀②하다

① 員은 音이 云이니, 戴員은 사람의 성명이다.
員, 音云. 戴員, 姓名.
② "侍養"은 孫翊의 左右에서 모시면서 給養을 후하게 받은 자를 이른다.
侍養, 謂侍翊左右而厚蒙給養者.

【目】徐氏는 그믐날 남편의 제사를 지내면서 곡하고 울면서 슬픔을 다한 뒤에 마침내 상복을 벗고는 향을 피워 목욕하고 사람들과 談笑를 나누며 기뻐하니, 嬀覽이 은밀히 엿보고는 더 이상 의심하는 뜻이 없었다.

徐氏가 孫高와 傅嬰을 불러 문안에 숨겨두고 사람을 시켜서 규람을 불러 들어오게 하고는 다만 一拜만 한 뒤에 서씨가 크게 고함치기를 "두 君은 일어날지어다." 하였다. 손고와 부영이 일어나 함께 규람을 죽이고 나머지 사람들은 즉시 밖으로 나가서 戴員을 죽였다.

서씨는 마침내 상복과 絰을 다시 착용하고 규람과 대운의 머리를 받들어 孫翊의 墓에 제사하니, 온 진영이 진동하고 놀랐다. 孫權이 규람과 대운의 殘黨을 멸하고 손고와 부영을 발탁하여 牙門으로 삼았다.

晦日設祭하여 徐哭泣盡哀畢에 乃除服하고 薰香沐浴하고 言笑懽悅하니 覽이 密覘하고 無復疑意라 徐呼高, 嬰하여 置戶內하고 使人召覽入하여 適得一拜①에 徐大呼호되 二君은 可起어다 高, 嬰이 俱出하여 共殺覽하고 餘人이 卽就外殺員하니 徐氏乃還縗絰하고 奉覽, 員首하여 以祭翊墓하니 擧軍이 震駭②러라 孫權이 族誅覽, 員餘黨하고 擢高嬰하여 爲牙門③하다

① ≪資治通鑑≫에는 "徐氏가 문을 나와 嬀覽에게 절하는데, 다만 一拜만 했다." 하였다.
通鑑 "徐氏出戶拜覽, 適得一拜."
② "還縗絰"은 縗服(최복)과 絰을 다시 착용함을 이른다.[10)]

10) 縗服(최복)……이른다 : 縗服은 喪服으로, 縗는 衰와 통용되는바, 縗服은 斬衰와 齊衰로 나뉘는데, 婦人은 남편을 위해 斬衰三年을 입는다. 絰은 삼베로 만든 끈으로 머리에 착용하는 것을 首絰, 허리

還縗絰, 謂復著縗絰也.

③ 牙門은 將帥이다.
牙門, 將也.

乙酉年(205)

【綱】 漢나라 孝獻皇帝 建安 10년이다. 봄 정월에 曹操가 南皮를 공격하여 이기고, 袁譚을 참수하였다.

十年이라 **春正月**에 **曹操攻南皮**하여 **克之**하고 **斬袁譚**하다

【目】 曹操가 南皮를 공격할 적에 袁譚이 나와 싸우니, 조조의 병졸 중에 죽은 자가 많았다. 조조가 싸움을 늦추고자 하니, 議郎 曹純이 말하기를 "지금 孤立無援의 군대〔懸師〕로 깊이 쳐들어왔으니, 지구전을 하기 어렵습니다. 만약 전진해서 승리하지 못하여 후퇴할 경우 반드시 위엄을 잃게 됩니다." 하였다.

조조는 이에 직접 북을 쳐서 공격하는 자들을 독려하여 마침내 승리하였다. 원담이 성을 나와 달아나자 추격하여 참수하고, 남피의 관리와 백성들에게 告諭하여 각각 예전의 생업을 편안하게 하였으며, 郭圖 등과 그들의 妻子를 참수하였다.

王脩가 조조에게 찾아와서 원담의 시신을 거두어 장례할 것을 청하자, 조조는 이를 허락하고 그를 辟召하여 司空掾으로 삼았다.

曹操攻南皮할새 **袁譚**이 **出戰**하니 **士卒多死**라 **操欲緩之**한대 **議郎曹純曰**[①] **今縣師深入**하니 **難以持久**[②]라 **若進不能克**하면 **退必喪威**라하고 **乃自執桴鼓**하여 **以率攻者**하여 **遂克之**하다 **譚**이 **出走**어늘 **追斬之**하고 **告諭吏民**하면 **各安故業**하고 **斬郭圖等及其妻子**하다 **王脩詣操**하여 **乞收葬譚尸**어늘 **許之**하고 **辟爲司空掾**하다

① 曹純은 曹仁의 아우이다.
純, 仁之弟也.

② 縣(고립되다)은 懸으로 읽는다.
縣, 讀曰懸.

에 착용하는 것을 腰絰 또는 麻帶라 한다.

【目】郭嘉가 曹操를 설득하여 青州, 冀州, 幽州, 并州의 名士들을 많이 徵召하여 掾屬으로 삼게 하니, 조조가 그의 말을 따랐다.

官渡에서의 전투에 袁紹가 陳琳으로 하여금 檄文을 지어서 조조의 罪惡을 열거하게 하였는데, 집안의 世系까지 언급하여 지극히 추악하게 비방하였다. 이때 진림이 조조에게 귀순하자, 조조가 말하기를 "卿이 옛날 本初(袁紹)를 위하여 격문을 돌릴 적에 나의 罪狀만을 적으면 되는데, 어찌하여 위로 아버지와 할아버지까지 언급하였는가?" 하니, 진림이 謝罪하였다. 조조는 그를 풀어주고 阮瑀와 함께 記室을 관장하게 하였다.

郭嘉說(세)操하여 多辟青, 冀, 幽, 并名士하여 爲掾屬하니 操從之하다 官渡之戰에 袁紹使陳琳爲檄書하여 數操罪惡호되 連及家世하여 極其醜詆러니 及是에 琳이 歸操어늘 操曰 卿이 昔爲本初移書에 但可罪狀孤身이어늘 何乃上及父祖邪①아 琳이 謝罪한대 操釋之하고 使與阮瑀로 俱管記室②하다

① 爲(위하다)는 去聲이다. 陳琳의 檄文에 대략 이르기를 "曹操의 할애비인 曹騰이 환관인 左悺, 徐璜과 함께 요망한 재앙을 일으키고 탐욕스럽고 방종하여 교화를 손상하고 사람을 해쳤으며, 아비인 曹嵩은 〈후사가 없던 조등이〉 구걸하여 데려다가 길렀고, 뇌물로 받은 재물로 벼슬을 샀고 鼎司(三公의 지위)를 도둑질하였다. 조조는 간악한 환관의 남은 혈통으로 사납고 교활하고 세력을 믿고 남을 능멸하며 亂을 좋아하고 禍를 즐긴다." 하였다. 또 조조가 어질고 선량한 사람을 살해하고 조정의 정사를 제멋대로 專制하였으며 墳陵을 발굴한 죄를 나열하였다.
爲, 去聲. 琳檄, 略曰 "操祖父騰, 與左悺·徐璜, 竝作妖孽, 饕餮放橫, 傷化害人. 父嵩, 乞(自)〔匄〕[11]携養, 因臧買位, 竊盜鼎司. 操姦閹遺醜, 僄狡鋒俠. 好亂樂(요)禍." 又數其殘賢害善, 專制朝政, 發掘墳陵之罪.

② 漢나라 公府에는 記室令史가 있어서 글과 표문을 올리고 올린 글에 답하는 일을 주관하였다.
漢公府, 有記室令史, 主上章表報書記.

【綱】幽州의 장수와 관리들이 刺史 袁熙를 축출하고 사자를 보내어 曹操에게 항복하니, 袁熙와 袁尙이 함께 烏桓으로 달아났다.

幽州將吏 逐刺史袁熙하고 遣使降操하니 熙, 尙이 俱犇烏桓하다

【目】袁熙가 그의 장수인 焦觸과 張南에게 공격을 받고서 袁尙과 함께 遼西의 烏桓으로

11) (自)〔匄〕: 저본에는 '自'로 되어 있으나, ≪資治通鑑≫ 註에 의거하여 '匄'로 바로잡았다.

달아났다.

초촉은 스스로 幽州刺史라 칭하고, 守令들을 위협하여 袁氏를 배반하고 曹操에게 귀순할 적에 수만 명의 병력을 진열하여 白馬를 잡아 맹세하고 명령하기를 "감히 나의 명령을 어기는 자가 있으면 斬刑에 처하겠다." 하였다. 사람들은 감히 고개를 들어 바라보지 못하고 각각 차례로 피를 마시고 맹세하였다.

別駕인 韓珩이 말하기를 "나는 袁公 父子의 두터운 은혜를 받았는데 지금 그들이 격파되어 멸망함에 나의 지혜는 그들을 구원하지 못하였고 나의 용맹은 〈그들을 위해〉 죽지 못하였으니, 의리가 결여된 것이다. 북쪽으로 향하여 曹氏를 섬기는 일은 내가 하지 못하겠다." 하니, 자리에 있던 모든 사람들이 놀라 얼굴빛이 흙빛이 되었다. 초촉이 말하기를 "大事를 거행할 적에는 반드시 大義를 세워야 하니, 일의 성공 여부는 한 사람에게 달려 있지 않다. 한행의 뜻을 끝내 이루게 해서 군주를 섬기는 자들을 장려해야 한다." 하고는 마침내 그를 놓아주었다.

袁熙爲其將焦觸, 張南所攻하여 與尙으로 俱犇遼西烏桓하다 觸이 自號幽州刺史하고 驅率守令하여 背袁向曹할새 陳兵數萬하여 殺白馬而盟하고 令曰 敢違者는 斬하리라 衆이 莫敢仰視하여 各以次歃이라 別駕韓珩曰① 吾受袁公父子厚恩이러니 今其破亡에 智不能救하고 勇不能死하니 於義에 闕矣라 若乃北面曹氏는 所不能爲也로라하니 一坐失色이라 觸曰 夫擧大事에 當立大義니 事之濟否 不待一人이라 可卒珩志하여 以厲事君이라하고 乃捨之하다

① 珩은 音이 行이다.
珩, 音行.

【綱】 여름 4월에 黑山賊의 우두머리인 張燕이 항복하였다.

夏四月에 黑山賊帥張燕이 降하다

【綱】 겨울 10월에 高幹이 다시 배반하자, 詔令을 내려 杜畿를 河東太守로 삼았다.

◑ 冬十月에 高幹이 復叛이어늘 詔以杜畿爲河東太守하다

【目】 高幹이 다시 幷州를 가지고 배반하여 壺關口를 지키고, 河內 사람 張晟은 병력 만여 명으로 崤山과 澠池(면지) 사이를 침략하였다. 이때 河東太守 王邑이 조정의 徵召를

받고 떠나가게 되자, 郡의 아전인 衛固와 范先 등이 鍾繇에게 가서 그를 유임시킬 것을 청하였으나, 종요가 허락하지 않았다.

위고 등이 고간과 내통하여 반란을 모의하자, 曹操가 荀彧에게 다음과 같이 말하였다.

"關西의 여러 장수들이 겉으로는 복종하나 속으로는 두 마음을 품으며, 장성이 침략하여 소요를 일으켜 남쪽으로 劉表와 내통하니, 위고 등이 이를 이용하면 장차 깊은 폐해가 될 것이다. 지금 河東은 天下의 교통의 요지이니, 그대가 나를 위해 어질고 재주 있는 사람을 천거하여 鎭撫하게 하라."

순욱이 대답하기를 "京兆 사람 杜畿는 용맹이 충분히 난리를 막아낼 수 있고 지혜가 충분히 變亂에 대응할 수 있습니다." 하니, 조조가 마침내 두기를 河東太守로 삼았다.

高幹이 復以幷州叛하여 守壺關口하고 河內張晟은 衆萬餘人으로 寇崤, 澠間[①]이러니 河東太守王邑이 被徵이라 郡掾衛固, 范先等이 詣鍾繇請留之어늘 繇不許하다 固等이 與幹通謀러니 曹操謂荀彧曰 關西諸將이 外服內貳하고 張晟이 寇亂하여 南通劉表하니 固等이 因之하면 將爲深害라 當今河東은 天下之要地也[②]니 君爲我하여 擧賢才以鎭之하라 彧曰 京兆杜畿 勇足以當難이요 智足以應變이니이다 操乃以畿爲河東太守하다

① 晟은 音이 盛이다.
晟, 音盛.

② 高幹은 幷州를 점거하고 馬騰과 韓遂 등은 關中을 점거하였는데, 서로 왕래하여 交通할 적에 모두 河東을 경유하였으므로 교통의 요지라 한 것이다.
幹據幷州, 馬騰·韓遂等據關中, 往來交通, 皆由河東, 故曰要地.

【目】衛固 등이 군대를 보내 陝津을 차단하니, 杜畿는 부임한 지 몇 달이 되도록 黃河를 건너갈 수 없었다. 曹操가 夏侯惇을 보내어 위고 등을 토벌하게 하였으나 하후돈이 아직 도착하지 않았는데, 두기가 다음과 같이 말하였다.

"河東에는 3만 戶가 있는데, 이들이 모두 반란을 하고자 하는 것은 아니다. 이제 군대로 급히 압박하면 善을 하고자 하는 자들이 주인이 없어서 반드시 두려워하여 위고의 말을 들을 것이다. 이렇게 되면 위고 등은 세력이 하나로 뭉쳐서 반드시 결사적으로 싸울 것이니, 이들을 토벌하여 승리하지 못하면 반란이 끝이 없을 것이요, 토벌하여 승리하더라도 이는 한 고을의 백성을 殘害하는 것이다. 또 위고 등이 드러내놓고 王命을 거절하지 않고 겉으로 옛 使君을 유임시켜 줄 것을 명분으로 삼으니, 반드시 새 사군을

해치지는 않을 것이다. 내가 한 대의 수레로 곧바로 가서 그들이 예상하지 못한 곳으로 나가면, 위고는 사람됨이 계책이 많고 결단력이 부족하니, 반드시 거짓으로 나를 받아주는 척 할 것이다. 내가 郡에 한 달 동안 부임해 있으면서 계책으로 제재하면 충분하다.”

두고는 마침내 속임수를 써서 〈길을 바꿔〉 郖津에서 黃河를 건너갔다.

固等이 使兵絶陝[①]하니 畿至數月에 不得渡하고 操遣夏侯惇하여 討固等이로되 未至러니 畿曰 河東이 有三萬戶하니 非皆欲爲亂也라 今兵迫之急이면 欲爲善者無主하여 必懼而聽於固라 固等이 勢專하여 必以死戰하리니 討之不勝이면 爲難未已요 討之而勝이라도 是殘一郡之民也라 且固等이 未顯絶王命하여 外以請故君爲名하니 必不害新君이라 吾單車直往하여 出其不意하면 固爲人이 多計而無斷하니 必僞受吾하리니 吾得居郡一月하여 以計縻之면 足矣라하고 遂詭道從郖津渡[②]하다

① 陝은 ≪資治通鑑≫에는 陝津으로 되어 있다. ≪水經註≫에 “河水(黃河)가 동쪽으로 陝縣 북쪽을 지나가니, 황하 북쪽에 茅城과 마주한 곳을 茅津이라 하고 또한 陝津이라고도 한다.” 하였다.
陝, 通鑑作陝津. 水經註 “河水東過陝縣北, 河北對茅城, 謂之茅津, 亦謂之陝津.”

② 縻는 제재한다는 뜻이다. 詭는 거짓(속임수)이다. 郖는 音이 豆이다. ≪水經註≫에 “황하가 동쪽으로 湖縣의 옛 성 북쪽을 지나가고, 또 동쪽으로 柏谷水와 합류하며, 또 동쪽 오른편으로 門水와 합류하니, 황하가 이에 郖津이란 명칭이 있다.” 하였다.
縻, 縶聯之意. 詭, 詐也. 郖, 音豆. 水經註 “河水東逕湖縣故城北, 又東合柏谷水, 又東右合門水, 河水於此, 有郖津之名.”

【目】范先이 杜畿를 죽이고자 하여 마침내 성문 아래에서 主簿 이하 30여 명을 斬殺하였으나, 두기는 擧動이 태연자약하였다. 이에 衛固가 말하기를 “이 사람을 죽여도 저들에게는 손해될 것이 없고 우리만 惡名을 얻게 될 뿐이다. 또 이 사람에 대한 제재는 전적으로 나에게 달려 있다.” 하고는 마침내 두기를 太守로 받들었다. 두기가 말하기를 “위고와 범선은 河東의 명망이 있는 사람이니, 내 그대들에게 의뢰하여 일을 이룰 뿐이다. 그러나 군주(상관)와 신하(부하)는 정해진 의리가 있어서 성공과 실패를 함께하니, 큰일은 마땅히 상관인 나와 함께 의논하여야 한다.” 하고는, 위고를 都督으로 삼아서 丞의 일을 행하고 功曹를 겸하게 하였으며, 將校와 관리와 병사 3천여 명을 모두 범선이 감독하게 하였다.

范先이 欲殺畿하여 乃於門下에 斬殺主簿以下三十餘人호되 畿擧動自若하다 於是에 固曰 殺之

無損이라 徒有惡名이요 且制之在我라하고 遂奉之하니 畿曰 衛, 范은 河東之望也니 吾仰成而已라 然이나 君臣有定義하여 成敗同之하니 大事는 當共平議라하고 以固爲都督하여 行丞事하고 領功曹①하고 將校吏兵三千餘人을 皆先督之②하다

① 衛固를 都督으로 삼고, 또 郡의 丞의 일을 행하게 하고, 또 功曹를 겸하게 한 것이다. 都督은 군대를 관장하고, 丞은 太守를 보좌하여 郡의 일에 관여하지 않는 바가 없으며, 功曹는 공로가 있는 사람을 선발하여 등용함을 관장하니, 이는 겉으로 郡의 권한을 모두 위고에게 준 것이다.
既以爲都督, 又令行郡丞事, 又領功曹也. 都督掌兵, 丞貳太守, 於郡事, 無所不關, 功曹掌選署功勞, 陽以郡權悉與之也.

② ≪資治通鑑≫에는 "모두 范先이 감독했다." 하였다.
通鑑"皆范先督之."

【目】衛固가 크게 군대를 일으키고자 하자, 杜畿가 말하기를 "이제 크게 군대를 징발하면 사람들의 마음이 반드시 동요할 것이니, 서서히 財物을 가지고 募兵하는 것만 못하다." 하였다. 위고가 그의 말을 옳게 여겨 따랐으나 〈재물이 부족하여〉 얻은 병력이 매우 적었다.

두기가 또 말하기를 "사람의 심정은 누구나 집안을 돌아보니, 諸將과 掾史들을 나누어 집에 보내어서 휴식하게 하면 급한 일이 있을 때에 다시 부르기는 어렵지 않다." 하였다. 위고 등은 뭇사람의 마음을 거스르는 것을 싫어해서 또 그의 말을 따랐다. 이에 善한 사람은 밖에 있으면서 은근히 두기의 지원 세력이 되고, 악한 사람들은 분산되어 각기 자기 집으로 돌아갔다.

固欲大發兵이어늘 畿曰 今大發兵이면 衆情必擾하리니 不如徐以貲募兵이니라 固以爲然하여 從之러니 得兵甚少①라 畿又曰 人情顧家하니 諸將, 掾史를 可分遣休息이면 急緩에 召之不難이니라 固等이 惡(오)逆衆心하여 又從之②하다 於是에 善人在外하여 陰爲己援하고 惡人分散하여 各還其家하다

① 재물로 募兵을 하면 郡의 재정으로 계속할 수 없으므로 병력을 얻은 것이 매우 적은 것이다.
以貲募兵, 則郡計不足以繼, 故得兵甚少.

② 惡(싫어하다)는 烏路의 切이다.
惡, 烏路切.

【目】 이때 마침 張白騎가 東垣을 공격하고 高幹이 濩澤(확택)으로 쳐들어오자, 杜畿가 마침내 〈郡의 城을 나와〉 단신으로 수십 명의 기병을 거느리고서 〈성벽과 보루 중에 가장〉 견고한 곳으로 달려가 지키니, 각지의 관리와 백성들이 屬縣의 성을 가지고 투항해 와서 두기를 돕는 자가 많았다. 衛固 등이 高幹, 張晟과 함께 두기를 공격하였으나 함락시키지 못하고 노략질하였으나 얻은 바가 없었는데, 마침 曹操가 馬騰 등을 불러 보내어서 장성과 위고 등을 공격하여 격파하고 참수하였다.

會에 白騎攻東垣하고 高幹이 入濩澤①이어늘 畿乃單將數十騎하여 赴堅壁而守之하니 吏民이 多擧城助畿者②라 固等이 與幹, 晟으로 共攻不下하고 略無所得③이러니 會에 操徵馬騰等至하여 擊晟, 固等하여 破斬之하다

① 會는 마침이다. "白騎"는 張白騎의 무리이니, 서로 모여 도적질하는 자들이다. 東垣과 濩澤은 모두 河東의 屬縣이다. 濩은 烏號의 切이다.
會, 値也. 白騎, 張白騎之衆, 相聚爲賊者也. 東垣及濩澤, 皆河東屬縣也. 濩, 烏號切.
② "堅壁"은 성벽과 보루 중에 가장 견고한 것이다. "擧城"은 屬縣의 城을 가지고 투항해 옴을 이른다.
堅壁, 壁壘之最堅者. 擧城, 謂擧屬縣城也.
③ ≪資治通鑑≫에는 "함께 杜畿를 공격하였으나 함락시키지 못하고, 여러 縣을 노략질하였으나 얻은 바가 없었다." 하였다.
通鑑 "共攻畿不下, 略諸縣無所得."

【目】 이에 杜畿는 너그러움과 은혜로움을 힘써 숭상하여 백성들이 訟事가 있으면 의리를 말하여 돌려보내서 깊이 생각하게 하니, 父老들이 모두 엄격하게 서로를 책망하여 백성들이 감히 송사하지 못하였으며, 농사짓고 누에 치는 것을 권장하고 목축을 장려하니 백성들이 풍족해졌다. 그런 뒤에 學校를 일으키고, 부모에게 효도하고 형을 공경하는 자를 들어 쓰며 군대의 일을 닦고 武備를 강습하니, 河東 지방이 마침내 편안하였다. 두기가 河東에 재임한 16년 동안 治績이 항상 천하의 제일이었다.

於是에 畿務崇寬惠하여 民有辭訟이면 爲陳義理하여 遣歸諦思之①하니 父老皆自相責怒하여 不敢訟하고 勸耕桑, 課畜牧하니 百姓이 豐實이라 然後에 興學校하고 擧孝弟하며 修戎事하고 講武備하니 河東이 遂安하다 畿在河東十六年에 常爲天下最러라

① 諦는 자세히 살핌이다.
諦, 審也.

【綱】 荀悅을 侍中으로 삼았다.

以荀悅爲侍中하다

【目】 이때 정권이 曹氏에게 있었다. 荀悅은 옳은 것을 권장하고 나쁜 것을 바로잡는 데에 뜻이 있었으나 자신의 계책을 펼칠 길이 없었으므로 ≪申鑑≫ 다섯 편을 지어 아뢰니, 그 대략은 다음과 같다.

"정사를 하는 방법은 먼저 네 가지 병통〔四患〕을 제거하고 마침내 다섯 가지 정사〔五政〕를 높여야 한다. 거짓으로 풍속을 어지럽히고 사사로움으로 법을 파괴하고 방자함으로 법도를 넘고 사치함으로 제도를 무너뜨리는 것, 이 네 가지를 제거하지 않으면 정사가 말미암아 행해질 수 없으니, 이것을 네 가지 병통이라 한다. 농사와 누에치기를 일으켜 생업을 기르고 좋아하고 싫어함을 살펴 풍속을 바로잡고 文敎를 보여 교화를 밝히고 武備를 세워 위엄을 세우고 賞罰을 분명히 하여 법을 통일시키는 것, 이것을 다섯 가지 정사라 한다.

時에 **政在曹氏**라 **悅**이 **志在獻替**로되 **而謀無所用**이라 **故**로 **作申鑑五篇**하여 **奏之**[①]하니 **其大略曰 爲政之術**은 **先屛四患**하고 **乃崇五政**[②]이니 **僞亂俗**하고 **私壞法**하고 **放越軌**하고 **奢敗制**니 **四者不除**면 **則政末由行矣**니 **是謂四患**이요 **興農桑以養其生**하고 **審好惡**(오)**以正其俗**하고 **宣文敎以章其化**하고 **立武備以秉其威**하고 **明賞罰以統其法**이니 **是謂五政**이라

① "獻替"는 獻可替否(옳은 것은 권장하고 나쁜 것을 바로잡음)를 이른다. ≪春秋左氏傳≫ 昭公 25년에 "군주가 可하다고 말하더라도 否(不可)한 점이 있으면 신하는 그 不可한 점을 올려 그 可한 것을 이루게 하고, 군주가 不可하다고 말하더라도 可한 점이 있으면 신하는 그 可한 점을 올려 그 不可한 것을 제거하게 한다." 하였다.
獻替, 謂獻可替否. 左傳"君所謂可而有否焉, 臣獻其否以成其可, 君所謂否而有可焉, 臣獻其可以去其否.

② 屛(물리치다)은 必郢의 切이다.
屛, 必郢切.

【目】 사람들이 죽는 것을 두려워하지 않으면 罪(형벌)로써 두렵게 할 수 없고, 사람들이 사는 것을 즐거워하지 않으면 善으로 권면할 수 없다. 그러므로 위에 있는 자가 먼저 백성들의 재물을 풍족하게 하여 백성들의 마음을 안정시켜야 하니, 이것을 '생명을 기른다.'라고 한다.

善과 惡은 功과 罪로 귀결되게 하고 훼방과 칭찬은 사실에 대한 증험에 나타나게 해서, 말을 들으면 행하기를 요구하여 〈말과 행실이 일치되게 하고,〉 이름을 들면 실제를 살펴서 〈이름과 실제가 서로 맞게 하여〉 혹시라도 詐僞로써 사람들의 마음을 동요시키지 말아야 한다. 그러므로 풍속에는 간사하고 괴이한 일이 없고 백성들에게는 음란한 풍습이 없는 것이니, 이것을 '풍속을 바로잡는다.'라고 한다.

영화와 치욕은 賞罰의 精華이다. 그러므로 禮敎와 榮辱을 君子에게 가함은 그 내면을 교화시키는 것이요, 桎梏과 채찍을 小人에게 가함은 그 외면을 변화시키는 것이다. 만약 敎化가 폐해지면 中等 사람을 밀어 小人의 경지로 떨어지게 하고, 교화가 제대로 행해지면 중등 사람을 이끌어 군자의 길로 들어가게 하니, 이것을 '교화를 밝힌다.'라고 한다.

人不畏死면 不可懼以罪요 人不樂生이면 不可勸以善이라 故로 在上者 先豐民財以定其志니 是謂養生이라 善惡要乎功罪하고 毁譽效於準驗하여 聽言責事하고 擧名察實하여 無或詐僞以蕩衆心이라 故로 俗無姦怪하고 民無淫風하나니 是謂正俗[①]이라 榮辱者는 賞罰之精華也라 故로 禮敎榮辱以加君子는 化其情也요 桎梏鞭扑以加小人은 化其形也라 若敎化之廢면 推(퇴)中人而墜於小人之域하고 敎化之行이면 引中人而納於君子之塗니 是謂章化[②]라

① 蕩은 동요시킴을 이른다. 詐僞로써 사람을 동요시키면 사람들의 마음이 또한 반드시 詐僞에 동요되어 그 윗사람에게 응할 것이다.
蕩, 謂動之也. 以詐僞動之, 則人之心亦必動於詐僞, 以應其上.

② 推(밀쳐내다)는 吐回의 切이다. 中人은 君子와 小人의 중간에 처한 자이다.
推, 吐回切. 中人, 處君子小人之間者.

【目】 위에 있는 자는 반드시 武備를 갖춰서 비상사태에 대비해야 하니, 편안히 거처할 적에는 內政에 맡기고 일이 있을 적에는 군대에 사용하여야 한다. 이것을 '위엄을 세운다.'라고 한다.

賞과 罰은 정사의 權柄이다. 군주가 함부로 상을 내리지 않는 것은 재물을 아껴서가 아니니 상이 함부로 행해지면 선한 자가 권면되지 않기 때문이요, 함부로 벌을 주지 않는 것은 형벌을 받는 사람을 가엾게 여겨서가 아니니 벌을 함부로 시행하면 악한 사람이 징계되지 않기 때문이다. 상으로 善行을 권면하지 못함을 일러 선행을 그치게 한다고 하고, 벌로 악행을 징계하지 못함을 일러 악을 풀어놓는다고 한다. 위에 있는 자가 아랫사람이 선을 행하는 것을 막지 않고, 아랫사람이 악을 행하는 것을 내버려두지 않

으면 國法이 확립될 것이니, 이것을 '법을 통일시킨다.'라고 한다.

네 가지 병통이 제거되고 다섯 가지 정사가 또 확립되어, 성실로써 행하고 견고함으로써 지켜서 간략하면서도 태만하지 않고 소략하면서도 잘못하지 않으면, 衣裳을 드리우고 팔짱을 끼고 揖讓만 하고서도 海內가 평정될 것이다."

荀悅은 荀爽의 형의 아들이다.

在上者 必有武備以戒不虞니 安居則寄之內政하고 有事則用之軍旅니 是謂秉威①라 賞罰은 政之柄也니 人主不妄賞이 非愛其財也니 賞妄行이면 則善不勸矣요 不妄罰이 非矜其人也니 罰妄行이면 則惡不懲矣라 賞不勸을 謂之止善이요 罰不懲을 謂之縱惡이라 在上者 能不止下爲善하고 不縱下爲惡이면 則國法立矣리니 是謂統法이라 四患旣蠲하고 五政又立하여 行之以誠하고 守之以固하여 簡而不怠하고 疎而不失이면 垂拱揖讓而海內平矣리라 悅은 爽之兄子也라

① "內政"은 國政이다. ≪國語≫ 〈齊語〉에 "管仲이 齊나라 桓公을 도울 적에 內政을 '다스림에 군령에 맡기십시오.'라고 했다."[12] 하였다.
內政, 國政也. 國語 "管仲相齊桓公, 作內政, 以寄軍令."

丙戌年(206)

【綱】 漢나라 孝獻皇帝 建安 11년이다. 봄 正月에 孛星이 北斗星에 나타났다.

十一年이라 春正月에 有星孛于北斗하다

【綱】 曹操가 高幹을 공격하여 참수하고, 梁習을 并州刺史로 삼았다.

◑ 曹操擊高幹하여 斬之하고 以梁習爲并州刺史하다

12) 管仲이……했다 : 이와 관련된 내용은 ≪國語≫ 권6 〈齊語〉에 보인다. 齊나라 桓公이 천하의 제후들을 대상으로 霸道를 실행하려고 하자 管仲이 우선 나라를 안정시켜야 한다고 하면서 이를 만류하였다. 이에 관중의 의견에 따라 나라를 안정시킨 다음 자신의 뜻을 실현하고자 하였는데, 관중이 또 만류하면서 말하기를, "군주께서 속히 천하의 제후들에게 뜻을 이루고자 하신다면, 戎事는 숨기시며 軍令은 國政에 기탁하십시오.〔君若欲速得志於天下諸侯 則事可以隱 令可以寄政〕"라고 하였다. 환공이 그 방법에 대해서 묻자, 관중이 대답하기를, "內政을 다스리면서 그 안에 군령을 기탁하십시오.〔作內政而寄軍令焉〕"라고 하였다. 이에 대해 韋昭는 "事는 戎事이다. 隱은 숨김이다. 寄는 기탁함이다. 군령을 숨겨서 국정에 기탁하다가 만약 정벌이 있게 되면 이웃 나라는 이를 알지 못한다.〔事 戎事也 隱 匿也 寄 託也 匿軍令託於國政 若有征伐 隣國不知也〕"라고 설명하였고, 또 "內政은 국정이다. 국정를 다스림으로 말미암아서 군령을 기탁하는 것이다.〔內政 國政也 因國政以寄軍令也〕"라고 설명하였다.

【目】 이때 흉년이 들고 난리가 난 뒤라서 胡狄(당시 幷州의 匈奴)이 기세를 떨치니, 관리와 백성들이 배반하고 도망하여 그들의 部落으로 들어가고, 兵家(군벌)들이 병력을 보유하여 각각 노략질을 자행하였다.

梁習은 관청에 부임하자, 이들을 타이르고 불러들여서 豪右(大家)들을 모두 예우하여 부르고 차츰 薦擧하여 幕府에 나오게 하였고, 그 다음으로는 여러 장정 중에 체력이 강한 자들을 징발하여 義從(군대의 칭호)으로 삼았다.

또 大軍이 出征한 틈을 타서 대군의 장수들로 하여금 이들을 자신들의 군대에 분속시켜 勇力(군대의 칭호)으로 삼도록 하게 하였으며, 관리와 병사들이 이미 떠나간 뒤에는 차츰 그 집안을 이주시켜서 前後에 걸쳐 鄴縣으로 보낸 자가 모두 수만 명이었다.

그리고 명령을 따르지 않는 자는 군대를 일으켜 토벌하니, 單于는 恭順하게 명을 따르고 名王은 이마를 땅에 조아리고 〈그들의 部曲이〉 編戶(호적에 편입된 평민)와 똑같이 복종하여 섬기고 직책을 바쳤다.

이에 변경이 엄숙하고 깨끗하여 백성들이 들에 가득하였는데, 양습이 농사짓고 누에 치는 것을 부지런히 권장하니, 명령하면 행해지고 금하면 그쳐졌다.

양습은 마침내 名士인 常林과 楊俊의 무리를 조정에 천거하였는데, 이들은 뒤에 모두 명성을 떨쳤다.

時에 荒亂之餘에 胡狄이 雄張하니 吏民亡叛하여 入其部落①하고 兵家擁衆하여 各爲寇害②러니 習이 到官에 誘喩招納하여 皆禮召其豪右하여 稍薦擧하여 使詣幕府③하고 次發諸丁强하여 以爲義從④하다 又因大軍出征하여 令諸將分請以爲勇力⑤하고 吏兵已去之後에 稍移其家하여 前後送鄴이 凡數萬口⑥요 其不從命者는 興兵致討하니 單于恭順하고 名王稽顙하여 服事供職이 同於編戶⑦라 邊境肅淸하여 百姓布野어늘 勤勸農桑하니 令行禁止⑧라 習이 乃貢達名士常林, 楊俊之徒러니 後皆顯名하니라

① 張(펼치다)은 去聲이니, 〈"雄張"은〉 스스로 큰 체하는 것이다. 南匈奴의 部落이 모두 幷州의 경계에 있었다.
張, 去聲. 自侈大也. 南匈奴部落, 皆在幷州界.

② 〈"兵家擁衆"은〉 여러 豪右 중에 병력을 보유하여 스스로 보전한 자를 이른다.
謂諸豪右擁衆自保者.

③ 豪右는 大家이다.
豪右, 大家也.

④ 從(따르다)은 才用의 切이다. "義從"은 軍號(군대의 칭호)이니, 의리로써 從軍함을 말한 것이다.

從, 才用切. 義從, 軍號, 言其以義從軍也.

⑤ 勇力 또한 軍號이다.
勇力亦軍號.

⑥ "已去之後"는 장정 중에 체력이 강한 자가 관리와 병사가 되어 이미 떠나간 뒤를 이른다.
已去之後, 謂丁强爲吏兵已去後也.

⑦ 名王은 바로 匈奴의 여러 部의 王이다. 編은 서로 이어져 열을 이룸이니, 백성을 編民이라 이르고 또한 編戶라고 이르는 것은, 집집마다 나란히 열을 이루어 살면서 民籍에 편입되어 높고 낮음의 차등이 없음을 말한 것이다.
名王, 卽匈奴諸部王也. 編, 相聯次也, 民, 謂之編民, 亦謂之編戶者, 言比屋聯次而居, 編於民籍, 無高下之差.

⑧ 〈"令行禁止"는〉 명령하면 행해지고 금하면 그쳐지는 것이다.
令之則行, 禁之則止.

【綱】 仲長統을 尙書郎으로 삼았다.

以仲長統爲尙書郎하다

【目】 처음에 山陽 사람 仲長統이 幷州에 遊學와서 高幹을 방문하니, 고간이 그를 잘 대우하고 세상일을 물었다. 중장통이 고간에게 이르기를 "그대는 웅장한 뜻이 있으나 비범한 재주가 없고 선비를 좋아하나 훌륭한 사람을 제대로 선별하지 못하니, 〈이것이 내가〉 그대를 위해 깊이 경계하는 바이다." 하였다. 고간이 기뻐하지 않자 중장통이 떠나갔는데, 고간이 죽자 荀彧이 중장통을 천거하여 尙書郎으로 삼았다.

初에 山陽仲長統이 遊學至幷州하여 過高幹[①]한대 幹이 善遇之하고 訪以世事하니 統이 謂幹曰 君이 有雄志而無雄才하고 好士而不能擇人하니 所以爲君深戒也하노라 幹이 不悅이어늘 統이 去之러니 幹死에 荀彧이 擧統爲尙書郎하다

① 過(방문하다)는 工禾의 切이다.
過, 工禾切.

【目】 仲長統이 일찍이 論을 지어 ≪昌言≫이라 하니, 그 대략은 다음과 같다.

"天命을 받은 영웅호걸이 처음에 天下의 몫을 가지고 있는 것은 아니다. 천하의 몫이 없기 때문에 전쟁하는 자들이 다투어 일어나서, 지혜를 겨루는 자들은 모두 지혜가 다하고 힘을 겨루는 자들은 모두 힘이 부족해서 형세가 다시는 항거할 수 없고 세력이 다

시는 비교될 수 없으면, 이에 비로소 머리를 묶고 목에 올가미를 매고서 나(창업한 군주)에게 복종한다.

그러다가 繼體(창업한 군주의 뒤를 이은 임금)의 때에 이르면 豪傑들의 野心이 이미 끊기고 병사와 백성들의 뜻이 이미 안정되어서 신분의 귀함은 일정한 집안에 있고 존귀함은 군주 한 사람에게 집중되어 있다. 이때를 당해서는 비록 下愚의 재주로 군주의 자리에 있더라도 은혜가 天地와 같고 위엄이 鬼神과 대등하게 할 수 있으니, 저 창업한 군주의 뒤를 이은 임금은 천하 사람들이 감히 자신의 뜻을 어기지 못하는 것을 보고는, 자신은 하늘과 땅처럼 멸망하지 않을 것이라고 생각한다. 그리하여 마침내 사사로운 기호를 따르고 간사한 욕망에 치달려서 군주와 신하가 거리낌 없이 음탕한 짓을 하고 윗사람과 아랫사람이 함께 악행을 저질러서, 여러 정사를 황폐하게 하고 인재를 버리고 잊는다. 군주가 신임하고 친애하는 자는 모두 아첨하고 迎合하여 군주를 기쁘게 하는 사람이고, 군주가 총애하여 존귀하고 풍요로운 자는 모두 后妃와 姬妾들의 집안이다.

그리하여 마침내 천하 사람들의 기름을 다 태우고 백성들의 골수를 깎아내니 백성들이 깊이 원망하고 편안히 살 수가 없어서 禍와 亂이 함께 일어난다. 中國이 소란하고 사방 오랑캐들이 침략하고 배반해서 나라가 흙처럼 무너지고 기왓장처럼 부서져 하루아침에 민심이 떠나가서, 옛날 나의 길러줌을 받은 자손(백성)들이 지금은 모두 나의 피를 마시려고 하는 적과 원수가 되었다. 天運이 옮겨가고 형세가 떠나가는데도 여전히 깨닫지 못하니, 어찌 부귀가 不仁을 낳고 享樂에 빠짐이 어리석은 병을 불렀기 때문이 아니겠는가. 국가의 존망이 이 때문에 교체되고 治亂이 이로부터 또다시 반복되니, 이것이 天道의 떳떳한 큰 법칙이다."

統이 嘗著論曰昌言①이라하니 其略曰 豪傑之當天命者는 未始有天下之分者也②라 無天下之分故로 戰爭者競起焉하여 角智者皆窮하고 角力者皆負③하여 形不堪復伉하고 勢不足復校하면 乃始羈首繫頸하여 就我之銜紲(함설)耳④라 及繼體之時하여는 豪傑之心이 旣絶하고 士民之志已定하여 貴有常家하고 尊在一人이라 當此之時하여는 雖下愚之才居之라도 猶能使恩同天地하고 威侔鬼神하니 彼見天下莫敢與之違하고 自謂若天地之不可亡也하여 乃犇其私嗜하고 騁其邪欲하여 君臣宣淫하며 上下同惡하여 荒廢庶政하고 棄忘人物⑤이라 信任親愛者 盡佞諂容說(열)之人이요 寵貴隆豐者 盡后妃姬妾之家⑥라 遂至熬天下之脂膏하고 斲生民之骨髓⑦하니 怨毒無聊하여 禍亂竝起라 中國擾攘하고 四夷侵叛하여 土崩瓦解하여 一朝而去⑧하여 昔之爲我哺乳之子孫者 今盡是我飮血之寇讐也라 至於運徙勢去로되 猶不覺悟者는 豈非富貴生不仁하고 沈溺致愚疾邪아 存亡以之迭代하고 治亂從此周復(복)하니 天道常然之大數也⑨니라

① 昌은 마땅함이니, "昌言"은 이치에 마땅한 말이다.
昌, 當也. 昌言, 當理之言.

② 分(뭇)은 扶問의 切이다.
分, 扶問切.

③ 角은 다툼이고 비교함이다.
角, 競也, 校也.

④ 伉은 口浪의 切이니, 대적(항거)함이다. 羈는 말굴레이다. 銜은 재갈이고, 紲은 고삐이다.
伉, 口浪切, 敵也. 羈, 馬絡頭也. 銜, 勒也. 紲, 韁也.

⑤ ≪春秋左氏傳≫ 宣公 9년에 "洩冶(설야)가 말하기를 '公卿들이 음탕한 행실을 보이면 백성들이 본받을 것이 없다.' 하였다." 하였는데, 杜預가 말하기를 "宣은 보임이다." 하였다.
左傳 "洩冶曰 '公卿宣淫, 民無効焉.'" 杜預曰 "宣, 示也."

⑥ 說(기뻐하다)은 悅로 읽는다.
說, 讀曰悅.

⑦ 熬는 五勞의 切이니, 태움이다. 斲은 音이 卓이니, 깎음이다.
熬, 五勞切, 煎也. 斲, 音卓, 削也.

⑧ ≪漢書≫ 〈賈誼傳〉에 "국가의 제도가 搶攘하다." 하였는데, 晉灼이 말하기를 "搶攘은 어지러운 모양이다." 하였다.
前漢賈誼傳 "國制搶攘." 晉灼曰 "搶攘, 亂貌也."

⑨ ≪春秋左氏傳≫ 昭公 11년에 "善事나 惡事나 〈歲星이〉 一周하는 12년마다 반드시 반복된다."라고 하였으니, 이것이 하늘의 道(자연의 섭리)이다.
左傳 "美惡周必復." 天之道也.

【綱】 烏桓이 변경을 침략하였다.

烏桓이 寇邊하다

【目】 烏桓이 天下가 혼란한 틈을 타서 漢나라 백성 10여만 戶를 노략질하여 차지하였고, 그중에도 蹋頓(답돈)이 더욱 강성하여 袁紹에게 후대를 받았다. 그러므로 袁尙의 兄弟가 그에게 귀의하니, 답돈은 자주 변방에 들어와 침략하여 원상을 도와 옛 땅을 회복하고자 하였다. 曹操가 장차 이들을 공격하려 할 적에 먼저 平虜渠와 泉州渠를 뚫어서 漕運을 통하게 하였다.

烏桓이 乘天下亂하여 略有漢民十餘萬戶하고 蹋頓이 尤彊하여 爲紹所厚라 故로 尙兄弟歸之하니 數(삭)入塞爲寇하여 欲助尙復故地라 操將擊之할새 先鑿平虜泉州渠하여 以通運①하다

① ≪三國志≫ 〈魏書 武帝紀〉에 "개천을 팠는데 呼沱河로부터 시작하여 泒水로 들어가니, 이름을 平虜渠라 한다. 泃河의 어귀로부터 파서 潞河로 들어가니, 이름을 泉州渠라 하여 바닷길과 통하게 했다." 하였다. 泒는 音이 孤이고, 泃는 音이 句이다.
操紀 "鑿渠, 自呼沱入泒水, 名平虜渠. 又從泃河口, 鑿入潞河, 名泉州渠, 以通海." 泒, 音孤. 泃, 音句.

丁亥年(207)

【綱】 漢나라 孝獻皇帝 建安 12년이다. 봄 2월에 曹操가 功臣을 봉하여 列侯로 삼았다.

十二年이라 春二月에 曹操封功臣하여 爲列侯[13)]하다

【綱】 여름에 曹操가 烏桓을 공격하여 가을 8월에 격파하고 蹋頓을 참수하니, 袁熙와 袁尙이 遼東으로 달아났는데 公孫康이 이들을 참수하였다.

◑夏에 操擊烏桓하여 秋八月에 破之하고 斬蹋頓하니 袁熙, 袁尙이 犇遼東이어늘 公孫康이 斬之하다

【目】 曹操가 장차 烏桓을 공격하려 할 적에 장수들이 모두 말하기를 "袁尙은 도망간 적일 뿐입니다. 오랑캐들은 탐욕스럽고 친애하는 마음이 없으니, 어찌 원상의 쓰임이 되겠습니까. 이제 깊이 쳐들어가 烏桓을 정벌하면 劉備가 반드시 劉表을 설득해서 許都를 습격할 것이니, 만일 변란이 일어나면 후회해도 소용이 없을 것입니다." 하였다. 그러나 郭嘉는 다음과 같이 말하였다.

"公의 위엄이 비록 천하에 진동하나 오랑캐들은 거리가 먼 것을 믿고 반드시 대비를 하지 않을 것이니, 그들이 대비가 없는 틈을 타서 갑자기 공격하면 격파하여 멸망시킬

---

13) 曹操封功臣 爲列侯 : "功臣은 누구인가. 袁氏를 멸망시킨 자들이다. 袁氏를 멸망시킨 자들이면 列侯로 봉하는 것이 당연한데, 어찌하여 曹操가 봉했다고 썼는가. 조조가 원씨를 멸망시킨 것은 漢나라를 위한 것이 아니니, 공신 또한 조조에게 공이 있을 뿐이다. 그러므로 조조를 앞에 놓은 것이다. 이 때문에 〈孫權에게〉 인질을 요구했을 적에 '조조가 요구하였다.'고 썼고 功臣을 봉할 적에 '조조가 봉하였다.'고 썼으니, 漢나라를 위한 것이 아님을 말한 것이다.〔功臣 何 滅袁氏者也 滅袁氏者也 則其封侯 宜矣 曷爲以曹操書 操之滅袁氏 非爲漢也 則功臣亦有功於操而已矣 故以曹操冠之 是故責任子 書曹操責 封功臣 書曹操封 言非爲漢也〕" ≪書法≫

수 있습니다. 또 袁紹가 백성과 오랑캐들에게 은혜를 베풀었는데 원상의 형제가 살아 있으니, 이제 이들을 놓아두고 남쪽으로 정벌하였다가 원상이 오환의 물자를 이용하여 主君(원소와 그의 아들)을 위해 죽으려는 신하들을 불러 모아 蹋頓의 마음을 동요시키면 青州와 冀州는 우리의 소유가 아닐까 두렵습니다. 유표는 앉아서 담론하는 사람일 뿐입니다. 재주가 유비를 제재하기에 부족하니 유비를 重用하면 제재하지 못할까 염려스럽고, 가볍게 임용하면 유비가 그에게 쓰이지 않으리라는 것을 알고 있으니, 우리가 비록 나라를 비우고 멀리 정벌하더라도 公은 걱정할 것이 없습니다."

조조는 그의 말을 따랐다.

曹操將擊烏桓할새 諸將이 皆曰 袁尙은 亡虜耳라 夷狄이 貪而無親하니 豈能爲尙用이리오 今深入征之하면 劉備必說(세)劉表하여 以襲許하리니 萬一爲變이면 事不可悔[①]니이다 郭嘉曰 公雖威振天下나 胡恃其遠하여 必不設備리니 因其無備하여 卒然擊之하면 可破滅也리이다 且袁紹有恩於民夷어늘 而尙兄弟生存하니 今舍而南征이라가 尙이 因烏桓之資하여 招其死主之臣하여 以生蹋頓之心이면 恐靑, 冀非己之有也[②]니이다 表는 坐談客耳라 自知才不足以御備니 重任之則恐不能制요 輕任之則備不爲用하리니 雖虛國遠征이나 公無憂矣니이다 操從之하다

① 說(설득하다)는 輸芮의 切이다.
說, 輸芮切.

② "死主之臣"은 主君을 위하여 목숨을 바치고자 해서 〈떠나가지 못하고〉 체류하면서 뜻대로 하지 못하는 자들을 이른다.
死主之臣, 言欲爲其主致死, 而留滯不得逞者.

【目】 曹操의 군대가 행군하여 易縣(역현)에 이르자, 郭嘉는 다음과 같이 말하였다.

"군대는 神速함을 귀하게 여깁니다. 지금 천 리 멀리 적을 습격함에 輜重이 너무 많으니, 勝機를 잡기가 어렵습니다. 경무장한 군대로 행군 속도를 倍加하여 출격해서 저들이 예상하지 못했을 때에 습격하는 것만 못합니다."

行至易[①]한대 嘉曰 兵貴神速이라 今千里襲人에 輜重多하니 難以趣利라 不如輕兵兼道以出하여 掩其不意니이다

① 易縣은 前漢 때에는 涿郡에 속하였는데, 後漢 때에는 없앴다.
易縣, 前漢屬涿郡, 後漢省.

【目】 처음에 袁紹가 자주 사자를 보내어서 田疇를 辟召하고, 또 즉시 將軍의 인수를 주

어 그의 무리를 거느리게 하였으나, 전주는 모두 거절하였다.

그러나 전주는 매번 烏桓이 本郡(右北平郡)의 士大夫들을 많이 죽인 것에 분노하여 그를 토벌하려고 마음먹었으나 힘이 미치지 못하였는데, 이때 조조가 사자를 보내어 徵召하자, 전주가 즉시 와서 군대를 따라 無終에 주둔하였다.

이때는 한창 여름철이라서 비가 자주 내렸는데, 무종은 바다에 인접하여 지세가 낮아서 길이 진흙에 막혀 통하지 못하였으며, 오랑캐 또한 요해처를 차단하여 지키고 있어서 군대가 전진할 수 없었다. 이에 전주가 다음과 같이 말하였다.

"이 길은 가을과 여름에 홍수가 져서, 얕아도 수레와 말이 통행하지 못하고 깊어도 배가 통행하지 못하니, 길을 가기 어려운 지가 오랩니다. 北平郡의 옛 治所가 平岡에 있는데 길이 盧龍으로 나가 柳城에 도달하니, 建武 연간 이래로 함몰되고 무너져 길이 끊겼으나 그래도 작은 오솔길은 남아 있습니다. 만약 군대를 돌려 노룡의 어귀를 따라 白檀의 험한 곳을 넘어서 비어 있는 땅으로 나가면, 길이 가깝고도 편하니, 적들이 대비하지 않았을 때에 습격하면 싸우지 않고도 蹋頓을 사로잡을 수 있습니다."

初에 袁紹數(삭)遣使하여 召田疇[①]하고 又卽授將軍印하여 使統其衆호되 疇皆拒之라 然이나 每忿烏桓多殺其本郡冠蓋하여 意欲討之而力未能[②]이러니 至是에 操遣使辟之한대 疇卽至하여 隨軍次無終[③]하다 時에 方夏水雨而濱海洿(와)下하여 濘滯不通[④]하고 虜亦遮守蹊要하니 軍不得進[⑤]이라 疇曰 此道秋夏有水하여 淺不通車馬하고 深不載舟船하니 爲難이 久矣라 舊北平郡治在平岡하니 道出盧龍하여 達于柳城[⑥]하나니 自建武以來로 陷壞斷絶이나 尙有微徑이라 若回軍從盧龍口하여 越白檀之險하여 出空虛之地하면 路近而便이니 掩其不備하면 蹋頓을 可不戰而禽也[⑦]니이다

① 初平 4년(193)에 田疇가 無終을 보전하였다.
初平四年, 疇保無終.

② "冠蓋"는 郡의 명망이 있고 뛰어난 선비(士大夫)를 이른다.
冠蓋, 謂郡中名勝之士.

③ 무릇 군대가 출동할 적에 하룻밤을 유숙하는 것을 舍라 하고, 이틀 밤을 유숙하는 것을 信이라 하고, 이틀 이상을 유숙하는 것을 次라 한다.
凡師出, 一宿爲舍, 再宿爲信, 過信爲次.

④ 濘은 音이 佞이니, 진흙이다.
濘, 音佞, 淖濘也.

⑤ "蹊要"는 지름길의 要害處이다.
蹊要, 徑路要處也.

⑥ 前漢 때에는 右北平郡의 治所가 平岡縣에 있었는데, 後漢 때에는 平岡縣을 없애고 治所를

土垠縣으로 바꾸었다. ≪集覽≫에 "盧龍은 幽州에 속한 郡의 이름이다." 하였고, ≪正義≫에 "柳城은 北平郡 동북쪽에 있다." 하였다.
前漢, 右北平郡治平岡縣, 後漢, 省平岡縣, 改治土垠縣. 集覽 "盧龍, 幽州屬郡名." 正義 "柳城, 在北平郡東北."

⑦ 白檀山은 徐無山 동북쪽 北平郡 남쪽에 있다.
白檀山, 在徐無山東北・北平郡南.

【目】 曹操가 田疇로 하여금 군대를 거느리고 鄕導가 되게 하고는, 徐無山에 올라가 산을 파고 골짝을 메워서 길을 낸 것이 500여 리였고, 白檀을 경유하고 平岡을 지나 鮮卑의 王庭을 넘어가 동쪽으로 柳城으로 향하였다. 이때 유성과의 거리가 200리도 안 남았을 때에야 오랑캐들이 비로소 이 사실을 알고는 袁尙과 袁熙가 蹋頓 등과 수만의 기병을 거느리고 조조의 군대를 맞아 싸웠다.

操令疇將其衆爲鄕導①하여 上徐無山하여 塹山堙谷五百餘里요 經白檀, 歷平岡하여 涉鮮卑庭하여 東指柳城할새 未至二百里에 虜乃知之②하고 尙, 熙與蹋頓等으로 將數萬騎逆軍이러라

① ≪孫子≫ 〈軍爭〉에 이르기를 "鄕導를 사용하지 않는 자는 地利를 얻지 못한다." 하였는데, 注에 "그 지방 사람에게 맡겨 군대를 인도하지 않으면 道路의 便利함을 얻지 못한다." 하였다. 一說에 "鄕(향하다)은 嚮으로 읽는다." 하였다.
孫子曰 "不用鄕導者, 不得地利." 注 "不任彼鄕人而導軍者, 則不能得道路之便利." 一說 "鄕, 讀曰嚮."

② 이때 鮮卑의 王庭이 이미 右北平郡의 경계에 있었으니, 이 鮮卑는 慕容廆[14]의 선조이다.
此時, 鮮卑庭已在右北平郡界, 蓋慕容(瘣)〔廆〕[15]之先也

【目】 8월에 曹操가 白狼山에 올라갔다가 갑자기 오랑캐 군대와 만났는데 군대를 풀어 공격하니, 오랑캐 군대가 크게 무너졌다. 蹋頓을 참수하니, 항복한 자가 20여만 명이었다.

八月에 操登白狼山이라가 卒與虜遇하여 縱兵擊之하니 虜衆이 大崩이어늘 斬蹋頓하니 降者二十餘萬①이러라

14) 慕容廆 : 晉나라 때 前燕의 始祖이다. 鮮卑族으로 字가 奕洛瑰(혁락괴)인데 영웅호걸의 자질이 있었다. 匈奴族의 침략으로 西晉이 망하자, 元帝인 司馬睿가 長江을 건너오니 모용외는 劉琨과 함께 表文을 올려 帝位에 오를 것을 권하고 遼東公에 봉해졌는데, 얼마 후 鮮卑大單于라 스스로 칭하고 49년 동안 재위하였다. 아들 慕容皝이 즉위하여 國號를 燕이라 하니, 이것이 前燕이다.

15) (瘣)〔廆〕 : 저본에는 '瘣'로 되어 있으나, ≪資治通鑑≫ 註에 의거하여 '廆'로 바로잡았다.

① 白狼山은 凡城에 있다. 卒(갑자기)은 猝로 읽는다.
白狼山, 蓋在凡城. 卒, 讀曰猝.

【目】 袁尙과 袁熙가 遼東으로 달아났는데, 아직도 수천 명의 기병을 보유하고 있었다. 혹자가 曹操에게 그들을 추격할 것을 권하자, 조조가 말하기를 "내 바야흐로 公孫康으로 하여금 원상과 원희의 首級을 보내오게 할 것이니, 굳이 번거롭게 출병할 것이 없다." 하고는 9월에 군대를 이끌고 돌아왔는데, 공손강이 과연 원상과 원희의 머리를 베어 보내왔다.

장수들 중에 혹자가 그 이유를 조조에게 묻자, 조조는 다음과 같이 말하였다.

"公孫康이 평소 원상과 원희를 두려워하였다. 내가 급하게 몰면 저들은 힘을 합쳐 항거할 것이요, 느슨히 풀어주면 자연 자기들끼리 서로 도모할 것이니, 형세가 그러한 것이다."

조조는 원상의 머리를 梟首하고 명령하기를 "감히 그 앞에서 곡하는 자가 있으면 참수하겠다." 하였다. 그런데 牽招가 홀로 祭物을 진설하여 제사하고 슬피 곡하니, 조조는 그를 의롭게 여겨 등용하였다.

尙, 熙犇遼東하니 尙有數千騎①러니 或이 勸操遂擊之한대 操曰 吾方使公孫康送尙熙首하리니 不煩兵矣라하고 九月에 引還이러니 康이 果斬尙, 熙首送之하다 諸將이 或問操한대 操曰 彼素畏尙, 熙하니 吾急之則幷力이요 緩之則自相圖하리니 其勢然也니라 操梟尙首하고 令敢哭者면 斬하리라 牽招獨設祭悲哭하니 操義而擧之하다

① ≪資治通鑑≫에는 "그 무리가 아직도 수천 명의 기병을 보유하고 있었다." 하였다.
通鑑 "其衆尙有數千騎."

【目】 이때 날씨가 춥고 또 가물어서 200리에 걸쳐 물이 없었고, 또 군대에는 양식이 다하여 수천 匹의 말을 잡아서 양식으로 삼았으며, 땅을 30여 丈 깊이로 파야 비로소 물을 얻을 수 있었다.

曹操가 돌아오자, 예전에 출병하지 말라고 諫한 자들의 姓名을 조목조목 물어서 모두 후하게 상을 주고 말하기를 "내가 지난번에 출병한 것은 위태로움을 무릅쓰고 요행을 바란 것이니, 이것을 떳떳함으로 삼을 수는 없다. 諸君들이 간한 것이 萬全의 계책이다. 이 때문에 상을 주는 것이니, 이후에도 간언하는 것을 어려워하지 말라." 하였다.

時에 天寒且旱하여 二百里無水하고 軍又乏食하여 殺馬數千匹以爲糧하고 鑿地三十餘丈이라야 方得水러라 旣還에 科問前諫者하여 皆厚賞之①하고 曰 孤前行은 乘危以徼倖이라 不可以爲常이니 諸君之諫은 萬安之計라 是以相賞하노니 後勿難言之하라

① 科는 조목이니, 예전에 출병하지 말라고 諫한 자들을 물어서 그 성명을 조목조목 갖추어 올리게 한 것이다.
科, 條也. 問前諫者, 科具其姓名也.

【目】 曹操가 田疇를 봉하여 亭侯로 삼으니, 전주가 말하기를 "나는 처음에 劉公(劉虞)을 위하여 원수를 갚으려 해서[16] 병력을 이끌고 도망하여 뜻과 의리를 세우지 못하였습니다. 그런데 도리어 이것을 이익으로 삼는다면, 이것은 나의 본래 뜻이 아닙니다." 하고는 굳이 사양하고 받지 않았다.

뒤에 조조가 다시 그를 侯에 봉하고자 하였는데, 전주가 상소하여 진심을 아뢰면서 죽음으로써 스스로 맹세하였다. 조조는 전주와 친한 夏侯惇으로 하여금 타이르게 하였는데, 전주는 다음과 같이 말하였다.

"나는 의리를 저버리고 도망하여 숨은 사람이다. 은혜를 입고서 온전히 목숨을 보전하였으니, 참으로 다행이다. 그런데 어찌 盧龍의 요새를 팔아서 賞과 祿을 바꾸겠는가. 반드시 그만두지 않고 〈나에게 높은 관직을 내리려 한다면,〉 내 목숨을 바쳐 그대 앞에서 목을 찌르겠다."

전주가 말을 마치기도 전에 눈물을 줄줄 흘리니, 하후돈이 이것을 조조에게 아뢰었다. 조조는 그의 뜻을 굽힐 수 없음을 알고는 마침내 議郎을 제수하였다.

封田疇爲亭侯하니 疇曰 吾始爲劉公報仇하여 率衆遁逃하여 志義不立하니 反以爲利는 非本志也라하고 固讓不受①하다 後에 操復欲封之러니 疇上疏陳誠하여 以死自誓라 操使疇所善夏侯惇으로 喩之한대 疇曰 疇는 負義逃竄之人耳②라 蒙恩全活하니 爲幸多矣라 豈可賣盧龍之塞하여 以易賞祿哉리오 必不得已인댄 請效死刎首於前호리라 言未卒에 涕泣橫流어늘 惇以白操하니 操知不可屈하고 乃拜議郎하다

16) 劉公을……해서 : 劉公은 劉虞를 가리킨다. 유우는 宗室의 賢俊으로 幽州牧이 되었는데 유주 지방을 잘 다스려 大司馬와 太傅를 겸하였다. 公孫瓚과 함께 黃巾賊을 토벌하였으나 서로 不和하여 결국 공손찬의 공격을 받고 죽었다. 유우는 일찍이 右北平 사람 田疇를 長安에 보내 글을 올리게 하였는데, 전주가 임무를 마치고 돌아와 보니 유우가 이미 죽었다. 그러므로 유우의 묘소에 가서 제사를 지내고 황제로부터 받아온 글을 진열하여 復命한 다음 통곡하고 떠나가서 徐無山에 들어가 복수할 것을 도모하였는바, 본서 101쪽에 보인다.

① 劉公은 劉虞를 이른다.
劉公, 謂劉虞.
② 〈"負義逃竄之人"은〉 劉虞를 위하여 복수하지 못하고 스스로 徐無山에 숨은 일을 말한 것이다.
謂不能爲劉虞報讐, 自竄於徐無山也.

【目】 曹操가 북쪽을 정벌할 적에 劉備가 劉表를 설득하여 許都를 습격하게 하였으나 유표가 그의 말을 따르지 못하였다. 이때에 유표가 유비에게 이르기를 "그대의 말을 따르지 않았기 때문에 이 큰 기회를 놓쳤다." 하였다. 유비가 말하기를 "지금 천하가 분열되어 날마다 전쟁이 이어지고 있으니, 기회가 오는 것이 어찌 끝이 있겠습니까. 만약 뒤에 잘 대응하면 이번 일은 굳이 恨할 것이 못 됩니다." 하였다.

◑ 操之北伐也에 劉備說(세)劉表하여 襲許호되 表不能用이러니 至是에 表謂備曰 不用君言故로 爲失此大會①로다 備曰 今天下分裂하여 日尋干戈하니 事會之來 豈有終極乎리오 若能應之於後者면 則此未足爲恨也니라

① 〈"大會"는〉 큰 機會라는 말과 같다.
猶言大機會也.

【綱】 겨울 10월에 孛星이 鶉尾에 나타났다.

冬十月에 有星孛于鶉尾①하다

① 張宿 12度로부터 軫宿 6度까지를 鶉尾의 星次라 이른다. 一說에 "張宿 17度로부터 軫宿 11度까지를 鶉尾라 이르니, 12방위[17]의 巳方에 있다." 하였다.
自張十二度, 至軫六度, 謂之鶉尾之次. 一說"自張十七度, 至軫十一度, 謂之鶉尾, 於辰在巳."

【綱】 孫權의 어머니 吳氏가 卒하였다.

◑ 孫權母吳氏卒하다

【目】 吳氏가 병이 위독하여 張昭를 引見하고는 死後의 일을 부탁하고 卒하였다.

17) 12방위 : 12辰은 고대 중국의 천문학에서 天球를 12개로 등분하던 방법으로, 28宿와 일정한 대응 관계에 놓여 있다. 한 해에 태양과 달은 열두 번 만나는데, 태양과 달이 만나는 지점을 '辰'이라고 하며 地支를 가지고 표시하였기 때문에 이렇게 명명한 것이다.

吳氏病篤하여 引見張昭하고 屬以後事而卒[18]하다

【綱】 劉備가 隆中에서 諸葛亮을 만나보았다.

劉備見諸葛亮於隆中[19]하다

【目】 처음에 琅邪 사람 諸葛亮이 襄陽의 隆中에 寓居하여 매번 자신을 管仲과 樂毅[20]에

18) 吳氏病篤……屬以後事而卒 : "孫權의 어머니를 어찌하여 썼는가. 어짊을 기록한 것이다.〔孫權母 何以書 錄賢也〕" ≪書法≫

19) 劉備見諸葛亮於隆中 : "이는 특별히 쓴 것이다. ≪資治通鑑綱目≫에 들어와서 賢者를 만나보았다고 쓴 적이 없는데 이때에 특별히 썼으니, 〈諸葛亮과 그를 찾아간 劉備를〉 모두 인정한 것이다. 유비의 기업이 隆中에서 정해졌으니, ≪자치통감강목≫이 끝날 때까지 현자를 보았다고 쓴 것이 1번뿐이다.〔特筆也 入綱目 未有書見賢者 於是特書 交予之也 備之業定於隆中 終綱目 書見賢一而已〕" ≪書法≫

"三代가 衰하고 王政이 폐해짐으로부터 선비들 중에 세상을 따라 功名을 성취한 자가 많았다. 漢나라 말기를 당하여 群雄들이 구름처럼 일어나자 무릇 한 가지 지혜와 한 가지 재능이 있는 선비들이 모두 때를 타고 분발하여 자신을 드러내기를 바랐다. 孔明과 같은 한 시대의 人龍(준걸)이 바야흐로 隆中에 은거하여 무릎을 안고 앉아 길게 읊조리면서 당세에 조금도 뜻이 없고, 또 管仲과 樂毅로써 자신을 허여하는 자인 줄을 그 누가 생각하였겠는가.

만일 昭烈(유비)이 삼고초려한 간곡한 정성을 보이지 않았다면 그는 장차 바위 동굴에서 말라죽어 초목과 더불어 썩어 없어졌을 것이다. 그가 한 번 세상에 나옴에 미쳐서는 功名과 事業이 찬란하게 드러나서 泯沒될 수가 없었으니, 제갈량이 어찌 큰 소리만 치고 부합함이 없는 자이겠는가. 저 제갈량은 이치를 선택함이 매우 정밀하고 처신함이 매우 밝아서 자기 몸을 굽히고는 남을 곧게 할 수가 없다고 생각하였으므로 구차히 영합하여 쓰이기를 구하지 않았고, 옳지 않은 곳에 몸을 의탁해서는 안 된다고 생각하였으므로 참람하고 도둑질하는 자에게 구차히 벼슬하려 하지 않아서, 만일 때를 만나지 못하면 丘園(초야)에서 은둔하고, 道가 만일 행해질 수 있으면 事業에 뜻을 분발하였다. 그리하여 군주와 신하가 의기투합함에 마치 물고기와 물이 서로 기뻐하듯 하였으니, 大義를 天下에 밝혀서 쇠약한 나라를 일으키고 끊어진 대를 이어서 正統을 드와 붙들려는 뜻이 해와 별처럼 밝았다. 그런 뒤에야 찬탈하고 도둑질한 무리들이 그들의 죄가 비르소 천하에 드러나서 가릴 수가 없게 되었으니, 이 어찌 區區하게 세상을 따라 功名을 이루려는 한 가지 지혜와 한 가지 재능이 있는 선비와 동일선상에서 말할 수 있겠는가.

'유비가 제갈량을 隆中에서 만나보았다.'라고 썼으니, 이는 成湯이 莘野에서 伊尹을 초빙하고 文王이 渭濱으로 姜太公을 방문한 것과 천 년이 지났어도 마치 한 자취에서 나온 것처럼 똑같다. 아! 누가 三代 이후에 출처의 바름이 공명과 같은 자가 있을 줄 누가 생각하였겠는가. 근자가 이것을 표출하지 않았다면 공명 또한 後世의 人物이 되고 말았을 것이니, 아! 슬프다.〔自三代衰 王政廢 士之隨世就功名者多矣 當漢之末 群雄雲擾 凡一智一能之士 莫不乘時奮發 蘄以自見(현) 孰謂一世人龍如孔明者 方且高臥隆中 抱膝長吟 略無意於當世 而又以管樂自許者哉 向使昭烈不垂三顧之勤 則將槁死岩穴 與草木俱腐耳 及其一起 則功名事業 彪炳顯著 不可得而泯沒 亮豈大言無當者 彼其擇理甚精 而處己甚明 謂枉己不可以直人也 故不苟合以求售 謂托身不可以非所也 故不肯苟仕於僭竊 時乎未遇 則高蹈丘園 道苟可行 則奮志事業 君臣旣合 魚水相懽 則聲大義於天下 使興衰繼絶 翊扶正統之志 昭如日星 然後簒竊之徒 其罪始暴白而不可掩 是豈區區一智一能之士隨世就功名者 可同日語哉 書劉備見諸葛亮於隆中 其與聘莘野訪渭濱者 越千載如出一轍 嗚呼 三代而下 孰謂出處之正 有如孔明者哉 不有君子表而出之 則孔明亦後世人物耳 噫〕" ≪發明≫

20) 管仲과 樂毅 : 管仲은 춘추시대 齊나라의 名相으로 이름이 夷吾이고 仲은 字인데 字로 행세하였다.

비유하니, 당시 사람들은 인정하지 않았으나 오직 潁川 사람 徐庶와 崔州平이 그의 말을 옳게 여겼다. 최주평은 崔烈의 아들이다.

初에 琅邪諸葛亮이 寓居襄陽隆中①하여 每自比管仲, 樂毅하니 時人이 莫之許也로되 惟潁川徐庶와 崔州平이 然之러라 州平은 烈之子也라

① 諸葛亮의 從父인 諸葛玄이 豫章太守가 되어 제갈량을 데리고 관청으로 부임하였는데, 때마침 漢나라 조정에서 朱皓를 보내어 제갈현을 대신하게 하니, 제갈현이 제갈량과 함께 劉表에게 가서 의탁하였다. 제갈량은 南陽의 鄧縣에 집을 마련하니, 襄陽城의 서쪽 20리 지점에 있었는바 이곳을 隆中이라고 하였다.
亮從父玄, 爲豫章太守, 將亮之官. 會, 漢朝以朱皓代玄, 玄與亮往依劉表. 亮家于南陽之鄧縣, 在襄陽城西二十里, 號曰隆中.

【目】 劉備가 襄陽 사람 司馬徽에게 훌륭한 선비를 묻자, 사마휘가 말하기를 "儒生과 세속의 선비가 어찌 時務를 알겠는가. 시무를 아는 자는 俊傑 중에 있으니, 여기에 본래 伏龍과 鳳雛가 있다." 하였다. 유비가 "누구입니까?"라고 물으니, 대답하기를 "諸葛孔明과 龐士元이다." 하였다.

徐庶가 또한 유비에게 이르기를 "諸葛孔明은 臥龍입니다. 將軍은 그를 만나보고 싶지 않습니까?" 하니, 유비가 말하기를 "그대가 그와 함께 오라." 하였다. 서서가 말하기를 "이 사람은 찾아가서 만나야 하고 불러올 수 없으니, 장군이 마땅히 직접 찾아가 보아야 합니다." 하였다.

諸葛亮

劉備訪士於襄陽司馬徽한대 徽曰 儒生,

桓公을 도와 富國强兵을 이룩하고 환공을 霸者로 만들었는바, 저서로 ≪管子≫가 있다. 樂毅는 전국시대 燕나라의 名將으로 昭王에게 重用되고 齊나라에 대한 복수전을 전개하여 齊나라의 72개 城邑을 함락하였다. 그러나 昭王이 죽은 뒤에 즉위한 惠王이 齊나라의 反間 술책에 넘어가 騎劫을 대장군으로 삼고 악의를 소환하였다. 악의는 죽임을 당할까 두려워하여 趙나라로 달아났는데, 끝까지 신의를 지켜 燕나라를 공격하지 않았다.

俗士 豈識時務리오 識時務者는 在乎俊傑이니 此間에 自有伏龍, 鳳雛니라 備問爲誰오 曰 諸葛孔明과 龐士元也①니라 徐庶亦謂備曰 諸葛孔明은 臥龍也라 將軍이 豈願見之乎아 備曰 君與俱來하라 庶曰 此人은 可就見이요 不可屈致也니 將軍이 宜枉駕顧之니라

① 孔明은 諸葛亮의 字이고, 士元은 龐統의 字이다.
孔明, 亮字. 士元, 統字.

【目】劉備가 이 말을 따라 諸葛亮에게 찾아갔는데, 모두 세 번이나 가서야 비로소 만나 보고는, 사람을 물리치고 말하기를 "漢나라가 기울고 무너짐에 姦臣이 황제의 명을 도둑질하고 있소. 나는 덕과 힘을 헤아리지 않고 大義를 天下에 펼치고자 하나, 지혜와 계책이 얕고 짧아서 마침내 顚覆되어 오늘날과 같은 지경에 이르렀소. 그러나 이 뜻이 아직도 사라지지 않았으니, 그대는 장차 계책을 어떻게 내야 한다고 생각하시오?" 하였다.

備由是詣亮하여 凡三往에 乃見하고 因屛人曰 漢室傾頹에 姦臣竊命①하니 孤不度(탁)德量力하고 欲信大義於天下로되 而智術淺短하여 遂用猖獗하여 至于今日②이라 然이나 志猶未已하니 君謂計將安出고

① 姦臣은 曹操를 이른다.
姦臣, 謂曹操也.

② 信(펴다)은 伸으로 읽는다. 猖은 音이 昌이니, 披猖(낭패를 당함)이다. 獗은 ≪資治通鑑≫에는 蹶로 되어 있으니, 넘어짐이다.
信, 讀曰伸. 猖, 音昌, 披猖也. 獗, 通鑑作蹶, 顚蹶也.

【目】이에 諸葛亮이 다음과 같이 말하였다.

"지금 曹操는 이미 백 만의 병력을 보유하여 天子를 끼고 諸侯들을 호령하니, 이는 진실로 더불어 칼날을 다툴 수 없습니다. 또 孫權은 江東 지방을 점거하여 이미 三代를 지나면서 나라의 지형이 험하고 백성들이 잘 따르며 어질고 유능한 자들이 등용되고 있으니, 이는 더불어 援助가 되어야 하고 도모해서는 안 됩니다. 荊州는 북쪽으로 漢水와 沔水를 점거하고 南海의 이로움을 다 차지하고 동쪽으로 吳郡, 會稽와 연결되고 서쪽으로 巴, 蜀과 통하니, 이는 무력을 쓸 수 있는 나라입니다. 그런데 그 주인이 이곳을 제대로 지키지 못하니, 이는 아마도 하늘이 이로써 장군을 도우는 듯합니다.

益州(四川)는 험한 요새이고 비옥한 들이 1,000리이니, 天府(토지가 비옥하고 물산이

풍부한 지역)의 땅입니다. 그런데 益州牧인 劉璋은 우매하고 나약하며, 張魯는 북쪽에 있는데 백성들이 많고 나라가 부유하나 장로는 백성들을 구휼할 줄을 알지 못하니, 지혜와 능력이 있는 선비들이 현명한 군주를 얻기를 바라고 있습니다.

諸葛亮이 天下三分의 계책을 말하다

將軍은 본래 황실의 후손이고 信義가 四海에 드러났으니, 만약 荊州와 益州를 점거하여 그 험한 곳을 지키면서 서쪽으로 여러 戎族들과 화합하고 남쪽으로 夷와 越을 어루만지며, 밖으로 孫權과 결탁하고 안으로 정치를 닦으면서 천하에 변고가 있으면 한 명의 上將軍에게 명하여 荊州의 군대를 거느리고서 宛縣과 洛陽으로 향하게 하고, 將軍은 몸소 益州의 병력을 거느리고서 秦川으로 진출하시면, 백성 중에 어느 누가 감히 대그릇의 밥과 병의 음료를 가지고 와서 將軍을 맞이하지 않는 자가 있겠습니까. 진실로 이와 같이 되면, 霸業을 이룰 수 있고 漢나라를 다시 일으킬 수 있을 것입니다."

유비가 "좋다." 하였다.

亮曰 今曹操已擁百萬之衆하여 挾天子而令諸侯하니 此誠不可與爭鋒이요 孫權은 據有江東하여 已歷三世하여 國險而民附하고 賢能이 爲之用하니 此可與爲援이요 而不可圖也라 荊州는 北據漢, 沔하고 利盡南海①하고 東連吳會하고 西通巴, 蜀②하니 此는 用武之國이나 而其主不能守하니 此殆天所以資將軍也니이다 益州는 險塞요 沃野千里니 天府之土라 劉璋이 闇弱하고 張魯在北하여 民殷國富而不知存恤하니 知能之士 思得明君이니이다 將軍은 旣帝室之胄요 信義著於四海③하니 若跨有荊, 益하여 保其巖阻④하여 西和諸戎하고 南撫夷越하며 外結孫權하고 內修政理하여 天下有變이면

則命一上將하여 將荊州之軍하여 以向宛, 洛하고 將軍이 身率益州之衆하여 出於秦川이면 百姓이 孰敢不簞食(사)壺漿으로 以迎將軍者乎⑤리오 誠如是인댄 則霸業을 可成이오 漢室을 可興矣리이다 備曰 善하다

① ≪水經≫에 "沔水는 武都 沮縣에서 발원한다." 하였는데, 註에 "동남쪽으로 漢水로 주입하니, 이른바 漢水이다." 하였다. "利盡南海"는 桂陽과 蒼梧로부터 交州를 점령하고 있으면 南海의 이로움을 다 차지하게 됨을 말한 것이다.
水經 "沔水, 出武都沮縣." 註云 "東南注漢, 所謂漢水也." 利盡南海, 謂自桂陽·蒼梧, 跨有交州, 則利盡南海也.

② 會는 본음대로 읽으니, "吳會"는 吳 지방이 동남의 한 都會地가 됨을 이른다. 一說에 "會는 工外의 切이니, 吳會는 吳郡과 會稽 두 郡의 땅을 이른다." 하였다.
會, 如字. 吳會, 謂吳地爲東南一都會也. 一說 "會, 工外切. 吳會, 謂吳·會稽二郡之地."

③ 胄는 후예이다.
胄, 裔也.

④ 巖은 험함이다.
巖, 險也.

⑤ 宛은 南陽의 宛縣이고 洛은 洛陽을 이른다. 秦나라 땅은 사방이 요새로 되어 있어 견고하고 渭水가 그 가운데를 관통하는데, 渭川의 좌우에 비옥한 토지가 1,000리가 되니, 세상에서는 이곳을 秦川이라 한다.
宛, 南陽宛縣. 洛, 謂洛陽. 秦地四塞以爲固, 渭水貫其中, 渭川左右, 沃壤千里. 世謂之秦川.

【目】 이에 劉備는 諸葛亮과 情이 날로 친밀해지니, 關羽와 張飛가 좋아하지 않았다. 유비가 이들을 이해시키기를 "나에게 孔明이 있는 것은 물고기에게 물이 있는 것과 같으니, 그대들은 다시 말하지 말라." 하니, 관우와 장비가 마침내 중지하였다.

於是에 與亮情好日密하니 關羽, 張飛不悅이어늘 備解之曰 孤之有孔明은 猶魚之有水也라 願諸君은 勿復言하라하니 羽, 飛乃止하다

龐德公

【目】 司馬徽는 인품이 깨끗하고 고상하여 인물을 알아보는 藻鑑(안목)이 있었는데, 같은 縣

사람인 龐德公이 평소 높은 명망이 있었다. 사마휘는 그를 형으로 섬겼고 제갈량은 매번 그의 집에 갈 때마다 홀로 牀 아래에서 절하였는데, 방덕공은 처음부터 만류하지 않았다.

士元은 이름이 統이니 방덕공의 조카인데, 어려서 질박하고 노둔하여 알아주는 자가 없었으나, 오직 방덕공과 사마휘가 그를 소중히 여겼다. 방덕공은 항상 孔明을 臥龍이라 하고 士元을 鳳雛라 하고 德操(司馬徽)를 水鑑(물처럼 사물을 맑게 비추는 거울)이라 하였다. 그러므로 사마휘가 劉備와 더불어 말할 적에 그들을 와룡과 봉추라고 稱한 것이다.

徽淸雅하여 有知人之鑑이러니 同縣龐德公이 素有重名이라 徽兄事之하고 亮이 每至其家에 獨拜牀下하니 德公이 初不令止러라 士元은 名統이니 德公從子也라 少樸鈍하여 未有識者로되 唯德公與徽 重之[①]러라 德公이 常謂孔明爲臥龍하고 士元爲鳳雛하고 德操爲水鑑이라 故로 德操與備語而稱之[②]하니라

① 樸은 素(질박함)요, 鈍은 예리(영리)하지 못함이다.
樸, 素也. 鈍, 不利也.
② 德操는 司馬徽의 字이다.
德操, 徽字.

戊子年(208)

【綱】 漢나라 孝獻皇帝 建安 13년이다. 봄 정월에 曹操가 鄴城으로 돌아와 玄武池를 만들어 舟師(수군)를 훈련시켰다.

十三年이라 春正月에 曹操還鄴하여 作玄武池하여 以肄(이)舟師[①]하다

① 鄴城에 玄武苑이 있었는데, 曹操가 이 안에 못(玄武池)을 판 것이다.
鄴城, 有玄武苑, 操鑿池其中.

【綱】 孫權이 江夏太守 黃祖를 격파하여 그를 참수하였다.

◑ 孫權이 擊江夏太守黃祖하여 破斬之하다

【目】 처음에 巴郡 사람 甘寧이 僮客 800명을 거느리고 劉表에게 귀의하였는데, 유표의 事勢가 끝내 반드시 성공하지 못할 것을 내다보고는, 동쪽으로 吳郡(뒤의 吳나라)에 들어가고자 하였다. 그러나 黃祖가 夏口에 있어서 군대가 통과할 수 없었으므로, 감녕이 이에 머물러 황조에게 3년 동안 의지하였는데, 황조가 그를 보통 사람으로 대하였다.

甘寧

孫權이 황조를 공격하니 황조의 군대가 敗走하였는데, 손권의 校尉인 凌操가 급히 추격하였다. 감녕이 〈뒤에 있다가〉 능조를 射殺하니, 이 때문에 황조가 죽음을 면할 수 있었다.

군대를 해산하고 진영으로 돌아오자 황조가 감녕을 다시 처음과 같이 대우하였고, 都督 蘇飛가 여러 번 감녕을 천거하였으나 등용하지 않았다. 이에 〈소비가 황조에게〉 아뢰어 감녕을 邾縣의 令長으로 삼았다. 감녕이 마침내 도망하여 손권에게 달아나니, 周瑜와 呂蒙이 함께 그를 천거하였다.

初에 巴郡甘寧이 將僮客八百人하여 歸劉表①러니 觀表事勢 終必無成하고 欲東入吳호되 黃祖在夏口하여 軍不得過라 乃留하여 依祖三年에 祖以凡人畜之②러니 孫權이 擊祖하니 祖軍敗走어늘 權校尉凌操 急追之③한대 寧이 射殺操하니 祖得免하다 軍罷還營에 待寧如初하고 都督蘇飛 數(삭)薦寧호되 不用이라 乃白以爲邾長④하니 寧이 遂亡奔孫權이어늘 周瑜, 呂蒙이 共薦達之하다

① 僮은 본래 童으로 되어 있다. ≪說文解字≫에 "남자 중에 죄가 있는 자를 奴라 하니, 奴를 童이라 하고 여자를 妾이라 한다." 하였는데, 徐鉉이 말하기를 "童은 바로 罪人의 자식으로 관청에 적몰되어 부역에 종사하는 자이다." 하였다.
僮, 本作童. 說文"男有罪曰奴, 奴曰童, 女曰妾." 徐曰"童, 卽罪人之子, 沒官, 供給使者也."
② 應劭가 말하기를 "沔水는 江夏로부터 따로 흘러 南郡 華容에 이르러 夏水가 되고 江夏郡을 지나 長江으로 들어가니, 夏水가 장강으로 들어가는 지역을 가리켜 夏口라 한다." 하였다. 庾仲雍[21]이 말하기를 "夏口는 일명 沔口이고 혹은 魯口라 한다." 하였다. ≪水經註≫에 "沔

水는 남쪽으로 江夏의 沙羨縣 북쪽에 이르러 남쪽으로 장강에 들어간다." 하였으니, 그렇다면 夏口는 夏水 때문에 이름을 얻은 것이고, 沔口는 沔水 때문에 이름을 얻은 것이고, 魯口는 魯山 때문에 이름을 얻은 것이니, 실로 한 곳이다.

應劭曰"沔水, 自江夏, 別至南郡華容, 爲夏水, 過江夏郡, 而入于江, 蓋指夏水入江之地爲夏口." 庾仲雍曰"夏口, 一曰沔口, 或曰魯口." 水經註曰"沔水南至江夏沙羨縣北, 南入于江." 然則曰夏口以夏水得名, 曰沔口以沔水得名, 曰魯口以魯山得名, 實一處也.

③ 淩操는 사람의 성명이다.
淩操, 姓名.

④ 鄳縣은 江夏郡에 속하였다. 長은 令長이다.
鄳縣, 屬江夏郡. 長, 令長也.

【目】 甘寧이 孫權에게 다음과 같은 계책을 올렸다.

"지금 漢나라의 國運이 날로 쇠약해져서 曹操가 끝내 皇位를 찬탈하는 도적이 될 것이니, 남쪽 荊州의 형세는 진실로 나라(吳)의 서쪽에 있어 상류를 점거하고 있는 형세입니다. 제가 劉表를 관찰해보니 생각이 원대하지 못하고 자식도 못났으니, 至尊께서 마땅히 일찍 도모해야 할 것이요, 조조보다 뒤져서는 안 됩니다. 도모하는 계책은 반드시 먼저 黃祖를 정벌하여 그 지역을 점령하는 것입니다. 황조는 지금 늙어서 정신이 흐리고 재물과 곡식이 모두 궁핍하며, 左右 측근들이 탐욕스럽고 방종하여 관리와 병사들이 마음속으로 원망하고 있습니다. 그리하여 선박 등 전쟁에 쓰는 도구가 부서지고 못쓰게 되었는데도 수리하지 않고 밭 갈고 농사를 짓는 데 태만하며 군대에 법령과 隊伍가 없으니, 지존께서 지금 정벌하러 가시면 기필코 그를 격파할 수 있습니다. 일단 황조의 군대를 격파하고 북을 치면서 서쪽으로 행군하여 楚關을 점거하면 大勢가 더욱 넓어질 것이니, 그렇다면 점차 巴, 蜀을 엿볼 수 있습니다."

손권은 그의 말을 깊이 받아들였다.

寧이 獻策曰 今漢祚日微하여 曹操終爲簒盜하리니 南荊形便은 誠國之西勢也①라 寧이 觀劉表컨대 慮既不遠하고 兒子又劣②하니 至尊이 當早圖之요 不可後操③니 圖之之計는 宜先取黃祖라 祖今昏耄已甚하고 財穀竝乏하고 左右貪縱하여 吏士心怨④이라 舟船戰具 頓廢不修하고 怠於耕農하며 軍無法伍⑤하니 至尊今往이면 其破를 可必이라 一破祖軍하고 鼓行而西하여 據楚關이면 大勢彌廣하리니

21) 庾仲雍 : 東晉 혹은 東晉과 南朝 宋나라에 걸쳐 활동했던 사람으로, 이름은 穆之이며 仲雍은 그의 字이다. 湖北과 湖南 지역에서 오랫동안 거처하여 江漢의 水道와 地理에 대해 잘 파악하고 있었는데, 이를 바탕으로 ≪湘州記≫를 지었다.

卽可漸規巴, 蜀矣[⑥]니이다 權이 深納之하다

① 〈"南荊形便 誠國之西勢也"는〉 荊州가 吳의 서쪽에 있어 上流를 점거하고 있는 형세임을 말한 것이다.
謂在吳之西, 據上流之形勢.

② 〈"兒子又劣"은〉 자식이 또 劉表보다 약함을 말한 것이다.
言又弱於表也.

③ 〈"不可後操"는〉 만약 먼저 劉表를 도모하지 않으면 반드시 曹操에게 도모당할 것임을 말한 것이다.
言若不先圖劉表, 必爲操所圖也.

④ 耄는 音이 帽이니, 혼몽하여 잊음이다.
耄, 音帽, 惛忘也.

⑤ 頓은 鈍으로 읽으니, 부서짐이다.
頓, 讀曰鈍, 壞也.

⑥ 楚關은 扞關(楚나라의 서쪽 관문)이니, 옛날 蜀에서 楚나라를 공격할 적에 楚나라가 한관을 만들어서 막았다. 그러므로 〈한관을〉 楚關이라 한 것이다.
楚關, 扞關也, 蜀伐楚, 楚爲扞關以拒之, 故曰楚關.

【目】 이에 張昭가 힐난하기를 "지금 吳下 지방이 위태롭고 두려우니, 만약 군대가 과연 출동하면 반드시 혼란을 초래할 듯하다." 하였다. 甘寧이 장소에게 이르기를 "국가에서는 蕭何의 임무[22]를 그대에게 맡겼는데, 그대는 이곳에 머물러 지키면서 亂을 근심하니, 어떻게 古人을 본받을 수 있겠습니까." 하였다.

孫權이 술잔을 들어 감녕에게 권하며 말하기를 "興霸야! 내가 금년에 서쪽으로 가서 黃祖를 토벌하기를 이 술잔을 주는 것처럼 卿에게 맡기기로 결정하였으니, 다만 마땅히 方略을 힘써 세워야 할 것이다. 어찌 張長史(張昭)의 말을 혐의하는가." 하였다.

張昭難曰 今吳下業業하니 若軍果行이면 恐必致亂[①]이리이다 寧이 謂昭曰 國家以蕭何之任付君이어늘 君이 居守而憂亂하니 奚以希慕古人乎리오 權이 擧酒屬寧曰 興霸아 今年行討를 如此酒矣[②]라 決以付卿하노니 但當勉建方略이니 何嫌張長史之言乎[③]리오

① "業業"은 위태롭고 두려움이다.

22) 蕭何의 임무 : 蕭何는 漢나라를 일으킨 高祖 劉邦의 開國功臣으로, 關中 지역에 머물면서 군량과 병력을 계속 공급해서 유방이 여러 번 項羽에게 패하여 곤경에 처했으나 이에 힘입어 끝내 成功할 수 있었다. 그리하여 張良, 韓信과 함께 開國三傑로 알려지고 오랫동안 丞相을 맡아 많은 공적을 쌓았다.

業業, 危懼也.

② 厲(권하다)은 勸과 같다. 興霸는 甘寧의 字이다.

厲, 猶勸也. 興霸, 寧字.

③ 張昭가 孫權의 長史로 있었다.

昭爲權長史.

【目】孫權이 마침내 서쪽으로 黃祖를 공격하였는데, 황조가 두 척의 蒙衝船을 가로놓아 沔水의 어구를 좌우에서 지키게 하고서 굵은 동아줄로 닻돌을 매달고 천 개의 쇠뇌를 양쪽에서 함께 발사하니, 손권의 군대가 전진할 수가 없었다.

將軍 董襲과 司馬 凌統이 각각 결사대 100명을 거느리고 출동하였는데, 병사들에게 각자 두 벌의 갑옷을 껴입게 하고 큰 배를 타고 적군의 蒙衝船 사이로 돌진해 들어갔다. 동습이 칼로 동아줄을 끊으니, 몽충선이 마침내 마구 떠내려가므로 대군이 마침내 전진하였다.

權이 遂西擊黃祖하니 祖橫兩蒙衝하여 挾守沔口하여 大紲(설)繫矴하고 千弩交射하니 軍不得前①이라 將軍董襲과 司馬凌統이 各將敢死百人호되 人被兩鎧하고 乘大舸하여 突入蒙衝裏②하여 襲以刀斷紲하니 蒙衝이 乃橫流어늘 大兵이 遂進하다

① "蒙衝"은 글자가 艨艟과 통한다. 杜佑가 말하였다. "蒙衝船은 生牛皮(생소가죽)를 배에 씌워 위를 덮고는 양 곁에 노를 젓는 구멍을 만들고 좌우에 弩와 矛를 설치하는 창구멍이 있어서 적이 가까이 접근하지 못하고 화살과 포석이 파괴시키지 못하게 한 것이다. 이는 큰 배를 사용하지 않고 속력이 빠른 것을 힘써서 적이 미치지 못하는 틈을 타니, 전투하는 배가 아니다." 紲은 긴 끈이다. 矴은 丁定의 切이니, 배를 정지시키는 닻돌이다.

蒙衝, 字與艨艟通. 杜佑曰 "蒙衝, 以生牛皮, 蒙船覆背, 兩廂開掣棹孔, 左右有弩窓矛穴, 敵不得近, 矢石不能敗. 此不用大船, 務於速疾, 乘人之所不及, 非戰之船也." 紲, 長繩也. 矴, 丁定切, 錘舟石也.

② 舸는 賈我의 切이니, 큰 배이다.

舸, 賈我切, 大船也.

【目】黃祖가 陳就로 하여금 맞아 싸우게 하였는데 呂蒙이 직접 진취의 머리를 베어 梟示하니, 이에 孫權의 군대가 水陸으로 동시에 공격하여 나아가서 마침내 江夏의 城을 도륙하였다. 황조가 몸을 빼내어 달아나자 쫓아가 참수하였다.

孫權은 또 蘇飛를 죽이고자 하였는데, 甘寧이 자리 아래로 내려가 머리로 땅을 두드

리고 눈물을 흘리며 소비의 옛 은혜를 말하여 그의 목을 온전히 해주기를 청하므로 손권이 마침내 그를 놓아주었다.

凌操의 아들 凌統이 감녕을 죽이려고 하자, 손권이 능통에게 명하여 보복하지 못하게 하고, 감녕으로 하여금 다른 곳에 군대를 주둔하게 하였다.

祖令陳就逆戰이어늘 呂蒙이 親梟就首하니 於是에 水陸竝進하여 遂屠其城하다 祖挺身走어늘 追斬之①하고 又欲殺蘇飛러니 甘寧이 下席하여 叩頭流涕하고 言飛舊恩하여 乞其首領이어늘 權이 乃舍之②하다 凌操子統이 欲殺寧이어늘 權이 命統不得讐之하고 令寧屯他所하다

① 挺은 몸을 빼냄이다.
挺, 拔也.

② 舊恩은 蘇飛가 甘寧을 천거하였는데 黃祖가 등용하지 않고, 또 소비가 길을 열어주어 甘寧으로 하여금 吳 지역으로 달아나게 한 것을 이른다.
舊恩, 謂薦而不用, 又開之, 使奔吳也.

【綱】 여름 6월 三公의 관직을 파하고, 曹操가 스스로 丞相이 되었다.

夏六月에 罷三公官하고 曹操自爲丞相[23]하다

【目】 曹操가 崔琰(최염)을 西曹掾으로 삼고, 毛玠를 東曹掾으로, 司馬朗을 主簿로, 사마랑의 아우 司馬懿를 文學掾으로 삼으니, 최염과 모개가 함께 選擧를 주관하였는데, 이들이 천거하여 등용한 자는 모두 청백하고 정직한 선비였고, 비록 훌륭한 명성이 있더라도 행실이 근본을 따르지 않는 자는 끝내 등용되지 못하였다. 그리하여 敎厚하고 진실한 자를 뽑아 쓰고 화려하고 거짓된 자를 배척하며, 겸손하고 공손한 자를 등용하고

23) 罷三公官 曹操自爲丞相 : "특별히 쓴 것이다. 三公을 없앴다가 회복한 일을 쓴 것이 많은데, 여기에서 특별히 쓴 것은 어째서인가. 曹操가 전횡함을 비난한 것이다. 조조는 일찍이 스스로 大將軍이 되었다가 얼마 후에 袁紹를 두려워하여 스스로 司空이 되어 대장군의 지위를 원소에게 사양했었다. 그런데 이때에 원소가 멸망하니, 조조는 다시 대장군의 자리를 취하는 것이 부끄러웠으므로 三公의 관직을 없애고 스스로 丞相이 되었으니, 이와 같다면 굳이 대장군이 되지 않고도 존귀함이 그대로 있는 것이다. 조조의 간악함을 이루 말할 수 있겠는가.〔特書也 書三公罷復 多矣 此其爲特書 何 譏專也 操嘗自爲大將軍矣 旣而懼紹 自爲司空以讓之 於是紹滅 媿於復取也 故罷三公官而自爲丞相 如是則不必爲大將軍而尊固在矣 操之姦 可勝言哉〕" ≪書法≫

"'三公의 관직을 없애고 曹操가 스스로 丞相이 되었다.'라고 썼으니, 읽어보면 별다른 뜻이 없는 듯하다. 그러나 조조가 자신을 높이고 특이하게 하고자 하여 다른 사람들로 하여금 자기와 同列이 되지 못하게 하려는 뜻이 은연중에 이 가운데 들어 있으니, 배우는 자가 알지 않으면 안 된다.〔書罷三公官 曹操自爲丞相 讀之若無異義 然操自欲尊異 不肯復使他人得與己同列之意 自隱然在其中矣 學者不可不知〕" ≪發明≫

아첨하고 무리 짓는 자들을 억제하니, 이로 말미암아 선비들이 청렴과 절개를 힘써서 비록 신분이 귀하고 총애를 받는 자라도 수레와 의복이 감히 법도를 넘지 못하였다.

長吏를 지내고 조정으로 돌아가는 자는 때가 낀 얼굴에 해진 옷으로 섶나무를 싣는 수레를 혼자서 타고 가고, 軍吏는 府에 들어올 적에 朝服을 입고 도보로 걸어가니, 관리들은 위에서 깨끗하고 백성들의 풍속이 아래에서 바뀌었다. 조조가 듣고 감탄하기를 "사람을 등용하기를 이와 같이 하니, 천하 사람들로 하여금 모두 스스로 자기 몸을 다스리게 하였다. 내 다시 무슨 일을 할 것이 있겠는가." 하였다.

操以崔琰爲西曹掾하고 毛玠爲東曹掾하고 司馬朗爲主簿하고 弟懿爲文學掾①하니 琰, 玠竝典選擧하여 其所擧用이 皆淸正之士라 雖有盛名이나 而行不由本者는 終莫得進이라 拔敦實하고 斥華僞하며 進沖遜하고 抑阿黨②하니 由是로 士以廉節自勵하여 雖貴寵이나 輿服이 不敢過度라 長吏還者 垢面羸(리)衣로 獨乘柴車하고 軍吏入府에 朝服徒行하니 吏潔於上하고 俗移於下③라 操聞之하고 歎曰 用人如此하니 使天下로 人人自治라 吾復何爲哉리오

① 漢나라의 제도에 公府의 西曹掾은 府史를 임용하는 것을 주관하고, 東曹掾은 二千石과 長吏의 승진과 제수 및 軍吏를 임용하는 것을 주관하고, 黃閣主簿는 여러 일을 기록하여 살폈다. 文學掾은 漢나라 郡曹에 있었는데 曹操가 처음으로 公府에 둔 것이다.
漢制, 公府西曹掾主府史署用, 東曹掾主二千石長吏遷除及軍吏, 黃閣主簿錄省衆事. 文學掾, 漢郡曹有之, 操於公府, 創置也.

② 行(행실)은 去聲이다. 沖은 겸허함이고 화함이다.
行, 去聲. 沖, 謙虛也, 和也.

③ 垢는 먼지(때)이다. "羸衣"는 해진 옷을 이른다.
垢, 塵也. 羸衣, 謂羸弊之衣也.

【目】司馬懿는 젊어서부터 총명하여 사리에 통달하고 큰 지략이 많았다. 崔琰이 司馬朗에게 이르기를 "그대의 아우는 총명하고 진실하며 강하게 결단하고 영특하니, 그대가 미칠 바가 아니다." 하였다. 曹操가 듣고 그를 辟召하였으나 사마의는 風痺가 있다고 사양하였다. 조조가 노하여 체포하고자 하니, 사마의가 두려워하

司馬懿

여 직책에 나아갔다.

懿少聰達하고 多大略이라 琰이 謂朗曰 君弟聰亮明允하고 剛斷英特이 非子所及也로다 操聞而辟之러니 懿辭以風痺한대 操怒하여 欲收之하니 懿懼하여 就職[①]하다

① 痺는 音이 庇이니, 다리가 冷濕한 病이다.
痺, 音庇, 脚冷濕病.

【目】 曹操의 어린 아들 曹倉舒가 죽자 조조는 몹시 서글퍼하고 애석해하였다. 아전인 邴原에게 일찍 죽은 딸이 있었는데, 조조가 조창서와 함께 合葬할 것을 청하자, 병원이 다음과 같이 사양하였다.

"일찍 죽은 딸〔殤〕을 시집보내는 것은 禮가 아닙니다. 제가 스스로 明公에게 용납되고 공이 저를 우대하는 이유는, 제가 능히 옛 가르침과 예법을 지켜 바꾸지 않기 때문입니다. 그런데 제가 만약 明公의 명령을 따른다면 이는 용렬한 보통의 사람이 되는 것이니, 明公이 저를 어디에 쓰시겠습니까."

조조가 마침내 중지하였다.

操幼子倉舒卒에 操傷惜之甚이러니 掾邴原이 有女早亡이라 操欲求與倉舒合葬한대 原辭曰 嫁殤이 非禮也[①]라 原之所以自容於明公과 公之所以待原者는 以能守訓典而不易也니 若聽明公之命이면 則是凡庸也라 明公이 焉以爲哉리오하니 操乃止하다

① 成人이 못 되어 죽은 것을 殤이라 한다.[24] 살아서 禮로써 서로 만나지 못하였는데 죽어서 합장한다면 이는 人倫을 어지럽히는 것이다. 그러므로 "禮가 아니다."라고 한 것이다.
未成人而死曰殤. 生不以禮相接, 死而合之, 是亂人倫也, 故曰非禮.

【綱】 馬騰을 衛尉로 삼았다.

以馬騰爲衛尉하다

【目】 馬騰의 아들 馬超를 偏將軍으로 삼아 마등을 대신하여 그 무리를 거느리게 하였다.

以騰子超爲偏將軍하여 代統其衆[①]하다

---

24) 成人이……한다 : 成人은 20세를 가리키는바, 殤은 20세가 되기 전에 죽은 것으로 ≪說文解字≫에 "殤은 성인이 되지 못한 것이다. 19세부터 16세까지를 長殤, 15세부터 12세까지를 中殤, 11세부터 8세까지를 下殤이라 한다."라고 보이는바, 이들에게는 각각 상복을 낮추며 8세 이하는 상복이 없다.

① 曹魏에서는 40개의 將軍 칭호를 설치하였는바, 偏將軍과 裨將軍이 맨 끝에 있었다.
曹魏置將軍四十號, 偏將軍・裨將軍居其末.

【綱】 가을 7월에 曹操가 劉表를 공격하였다.

秋七月에 曹操擊劉表하다

【綱】 8월에 曹操가 太中大夫 孔融을 죽이고 그 집안을 멸하였다.

○ 八月에 操殺太中太夫孔融[25)]하고 夷其族하다

【目】 孔融은 자신의 재주와 명망을 믿고서 자주 曹操를 놀리고 업신여겼으며, 또 황제에게 글을 올려서 "마땅히 옛 王畿의 제도를 따라 1,000리의 畿內에는 諸侯를 封建해서는 안 됩니다."라고 말하였다. 조조는 공융이 건의하는 범위가 점점 넓어질까 의심해서 더욱 그를 두려워하였다. 공융은 御史大夫 郗慮(치려)와 원한이 있었는데, 치려가 조조의 뜻을 받들어서 아뢰기를 "공융이 옛날 北海에 있을 적에 무리들을 불러 모아 不軌(반역)를 도모하려 하였고, 孫權의 사자와 말할 적에 朝廷을 비방하였습니다. 또 禰衡(예형)과 번갈아 서로 찬양해서 예형은 공융을 일러 '仲尼가 죽지 않았다.' 하고, 공융은 답하기를 '顔回가 다시 탄생했다.'[26)] 하니, 大逆不道합니다." 하였다. 조조는 마침내 공융을 체포하여 그의 처자식과 아울러 모두 죽였다.

融이 恃其才望하여 數(삭)戲侮曹操하고 又上書하여 言 宜準古王畿之制하여 千里寰內에 不以封建諸侯라한대 操疑融所論建漸廣하여 益憚之①러니 融이 與御史大夫郗慮로 有隙②이라 慮承操旨하여 奏호되 融이 昔在北海에 招合徒衆하여 欲規不軌③하고 與孫權使(시)語에 謗訕朝廷④하며 又與禰衡更(경)相贊揚하여 衡謂仲尼不死라하고 融答顔回復生이라하니 大逆不道라한대 操遂收融하여 幷其妻

25) 操殺大中大夫孔融 : "예로부터 簒奪하는 逆賊은 반드시 자기가 꺼리는 사람을 먼저 제거하였다. 孔融이 뜻이 크고 학문이 높아서 海內에 명성이 성대하였으니, 이는 진실로 曹操가 꺼리는 바였다. 范曄의 ≪後漢書≫에 이르기를 "조조는 공융이 大業에 방해될까 염려했다." 하였으니, 그 말이 옳다. 그러므로 ≪資治通鑑綱目≫에 '조조가 공융을 죽였다.'라고 특별히 쓰고, 공융의 관직을 떼어버리지 않은 것이다.〔自古簒奪之賊 必先去其所憚之人 孔融志大術高 名重海內 此固操之所憚者 范史謂 操慮鯁大業 其言是矣 故綱目特書操殺 而不去其官〕" ≪發明≫

26) 예형은……탄생했다 : 仲尼는 孔子의 자이며, 顔回는 공자의 高弟로 字가 子淵인데 보통 顔淵으로 불렸다. 이는 곧 孔融을 공자와 같은 大聖人이라 하고 禰衡을 안회와 같은 大聖人이라고 하며 서로 추켜세우고, 曹操와 같은 인물을 높게 평가하지 않았음을 말한 것이다.

子하여 皆殺之하다

① 寰은 縣의 古字이다. ≪周禮≫ 〈夏官 大司馬〉에 "사방 1,000리를 國畿라 하고, 그 밖의 사방 500리를 侯畿라 한다." 하였는데, 鄭玄이 말하기를 "畿는 한계이다." 하였다. 1,000리의 畿內에 封建하지 않으면 曹操가 鄴縣에 거주할 수 없으므로 그를 꺼린 것이다.
寰, 古縣字. 周禮"方千里曰國畿, 其外方五百里曰侯畿." 鄭玄曰"畿, 限也." 千里寰內不以封建, 則操不可以居鄴矣, 故憚之.

② 郗는 丑之의 切이니, 姓이다.
郗, 丑之切, 姓也.

③ 建安 초기에 孔融이 北海의 相을 지냈다.
建安初, 融爲北海相.

④ 使(사자)는 疏吏의 切이다.
使, 疏吏切.

【目】 처음에 京兆 사람 脂習이 孔融과 친하였는데, 매번 공융에게 경계하기를 "강직함이 너무 지나치니, 반드시 세상의 患難에 걸릴 것이다."라고 하였다. 공융이 죽자 許下(許都)에서는 감히 그의 시신을 수습하는 자가 없었는데, 지습이 가서 시신을 어루만지며 말하기를 "文擧가 나를 버리고 죽었으니, 내가 살아서 무엇하겠는가." 하였다. 曹操는 지습을 체포하여 죽이려고 하다가 얼마 후에 용서하였다.

初에 京兆脂習이 與融善①이라 每戒融剛直太過하니 必罹世患이라하더니 及融死에 許下莫敢收者로되 習이 往撫尸하고 曰 文擧舍我死하니 吾何用生爲②리오 操收習欲殺之러니 旣而요 赦之하다

① 脂는 姓이다.
脂, 姓也.

② 文擧는 孔融의 字이다.
文擧, 融字.

【綱】 劉表가 卒하였다. 9월에 曹操가 新野에 이르니, 유표의 아들 劉琮이 荊州를 들어 항복하였다.

劉表卒하다 九月에 操至新野하니 表子琮이 擧州降하다

【目】 처음에 劉表는 두 아들을 두었으니, 劉琦와 劉琮이었다. 유표가 유종을 위하여 자기의 後妻인 蔡氏의 姪女에게 장가들게 하니, 채씨가 마침내 유종을 사랑하고 유기를

미워하였다. 유기가 스스로 편안하지 못하여 자신을 편안히 할 계책을 諸葛亮과 상의하였으나 제갈량이 대답하지 않았다.

뒤에 마침내 제갈량과 함께 누대에 올라가 사다리를 치우고 제갈량에게 이르기를 "오늘 위로는 하늘에 이르지 못하고 아래로는 땅에 이르지 못하여 말이 선생의 입에서 나와 내 귀로 들어올 뿐이니, 말씀해줄 수 있겠습니까?" 하자, 제갈량이 대답하기를 "그대는 申生이 국내에 있어서 위태롭고 重耳가 국외에 있어서 편안했던 것을 보지 못했는가?" 하였다. 유기는 마음속으로 감동하여 깨달았는데, 마침 黃祖가 죽자 유기가 그 임무를 대신할 것을 청하니, 유표는 이에 유기를 江夏太守로 삼았다.

初에 劉表二子는 琦, 琮이라 表爲琮하여 娶其後妻蔡氏之姪하니 蔡氏遂愛琮而惡(오)琦하니 琦不自寧하여 與諸葛亮으로 謀自安之術한대 亮이 不對러라 後에 乃與亮으로 升樓去梯하고 謂曰 今日에 上不至天이요 下不至地하여 言出子口而入吾耳니 可以言未아 曰 君不見申生在內而危하고 重耳居外而安乎①아 琦意感悟러니 會에 黃祖死어늘 琦求代其任한대 表乃以琦爲江夏太守하다

① 申生은 晉나라 獻公의 太子였는데 驪姬에게 참소를 받아 스스로 목매어 죽었다. 重耳는 신생의 아우로 여희의 참소를 두려워하여 출국하여 외국으로 망명했었다. 獻公이 죽은 뒤에 중이가 晉나라로 들어오니 이이가 文公인바, 마침내 霸主가 되었다.[27]
申生, 晉獻公之太子, 爲驪姬所譖, 自縊而死. 重耳, 申生之弟, 懼驪姬之讒, 出奔, 獻公卒後, 重耳入, 是爲文公, 遂爲霸主.

【目】 劉表가 죽자 劉琮이 뒤를 이었는데 얼마 안 있다가 曹操의 군대가 쳐들어오니, 蒯越(괴월) 등이 다음과 같이 말하였다.

"순종하고 거역함에는 큰 도리가 있고 강하고 약함에는 일정한 형세가 있으니, 人臣으로서 人主를 막는 것은 거역하는 방도이고, 새로 물려받은 楚(荊州) 지방을 가지고 中國〈을 차지하고 있는 조조에게〉 항거하는 것은 반드시 위태로운 방법입니다. 또 將軍이 스스로 헤아려보건대 劉備와 비교하여 누가 더 낫다고 여깁니까? 만약 유비가 曹

27) 申生은……되었다 : 晉 獻公은 賈姬에게 장가들었으나 아들이 없었고, 아버지 武公의 첩인 齊姜과 간통하여 太子 申生을 낳았다. 또 戎에서 두 여인을 맞이하였는데 大戎 狐姬는 重耳를 낳고 小戎子는 夷吾를 낳았으며, 驪姬를 데려와서 奚齊를 얻고 여희의 여동생에게서 卓子를 얻었다. 헌공이 여희를 총애하자, 여희가 자기 아들을 임금으로 세우려고 신생을 모함하여 죽이니, 중이와 이오가 모두 외국으로 망명하였다. 헌공이 죽자, 해제와 탁자가 차례로 즉위하였으나 모두 里克에게 살해되었다. 그리하여 이오가 중이를 제치고 즉위하니, 이가 惠公이다. 혜공이 죽고 아들 懷公이 즉위하였으나 失政을 거듭한 끝에 중이에게 죽임을 당하고 중이가 즉위하니, 이가 바로 문공이다. ≪訓義≫에는 헌공이 죽고 중이가 곧바로 즉위한 것으로 기록하였으나 이는 사실과 다르다.

公을 막지 못한다면 비록 楚 지방 전체를 가지고 있더라도 스스로 보전하지 못할 것이요, 만약 유비가 충분히 曹公을 막을 수 있다면 유비는 장군의 아래가 되려 하지 않을 것입니다."

유종이 그의 말을 따라 조조가 新野에 이르자 荊州를 들어 항복하니, 조조가 마침내 진군하였다.

表卒에 琮이 嗣러니 未幾에 曹操軍至하니 蒯越(괴월)等이 曰 逆順有大體하고 彊弱有定勢하니 以人臣而拒人主는 逆道也요 以新造之楚而禦中國은 必危也라 且將軍이 自料何如劉備오 若備不足禦曹公이면 則雖全楚라도 不能以自存也요 若足禦曹公이면 則備不爲將軍下也리라 琮이 從之하여 操至新野에 琮이 擧州降하니 操遂進兵하다

【綱】 劉備가 江陵으로 달아나자 曹操가 추격하여 當陽에서 따라잡으니, 유비가 夏口로 달아났다.

劉備犇江陵이어늘 操追至當陽及之하니 備走夏口하다

【目】 劉備는 樊城에 주둔하고 있었는데, 劉琮이 曹操에게 항복하고도 이 사실을 알리지 않았다. 유비가 오랜 뒤에야 비로소 이 사실을 깨달았는데 조조가 이미 宛縣에 와 있었으므로 유비가 이에 크게 놀랐다.

혹자가 유비에게 유종을 공격하면 荊州를 점령할 수 있다고 권하자, 유비가 말하기를 "劉荊州(劉表)가 죽을 적에 나에게 어린 고아(유종)를 부탁하였으니, 내가 신의를 저버리고 스스로 성공하면 죽어서 무슨 면목으로 유형주를 만나보겠는가." 하고는 자신의 무리를 거느리고 떠나가면서 襄陽을 지날 적에 유종을 부르니, 유종이 두려워하여 나오지 못하였다. 유종의 좌우와 荊州 사람들 중에 유비에게 귀의한 자가 많았다.

劉備屯樊①이러니 琮이 降而不以告하여 備久乃覺하니 則操已在宛矣라 備乃大驚이러라 或이 勸備攻琮이면 荊州를 可得이라한대 備曰 劉荊州臨亡에 託我以孤遺하니 背信自濟면 死何面目以見劉荊州乎②리오 將其衆去하여 過襄陽할새 呼琮하니 琮이 懼하여 不能起라 琮左右及荊州人이 多歸備러라

① 杜佑가 말하였다. "樊城은 지금 襄州의 安養縣이다."
杜佑曰 "樊城, 今襄州安養縣."

② 아버지가 없는 것을 孤라 한다. 遺는 버림이다. 부모가 자식을 버리고 세상을 떠났으므로 孤遺라 함을 말한 것이다.

無父曰孤. 遺, 棄也. 言父母棄之而去, 故曰孤遺.

【目】 劉備가 劉表의 묘에 들러 하직하고 눈물을 흘리며 떠나갔는데, 當陽에 이르자 무리가 10여만 명이고 輜重(짐수레)이 수천 대였다. 하루에 10여 리를 행군하면서 별도로 關羽를 보내어 배를 타고 가서 江陵에서 만나기로 하였다.

혹자가 유비에게 이르기를 "마땅히 속히 행군하여 江陵을 보전하여야 합니다. 지금 많은 무리를 거느리고 있으나 갑옷을 입은 군사가 적으니, 曹公의 군대가 닥쳐오면 어떻게 막겠습니까." 하니, 유비가 말하기를 "大事를 성취하려면 반드시 사람을 근본으로 삼아야 한다. 지금 사람들이 나에게 귀의하였으니, 내 어찌 차마 그들을 버리고 가겠는가." 하였다.

備過辭表墓하고 涕泣而去러니 比到當陽①에 衆이 十餘萬人이요 輜重이 數千兩이라 日行十餘里하고 別遣關羽하여 乘船會江陵하다 或謂備호되 宜速行保江陵②이니 今擁大衆이나 被甲者少하니 曹公兵至하면 何以拒之오 備曰 夫濟大事는 必以人爲本이라 今人歸吾하니 吾何忍棄去리오

① 當陽縣은 南郡에 속하였다.
當陽縣, 屬南郡.
② 江陵은 南郡의 治所가 있는 곳이다.
江陵, 南郡治所.

【目】 習鑿齒가 다음과 같이 評하였다.

"劉玄德은 전복되어 험난한데도 신의가 더욱 분명하고, 형세가 궁핍하고 일이 위태로운데도 말이 道를 잃지 아니하여, 景升(劉表)이 죽을 때에 자신을 돌아보고 부탁한 일을 추념하면 情이 三軍을 감동시키고, 의리에 따르는 선비들을 사랑하면 그들과 함께 패전하는 것을 달갑게 여겼으니, 끝내 大業을 성취한 것이 마땅하지 않은가."

習鑿齒曰① 玄德이 顚沛險難而信義愈明하고 勢偪事危而言不失道하여 追景升之顧[28)]면 則情感三軍하고 戀赴義之士[29)]면 則甘與同敗하니 終濟大業이 不亦宜乎아

① 習은 姓이고 鑿齒는 이름이니, 晉나라 사람으로 ≪魏武本紀≫ 네 권을 撰하였다.

---

28) 追景升之顧 : ≪通鑑節要≫ 頭註에 "이는 劉表가 어린 고아를 부탁하였음을 생각한 것이다.〔思劉表之托孤幼〕"라 하였다.

29) 戀赴義之士 : ≪通鑑節要≫ 頭註에 "이는 사람들이 劉備에게 귀의하므로 차마 버리고 떠나가지 못함을 이른다.〔謂人歸而不忍棄去〕"라 하였다.

習姓, 鑿齒名, 晉人, 撰魏武本紀四卷.

【目】劉琮의 장수인 王威가 다음과 같이 건의하였다.

"曹操는 將軍이 이미 항복하고 劉備가 이미 패주했다는 말을 듣고는 반드시 마음이 해이해져서 대비를 갖추지 않고서 군대를 경무장하여 단독으로 진군하려 할 것입니다. 만약 저에게 奇兵 수천 명을 주시어 험한 곳에서 邀擊하면 조조를 사로잡을 수 있습니다. 조조를 사로잡으면 위엄이 四海에 진동할 것이니, 다만 오늘의 형세를 보전하여 지킬 뿐만이 아닙니다."

유종이 그의 말을 받아들이지 않았다.

◑琮將王威曰 曹操聞將軍已降, 劉備已走하고 必懈弛無備하여 輕行單進하리니 若給威奇兵數千하여 徼之於險이면 操를 可獲也라 獲操면 即威震四海하리니 非徒保守今日而已니이다 琮이 不納하다

【目】曹操는 江陵에 군수물자가 많이 있다 하여 劉備가 이곳을 점거할까 염려하였다. 그리하여 마침내 輜重隊를 버리고 정예병만을 거느리고서 급히 유비를 추격하여 當陽의 長阪에서 따라잡으니, 유비가 妻子를 버리고 諸葛亮과 張飛 趙雲 등 수십 명의 騎兵과 함께 달아났다.

操以江陵有軍實이라하여 恐劉備據之하여 乃釋輜重하고 將精兵急追之하여 及於當陽之長阪[①]하니 備棄妻子하고 與諸葛亮, 張飛, 趙雲等數十騎로 走하다

① 盛弘之의 ≪荊州記≫에 "當陽縣 동쪽에 櫟林의 長阪이 있다." 하였다.
盛弘之荊州記"當陽縣東, 有櫟林長阪."

徐庶

【目】徐庶의 어머니가 曹操에게 잡혀 있었다. 서서가 劉備에게 하직인사를 할 적에 자기 심장을 가리키며 말하기를 "본래 將軍과 함께 王者와 霸者의 基業을 도모하

고자 했던 것은 이 方寸(마음)이 있었기 때문입니다. 그런데 지금 老母를 잃고 나니 方寸이 혼란합니다. 일에 유익함이 없으니,[30] 이에 작별하기를 청합니다." 하고는 마침내 조조에게로 갔다.

徐庶母爲操所獲이라 庶辭備할새 指其心曰 本欲與將軍共圖王霸之業者는 以此方寸地也러니 今已失老母하니 方寸亂矣라 無益於事하니 請從此別이라하고 遂詣操하다

【目】 張飛가 뒤에 남아서 曹操의 군대를 막고 있었는데, 河水에 의지하여 다리를 끊고서 눈을 부릅뜨고 창을 비껴들고 말하기를 "이 몸이 바로 張翼德이니, 와서 나와 한판 싸워 死生을 결단하자." 하니, 曹操의 군중에서 감히 접근하는 자가 없었다. 趙雲이 劉備의 아들 劉禪을 안고 관우의 배를 만나 沔水를 건넜고 劉琦의 군대 만여 명과 만나서 함께 夏口에 도착하였다.

張飛拒後①러니 據水斷橋하여 瞋目橫矛하고 曰 身是張翼德也②니 可來共決死라하니 操兵이 無敢近者러라 雲이 抱備子禪하고 與關羽船會하여 得濟沔하고 遇劉琦衆萬餘人하여 與俱到夏口하다

張飛가 長阪에서 다리를 끊고 曹操의 군대를 막다

① "拒後"는 바로 옛날의 殿(패주할 때에 후미에서 차단함)이다.
拒後, 卽古之殿也.

② 이로부터 梁·陳 시대에 이르기까지 士大夫들이 대체로 자신을 일러 身(이 몸)이라 하였다. 翼德은 張飛의 字이다.
自此迄于梁·陳, 士大夫率自謂曰身. 翼德, 飛字.

---

30) 方寸이……없으니 : 方寸은 사방 한 치란 뜻으로 心臟을 가리키며 마음을 가리키기도 한다. 이는 장군(유비)과 함께 軍中에서 일했던 것은 왕자와 패자의 일을 이루려는 마음에서였으나, 이제 어머니가 曹操에게 잡히니 마음이 혼란하여 아무 일도 할 수 없으므로 왕자와 패자의 일을 이루는 데에 유익함이 없으니 떠나고자 한다고 말한 것이다.

【綱】 曹操가 江陵으로 進軍하였다.

操進軍江陵하다

【目】 曹操가 江陵으로 進軍하여 갇혀 있던 韓嵩을 석방해서 大鴻臚로 삼았다.

曹操進軍江陵하여 釋韓嵩之囚하여 以爲大鴻臚[①]하다

① 韓嵩을 가둔 일은 앞의 建安 4년(199) 조에 보인다.
囚韓嵩事, 見上四年.

【目】 처음에 袁紹가 冀州에 있을 적에 사자를 보내어 汝南의 士大夫들을 맞이하니, 西平 사람 和洽이 생각하기를 "冀州는 지형이 평탄하고 백성들이 강하여 영웅호걸들이 이롭게 여기는 곳이니, 사방으로 적을 맞아 싸우지 않으면 안 되는 지역이다. 지형이 험하고 백성들이 약하여 의지하기 쉬운 荊州만 못하다." 하고 마침내 劉表를 따르니, 유표가 그를 上客으로 대우하였다.

화흡이 말하기를 "내가 本初(원소)를 따르지 않는 이유는 영웅호걸이 다투는 땅을 피한 것이다. 혼란한 세상의 主君은 자주 가까이해서는 안 되니, 오래 머물고 떠나가지 않으면 참소와 원망이 장차 일어나게 된다." 하고는 마침내 남쪽 武陵으로 갔다.

初에 袁紹在冀州에 遣使迎汝南士大夫하니 西平和洽이 以爲 冀州는 土平民强하여 英桀所利니 四戰之地라 不如荊州土險民弱하여 易依倚也[①]라하고 遂從劉表하니 表以上客待之라 洽曰 所以不從本初는 辟(피)爭地也[②]라 昏世之主는 不可黷近이니 久而不去면 讒慝將興이니라하고 遂南之武陵[③]하다

① 西平縣은 汝南郡에 속하였다. 和洽은 사람의 성명이다.
西平縣, 屬汝南郡. 和洽, 姓名.

② 辟(피하다)는 避로 읽는다. "爭地"는 冀州는 영웅호걸이 반드시 〈차지하려고〉 다투는 땅을 말한 것이다.
辟, 讀曰避. 爭地, 謂冀州英桀必爭之地.

③ 黷은 자주이다. 近은 親近함이다.
黷, 數也. 近, 親近也.

【目】 劉表가 劉望之를 辟召하여 從事로 삼았는데, 그의 친구 두 사람이 모두 남의 참소

로 죽임을 당하였고, 유망지도 直諫을 하였으나 뜻이 부합하지 않는다 해서 符節을 버리고 돌아갈 것을 고하였다. 아우 劉廙(유익)이 이르기를 "趙氏가 竇鳴犢을 죽이자 仲尼가 수레를 돌리셨습니다. 지금 형께서 이미 안에서 광채를 숨긴 柳下惠[31]를 본받지 못하신다면 마땅히 밖에서 시세에 따라 변화한 范蠡[32]를 본받아야 할 것인데, 가만히 앉아서 스스로 세상과 끊으시니 아마도 不可할 듯합니다." 하였으나, 유망지는 따르지 않았다.

얼마 후 유망지 또한 살해당하니, 유익이 揚州로 달아났다. 이에 조조가 화흡과 유익을 掾屬[33]으로 삼았으니, 이는 人望을 따른 것이었다.

表辟劉望之하여 爲從事러니 而其友二人이 皆以讒誅하고 望之又以正諫不合이라하여 投傳告歸①하니 弟廙이 謂曰② 趙殺鳴犢에 仲尼回輪③하시니 今兄이 旣不能法柳下惠和光於內인댄 則宜模范蠡遷化於外④어늘 坐而自絶於時하니 殆不可也니이다 望之不從이러니 尋亦見害하니 廙이 奔揚州하다 於是에 操以洽, 廙爲掾屬하니 從人望也러라

① 投는 버림이다. 傳은 丁戀의 切이니, 부절이다.
投, 棄也. 傳, 丁戀切, 符也.
② 廙은 逸職과 羊至의 두 가지 절이다.
廙, 逸職・羊至二切.
③ 孔子가 이미 衛나라에서 등용되지 못하자 장차 서쪽으로 가서 趙簡子를 만나보려 하셨는데, 黃河에 이르러 竇鳴犢과 舜華가 조간자에게 죽임을 당했다는 말을 듣고는 황하에 임하여 탄식하시기를 "내가 이 물을 건너지 못하는 것은 天命이다. 두명독과 순화는 晉나라의 어진 大夫인데 〈조간자가〉 지금 그들을 죽였다." 하시고는 마침내 衛나라로 돌아왔다.[34]
孔子既不得用於衛, 將西見趙簡子, 至河, 聞竇鳴犢・舜華之死也, 臨河嘆曰 "丘之不濟此, 命

31) 柳下惠 : 춘추시대 魯나라의 어진 大夫로 公族(王族)인데 이름은 展禽이니 柳下는 그의 食邑이고 惠는 시호라 한다. ≪孟子≫ 〈公孫丑 上〉에 "유하혜는 더러운 군주를 섬기는 것을 부끄러워하지 않고 낮은 벼슬을 하찮게 여기지 않았으며, 벼슬길에서 버림을 받아도 원망하지 않고 곤궁하여도 근심하지 않았다.〔不羞汚君 不卑小官 遺佚而不怨 阨窮而不憫〕"라고 보이며, 또 〈萬章 下〉에 "유하혜는 성인 중에 和한 자이다.〔柳下惠聖之和者也〕"라고 보인다.

32) 范蠡 : 춘추시대 越나라의 名臣으로 越王 句踐을 도와 吳나라를 멸망시킨 다음 五湖에 배를 띄워 齊나라에 가서 성명을 바꾸고 재산을 증식하여 巨富가 되었다. 齊나라에서 그를 정승으로 삼으려 하자, 크게 탄식하며 "내가 집에서 千金의 부자가 되고 벼슬하여서는 卿相의 지위에 올랐으니, 이는 布衣가 누릴 수 있는 최고의 지위이다. 오랫동안 높은 명망을 받는 것은 좋지 못하다." 하고 정승의 印綬를 돌려주고 재물을 모두 흩어주었다. 뒤에 陶 땅에 가서 스스로 陶朱公이라 하고서 또다시 큰 부자가 되었다.

33) 掾屬 : 三公府와 將軍府의 屬僚로 秩이 比四百石에서 比二百石이다. 삼공과 장군이 辟召하여 선임한다.

34) 孔子가……돌아왔다 : 이 내용은 ≪史記≫ 권47 〈孔子世家〉에 자세히 보인다.

也夫. 竇鳴犢・舜華, 晉之賢大夫也, 今乃殺之." 遂反衛.

④ 法은 본받음이다. "和光"은 자신의 광채를 속에 감추어서 남에게 자랑하지 않음을 말한다. 模 또한 본받음이다. "遷化於外"는 范蠡가 越나라를 떠나 五湖에 작은 배를 띄워서 마침내 陶 땅에 거주하여 옮겨가는 바에 따라 스스로 變化함을 말한 것이다.
法, 則效也. 和光, 言晦其光, 不以炫於人也. 模, 亦法也. 遷化於外, 謂范蠡去越而扁舟五湖, 卒居於陶, 隨其所遷而自爲變化也.

【目】劉璋이 別駕 張松을 보내어 曹操에게 지극한 경의를 표하게 하였는데, 장송은 사람이 키가 작고 放蕩하였다. 조조가 荊州를 평정하고 劉備를 패주시키자 장송을 위로하여 등용하지 않았다. 장송이 원망하여 유장에게 돌아가서 조조와의 왕래를 끊고 유비와 결탁할 것을 권하니, 유장이 그의 말을 따랐다.

劉璋이 遣別駕張松하여 致敬於操러니 松은 爲人이 短小放蕩이라 操已定荊州하고 走劉備에 不存錄松①이어늘 松이 怨之하여 歸勸璋하여 絶操하고 與劉備相結하니 璋이 從之하다

① 存은 긍휼이 여기고 위문함이요, 錄은 收拾함이니, 〈"不存錄松"은〉 張松을 위로하여 녹용하지 않음을 말한 것이다.
存, 恤問也. 錄, 收拾也. 謂不存恤張松而錄用之.

【目】習鑿齒가 다음과 같이 평하였다.

"옛날에 齊 桓公이 한 번 자기 공을 과시하자 배반한 나라가 아홉이었고, 曹操가 잠시 스스로 교만하여 자랑하자 天下가 셋으로 나뉘어졌다. 이들은 모두 수십 년 동안 부지런히 힘써서 사람들을 얻고서는 고개를 숙이고 구부리는 잠깐 사이에 사람들을 버렸으니, 어찌 애석하지 않겠는가."

習鑿齒曰 昔에 齊桓이 一矜其功而叛者九國이요 曹操暫自驕伐而天下三分하니 皆勤之於數十年之內하여 而棄之於俯仰之頃이라 豈不惜乎①리오

① ≪春秋公羊傳≫ 僖公 9년에 "葵丘의 會盟에서 桓公이 교만하게 굴고 뻐기자,〔震而矜之〕 배반한 나라가 아홉이었다. '교만하게 굴다〔震之〕'라는 것은 무엇인가. '振振然'[35]이라고 말하는 것과 같다. '뻐긴다〔矜之〕'라는 것은 무엇인가. '그 누구도 자신만 못하다〔莫若我〕'[36]고

35) 振振然 : 何休의 注에 "극에 달한 陽氣의 모습〔亢陽之貌〕"이라고 설명하였다.

36) 그……못하다〔莫若我〕: 何休의 注에 "기색이 절로 아름답게 여기고 큰 체하는 모습〔色自美大之貌〕"이라고 설명하였는데, 이에 대한 徐彦의 疏에 "그 얼굴빛에 절로 아름답게 여기고 큰 체하는 형세가 있음을 이른다.〔謂其顏色自有美大之勢〕"라고 해설하였다.

말하는 것과 같다." 하였다.

公羊傳"葵丘之會, 桓公震而矜之, 叛者九國. 震之者, 何. 猶曰振振然, 矜之者, 何. 猶曰莫若我也."

【綱】 겨울 10월 초하루에 일식이 있었다.

冬十月朔에 日食하다

【綱】 曹操가 동쪽으로 내려오자 孫權이 周瑜와 魯肅 등을 보내어 劉備와 함께 赤壁에서 조조를 맞이하여 공격해서 大破하니, 조조가 군대를 이끌고 돌아갔다.

◑ 曹操東下어늘 孫權이 遣周瑜, 魯肅等하여 與劉備로 迎擊於赤壁하여 大破之[37)]하니 操引還하다

【目】 처음에 魯肅이 孫權에게 다음과 같이 말하였다.

"荊州는 우리나라와 隣接하여 江과 山이 험고하고 비옥한 들이 만 리이며, 군대와 백성들이 많고 부유하니, 만약 이곳을 점거하여 소유하면 이는 帝王이 될 수 있는 밑천입

---

37) 曹操東下……大破之 : "동쪽으로 내려왔다는 것은 무엇인가. 曹操가 강성하다는 말이다. 그러므로 특별히 '曹操를 맞이하여 공격했다.'라고 쓴 것이다. 이 싸움에 조조를 맞이하여 공격하지 않았더라면 吳나라의 일이 영영 글러버렸을 것이다.〔東下 何 盛辭也 故特書迎擊 是役也微迎擊 則吳事去矣〕" ≪書法≫

"赤壁江의 승리에 吳나라 사람이 그 공을 독차지하였다. 이 때문에 後日 荊州를 다툴 적에 關羽가 魯肅에게 찾아가서 말하기를 '烏林의 싸움에 左將軍(劉備)이 직접 군대 사이에 있으면서 힘을 다해 역적을 격파했다.'라고 하자, 노숙은 말하기를 '처음 劉豫州(劉備)와 長坂에서 만났을 적에 뜻이 꺾이고 형세가 약하니, 主上(孫權)이 가엽게 여겨서 그 환란을 구제해주었다.' 하였다. 이와 같다면 그 공이 진실로 돌아갈 곳이 있는 것이다. 그런데 지금 ≪資治通鑑綱目≫에서 이에 대해 마침내 '周瑜와 노숙 등이 유비와 함께 曹操를 맞이하여 공격해서 대파했다.'라고 쓴 것은 어째서인가. 조조가 동쪽으로 내려올 때를 당하여 吳나라 사람들이 떨고 두려워해서 조조를 맞이할 것을 도모하였으니, 비록 주유와 노숙이 안에서 계책을 정함이 있었으나 昭烈(유비)과 諸葛孔明이 밖에서 보필하고 感發함이 있지 않았다면 또한 반드시 이와 같이 빨리 成功하지 못했을 것이니, 柴桑에서 諸葛亮이 손권에게 한 말을 보면 알 수 있다. 書法이 이와 같으니, 이는 또한 그 사실을 미루어 찾아서 輕重을 저울질했을 뿐이다. 어찌 지나치겠는가.〔赤壁之勝 吳人專有其功 是以他日荊州之爭 關羽方詣魯肅 以謂烏林之役 左將軍親在行間 戮力破賊 而魯肅則謂始與豫州觀於長坂 志勢摧弱 主上矜愍 以濟其患 如此則其功固有所歸矣 今綱目於此 乃書瑜肅等與備迎擊破之 何哉 蓋當曹操東下之時 吳人震懼 謀欲迎操 雖有周瑜魯肅定謀於內 然非昭烈孔明左右感發於外 則亦未必成功若是之捷 觀之柴桑之說 則可見矣 書法如此 蓋亦推求其實而權其輕重耳 夫豈過哉〕" ≪發明≫

니다. 이제 劉表가 막 죽었는데 두 자식이 화합하지 못하니, 軍中의 장수들이 각기 이쪽과 저쪽으로 나누어져 대립하고 있습니다. 劉備는 天下의 용맹한 영웅으로 曹操와 사이가 나쁘니, 그가 유표의 두 아들과 협심하여 上下가 힘을 함께하면 마땅히 그들을 按撫하여 함께 동맹을 맺어야 할 것이요, 만일 그들 사이에 이반하는 마음이 있어서 분리되면 마땅히 별도로 도모해서 大事를 이루어야 합니다. 제가 청컨대 명령을 받들고 가서 유표의 두 아들을 조문하고 아울러 그 軍中에서 권력을 행사하는 자들을 위로하고, 또 유비를 설득하여 유표의 군대를 어루만져서 한마음 한뜻이 되어 함께 曹操를 다스리자고 하겠습니다. 이렇게 하면 유비가 반드시 기뻐하여 명을 따를 것이니, 만일 우리 두 나라가 화합하면 天下를 평정할 수 있습니다. 이제 속히 가지 않으면 조조에게 선수를 빼길까 두렵습니다."

初에 魯肅이 言於孫權曰 荊州는 與國隣接하여 江山險固하고 沃野萬里요 士民殷富하니 若據而有之면 此帝王之資也라 今劉表新亡에 二子不協하니 軍中諸將이 各有彼此[①]라 劉備는 天下梟雄으로 與操有隙[②]하니 若與彼協心하여 上下齊同이면 則宜撫安하여 與結盟好요 如有離違하면 宜別圖之하여 以濟大事[③]라 肅이 請得奉命弔表二子하고 幷慰勞其軍中用事者하고 及說(세)備使撫表衆하여 同心一意하여 共治曹操면 備必喜而從命하리니 如其克諧면 天下를 可定也리이다 今不速往이면 恐爲操所先하노이다

① 〈"各有彼此"는〉 劉琦에게 귀의한 자가 있고 劉琮에게 귀의한 자가 있음을 이른다.
謂有附琦者, 有附琮者.

② 梟는 용맹하고 건장함이다. "有隙"은 劉備가 曹操를 죽이고자 하였으나 이루지 못함을 이른다.
梟, 勇健也. 有隙, 謂備欲殺操不遂也.

③ "離違"는 사람들이 이반하는 마음이 있어서 서로 나뉨을 말한 것이다.
離違, 言人有離心, 互相違異也.

【目】 孫權이 즉시 魯肅을 보냈다. 노숙이 길을 떠나 夏口에 이르러 曹操가 이미 荊州로 향했다는 말을 듣고 밤낮으로 길가는 속도를 倍加하여 南郡에 이르렀는데, 劉琮은 이미 조조에게 항복하였다.

權이 卽遣肅하니 行到夏口하여 聞操已向荊州하고 晨夜兼道하여 比至南郡에 而琮이 已降이러라

【目】 魯肅이 마침내 劉備를 當陽의 長阪에서 맞이해서 孫權의 뜻을 전달하여 간곡한 뜻

을 다하고, 또 다음과 같이 말하였다.

"孫討虜(손권)는 총명하고 인자하고 은혜로우며 賢者를 높이고 선비를 예우하여 江表(江東)의 영웅호걸들이 모두 그에게 귀의하였습니다. 그리하여 이미 여섯 郡을 점거하여 군대가 정예롭고 군량이 많으니, 충분히 擧事할 수 있습니다. 이제 君을 위하여 계획해보건대, 심복을 보내어 스스로 동쪽 吳와 결탁하여 함께 대대로 이어갈 事業을 이루는 것만 못합니다."

유비는 이 말을 듣고 매우 기뻐하였다. 노숙이 또 諸葛亮에게 말하기를 "나는 子瑜의 친구이다." 하고는 즉시 함께 교분을 맺으니, 子瑜는 제갈량의 兄인 諸葛瑾으로 손권의 長史로 있었다.

肅이 遂迎備於當陽長阪하여 宣權旨하여 致殷勤之意하고 且曰 孫討虜聰明仁惠하여 敬賢禮士라 江表英豪 咸歸附之하여 已據有六郡하여 兵精糧多하니 足以立事라 今爲君計컨대 莫若遣腹心하여 自結於東하여 以共濟世業이니이다 備甚悅①하니라 肅이 又謂諸葛亮曰 我는 子瑜友也라하고 卽共定交하니 子瑜者는 亮兄瑾也니 爲權長史②러라

① 荊州는 서쪽에 있고 吳는 동쪽에 있다. "世業"은 世事(대대로 이어갈 사업)라는 말과 같다.
荊州在西, 吳在東. 世業, 猶言世事也.

② 子瑜는 諸葛瑾의 字이다.
子瑜, 瑾字.

【目】劉備가 樊口로 進住하니, 曹操는 장차 長江을 따라 동쪽으로 내려오려 하였다. 諸葛亮이 유비에게 말하기를 "상황이 위급하게 되었습니다. 청컨대 명을 받들어 孫장군에게 구원을 청하겠습니다." 하고는 마침내 魯肅과 함께 孫權에게 갔다. 柴桑에서 손권을 만나보고 다음과 같이 설득하였다.

"海內가 크게 혼란함에 장군은 江東에서 군대를 일으키고, 劉豫州는 漢水 남쪽에서 군대를 수습하여 曹操와 함께 천하를 다투었는데, 지금 조조가 큰 난리를 모두 수습하여 이미 거의 평정하였습니다. 마침내 荊州를 격파하여 위엄이 四海를 진동하니, 英雄이 기량을 발휘할 곳이 없습니다. 그러므로 유예주가 도망하여 이곳에 왔으니, 원컨대 장군은 힘을 헤아려 대처하시기를 바랍니다. 만약 능히 吳越의 군대를 가지고 中國(조조)과 대항할 수 있다면 일찍 조조와의 왕래를 끊는 것만 못하고, 만약 이렇게 하지 못하신다면 어찌하여 병기를 거두고 갑옷을 묶어두고서 北面하여 조조를 섬기지 않습니까. 지금 장군이 밖으로는 조조에게 복종한다는 명분에 가탁하고 안으로는 일을 미룰

계책을 품어서 상황이 위급한데도 결단하지 않으시니, 화가 곧 닥칠 것입니다."

備進住樊口①하니 操將順江東下라 亮이 謂備曰 事急矣라 請奉命求救於孫將軍호리이다하고 遂與肅俱詣孫權하여 見於柴桑②하고 說曰 海內大亂에 將軍은 起兵江東하고 劉豫州는 收衆漢南하여 與曹操로 竝爭天下③러니 今操芟(삼)夷大難하여 略已平矣④라 遂破荊州하여 威震四海하니 英雄이 無用武之地라 故로 豫州遁逃至此하니 願將軍은 量力而處之하라 若能以吳越之衆으로 與中國抗衡인댄 不如早與之絶이요 若不能인댄 何不按兵束甲하여 北面而事之오 今將軍이 外託服從之名하고 而內懷猶豫之計하여 事急而不斷하니 禍至無日矣리이다

① ≪水經註≫에 "江水(長江)는 鄂縣 북쪽을 지나 동쪽으로 유입되어 오른쪽으로 樊口에 이르니, 樊山 아래 차가운 시냇물이 주입되는 곳이 번구이다." 하였다.
水經註 "江水過鄂縣北而東流, 右得樊口, 樊山下寒溪水所注也."
② 柴桑縣은 豫章郡에 속하였다.
柴桑縣, 屬豫章郡.
③ 劉備가 일찍이 豫州刺史를 지냈다.
備嘗爲豫州刺史.
④ 芟은 제거함이요, 夷는 평정함이다.
芟, 刈也. 夷, 平也.

【目】 孫權이 "만약 그대의 말과 같다면 劉豫州는 어찌하여 끝내 曹操를 섬기지 않는가?" 하고 반문하니, 諸葛亮이 다음과 같이 말하였다.

"田橫은 齊나라의 한 壯士일 뿐인데도 의리를 지켜 漢나라 高祖의 치욕을 받지 않았습니다.[38] 하물며 劉豫州는 皇室의 후손이요 영걸스러운 재주가 온 세상을 뒤덮어서 선비들이 사모하고 우러르기를 마치 강물이 바다로 돌아가듯 하니, 그동안 일이 이루어지지 못한 것은 이는 바로 天運입니다. 어찌 다시 조조의 아래가 되겠습니까."

權曰 苟如君言이면 劉豫州는 何不遂事之乎오 亮曰 田橫은 齊之壯士耳로되 猶守義不辱이어든 況劉豫州는 王室之胄요 英才蓋世하여 衆士慕仰이 若水之歸海하니 若事之不濟는 此乃天也라 安能復爲之下乎잇가

38) 田橫은……않았습니다 : 전횡은 秦나라 말기 사람으로 본래 齊王 田榮의 아우였는데, 전영이 죽자 대신 그 무리를 거느리고 項羽를 공격하여 齊나라 지역을 회복하고 전영의 아들 田廣을 왕으로 세웠다. 그러나 전광이 漢나라 장수 韓信에게 패하여 죽자, 스스로 齊王이 되었다. 漢王 劉邦이 천하를 통일하자, 부하 500여 명과 海島로 도망하였는데 유방의 강제 소환에 따라 洛陽으로 가다가 중도에서 자살하였다. 이에 남은 무리가 모두 그를 위해 죽었다.

【目】 孫權이 발끈하여 말하기를 "내 吳나라 전체의 땅과 10만의 군대를 모두 보유하고서 남에게 제재를 받을 수 없으니, 나의 계책이 결정되었다. 劉豫州가 아니면 曹操를 막아낼 자가 없다. 그러나 유예주가 막 패전하였으니, 어떻게 이 患難을 막아내겠는가?" 하였다. 제갈량이 다음과 같이 말하였다.

諸葛亮이 孫權을 격동시키다

"劉豫州의 군대가 비록 長阪에서 패하였으나 지금 돌아온 戰士와 關羽의 水軍 중에 정예병이 만 명이고, 劉琦가 江夏의 戰士를 모으면 또한 만 명 이상일 것입니다. 조조의 무리는 멀리 와서 피폐한데, 듣건대 유예주를 추격할 적에 경무장한 騎兵이 一晝夜에 300리를 행군했다 하니, 이는 이른바 '강한 쇠뇌로 쏜 화살이 멀리 날아가면 힘이 약해져서 형세가 魯나라의 비단도 뚫지 못한다.'는 것입니다. 그러므로 兵法에 이것을 꺼려서 말하기를 '반드시 上將軍이 쓰러진다.'[39]라고 한 것입니다. 또 北方의 사람들은 水戰에 익숙하지 못하고, 荊州의 백성 중에 조조에게 귀의한 자들은 조조의 군대의 위세에 핍박받았을 뿐, 마음으로 복종한 것이 아닙니다. 지금 장군이 진실로 용맹한 장수에게 명하여 수만 명의 군대를 거느리고서 유예주와 함께 계책을 상의하고 힘을 함께한다면 조조의 군대를 격파할 것이 틀림없습니다. 조조의 군대가 격파되면 조조는 반드시 북쪽으로 돌아갈 것이니, 이와 같이 되면 荊(유비)과 吳(손권)의 형세가 강

39) 兵法에……쓰러진다 : 兵法은 ≪孫子兵法≫을 가리킨다. ≪孫子≫ 〈軍爭〉에는 "갑옷을 말아가지고 급히 달려가서 밤낮으로 머물지 않고 행군속도를 倍加할 경우, 100리를 행군하여 이익을 다투면 三軍의 將軍이 사로잡히고, 〈병사 중에〉 굳센 자는 먼저 가고 피로한 자는 뒤처져서 그 기준이 10분의 1만 도착하며, 50리를 행군하여 이익을 다투면 上將軍이 쓰러지고 〈병사는〉 그 기준이 절반만 도착한다.〔券甲而趨 日夜不處 倍道兼行 百里而爭利 則擒三將軍 勁者先 疲者後 其法十一而至 五十里而爭利 則蹶上將軍 其法半至〕"라고 하여 약간의 차이가 있다.

해져서 鼎足의 형세가 이루어질 것이니, 成敗의 기회가 今日에 달려 있습니다."

이에 손권이 크게 기뻐하였다.

權이 勃然曰 吾不能擧全吳之地, 十萬之衆하여 受制於人이니 吾計決矣라 非劉豫州면 莫可以當曹操者라 然이나 豫州新敗하니 安能抗此難乎아 亮曰 豫州軍이 雖敗於長阪이나 今戰士還者及關羽水軍精甲이 萬人이요 劉琦合江夏戰士하면 亦不下萬人이요 曹操之衆은 遠來疲敝라 聞追豫州에 輕騎一日一夜行三百餘里라하니 此所謂强弩之末이 勢不能穿魯縞者也①라 故로 兵法에 忌之하여 曰 必蹶(궐)上將軍②이라하니이다 且北方之人이 不習水戰하고 又荊州之民附操者는 偪兵勢耳요 非心服也라 今將軍이 誠能命猛將하여 統兵數萬하여 與豫州로 協規同力이면 破操軍이 必矣리이다 操軍破면 必北還하리니 如此면 則荊, 吳之勢强하여 鼎足之形成矣③리니 成敗之機 在於今日이니이다 權이 大悅이러라

① ≪漢書≫에 "韓安國이 말하기를 '강한 쇠뇌로 쏜 화살이 멀리 날아가면 힘이 약해져서 魯縞(魯나라에서 생산된 흰 비단)도 뚫지 못한다.' 했다." 하였다. 곱고 흰 비단을 縞라 하니, 曲阜의 풍속이 이것을 잘 만들어서 매우 가볍고 가늘므로 이것을 魯縞라 한 것이다."
前書 "韓安國曰 '彊弩之末, 力不能入魯縞.'" 繒之精白者曰縞, 曲阜之俗, 善作之, 尤爲輕細, 故謂之魯縞."

② ≪孫子兵法≫에 "100리를 행군하여 이익을 좇으면 上將軍이 쓰러진다." 하였다.
兵法 "百里而趨利者, 蹶上將."

③ 荊은 劉備를 이르고, 吳는 孫權을 이른다.
荊, 謂備. 吳, 謂權.

【目】 이때 曹操가 孫權에게 편지를 보내기를 "近者에 내가 황제의 말씀을 받들어 죄가 있는 자들을 정벌해서 劉琮이 손을 묶고 항복하였다. 내 이제 水軍 80만 명을 정돈하여 將軍과 함께 吳 지방에서 모여 사냥하겠다." 하였다.

손권이 이 편지를 여러 부하들에게 보이니, 신하들이 모두 두려워하여 얼굴빛이 변하였다. 張昭 등이 다음과 같이 말하였다.

"曹公은 승냥이, 호랑이와 같습니다. 天子를 끼고서 사방을 정벌하니, 그를 막는 것은 도리상 순하지 못합니다. 또 장군의 大勢로 볼 때 조조를 막을 수 있는 것은 長江뿐이었는데 지금 조조가 荊州의 水軍을 얻었으니 蒙衝과 鬪艦이 마침내 1,000척으로 헤아려집니다. 이 배들을 강에 띄워 물길을 따라 수로와 육로로 함께 내려오니, 이는 장강의 험함을 이미 우리와 함께 나누어 가진 것이니, 세력의 많고 적음을 또 논할 수가 없

습니다. 저희는 생각건대, 큰 계책이 조조에게 항복하는 것만 못하다고 여깁니다."

時에 操遺權書曰 近者에 奉辭伐罪하여 劉琮이 束手라 今治水軍八十萬衆하여 方與將軍으로 會獵於吳호리라 權이 以示群下하니 莫不失色이라 張昭等曰 曹公은 豺虎也라 挾天子以征四方하니 拒之不順이요 且將軍大勢 可以拒操者는 長江也어늘 今操得荊州水軍하니 蒙衝鬪艦이 乃以千數라 浮以沿江하여 水陸俱下①하니 此爲長江之險을 已與我共之矣니 而勢力衆寡를 又不可論이라 愚謂大計不如迎之라하노이다

① 杜佑가 말하였다. "鬪艦은 배 위에 女墻(성가퀴)을 설치하니 높이가 3尺인데, 女牆 아래에 노 젓는 구멍을 만들어놓았다. 배 안은 5尺으로 또 棚(樓閣)을 세웠으니 女墻과 가지런하게 하고, 棚 위에 또 여장을 세워서 戰士를 이중으로 나열하였다. 위에 덮개가 없고 前後와 左右에 牙旗와 旗幟와 징과 북을 세우니, 이는 戰船이다."
杜佑曰 "鬪艦, 船上設女墻, 可高三尺, 墻下開掣棹孔. 船內五尺, 又建棚, 與女墻齊. (柵)〔棚〕[40] 上又建女墻, 重列戰敵. 上無覆背, 前後左右, 樹牙旗幟旛金鼓, 此戰船也."

【目】 魯肅이 홀로 말하지 않고 있었는데, 孫權이 일어나 更衣[41]에 가려 하자 노숙이 처마 아래로 따라가니, 손권이 그의 뜻을 알고는 노숙의 손을 잡고 말하기를 "卿이 무슨 말을 하고자 하는가?" 하였다. 이에 노숙이 다음과 같이 말하였다.

"이번에 여러 사람의 의견을 살펴보건대, 오로지 장군을 그르치고자 하니 그들과 더불어 大事를 도모할 수 없습니다. 지금 이 노숙은 曹操에게 항복해도 되지만 장군으로 말하면 불가합니다. 어찌하여 이렇게 말하는가 하면, 지금 제가 조조에게 항복하면 조조는 마땅히 이 노숙을 鄕黨(鄕里)으로 돌려보내어 〈鄕里의 父老들에게〉 명성과 지위를 품별해 확정하게 하여 그래도 下曹의 從事官이 못 되지는 않을 것입니다. 저는 소가 끄는 수레를 타고 관리와 병졸을 거느리고 士林들과 交遊하면서 여러 차례 관직을 지내다 보면, 진실로 州郡의 직책을 잃지 않을 수 있습니다. 그러나 장군은 조조에게 항복하면, 어느 곳으로 돌아가고자 하십니까. 원컨대 빨리 큰 계책을 결정하고 뭇사람들의 의논을 따르지 마소서."

손권이 탄식하며 말하기를 "여러 사람들이 주장하는 의논은 매우 나를 실망스럽게 하였다. 이제 卿이 큰 계책을 크게 열어주니, 바로 나와 뜻이 같다." 하였다.

40) (柵)〔棚〕: 저본에는 '柵'으로 되어 있으나, ≪資治通鑑≫ 註에 의거하여 '棚'으로 바로잡았다.
41) 更衣 : 옷을 갈아입거나 휴식하는 곳을 가리킨다. 一說에는 更衣가 옛날에 대소변을 완곡하게 이르는 말이라 하여 廁間을 가리킨다고 한다.

魯肅이 獨不言이러니 權起更(경)衣할새 肅이 追於宇下①하니 權이 知其意하고 執肅手曰 卿欲何言고 肅曰 向察衆人之議컨대 專欲誤將軍하니 不足與圖大事니이다 今肅은 可迎操耳어니와 如將軍은 不可也라 何以言之오 今肅迎操면 操當以肅還付鄕黨하여 品其名位하여 猶不失下曹從事하리니 乘犢車하고 從吏卒하고 交游士林하여 累官에 故不失州郡也②어니와 將軍迎操면 欲安所歸乎잇가 願早定大計하고 莫用衆人之議也하소서 權이 歎息曰 諸人持議 甚失孤望이라 今卿이 廓開大計하니 正與孤同이로다

① 지붕의 사방이 아래로 드리워진 것을 宇(처마, 추녀)라 하고, 또 〈수레에 설치하는 蓋에서〉 아래로 비스듬히 내려온 부분을 宇라고 한다.42)
屋四垂爲宇, 又隤下曰宇.

② 下曹의 從事는 여러 曹의 從事 중에 가장 낮은 자이다. ≪晉書≫ 〈百官志〉에 "犢車는 소가 끄는 수레이다. 옛날 귀한 자는 소가 끄는 수레를 타지 않았다. 漢나라 武帝가 推恩令(제후의 봉지를 물려줄 때 적장자 이외의 아들에게도 나누어주는 것)을 내린 끝에 諸侯 중에 세력이 약하여 가난한 자는 소가 모는 수레를 타기도 하였다. 그 뒤에 점점 귀해져서 靈帝와 獻帝 이래로는 天子로부터 士에 이르기까지 마침내 일반적으로 타는 수레가 되었다." 하였다. 從(거느리다)은 才用의 切이다. "士林"은 선비가 숲처럼 많은 것이니, 京邑과 大都는 四方에서 賢士가 모이는 곳임을 말한 것이다. 故(진실로)는 固와 통한다.
下曹從事, 諸曹從事之最下者. 晉志 "犢車, 牛車也. 古之貴者 不乘牛車. 漢武帝推恩之末, 諸侯寡弱, 貧者至乘牛車. 其後稍貴之, 自靈·獻以來, 天子至士, 遂爲常乘. 從, 才用切. 士林, 多士之林, 謂京邑·大都四方賢士所聚也. 故, 通作固.

【目】 이때 周瑜가 사명을 받들고 番陽(파양)까지 갔는데, 魯肅이 孫權에게 권하여 주유를 불러 돌아오게 하였다. 주유가 와서 손권에게 다음과 같이 말하였다.

"曹操가 비록 漢나라 丞相의 名義를 가탁하고 있으나 실제는 漢나라의 역적입니다. 將軍은 신묘한 武勇과 영웅의 재주로 父兄의 功烈을 겸하여 의지해서 江東 지방을 割據하여 땅이 사방 수천 리이고 병사들이 정예로워 전쟁에 충분히 쓸 수 있으며 영웅들이 〈다른 뜻이 없어〉 자신의 일을 즐기고 있으니, 마땅히 천하에 횡행하여 국가를 위해 백

42) 아래로……한다 : 이 말은 본래 ≪周禮≫ 〈冬官考工記 輪人〉에 "〈蓋에서〉 上은 높게 하고자 하고 宇는 낮게 하고자 한다. 上이 높고 宇가 낮으면 빗물이 빨리 흘러서 빠져나가고 멀리까지 흘러나간다.〔上欲尊而宇欲卑 上尊而宇卑 則吐水疾而霤遠〕"라고 한 것에 대한 鄭玄의 注이다. '蓋'는 수레에 설치하는 日傘모양의 덮개이며, '上'은 部에 근접한 평평한 부분을 이른다. '部'는 '柎(꽃받침)'와 통하는 바, 蓋의 자루에서 맨 위쪽의 끝에 위치하여 그 역할이 마치 꽃받침과 같기 때문에 이렇게 명명한 것으로, 漢나라 때에는 이를 '蓋斗'라고 불렀다. '宇'는 蓋에서 지붕의 처마처럼 아래로 비스듬히 내려온 부분으로, 그 길이는 4尺이다.

성들을 해치고 더럽히는 자들을 제거해야 할 것입니다. 그런데 더구나 조조가 직접 죽으러 오는데 그에게 항복한단 말입니까. 청컨대 장군을 위해 계책을 세워보겠습니다. 지금 북쪽 지역이 아직 평정되지 못해서 馬超와 韓遂가 조조의 後患이 되고 있는데, 조조는 안장을 얹은 말을 버리고 배와 노에 의지하여 우리 吳越 지역과 힘을 겨루려고 하며, 또 지금 한 겨울 추위에 말들이 먹을 짚과 건초가 없는데 중국의 병사들을 몰아 멀리 江湖의 사이를 건너오니, 그들은 水土에 익숙하지 못하여 반드시 질병이 생길 것입니다.

이 몇 가지는 用兵의 큰 폐해인데 조조가 모두 무릅쓰고 행하니, 장군이 조조를 사로잡는 것은 마땅히 今日에 있습니다. 제가 청컨대 정예병 수만 명을 얻어서 夏口에 進住하여, 장담컨대 장군을 위해 조조를 격파하겠습니다."

時에 周瑜受使至番陽이라 肅이 勸權하여 召瑜還[①]하니 瑜至에 謂權曰 操雖託名漢相이나 實漢賊也라 將軍이 以神武雄才로 兼仗父兄之烈하여 割據江東하여 地方數千里요 兵精足用하고 英雄樂業[②]하니 當橫行天下하여 爲國家除殘去穢니 況操自送死而可迎之邪잇가 請爲將軍籌之호리이다 今北土未平하여 馬超, 韓遂爲操後患이어늘 而操舍鞍馬하고 杖舟楫하여 與吳越爭衡[③]하며 又今盛寒에 馬無槁草어늘 驅中國士衆하여 遠涉江湖之間하니 不習水土하여 必生疾病이리이다 此數者는 用兵之患也어늘 而操皆冒行之하니 將軍禽操는 宜在今日이라 瑜請得精兵數萬人하여 進住夏口하여 保爲將軍破之호리이다

① 〈"周瑜受使至番陽은"〉 周瑜가 이미 使命을 받들고 사자로 나갔으나 그리 멀리 가지 않은 것이다.
瑜已受命出使, 蓋行未遠也.

② 〈"英雄樂業"은〉 英雄豪傑들이 아직도 자신의 일을 즐거워하는 것이니, 다른 뜻이 없음을 말한 것이다.
英雄之士, 猶樂其業, 言無他志也.

③ 북쪽 사람들은 안장을 얹은 말을 편리하게 여기고 남쪽 사람들은 배와 노를 편리하게 여기니, 〈"操舍鞍馬 仗舟楫"은〉 曹操가 자기들의 장점을 버리고 단점으로 나아감을 말한 것이다.
北人便於鞍馬, 南人便於舟楫. 言操舍所長而就所短.

【目】 孫權이 다음과 같이 말하였다.

"老賊(曹操)이 漢나라를 폐하고 스스로 황제가 되고자 한 지가 이미 오래되었으나, 다만 두 袁氏(袁紹와 袁術)와 呂布, 劉表와 나를 두려워했을 뿐이다. 지금 여러 영웅들이

이미 멸망하고 오직 내가 아직 남아 있으니, 내 老賊과는 형세상 兩立할 수가 없다. 그대가 조조를 공격해야 한다고 말한 것은 나의 뜻과 매우 부합하니, 이는 하늘이 君을 나에게 준 것이다."

손권이 인하여 칼을 뽑아서 앞에 놓여 있는 상주문을 올려놓는 책상을 가르고 말하기를 "여러 장수와 관리 중에 감히 다시 조조에게 항복해야 한다고 말하는 자가 있으면, 이 책상과 같이 될 것이다." 하고는 마침내 회의를 罷하였다.

權曰 老賊이 欲廢漢自立이 久矣로되 徒忌二袁, 呂布, 劉表與孤耳라 今數雄已滅하고 惟孤尙存하니 孤與老賊으로 勢不兩立이라 君言當擊이 甚與孤合하니 此天以君授孤也라하고 因拔刀하여 斫前奏案하고 曰 諸將吏敢復有言當迎操者면 與此案同하리라하고 乃罷會하다

【目】 이날 밤 周瑜가 다시 孫權을 보고 다음과 같이 말하였다.

"여러 사람들은 다만 曹操의 편지에서 水軍과 步軍이 모두 80만이라고 한 것만 보고는 각각 두려워하니, 이는 매우 옳지 않습니다. 이제 실제를 가지고 따져보면 저들이 거느린 중국의 병력은 15, 6만에 불과한데 이들은 또 이미 오랫동안 싸워 피로하며, 얻은 劉表의 무리는 또한 기껏해야 7, 8만이 될 뿐인데 이들은 아직도 의심하여 주저하는 마음을 품고 있습니다. 피로하고 병든 병졸로 의심하여 주저하는 무리를 통솔한다면, 병사의 수가 아무리 많더라도 그리 두려워할 것이 못 됩니다. 제가 정예병 5만을 얻는다면 충분히 제압할 수 있으니, 원컨대 장군은 염려하지 마소서."

是夜에 瑜復見權하고 曰 諸人이 徒見操書에 言水步八十萬하고 而各恐懼하니 甚無謂也①라 今以實校之하면 彼所將中國人이 不過十五六萬이요 且已久疲며 所得表衆이 亦極七八萬耳어늘 尙懷狐疑②니이다 夫以疲病之卒로 御狐疑之衆이면 衆數雖多나 甚不足畏라 瑜得精兵五萬이면 自足制之하리니 願將軍은 勿慮하소서

① 〈"甚無謂"는〉 일의 마땅함을 잃음을 이른다.
謂失於事宜也.

② 〈"尙懷狐疑"는〉 새로 曹操에게 붙은 사람들이 마음속에 의심을 품고 있어서 목숨을 바쳐 조조를 위해 힘껏 싸우지 않을 것임을 말한 것이다.
言新附之人, 心懷狐疑, 未能出死命而爲之力戰也.

【目】 孫權이 周瑜의 등을 어루만지며 말하기를 "公瑾아! 卿의 말이 이에 이르니, 나의 마음과 매우 부합한다. 子布와 元表는 각기 자기 妻子만을 돌아보니 내 크게 실망을 하였

고, 다만 卿과 子敬만이 나와 뜻이 같다. 이는 하늘이 卿과 子敬 두 사람으로 나를 돕게 한 것이다. 내 이미 3만 명을 선발하여 배와 양식과 전쟁 도구를 모두 마련하였으니, 卿은 子敬, 程公(程普)과 함께 곧바로 앞에서 출발하라. 내 마땅히 뒤이어 병사들을 징발하여 물자와 양식을 많이 싣고서 경의 後援이 되겠다." 하고는, 마침내 주유와 程普를 左督과 右督으로 삼아서 劉備와 함께 힘을 합쳐 조조를 맞아 싸우게 하고, 魯肅을 贊軍校尉로 삼아 方略을 도와 계획하게 하였다.

權이 撫其背曰 公瑾아 卿言至此하니 甚合孤心이로다 子布, 元表는 各顧妻子하니 深失所望①이요 獨卿與子敬이 與孤同耳②라 此는 天以卿二人贊孤也로다 已選三萬人하여 船糧戰具를 俱辦하니 卿與子敬, 程公으로 便在前發하라 孤當續發人衆하여 多載資糧하여 爲卿後援③호리라하고 遂以周瑜, 程普爲左右督하여 與備幷力逆操하고 以魯肅爲贊軍校尉하여 助畫方略④하다

① 子布는 張昭의 字이다. 元은 마땅히 文이 되어야 하니, 文表는 秦松의 字이다. 《三國志》〈吳志 呂蒙傳〉에 "子布와 文表가 모두 曹操에게 항복해야 한다고 말했다." 하였다.
子布, 張昭字. 元, 當作文. 文表, 秦松字. 呂蒙傳"子布・文表俱言迎之."
② 子敬은 魯肅의 字이다.
子敬, 魯肅字.
③ 程公은 程普이니, 이때 江東의 여러 장수 중에 정보의 나이가 가장 많아서 사람들이 모두 그를 程公이라고 〈높여〉 불렀다.
程公, 程普也. 時江東諸將, 普年最長, 人皆呼程公.
④ 贊軍校尉는 그로 하여금 군대의 계책을 돕게 하고 인하여 관직의 칭호로 삼은 것이다.
贊軍校尉, 使之贊軍謀, 因以爲官稱.

【目】劉備는 周瑜의 배가 오는 것을 멀리서 바라보고는 한 척의 배를 타고 가서 주유를 만나보고 "전투병이 얼마나 되느냐?"고 물으니, 주유가 대답하기를 "3만 명입니다." 하였다. 유비가 말하기를 "병력이 적은 것이 한스럽다." 하자, 주유가 말하기를 "이것만 가지고도 충분히 쓸 수 있으니, 劉豫州는 다만 제가 曹操를 격파하는 것을 보기만 하십시오." 하니, 유비가 깊이 부끄러워하면서도 기뻐하였다.

전진하여 曹操의 군대와 赤壁에서 만났는데, 이때 조조의 軍中에는 이미 疫病(전염병)이 돌고 있었다. 처음 交戰했을 적에 조조의 군대가 승리하지 못하자 병력을 이끌고 장강 북쪽에 주둔하였다.

劉備望見瑜船하고 乘單舸하여 往見瑜하고 問戰卒有幾오 瑜曰 三萬人이니이다 備曰 恨少로다 瑜

曰 此自足用이니 豫州는 但觀瑜破之니이다 備深愧喜러라 進하여 與操遇於赤壁①하니 時에 操軍이 已有疾疫이라 初一交戰에 操軍不利하여 引次江北하다

① ≪水經註≫에 "長江의 물은 沙羨縣으로부터 동쪽으로 흘러 오른쪽으로 赤壁山 북쪽을 지난다." 하였다. ≪郡縣志≫에 "赤壁山은 蒲圻縣 서쪽 120리 지점에 있으니, 北岸의 烏林이 赤壁과 서로 마주했다." 하였다.
水經註 "江水自沙羨而東, 右逕赤壁山北." 郡縣志 "赤壁山, 在蒲圻縣西百二十里, 北岸烏林, 與赤壁相對."

【目】周瑜 등은 장강 南岸에 주둔해 있었는데, 주유의 部將 黃蓋가 말하기를 "지금 賊은 병력이 많고 우리는 적으니 지구전을 하기가 어렵습니다. 曹操의 군대가 막 戰艦을 연결하여 船首와 船尾가 서로 이어져 있으니, 火攻으로 불을 놓고 달아나야 합니다." 하고는 마침내 蒙衝과 戰艦 10척을 취하여 마른 갈대와 마른 나무를 가득히 싣고서 이 가운데에 기름을 붓고 장막으로 싼 다음 배 위에 旌旗를 꽂아놓고, 미리 走舸(가볍고 속도가 빠른 戰船)를 마련하여 큰 배의 뒤에 매달고, 먼저 편지를 조조에게 보내어 거짓으로 "항복하고자 한다." 하였다.

瑜等이 在南岸이러니 瑜部將黃蓋曰 今寇衆我寡하니 難與持久라 操軍이 方連船艦하여 首尾相接하니 可燒而走也라하고 乃取蒙衝鬪艦十艘하여 載燥荻, 枯柴하여 灌油其中하고 裹以帷幕하여 上建旌旗하고 豫備走舸하여 繫於其尾①하고 先以書遺操하여 詐云欲降하다

① 杜佑가 말하였다. "走舸는 배 위에 女墻을 세우고, 노 젓는 사람은 많이 배치하고 전투병은 적게 배치하였으니, 모두 용맹과 힘이 뛰어나고 정예로운 자를 뽑아서 왕복하기를 날아다니는 갈매기와 같이 빠르게 하여 적이 미처 대비하지 못함을 틈타는 것이다. 징과 북과 旗幟를 그 위에 나열하니, 이는 戰船이다."
杜佑曰 "走舸, 舷上立女墻, 置棹夫多, 戰卒少, 皆選勇力精銳者, 往返如飛鷗, 乘人之所不及. 金鼓旗幟, 列之於上, 此戰船也."

【目】이때 東南風이 매우 세차게 불었다. 黃蓋가 10척의 전함을 최전선에 배치하고 장강 한 가운데서 돛을 들어 올리니, 남은 배가 차례로 함께 전진하였다. 曹操 군대의 관리와 병사들이 모두 진영을 나와 서서 구경하면서 손가락으로 가리키며 "황개가 항복하러 온다."라고 말하였다. 황개의 전함들이 북쪽 군대(曹操의 군대)와 2리 남짓 근접하자 동시에 불을 놓으니, 불길이 맹렬하고 바람이 거세어 배가 쏜살같이 치달려가서 북쪽의

배들을 모두 불 태우고 불길이 江岸의 진영에까지 뻗쳤다. 얼마 후 연기와 화염이 하늘을 뒤덮어서 불에 타고 물에 빠져 죽은 조조의 병사와 말이 매우 많았다.

時에 東南風이 急이라 蓋以十艦으로 最著(착)前하여 中江擧帆하고 餘船이 以次俱進①하다 操軍吏士 皆出營立觀하여 指言蓋降이러니 去北軍二里餘에 同時發火하니 火烈風猛이라 船往如箭하여 燒盡北船하고 延及岸上營落이라 頃之요 煙燄(염)張天하여 人馬燒溺死者 甚衆②이러라

① 著(놓다)은 陟略의 切이다. 帆은 符咸의 切이니, 배 위에 휘장을 달아 風力을 이용하는 것이다.
著, 陟略切. 帆, 符咸切. 舟上幔, 所以汎風.

② 張(뒤덮다)은 去聲이다.
張, 去聲.

【目】 周瑜 등이 정예병을 거느리고 그 뒤를 이어서 戰鼓를 급히 치면서 대거 공격하니,[43] 북쪽 군대가 크게 무너졌다. 曹操가 군대를 이끌고 달아났는데, 진흙탕을 만나 길이 통하지 않자 피로한 병사들로 하여금 모두 풀을 져다가 진흙탕을 메꾸게 하니, 서로 밟히고 깔려 죽은 자가 매우 많았고 하늘에서는 또 큰 바람이 불었다.

劉備와 주유가 水陸으로 함께 전진해서 조조를 추격하여 南郡에 이르니, 조조의 병사 중에 죽은 자가 태반이었다. 조조는 마침내 曹仁을 남겨두어 江陵을 지키게 하고 樂進에게 襄陽을 지키게 하고는, 군대를 이끌고 북쪽으로 돌아갔다.

周瑜가 赤壁에서 曹操의 군대를 격파하다

43) 戰鼓를……공격하니 : 《資治通鑑》 권65 〈漢紀57〉에는 "戰鼓를 급히 치자 그 소리가 크게 진동하니〔雷鼓大震〕"로 되어 있다.

瑜等이 率輕銳하고 繼其後하여 雷鼓大進①하니 北軍이 大壞라 操引軍走러니 遇泥濘하여 道不通하여 悉使羸(리)兵으로 負草塡之하니 蹈藉死者甚衆이요 天又大風이러라 劉備, 周瑜水陸竝進하여 追至南郡하니 操軍死者太半이라 操乃留曹仁하여 守江陵하고 樂進守襄陽하고 引軍北還하다

① 雷는 盧對의 切이니,[44] 〈"雷鼓"는〉 북을 급히 치는 것이다.
雷, 盧對切. 疾擊鼓也.

【目】 甘寧이 곧바로 전진해서 夷陵을 점령하여 지키니, 益州의 장수 襲肅이 온 병력을 거느리고 와서 항복하였다. 周瑜가 습숙의 병력을 呂蒙에게 보태어주자, 여몽은 습숙을 극구 칭찬하여 말하기를 "습숙이 담력과 재주가 있고, 또 우리의 교화를 사모하여 멀리서 귀순해왔으니, 의리상 마땅히 군대를 보태주어야지 빼앗아서는 안 됩니다." 하였다. 孫權이 그의 말을 좋게 여겨 습숙의 병력을 다시 돌려주었다.

甘寧이 徑進取夷陵하여 守之하니 益州將襲肅이 擧軍降①이어늘 瑜以肅兵益呂蒙한대 蒙이 盛稱肅有膽用하고 且慕化遠來하니 於義에 宜益이요 不宜奪也니이다 權이 善其言하여 還肅兵하다

① 襲肅은 사람의 姓名이다. 먼저 夷陵을 점령하면 益州와 이웃이 되므로 습숙이 익주의 병력을 데리고 와서 항복한 것이다.
襲肅, 姓名. 先取夷陵, 則與益州爲隣, 故肅擧軍以降.

【目】 曹仁이 甘寧을 포위하였는데, 呂蒙이 周瑜에게 이르기를 "凌公績을 江陵에 남겨두고 저는 君과 함께 夷陵으로 가서 감녕의 포위를 풀고 위급함을 풀어주면 형세가 또한 오래가지 않을 것이니, 제가 장담컨대 능공적이 10일 동안 지킬 수 있을 것입니다." 하였다. 주유가 그의 말을 따라 이릉에서 조인을 대파하니, 이에 장병들의 形勢(氣勢)가 절로 倍加되었다. 주유는 마침내 長江을 건너 北岸에 주둔해서 조인과 서로 대치하였다.

曹仁이 圍甘寧①이어늘 蒙이 謂瑜曰 留凌公績於江陵②하고 蒙與君行하여 解圍釋急이면 勢亦不久니 蒙이 保公績能十日守也하노이다 瑜從之하여 大破仁兵於夷陵하니 於是에 將士形勢自倍라 瑜乃渡江하여 屯北岸하여 與仁相拒하다

① ≪資治通鑑≫에 "曹仁이 군대를 보내어 甘寧을 포위했다." 하였다.

44) 雷는……切이니 : 이때 雷는 擂자와 통하는바, '급히 북을 치는 것〔急擊鼓〕'을 뜻한다.(≪集韻≫ 권7 隊)

通鑑"曹仁遣兵, 圍甘寧."

② 公績은 凌統의 字이다.
公績, 統字.

【綱】 12월에 孫權이 合肥를 포위하였다.

十二月에 孫權이 圍合肥①하다

① 合肥는 曹操가 설치한 곳으로 楊州刺史의 治所가 있었는데, 이때 刺史가 이미 治所를 壽春으로 옮겼다.
合肥, 曹操置, 楊州刺史治焉. 時, 刺史已移治壽春.

【綱】 劉備가 荊州의 長江 남쪽의 여러 郡을 경략하여 항복시켰다.

◑劉備徇荊州江南諸郡하여 降之하다

【目】 劉備가 表文을 올려 劉琦를 荊州刺史로 삼게 하고 군대를 이끌고 남쪽을 경략하니, 武陵, 長沙, 桂陽, 零陵이 모두 항복하였고, 廬江 진영의 장수인 雷緖가 部曲(부하) 수만 명을 거느리고 와서 유비에게 귀의하였다. 유비는 諸葛亮을 軍師中郎將으로 삼아 여러 郡의 賦稅를 감독하여 軍實(군대에서 쓰는 병기와 식량)을 충당하게 하였다.

劉備表劉琦하여 爲荊州刺史하고 引兵南徇하니 武陵, 長沙, 桂陽, 零陵이 皆降①하고 廬江營帥雷緖 率部曲數萬口하여 歸備②하다 備以諸葛亮으로 爲軍師中郎將하여 督諸郡賦稅하여 以充軍實③하다

① 徇은 經略함이다.
徇, 略也.

② 雷는 姓이다.
雷, 姓也.

③ 軍師는 옛 將軍의 칭호이다. 曹操가 처음 軍師祭酒를 설치하고 劉備가 軍師中郎將을 설치하였으니, 이는 모두 한때 군대의 일 때문에 만든 官名이다. 그러나 軍師祭酒는 다만 軍事상의 계책만을 결정하였으나, 中郎將은 兵柄(兵權)도 겸하여 가지고 있었다.
軍師, 古將軍號. 曹操初置軍師祭酒, 而備置軍師中郎將, 皆以一時軍事創置官名也. 然軍師祭酒, 只決軍謀, 中郎將則有兵柄.

【綱】 孫權이 부하 장수 賀齊로 하여금 黟縣(이현)의 賊을 토벌하게 하여 평정하였다.

孫權이 使其將賀齊로 討黟賊하여 平之하다

【目】 丹陽 黟縣의 賊의 우두머리인 陳僕 등 2만 戶가 林歷山에 주둔해 있었는데, 임력산은 四面이 절벽으로 둘러 있었다. 賀齊는 몸이 가볍고 민첩한 병사들을 모집하여 밤에 으슥한 곳에서 쇠창으로 산을 헤치고 올라가서 삼베를 매달아 아래에 있는 사람들을 끌어올리니, 위로 올라간 자가 100여 명이었다. 이들이 사방으로 흩어져서 북을 울리고 나팔을 부니, 길을 지키던 적병들이 모두 놀라 달아나 〈임력산의 주둔지로〉 돌아갔다. 하제의 大軍이 산 위로 올라가 공격해서 이들을 격파하니, 〈孫權은〉 이 땅을 新都郡으로 만들고 하제를 新都太守로 삼았다.

丹陽黟賊帥陳僕等二萬戶 屯林歷山하니 四面壁立①이라 齊募輕捷士하여 夜於隱處에 以鐵戈로 拓山而上하여 縣布以援下人하니 得上者 百餘人②이라 分布四面하여 鳴鼓角하니 賊守路者 皆驚走還③이라 大軍이 上攻하여 破之하니 以其地爲新都郡하고 齊爲太守하다

① 黟는 音이 伊이다. ≪魏氏春秋≫에 "丹陽郡 黟縣에 林歷山이 있다." 하였다.
黟, 音伊. 魏氏春秋"丹陽郡黟縣, 有林歷山."

② 拓은 엶이다. 縣(매달다)은 懸으로 읽는다.
拓, 開也. 縣, 讀曰懸.

③ 북을 치고 나팔을 부는 것은 모두 용기를 진작하기 위한 것이다. 나팔은 길이가 5尺이니 가죽으로 만드는데 혹 대나무와 나무를 사용하며, 그 모습이 대통과 같은데 위는 가늘고 아래는 굵다.
伐鼓吹角, 皆所以作勇也. 角, 長五尺, 以皮爲之, 或以竹木, 其形如竹筒, 本細而末大.

附錄

1. 思政殿訓義 資治通鑑綱目10 年表

年度	在位年	역문쪽수	주요 사건
189 己巳年	漢 靈帝 中平 6	13 28 32 33 34 35 36	• 大將軍 何進이 董卓의 군대를 거느리고 京師에 이르자 何太后가 詔令으로 환관을 파면함. 환관 張讓 등이 궁에 들어가 하진을 죽였는데, 司隷校尉 袁紹가 환관을 주살함. 황제가 동탁을 司空으로 삼음. • 董卓이 袁紹를 내쫓으니 원소가 冀州로 도망가고, 동탁이 盧植을 파면시키고 황제를 폐하여 弘農王으로 삼고 陳留王 劉協을 받들어 즉위시키고 太后 何氏를 시해함. • 劉虞를 大司馬로 삼음. • 董卓이 太尉가 되어 前將軍을 겸함. • 黨錮의 禍에 죽은 陳蕃과 竇武 등의 신원을 회복시킴. • 靈思皇后(何太后)를 장례함. • 董卓이 相國이 됨. • 董卓이 荀爽과 申屠蟠 등을 불렀는데, 신도반은 오지 않음. 黃琬을 太尉로, 楊彪를 司徒로, 荀爽을 司空으로, 韓馥을 冀州牧으로, 劉岱를 兗州刺史로, 孔伷(공주)를 豫州刺史로, 張邈을 陳留太守로, 張咨를 南陽太守로 삼음. • 袁紹를 勃海太守로 삼음. 曹操를 驍騎校尉로 삼았는데, 조조가 도망하여 陳留에서 5천의 병사를 모음. • 東郡太守 橋瑁는 각 州郡에 보내는 移文(공문서)을 위조하여 董卓의 죄악을 열거하고 각지에 군대를 일으키게 하자, 韓馥, 袁紹 등이 군대를 일으킴.
190 庚午年	漢 獻帝 初平 1	37 38	• 關東에서 일어난 군사들이 袁紹를 맹주로 추대하자 원소가 車騎將軍을 칭함. • 董卓이 弘農王(靈帝)을 시해함. • 董卓이 長安으로 천도하고자 太尉 黃琬과 司徒 楊彪를 면직시키고 王允을 司徒로 삼고, 城門校尉 伍瓊과 尙書 周毖를 죽임.

年度	在位年	역문쪽수	주요 사건
190 庚午年	漢 獻帝 初平 1	42	• 董卓이 장안 지역에 있던 京兆尹 蓋勳(갑훈)을 議郞으로 삼고 左將軍 皇甫嵩을 城門校尉로 삼음.
		43	• 董卓이 洛陽의 궁궐과 사당을 불태우고 長安으로 천도함.
		45	• 董卓이 太傅 袁隗를 죽임. • 長沙太守 孫堅이 군사를 일으켜 荊州刺史 王叡를 죽이고 南陽에 이르러 袁術과 연합하자, 원술이 남양을 점거함. 원술이 표문을 올려 손견을 行破虜將軍으로서 豫州刺史를 겸하게 함. • 劉表가 南郡의 名士인 蒯良과 蒯越의 도움으로 荊州를 평정함.
		47	• 曹操가 董卓의 군대와 滎陽(형양)에서 싸우다가 이기지 못하여 河內로 돌아가 주둔함.
		49	• 靑州刺史 焦和가 죽자 袁紹가 廣陵功曹 臧洪으로 청주를 다스리게 함.
		50	• 幽州牧 劉虞가 선정을 펼치자 조정에서 太傅로 삼았으나 명령이 전달되지 못함.
		51	• 司空 荀爽이 王允 등과 董卓을 제거할 것을 모의하였으나 병사함. • 董卓이 五銖錢을 폐기하고 낙양과 장안에서 가져온 재물로 小錢을 주조함. • 蔡邕의 건의로 孝和皇帝 이하 황제들의 廟號를 없앰.
		53	• 公孫度를 遼東太守로 삼음. 공손도가 高句麗, 烏桓 등을 공격하고 요동을 나누어 遼西郡과 中遼郡을 두고 東萊를 공격하여 營州刺史를 두고 공손도 자신은 遼東侯平州牧이 됨.
191 辛未年	漢 獻帝 初平 2	54	• 關東의 제후들이 大司馬 劉虞를 황제로 추대하였으나 유우가 받지 않음.
		55	• 董卓이 스스로 太師가 됨.
		56	• 孫堅이 董卓을 공격하여 洛陽에 들어가서 황제의 능을 수선하였는데, 傳國璽를 얻음. 동탁이 장안으로 돌아감.
		58	• 幷州에 주둔하던 張楊이 袁紹에게 귀부하자 韓馥이 袁紹의 군량을 줄임. 이에 원소가 公孫瓚에게 한복을 공격하게 함. 동탁이 함곡관으로 물러나자 원소가 돌아오니 한복이 冀州牧의 자리를 원소에게 사양함. 원소가 沮授를 奮武將軍, 田豐을 別駕, 審配를 治中, 許攸와 逢紀와 荀諶을 謀主로 삼음.

年度	在位年	역문쪽수	주요 사건
191 辛未年	漢 獻帝 初平 2	63	• 袁紹가 表文을 올려 曹操를 東郡太守로 삼음.
		64	• 南單于가 張楊을 위협하여 袁紹를 배반하게 하자, 董卓이 장양을 河內太守로 삼음.
			• 袁術이 劉虞의 아들 劉和를 억류하고 유우가 기병을 보내게 하니 공손찬이 원술을 도와서 유우의 기병을 빼앗게 하자 유우와 공손찬이 틈이 생김. 원술이 孫堅을 보내 董卓을 공격하게 하였는데, 돌아올 때에 袁紹가 군대를 보내 손견을 공격하게 함. 이때 원술이 公孫瓚의 아우 公孫越을 보내 손견을 도와주게 하였는데, 공손월이 전사함. 이에 공손찬이 원소를 공격함. 공손찬이 자신의 동문인 劉備를 平原相으로 삼음.
		68	• 袁紹와 袁術이 대립하는 가운데, 원술이 孫堅을 보내어 원소의 동맹인 劉表를 공격하게 함. 이에 유표의 장수 黃祖가 손견을 전사시킴.
		70	• 河南尹 朱儁이 동탁을 공격함.
			• 益州牧 劉焉이 五斗米教 張魯를 督義司馬로 삼아 漢中을 공격하여 차지함.
		71	• 名士인 管寧과 邴原과 三烈이 公孫度의 요동으로 이주함.
192 壬申年	漢 獻帝 初平 3	74	• 董卓이 李傕, 郭汜, 張濟 등을 보내 朱儁을 격파함.
		76	• 袁紹가 公孫瓚을 界橋에서 대파함.
		78	• 王允이 中郎將 呂布를 시켜 董卓을 주살하자, 詔書를 내려 왕윤을 錄尙書事로 삼고 여포를 奮威將軍으로 삼음.
		81	• 王允이 蔡邕을 죽임.
		84	• 黃巾賊이 兗州刺史 劉岱를 죽이자 曹操가 兗州를 점거함.
		86	• 李傕과 郭汜의 군대가 대궐을 침범하여 司徒 王允을 죽이자 呂布가 달아남.
		91	• 李傕, 郭汜, 樊稠, 張濟가 將軍이 됨.
		92	• 李傕이 馬騰을 장군으로 삼아 郿縣에 주둔하게 함.
			• 劉表를 荊州牧으로 삼음.
		94	• 李傕이 尙書 賈詡의 계책을 따라 朱儁을 불러 太僕으로 삼음.

年度	在位年	역문쪽수	주요 사건
193 癸酉年	漢 獻帝 初平 4	95 96 97 99	• 袁術이 封丘로 군대를 전진하자 曹操가 이를 격파하니, 원술이 壽春으로 달아나 揚州刺史를 겸함. • 袁紹가 아들 袁譚을 靑州刺史로 삼음. • 陶謙을 徐州牧으로 삼음. • 陶謙이 曹操의 부친 曹嵩을 죽이자 曹操가 徐州를 공격하니 陶謙이 달아나 郯縣(담현) 지역을 지킴. • 大司馬 劉虞가 公孫瓚을 토벌하다가 이기지 못하고 죽임을 당함.
194 甲戌年	漢 獻帝 興平 1	104 105 106 111 112 113 116 118 121	• 황제가 冠禮를 거행함. • 황제가 모친 王夫人을 추존하여 靈懷皇后라 함. • 陶謙이 田楷에게 위급함을 고하자, 전해가 劉備와 함께 그를 구원함. 도겸이 表文을 올려 유비를 豫州刺史로 삼음. • 曹操가 다시 陶謙을 공격하고 군대를 돌려서 劉備를 공격하여 격파하였는데, 兗州에 있던 陳宮과 陳留太守 張邈이 呂布를 맞이하여 조조에게 항거하자, 조조가 군대를 돌려서 공격함. • 郭汜와 樊稠가 開府함. • 涼州를 나누어 雍州를 설치함. • 楊定을 장군으로 삼음. • 曹操가 呂布를 공격하다가 이기지 못하고 군대를 돌려 鄄城으로 도망함. • 劉焉이 卒하자, 그의 아들 劉璋을 益州牧으로 삼음. • 陶謙이 卒하자, 劉備가 徐州牧을 겸함. • 馬日磾가 壽春에서 사망. • 袁術이 表文을 올려 孫策을 懷義校尉로 삼음. • 劉岱의 아우 劉繇를 揚州刺史로 삼음.
195 乙亥年	漢 獻帝 興平 2	122 123 126	• 曹操가 定陶에서 呂布를 패퇴시킴. • 袁紹를 右將軍에 임명함. • 李傕이 樊稠를 죽이고 郭汜를 공격하고, 황제를 겁박하여 자기 군영 안으로 들임. 朱儁이 이때 병사함. • 貴人 伏氏를 세워 皇后로 삼음. • 郭汜가 李傕을 공격하자, 이각이 황제를 北塢로 옮김. • 李傕이 스스로 大司馬가 됨.

年度	在位年	역문쪽수	주요 사건
195 乙亥年	漢 獻帝 興平 2	126	• 曹操가 定陶를 공격하여 점령하자, 呂布가 달아나 劉備에게 귀의함.
		128	• 張濟가 李傕과 郭汜를 화해시키고 황제를 맞이하여 동쪽으로 돌아옴.
		131	• 曹操가 雍丘를 포위하니, 張邈이 그의 부하에게 살해당함.
			• 曹操를 兗州牧으로 삼음.
			• 황제가 弘農에 이르니 張濟가 李傕과 郭汜와 연합하여 황제를 뒤쫓아 陝縣에 이르렀는데, 楊奉과 董承이 황제를 모시고 黃河를 건너 옛 白波의 우두머리인 李樂의 군영에 들어감.
		136	• 孫策이 曲阿에서 劉繇를 격파하여 패주시킴.
		141	• 劉繇가 豫章을 공격하자, 笮融(착융)이 패주하여 죽으니, 華歆을 太守로 삼음.
		142	• 孫策이 朱治를 보내 吳郡을 점거함.
		143	• 曹操가 雍丘를 공격하자, 張超가 自殺함. 이에 袁紹가 東郡을 포위하여 장초의 부하인 太守 臧洪을 죽임.
		148	• 劉虞의 옛 屬吏인 鮮于輔가 劉虞의 아들 劉和를 맞이하고 원소와 연합하여 公孫瓚을 격파함.
196 丙子年	漢 獻帝 建安 1	151	• 劉備가 袁術과 盱眙(우이)에서 싸웠는데, 呂布가 下邳를 습격하여 점령하자, 유비가 여포에게 항복하고서 마침내 여포와 병력을 합하여 원술을 공격함.
		152	• 황제가 雒陽으로 돌아옴.
		153	• 曹操가 入朝하고 스스로 司隷校尉 錄尙書事가 됨.
		157	• 曹操가 황제를 許縣으로 옮기고 스스로 大將軍이 되어 武平侯에 封해짐.
		158	• 孫策이 會稽를 점령하니, 會稽太守 王朗이 항복함.
		160	• 曹操가 楊奉을 공격하여 패주시킴.
		161	• 袁紹를 太尉로 삼고, 曹操를 司空으로 삼음.
			• 曹操가 荀彧을 侍中 尙書令으로 삼고 荀攸를 軍師로 삼고 郭嘉를 祭酒로 삼음.
		163	• 靑州刺史 袁譚이 北海太守 孔融을 공격하여 성을 함락시키자 조조가 공융을 불러 將作大匠으로 삼음.
		165	• 백성을 모집하여 許州(許縣, 許昌) 일대에서 屯田을 경작하게 하고 각 州郡에 모두 田官을 설치함.(屯田制)

年度	在位年	역문쪽수	주요 사건
196 丙子年	漢 獻帝 建安 1	166 169 170	• 袁術이 呂布와 혼인을 청하고 劉備를 공격하자 여포가 전투를 멈추게 함. 이후 여포가 유비를 공격하여 패주시키자 유비가 曹操에게 귀의함. 詔令을 내려 유비를 豫州牧으로 삼고, 그를 동쪽으로 보내어 沛縣에 주둔하게 함. • 張濟가 穰城을 공격하였다가 패하여 죽으니, 族子 張繡가 장제의 군대를 거느리고 劉表로 귀의하고 宛縣에 주둔함. • 劉表가 學校를 세움.
197 丁丑年	漢 獻帝 建安 2	172 173 176 179 181 185 186 187 189	• 曹操가 張繡를 공격하여 항복시켰는데, 장수가 배반하여 조조를 습격해 그 아들 曹昂을 죽임. • 鍾繇를 司隸校尉로 삼아서 關中의 각 軍을 감독하게 함. • 袁術이 孫堅의 처에게 傳國璽를 빼앗고 稱帝하고 國號를 仲家라 칭함. 원술이 前 兗州刺史 金尙을 太尉로 삼았는데, 도망가자 그를 죽임. • 袁紹를 大將軍으로 삼아 冀州・靑州・幽州・幷州의 네 州를 겸하게 함. • 曹操가 呂布를 左將軍으로 삼자, 袁術이 여포를 공격하였는데, 여포가 원술의 군대를 공격하여 격파함. • 袁術이 陳王 劉寵을 암살함. • 孫策을 會稽太守로 삼아서 袁術을 토벌하게 함. 曹操가 원술을 공격함. 이때 조조가 許褚를 얻음. • 曹操가 前 太尉 楊彪를 하옥하였다가 이윽고 사면하여 출옥시킴. • 劉備가 楊奉을 유인하여 살해함.
198 戊寅年	漢 獻帝 建安 3	190 193 198 203	• 曹操가 張繡를 다시 공격함. • 將軍 段煨 등에게 詔令을 내려서 李傕을 토벌하게 함. • 劉表가 張繡를 구원하자 조조가 이를 격파하였는데, 장수가 다시 조조의 군대를 추격하여 패퇴시킴. • 呂布가 다시 劉備를 공격함. 曹操가 여포를 공격하여 그를 죽임. • 劉備를 左將軍으로 삼음. • 孫策을 討逆將軍으로 삼고 吳侯에 봉함. 손책이 祖郎과 太史慈를 사로잡음. 이때 劉繇가 죽음. 이에 손책이 태사자를 보내 豫章郡을 살피게 함. • 袁紹가 公孫瓚을 공격하여 포위함.

年度	在位年	역문쪽수	주요 사건
199 己卯年	漢 獻帝 建安 4	204 205 206 208 211 212 214 216 221	• 公孫瓚이 자살함. • 漁陽太守 鮮于輔에게 詔令을 내려서 幽州를 都督하게 함. • 袁紹가 황제의 制命으로 烏桓王 蹋頓(답돈)을 單于로 삼음. • 董承을 車騎將軍으로 삼음. • 袁術이 북쪽으로 달아나자 劉備에게 詔令을 내려서 군대를 거느려 邀擊하게 하니, 원술이 다시 패주하여 도망가다가 죽음. • 袁紹가 許都를 공격하고자 하자 조조가 官渡를 지킴. • 張繡가 曹操에게 항복함. • 鹽官을 다시 설치하고, 司隸校尉의 治所를 弘農으로 옮김. • 劉表가 從事中郎 韓嵩을 許都에 보냄. • 孫策이 廬江을 습격하여 점령하고 豫章을 순행하자 豫章太守 華歆이 항복함. • 劉備가 徐州에서 군대를 일으켜 曹操를 토벌하자, 조조가 군대를 보내어 유비를 공격함.
200 庚辰年	漢 獻帝 建安 5	223 224 229 231 234 241 242 244 245	• 曹操가 車騎將軍 董承을 죽이고 마침내 劉備를 공격하여 격파하니, 유비가 冀州로 달아남. • 袁紹가 군대를 보내어 白馬縣을 공격하였는데, 曹操가 격파하고 그 장수 顔良과 文醜를 참살함. • 吳郡太守 許貢의 家奴가 孫策을 공격하여 상처를 입힘. 이에 손책이 사망하자 孫權이 家督을 계승함. • 袁紹가 劉備를 보내어 汝南과 潁川 지역 일대를 침략하자 曹操가 공격하여 패주시켰는데, 유비가 다시 원소의 군대를 거느리고서 여남에 이름. • 袁紹가 官渡에서 曹操를 공격하였는데 조조가 원소의 輜重隊를 습격하여 격파하니, 원소의 군대가 크게 패함.(官渡大戰) • 曹操가 劉馥을 揚州刺史로 삼자 유복이 合肥에 治所를 건립함. • 曹操가 孫權을 討虜將軍으로 삼음. • 劉表가 長沙郡과 零陵郡과 桂陽郡을 공격하여 함락시킴. • 益州司馬 張魯가 漢中을 점거함. 從事 趙韙(조위)가 난을 일으켜 劉璋을 공격함.

年度	在位年	역문쪽수	주요 사건
201 辛巳年	漢 獻帝 建安 6	246 247 248	• 曹操가 倉亭에서 袁紹의 군대를 격파함. • 曹操가 劉備를 汝南에서 공격하니, 유비가 荊州로 달아남. • 趙韙가 成都를 포위하였으나 패하여 죽음. • 張魯가 巴郡을 점령하자, 장로를 漢寧太守로 삼음.
202 壬午年	漢 獻帝 建安 7	249 251 254	• 曹操가 官渡에 주둔하였는데, 袁紹가 죽자 아들 袁尙이 계승함. 袁譚이 黎陽에 나가 주둔하였는데, 조조가 공격하여 패퇴시킴. • 袁尙이 郭援과 高幹을 보내어 河東을 순행하게 하였는데, 鍾繇가 馬騰과 연합하여 이들을 격파하고 곽원을 참살함. • 曹操가 孫權에게 인질을 보낼 것을 요구하였는데, 손권이 命을 받지 않음.
203 癸未年	漢 獻帝 建安 8	257 258 263	• 曹操가 黎陽을 공격하니 袁譚과 袁尙이 敗走함. 조조가 추격하여 鄴縣에까지 갔다가 돌아옴. 원담이 원상을 공격하였는데 이기지 못함. • 曹操가 劉表를 공격하였는데 袁尙이 平原에서 袁譚을 포위함. 조조가 돌아와 원담을 구원하고서 원상의 군대를 물리침. • 孫權이 서쪽으로 黃祖를 공격하여 그의 水軍을 격파하니 山越이 동요하자 이를 토벌함.
204 甲申年	漢 獻帝 建安 9	264 269 270	• 袁尙이 다시 袁譚을 공격하자, 曹操가 鄴縣을 공격함. 원상이 업현으로 돌아와 싸우다가 패하여 幽州로 달아나니, 조조가 업현에 들어가서 스스로 冀州牧을 겸함. • 高幹이 幷州를 가지고 항복하자, 다시 그를 刺史로 삼음. • 袁譚이 다시 曹操를 배반하자, 조조가 平原을 공격하여 함락하니, 원담이 달아나 南皮를 지킴. • 公孫度가 卒하니, 아들 公孫康이 세습하여 郡의 일을 행함. • 丹陽郡의 관리가 太守 孫翊을 죽이니, 손익의 아내 徐氏가 토벌하여 그들을 죽임.

年度	在位年	역문쪽수	주요 사건
205 乙酉年	漢 獻帝 建安 10	272 273 274 279	• 曹操가 南皮를 공격하여 이기고, 袁譚을 참수함. • 幽州의 장수와 관리들이 刺史 袁熙를 축출하고 사자를 보내어 曹操에게 항복하니, 袁熙와 袁尙이 함께 烏桓으로 달아남. • 黑山賊의 우두머리인 張燕이 항복함. • 高幹이 다시 배반하자, 詔令을 내려 杜畿를 河東太守로 삼음. • 荀悅을 侍中으로 삼음. 이즈음에 순열이 ≪申鑑≫을 지음.
206 丙戌年	漢 獻帝 建安 11	281 283 285	• 曹操가 高幹을 공격하여 참수하고, 梁習을 幷州刺史로 삼음. • 仲長統을 尙書郞으로 삼음. • 烏桓의 蹋頓이 변경을 침략함.
207 丁亥年	漢 獻帝 建安 12	286 292 293	• 曹操가 功臣을 봉하여 列侯로 삼음. • 曹操가 烏桓을 격파하고 蹋頓을 참수하니, 袁熙와 袁尙이 遼東으로 달아났는데 公孫康이 이들을 참수하여 그 머리를 조조에게 보냄. • 孫權의 어머니 吳氏가 사망. • 劉備가 隆中에서 諸葛亮을 만남. 제갈량이 유비에게 天下三分의 계책을 말함.
208 戊子年	漢 獻帝 建安 13	298 303 305 306 307 309 313 316 330	• 曹操가 鄴城으로 돌아와 玄武池를 만들어 舟師(수군)를 훈련시킴. • 孫權이 江夏太守 黃祖를 격파하고 그를 참수함. • 三公의 관직을 파하고, 曹操가 스스로 丞相이 됨. • 馬騰을 衛尉로 삼음. • 曹操가 大中大夫 孔融을 죽이고 그 집안을 멸함. • 劉表가 사망하자 曹操가 新野에 이르니, 유표의 아들 劉琮이 荊州를 들어 항복함. • 劉備가 江陵으로 달아나자 曹操가 추격하여 當陽에서 따라잡으니, 유비가 夏口로 달아남. • 曹操가 江陵으로 進軍함. • 曹操가 동쪽으로 내려오자 孫權이 周瑜와 魯肅 등을 보내어 劉備와 함께 赤壁에서 조조를 맞이하여 공격해서 大破하니, 조조가 군대를 이끌고 돌아감.(赤壁大戰) • 孫權이 合肥를 포위함.

年度	在位年	역문쪽수	주요 사건
208 戊子年	漢 獻帝 建安 13	331	• 劉備가 荊州의 長江 남쪽의 여러 郡을 경략하여 항복시킴. • 孫權이 부하 장수 賀齊로 하여금 黟縣(이현)의 賊을 토벌하게 하여 평정함.

2. 思政殿訓義 資治通鑑綱目 10 地圖

1) 孫堅의 北進路

2) 曹操의 董卓 討伐 戰略

3) 後漢 獻帝 初平 3년(192) 群雄勢力圖

4) 孫策의 江東 평정

5) 後漢 獻帝 建安 元年(196) 群雄勢力圖

6) 後漢 獻帝 建安 4년(199) 群雄勢力圖

7) 官渡大戰圖

8) 曹操의 南進圖

9) 赤壁大戰圖

※ 이 지도는 ≪柏楊白話版 資治通鑑≫(北岳文藝出版社, 2006)을 참조하여 本書를 이해하는 데 도움이 되도록 수정 편집하였다.

1) 孫堅의 北進路(45쪽)

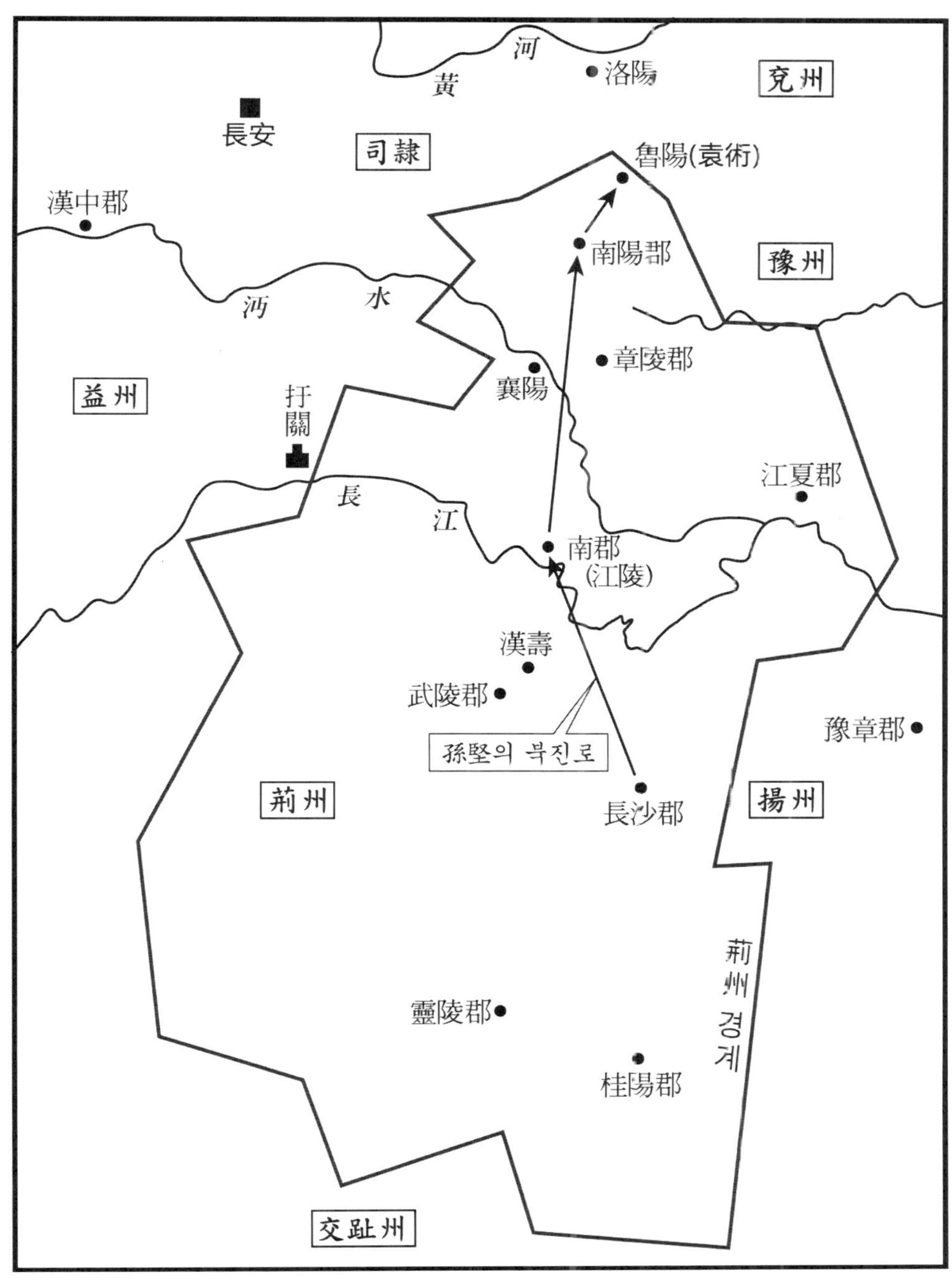
河
黃
洛陽
兗州
長安
司隷
魯陽(袁術)
漢中郡
南陽郡
豫州
沔
水
章陵郡
襄陽
益州
扞關
江夏郡
長
江
南郡
(江陵)
漢壽
武陵郡
孫堅의 북진로
豫章郡
荊州
長沙郡
揚州
荊州 경계
靈陵郡
桂陽郡
交趾州

2) 曹操의 董卓 討伐 戰略(48쪽)

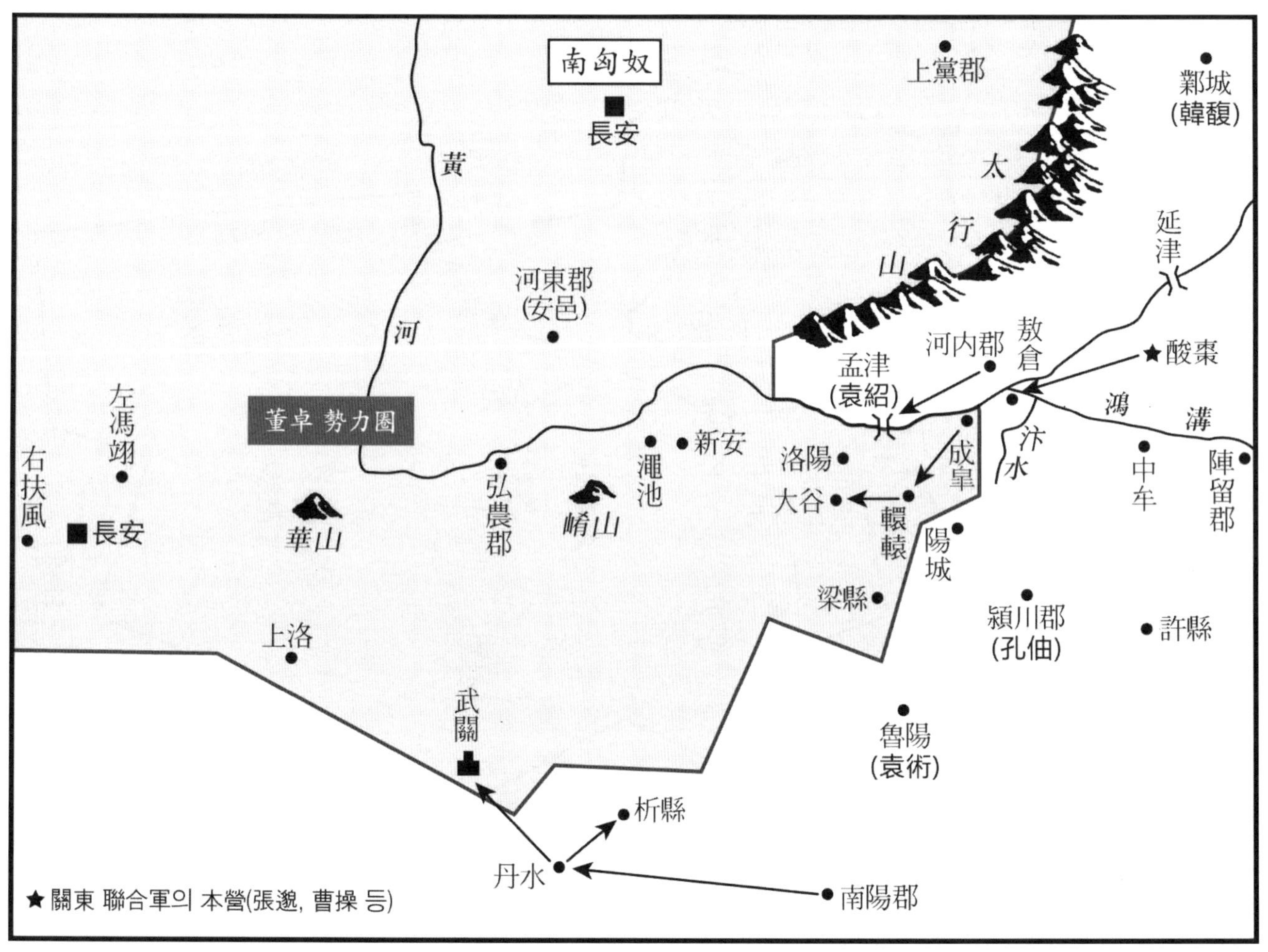

3) 後漢 獻帝 初平 3년(192) 群雄勢力圖(74쪽)

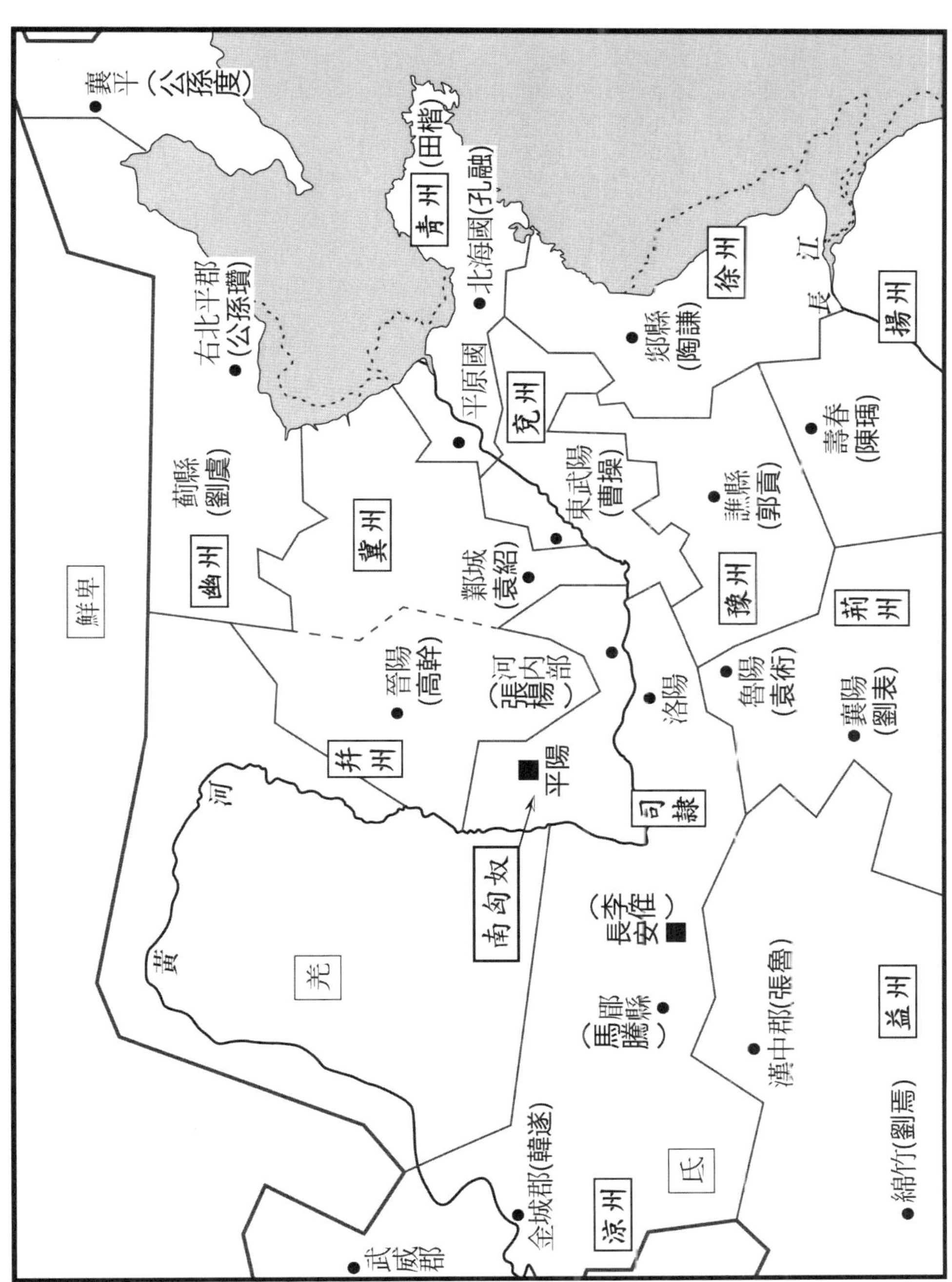

4) 孫策의 江東 평정(136~142쪽)

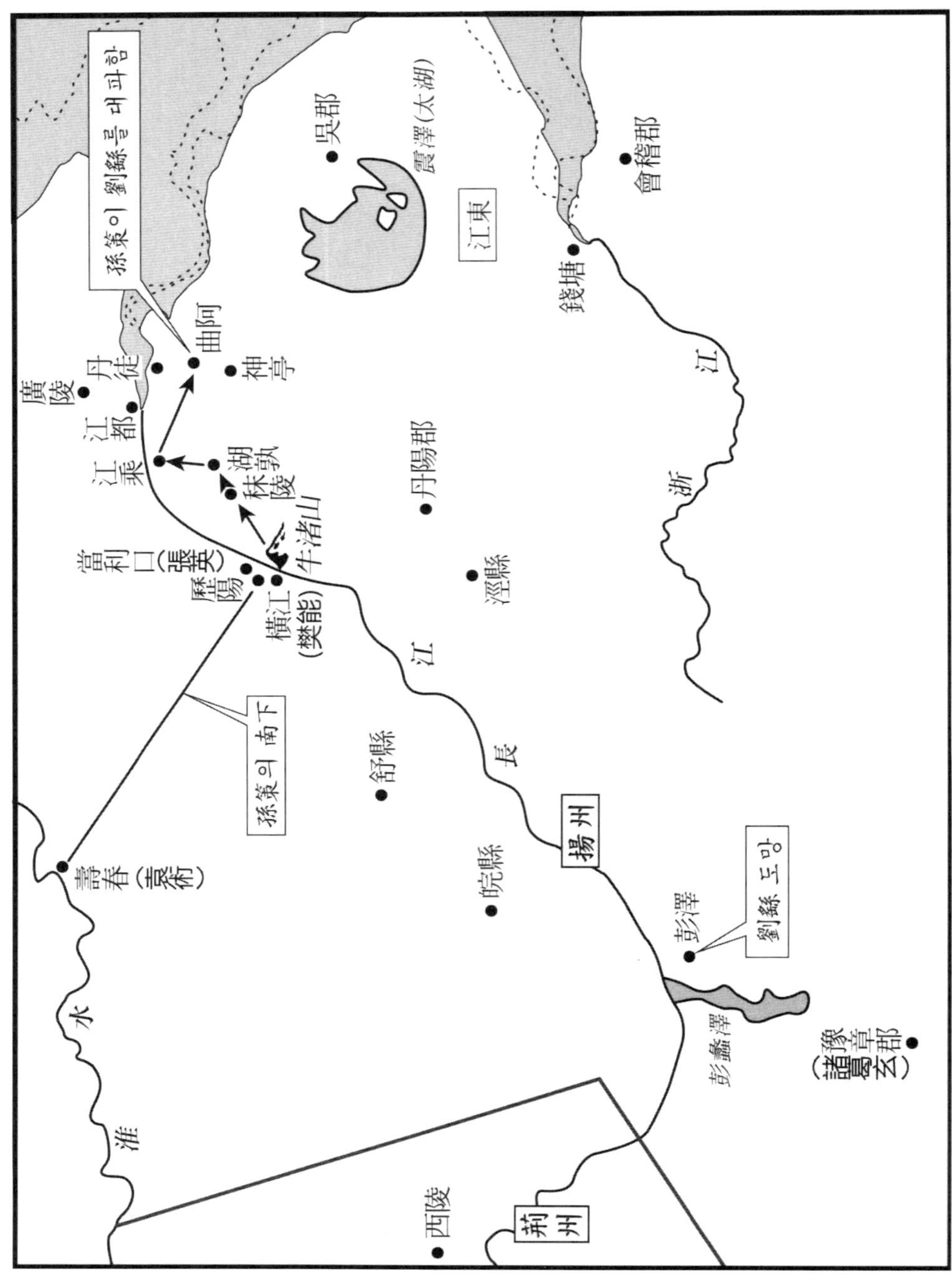

5) 後漢 獻帝 建安 元年(196) 群雄勢力圖(150쪽)

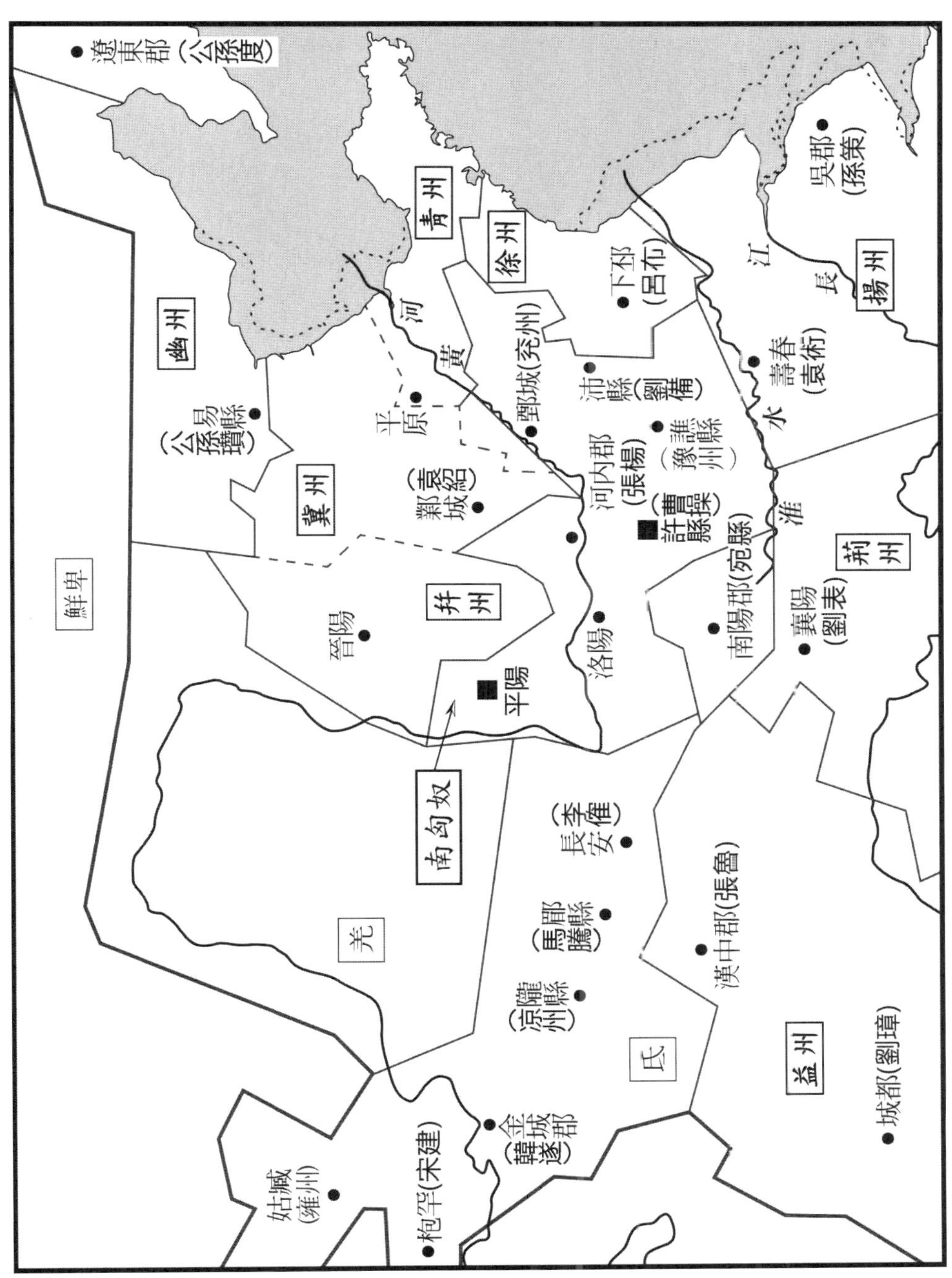

6) 後漢 獻帝 建安 4년(199) 群雄勢力圖(204쪽)

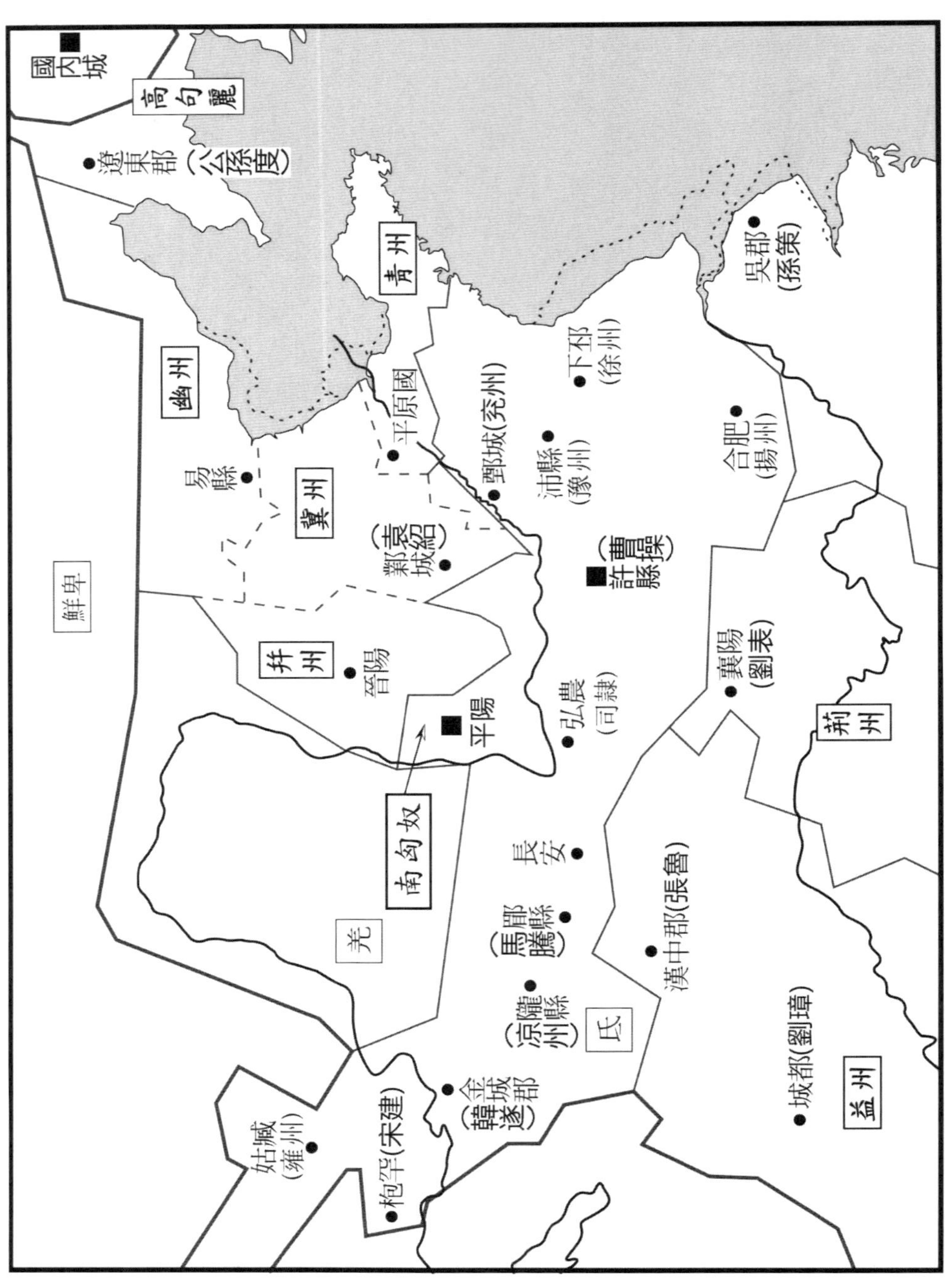

7) 官渡大戰圖(234~240쪽)

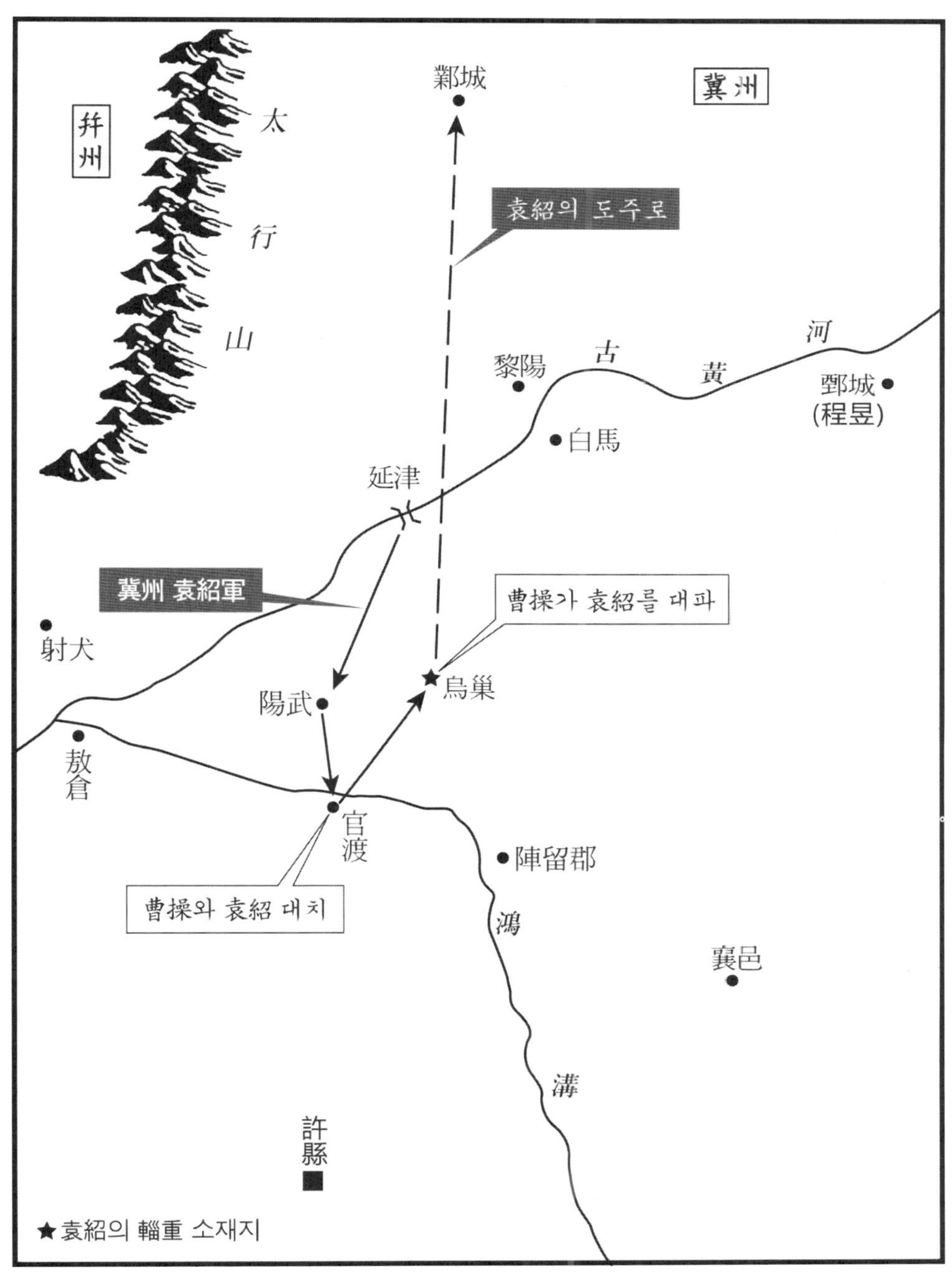

8) 曹操의 南進圖(307~313쪽)

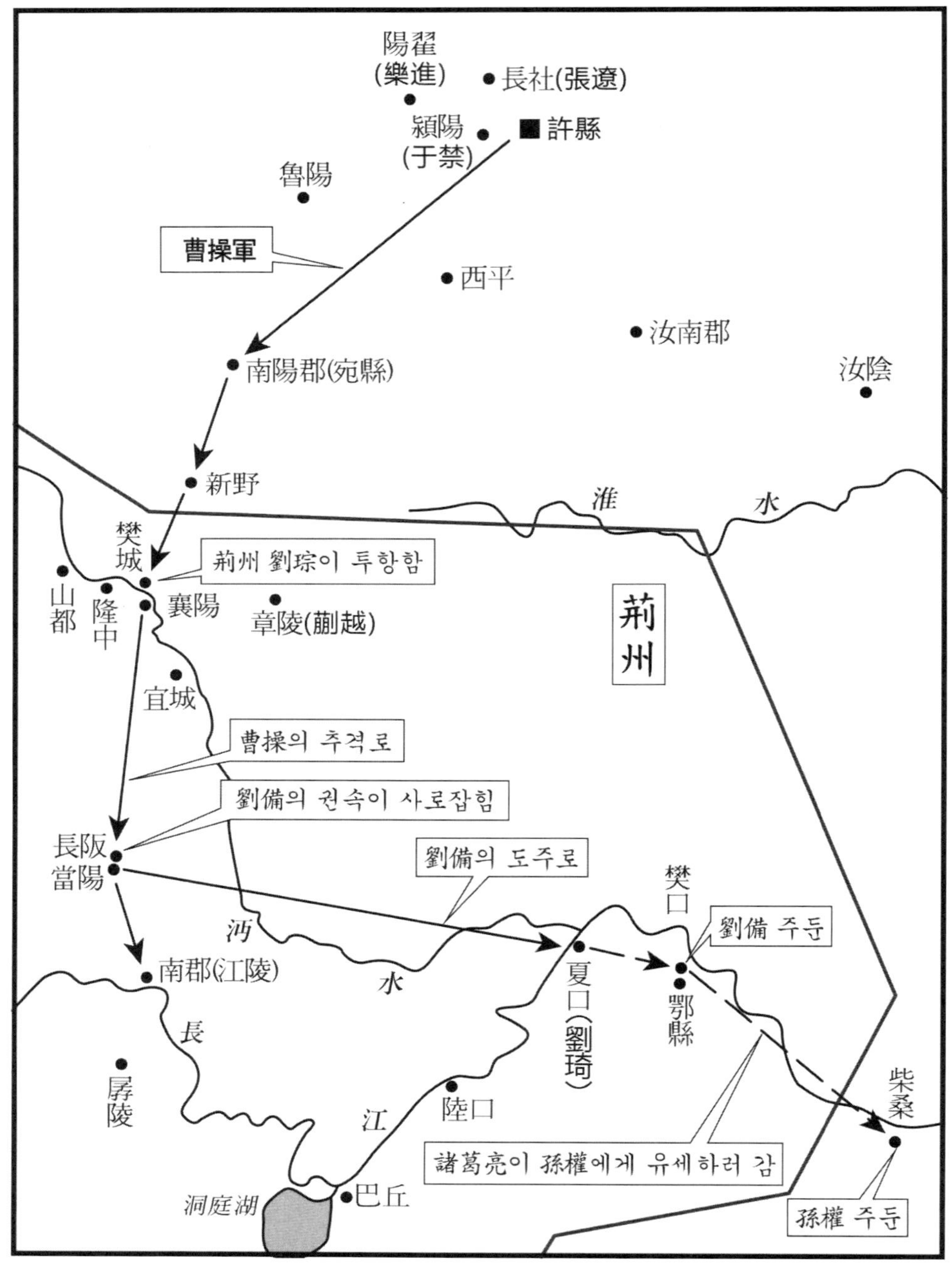

9) 赤壁大戰圖(326~329쪽)

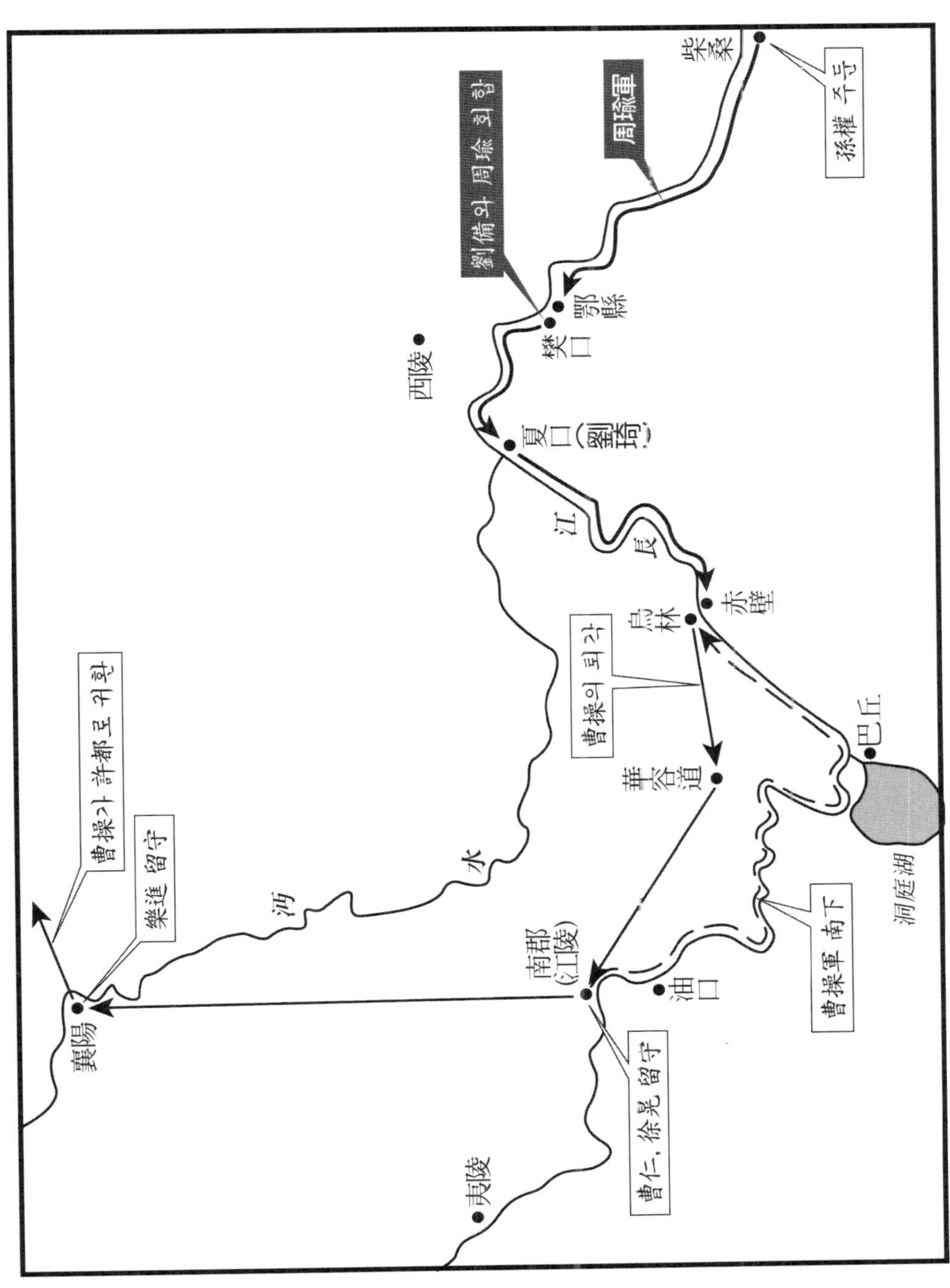

3. 思政殿訓義 資治通鑑綱目 10 後漢 州郡表

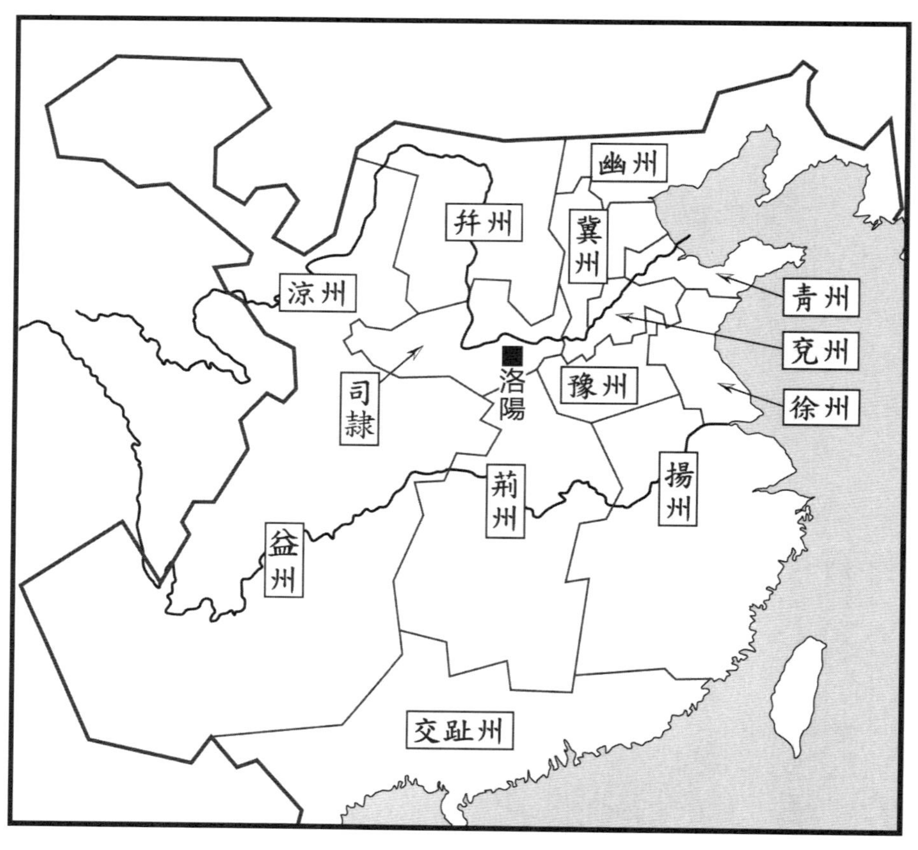

州	郡國(주요 縣)
司隸	河南尹(洛陽, 河南, 梁, 滎陽, 鞏, 成皐), 河內郡(河陽, 修武, 朝歌) 河東郡(安邑, 汾陰, 皮氏, 永安), 弘農郡(弘農, 陝, 陸渾, 華陰) 京兆尹(長安, 霸陵, 杜陵, 長陵, 新豐, 藍田, 上雒), 左馮翊(高陵, 雲陽, 萬年, 櫟陽) 右扶風(槐里, 安陵, 平陵, 茂陵, 郿, 雍)

州	郡國(주요 縣)
豫州	潁川郡(許, 陽翟, 潁陰, 襄城, 定陵, 舞陽, 郾, 陰, 鄢陵), 汝南郡(平輿, 西平, 南頓, 女陽) 梁國(睢陽), 沛國(相, 沛, 豐, 酇, 譙), 陳國, 魯國
冀州	魏郡(鄴, 繁陽, 黎陽), 鉅鹿郡(鉅鹿, 楊氏, 廣平), 常山國, 中山國(蒲陰), 安平國 河間國(易), 淸河國(甘陵, 鄃), 趙國(邯鄲, 易陽, 襄國), 勃海國(南皮)
兗州	陳留郡(陳留, 雍丘, 襄邑, 外黃, 封丘, 酸棗), 東郡(濮陽, 白馬, 東阿, 東武陽) 東平國, 任城國(任城, 亢父), 濟北國(博, 梁父, 嬴, 萊蕪, 牟), 山陽郡(高平) 濟陰郡(定陶, 鄄城, 單父)
徐州	東海郡, 琅邪國, 彭城國, 廣陵郡, 下邳國(下邳, 淮陰)
靑州	濟南國, 平原郡, 樂安國, 北海國, 東萊郡, 齊國(臨淄)
荊州	南陽郡(宛, 新野, 穰, 丹水, 析), 南郡(江陵, 當陽, 華容, 襄陽, 夷陵) 江夏郡, 零陵郡, 桂陽郡, 武陵郡, 長沙郡
揚州	九江郡(壽春, 合肥, 歷陽, 當塗), 丹陽郡(秣陵, 丹陽), 廬江郡(舒, 居巢, 六安, 安豐) 會稽郡(山陰), 吳郡(吳, 烏程, 曲阿, 富春), 豫章郡(南昌, 贛, 鄱陽, 彭澤, 柴桑)
益州	漢中郡(南鄭, 成固, 褒中, 沔陽, 上庸), 巴郡(江州, 宕渠, 安漢), 廣漢郡(雒州, 緜竹, 廣漢) 蜀郡(成都), 犍爲郡(武陽, 漢安), 牂牁郡(夜郎), 越巂郡(邛都), 益州郡, 永昌郡(雲南) 廣漢屬國, 蜀郡屬國, 犍爲屬國
涼州	隴西郡(狄道, 大夏, 臨洮, 白石, 鄣), 漢陽郡(隴), 武都郡, 金城郡(金城, 楡中, 臨羌, 破羌) 安定郡, 北地郡(富平), 武威郡(姑臧), 張掖郡, 酒泉郡(玉門), 敦煌郡 張掖屬國(候官, 左騎), 張掖居延屬國(居延)
幷州	上黨君(長子, 壺關), 太原郡(晉陽, 楡次), 上郡, 西河郡, 五原郡, 雲中郡(雲中, 定襄) 定襄郡, 鴈門郡, 朔方郡
幽州	涿郡(涿, 范陽), 廣陽君(薊, 廣陽), 代郡(高柳, 代), 上谷郡(居庸, 涿鹿) 漁陽郡, 右北平郡(土垠), 遼西郡, 遼東郡(襄平), 玄菟郡, 樂浪郡, 遼東屬國
交州	南海郡, 蒼梧郡, 鬱林郡, 合浦郡, 交趾郡, 九眞郡, 日南郡

4. 思政殿訓義 資治通鑑綱目 10 圖版目錄

5. 思政殿訓義 資治通鑑綱目 總目次

總目次

※ 總目次는 QR코드를 통해 스마트 기기로만 이용 가능

6. 思政殿訓義 資治通鑑綱目 解題

解題

※ 解題는 QR코드를 통해 스마트 기기로만 이용 가능

譯註者 略歷

成百曉

忠南 禮山 出生
家庭에서 父親 月山公으로부터 漢文 修學
月谷 黃璟淵, 瑞巖 金熙鎭 先生 師事
民族文化推進會 國譯硏修院 修了
高麗大學校 教育大學院 漢文教育科 修了
한국고전번역원 부설 고전번역교육원 名譽漢學教授(現)
傳統文化硏究會 副會長(現) 해동경사연구소 소장(現)
古典國譯賞 受賞

論文 및 譯書
〈艮齋의 性理說小考〉〈燕岩의 學問思想硏究〉
四書集註 ≪詩經集傳≫ ≪書經集傳≫ ≪周易傳義≫
≪古文眞寶≫ ≪牛溪集≫ 등 數十種 國譯
≪宣祖實錄≫ ≪宋子大全≫ ≪茶山集≫ ≪退溪集≫ 등 共譯

李泳俊

全南 木浦 出生
高麗大學校 漢文學科 卒業
高麗大學校 一般大學院 國語國文學科 博士課程 修了
韓國古典飜譯院 硏修課程Ⅰ 및 專門課程 卒業
韓國古典飜譯院 專門委員으로 근무
海東經史研究所 研究員(現)

譯書
≪增補譯註 白軒先生集≫ ≪國譯 遯庵集≫ ≪正祖實錄≫(조선왕조실록 재번역사업 참여) 등 共譯

譯註 思政殿訓義 資治通鑑綱目 10　　정가 27,000원

2017년 12월 30일 초판 발행
2018년 03월 15일 초판 2쇄

編　　著　朱 熹
責任飜譯　成百曉
共同飜譯　李泳俊
潤文校訂　朴勝珠 李孝宰
編　　輯　東洋古典飜譯編輯委員會
發 行 人　李啓晃
發 行 處　社團法人 傳統文化硏究會

서울시 종로구 삼일대로 428 낙원빌딩 411호
전화 : (02)762-8401　전송 : (02)747-0083
전자우편 : juntong@juntong.or.kr
홈페이지 : juntong.or.kr
사이버書堂 : cyberseodang.or.kr
온라인서점 : book.cyberseodang.or.kr
등록 : 1989. 7. 3. 제1-936호

인쇄처 : 한국법령정보주식회사(02-462-3860)
총　판 : 한국출판협동조합(070-7119-1750)

ISBN 979-11-5794-158-2 94910
　　979-11-5794-061-5(세트)

※ 이 책은 2017년도 교육부 고전문헌 국역지원사업 지원비에 의해 초판(비매품) 간행.

전통문화연구회 도서목록

基礎漢文教材 - 懸吐完譯 成百曉 譯

四字小學 / 習字敎本 7,000원/4,000원
推句・啓蒙篇 / 習字敎本 6,000원/4,000원
明心寶鑑 8,000원
童蒙先習・擊蒙要訣 14,000원
註解千字文 11,000원

東洋古典國譯叢書

論語集註 - 개정증보판 成百曉 譯註 25,000원
孟子集註 - 개정증보판 成百曉 譯註 28,000원
大學・中庸集註 - 개정증보판 成百曉 譯註 10,000원
詩經集傳 上・下 成百曉 譯註 28,000원
書經集傳 上・下 成百曉 譯註 28,000원
周易傳義 上・下 成百曉 譯註 38,000원
小學集註 成百曉 譯註 28,000원
古文眞寶 後集 成百曉 譯註 28,000원

東洋古典譯註叢書

春秋左氏傳1~8 鄭太鉉 譯註 18,000원~35,000원
莊子1~4 安炳周・田好根 共譯 25,000원~29,000원
古文眞寶 前集 成百曉 譯註 28,000원
禮記集說大全1 辛承云 譯註 25,000원
心經附註 成百曉 譯註 35,000원
近思錄集解1~3 成百曉 譯註 25,000원/30,000원
通鑑節要1~9 成百曉 譯註 18,000원~30,000원
唐詩三百首1~3 宋載卲 外 譯註 28,000원/30,000원/25,000원
東萊博議1~2 鄭太鉉・金炳愛 譯註 25,000원
說苑1~2 許鎬九 譯註 25,000원
顔氏家訓1~2 鄭在書・盧暻熙 譯註 22,000원/25,000원
大學衍義1~5 辛承云 外 譯註 22,000원~30,000원
貞觀政要集論1~4 李忠九 外 譯註 25,000원~32,000원
荀子集解1~5 宋基采 譯註 25,000원~30,000원
老子道德經注 金是天 譯註 30,000원
墨子閒詁1 李相夏 外 譯註 32,000원
韓非子集解1~2 許鎬九 外 譯註 32,000원
唐宋八大家文抄 韓愈1~2 鄭太鉉 譯註 22,000원/28,000원
〃 歐陽脩1~4 李相夏 譯註 25,000원~30,000원
〃 王安石1~2 申用浩・許鎬九 共譯 25,000원
〃 蘇洵 李章佑 外 譯註 25,000원
〃 蘇軾1~5 成百曉 譯註 22,000원
〃 蘇轍1~3 金東柱 譯註 20,000원/22,000원
〃 曾鞏 宋基采 譯註 25,000원
〃 柳宗元1~2 宋基采 譯註 22,000원

十三經注疏
論語注疏1~3 鄭太鉉・李聖敏 譯註 25,000원/30,000원
孟子注疏1 辛承云 外 譯註 30,000원
尙書正義1~4 金東柱 譯註 25,000원/30,000원
周易正義1~3 成百曉・申相厚 譯註 32,000원
毛詩正義1~2 朴小東 譯註 32,000원/35,000원
禮記正義 中庸・大學 李光虎・田炳秀 譯註 20,000원
孝經注疏 鄭太鉉・姜珉廷 譯註 35,000원

武經七書直解
孫武子直解・吳子直解 成百曉・李蘭洙 譯註 35,000원
六韜直解・三略直解 成百曉・李鍾德 譯註 26,000원
尉繚子直解・李衛公問對直解 成百曉・李蘭洙 譯註 26,000원
司馬法直解 成百曉・李蘭洙 譯註 26,000원
思政殿訓義 資治通鑑綱目1~10 辛承云 外 譯註 18,000원~35,000원

漢字漢文敎育叢書

형성자 중심 한자교육시험백과 金鍾赫 著 35,000원
漢字部首 解說 李忠九 編著 15,000원
◆ 敎授用 指導書 四字小學 咸賢贊 著 10,000원
〃 推句・啓蒙篇 咸賢贊 著 10,000원
◆ 袖珍本 懸吐 기초한문교재 10,000원
〃 論語・大學・中庸 10,000원
〃 孟子 10,000원
〃 詩經・周易 12,000원
〃 小學・孝經 13,000원
〃 古文眞寶 後集 13,000원

東洋古典新譯

당시선 송재소・최경렬・김영죽 편역 22,000원
손자병법 성백효 역주 14,000원
장자 안병주・전호근・김형석 역주 13,000원

동양문화총서

동양사상 해설과 원전 정규훈 外 저 22,000원
화합의 길 - 《중용》 읽기 금장태 저 20,000원

문화문고

논어・대학・중용/맹자 조수익・박승주 공역 10,000원
100자에 담긴 한자문화 이야기 김경수 저 9,000원
한자한문전통교재 조수익・이성민 공역 10,000원
소학 박승주・조수익 공역 10,000원
목민심서 이계황 엮음 10,000원
고문진보散文選 신용호・조수익 공역 10,000원
士小節 선비 집안의 작은 예절 이동희 편역 10,000원
名說과 字說 신용호 편역 10,000원
儒學이란 무엇인가 이동희 저 10,000원
대한민국 국무총리 이재원 저 10,000원
경전으로 본 세계종교 이슬람 김영경 편역 10,000원
한문문법 이상진 저 10,000원
우리 설화1~2 김동주 편역 10,000원
경전으로 본 세계종교 그리스도교 이정배 편저 10,000원
경전으로 본 세계종교 도교 이강수 편역 10,000원
당시선 송재소・최경렬・김영죽 편역 10,000원
현대인, 동양고전에서 길을 찾다 이동희 저 10,000원
경전으로 본 세계종교 천도교 윤석산・홍성엽 편저 10,000원
무경칠서 손자병법・오자병법 성백효 역 10,000원
무경칠서 육도・삼략 성백효 역 10,000원
무경칠서 사마법・울료자・이위공문대 성백효 역 10,000원
경전으로 본 세계종교 힌두교 길희성 편역 10,000원
경전으로 본 세계종교 유교 이기동 편저 10,000원
경전으로 본 세계종교 불교 김용표 편저 10,000원